明清时期
西南民族地区乡村社会与国家关系研究

MINGQING SHIQI XI'NAN MINZU DIQU XIANGCUN
SHEHUI YU GUOJIA GUANXI YANJIU

李良品　著

重庆大学出版社

图书在版编目(CIP)数据

明清时期西南民族地区乡村社会与国家关系研究／

李良品著.--重庆:重庆大学出版社,2020.10

ISBN 978-7-5689-1167-2

Ⅰ.①明… Ⅱ.①李… Ⅲ.①民族地区—农村—社会

形态—关系—国家—研究—西南地区—明清时期 Ⅳ.

①C912.82

中国版本图书馆 CIP 数据核字(2018)第 136976 号

明清时期西南民族地区乡村社会与国家关系研究

MINGQING SHIQI XI' NAN MINZU DIQU XIANGCUN SHEHUI YU GUOJIA GUANXI YANJIU

李良品 著

策划编辑:雷少波

责任编辑:杨 敬　　版式设计:张慧梓

责任校对:关德强　　责任印制:张 策

*

重庆大学出版社出版发行

出版人:饶帮华

社址:重庆市沙坪坝区大学城西路 21 号

邮编:401331

电话:(023)88617190　88617185(中小学)

传真:(023)88617186　88617166

网址:http://www.cqup.com.cn

邮箱:fxk@cqup.com.cn(营销中心)

全国新华书店经销

重庆共创印务有限公司印刷

*

开本:720mm×1020mm　1/16　印张:42　字数:794 千

2020 年 10 月第 1 版　　2020 年 10 月第 1 次印刷

ISBN 978-7-5689-1167-2　定价:158.00 元

目录

绪　论 ……………………………………………………………… 1

第一章　明清时期西南民族地区乡村社会官方基层组织
　　　　 ……………………………………………………………… 15
　　第一节　明清地方官府的设置 …………………………… 16
　　第二节　官方基层组织的建置 …………………………… 23
　　第三节　官方基层组织的认知 …………………………… 31

第二章　明清时期西南民族地区乡村社会官民共建基层组织
　　　　 ……………………………………………………………… 33
　　第一节　官民共建基层组织的类型 ……………………… 33
　　第二节　官民共建基层组织的特点 ……………………… 41
　　第三节　官民共建基层组织的作用 ……………………… 45

第三章　明清时期西南民族地区乡村社会民间宗族组织
　　　　 ……………………………………………………………… 50
　　第一节　民间宗族组织的结构 …………………………… 50
　　第二节　民间宗族组织的特点 …………………………… 72
　　第三节　民间宗族组织的作用 …………………………… 81

第四章　明清时期西南民族地区乡村社会民间士绅阶层
　　　　 ……………………………………………………………… 87
　　第一节　民间士绅阶层的基本认知 ……………………… 87
　　第二节　民间士绅阶层的地方文化建设 ………………… 94
　　第三节　民间士绅阶层的地方事务管理 ………………… 104

第五章　明清时期西南民族地区政治制度下的乡村社会
　　　　 与国家关系 ……………………………………………… 114
　　第一节　土司制度 ………………………………………… 115
　　第二节　改土归流 ………………………………………… 138
　　第三节　乡里制度 ………………………………………… 172

第六章　明清时期西南民族地区社会保障制度下的乡村
　　　　社会与国家关系 …………………………………… 202
　第一节　灾荒救济制度 ……………………………………… 203
　第二节　养老制度 …………………………………………… 226
　第三节　军人优抚制度 ……………………………………… 234
　第四节　慈善事业 …………………………………………… 252

第七章　明清时期西南民族地区经济制度下的乡村社会
　　　　与国家关系 …………………………………………… 289
　第一节　土地制度 …………………………………………… 289
　第二节　赋税制度 …………………………………………… 317
　第三节　土司朝贡制度 ……………………………………… 352
　第四节　集市贸易制度 ……………………………………… 390

第八章　明清时期西南民族地区军事制度下的乡村社会
　　　　与国家关系 …………………………………………… 416
　第一节　土兵制度 …………………………………………… 416
　第二节　巡检制度 …………………………………………… 439
　第三节　团练制度 …………………………………………… 455

第九章　明清时期西南民族地区教育制度下的乡村社会
　　　　与国家关系 …………………………………………… 473
　第一节　传统教育 …………………………………………… 474
　第二节　学校教育 …………………………………………… 492
　第三节　社会教育 …………………………………………… 520
　第四节　科举考试 …………………………………………… 537

第十章　明清时期西南民族地区乡村社会与国家之间的
　　　　多重关系 …………………………………………… 551
　第一节　认同与调适 ……………………………………… 551
　第二节　互动与和谐 ……………………………………… 578
　第三节　博弈与冲突 ……………………………………… 596

第十一章　余论 …………………………………………… 614
　第一节　明清时期西南民族地区乡村社会与国家关系的
　　　　　维系规律 ………………………………………… 615
　第二节　明清时期西南民族地区乡村社会与国家关系的
　　　　　运行特点 ………………………………………… 621
　第三节　明清时期西南民族地区乡村社会与国家关系的
　　　　　多重启示 ………………………………………… 634

参考文献 …………………………………………………… 648

后　记 ……………………………………………………… 666

绪 论

一、本书研究缘起

明清时期的西南民族地区,国家在乡村治理过程中存在着官方基层组织、官民共建基层组织、民间宗族组织三种基层组织以及民间士绅阶层,这就共同构成了乡村社会管理的"三加一模式"。明清时期西南民族地区乡村社会与国家之间因多种因素呈现出认同与调适、互动与和谐、博弈与冲突的复杂关系。其间,在"国家与乡村社会隔离"的情况下,国家只有通过一系列举措才能消除这种隔离。

明清时期西南民族地区经历了从"化外"到"化内"、从封闭到开放的转变过程,其间经历了土司制度、改土归流、保甲制度、团练制度等制度性的变迁。鉴于此,本书涉及"政权下乡"(即国家制度、国家权力是如何通过不断扩张逐渐深入西南民族地区乡村社会的)和在国家制度框架内"因俗而治"(即西南民族地区乡村社会发展的过程中是如何与国家制度实施有机衔接的)两大问题,以期破解关于中国传统国家体制与乡村社会治理问题长期形成的"中央集权论"和"地方自治论"两种截然不同的解释模式。

按社会学家的解释,乡村社会是由一个密度较低区域内的人口组织而形成的职业大体相同、共同生活的社会。尽管中国传统政治制度史的研究素来习惯将目光聚焦于中央而忽视地方,但这并非意味着学界以前对于乡村社会的研究就处于"前无古人"的寂寥境地。相反,几代学人经过辛勤耕耘,在乡村社会治理以及乡村社会与国家关系的研究中取得了丰硕成果。一是宏观层面的研究,闻钧天《中国保甲制度》从保甲制度方面揭示了中国的基层组织,汪士杰《里甲制度考略》从财政税收等角度来考察里甲制度,赵秀玲《中国乡里制度》则将其放在乡村各种关系之中进行纵横分析,如乡里制度与宗法关系、官僚政治、乡绅、农民关系等,并引入政治学、心理学、文化学等学科研究方法,拓展了乡里制度研究的领域和方法。其他优秀专著有梁方仲《明代粮长制度》、韦庆远《明代黄册制度》、唐文基《明代赋役制度史》、栾成显《明代黄册研究》等,论文有孙海泉《清代中叶直隶地区乡村管理体制》、龙太江《乡村社会的国家政权建设》、彭勃《国家与乡村社会关系的发展沿革》及《国家与乡村社会关系》等。二是中观层面的研究,杨国安专著《明清两湖地区基层组织与乡村社会研究》、李小文博士论文《国家制度与地方传统——明清时期桂西的基层行政制度与社会治理》,揭示了地方传统与国家制度相结合的内在机制;杨玉荣《鄂西南民族地区宗教信仰及其社会控制功能》、吴雪梅《国家与地方势力:清代鄂西南土家族地区乡村社会权力结构的演变》等论文是这方面的力作。三是微观层面研究,韩敏霞《明清时期西南地区基层行政组织形式》、李世宇《康雍乾时期民族政策与西南民族地区的开发》、朱圣钟《明清鄂西南民族地区聚落的发展演变及其影响因素》、尤中《清朝对西南民族地区的设治和经营》、佴澎《元明清时期西南少数民族纠纷解决执行研究》、马雁《元明清时期西南边疆基层民族地区法秩序的动态结构》、张晓松《论元明清时期的西南少数民族土司土官制度与改土归流》等论文,重在明清时期西南民族地区,其内容和风格各有千秋。上述三类成果为研究明清时期西南民族地区乡村社会与国家关系提供了宽广思路和必要资料。也就是说,迄今为止,全国尚无与本书相同或相似的研究成果。即便是已有的相关成果,也或多或少存在不足:一是宏观层面研究,虽史料翔实,并揭示了中国基层组织、财政制度等方面的演变轨迹,但缺乏乡村社会与国家之间关系的系统理论。二是中观层面研究,虽学术性强,并从基层组织建设或从国家与乡村社会多元互动的理论予以研究,但缺乏对西南民族地区的必要观照。三是微观层面研究,虽时空明晰,并以明清时期西南地区土司制度及基层行政组织为研究视域,但未对乡村社会与国家之间关系进行深入研究和辩证评判。

诚如刘志伟先生在《在国家与社会之间——明清广东地区里甲赋役制度与乡村社会》中所言:"前人的研究成果,为笔者提供了一块坚实的土地,在这块坚实的土地上学步,无疑可以获得更多的安全感和充实感。"①在一定意义上讲,本书的研究也是站在前辈和时贤的肩膀上的研究,不仅是对明清时期西南地区各种制度研究的深化,而且是对乡村社会治理理论的完善,更是对民族地区乡村社会与国家关系之间有关规律的探索。

---

① 刘志伟:《在国家与社会之间——明清广东地区里甲赋役制度与乡村社会》,中国人民大学出版社,2010年版,第1页。

二、本书研究概述

(一)研究意义与研究内容

1.研究意义

明清时期,由于统治者具有"天下观"和"一统观",因此,明清统治者不仅为保持国家领土主权的完整、推进中华民族的最终形成做出了巨大努力,而且在加强国家治理和地方治理等方面取得了重大成效。有位专家说,本书以"明清时期西南民族地区乡村社会与国家关系"为研究内容,很有学术价值和现实意义。明清时期一方面是中央王朝在西南少数民族地区实施土司制度及"改土归流"的时期;另一方面也是西南少数民族及少数民族地区社会、经济、文化教育发展并有着重大变化的极为重要的历史时期,总结中央王朝对西南民族地区的治理和西南民族地区乡村社会与国家关系是有很好现实意义的。

具体来讲,本书研究具有突出的理论意义和现实意义:一是从制度史角度看,研究西南民族地区明清时期的政治制度、社会保障制度、经济制度、军事制度、教育制度等内容,总结明清中央王朝经略西南民族地区的基本规律,有利于总结历史经验,加快民族地区和谐社会构建。二是从社会学角度看,探讨该地区乡村社会与国家之间的多重关系和具体内容,有利于增进民族团结,有利于建构民族共同繁荣发展的基本模式。三是从民族学角度看,研究明清时期西南民族地区乡村社会与国家之间的认同与调适、互动与和谐、博弈与冲突等多重关系,有利于完善国家治理民族地区乡村社会的治理能力和治理体系。四是从实践意义上看,以明清时期乡村社会与国家关系为切入点,从明清统治者处理国家与乡村社会、中央与地方的关系中吸取养分,有利于实现社会和谐稳定、国家长治久安,推进国家治理体系和治理能力的现代化,拓宽我党执政能力研究路径,有利于维护边疆地区稳定,促进民族地区社会经济发展。

2.研究内容

本成果重点从理论、历史和启示三个方面对明清时期西南民族地区乡村社会与国家关系的相关问题进行研究。

第一,理论篇。在绪论中界定了明清时期、西南地区、西南民族地区、乡村社会、国家、"政不下县""政权下乡"等相关概念之后,主要研究了四个问题:一是明清时期西南民族地区乡村社会官方基层组织的建置及认知;二是明清时期西南民族地区乡村社会官民共建基层组织的类型、特点及作用;三是明清时期西南民族地区乡村社会民间宗族组织的结构、特点和作用;四是明清时期西南民族地区乡村社会民间士绅阶层参与地方文化建设和地方事务管理的基本情况。研究表明,明清时期西南民族地区的乡村社会存在着官方基层组织、官民共建基层组织和民间宗族组织三种基层组织以及民间士绅阶层,共同构成了明清时期西南民族地区乡村社会管理的"三加一模式",并形成了一个纵横交错、相互作用的社会控制网络。

第二,历史篇。通过具体事实探讨"政权下乡""因俗而治"的问题,主要从政治制度、社会保障制度、经济制度、军事制度及教育制度五个方面,研究了土司制度、改土归流、乡里制度、灾荒救济制度、养老制度、军人优抚制度、慈善事业、土地制度、赋税制度、土司朝贡制度、集市贸易制度、土兵制度、巡检制度、团练制度、传统教育、学校教育、社会教育、科举考试等内容所体现的乡村社会与国家之间的关系。

第三,启示篇。一是研究明清时期西南民族地区乡村社会与国家之间存在着的认同与调适、互动与和谐、博弈与冲突等多重关系;二是探索明清时期西南民族地区乡村社会与国家关系的维系规律、运行特点和多重启示,突出"和谐共生"的理论问题,为当下中国共产党通过国家治理、构建民族地区和谐的乡村社会提供借鉴。

(二)研究思路与研究方法

1.研究思路

一般而言,研究思路是人们思考某一问题时思维活动进展的线路或轨迹,或者是表达思想感情进行构思、谋篇布局的思维过程。根据本书的实际,作者运用民族学、历史学、社会学、政治学、经济学、军事学、教育学等学科理论,在广泛查阅中国史、社会史、制度史、地方志、碑刻、族谱等资料及前辈时贤研究的基础上,以中国政治制度与区域社会史有机结合为视角,对明清时期西南民族地区乡村社会与国家之间关系进行深入研究,揭示该地区明清时期乡村社会与国家之间关系的种类、规律、特点及启示,以期在视角、方法与叙述模式上为西南民族地区民族史、社会史、制度史、军事史、教育史研究提供借鉴的案例。最后,形成学术专著,为国家有关部门提供决策参考。

2.研究方法

所谓研究方法,是指在科学研究过程中发现新现象、新事物,或提出新理论、新观点,揭示事物内在规律的研究手段。人文社会科学的主要研究方法包括文献法、比较研究法、田野考察法、行为研究法、概念分析法、个案研究法及历史人类学研究方法等。除此之外,本书拟借鉴"三打通"的研究方法。1988年,费孝通先生在香港中文大学参加学术会议期间,发表了《中华民族的多元一体格局》的演讲。其中有一个重要观点,就是中华民族融为一体的过程是逐步完成的。在这个过程中,正如杨建新教授所言:"各民族共创中华"。在一定程度上讲,明清时期西南地区各民族为中华民族的发展做出过不懈的努力。为此,作者认为,谭必友教授提出的民族学研究"三打通"对于本书的研究也有借鉴作用。①

第一,与大历史打通。所谓"大历史",主要是指历史的"长时间、宽视界"本相。本书的研究难免局限在某地区、某民族、某个案的研究,但绝不能拘泥于此。因为本书的时间跨度是明清时期,计长达543年;地域包括今云南、贵州、四川、广西、重庆、湖南、湖北7个省市;研究内容涉及民族学、历史学、政治学、经济学、社会学、教育学、军事学、管理学等学科门类。在研究过程中如果没有"长时间、宽视界"的中国历史或人类历史的打通,就很难实现与大历史融合的目标。

第二,与大社会打通。研究民族地区乡村社会与国家关系的问题,"大社会"显得十分重要。这里的"大社会"既是背景又是前景。西南民族地区各民族在明清时期500多年的活动,是在大社会这个背景下发生的,又将在大社会的未来产生某种结果。以政治、经济及军事制度为例,就有土司制度、土流并治、改土归流、乡里制度、土地制度、朝贡制度、赋税制度、集市贸易制度、土兵制度、巡检制度、团练制度、保甲制度等十分具有全国性或局部性的制度。在实施这些制度的过程中,乡村社会与国家之间在权力的分配、利益的平衡时,中央与地方、国家与乡村难免有认同与调适、互动与和谐、博弈与冲突的表征,否则,就会出现地方社会的动荡,甚至会出现乡村社会的某种势力反叛中央王朝之举。如研究明代万历三大征之一的"平播之役",就必须与大社会打通研究。播州杨氏土司自唐入播到末代土司杨应龙,长达725年的统治,使播州杨氏积累了丰厚的财力,在军事上也被称为"播兵雄师",但其一直忠于中央王朝,按时朝贡、服从征调,履行一个土司应履行的各种义务。可见,播州杨氏土司的"特殊",既有与大社会之间(包括中央政府)积极的互动关系,也有其"相伴随"关系。那么后来为什么会发生"平播之役"?这除了杨氏土司在西南地区各地土司中既处于核心圈(历代统治者及统治阶层)和外圈(类似当代少数民族)这种十分特殊

①谭必友:《清代湘西苗疆多民族社区的近代重构》,民族出版社,2007年版,第1-2页。

的地位,具有双重身份之外,另外的一个主要因素在于,元明清时期中央王朝实施土司制度,促使中央政府与杨氏土司结成了政治与经济同盟——利益共同体。当利益共同体之间的政治信仰相背离、经济利益不公平时,无疑就会促使这个利益共同体出现破裂,产生不可调和的矛盾。我们如果结合当时的"大社会"情况看,发生这场"平播之役"也是或早或迟的事情。第一,明代中央政府已逐渐在西南地区强势推行改土归流政策,而杨应龙恃强骄横,武力树威,激化内部矛盾,这为明朝中央政府改土归流提供了有利条件。第二,川黔两省争夺播州这块"肥美之地"的管辖权,加速了"平播之役"的发生。第三,播州杨氏土司内部矛盾的激化,从而成为"平播之役"的导火绳。第四,杨应龙的次子杨可栋死于重庆狱中,直接点燃了平播战争。由此可见,研究明清时期西南地区的一些重大事件如果不与"大社会"紧密相连,就很难得出正确的结论。

第三,与大语境打通。所谓"大语境",是指当前学术界所使用的话语体系。话语体系的创新与扩展总是由人类深层的发展需要作为第一推动力。同其他课题研究一样,本书应有一套规范的话语体系(如"因俗而治""天下一统")和一定的研究视角(如"国家在场,上下互动,双方博弈")。只有与大语境打通,才能使本书研究与人类发展的深层需要高度契合。

(三)突出特色和主要建树

1.突出特色

有位专家评价说:"本研究成果文献资料收集丰富,包括古籍文献50余种;地方志书130多种,涵盖重庆、四川、贵州、广西、云南等省市区新中国成立前后的各类地方志书;古人历史著作、今人著作150多部。可以说与本书研究相关的资料收集都十分完整,研究中运用得准确、真实、得当。同时,在研究中还使用了不少的表格,如《明代西南地区改土归流一览表》《清代土司土兵出征行粮定例表》《明代云南土司朝贡一览表》《西南民族地区明代书院发展一览表》《西南民族地区明代儒学发展一览表》等。这既能很好地表达研究内容,为成果增色,又能让读者一目了然,增强了内容的展示力。研究中还运用了不少实地调查资料,丰富了研究内容,使研究成果更加准确、可靠、科学。"具体来讲,本书的突出特色有两个方面:其一,挖掘和运用西南民族地区最原始的乡村社会史料。作者在研究过程中注重地方志、野史、碑刻、契约文书、谱牒、墓志铭、口述史等乡村社会的最原始材料的挖掘,并有机地运用于研究成果中。其二,探寻明清时期西南民族地区乡村社会的不同制度。研究表明,在明清时期西南民族地区和众多少数民族中,不仅实际上存在着一种相对于中原地区不同的时间制度,而且也存在着一种有别于汉族地区或已经改土归流地区的基层政治制度和组织制度,时间跨度近 500 年。因此,本书以该地区为个案进行研究,不仅有助于理解明清时期西南民族地区乡村社会与国家的关系,而且能为我国其他民族地区相关领域的研究提供参照。

2.主要建树

其一,本书拓展了民族地区乡村社会与国家关系研究新的领域与内容。虽然经过几代学人辛勤耕耘,在乡村社会治理以及乡村社会与国家之间关系的研究中取得了一定成果。但对明清时期西南民族地区乡村社会与国家之间关系的研究相对薄弱,已有的研究主要集中在或揭示中国基层组织、财政制度等方面的演变轨迹,或研究国家与乡村社会多元互动理论,或探讨明清时期西南地区土司制度及基层行政组织的关系。作者在前辈和时贤研究的基础上,主要通过田野调查、资料收集的方式,将第一手资料和历史文献予以梳理,并运用历史学、民族学、社会学、政治学、经济学、军事学、教育学等学科理论,在深入研究政治制度、社会保障制度、经济制度、军事制度及教育制度五种制度的基础上提出了明清时期西南民族地区乡村社会与国家关系研究的理论框架,拓展了本书的研究内容。同时,作者不局限于对这些内容的记述和分析,还力图揭示西南民族地区社会和谐与维护国家统一的规律与特点,这有助于充实乡村社会与国家关系的系统理论,并对西南民族地区予以观照。

其二,本书提出了乡村社会管理的"三加一模式"。自 20 世纪以来,专家学者们在研究乡村社会与国家的相互关系以及基层组织时提出了多种观点,如费孝通的"双轨政治"、黄宗智的"三角结构"、杜赞奇的"经纪模型"、张研的"双重统治",此外还有"二元权力体系""乡级社会结构"等不同观点,可谓见仁见智,莫衷一是。作者研究表明,明清时期西南民族地区乡村社会的确存在着官方基层组织、官民共建基层组织和民间宗族组织三种基层组织以及民间士绅阶层,共同形成了一个纵横交错、相互作用的社会控制网络,作者将此称为乡村社会管理的"三加一模式"。

(四)创新之处和学术价值

1.创新之处

创新不仅是人类特有的认识能力和实践能力,而且是人类主观能动性的高级表现形式,更是推动民族地区进步和社会发展的不竭动力。从社会学的意义上来讲,创新是指人们为了发展的需要,运用已知的信息,不断打破常规,发现或产生某种新颖、独特的有社会价值或个人价值的新事物、新思想的活动。有专家指出:本书作者在结合西南少数民族和民族地区的实际,充分吸收已有研究成果基础上,应用"天下观""一统观"和民族学、社会学等多学科的视角及理论、方法,特别是"三打通"(即与大历史打通、与大社会打通、与大语境打通)研究方法,通过深入的探讨,初步提出了"家国一体、双向互动""三加一模式""四个关键词""五种制度"和国家权力在西南民族地区逐渐延伸、下沉,实现"和谐共生",实现"国家大一统"的理论框架。其中,"三加一模式"(即官方基层组织、官民共建基层组织、民间宗族组织和民间士绅阶层)是作者首次总结提出的,也是本书的创新之处。可以说,本书是一个以民族学、历史学、社会学等学科理论为基础,融政治学、经济学、军事学、教育学等学科理论为一体的课题。因此,其创新之处主要凸显在两个方面。

第一,初步构建相关研究的理论框架。明清时期西南民族地区乡村社会与国家关系,最终体现的是:"家国一体"(封建族权与国家政权的统一)、"双向互动"(国家权力与乡村社会的良性互动而形成和谐关系,恶性互动而造成破坏)、"三加一模式"(即官方基层组织、官民共建基层组织、民间宗族组织三种乡村社会基层组织加上民间士绅阶层参与多种管理)、"四个关键词"(明清时期西南民族地区乡村社会与国家之间有认同、有互动、有博弈、有冲突)、"五种制度"(通过政治制度、社会保障制度、经济制度、军事制度、教育制度五种制度以体现乡村社会与国家之间的关系)。这个理论框架无论是对于研究国家制度与社会治理,还是对于研究民族地区的国家治理均具有重要的参考价值。

第二,尝试提出新的观点。首先,过去学术界关于乡村社会与国家关系的研究不够深入和缺乏辩证评判。作者则从五个方面研究认为,明清时期西南民族地区乡村社会与国家之间存在着认同与调适、互动与和谐、博弈与冲突的关系,通过土司制度、改土归流、乡里制度及团练制度的施行,逐渐实现国家权力在西南民族地区的延伸、扩张、深入、下沉(即"政权下乡"),进而实现国家"大一统"的目标。其次,作者基于西南民族地区基层组织建设以及国家与乡村社会多元互动的理论,明确提出:明清时期西南民族地区乡村社会与国家之间的良性互动,有助于构建民族地区的和谐社会,推动民族地区的经济发展、社会进步、文化繁荣和民族团结;反之,则阻碍这一地区的发展与繁荣,破坏民族之间的团结,这体现了"和谐共生"理论。最后,在目前理论界和学术界高度重视国家治理体系和治理能力的情况下,作者探索明清时期西南民族地区乡村社会与国家之间的关系,能为当前民族地区乡村社会与国家之间关系的良性循环以及提高执政党的国家治理能力提供借鉴、启示及智力支持。

2.成果价值

作者在前辈和时贤研究的基础上,提出了明清时期西南民族地区乡村社会与国家关系研究的理论框架以及乡村社会治理的"三加一模式",这对于研究国家制度、国家治理、乡村社会治理等领域具有重要的参考价值。通过研究土司制度、改土归流、乡里制度及团练制度,诠释国家权力在西南民族地区的延伸、扩张、深入、下沉,即"政权下乡",充实了国家治理的理论研究。作者针对明清时期西南民族地区乡村社会与国家之间关系的实际,提出"国家政权与乡村社会的良性互动而形成和谐关系,恶性互动而造成社会破坏",进一步丰富了"和谐共生"理论。上述三点既有理论价值,也有实践价值。

三、本书相关概念

人类在认识过程中,从感性认识上升到理性认识,把所感知的事物的共同本质特点抽象出来,加以概括,就成为概念。所以,概念是反映对象的本质属性的思维形式,表达概念的语言形式是词或词组。本书涉及的一些相关概念总是随着社会历史发展和人类认识进步而不断地变化着的。

（一）明清时期

有专家认为,明清时期的上限应自朱元璋建立明朝即洪武元年（1368年）始,下限应以1840年鸦片战争为断。本书根据研究的需要适当地延伸到清朝宣统三年（1911年）,目的在于不割裂历史的内在逻辑性。因为,就中国传统乡村社会而言,虽然外界因素对包括西南民族地区在内的广大内陆地区有巨大的冲击和影响,但是,从某种程度上看,鸦片战争以后的很长一段时间,中国乡村社会依然基本沿着固有的道路前行。也正如杨国安先生所言,我们只有转向中国内部,寻求中国历史发展的内在连贯性,才能更接近历史的真实。[1] 正是基于此,本书的"明清时期"是指上自明朝洪武元年（1368年）、下至清朝宣统三年（1911年）共计543年的一个时间段。在这个时间段,西南民族地区乡村社会经受"国""官民""家""绅"的"四重统治"。这里的"国"主要指上自朝廷、下至州县,由国家任命的正规官僚行政机构,他们代表的是国家的上层政权——官

---

①杨国安:《明清两湖地区基层组织与乡村社会研究》,武汉大学出版社,2004年版,第16页。

府权威;这里的"官民"则是指介于官方与民间之间的基层组织,诸如乡约、社学、社仓之类的社会实体组织;这里的"家"则是指家族宗族组织。在西南民族地区,介于"国""官民"与"家"之间的还存在着一个拥有政治、经济和社会上的各种特权的中间阶层——士绅精英,他们位居四民之首,介于官民之间,是西南民族地区乡村社会经济生活的实际支配者。明清时期西南民族地区乡村社会的各族人民就是在这张纵横交错的网中艰难地生活着,前行着。

（二）西南地区与西南民族地区

在中国地理概念中,西南地区涵盖中国西南部的广大腹地,主要包括四川盆地、云贵高原地区。在我国行政区划概念中,狭义的西南地区是指传统的"西南三省":即川(四川省)、滇(云南省)、黔(贵州省)。广义的西南地区则有"西南四省(区)""西南五省(区、市)"和"西南六省(区、市)"三个版本,其中后两种说法常出现在当前中国区域经济合作的相关活动之中。

中华人民共和国成立之初,曾在省级行政区划之上建立了大区一级政府,其中西南行政区管辖当时的重庆市、川东行署区、川西行署区、川南行署区、川北行署区、贵州省、云南省、西康省、西藏地方和昌都地区十个省级行政单位,直至1954年各大行政区被撤销。西南行政区的原十个省级行政单位经过历年的调整、合并,在1955年形成了包含四川省、贵州省、云南省和西藏自治区共四个省级行政单位的稳定区划格局,川、黔、滇、藏四地合称为"西南四省(区)"。

1997年国务院设立重庆直辖市,西南地区持续稳定的三省一区的行政区划格局部分调整。在此之后,重庆市与四川省、贵州省、云南省和西藏自治区合称为"西南五省(区、市)"。

改革开放后,特别是近十年来,由于西部大开发战略的实施及西南出海大通道建设等诸多因素,本身地处华南地区西部的广西壮族自治区也经常与渝、川、黔、滇、藏五地合称为"西南六省(区、市)"。由于西藏独特的政治、经济和区位条件,在西南地区的区域经济合作中,大多数时候并未见西藏自治区的身影,因此,西南五省(区、市)往往也指桂、渝、川、黔、滇五个省级行政机构。本书的西南地区是指桂、渝、川、黔、滇五个省级行政机构。

一般情况下,所谓民族地区是指少数民族聚集居住的地区或行政区划上的民族自治地方。西南民族地区,也称西南少数民族地区,指的是重庆、四川、贵州、云南和广西五省市(区)内的民族自治地方。本书研究的"明清时期西南民族地区",主要指明代和清代西南地区少数民族聚集居住地区,主要包括今云南、贵州两省区以及四川省的甘孜藏族自治州、阿坝藏族羌族自治州、凉山彝族自治州、雅安市、宜宾市、泸州市,重庆市渝东南地区。但是,湖南省湘西土家族苗族自治州、湖北省恩施土家族苗族自治州,因为在武陵山区,与渝东南民族地区、黔东和黔东北地区山同脉、水同源,加之历史与文化相近,属于同一文化圈,学术界也常将该地区视作西南民族地区。广西壮族自治区有时也划在西南地区之内。然而,西藏自治区虽然在地理上属于西南地区,但在行政管理诸方面与上述地区存在很大差异,因此,西藏自治区不在本书的研究范围之列。故而,本书的西南民族地区是以明清时期的云、贵、川、桂四省少数民族地区为主,以广西壮族自治区为辅,湘西、鄂西偶尔有所涉及。

（三）乡村社会与国家

按照《现代汉语词典》的解释,所谓乡村主要是指从事农业、人口分布较城镇分散的地方。① 其实,"乡村社会"这个术语究竟是谁倡导现已无从考究,迄今为止尚无一种理论对此做出过细致的解释,因此,"乡村社会"的内容或内涵只能靠逻辑而非经验予以确定。其使用无非是在两种意义之下:一是存在于国家政权体制之中,县级以下的行政建制的统称。这是一种政治实体意义上的使用。二是存在于国家发展框架之下,相对于经济较为发达、思想较为"先进"的"现代工业社会"以及正在向"现代工业社会"转变的新型农业社会的传统农业社会的统称。这是一种观念层面上的使用。事实上,"乡村社会"更多地表现出的是两个层面之间的交融性,即政治实体意义上的"乡村社会"在很大程度上本身就具有观念意义上的"乡村社会"的意识特质,而观念意义上的"乡村社会"在绝大多数时候又是建立在政治实体意义的"乡村社会"的范例基础之上。② 如前所述,社会学家界定的乡村社会是指由一个密度较稀区域内的人口组织而形成的职业大体相同、具有共同生活的社会。笔者根据明清时期中国社会的实际,初步界定本书中的"乡村社会"是指长期存在于西南民族地区的落后的传统农业社会的统称。

迄今为止,"国家"的概念众说纷纭,莫衷一是。有专家认为,国家是拥有最高权力及其管理组织或政府的社会,是最大且最高的社会。③ 这是一种将国家

---

① 中国社会科学院语言研究所词典编辑室:《现代汉语词典》,商务印书馆,2016年版,第1482页。

② 吕芳:《乡村社会与国家法——新时期我国乡村社会法治进程解读》,重庆大学2005年硕士学位论文。

③ 王海明:《国家学》(上卷),中国社会科学出版社,2012年版,第39页。

与社会有机结合的解释。总的来讲,目前对国家的界定综合起来有三个层面:一是地理意义的"领土国家",可以等同于国度,指包括了领土、人口、主权和政权在内的政治单位,这种理解的目的是与国际上其他的国家行为主体区分开来。二是民族或国族意义的"文化国家",强调的是具有共同民族特性或具有共同文化特征的政治单位,民族认同或文化认同是其基本特点。三是制度意义的"政治国家",则指的是区别于其他组织机构的一套政治制度形式,具有诸如中央集权、分离化、强制性、合法性、科层制等特征。① 汉语中的"国家"一词起源较早,《周易》中有"是以身安而国家可保也"的句子。秦汉以后以一国而统天下,加之儒家文化强调"家国同构","国家"主要是指一国的整体,如西汉刘向在《说苑》中有"苟有可以安国家,利人民者"的句子。可见,我国古籍中的"国家"并非近代民族国家的观念,而是"天下"的观念。按照《现代汉语词典》的解释,国家是阶级统治的工具,同时兼有社会管理的职能。② 国家是一种拥有治理一个社会的权力的机构,在一定领土范围内拥有外部和内部的主权,也就是马克斯·韦伯的所谓"国家是一种持续运转的强制性政治组织,其行政机构成功地垄断了合法使用暴力的权力,并以此维持秩序"③的意思。本书对"国家"概念的理解是:国家是一个成长于社会之中而又凌驾于社会之上的、以暴力或合法性为基础的、带有相当抽象性的权力机构,在其管理的领土内拥有外部和内部的主权。

(四)"政不下县"与"政权下乡"

1."政不下县"

"郡县治,天下安",这历来是中国的政治古训。因此,"皇权不下县"也代表着统治阶级的思想。"皇权不下县"的治国理念源于秦朝统一全国之后。许倬云说:"秦朝设郡县,等于不设分公司,而是成立办事处及其代理人,直接向中央负责,地方官的成绩,都是直接向中央政府报告。"④这种授权是直接授权,权力只有一个来源——皇帝。而在县之下,则是乡绅治理(自治),"皇权不下县"

①杨雪冬:《市场发育、社会生长和公共权力构建》,河南人民出版社,2002年版,第10页。

②中国社会科学院语言研究所词典编辑室:《现代汉语词典》,商务印书馆,2006年版,第520页。

③马克斯·韦伯:《经济与社会》,转引自王焱:《宪政主义与现代国家》,北京三联书店,2003年版,第31页。

④许倬云:《从历史看组织》,上海人民出版社,2000年版,第26页。

即由此而来。翻检史籍，我们就会发现，从秦汉到宋元乃至明清，我国地方行政体制一直在演变之中。但是，不管当时的地方行政体制是二级、三级，还是四级、五级，县一级行政组织都是最低一级地方行政组织和行政区划。徐勇先生认为，"皇权不下县"是指国家体制性的正式权力只到县一级为止，县以下主要依靠非体制性的权力进行治理。由此构成"县官治县，乡绅治乡"的权力格局。① 因此，本书涉及的"政不下县"是指中央王朝的政令及管理到县一级就基本结束，县级及县级以下的有效管理基本上是由宗族组织、士绅精英和官府权威负责。有专家指出，自实行科举制以后，国家通过科举考试将社会精英吸纳到统治体系中来。但这些精英并不都能够进入国家的正式官僚体系，他们中的大多数都只能散落在社会之中，并因为国家赋予其的功名等特殊地位而在乡村社会发挥特殊的影响力，并成为乡村社会的实际统治者。②正如费正清所言："在过去的 1 000 年里，士绅越来越多地主宰了中国人的生活，以致一些社会学家称中国为士绅之国。""在 100 年前就已超过 4 亿人口的一个国家里，正式皇帝任命的官员不到 2 万名，带功名的士绅却约有 125 万之多。"③他们是农民的真正主宰者。由此可见，中国历史上（特别是明清时期）的县作为乡村的头和城市的尾，在整个政治社会结构中始终居于特殊地位。对中央政府而言，县级行政机构是国家政权的一个台柱、一个支撑点；对乡村社会而言，县级行政机构则连接着整个乡村社会，是国家政权与乡村社会的一个接触点。

2. "政权下乡"

任何一个国家为了在一定"疆域"内获得和使用特殊的公共权力，必须建立相应的机构，形成政权组织体系。在封建社会后期的明清两朝，统治者在西南民族地区逐渐通过土流并治、改土归流、保甲制度、团练制度等覆盖西南民族地区"疆域"的政权组织体系对各族人民进行治理。④在权力的配置和运作中，国家从统一的权力中心发散，政治权力的影响范围在地理空间和人群中不断扩大，覆盖整个领土的人口，逐渐渗透到广泛的社会领域，使国家权力下沉，将乡村社会完全纳入国家权力体系，实现了国家权力与乡村社会权力的良性互动，这就是"政权下乡"的基本内涵。

---

①②④ 徐勇：《政权下乡：现代国家对乡土社会的整合》，《贵州社会科学》，2007 年第 11 期，第 4-9 页。

③［美］费正清：《美国与中国》，世界知识出版社，1999 年版，第 32-38 页。

四、本书的祈盼

至此,作者祈盼用一段话作为本书绪论的结语:明清时期西南民族地区乡村社会任何家族的家谱、族谱在追溯自己祖先时,总会攀附到有历史功绩的祖先,总会发现本宗族或家族有许多可歌可泣的显赫人物和可圈可点的历史事实:有的祖先的功绩或事实显赫一些,有的祖先功绩或事实黯淡一些。当我们想到自己的祖先曾经为国家的富强而奋斗、为国家的发展而努力,乃至为自身基本生存而流血抑或牺牲的时候,我们的情感不尽一致:或自豪、或感伤。我们必须清楚:无数的个人、家庭组成乡村社会,成为国家的重要细胞,国家无疑应该肩负起保护这些细胞的责任。即便明清两代早已成为历史,远离我们,但这是我国多民族逐渐形成中华民族的一个十分重要的历史阶段。西南民族地区乡村社会的各族人民,对于过去,固然看到无穷的光辉;对于将来,也必然抱着更大的期待。① 我们没有理由懈怠,我们必须为实现"中国梦"而努力奋斗!

①朱东润:《张居正大传》,百花文艺出版社,2000年版,第453页。

第一章　明清时期西南民族地区乡村社会官方基层组织

　　本书的"明清时期"，其上限自朱元璋建立明朝即洪武元年（1368 年）始，下迄清朝宣统三年（1911 年），前后共计 543 年。明清时期的社会基层组织，就中央政府制定的制度而言，是明确、清晰的。但就实际运作过程中的实态而言，则是变化多端和含糊不清的。西南民族地区乡村社会因传统习惯、实际情况及官员执行力度等因素而形成不尽一致的体系。因此，有的学者认为，要想简单地将各地各具特色的基层组织纳入某种单一的系统是完全不现实的。明清时期西南民族地区乡村社会经受三类基层组织的管理，或者说受"三重统治"——一是官方基层组织（如里甲制、保甲制、粮长制等）；二是官民共建基层组织（如乡约、社学、社仓等）；三是民间宗族组织。此外，在西南民族地区还存在着一个拥有政治、经济和社会上的各种特权的基层民间精英——士绅阶层，他们位居四民之首，介于官民之间，是西南民族地区乡村社会的实际支配者。因此，作者将此归纳为"三加一模式"，即西南民族地区基层组织系统包括官方基层组织、民间基层组织以及官民共建基层组织三个子系统，每个子系统之下又各有不同的具体组织，其功能前后变化、互动互补，共同构成基层社会的管理、控制网络。在这个基层管理网络的变化过程中，士绅阶层不仅直接推动了民间基层组织的形成，承担了官民共建组织的基本职能，而且逐步渗透到官方基层组织，从而真正成为西南民族地区乡村社会的控制主体。[1] 可见，明清时期西南民族地区乡村社会的各族人民就是在这张纵横交错的网中艰难地生活着、前行着。本章将探讨明清时期西南民族地区乡村社会官方基层组织。

　　明清时期凡县级以下乡村基层组织承担着国家的赋税和徭役征派、维持地方治安和宣布封建教化的职责，是国家与乡村社会的重要纽带，是社会调控系统中的一个重要机制。它规范和协调人们的活动，从而更有效地满足人们的多

---

[1]徐茂明：《江南士绅与江南社会：1368—1911》，苏州大学 2001 年博士学位论文。

种需求。由于传统中国素有"国政不下县"之说(即皇帝任命的地方官员到县级为止,各项政令也只贯彻到县一级,对于县级以下的由乡村社会基层组织来组织实施)。在"官""官民""民"三个基层组织体系中,以里甲、保甲等为代表的"官方基层组织"无疑是国家与乡村社会发生关联的重要交接点,也是众多乡村基层组织中较为核心的组织。

第一节 明清地方官府的设置

有学者研究表明,明清时期的官方基层组织包括按户口编制的里甲制和保甲制,按税粮划区的粮长(里长)制,按土地分界的都图制。① 作者认为,前两者是确定无疑的,后者还值得进一步研究。在探讨官方基层组织之前,用一定篇幅阐述明清地方官府,其主要目的在于厘清官方基层组织与国家层面的地方官府的隶属关系及层级关系。

相对中央政府而言的地方官府,是指地方上的国家行政机关。《尉缭子·武议》中有"农不离其田业,贾不离其肆宅,士大夫不离其官府"之说。古往今来,任何官府作为国家行政机构,都必须行使国家权力,具有一定的权威,地方官府也不例外。

一、明代地方官府

有明一代,地方行政区域的划分,基本上实行省、府、县三级制,在官吏设置方面十分复杂。

(一)行省官吏设置

在行省一级,除布政使、都察院、总督、巡抚等之外,其余则是与中央的六部相对应设置。据《明史》卷七十三志四十九《职官二》载,都察院设左、右都御史,左、右副都御史,左、右佥都御史,另设经历、都事、司务、照磨、检校、司狱等官员,在福建、广东、广西、四川、贵州各七人,云南十一人。其在外加都御史或副、佥都御史衔者,有总督,有提督,有巡抚,有总督兼巡抚,提督兼巡抚,以及经

---

①徐茂明:《江南士绅与江南社会:1368—1911》,苏州大学2001年博士学位论文。

略、总理、赞理、巡视、抚治等员。据《黔记》载,明代贵州省级机构官员设置情况为:总督川湖贵州军务都御史[一员。间值地方有警,特命专征,事定还朝,不常设。嘉靖间,御史宿应麟题设总督一员,驻沅州,节制三省,寻省。万历二十二年(1594年),因杨酉叛,复设总督一员,驻四川,节制三省。原议俟播平经理善后,事竣仍省]、巡抚贵州都御史[一员,驻省城。正统间设,至嘉靖四十二年(1563年),因裁。沅州总督奉敕加提督军务兼制湖北川东等处地方,自巡抚吴维岳始。万历二十九年(1601年),子章因楚饷不继,题准兼制湖南道属地方]、巡按贵州监察御史(一员,驻省城,行巡各属)、贵州等处承宣布政使司(左布政使一员,左参政一员,左参议一员,右参议二员。一清军督粮,分守安平道,驻省城。一分守贵宁道,驻乌撒。一分守新镇道,驻平越。一分守思仁道,驻思南。各道参政参议互用无定衔。旧设清军右参政一员,后以督粮道兼理,裁。经历司,经历一员,都事一员。照磨所照磨一员。理问所正理问一员。丰济库大使一员。本司辖仓:新添仓,清平仓,平越仓,都匀仓,兴隆仓,威清仓,平坝仓,安庄仓,乌撒仓,赤水仓,各大使一员,共十员)、贵州等处提刑按察司[按察使一员,副使四员,佥事二员。一提督学校道,驻省城,巡行各属。一清军兼理驿传道,驻省城。一兵备分巡威清道,驻普定。一兵备分巡毕节道,驻毕节。一兵备分巡都清道,驻都匀。一兵备分巡思石,驻铜仁。各道副使佥事互用无定衔。经历司经历一员,知事一员。照磨所照磨一员。司狱司司狱一员。镇守贵州兼提督平清等处地方总兵官一员。旧驻会城。嘉靖间移驻铜仁。平播后,万历二十九年(1601年)子章题,总兵官春夏驻贵阳以防播,秋冬驻铜仁以防苗。分守四川溆泸坝底及贵州迤西参将一员,驻永宁。分守贵州及清浪等处参将一员,驻清浪。分守贵州兴黄参将一员,旧无。万历二十七年(1599年)征播,题设为防播孽也]、贵州都指挥使司(军政掌印都指挥一员;管屯都指挥一员;管操捕都指挥一员,近改游击将军。经历司经历一员,都事一员。断事司断事一员)。①这些官员各司其职,如都御史:"职专纠劾百司,辨明冤枉,提督各道,为天子耳目风纪之司。凡大臣奸邪、小人构党、作威福乱政者,劾。凡百官猥茸贪冒坏官纪者,劾。凡学术不正、上书陈言变乱成宪、希进用者,劾。遇朝觐、考察,同吏部司贤否陟黜。大狱重囚会鞫于外朝,偕刑部、大理谳平之。其奉敕内地,衔循外地,各专其敕行事。"监察御史:"主察纠内外百司之官邪,或露章面劾,或封章奏劾。"十三道各协管也各有职守,如四川道协管工部,营缮所,文思院,御用、司

① [明]郭子章:《黔记》(点校本)卷十八,转引自《续黔南丛书》第一辑(中册),贵州人民出版社,2012年版,第1577-1579页。

设、神宫、尚衣、都知等监,惜薪司,兵仗、银作、巾帽、针工、器皿、盔甲、军器、宝源、皮作、鞍辔、织染、柴炭、抽分竹木各局,僧、道录司,在京府军、济州、大宁前、蔚州左、永清左五卫,蕃牧千户所,及直隶松江府、广德州,金山、怀安、怀来各卫,神木千户所,播州宣慰司,四川石砫(现重庆市石柱土家族自治县,下同)、酉阳(现重庆市酉阳土家族苗族自治县,下同)等宣抚司,天全六番招讨司。

(二)府、州、县官吏设置

在明代,西南民族地区府、州、县官吏设置形式多样:有的地方是土流并治,其官吏设置就有两套系统;有的地方属于土司统治,则完全按照土司的管理设置;有的地方是府卫同城,其官吏设置就有两套系统;有的地方是卫所管理地方事务,则按照卫所设置。① 作者仍以贵州省的一些府、州、县官吏设置的情况予以说明。

贵阳军民府属于府之下级别较低的土司,其设置为:知府一员,同知一员,通判一员,推官一员。经历司经历一员。司狱司司狱一员。府属儒学教授一员,训导一员。金筑安抚司安抚一员,土官。吏目一员。定番州知州一员,同知一员,吏目一员。儒学学正一员。程番长官司、上马长官司、小程番长官司、卢番长官司、方番长官司、韦番长官司、洪番长官司、卧龙番长官司、大龙番长官司、小龙番长官司、罗番长官司、金石番长官司、卢山长官司,各正长官一员,共十三员,俱土官;各吏目一员,共十三员。木瓜长官司、大华长官司,各正长官一员,副长官一员,共四员,俱土官;各吏目一员,二员。麻响长官司正长官一员,吏目裁。新贵县知县一员,土县丞一员,土主簿二员,典史一员。儒学,万历二十九年(1601年),题设教谕一员。

作为土司治理地方的贵州宣慰使司,其官吏设置为:宣慰使二员,同知一员,俱土官。经历司经历一员,都事一员。司属儒学教授一员,训导一员。万历二十九年(1601年),题裁训导一员为新贵县学教谕。医学正科一员(先年俱本司民汤李二姓世袭,近因贫不能赴京承袭,止。以其子孙业医者一人护印)。阴阳学正术一员,缺。以习阴阳书者护印。僧纲司都纲一员,缺。以僧人护印。道纪司都纪一员,缺。以道人护印。丰济仓、毕节仓、龙里仓,各大使一员,共三员。水东长官司、青山长官司、中曹长官司、白纳长官司、龙里长官司、底寨长官司,各正长官一员,副长官一员,共十二员,俱土官;各吏目一员,共六员。扎佐

---

① [明]郭子章:《黔记》(点校本)卷十八,转引自《续黔南丛书》第一辑(中册),贵州人民出版社,2012年版,第1579—1590页。

长官司、养龙坑长官司、乖西长官司,各正长官一员,共三员,俱土官;各吏目一员,共三员。澄河巡检司、沙溪巡检司、陆广河巡检司、黄沙渡巡检司,各巡检一员,共四员。贵州驿、威清驿、平坝驿、龙里驿、龙场驿、陆广驿、谷里驿、水西驿、奢香驿、金鸡驿、阁鸦驿、归化驿、毕节驿、扎佐驿、养龙坑驿,各驿丞一员,共十五员。渭河驿驿丞一员,万历十年(1582年)革。

安顺军民府与普定卫同城,其设置如下:万历二十九年(1601年),巡按宋兴祖题将安顺州改设。知府一员,推官一员。经历司经历一员。儒学旧系普定卫学,万历二十九年(1601年),题改府学。教授一员,训导一员。随府办事镇宁州土同知一员,旧系安顺州同知,因州改府,将本官附衔镇宁,仍管安顺原有地方,催办粮马。府属宁谷长官司正长官一员,土官。吏目一员。西堡长官司正长官一员,副长官一员,俱土官;吏目一员。普利驿驿丞一员。广积仓大使一员。

贵州卫指挥使司的设置为:掌印指挥一员,管马指挥一员,金书管屯指挥一员,管操兼管局指挥一员,捕盗指挥一员。经历司经历一员。镇抚司镇抚一员。左右中前后五所各掌印千户一员。金书管操千户一员,所镇抚一员,管军屯五百户十员。贵州站百户一员。

(三)明代土司的设置

《明史》对于土司的设置有详细记载:"土官,宣慰使司,宣慰使一人,从三品;同知一人,正四品;副使一人,从四品;金事一人,正五品;经历司经历一人,从七品;都事一人,正八品。宣抚司,宣抚使一人,从四品;同知一人,正五品;副使一人,从五品;金事一人,正六品;经历司,经历一人,从八品;知事一人,正九品;照磨一人,从九品。安抚司,安抚使一人,从五品;同知一人,正六品;副使一人,从六品;金事一人,正七品;其属,吏目一人,从九品。招讨司,招讨使一人,从五品;副招讨一人,正六品;其属,吏目一人,从九品。长官司,长官一人,正六品;副长官一人,从七品;其属,吏目一人,未入流。蛮夷①长官司,长官、副长官各一人,品同上;又有蛮夷官、苗民官及千夫长、副千夫长等官。军民府、土州、土县,设官如府州县。"②土司如此设置的原因,《明史》也做了交代:"洪武七年,西南诸蛮夷朝贡,多因元官授之,稍与约束,定征徭差发之法。"

---

①蛮夷、蛮:为明清时期官府对南方民族的欠尊重称呼,下同。——作者注
②[清]张廷玉等:《明史》卷七十六志第五十二《职官五》,中华书局,1974年版。

（四）明代地方官吏的管理

明代对西南地区地方官吏的管理是较为严格的。如《明史》中谈到"千户所"时云：（洪武）二十年（1387 年），"始命各卫立掌印、金书，专职理事，以指挥使掌印，同知、金事各领一所。士卒有武艺不娴、器械不利者，皆责所领之官"。对于西南地区土司职责要求也是十分明确的："皆因其俗，使之附辑诸蛮，谨守疆土，修职贡，供征调，无相携贰。有相仇者，疏上听命于天子。"特别是明朝皇帝亲制《责任条例》，"颁行各司府州县，令刻而悬之，永为遵守。务使上下相司以稽成效"。这就十分明确地对包括西南民族地区在内的各级官吏提出要求，并命令"永为遵守"。其《责任条例》①全文如下：

> 洪武二十三年敕：方今所用布政司、府州县、按察司官，多系民间起取秀才人材孝廉。各人授职到任之后，略不以"到任须知"为重。公事不谋，体统不行，终日听信小人浸润，谋取赃私，酷害下民。以此仁义之心沦没，杀身之计日生，一旦系狱临刑，神魂仓皇，至于哀告恳切，奈何虐民在先，当此之际，虽欲自新，不可得矣！如此者，往往相继而犯，上累朝廷，下辱乡间，悲哀父母妻子，孰曾有鉴其非，而改过也哉？所有责任条例，列于后：
>
> 一、布政司治理新属临府，岁月稽求，所行事务，察其勤惰，辨其廉能，纲举到任须知内事目，一一务必施行，少有顽慢，及贪污、坐视恬忍害民者，验其实迹，奏闻提问。设若用心提调催督，宣布条章，去恶安善。倘耳目有所不及，精神有所不至，遗下贪官污吏，及无籍顽民，按察司方乃是清。
>
> 一、府临州治，亦体布政司施行。耳目有所不及，精神有所不至，遗下贪官污吏及无籍顽民，布政司方乃是清。
>
> 一、州临县治，亦体府治施行。耳目有所不及，精神有所不至，遗下贪官污吏及无籍顽民，本府方乃是清。
>
> 一、县新临里甲，务要明播条章，去恶安善，不致长奸损良。如此上下之分定，民知有所依，巨细事务，诉有所归。上不素政于朝廷，下不衔冤于满地，此其治也钦。若耳目有所不及，精神有所不至，遗下无籍顽恶之民，本州方乃是清。

---

①彭勃，徐颂陶：《中华人事行政法律大典》，中国人事出版社，1995 年版，第 860-861 页。

一、若布政司不能清府,府不能清州,州不能清县,县不能去恶安善,遗下不公不法,按察司方乃是清。

一、按察司治理布政司、府州县,务要尽除奸弊,肃清一方。耳目有所不及,精神有所不至,巡按御史方乃是清。傥有通同贪官污吏,以致民冤事枉者,一体究治。

一、此令一出,诸司置立文簿,将行过事迹,逐一开写,每季轮差吏典一名,赍送本管土司查考。布政司考府,府考州,州考县,务从实效,毋得诳惑繁文,因而生事科扰。每岁进课之时,布政司将本司事迹,并府州县各赍考过事迹文簿,赴京通考。敢有坐视不理,有违责任者,罪以重刑。呜呼!今之布政司,不拿所属贪赃官吏,又不申闻阘茸不才,诸等不公不法,亦不究问。府文到司,并不审其为何,但知递送而已。府亦以州文如此,州亦以县文如此,自布政司至府州,皆不异邮亭耳,所以不治为此也。

上面这则《责任条例》,将省、府、州、县各级官员环环紧扣,上下联动,责任传递,避免一些官员不谋公事,不行体统,以致造成"终日听信小人浸润,谋取赃私,酷害下民"的恶果,最终"上累朝廷,下辱乡间,悲哀父母妻子"。这是国家、乡村社会及官员家庭均不愿看到的结果。

从上面的情况看,明代将"承宣布政使司"作为地方一级最高机构保留并确立下来,其内部机构得到进一步完善。省之下是府、州、县,其长官为知府、知州、知县。在土司治理的地方,则形成了宣慰使司、宣抚司、安抚司、招讨司、长官司一个系列,这些武职土司,属朝廷的兵部管辖,在行省则隶属于都司。由此可见,明王朝为加强对土司的控制,在西南民族地区广泛设置军民指挥使司,以管辖控制诸土司。同时,又实行大土司管辖小土司,形成层层控制管辖的隶属关系。另一方面,明代中央政府为了加强对官吏的监督和军事的控制,又建立了巡抚与总督制度,加强和调整了中央与地方的关系。整个明代,督抚制度在宣德年间开始设置,到嘉靖年间渐为定制,其间权力从弱到强,作用相应增大,呈现出由弱到强再到弱的变化规律。

二、清代地方官府

有清一代,督抚制度逐渐成为包括西南地区在内的地方主要官制,这势必加强了对地方的统辖。在督抚制度下,布政使和按察使的权力被削弱,督抚成为有效连接中央与地方的中介,这无疑加强了乡村社会与中央政府的直接联系。从历史文献中我们就会发现,清代巡抚往往成为一省最高行政长官,总督则往往主一省或数省之政(如云贵总督、川陕总督、湖广总督、两广总督等)。清代西南地区,省之下为道、府、直隶州、直隶厅、县等,道员原为省之派出官员,以后演变为掌军掌民的重要官员。由此,清代地方行政体制就成为省、道、府、县(州或厅)级四制。清代西南地区的地方官府,特别是面向乡村社会的官吏设置,有以下几点值得注意。

(一)府、厅、州、县官吏的设置

清朝时,随着中央官制的演变,地方官制也不断发生变化。清朝前期,西南民族地区仍然实行土司制度,对那些少数民族的头人,分别给以指挥使、宣慰使、宣抚使、安抚使、招讨使、长官司、土知府、土知州、土知县、土通判、土千总、土巡检等大小不同的官职。但是,随着土司制度逐渐走向末期,土司大都"淫昏暴戾"。加之经常叛乱,清代中期(特别是雍正年间)辅以军事,在我国西南的一部分地区实施不彻底的"改土归流",即派出部分流官,取消部分土司的特权,推行土官与流官掺杂结合政策(即学者常说的"土流并治"),进一步加强了国家在西南少数民族地区的直接统治。① 湖广、川东南和川南、贵州大部地区、云南北部等地大规模彻底改土归流,使西南地区乡村社会民众的思想逐渐与国家"大一统"的理想相契合,诸多地方官府的官员设置与内地府、厅、州、县官员的设置别无二致。

(二)基层行政组织的变化

明清两代西南地区已改土归流地区,基本都实行乡、都、里、甲制。其基层政权组织主要掌管辖区内丁户房产、税赋兵役、文教医卫、婚丧生育、救灾济贫等事宜。据有关史料载,明时,乡(都)下设里、甲,以110户为一里,推丁粮多者10户为里长,轮流为首,10年一轮;其余100户分10甲,甲设甲首。里长、甲首负责教化、赋税、争讼等事。清代虽然袭用明制,以乡、都、里、甲作为基层政权组织,但同时设立牌甲制。据《清史稿》卷一百二十志九十五《食货志》记载,顺治元年(1644年)规定:"州县城乡十户立一牌长,十牌立一甲长,十甲立一保长。"居民每户发给印牌,记载姓名、丁口、行踪,"出则记所行,入则稽所来"。牌长、甲长、保长负责治安、户籍、课税。《清史稿》卷一百二十志九十五《食货一》之"户口田制"条对全国的牌甲制度有详细记载:"世祖入关,有编置户口牌甲之

①代继华,谭力,粟时勇:《中国职官管理史稿》,法律出版社,1994年版,第888页。

令。其法,州县城乡十户立一牌长,十牌立一甲长,十甲立一保长。户给印牌,书其姓名丁口。出则注所往,入则稽所来。其寺观亦一律颁给,以稽僧道之出入。其客店令各立一簿,书寓客姓名行李,以便稽察。及乾隆二十二年,更定十五条:一、直省所属每户岁给门牌,牌长、甲长三年更代,保长一年更代。凡甲内有盗窃、邪教、赌博、赌具、窝逃、奸拐、私铸、私销、私盐、踩曲、贩卖硝磺,并私立名色敛财聚会等事,及面生可疑之徒,责令专司查报。户口迁移登耗,随时报明,门牌内改换填给。一、绅衿之家,与齐民一体编列。……一、凡客民在内地贸易,或置有产业者,与土著一律顺编。一、盐场井灶,另编排甲,所雇工人,随灶户填注。一、矿厂丁户,厂员督率厂商、课长及峒长、炉头等编查。各处煤窑雇主,将佣工人等册报地方查核。"在"户口田制"中对西南民族地区也做了相应的规定:"一、苗人寄籍内地,久经编入民甲者,照民人一例编查。其余各处苗、瑶,千百户及头人、峒长等稽查约束。一、云南有夷、民错处者,一体编入保甲。其依山傍水自成村落者,令管事头目造册稽查。一、川省客民,同土著一例编查。……一、其四川改土归流各番寨,令乡约甲长等稽查,均听抚夷掌堡管束。……时各省番、苗与内地民人言语不通,常有肇衅之事。二十四年,定番界、苗疆禁例。凡台湾民、番不许结亲,违者离异。各省民人无故擅入苗地,及苗人无故擅入民地,均照例治罪。若往来贸易,必取具行户邻右保结,报官给照,令塘汛验放始往。……凡此夷、汉之杂处,土、客之相猜,虑其滋事,则严为之防,悯其无归,则宽为之所,要皆以保甲为要图。"对于"保甲"的作用,该条也做了说明:"顾保甲行于平时,而编审则丁赋之所由出也。编审之制,州县官造册上之府,府别造一总册上之布政司。凡军、民、匠、灶四籍,各分上中下三等。丁有民丁、站丁、土军丁、卫丁、屯丁。总其丁之数而登黄册。督抚据布政司册报达之户部,汇疏以闻。"[1]保甲的编审作用于雍正四年(1726年)停废。乾隆年间以降,其制度履行屡废。

第二节　官方基层组织的建置

明清时期是西南民族地区社会治理和社会秩序形成的重要时期,在这个时期中,官方基层组织的设立与嬗变对西南民族地区产生了革命性的作用和决定

---

[1]赵尔巽等:《清史稿》卷一百二十志九十五《食货一》,中华书局,1976年版。

性的影响。

一、中央政府对土司地区基层组织的设置

明清时期,封建中央王朝为了巩固其统治疆域,对西南地区少数民族一般都采取"以夷治夷"政策,即采取笼络政策,使土司或酋长不生异心,维护民族地区稳定和国家统一。明朝统治者在西南民族地区实行的是始于元代的土司制度。据龚荫先生统计,明代在西南、中南及西北地区设置的武职土司有910家,文职土司有762家。① 这些土司一般为世袭,袭职基本上遵循父死子继、兄终弟及的原则。若土司既无子嗣,又无兄弟时,亦可由妻女袭位。对于明代土司制度中官制的设置情况,同治《来凤县志·土司志》中有较详备的记叙,兹摘录如下:

> 元置军民府、土州、土县,设官如府、州、县,其法略备。前明踵元故事,更与约束,定征徭差拨之法。其官制:每宣慰司置宣慰使司、宣慰使一人(从三品),同知一人(正四品),副使一人(从四品),佥事一人(正五品),经历司经历一人(从七品),都事一人(正八品)。每宣抚司置宣抚司宣抚使一人(从四品),同知一人(正五品),副使一人(从五品),佥事一人(正六品),经历司经历一人(从八品),知事一人(正九品),照磨一人(从九品)。每安抚司置安抚司安抚使一人(从五品),同知一人(正六品),副使一人(从六品),佥事一人(正七品),其属吏目一人(从九品)。每招讨司置招讨司招讨使一人(从五品),副招讨一人(正六品),其属吏目一人(从九品)。每长官司置长官一人(正六品),副长官一人(从七品),其属吏目一人(未入流)。每蛮夷长官司置长官一人(正六品),副长官一人(从七品)。土司之官九级,自从三至从七,皆无岁禄,承袭必奉朝命。其子弟族属、妻女、若婿及甥之替袭,胥从其俗。②

以上所列宣慰使、宣抚使、安抚使、招讨使、长官等是土司中的上层官员,在土司衙署所设同知、经历、都事、吏目、儒学、教授、训导等,皆为其属官,以此表明是土流共治的政策。③ 西南地区的土司制度是一种军政合一或军政教合一的制度,所以各大小土官既是地方上最高行政长官,又是最高军事长官,也是当地

---

①龚荫:《中国土司制度》,云南民族出版社,1992年版,第58、61页。

②[清]李勖:《来凤县志》,同治五年(1866年)刻本。

③杨国安:《明清两湖地区基层组织与乡村社会研究》,武汉大学出版社,2004年版,第78页。

宗教领袖。他们拥有一支数量不等的军队——土兵。其正规部队的编制为"营""旗"制。"旗"是根据土司兵的地域范围来划分,凡境内居民,均编入旗内,所以"旗"也就成为明清时期的土司区主要的基层组织。它既是土司制度下的基层军事组织单位,又是地方行政管理机构。如在土家族地区,各土司所拥有的旗数不等,如永顺土司有五十八旗(即辰、利、东、西、南、北、雄;将、能、精、锐、爱、先锋;左、韬、德、茂、亲、勋、策;右、略、灵、通、镇、尽、忠;武、敌、雨、星、飞、义、马;标、冲、水、战、涌、祥、龙;英、长、虎、豹、嘉、威、捷;福、庆、凯、旋、智、胜、功。后又添设清、谋二旗,共为五十八旗),保靖土司有十六旗(名称分别为虎、豹、广、智、谋、勇、威、驱、彪、胜、亲、利、飞、良、先、镇),桑植土司有十四旗(分别是东、西、南、北、神、灵、贵、顺、威、龙、虎、戎、宗、客),散毛土司有四十八旗。据《宜昌府志》载:土官之"宣慰与宣抚,不相统属。……土司部勒土民,分风、云、龙、虎等字为旗。旗有长,又其下有大头目,分管若干户,现在州民犹有存其祖先大头目执照者"①。容美土司共有四十八旗,主要有勋旗、大旗、龙旗、小虎旗、亲随旗、新旗、营旗、领毒旗、山彪旗。在地方志中还记载有东旗、南旗、北旗、西旗、风旗、云旗、虎旗、龙旗等。在石砫,设营而不设旗,设里、甲代行旗的职能,全司分三里十甲,里有里长,甲有甲长,由土酋担任。既管理户口、民事,也组织军事活动。这与同样是土家族地区的永顺、散毛、保靖、桑植、容美等地存在着一定差异。当时的石砫,凡土司辖区内居民,均编入相应的里甲。明清时期,石砫土司全境分为峒源、溪源、石渠三里。这三里各辖数量不等的甲,甲以下又设峒、寨等单位。里和甲是行政区划,峒和寨则是地域与家族相结合的区划。② 峒、寨首领由大姓族长担任,称为土目,主管峒、寨的生产、军事等。由此可见,土家族地区的营旗制度是一种十分特殊的军事组织体制,它与明代其他地区的军队建制完全不同;同时,土家族地区的营旗制度又是一种集军事职能与生产职能于一体的兵农合一制度。同样是土司区,明代播州土司土兵的建制为:杨应龙为最高军事长官,总部设有大总管四人,军师一人,谋事四人。分掌十二路兵马。下设三十六个统制所,主管提调;每所管三总旗,主官称把总;每总旗管三小旗,主管称把式。还在五十四里各设一名坐寨,统领一队巡警。总兵力近十万人,其最精锐的部队名为"硬手"。③ 这与

①[清]聂光銮,王柏心,雷春诏:《宜昌府志》卷十六,同治四年(1865年)刻本。

②蔡玉葵:《秦良玉军事思想初探》,石柱土家族自治县人民政府地方志办公室,2010年版,第84页。

③贵州省遵义市地方志编纂委员会:《遵义地区志·军事志》,贵州人民出版社,2003年版,第57-58页。

其他地方的土司基层组织又有不同。而广西壮族土司区的土兵,则实行的是以哨为单位的基层组织编制。土兵平常以"哨"为单位从事农业生产劳动,遇到战争时即应征为兵。

在川西北的青川县,基层政权的建置又有差异。据《青川县政权志》载:青川县在明朝时,城曰坊,设坊正;近城曰厢,设厢官;乡都为里,每里一百一十户,设里长,每一百户设甲首,十户设一户长,负责乡里政务。初以乡统里,以里统甲;继又实行与乡里制互相表里的保甲法;后又演变为团甲制。①

在广西,其基层政权建置情况与土家族地区不尽一致。据《广西通志·民政志》第一篇"基层政权"第一章"清代、民国时期"之第一节"清代"所载:明代和清初,在广西的州县以下,一般实行里甲制度。到清朝雍正、乾隆时期,清政府多次颁布保甲条文。雍正四年(1726 年),清政府对保甲组织进行了一次较大的整顿,强调务必落实对人口和户口的编排,"村庄虽小,即数家亦可编为一甲",要求每户发给印信纸牌一张,以备稽查。同时,还制定了一系列边疆和少数民族地区的保甲编制措施。这种编排保甲组织的办法,在广西得到了贯彻。与此相应的赋税制改革,也在同步进行。至雍正六年(1728 年),广西已基本完成摊丁入亩、地丁合一的赋役制度改革,实现了一切出于田赋的目的。现存的广西旧县志所载各地乡村基层组织的情况,反映了当时新的保甲组织的状况。一是顺庄编制保甲;二是乡、保大小不一;三是保甲组织名称很不规范,不仅保留了大量里甲组织的旧称,而且混杂了许多旧防卫组织(如堡、寨)及地形(如坡、洲)、地物(如堰、闸)等习惯称谓。同治《苍梧县志》载,苍梧县下基层组织为乡、堡(坊)、村三级。光绪《临桂县志》载,临桂县下基层组织为乡、里(厢)、村三级。光绪《郁林州志》记载基层组织情况,也是乡、堡(街、寨)、村三级。据《藤县志》所载,县下划分为乡、都(里、厢)、村三级。②

鸦片战争后至清朝末年,广西各州县开始大办团练。凡举办团练的地方,大多在原地方基层组织范围内进行组训,一般在乡一级设置团局。地主豪绅势力强大的地方,也有以一保一里或联结数保(里)组团的,如临桂一县就有 120余团。团练与地方乡、保组织有着紧密联系。一般来讲,团练以保甲抽丁、编组,团练经费相当一部分由保甲摊派、筹集,加之团练与乡保组织大多由地主豪绅控制,所以,乡保组织职能不断受团练削弱,有的甚至被团练所取代。因此,

①青川县志编纂委员会:《青川县政权志》,1987 年版,第 28 页。
②转引自广西壮族自治区地方志编纂委员会:《广西通志·民政志》,广西人民出版社,1996 年版,第 10-12 页。

隆林县基层组织为乡、团、写牌三级,实为团练组织。在桂西尚未改流的土司统治地区,其基层组织不仅保留着原有的习惯称谓,更主要的是其职能和保甲制度不同,仍然承担着向土司提供赋税和劳役的义务。南丹土州的基层政权为哨,全土州分本州哨等14哨。安平土州(今大新县境内)划分为东、西、南、北、上、中、归、食等八化,每化管辖10余个至30余个村屯。①

据《宁明县志》记载,清朝时,宁明州下置哨、寨、堡、屯,各领若干村;思州、迁隆峒下置哨,领若干村;思陵州下置哨、堡,各领若干村;上石西州,下置屯,领若干村;下石西州,下置村。可见,哨是土兵编制的最大单位,村是土兵编制最小的单位。哨设总哨一人,寨立寨主一人,堡有堡正一人,屯、村各有头人。哨、堡、寨、屯,头人各有若干亲兵,享有俸田、兵田。土官的政令到哨、寨、堡、屯,各头人负责传达与实施。必要时,可动用亲兵。平时催粮赋,听讼诉,查奸究;战时练壮丁,候征召。宁明县土官将辖地内征用的土兵分作兵哨、夫哨,有警则从兵哨中征兵,有事则要夫哨出夫。② 在广西瑶族地区土兵的基层组织形式大体以里、堡、城头、化、布、哨、团、甲等为单位,兵额多少按辖地大小、关隘哨卡、司民多寡和军事要地分派,如属军事要冲,则请辅以官军巡守。③

总之,乾隆年间之后的广西,保甲制已确立,乡、保、甲三级成为乡村社会的基本组织形式。但各地称谓不一,除乡这一名称比较统一外,保一级有堡、里、都、图、厢、坊、甲、寨等,甲一级则多名为村。咸丰年间之后,团练兴起,基层多与乡保并存。在已改流的少数民族地区,基层组织性质已与汉族地区无异;土司统治地区,基层组织仍负担着为土司办粮当差的职责。④

二、中央政府对卫所地区基层组织的设置

明清时期,中央政府在西南卫所地区基层组织的设置又与土司区基层组织的设置不尽一致。甚至在川西北改土设屯的卫所(如土千户所、土百户所)以及湖广都指挥使司下设的九溪卫所管辖的麻寮所,同样具有土司性质,但在基层组织设置时是有区别的。这里以麻寮土千户所为例予以说明。

---

①④ 广西壮族自治区地方志编纂委员会:《广西通志·民政志》,广西人民出版社,1996年版,第10-12页。

②转引自凌燕:《广西土兵戍边与国防建设检视》,广西师范大学2008年硕士学位论文。

③都安瑶族自治县志编纂委员会:《都安瑶族自治县志》,广西人民出版社,1993年版,第625页。

据清《嘉庆重修慈利县志》卷四"关隘"条载：

麻寮所……明洪武设一所十隘,以防御土獠①。山羊隘、九女隘、樱桃隘、曲溪隘、拦刀隘、梅梓隘、黄家隘、青山隘、靖安隘、在所隘。以上俱洪武十三年建。②

另据《嘉庆重修慈利县志》卷五"阴袭六十一"条载：

明洪武时,设麻寮所隘,正副千百户三十二名,世守土,赐铁券,封武德将军。本朝顺治四年,顺丞王安边至澧,各所隘投诚披剃,仍因明制,赏给方印号纸。雍正十三年,诸蛮向化,献土缴印,该千户为千总,百户为百总,颁给敕书一道,扎符一张,令其子孙世袭,如有年力精壮,准其随营效用,才具优长者,照以武职升转。③

从有关史料看,麻寮所为一所四厅的武职,共计设千总六员,把总二十六员。其基层组织设置,据《麻寮所编里甲十隘旗军户口》载：

一、本所原编七里户口,以遏贼南侵,编东乡一都十甲,二都十甲,三都十甲；南乡四都十甲,五都十甲,西乡六都十甲,北乡七都十甲。二、曲溪隘土官一员,总旗二名,各小军七户；三、靖安隘土官四员,总旗八名,各小军十二户；四、山羊隘土官一员,总旗二名,各小军十四户；五、九女隘土官一员,总旗二名,各小军八户；六、樱桃隘土官三员,总旗三名,各小军十五户；七、梅梓隘土官三员,总旗三名,各小军十八户；八、黄家隘土官三员,总旗三名,各小军二十一户；九、青山隘土官二员,总旗二名,各小军十二户；十、拦刀隘土官三员,总旗三名,各小军十二户；十一、在所隘土官二员,总旗二名,小军各十八户。十二、本所原额管辖土军一千三百七十余户,内有故绝者,有逃散者,每族有数百余丁者,有数十余丁者,有数丁者,多寡者不等。④

上述情况说明,麻寮土千户所在所设千户,在隘设百户,汉、土杂用。"官不请俸,职纪土官；军不支饷,名纪土军；驻扎山峒,世守边疆。"麻寮所计有四厅十隘千户、百户及镇抚、站堂、吏目、通把等官四十七员。可见,麻寮千户所实行兵

①土獠：封建时代对土家族的侮辱性称呼。——作者注
②③[清]李约,皇甫如森：《嘉庆重修慈利县志》,嘉庆二十二年(1817年)刻本。
④鹤峰县史志编纂办公室,五峰县民族工作办公室：《容美土司史料汇编》,1983年版,第485-486页。

农合一、寓兵于农的制度。所千户、隘百户既是所、隘行政长官，又是军队首领。①

三、中央政府对其他民族地区基层组织的改置

明清时期，国家在西南民族地区大量推行与内地基本相同的基层组织，使西南民族地区的基层组织得到结构性的变革。②

（一）推行新制度

在设置府、州、县的地区推行社制、里甲、保甲、乡约、牛丛等制度。如明初在大理白族地区推行里甲、保甲和乡约等基层社会组织。大理地区有碑刻记载"天兵入滇归附，选充里长"，说明洪武时大理地区就设立了里甲制度。永乐十六年（1418年），大理地区里甲制已很普遍。清朝在云南省推行保甲、乡约制度，即使在德宏、临沧等偏远的民族地区也大量设置保甲、乡约。"云南省永昌之潞西、顺宁之缅宁二处，居住近边之人，照内地保甲之例编造寄籍，登造年貌，互相保结，并严禁与摆夷③结亲。如有进关回籍，用互结报明，官给印票，关口验照放行；回时仍验明放出，若无印票，概不准放行。如各员弁混放偷漏，查出参处。如永昌腾越、顺宁缅宁、南甸、龙陵一带本籍百姓，保甲亦一体稽核。毋许混匿江楚客民，在则从严惩治。"④

（二）采取改置方式

中央政府对众建土司或改土归流地区的少数民族固有制度予以承认，在形式上适当改革后赋予它们新功能，使其具备与内地基层社会组织一样的功能，进而达到对西南民族地区基层社会组织改革的目的。如明清时期，中央王朝为了削弱西南地区土司的实力，有时采取众建土司的办法，也就是把一些大土司改为小土司，如在滇西北地区仅中甸就设有土守备两名、土千总五名、土把总十六名；维西地区设有土千总两人、土把总五人、土目二十九人。如此一来，国家

①李良品：《土司时期西南地区土兵制度与军事战争研究》，重庆出版社，2013年版，第211页。

②胡兴东：《元明清时期的基层组织与国家法适用研究——以云南民族地区为中心的考察》，《云南师范大学学报（哲学社会科学版）》，2010年第4期，第143-150页。

③摆夷：新中国成立之前，统治阶级对傣族的他称。——编辑注

④徐栋辑，丁日昌序：《保甲书辑要》，转引自《中国方略丛书》（第一辑），台湾成文出版社，1969年版，第27-28页。

把县以下的社会治理交给土司,而这些土司又受制于流官,便于乡村社会的稳定。明朝嘉靖年间对云南武定府改土归流时邓世彦提出的"永立管马通事,以寓保甲"的基层组织改革方式,虽然仍保留传统的马通事,但本质上是"通事即中州之里长,火头、村长,即中州之甲首矣"①。这就为武定府原来的民族社会组织赋予了新的社会功能。如在湖广施州卫经改土归流之后设立施南府,下辖宣恩、来凤、咸丰、利川、建始、恩施六县,其中:"恩施县八甲,保正32名,甲长170名;宣恩县,编户七里,共保正56名,甲长339名;来凤县编户十二里,保正48名;咸丰县编户八甲,保正64名;利川县编户七里,89保;建始县十里,保正350名。"②这就基本上遵照了内地民户的保甲定式。

（三）实施改土为屯

在川西北改土为屯的美诺（后改为懋功）、抚边、章谷、崇化、绥靖五屯地区,各置粮务一员,专门负责当地兵民的屯垦事务,分属美诺、阿尔古两厅。金川屯田,依屯田者的身份、屯地多寡、升科情况等可分为兵屯、民屯、"番"屯、练屯四种。这就形成了兵、屯、番、练相互结合的另一种基层组织形式。

（四）保留原有基层组织结构

在一些偏远山区少数民族集中居住的峒、寨,则较多地保留着当地原有的基层组织结构。如湖广的瑶族地区形成"团总—瑶总—瑶户"的基层组织结构。虽无保甲之名,实有保甲之实。乾隆十年（1745年）议定,在城步编定瑶峒甲长:"寨大者十户立一牌头,十牌立一甲长。每寨择小心知事者,金立寨长一二人。寨小者不必限定牌甲,亦必金立一寨长。责其稽察,按户给发门牌,将大小丁口逐一备载,不许容留汉人及面生可疑之苗瑶。"③这是在原有峒寨的基础上编定保甲,并保留有寨长之职,形成"寨长—甲长—牌头"的形式,寓保甲于原有组织之中。④

---

① [清]郭怀礼:《光绪武定直隶州志》,转引自《中国地方志集成·云南府县志辑62》,凤凰出版社,2009年版。

② 同治《施南府志》卷六《建置志》。

③ 道光《宝庆府志》卷五《大政记》。

④ 杨国安:《明清两湖地区基层组织与乡村社会研究》,武汉大学出版社,2004年版,第82页。

第三节　官方基层组织的认知

　　明清时期西南民族地区乡村社会中真正对普通民众起着重要的直接作用的是基层组织。专家学者的研究表明,当时西南民族地区乡里基层组织的种类很多。① 广义的基层组织包括县以下、家以上的所有组织。明清时期西南民族地区的基层组织可分为三类:一类是官方基层组织,如里甲制、保甲制、粮长制等;另一类是官民共建基层组织,如乡约、社仓、义仓等;还有一类是民间基层组织,如以血缘关系为纽带的家族组织。有的专家学者认为,里甲、保甲组织是众多乡里基层组织中的一种,它是一种"准基层行政组织"。但它相对于宗族、行会、义庄等民间组织而言,里甲、保甲又有其独特之处,即其权力来源于政府,带有官方色彩以及合法性原则。因此,明清时期西南民族地区凡是按照府、州、县官吏设置的地方,其官方基层组织就是里甲、保甲、粮长、团练等形式,其行使权力者就是里长、保长、甲长、粮长、庄头、村正、团正、练长等。他们是"准基层行政组织"的负责人和实施者,也是乡村社会的控制者。

一、官方基层组织的权力

　　作为官方基层组织的里长、保长、甲长、粮长等,在明清时期中央政府的大力扶持下,拥有国家赋予的统治乡村社会的权力。与由世世代代聚族而居的血缘群体不同,官方组织是由中央政府强制在西南民族地区乡村社会推行的,是以地缘为特征,在村落共同体的基础之上制定的法定行政区划,带有强烈的政治色彩。由于它是国家政权控制乡村社会的主要工具,因此,是国家政权管理基层社会的一项基本制度。里长、保长、甲长、粮长、庄头、村正、团正、练长等秉承官府的政令,管辖乡村社会各方面的事务。他们内部还有明确的职务分工,如明代的里甲制,里长负责征收赋税徭役,三老则掌管教化治安。就他们的权力来源和实质而言,体现了国家的行政支配。从这一意义上讲,里甲、保甲、团练等组织具有国家基层行政组织的性质。

---

　　①杨国安:《明清两湖地区基层组织与乡村社会研究》,武汉大学出版社,2004年版,第17-19页。

二、官方基层组织的隶属关系

县级衙门是明清时期国家对乡村社会控制最基层的行政设置。里甲、保甲、团练等只具有"半官方"的色彩。第一,里长、保长、甲长、粮长、团正、练长等是一种职役,他们是不拿国家俸禄的,更谈不上官品和职位,只能是供官府跑腿听差的一种职役。第二,里长、保长、甲长、粮长、团正、练长等都是由当地土著人员担任,不像县级官员实行回避制度。而且其职务一般实行轮流充任,并没有严格的选拔考试、监督考核等程序。从明清时期国家官僚体系而言,里长、保长、甲长、粮长、团正、练长等均不具备完全意义上的行政组织的资格。

三、官方基层组织设置的复杂性

里长、保长、甲长、粮长、团正、练长等具有不同于其他民间基层组织的特性。清朝中后期,包括西南民族地区在内的全国乡里组织的名称出现混乱。因各地地理环境、风土人情的不同,不同区域对这些地方基层组织有不同的称谓,诸如里长、保长、甲长、粮长、庄头、村正、乡地、地方、乡约等。有的专家学者认为,明清时期江南地区先后由官方直接制定并实施的基层组织可分为按户口编制的里甲制和保甲制、按税粮划区的粮长制以及按土地分界的都图制。① 在西南民族地区,明清时期的官方基层组织十分复杂(如清代的保甲制代替了明代的里甲制),如果完全用里甲制、保甲制、粮长制、都图制等来统而言之,都不可能得出正确的结论。因为明清时期的西南民族地区从政治制度设置角度看,这里既有土司区,也有卫所区,还有府厅州县等。即便从土司区看,改土归流前后的官方基层组织也不尽一致;即便都是土司区,有的地方是军政合一制,有的是军政教合一制。这些只能针对具体情况予以分析。

总之,以里甲、保甲、团练等为代表的官方基层组织,它不仅是明清时期国家与乡村社会发生关联的重要交接点,而且也是众多乡村基层组织中较为核心的组织。通过对官方基层组织的考察与研究,既可以探讨明清时期国家权力在乡村社会中的渗透过程,也可以探究西南民族地区乡村社会中各种权力之间的相互构成与运作模式。至于乡里制度、保甲制度及团练制度等将在后面第五章和第八章中有专节探讨,此处不再赘述。

---

①徐茂明:《明清时期江南社会基层组织演变述论》,《社会科学》,2003 年第 4 期,第 91-99 页。

第二章 明清时期西南民族地区乡村社会官民共建基层组织

有学者研究表明，官民共建的乡村社会基层组织是指介于官方与民间之间的基层组织，这种组织主要有官方组织的民间化与民间组织的官方化两种情况。[①] 这种变化，既与时代有关，也与区域相关。

第一节 官民共建基层组织的类型

从官民共建基层组织的总体特征看，以乡约、社学、社仓等为代表的官民共建基层组织，是官方基层组织的配角，充当教化乡民、赈灾济贫、维护社会秩序的角色，是对明清时期中央政府里甲制、保甲制职能的补充与完善。

一、乡约

所谓乡约即乡里公约，是中国古代乡村社会的一种治理形式。换言之，"乡约"是邻里乡人互相劝勉共同遵守，以相互协助救济为目的的一种制度。《周礼·地官·族师》曰："五家为比，十家为联，五人为伍，十人为联，四闾为族，八闾为联。使之相保、相受，刑罚庆赏相及、相共，以受邦职，以役国事，以相葬埋。"中国最早的乡约制度产生于北宋神宗熙宁九年（1076 年）吕大钧等制定的《吕氏乡约》。该乡约具有如下特点：一是由人民公约，而不是官府命令。"由人民主动主持，人民起草法则，在中国历史上，吕氏乡约实在是破天荒第一遭。"[②]二是成文法则。中国农村的成训习俗向来是世代相续，口口相传，从没有见之

---

①徐茂明：《江南士绅与江南社会：1368—1911》，苏州大学 2001 年博士学位论文。
②杨开道：《中国乡约制度》，商务印书馆，2015 年版，第 83 页。

于文字,见之于契约。而制度必须成文,才可能行之广泛。三是以乡为单位而不是以县为单位,从小处着手,易收功效。四是自愿加入,"其来者亦不拒,去者亦不追"。五是民主选举,"约正一人或二人,众推正直不阿者为之。专主平决赏罚当否。直月一人,同约中不以高下、依长少轮次为之,一月一更,主约中杂事"。六是以聚会的形式,使乡人相亲,淳厚风俗,"每月一聚,具食;每季一聚,具酒食"。七是赏罚公开,"遇聚会,则书其善恶,行其赏罚"。用记录在案督促众人,用开除惩罚不可救药的人。八是议事民主,"若约有不便之事,共议更易"。① 该乡约内容有共有使邻里乡人能德业相劝、过失相规、礼俗相交、患难相恤四大项。

(一)明代乡约

到了明代,朝廷大力提倡和推广乡约。明太祖洪武二十一年(1388 年)解缙建议,"仿蓝田吕氏乡约及浦江郑氏家范,率先于世族以端轨"②,以正风俗。朱元璋时期,颁布了《圣谕六条》。"主之以三老,家临而户至,朝命而夕申,如父母之训子弟。至成祖文皇帝,又表章家礼及《蓝田吕氏乡约》,列于性理成书,颁降天下,使诵行焉。"③杨开道先生在他的《中国乡约制度》一书中说:"到了明朝整个社会组织不复存在,不过各种农村事业也还发达,所以乡约、保甲、社学、社仓,都能继续存在。"④由此可见,明朝大力提倡和推广乡约,并逐步发展成为以乡约、保甲、社学、社仓为整体性的乡村治理系统。遗憾的是,明代实施的乡约、保甲、社学、社仓四位一体的乡村治理系统,到了清代却中断了。清代在乡村治理方面缺乏整体性,其具体体现在:乡约由礼部管辖,单纯用来宣讲圣谕,只是一套定期的政治教育而已;保甲由户部管理,专门用来缉盗安民;社学专门用来教养,实施教化;社仓专门用来救济。各种乡村治理制度被打乱肢解了。

(二)清代乡约

清朝统治者为了巩固政权,稳定社会秩序,恢复和发展社会经济,将推行乡约作为弥补民族地区社会教化不足的一项重要举措。清代乡约朔、望宣讲的内容以《圣谕六条》《圣谕十六条》和《圣谕广训》为主,这些圣谕其实是忠孝伦理

①《吕氏乡约》,转引自《丛书集成续编》,上海书店,1994 年版,第 881-884 页。

②[明]解缙:《大庖西室封事》,转引自《御选明臣奏议》卷一。

③[明]王樵:《金坛县保甲乡约记》,转引自《古今图书集成·明伦编·交谊典·乡里部》卷二十八。

④杨开道:《中国乡约制度》,商务印书馆,2015 年版,第 131 页。

道德的具体化,反映的是儒家思想的核心内容。① 道光《遵义府志》对此记载颇为详细:"每月朔、望日,于讲约所宣讲《圣谕十六条》,晓谕士民人等。恭设圣谕牌;设约正,直月以司讲约;设木铎老人,以宣警于道路。地方文武教职各官齐集,赞礼生赞'排班',各官依次就拜位立。赞'跪、叩、兴',各官行三跪九叩头礼。毕,分班坐地,率领军民人等听讲。毕,各官散,雍正七年,奉部文覆准:凡州县城内及大乡村,择一宽闲洁净之处,设为讲约所。约正置二籍,德业可劝者为一籍,过失可规者为一籍,直月掌之,月终则以告于约正而授予其次。每月朔日,直月预约同乡之人,夙兴,会集于讲约所,俟约正及耆老、里长皆至,相对三揖,众以齿分左右立。设几案于庭中,直月向案北面立,先读《圣谕》《广训》,皆抗声宣诵,使人鹄立悚听,然后约正推说其义,剀切叮咛,使人警悟通晓。未达者,仍许其质问。讲毕,于此乡内有善者众推之,有过者直月纠之,约正询其实状,众无异词,乃命直月分别书之。直月遂读'记善籍'一遍,其'记过籍',呈约正及耆老、里长默视一遍,皆付直月收掌。毕,众揖而退。岁终,则考校其善,过,汇册报于府、州、县官。设为劝惩之法,有能改过者,一体奖励,使之鼓舞不倦。"② 这段文字将乡约宣讲的时间、场所、仪式、内容、教育形式及相关惩戒办法等记载得十分清楚。总的来讲,清代乡约制度因为皇帝的提倡,礼部的管辖,所以慢慢地离开人民自由活动的道路,使乡约制度的社会教育功能变成宣讲圣谕了。③ 乡约宣讲的对象主要是西南民族地区当地普通民众,宣讲乡约的过程中务求通俗性、针对性和渐进性。通俗性就是"其词无取深奥,但为辨其是非,喻以利害,明白浅近,使农夫竖贩皆可闻而心动"④。针对性就是要求针对当时的社会问题而进行宣讲,分清轻重缓急,因地制宜,不拘一格,目的在于收到社会教化的实效。渐进性就是要求重在化民成俗,纠正不良风气,减少犯罪行为,稳定社会秩序。⑤

翻检史籍,我们就会知道,明清时期凡县以下设有乡、里、甲等基层组织机构,一般情况下乡辖十里,里辖十甲,乡设吏,专事催征皇粮,其他杂务以"乡约"为主。随着时间的推移,乡约后来逐渐成为由县官任命的乡中小吏,专门负责

①李良品,杨玉兰,王金花等:《清代乌江流域民族地区社会教育述论》,《民族教育研究》,2011年第5期,第67-73页。

②[清]郑珍,莫友芝:《遵义府志》(点校本),遵义市志编纂委员会办公室,巴蜀书社,1986年版,第722-723页。

③杨开道:《中国乡约制度》,商务印书馆,2015年版。

④马镛:《中国教育制度通史》(第五卷),山东教育出版社,2000年版,第334页。

⑤宋荣凯:《论清前期贵州社会教育的主要内容》,《中央民族大学学报(哲学社会科学版)》,2010年第1期,第72-76页。

传达政令、调解纠纷。《儒林外史》第六回的"族长严振生,乃城中十二都的乡约"以及《老残游记》第十五回中的"(魏老儿)连忙跑来看时,却好乡约、里正俱已到齐"即可证明。

明清时期在西南民族地区实施的乡约既是国家的一种教化体系,也是对国家法律的补充。其特点有三:一是实施意图明显。乡约是在不违背皇权统治、不违背圣意的前提下,保证宗族家长的绝对权威,维护纲常伦理,最终目的也就是维护封建统治。二是注重道德教化。无论是明代地道的乡约,还是清代的圣谕,其道德教化程度很高。三是国家权力介入。如有清一代,皇帝督促各省实行乡约有很多次,每一次都是由皇帝下上谕,责成各省督抚实行。因此,乡约自然而然地成为维系国家与乡村社会的一种纽带。

二、社学

社学是封建社会后期地方政府兴办的对少年儿童进行启蒙和基础教育的学校,是西南民族地区乡村社会教化系统的另一重要支系。

(一)明代社学

我国的社学始创于元代,西南民族地区的社学教育则始于明代乌江流域。西南民族地区社学的发展是随着西南民族地区政治、经济的发展而由点到面逐步铺开的。明清时期中央政府对西南民族地区的社学和我国其他地区的社学同等重视。① 洪武八年(1375 年),明太祖"诏有司立社学、义学等。延师儒、以教民间子弟。洪武十六年,诏民间立社学、义学等,有司不得干预"。正统元年(1436 年),又"令各处提学官、及司府州县官、严督社学、义学等、不许废弛"。弘治十七年(1504 年),再次"令各府州县建立社学、义学等"。对社学的学生规定颇多,如入学年龄:"民间幼童年十五以下者、送入读书。"学习习惯与学习内容:"讲习冠婚丧祭之礼""令民间子弟读御制大诰""令兼读律令"。成化元年(1465 年)又对民间子弟采取两种优惠政策:一是"愿入社学、义学等者听,其贫乏不愿者勿强";二是"其有俊秀向学者,许补儒学生员"。并对选择教师有严格规定:不仅选择"明师",凡"其经断有过之人,不许为师"。而且对师生的学习采取竞赛举措,如洪武二十年(1387 年),"令为师者率其徒,能诵大诰者赴京。礼部较其所诵多寡,次第给赏"②。研究表明,社学以蒙童为教育对象,在识字

---

① 李良品:《明清时期乌江流域民族地区社学研究》,《民族教育研究》,2008 年第 5 期,第 89-95 页。

② [明]申时行等:《明会典》(万历朝重修本),中华书局,1989 年版,第 455 页。

断句中授以纲常大义,其影响较之乡约更为切实而深远。因而,从乡约兴起之日起,建社学便成为推行乡约的具体行动。研究表明,西南民族地区的社学也是随着乡约的兴起而逐渐普及开来的。例如,贵州省社学的发展就是由城镇推向山区,到万历年间达到高潮,发展到 200 余所。

(二)清代社学

《清史稿·选举一》载:"社学,乡置一区,择文行优者充社师,免其差徭,量给廪饩。凡近乡子弟年十二岁以上令入学。义学,初由京师五城各立一所,后各省府州县多设立,教孤寒生童,或苗、蛮、黎、瑶子弟秀异者。"顺治时下令全国各地各乡设立社学,同处于西南的贵州,各州县大乡巨堡即多有社学设置。雍正元年(1723 年)曾饬令贵州各州县设立社学,乾隆五年(1740 年)又要求贵阳、定番、大定、都匀、镇远等府所属一些尚无社学的地方从速设立。然而好景不长,乾隆十六年(1751 年),清王朝在贵州设立的社学政策发生巨大变化。究其原因,是温福出任贵州布政使之后,认为贵州各族人民之所以敢于反抗官府,是受汉族知识分子的宣传和鼓动,而社学就是汉族知识分子传播反清思想、组织反清武装的据点。因此,要严厉镇压贵州各族人民的反抗,首先必须裁革贵州少数民族聚居地区的社学。于是,温福借当时清廷密令贵州查缉一起散布反清言论的"奸党"事件,行文上奏,要求改变贵州的民族教育政策,取消贵州民族聚居区的社学,企图用愚民政策扼杀贵州少数民族的斗争精神。据史载,乾隆十六年(1751 年)七月一十五日,吏部议复:"贵州布政使温福条奏黔省应行更复各事宜:苗地遍立社学,并择内地社师训教。无知愚苗,开其智巧,将必奸诈百出。请密饬地方官,将'新疆'(即广大新开苗疆)各社学之社师已满三年者,徐行裁汰,未满三年者,亦以训迪无成,渐次停撤。则从学苗童,自不禁而止。并请岁科两试,仍准苗童一体应考,但不必另设额数,则苗卷自难入彀①,亦可不禁而退。亦应如所请,从之。"② 由此可见,温福对贵州社学的处理,体现了清朝统治集团一贯推行的民族歧视和民族压迫政策。为了维护君主专制统治,从乾隆十六年(1751 年)以后,清政府采取种种手段,逐步裁革了贵州的城乡社学。乾隆十六年(1751 年)以后,贵州的地方史料鲜有关于社学的只言片语,就连乾隆时期撰修的《贵州通志》也无关于贵州社学的记载。③ 代之而起的是乡村社会

---

①此处原文似有误,似应为"入彀"。——编辑注

②《清实录·高宗纯皇帝实录》卷三百九十五,中华书局,1986 年版,第 21 页。

③张羽琼:《论清代贵州社学的发展与衰亡》,《贵州师范大学学报(社会科学版)》,2002年第 2 期,第 77-80 页。

的义学。在云南,明代十分普遍且清代内地众多的社学此时也难觅踪影。据民国《新纂云南通志·学制考》载,清代仅楚雄府广通县城和蒙化厅城内存在过旧社学,但均"久废"而被改为义学。在各地城镇乡间,社学实已不存在,义学完全取代了社学的作用和地位。

三、社仓

明清时期的仓廪并不是一个单纯的贮粮之所,而是一种储粮制度。它是以贮藏、平粜、借贷、赈济为手段,对社会实行调控的管理体系。明清时期西南民族地区的社仓、义仓、常平仓等构成了一套比较完备的社会保障体系。

(一)明代社仓

早在正统元年(1436年)七月,明政府接受顺天府推官徐郁的建议,命令有司增设社仓,这个指导性政策后来并未执行。嘉靖八年(1529年),迫于日益严重的灾荒而民无远虑的忧患,明政府才指令各地抚按办理社制,创办社仓。其办法为:"令本土人民每二三十家约为一会。每会共推家道殷实、素有德行一人,为社首,处事公平一人为社正,会画算一人为社副。每朔望一会。分别等第。上等之家出米四斗,中等二斗,下等一斗,每斗加耗五合入仓。上等之家主之。但遇荒年,上户不足者量贷、丰年照数还仓。中下户酌量赈给、不复还仓。各府州县造册送抚按查考,一年查算仓米一次。若虚,即罚会首出一年之米。"[1]这是明代中央政府为农民未雨绸缪所采取的有力举措。但从现有的西南地区的地方志书及相关研究看,明代西南民族地区少有社仓建立。

(二)清代社仓

到了清代,由于当时社会现实需要、帝王重储思想普及,加之西南地区各地官吏的努力,社仓得以在西南地区广泛建立。社仓作为西南民族地区乡村社会主要的公共储粮形式,兴起于康熙十八年(1679年)。当时户部题准乡村设立社仓,市镇建立义仓,公举本乡人管理。雍正、乾隆年间又再次令四川建立社仓。到乾隆五年(1740年),"川省社粮已积至一十一万四千七百余石"[2]。乾隆时期,广西社仓建设也卓有成效。乾隆二十一年(1756年),广西巡抚鄂宝疏略:"广西社仓谷石……自雍正元年出借收息以来,迄今三十余

---

[1][明]申时行等:《明会典》(万历朝重修本)卷二十二,中华书局,1989年版,第153页。

[2]乾隆六年(1741年)十月二十九日《吏部尚书协理户部事务讷亲等题本》,转引自鲁子健偈文。

载,计存谷三十万石有零,为数已属充盈。此项谷石,例只出借,若不稍为变通,将来息谷日多,年复一年,积贮尤难经理。"①由此可见广西积谷丰盛的局面。作者根据雍正年间金𫓩的《广西通志》和嘉庆年间谢启昆的《广西通志》整理出如表2.1所示的数据。

表2.1 雍正八年(1730年)和乾隆二十一年(1756年)广西各府社仓比较表

府州名称	金𫓩《广西通志》社仓存谷总数/石	谢启昆《广西通志》社仓存谷总数/石
桂林府	2 014	39 000
柳州府	1 536	22 300
庆远府	610	17 589
思恩府	520	17 422
泗城府	1 016	10 475
平乐府	4 651	28 100
梧州府	3 039	12 299
浔州府	2 369	15 924
南宁府	3 768	18 000
太平府	2 388	18 000
镇安府	?	12 500
直隶郁林州	3 570	17 321

资料来源:谢启昆:《广西通志·积贮》卷一百六十二、卷一百六十三,广西人民出版社,1988年版,第4519-4557页。

在贵州,大多数的社仓创建于雍正年间。据《永宁州志》载:"社仓,雍正元年天下有司设立社仓。永宁州额设八间,州城二间,分建募役司二间,顶营司二间,沙营司二间。在州城者,向系社长经管,并未修有社仓。乾隆十四年,知州严再昌查详归州,乃实建社仓于常平仓之侧,所于社谷内变价修造。"在贵州现有方志中,对社仓的情况偶有记载。如《安顺府志》卷之二十六"贮积"转载:《黔南识略》曰:"镇宁州,社仓谷一千二百五十一石有奇。永宁州,社仓十五,共贮谷一千二百五十一石有奇。"②《归化采访册》云:"社仓实贮畸额社仓谷二百

①[清]谢启昆:《广西通志·积贮》卷一百六十二,广西人民出版社,1988年版(点校本),第4522页。

②[清]常恩:《安顺府志》(点校本),贵州人民出版社,2007年版,第566页。

三十一石三斗九升二合五勺。"《安顺府志》中有记载:"原贮社仓谷三千二百二十石一斗四升六合。"①在《贵阳府志》卷四十六中有"社仓"一目,其中说:"社仓,则贵筑县社仓存贮米二百八十一石三斗九升七合八勺。广顺州社仓贮谷二百二十一石(咸见《贵阳志稿》)。……贵定又有旧社仓四,其中两个为万历二十四年驻镇推官李珏倡建,捐俸籴谷五十石贮仓。康熙中提学沈忠元又拨助贫生米六十石贮其中。其一为李公社仓,康熙中知县李从纲捐俸倡率绅民建于社学故址,贮谷其中,今废。"②另外,在《兴义府志》卷二十九"经制志"之"积储"条中也有相关记载,特别是在谷善禾的《义仓记》中专门提到:"按稽旧牒,向有社仓,建于郡城东北偏鲁沟硬溪孔,共储谷二千八百石有奇。嘉庆丁巳年罹于兵燹,荡然无存。"③可见,有清一代,贵州省设立社仓应为普遍现象。

西南民族地区的社仓大多设于乡村,名为民办,公举所管之人,而实际上政府的干预、监督较多,所以,采取的是官督民办形式,属于官绅共管状态。当然,有的学者认为,社仓是由官府倡导,士民捐助,存贮里中,其性质是政府监控下的民间仓储。④作者认为,清代西南民族地区的社仓是官民共建的基层粮食管理体系,具有官督绅管民办性质。之所以这样确定社仓的性质,是因为有两点理由:第一,从社仓谷本的来源上看。社仓积谷虽有常平仓谷、军事缴获、民间捐助、公田之租、息谷回仓、截取漕粮、按亩而纳七种方式⑤,但多以民间自行输纳为主要来源,并对民间捐谷者按捐谷数额或免差役、或给牌匾、或给顶戴、或给花红等方式予以奖励。⑥第二,从社仓谷物的管理看。《钦定大清会典事例》卷一百九十三"户部"之"社仓积储"条明文规定:社仓"设正副社长司其出纳。每岁报该管地方官查核"。这就反映出清代的社仓多由知县倡率,绅衿士庶捐建,有的甚至由巡抚直接主持。这也反映出社仓的性质已不是纯粹意义上的民间仓储,官方的监督和控制比较严格。

总的来讲,清代中央政府在西南民族地区实施的社仓制度,大体上以咸丰和同治年间为标志,经历了快速发展与逐渐衰落两个时期。雍正和乾隆年间,是西南民族地区社仓的快速发展时期;咸丰和同治年间后,西南民族地区社仓制度虽有复兴,但最终走向衰落。

---

① [清]常恩:《安顺府志》(点校本),贵州人民出版社,2007 年版,第 566 页。
② [清]周作楫:《贵阳府志》(校注本),贵州人民出版社,2005 年版,第 911 页。
③ [清]张锳:《兴义府志》(校注本),贵州人民出版社,2009 年版,第 471 页。
④ 徐茂明:《江南士绅与江南社会:1368—1911》,苏州大学 2001 年博士学位论文。
⑤⑥ 岳现超:《清代广西社仓研究》,广西师范大学 2006 年硕士学位论文。

第二节　官民共建基层组织的特点

虽然在皇帝的大力提倡下,官民共建基层组织发展较为迅猛,但是由于官民共建基层组织的类型至少有上述三种,所以,要较为笼统地概括其特点难度较大。我们先看贵州绥阳县知县母扬祖订立的《社学规条》:

> 人才之生,由于教化。绥在杨酋时,岂无特出之士? 缘杨氏不事诗书,民知诵读者足少。自平定后,子弟沐浴德化,渐次入学补廪,可见教之不容已也。今约略数端,以示生童:
>
> 一、各社成童师一人,蒙师一人,俱要文行兼优。蒙童读《四书》《孝经》《小学》《五经》《性理》毕。应对进退,礼貌可观,方可向童师受业,不可躐等。社师俱给有官田,务实心教导,毋负各宪作育美意。
>
> 二、从五伦做起,父子有亲,君臣有义,夫妇有别,长幼有序,朋友有信。要在身体力行。博学之,审问之,慎思之,明辨之,笃行之。困之勉行,其成功一也。
>
> 三、读书之法:先读《四书集注》《孝经》《小学》;次读《五经传注》《周礼》《仪礼》《三传》《国语》《国策》《性理》《文选》《八家文集》《文章正宗》及应读史传文集等书。依朱子读书法,用书呈册子,人各一本。因人知性,逐日登记。晨书课程若干,饭后若干,午后若干,夜若干,注明所读之书起止,务要讲解通彻。社师按月稽查,课其得失,不可姑息。有不听教者,以夏楚从事。
>
> 四、作文以举业规条、帖括、论、策、表、判、诏、诰,凡先辈程文之可式者,口诵心维,以经史发为文章,自然中式。剽窃掫拾,终不济事。宋人云:"到头剩得腹空虚",此之谓也。
>
> 五、相题作文,不可落套。旧本刊行《文诀》,须细心体会,每社功课,以儒学月课定优劣。
>
> 六、写字全在握笔。握欲紧,掌要虚;运腕肘都有法度。入门先写影本墨格,使粗知笔画大概,然后择其与彼近之帖,要端楷工正,点画透露者,使之临摹,方有规矩可寻。先临唐、宋帖,后临晋帖;先学大

字，次学中书，次小楷；先楷书，后八分，次行书，次草书，不可凌乱。未有楷法不工，而工行、草者也。盖字之起止、向背，映照疏密，斜正大小，诸法备于楷书。笔法纯熟之后，或晋、或唐、或宋、或元，随期所好，都可成家。但点画波澜，要从人指教，不可师（私）心乱涂，未经善书者点示，即看帖亦不得诀。

七、读书只须要烛理，为后来经济根本，不止是要取科名。然未有理晰而不得科名者也。纵时有定，而学问断不可苟简。

八、社中所读之书，恐有不给，其奉旨颁发之书，有《四书》《五经大全》《性理大全》《孝经》《小学》《周礼》《仪礼》《朱子纲目》等书。部院发学，有《文献通考》《蒙引》《左传》等书。前令留在学中，有《汉魏丛书》《汉书》《后汉书》等。本县捐买，有《国语》《国策》《离骚》《文章正宗》《文选》《八大家文集》《朱子语类》《诗》《纪》《李杜诗》，现存学宫，诸生可以陆续抄誊一本。城二社，四里四社，俱有租，为社师之俸。其衣冠节礼，系本县设法捐办。如三年内，一社无三五成才者，儒学另择人代社师。①

从这则《社学规条》看，它的特点如下。②

一、官办性

包括乡约、社学、社仓在内的官民共建基层组织，均为一个地方政府督促的乡村组织，具有官治的传统。如有清一代，皇帝督促各省实行乡约有很多次，每一次都是由皇帝下上谕，责成各省督抚实行。再如社学，就是在中央政府的督促下创建起来的。弘治十七年（1504 年），再次要求全国各地创办社学。是年，"令各府、州、县建立社学"③。顺治九年（1652 年）题准，社学"乡置一区，择文行优者充社师。免其差徭，量给廪饩"④。同时，必须贯彻执行中央政府的办学宗旨。史载：洪武八年（1375 年）春正月丁亥，诏命天下立社学。"上谓中书省臣曰：昔成周之世，家有塾，党有庠，故民无不知学，是以教化行而风俗美。今京

①［清］陈世盛：《绥阳县志》，《中国地方志集成·贵州府县志辑》卷三十六，巴蜀书社，2006 年版，第 213-214 页。

②牛铭实：《从封建、郡县到自治：中国地方制度的演变》，《开放时代》，2004 年第 6 期，第 76-88 页。

③［清］张廷玉等：《明史》卷六十九，上海古籍出版社，1991 年版，第 185 页。

④赵尔巽等：《清史稿·选举志》，上海古籍出版社，1991 年版，第 414 页。

师及郡县皆有学，而乡社之民未睹教化。宜令有司更置社学，延师儒以教民间子弟，庶可导民善俗也。"①从朱元璋的这道诏令可以看出，创立社学的宗旨是达到行教化、敦风俗的功效，即同明代各级学校教育乃至于选授官吏的科举考试在教育内容上达到一贯到底的教育目的，从而使新政权的多项措施和职能能够最大限度地在民间得到认可。② 教学内容以儒家经典为主。该"规条"规定："社中所读之书，恐有不给，其奉旨颁发之书，有《四书》《五经大全》《性理大全》《孝经》《小学》《周礼》《仪礼》《朱子纲目》等书。部院发学，有《文献通考》《蒙引》《左传》等书。前令留在学中，有《汉魏丛书》《汉书》《后汉书》等。本县捐买，有《国语》《国策》《离骚》《文章正宗》《文选》《八大家文集》《朱子语类》《诗》《纪》《李杜诗》，现存学宫，诸生可以陆续抄誊一本。"③可见，西南民族地区明代社学的学习内容十分庞杂，但儒家经传和理学所占的份额比重很大。再从经费方面，也可看出官办性质。据《钦定大清会典事例·礼部·学校·各省义学》记载，早在清初，朝廷就已规定在边远地区"土司"设学延师，经费由"地方官动正项支给"。乾隆时，在西南民族地区未设社学的偏僻地方兴建社学，"其社师每年各给修脯银二十两，统于公费银内动支"④。

二、强制性

官民共建基层组织是一种强制性的、覆盖全乡村的组织。在政府威力下必须都加入，可能会有相当好的效果。如王阳明于万历九年（1581年）颁布的《南赣乡约》规定，不参加集会罚银一两，惩罚十分严厉。它从一个方面体现了强制参与的性质。在社学方面，强制的地方较多：一是对社学学生学习内容的规定。《明初学校贡举事宜记》在谈到社学学生报考府州县学的应试条件时说："已读《论语》《孟子》《四书》者，乃得予选。"说明在社学所开课程中还包括《论语》《孟子》《四书》在内。二是对社学教师选择也带有强制性。从有关资料看，明朝政府对社学师资的选拔除需明经或由年迈离职的官员担任外，

①[清]张廷玉等：《明史》卷六十九，上海古籍出版社，1991年版，第183页。
②王凯旋：《论明代社学与学校教育》，《广西师范学院学报（哲学社会科学版）》，2005年第4期，第137-142页。
③[清]陈世盛等：《绥阳县志》，《中国地方志集成·贵州府县志辑》卷三十六，巴蜀书社，2006年版，第213-214页。
④陈剩勇：《清代社学与中国古代官办初等教育体制》，《历史研究》，1995年第6期，第71页。

还需在民间素有学行之人,即所谓的"师儒""明师"担任。明朝规定,"经断有过之人,不许为师"①;更有"如三年内,一社无三五成才者,儒学另择人代社师"②。又如《社学规条》规定"各社成童师一人,蒙师一人,俱要文行兼优……应对进退,礼貌可观,方可向童师受业,不可躐等。"③三是对乡约规定了具体职责。《南赣乡约》中工作人员虽已达到 17 个人,但规定了约长、约副、约正等人的责任,包括协助官府劝令同约完成纳粮的任务,劝诫"新民"改过自新、各守本分以及同约维护地方安定。④

三、变异性

这里所提及的变异性主要是针对乡约而言。明清时期西南民族地区的官民共建基层组织中的乡约,其变异性表现在两个方面:一是乡治系统的变异。乡约、保甲、社学、社仓是明代乡治中的四大要素,这种做法肇始于黄佐的《泰泉乡礼》,之后,继续倡行将乡约与保甲、社学、社仓打成一片的是章潢的《图书编》。不过在章氏的治乡方略中,乡约是与保甲、社学、社仓完全平行的,并且乡社不独立开来。这种将乡约与保甲、社仓、社学融为一体的做法,逐步发展成为以乡约、保甲、社学、社仓为整体性的乡村治理系统。随着明政府倡设的乡约制度颓败,乡约的职能却在日益成长起来的民间组织那里得到了落实。但遗憾的是,明代实施的以乡约、保甲、社学、社仓四者为一体的乡村治理系统,到了清代却逐渐变成:乡约由礼部管辖,单纯用来宣讲圣谕;保甲由户部管理,专门用来缉盗安民;社学专门用来教养,社仓专门用来救济。乡约却变成一套定期的政治教育了。二是宣讲内容的变异。明代实施的乡约,其本质是让乡里百姓"孝顺父母,尊敬长上,和睦乡里,教训子孙,各安生理,毋作非为"⑤。但是,到了清代,由于乡约的官方色彩和强制性更为明显,乡约成了宣传贯彻统治者理念(如康熙《圣谕十六条》、雍正《圣谕广训》等)的一种工具。康熙年间,孙鋐在《为政第一篇》中就提出:

> 每月朔望,印官亲诣乡约公所,定于辰卯时候,诵讲八条,一月两

---

① 李东阳:《大明会典》卷七十六,广陵古籍出版社,2007 年版。

②③ [清]陈世盛等:《绥阳县志》,《中国地方志集成·贵州府县志辑》卷三十六,巴蜀书社,2006 年版,第 213-214 页。

④ 杨开道:《中国乡约制度》,山东省乡村服务人员训练处,1937 年版,第 169-170 页。

⑤ 朱元璋:《大诰续编·明孝第七》,转引自吴相湘:《明朝开国文献(一)》,台湾学生书局,1966 年版,第 105 页。

次,分讲一十六条,令该地方传集约所相近人民,聚听无哗。其教官、衙官,亦各于朔望分派乡城公所,照式力行。至于长官不及亲到之处,饬令约长传唤居民,讲于社庙宽闲之地。而朔望所讲,另刊详细诠说,颁付属员乡约。①

后来清政府亦规定:

> 凡直省州、县、乡村、巨堡及番寨土司地方,设立约处所。推选老成者一人,以为约正,再择朴实谨慎者三四人,以为值月。每月朔望,齐集耆老人等,宣读《圣谕广训》、钦定律条,务令明白讲解,家喻户晓。②

尽管这种空洞乏味的政治说教在实际生活中很难得到真正的执行,许多地区从一开始就是"阳奉阴违,视为故事",但这种做法一直延续到清末。但由于乡约的职能大为削弱,并未能实现朝廷原有的期望。

第三节　官民共建基层组织的作用

从明清官民共建基层组织来看,可以分为两组,一组是以乡约和社学为主,一组是以社仓和义仓为主(一说社仓和保甲)。在这些基层组织中,前者主要侧重于精神食粮,后者侧重于物质食粮。因此,二者的作用也不尽相同。

一、乡约和社学的作用

有学者这样解释明清时期乡约的内涵:"乡约是那种在乡村中为了一个共同的目的(或御敌卫乡、或劝善惩恶广教化厚风俗、或保护山林、或应付差役等),依地缘关系或血缘关系组织起来的民众组织。"③于是,我们认为,乡约虽然是由政府号召建立起来的民间组织,有较强的官方色彩,但它的宗旨十分明确,那就是劝善教化。如康熙《圣谕十六条》(敦孝弟以重人伦、笃宗族以昭雍

---

① 孙鋐:《为政第一篇》卷二《讲圣谕》,《四库存目丛书·史部》第262册,齐鲁书社,1996年版,第415页。
② [清]昆冈等:《钦定大清会典事例》卷三百一十八《礼部·风教·讲约一》,台北文海出版社,1987年版,影印本。
③ 陈柯云:《略论明清徽州的乡约》,《中国史研究》,1990年第4期,第44-45页。

睦、和乡党以息争讼、重农桑以足衣食、尚节俭以惜财用、隆学校以端士习、黜异端以崇正学、讲法律以儆愚顽、明礼让以厚民俗、务本业以定民志、训子弟以禁非为、息诬告以全善良、诫匿逃以免株连、完钱粮以省催科、联保甲以弭盗贼、解仇忿以重身命)无不体现这一点。雍正皇帝曾经对《圣谕十六条》予以逐条解释,遂有《圣谕广训》,并逐渐形成了以孝治天下的政治思想纲领。雍正年间推行并普及乡约制度,宣教《圣谕广训》。其具体举措有四:一是乡约宣讲。清代的乡约制度,主要是宣讲圣哲和惩恶扬善。设约正、约副为讲解人员,由乡人公举60岁以上,行履无过、德业素著的生员担任。若无生员,即以素有德望,年龄相当的平民担任。每遇朔望,进行宣讲,并甄别乡人善恶表现,登记簿册,分别奖惩。二是地方官宣讲。康熙时期中央政府规定,地方官于每月朔望宣读讲说"圣谕十六条"。乾隆时期更严求地方官听讼之余及公出之便,随时用土音谚语宣传《圣谕广训》,地方官宣讲,主要由教官完成。光绪二年(1876年),清政府还要求各直省督抚、学政,督饬地方官暨教职各官,随时宣讲。三是通过学校与科举考试贯彻。这在官学(包括儒学、社学、义学)、书院中均有体现。甚至科举考试也要求掌握《圣谕广训》,凡不能背录者不准录取。四是宗族宣传。清政府要求各地族长、族正要对族人宣讲圣谕,以兴教化。并要求各地宗族族众要心领神会,父慈子孝、兄友弟恭、夫和妇顺、敦族睦渊。在清政府的倡导下,清人所修族谱中,大多将《圣谕十六条》的主要内容写入族谱之中。

明清社学作为乡村基层社会教化系统的另一重要支系,在"劝善惩恶,以厚风俗"方面自然是不遗余力。明朝正德年间以后,随着地方乡约的普遍兴起,社学也开始受到重视,与乡约相呼应。社学以蒙童为教育对象,在识字断句中授以纲常大义,其影响较之乡约更为切实而深远。因此,有的学者认为,从乡约兴起之始,建立社学便成为推行乡约的具体行动。① 明清时期科举考试的二级考选中虽然没有社学一级,但是,如果我们细心梳理社学办学的基本模式、教学内容及课业要求,特别是对社学优学人员的奖励升进措施,则不难发现:社学作为科举选士的预备教育或基础教育是恰如其分的。因此,明代学者在自著文集中说:"人生八岁入其小者,闾巷之学也。十五岁入其大者,王宫之学也。……大学之教,格致诚正,修齐治平之道,其极可以参天地而赞化育。小学之教,则洒扫应对进退之节,礼乐射御书数之文,其归在于收放心,养德性而已……是小学所以立

---

① [明]郑纪:《东园文集》,转引自王凯旋:《论明代社学与学校教育》,《广西师范学院学报(哲学社会科学版)》,2005年第4期,第137-142页。

大学之基本,而大学不过收小学之成功而已。"①其文深刻阐明了明代官学教育与社学的关系,明代"学校科举化,科举学校化"也表明了这样一种关系的存在。《明史·选举志一》记载,"自儒学外,又有宗学、社学、武学",正说明社学已然成为明代官学教育体系中的一个重要分支。这使社学在普及平民教育的过程中实现了"敦风俗,行教化"的伦理建设,并真正实现了陆世仪提出的"乡约为纲而虚,社仓、保甲、社学为目而实"②的目标。清代贵州《绥阳县志》中《社学规条》中规定:"蒙童读《四书》《孝经》《小学》《五经》《性理》毕。应对进退,礼貌可观,方可向童师受业,不可躐等。"同时,在"读书之法"中规定:"先读《四书集注》《孝经》《小学》;次读《五经传注》《周礼》《仪礼》《三传》《国语》《国策》《性理》《文选》《八家文集》《文章正宗》及应读史传文集等书。依朱子读书法,用书呈册子,人各一本。"这就说明了社学的基础教育的主要功能在于推行教化。通过儒学经书、朝廷律令的传授宣传,使百姓庶民"驯归礼义"、服膺儒学伦常纲纪,从而达到"移风易俗"、稳定乡村社会和边疆地区社会秩序的目的。

二、社仓的作用

从表面上看,社仓是"春则支给,秋成还仓",遇饥荒之年,予乡村社会普通民众以赈济③,是一种自救性合作组织。但事实上不是这么简单。清代社仓不但用于赈贷、赈粜、赈济,亦可用来养恤。其实,早在乾隆元年(1736年),湖北巡抚晏斯盛既已把社仓和常平仓做了这样的比较:"常平在积而已,不善为教,所积者在官而已,而民之贫无所得银者,亦终不可得米。此常平之积于城郭而粜籴之,不若社仓之贮于当社而贸易之为有济也。"④也就是说,社仓可以避免官仓经营过程中出现的人事不臧,侵渔、拥挤不能速审等弊端,成为一项重要的经常性的接济方式,而不是仅仅着眼于临灾放贷。说到底,清代西南民族地区社仓作为一种重要的乡村社会保障制度形式,与常平仓、义仓、便民仓等结合在

①[明]郑纪:《东园文集》,转引自王凯旋:《论明代社学与学校教育》,《广西师范学院学报(哲学社会科学版)》,2005年第4期,第137-142页。

②陆世仪:《思辨录前集》,转引自曹国庆:《明代乡约推行的特点》,《中国文化研究》,1997年第1期,第20-26,148页。

③[清]昆冈等:《钦定大清会典事例》卷一百九十三《户部》,"社仓积储"条,台北文海出版社,影印本。

④[清]晏斯盛:《请分常平为社仓疏》,转引自[清]贺长龄:《皇朝经世文编》卷四十,沈云龙主编《近代中国史料丛刊》,台北文海出版社,1972年版,第1439页。

一起,对发展农业生产、稳定民心、救济灾贫、调节物价及乡村控制各方面都发挥了重要的作用。①应该说,清代西南民族地区士绅通过捐输、捐纳等形式,逐渐成为乡村社仓的社长、副社长等职役。他们无形当中成为地方社会非国家行为在地区"公共领域"意义上的扩张,进而逐步控制了向公共领域提供服务的相关资源。虽然清朝统治者在西南民族地区加强了中央集权,主导了该地区社仓的建设,体现了国家权力对乡村社会的统治。但是,士绅作为一个特殊的阶层,在对乡村社会进行有效控制方面,随时都在与中央政府进行博弈,争取更多的权益。为了能够更好地理解社仓的性质、作用及功能,现将杨仲兴的《创建南乡太平堡社仓记》②抄录于后:

> 统一邑计之。地无别产,禾稼外,茶、竹、木而已。山高土瘠,非五风十雨则旱见告。人鲜经纪,乏惟称贷,必产为质,不是即坐困。生之者寡,食之者众,是以贫民十之七八。常平备储社仓者,济民而通出纳也。宜在乡,兴邑则在县,而官掌焉。顾邅迤不一其地,丁口不一其数,贫寡不一其状,非周知民隐,深入其怀而曲体之。何以衰多益寡,称物平施耶。余自乾隆八年莅兴以来,即力行保甲。官有籍,门有牌,所以清盗源也。调剂民食即在乎此。遇青黄不接之际,开仓出借,核册稽入,审时计日,持门牌来者,如取如携,各足其分而去。里胥不得冒焉。准此而粜亦维均,行之一年而知其形,又一年而知其情,又一年悉其道里曲折之数。邑属最远者瑶、壮,有永丰社仓矣,次远者西乡,拨贮万寿仓矣,南乡又次焉者也。路崎岖,自四十里至八九十里不等。老幼妇女艰于跋涉,不获均沾,此非长吏者责欤?为亲履其间,见太平堡适中区,地高户密,旧有武庙,栋朽将废,询于佥谋,倡捐劝助,辟基拆竖,左右各建社仓二座,即以太平名之。立社长以司出纳,延法僧以为住持,分居民以警昏夜。众议公举,各任其责。乾隆十三年,即移贮县仓社谷一千三百八十九石六斗,又清理庙田二十一亩零,岁共租谷二十五石,铺房一十五间,租银一两六钱有奇,给庙僧耕管,以奉香灯。并茸两仓者,另铺基八间,六里分造,年收租息为五月神会需。像宇重新,积贮有备,敬神便民,庶两得之。落成详请立案。今春授代,会首唐生等

---

①岳现超:《清代广西社仓研究》,广西师范大学 2006 年硕士学位论文。

②[清]杨仲兴:《创建南乡太平堡社仓记》,转引自《魏源全集·第十五册》,岳麓书社,2004 年版,第 277-278 页。

曰:是役也,惠泽周矣。章程所立,当勒石以垂厥后。余曰:邑令者一邑之父母也。顾名思义,深愧不称。但疾痛痒疴,知其故而不为之所,益重予咎。惟尽吾力之所得为,行吾心之所可安。六载民社,利物济人。日计月计,以次举者,待一邑皆然。非独今日私南乡之人也。至庙田缘起,襄事题名,此间士绅志之,不赘。

总之,清代中央政府在包括西南民族地区在内的地方推行的社仓制度,实际上是一种与保甲制度相匹配,与村规民约相配合,与社学教化相呼应,与士绅阶层相协同,从而构成的一个相当完备的国家对乡村社会实施控制的体系。

第三章 明清时期西南民族地区乡村社会民间宗族组织

前面探讨了官方基层组织和官民共建基层组织,本章我们将探讨民间宗族组织。因为在明清时期的西南民族地区,任何基层权力组织试图绕开民间宗族组织,都很难对乡村社会发挥应有的作用。

明清时期,由于元明战争及明末张献忠入川大规模屠杀川人,形成了中国历史上有名的"湖广填四川"的大批移民。加之贵州的屯戍,西南地区人口结构发生了重大变化,如贵州逐渐改变了"汉少夷多"的现象,而有"夷汉各半"之说。再逐渐发展至清末,形成了"汉多夷少"的民族格局。这些外来移民,为了互相照应,抱团发展,往往形成了聚族而居的家族组织形式,这为宗族组织的崛起创造了条件。

第一节 民间宗族组织的结构

在探讨宗族组织之前,我们有必要讨论一下宗族制度。宗族制度是我国传统社会一种最重要的基层管理制度,它是民众的自我管理,不需要政府花钱,是一种低成本的基层管理方式,可称为"基层社会自治"。包括西南民族地区在内的宗族组织机构在内有两个共同体,一个是以小家庭为单位的经济共同体,一个是以宗族为单位的血缘共同体,后者是指一个族姓的所有成员。宗族共同体以男人为主体,取得族籍后才具有共同体成员的资格。在明清时期,一个族姓所生男子入籍,有的需要经过一定手续(如入祠登记注册等)。女性出生后虽也取得族籍,但成年婚配后即属于夫姓族籍。① 在一个宗族共同体中,族长或族正是核心人物。明清时期这种以族长权力为核心,以族谱、族规、宗祠、族田为手段而建立起来的严密的宗族社会人际关系就是宗族制度。明清时期西南民族地区的宗族组织大多通过族规来调整宗族关系,维持宗族内部的秩序和尊卑伦理,进而起到维护和加强封建统治的作用。宗族组织之所以有着很强的内聚力,是因为它有着相互联系、控制力强的宗族内在结构。宗族组织的各种功能可以在相当程度上保障宗族成员的各种基本需求,因而宗族组织对于族众来说,绝不是可有可无的,而是基本上可以信赖的,甚至是不可缺少的社会群体组织。所以,有的学者说,宗族组织是稳固的,这种稳固同样源于宗族的内在结构。只要这种宗族组织的内在结构不遭到破坏,只要宗族组织体系的各项功能能正常发挥作用,宗族组织的稳定状态就会持续存在。② 作者认为,明清时期乡村社会宗族组织的稳定状态除与宗祠、族谱、族长、族田等组织要素密切相关以外,宗族规约的作用也不可小视。如《吴氏建始族系支谱》之"吴氏家族规约"对各方面规定得十分详尽。现抄录如下:

第一章　总　则

第一条　本家族以国泰公一系流传之子孙为限,不准招养异姓或收留同姓不宗之人,以乱宗祧。

第二条　本规约,凡我家族,无论在家在外,皆应遵守之。

第三条　本规约以尊祖收族为本旨。凡无明文规定者,不准比附、援引、倾轧、攻击,致伤亲亲之谊。

第二章　祭　祀

第四条　祭祀,每年分为春秋二祭。春祭定于二月十八日,秋祭定于八月十八日。但有特别情形时得由家族会议公决延展之。

第五条　祭祀,凡合族长幼男女必须齐集,但年逾七十以上及身在十岁以下者得不拘束之。

第六条　祭祀永远定为拜跪礼。

第七条　祭祀以三房中之年长分尊者主祭中龛,次长次尊者分主昭穆龛,其余陪祭均按三房分配之。

---

①李文治,江太新:《中国宗法宗族制和族田义庄》,社会科学文献出版社,2000年版,第126-127页。

②孙秋云,钟年:《从新旧谱牒的比较看鄂西土家族地区宗族组织的变迁》,《贵州民族研究》,1999年第3期,第114-120页。

第八条　祭祀仪节另定之。

第三章　祭田与祭款

第九条　祭田与祭款由三房轮流派三人掌管之,值年者为主管,非值年者为监察。如有侵蚀及处理不当者,共负连带赔偿之责。

第十条　祭田永远不许典押变卖。

第十一条　祭田之借付,无论族人外人均定为月息二分,并须确实抵押品。

第十二条　主管与监察交迭之期,每年于夏祭后十日内行之,须将一年之收入、支出及处理事务作详细之报告,提出家族会议,俟会议通过承认,方能卸却责任。

第四章　祠宇及祭器

第十三条　祠宇及祭器之修葺、保存或添筑、购置,均由值年主管及监察经理之,但特别开支须得家族之同意。

第十四条　祠宇须备置祠宇登记簿,将祠宇所在地址、广狭、堂宇图样、间数逐一登记。祭品须备置祭器登记簿,将祭器名称、号数及放置所在地点或有损坏情形逐一登记,均于值年主管交迭之时慎重移交。

第五章　家族会议

第十五条　家族会议于每年春秋二祭时行之,但有特别情形时得开临时会议。

第十六条　凡家族会议会员经家族会议审定之。

第十七条　家族会议临时推定年长分尊者为主席,但有特别情形时不在此限。

第十八条　会议中须服从主席之指挥命令。

第十九条　发言之先后以提议之先后为准。

第二十条　议案取决于多数。

第六章　奖　励

第二十一条　凡家族男子有功绩于宗族,或为正绅有裨益于地方,或为名宦有政绩于国家者,得经家族会议入祀贤良龛。

第二十二条　凡家族女子有特别孝行,或节烈可风者,得经家族会议入祀节孝龛。

第七章　惩　罚

第二十三条　凡家族有干犯伦常、欺压乡邻及其他为公论所不容之行为者,得经家族会议酌量惩罚之,其情节较重者须送经地方官惩办。

第八章 教 育

第二十四条　本宗祠须附立子弟学校。凡家族有贫寒子弟不能纳费,或聪颖子弟无力升学者,得经家族会议,免除或供给其学费。

第二十五条　学校之课程及管理,均依公立学校之规定。

第九章 附 则

第二十六条　本规约经家族会议通过即发生效力。如有修改之必要时,须得家族会议四分之三到会及三分之二之同意。①

以上族规虽然是民国二十年(1931年)所修,但主要内容与明清时期的族规区别较小。该族规对宗祠总规、祭祀、祭田与祭款、祠宇及祭器、家族会议、奖励与惩罚、教育等都作出明确规定,成为一个宗族日常活动的习惯法规。

学者研究表明,我国的宗族组织是以父系血缘为纽带的同宗同族人所构成的亲属关系较为密切的单系继嗣群。它以宗祠和族谱为独特的文化象征物,以族规族诫为族人认同的行为道德规范准则,以族长或族正及其下属机构为特定的组织系统和人物,以防止族财外流、扶贫济困、助学、防盗、止淫等作为特定的社会功能,适时承担国家义务,维护族人利益。②

一、宗祠

宗祠又叫家庙、家祠、祠堂等,是宗族组织的神圣场所,是一个宗族的象征和中心。每个聚族而居的宗族,必有一个至几个宗祠,真正做到"族必有祠"。宗祠象征着有同源祖先的血缘关系,象征着宗族的团结。宗祠又有总祠、支祠之分,全族合祀者为总祠,分支分房各祀者为支祠。

（一）宗祠的功能

1.宗祠是同一宗族共同体祭祀祖先的场所

宗祠是一个宗族去世的祖先的"家",是他们神灵所聚之地,所以,宗祠里供奉着全部或部分宗族的祖先的灵位。每逢春秋祭祀,全族聚会,沐浴斋戒,齐集

---

①《吴氏建始族系支谱》之《"吴氏家族规约"》,湖北省恩施土家族苗族自治州档案馆,民国二十年(1931年)刻本。

②孙秋云,崔榕:《鄂西土家地区宗族组织的历史变迁》,《中南民族学院学报(人文社会科学版)》,2001年第2期,第54-57页。

宗祠,由族长领祭。参加者"长幼依次以尊卑序立,毋得嬉戏"。在重庆市彭水县敖氏家族《公议家规禁约十则》之第六条专门讲祭祀的问题,其内容是:"祭祀为追远报本之事,礼宜笾豆敬陈粢盛丰洁,以尽孝思。凡民以冬至祀始祖,盖本所宗也,非遇大故,不得缓停祭祀。如我显公德公二门议定,显公门祠庙附近应作二祭,德公门只作一祭,嗣后轮流照旧,不得违议。又如清明挂扫坟墓,纵路途遥远,风雨飘摇,理宜省视以撤侵扰。至中元焚化纸钱,其源出自汉殷浩,虽非至理,然祭如在,亦当礼仪足备。至若先祖考妣,生忌两辰,务宜恭避,以昭孝敬也。书曰:'事死如事生,事亡如事存。'孝之至也,各宜谨凛。"①

2.宗祠是宗族共同体讨论族中事务的会场及宗族的法庭

族中有关公共事务,由族长传聚族人聚于宗祠,公商解决。宣讲族规、乡约、家训也都在宗祠进行。族人如违犯族规家法,必在宗祠当众接受处罚,族长酌其轻重,当庭裁决,"小则宗祠治以家法,大则公庭治以官刑"。宗祠还是宗族的管理机构,宗祠有专人掌管,负责宗族的公共事务,如来往宾朋、同宗的接待住宿,族田、族产的管理,宗族公财的保管和使用等。明清时期西南民族地区的一些家族,不仅利用祭祀之前的机会宣讲族谱、教育族众,而且在每月朔、望二日,定期召集族人,进行纲常伦理教育、约束族人遵纪守法。

(二)宗祠的规制

明嘉靖五年(1526年),中央王朝允许民间建联宗之宗祠。明代宗祠大致分为皇帝的太庙、品官家庙和庶民宗祠三种。明廷有明确的规定,品官家庙为三进,第一进三间,第二进五间,第三进三间,外加大门一座。对庶民宗祠的规制有明确的规定:"宗祠三间,外为中门。中门外为两阶,皆三级。东曰阼阶,西曰西阶。阶下随地广狭,以屋覆之,令可容家众叙立。又为遗书、衣物、祭器库及神厨于其东,缭以周垣,别为外门,常加扃闭。"同时规定三品以上官员准许宗祠款式建三间九架,三品以下官员只能建三间五架,这是法定的规制。正是由于朝廷的规定,在西南民族地区的宗祠格局基本上大同小异。宗祠一般为传统的内院式,多数为三进两院、中轴对称式布局,由南向北沿中轴线依次为仪门—拜殿—寝室三进,两进院落的东西两侧为庑或厢房。拜殿是祭祖举行祭祀礼仪和宗族议事的场所;寝室用于供奉祖先牌位,由六院、十九厅堂组成。主体建筑布列在中轴线上,偏房、廊庑布列于两侧,左右对称。综观全祠,高低错落、主次分明、规划统一、布局严谨。宗祠建筑总体达到某种精神境界:或庄严肃穆,或

---

①《敖氏族谱》,民国二年(1913年)刻本。

静谧悠然,或高尚崇敬,或小巧秀美。有些支祠省去了仪门,规模一般要比总祠略小。一般来讲,庶民之家的宗祠建筑,往往突破朝廷的规制,表现出僭礼逾制的共同倾向。如明朝万历年间四川酉阳冉氏曾修建有酉阳大宗宗祠,自西向东有正、中、下三厅,以左右厢房合围成为两个四合院。① 后来酉阳冉氏宗祠于清代嘉庆年间重修,冉广燧为此还撰写了一篇《重修祠堂碑记》:

> 祠堂者,所以报本追远,俾子孙不忘其祖宗,以见木本水源之有自。故上至天子以迄庶人,皆有庙。天子曰太庙,诸侯曰宗庙,大夫、士庶人曰家庙。家庙即祠堂之谓也。春秋祭享,上以通忱而合谟,下以联孙于宗支。其贤智者,睹灵爽之式凭,思箕裘于不替,则发愤有为,特然自立,以求不愧其祖宗。其愚不肖者,目击夫长幼之有节,而从容于跪拜之间,亦有以启发其天良,而憬然悟,废然返,以自阻其非心而勉于善。则祠堂之关系岂浅鲜哉。

> 吾族自始祖守忠公发轫于酉,以迄于今,历世数十,历年数百,子孙繁衍分居析处,有睹面而不相识者矣;不有以联之,何以致亲之爱,而昭一本之恩乎? 旧有祠堂以岁久倾圮,上漏下湿,且无以妥先灵。又爱以联同姓。则修之葺之,不容缓也。本族庠生华等身任其责,奔告同族,合力而成之神寝斯新享堂毕,各肆筵设席,爰得我所役段也。人力若干,竹根石若干,灰漆若干,共用钱若干。既竣牵牲以祭,告合族之人咸在焉! 老者肃穆而对越高曾,少者骏奔而敬陈俎豆,以妥以侑之余,燕笑誉处之下,孝悌之心有油然而生者,华等之力也。燧徒居于渝,远隔千里,不能谋猷筹划,以其事,又不克奔走以任其劳;而华等不避寒暑,不畏风雨,不时而轮奂维新,既有以妥先灵,更足联同姓,快何如也。

> 每念岁时伏腊,朋酒斯飨,以燕以饮,相与话天伦之乐,讲忠孝之义,燧乃不获侧身其际,以与伯叔兄弟共乐斯境,怃然者久之,然梦中固未尝不追随于其境也。爰书其事于石,以昭示后世,倘有孝子慈孙,随时起而修葺之,庶可以不朽云尔。

> 大清嘉庆十年岁在丑菊月中乙浣谷旦
> 进士出身敕授文林郎知山西屯留县栎溪广燧书于柳涛房②

---

① 重庆酉阳冉氏族谱续修委员会:《冉氏族谱·总谱》,重庆酉阳冉氏族谱续修委员会,2007 年版,第 185 页。

② 重庆酉阳冉氏族谱续修委员会:《冉氏族谱·总谱》,重庆酉阳冉氏族谱续修委员会,2007 年版,第 186-187 页。

此文首先说明不同等级之人对宗祠的称谓及祠堂与族人的关系,接着浓墨重彩地凸显重修宗祠的两大原因及修建过程的艰辛,最后赞许重修冉氏宗祠后对族人的多种益处并说明了撰写本文的缘由。

(三)宗祠的修建

明清时期西南民族地区广修宗祠,如黔东南的清水江流域宗祠众多,主要集中在下游地区的天柱、锦屏二县。据统计,天柱、锦屏二县共有宗祠 155 座;天柱 95 座,锦屏 60 座。其中杨姓 39 座,龙姓 24 座,吴姓 12 座,王姓 12 座,刘姓 8 座,潘姓 8 座,罗姓 5 座,周姓 3 座,胡姓 3 座,陈姓 3 座,蒋、彭、唐、朱、张、姜、欧阳姓各 2 座,其余的袁、孙、陆、肖、伍、何、黄、郑、梁、粟、徐、江、舒、宋、乐、姚、秦、欧、程、苏、文、许、曹姓各 1 座。① 清代湖北长阳县共建有大小宗祠 51 座,其中覃、田、李、刘、张、秦、向、谭八大姓的宗祠就占有 30 座。② 详见表 3.1。

表 3.1　湖北省长阳县八大姓宗祠分布表

姓　氏	宗祠分布地点
李　氏	厚浪沱、马连坪、丁子塯、秀峰桥、泉溪、岩松坪、大水泉、都镇湾
田　氏	资丘、白沙坪、桃山、天池口、连宗
覃　氏	枝柘坪、白虎陇、柿枬、三友坪、石岭
刘　氏	东流溪、郑家塝、十五溪、资丘
张　氏	株栗山、双古墓、傅家堰
向　氏	流溪、杨家桥、桥料
秦　氏	榔坪
谭　氏	磨市

资料来源:湖北省长阳土家族自治县地方志编纂委员会:《长阳县志》,中国城市出版社,1992 年版,第 659 页。

在贵州省印江县和四川省秀山县(现重庆市秀山县,下同),仅杨氏就修有 10 座宗祠。这些宗祠在清代建成后,基本上是敬祖先、议族事、学文化、搞活动的场所。③

---

①袁显荣:《清水江下游宗祠文化探微》,《原生态民族文化学刊》,2009 年第 4 期,第 29-35 页。

②孙秋云,钟年,张彤:《长阳土家族的宗族组织及其变迁》,《民族研究》,1998 年第 5 期,第 69-78 页。

③《杨氏族谱》,杨氏修谱理事会,2006 年版,第 725-731 页。

二、族谱

族谱,又名家谱、宗谱、家乘。族谱既是维系宗族血缘关系的纽带,又是寻根问祖的有效依据。在封建社会,每个家族构成了我国社会的基础。每个宗族是一个大家庭,国家是一个最大的家族,皇帝就是这个最大家族的总族长,百姓是这个家族的子民。总族长利用各种手段和相当于血缘关系的纽带,维持和统治着这个国家。

(一)族谱的体例

明清时期西南民族地区的乡村社会,既没有无谱之族,也没有无谱之人。各宗族修谱的目的主要是敬宗收族、追根溯源。因此,各宗族十分重视族谱体例的安排。从现有的族谱看,其体例大致包括谱序、谱例、世系图、世谱、家规、家训、家仪、字派、诰敕、祠墓、居徙、辞章等内容。四川酉阳(今重庆市酉阳县)冉氏家族多次修谱,在乾隆年间所修的《冉氏忠孝谱》的内容包括序、凡例、总传、字派、世系、世次、坟茔、诰敕、符檄、杂著、赠言等;同治年间所修的《冉氏族谱》,内容有一定变化,包括序、凡例、序列、纂修人员、新谱纂修人员、原序、书法、传例、家规、祭义、祠规、祭祀图、碑记、籍贯考、姓源考、派行说、命名说、世家传、世家续传等。[①]《广西田州岑氏源流谱》的体例主要包括源流谱序、南阳岑氏源流支派图、田州岑氏嫡派正系大宗图、岑氏历代官职、余姚岑氏粤田源流世谱、支派记、忠孝志、列传、节义志、岑氏历代坟墓、土官世系表以及诏书等。[②]

综观明清时期西南民族地区的族谱,其体例和内容大致包括谱序、题词、恩荣(主要记载历代皇帝对本家族或某些成员的褒奖,如诰命、御制碑文等)、凡例、图(如祖庙、祖茔、祠堂以及水源或住宅四至图)、节孝、像赞、考(包括姓氏来源、迁徙经过和原因等)、世系(以图表形式反映宗族成员的血缘关系,这是家谱的主要内容)、世系录(主要记录一个人生老病死葬的简历,内容包括父名、排行、名、字、号、生卒年月日时、享年、官职、功名、德行、葬地、葬向,妻妾的生卒年月日时、封诰、岳家、子女、女嫁之人,有无富贵外孙等,特别重生死、血统)、堂号、派语(记载族人的排行字语)、传记(将宗族中有特殊事迹、丰功伟业、名可行

① 重庆酉阳冉氏族谱续修委员会:《冉氏族谱·总谱》,重庆酉阳冉氏族谱续修委员会,2007年版,第36-37页。
② 《广西土官岑氏莫氏族谱》,广西民族研究所,1965年版,第1-62页。

世的人传）、宗规家训（即宗族法规,内容多为修身、齐家、忠君、敬祖、互助、守法等,其中一部分为规约,族人必须遵守,如有违犯,则以家法制裁;另一些为训语,主要为劝诫内容,教人为人处世的道理,通常称为家教;还有一部分为庙规,也称家礼,为家族祭扫礼仪,如祖庙、祠堂组成,祭祀、婚丧仪式等。这部分内容是封建伦理道德在家谱中的集中体现）、祠堂和祠产（记录宗族祠堂的历史与现状、规制、神位、世次、祠产、义庄、义田的管理）、坊墓（始祖及各房墓地的分布和坐向）、先世考辨（叙述姓氏由来、始祖、支派、迁徙、分布情况,尤其是本支的迁徙、定居历史和各支外迁史及同姓、同宗的考辨）、志（为家族中专门资料的汇集,如科名、节孝、仁宦、宗行、宗寿、宗才、封赠、历代祖屋、祖茔、祖产分布等）、杂记（多为本宗族的专门资料,如耆老、争讼、田产、茔地等）、文献（收载本宗族先人的各种家规、家训、家范、墓志、行状、诗、文、帖、简、奏疏等）、修谱姓氏、五服图（这是封建家族法规的重要依据）、余庆录、领谱字号等。

(二)修谱的时间

明清时期,西南民族地区不仅宗谱的体例完备,而且对于修谱的时间也有大致的规定。一般说来,宗族修谱,短则 30 年一修,长则 50 年一修。从四川酉阳冉氏族谱的修撰时间看,则分别为万历(1588 年)酉谱(即《冉氏忠孝谱》)、康熙(1665 年和 1681 年)酉谱(即《冉氏忠孝谱》)、乾隆(1789 年)酉谱(即《冉氏忠孝谱》)、嘉庆(1806 年)酉谱(即《冉氏忠孝谱》)、道光(1822 年)酉谱(即《冉氏忠孝谱》)、同治(1863 年)酉谱(即《冉氏族谱》)、民国(1942—1945 年)酉谱(即《冉氏续修族谱》,以及 2007 年修撰的《冉氏族谱·总谱》,前后九次,平均60 多年一次。① 修谱时间的规定,有利于补充新的材料,保证宗谱的内容充实完整、真实可靠。

明清时期西南民族地区的很多大家族,特别是土司家族十分重视修谱工作。如万历十八年(1590 年)七月初六日,四川酉阳土司冉维屏发布一则《为督理谱牒事》的文告,其内容如下:

> 照得本司,自唐历今,序绵瓜瓞,自夔入酉,族衍俶聊,科名远胜,诸司功绩,屡书国史,称为右族,亦曰清门,乃因往事干戈,未遑文教,遂使先人谱牒仅具规模,文德武功,渐就湮微之列。大宗别子,未严昭穆之分。本司为此惕厉于怀,寝兴在念,欲使卿门百代,长无忘本之

---

①重庆酉阳冉氏族谱续修委员会:《冉氏族谱·总谱》,重庆酉阳冉氏族谱续修委员会,2007 年版,第35-38 页。

讯。所期史笔三长，慰我笃亲之望。今查本司分守万县祖茔官弟维功，才高华国，识重匡时，倚马论文，陋五言之月露；雕龙掞藻，成满纸之烟云。为此召赴本司纂修谱帙，受兹钜任，务尽勤劳，有脊有伦，世次厘然。而不紊，不僭，不滥，传赞灿然而攸分。则功存宗枋，名微家乘，岂不懿欤？尚其敬哉！故牒。

右牒付纂谱帙官弟维功，准此。

万历十八年七月初六日牒付（押）①

顺治十八年（1661年）正月初三日酉阳土司冉奇镳也针对谱牒问题发了一则《为督理谱牒，以重宗枋事》的文告，全文如下：

照得国本首重宗枋，世绪必先谱牒。维予酉邦，为蜀雄镇，支繁百世，祚永千年。谊既切于维城，任贵严于督理。今察官舍天泽，才堪夹辅公室，识称谙练事机，素著贤良，克全忠孝，是为推为宗长，总理宗枋谱牒，受兹重任，务宜纪纲宗支，匡于不逮。敦睦庶族，用光前猷。秉正持公，毋旷乃职。

右札付总理谱牒宗长官舍天泽，准此。

顺治十八年正月初三日札付（押）②

国之有史，县之有志，族必有谱。因为族谱既是宗族的族史，又是宗族的百科全书。故历代豪族大姓不惜重金，重视修谱。作为土司家族更是如此，因为土司袭职时，必须向朝廷报送土司家族的"宗支图本"。所以，土司家族一般30年或50年均要修一次族谱。

三、族训族规

族训族规是一个宗族的法典。明清时期西南民族地区各大宗祠都定有族规族训，是族人必须遵守的行为规范。它具有劝谕性和强制性，是宗族权力的具体体现，"宗之有规，犹国之有法也"。

（一）族训

族训也称"家训""宗训"，它是封建家族依托儒家宗法伦理理论对族人和

---

① 重庆酉阳冉氏族谱续修委员会：《冉氏族谱·总谱》，重庆酉阳冉氏族谱续修委员会，2007年版，第75页。

② 重庆酉阳冉氏族谱续修委员会：《冉氏族谱·总谱》，重庆酉阳冉氏族谱续修委员会，2007年版，第80页。

子孙进行伦理思想教育的教条。① 明清时期西南民族地区乡村社会各宗族的族训、家训的内容不尽一致，大致包括以下几点：一是"圣谕当遵"；二是和睦乡里；三是和睦宗族；四是婚姻当谨；五是宗族对成年男子择业的规定。在今湖北省来凤县，有卯峒土司向氏，今保存的《卯峒土司志》中有一篇《家训》。它既有一般家训的内容，又有不同于一般家训的内容，如将土司承袭方面的内容置于首条，这在其他"家训"中是绝无仅有的。《向氏家训》全文如下：

自古创业维艰，守成不易。我先人受安抚土司之职，历唐宋元明至我本朝，恳请辞职，蒙恩赐世袭千总。凡我子孙，须上报国恩，下光前烈。所拟家训条规，开列于后。

一、承袭官，须笃忠悃，公忘私，国忘家。靖共尔位，不坠清白之家声；恪守官箴，庶继前人之旧迹。

一、先孝弟，事父事兄，圣贤最重。务循冬温夏清之典，体隅坐徐行之文，大端克立，乃为孝子悌。

一、在忠信，尔诈我虞，失其本性。宜尽己而全，固有行事，一本天良，三省常惕，庶几祖德无惭。

一、勤耕读，负耒横经，生人事业，必披星戴月力其事，朝渐夕摩深其功，孝弟力田，无不长发。

一、居乡党，父兄宗族在焉，敬耆老而慈幼稚。一本无乖，九族无索，登堂自泯嚣凌之气，入室斯有亲逊之风。

一、待乡里，贵相亲睦。出入相友，守望相助，疾病相扶持。不可憎人便己，幸灾乐祸，以违先绪。

一、持家，固当量入为出，尤必忠厚待人。斗秤升斛，切勿大小异用，贫富异施，以至瞒心昧己，殄灭身家。

一、钱粮贡献之入，王章所垂，必当先期完纳。况身受国恩，只此一点敬奉，我为良民，切勿延缓。

一、戒淫行。淫为恶首，阴骘昭然，切勿望复关而微笑，指蔓草以偕臧，败绝门第，永世无耻。

一、赌博、六博、踏踘，非贤者事，或高堂缺养，或颠连子妻，甚至为匪为盗，亏躬辱亲，有何面目得不对祖宗而恧然乎？

---

① 孙秋云，崔榕：《鄂西土家地区宗族组织的历史变迁》，《中南民族学院学报（人文社会科学版）》，2001 年第 2 期，第 54-57 页。

一、崇礼让，礼行逊出君子哉。而子弟之秀顽虽殊，要宜卑以自牧，雍雍有儒者之气，循循有学士之风，庶乎堂构相承，箕裘克绍。

以上数事，各宜勉旃。①

在清朝嘉庆年间四川彭水县形成的《李氏族谱》中，其"家训"内容包括敬祖宗、孝父母、敬长辈、敦友爱、笃宗族、肃闺门、勤耕读、急公赋、戒为非、优奖恤等。② 又如该县形成于清同治年间的《庹氏族谱》，其家训内容包括"事君亲训、处骨肉训、谋生理训、立品行训、广学业训、取功名训、励官箴训、酌丰俭训、教子孙训、结婚姻训、养气度训"。③ 从作者收集的族训、家训看，有的比较简略，有的十分详尽，如《保靖彭氏宗谱》的"彭氏家训"是按照《修身篇》《齐家篇》和《治国篇》的顺序，下面则分条叙述，《修身篇》之下有"崇孝道""正礼义""务为学""谨言行""明德性""慎交友"六条，《齐家篇》包括"重教养""齐家政""尚友爱""睦宗族""励勤俭"五条；《治国篇》涵盖"处世事""和乡里""论为政""清吏治"四条。④ 这篇长达3900字的家训，无不闪耀着智慧的光芒，无一不是我国优秀思想、文化、传统、美德中的一朵灿烂之花。正如宗谱主编彭司礼所言：

修身篇明示我们：崇孝道，人事亲，无穷富当以奉养为先；正礼义，舍之无以为家，无以为生，务为学，家不论贫富，子女不论贤愚，首在读书；谨言行，出行求无过，行事无怨恶；明德性，人有七不犯：忤逆、尖刻、淫奸、欺诈、贪鄙、俏闲、刚愎斗狠；慎交友，人生处世，贵在知人。齐家篇明示我们：重教养，饮食必示之节制不可任其醉饱，衣服必示之朴素不可任其华美，长幼必示其有序不可任其逾越，言语必令其缄默不可任其喧哗，举动必令其雍容不可任其轻浮；齐家政，治家之道以正人伦为本，正伦以尊祖睦族、孝父母友兄弟为先，以敦亲堂和乡里为要务；尚友爱，敬人者人恒敬之，慢人者人更慢之；睦宗族，矜幼弱、恤鳏寡、周穷急、解忿兢；励勤俭，俭而不勤，徒俭；勤而不俭，徒勤。治国篇明示我们：处世事，人之处事，不但要见利思义，更要见利思害，盖有利必有害，须慎思以防之；和乡里，端重勤俭，是居身良法，仁恕正直，是居家良法，恭宽容忍，是居乡良法；清吏治，居官七之要：正以处心、廉

①张文兴等：《卯峒土司志校注》，民族出版社，2001年版，第103-105页。

②[清]李洪勋：《李氏族谱》，嘉庆二年（1797年）手抄本。

③《庹氏族谱》，清同治八年（1869年）手抄本。

④彭司礼：《保靖彭氏宗谱》，保靖彭氏宗谱编委会，2008年版，第1-5页。

以律己、思以为国、恭以事长、信以接物、宽以待下、敬以处事。①

上述这些家训诤言,不仅符合封建时代儒家宗法伦理对族人和子孙的思想教育,而且与当今建设社会主义和谐社会基本相融,不失为培养合格社会公民的好教材。

在《白马土司家谱》中也保留了今四川平武县薛氏土司的家训,其家训全文如下:

> 余尝仰慕高祖,自大宋朝以进士授龙州知州,积功累仁,历代继袭,镇守龙阳。
>
> 至洪武四年,圣朝取蜀。显考薛文胜,以龙州宣慰归顺,开设龙州,授州职事。后升松潘等处安抚,迄今数百年矣。
>
> 其忠君孝亲之心,虽梦寐之间,不敢有违。原其所自,盖由祖宗积阴骘于其前,而得以叨享禄位于后。子孙繁衍,聚若螽斯,福禄之荣,至极矣。信夫阴骘之报,大足以动天地,感鬼神;小足以格鸟兽,孚草木。
>
> 洪惟圣上纂修孝顺事,实为善阴骘书,颁布天下,余尝读究之,未有不切切于心也。愿子孙勉而行之。今将训诲家法,并用条例。刻于贞石,使子孙有所警省,有所感化,有所遵守,而永为规鉴也。
>
> 壹:后代子孙务要入学读书。亲君子,远小人,孝于亲,悌于长。敬老慈幼,恤苦怜贫。以知礼、义、廉、耻等事。不可骄傲顽率,矜己慢人,越理生事。如此,则为孝子;不然,则为不孝之子矣。
>
> 贰:后代子孙,凡居父母之丧,称家有无,依礼葬送之后,倘有孝子,能于墓则修草庐居住,寝苫枕块,斋戒持孝,昼夜不回,以待三年孝满。久能如此,天必鉴格。
>
> 古人有庐墓六年者,或有白鸠来巢,或有芝草呈瑞。皆因孝心诚切,以至如此。且孝子之道,温清定省,服劳奉养,生事之以礼也。衣衾棺椁,沥血送终,死葬之以礼也。四时祭奠,簋簋丰洁,祭之以礼也。
>
> 至于七七之斋,设醮之处,不许妇女到彼。务要在家持孝。凡子孙亦在斋戒。素服三年,妇女不许梳妆、插藏、穿颜色衣服。服内亦不可作乐、饭晏。且孝子有终身之忧,非止三年也。依此便是孝顺之子

---

① 彭司礼:《保靖彭氏宗谱》,保靖彭氏宗谱编委会,2008年版,序。

孙，勿怠勿违。

叁：祖宗田宅、房屋、水磨，时常修理，不许拆毁、挪移。及有田产、收掌、耕种、养缮，其家不得分毫转卖。如违者，许族内子孙有力者，争取耕种，勿违。

肆：祖宗给具财物，各各子孙，务要收藏，传于后代，不许花费一文。如违者，便是不孝子孙，戒之哉。

伍：本宗后代子孙，谨守法度。世世相亲，不可生疏。永在和睦，保守乡里。应袭子孙，务要尽忠报国，以德治民，常以骨肉相愿，贫富一例相看，恒加抚绥，不致贫乏，慎之，悟之。

陆：本处接连西番，部落常要和睦，不许与他结怨。若有番人出没，或贼兵至境危害者，务必挈家搬躲，不得听信贼兵诳计，诈称招诱投拜，以被捉掠不便。倘后官军到，追捕平定，安堵之后，方可慢慢回家，不为迟也。必省必戒。

柒：长春山建立祠堂一所，器皿齐备，后代每年修理，委人看守，不许损坏。逢时遇节，轮流拜扫。每月朔望，子孙俱要行香，以伸追慕之诚，并不许缺。四边墙垣之内，一切树木常要守护巡视，不许人来砍伐，及耕坏原开渠道，以备雨水，水从渠流不到，冲及坟茔。此事之所当先也。谨之慎之。

凡此数事，明示子孙。其余一一当守之事，难以备言。为吾子孙者，勿以其善小而不为，勿以恶小而为之。若能谨戒遵守，则为贤子孝孙。倘有视为泛言，常不能依而行之，则为不孝之子孙矣。各宜存勉，以期光显前烈。①

无论是《彭氏家训》，还是《薛氏家训》，有不少是宗族组织作为国家承认的社会基层自治组织对国家所承担的义务的一种自我鞭策或警示。② 这些内容带有明显的政治色彩，是明清中央王朝礼法的延伸。它规范了宗族成员的生活、行为，统一了族人的思想，便于维系族人的团结，巩固宗族组织，并促使宗族成员的利益必须服从于国家利益。

---

①曾维益：《白马土司家谱》，平武县地方志办公室，2007 年版，第 62-63 页。
②孙秋云，崔榕：《鄂西土家地区宗族组织的历史变迁》，《中南民族学院学报（人文社会科学版）》，2001 年第 2 期，第 54-57 页。

（二）族规

族规是规范族众行为、强化宗族意识、维护宗族组织的强有力的工具。因此,族规常常被宗族组织称为"家法"。族规与族训相比,它不是笼统地讲立身处世大道理,而是围绕宗族内部社会生活的具体实际情形而制定的规范细则,纲清目明,可操作性较强。① 族规包括祠规、家规等。祠规为对祠堂管理内容的规定,如祠堂肃静、修缮、财物保管和祭祀仪式、纪律等规定。家规条目很多,其内容可分为四类:伦纪类,有尽孝悌、睦宗族、肃闺阃、慎婚嫁等规定;公益类,有完国课、倡公益、护交通、行周助等;风纪类,有戒绝奸淫、烟赌、盗窃等;持身类,有读诗书、务正业、崇节俭、择交游、息争讼、戒暴戾等规定。有的族规还载有族长的管理权限及宗祠、族田的管理条例。下面这则家规是源于湖北省长阳土家族自治县撰修于清光绪三十三年(1907年)的《覃氏族谱》,规范之详尽、纲目之清晰,不失为明清时期西南民族地区族规的范本:

> 一、每月朔日由族长派明白通解子弟一人宣讲《圣谕广训》,集众赴祠敬听,俾知孝悌人伦。如托故不到,准族长薄惩。农忙之月停讲。
>
> 二、子弟不孝父母,大肆忤逆者,准其父兄投祠议惩。如不受约束,公同送究。
>
> 三、族中子弟必遵祖宗议定派序依次取名,不得擅行更改。
>
> 四、族中独子不准与父母分析。
>
> 五、服内子弟与尊长有争,不得不投祠理处,毋庸辄行控案,且不得无故干犯,即尊长亦不得故意欺凌。
>
> 六、子弟不务正业,酗酒肆赌,甚或奸抢刁拐,一切不法情事,犯则公同送究。
>
> 七、异姓不准滥宗。如乏嗣,招赘乞养异姓之子,俟殁后由祠内秉公给产,令其回宗;另于亲房择其昭穆相当者,为嗣承祀。族中不得妄生觊觎。
>
> 八、族中女子如在夫家不孝不敬,辄短见轻生,不准报案兴讼。如夫家嫌磨以致威逼殴毙,始准投祠公议。倘不率教,任意回家投诉,即抚慰送归,不准投祠。
>
> 九、公择族中品端分尊素所畏敬者四人做正副族长,约束族众,管

---

① 孙秋云,崔榕:《鄂西土家地区宗族组织的历史变迁》,《中南民族学院学报(人文社会科学版)》,2001年第2期,第54-57页。

理祠内账务一切，每年于清明时轮流推充。

十、族中有妇女守节，矢志坚贞者，由族长随时举报，以励风化。

十一、祠内当设立家塾，择族中之品学兼优者为教习，贫穷子弟亦得入学。

族规是明清时期宗族组织规范、褒奖或惩罚族人的一些准则，也是族老们统摄族中子孙的有力武器，其执行时宽严度的把握完全由族长或族老们商量决定。宗族组织依据族规对族人的处理结果，只要与政府所倡导的自治原则无大的冲突，一般都得到政府默许。① 从这个意义上讲，族规是宗族组织用以规范族众行为、强化宗族意识、维护宗族秩序的有力工具。

总之，明清时期西南民族地区乡村社会各宗族的家训、家规，大多以儒家伦理纲常为指导，教导族人遵守纲常，注重伦理道德，做一个安分守己的正人君子，这与明清时期中央政府对乡村社会的管理十分契合。

四、族长

明清时期，宗族组织的权力系统一般是由家长、房长和族长构成的。房长管辖各房，族长统驭全族。族长不仅是宗族组织的首领，族权的实际掌控者，而且是宗族组织权力系统的最大集权人物。在过去的族谱或家谱中，族长的名称，或称族正、宗盟宗长，或称会首、首事、理事。

（一）族长的条件

众所周知，一个村镇的宗族共同体一般由若干房或由许多小家庭自发组成，其共同体领袖的名称因地而异，或称房长、家长，或称户长、宗长等，一般称族长。西南民族地区族长的设置也不尽相同，有的一个宗族设一名族长，有的设一正一副，有的设一正两副，最多的设一正三副。明清及民国时期，西南民族地区各宗祠的族长一职，一般由宗族内年长辈高的地方士绅担任。据 1942 年所修《向氏宗谱》卷一《长阳向氏宗祠组织规程》的规定，湖北省长阳县向氏宗族出任族长须具备以下六个条件：一是品行端正，具有高深学识；二是有大勋劳于国家，并曾受有荣典；三是热心公益或信用卓著，其成绩为远近族众所周知；四是德望素孚，从无不正当行为及嗜好，堪为全族表率；五是家道殷实，素极热

---

①孙秋云，崔榕：《鄂西土家地区宗族组织的历史变迁》，《中南民族学院学报（人文社会科学版）》，2001 年第 2 期，第54-57 页。

心公益,为本族所倚重;六是从事本族公务具有三年以上劳绩。① 但其中最主要的条件是"德望素孚"和"家道殷实"。一个宗族共同体,族长之下又统若干分房,每个分房一般是同一高祖下的子孙,大多以各房高祖以下年龄最大且德最尊者为族长或房长,族长或房长必须经过选举,这是不争的事实。②

(二)族长的权力

明清时期西南民族地区的族长主要承担管理宗族的相关事务。凡族中的重大事件和决策,如祭先祖、定族规、正族风、续宗谱、立族产等,都由族长召集各房长议论处理,族长有"享受尊敬及便利之特权"。在今武陵山区的土家族中,族长的职权主要有:主持宗族祭祀活动;充当族人的分家、立嗣、财产继承的公证人以及族人纠纷的裁决人;负责宣讲族规、乡约以及监督族训、族规的执行;作为宗族的最高代表,负责对外交涉,出面解决本族与外姓发生争执及涉及本族利益的一切事宜。可见,族长主持祭祀、总管族务、掌握宗祠,是一个宗族组织的最高领导人,具有很大的权力。在今重庆市彭水修于道光二十八年(1848 年)的《高氏族谱》中,记载了"高氏族长罚律"有九条:

> 一是子弟有犯天伦而本父母无拘持,许族长立杖四十,随令设席免罪。
>
> 二是孙辈辱骂祖父母而本父母不行严饬者,许族长公议重责。
>
> 三是侄等因故凌伯叔诸母,而本父母不行戒饬者,许族长重责。
>
> 四是弟等殴兄及骂兄嫂,而兄无力管束者,许族长究治责罚。
>
> 五是以尊压卑,而卑理胜者,许族长随令设席治酒罚银一两充公。
>
> 六是以强欺弱,而弱之负屈难伸者,许族长依理公罚强者,罚银充公。
>
> 七是孙妇女骂及夫族尊长者,而本父母及夫不行拘责者,许族长罚坐其夫。
>
> 八是子弟不务正业,游惰自废,而无父母兄长管理者,许族长严饬。

---

① 《向氏宗谱》卷一,民国三十一年(1942 年)年版,转引自孙秋云,钟年,张彤:《长阳土家族的宗族组织及其变迁》,《民族研究》,1998 年第 5 期,第 69,78 页。

② 李文治,江太新:《中国宗法宗族制和族田义庄》,社会科学文献出版社,2000 年版,第128-129 页。

九是子弟凶横，与外人滋事，而无父母看管理者，许族长惩戒重责。①

由此可见，一个宗族的族长拥有对本宗族的管理权，以此控制族人。但是，必须清楚的是，并不是任何人都能当族长。当族长有一定的条件，房分和年龄是最基本的。此外，有许多的宗族要求族长除了房分、年龄的因素外，要有德和才。在一般情况下，族长由长房嫡长子担任。但长房嫡支的子孙若无德无能，不被族人佩服，不能发挥收族的作用，则由有官职、品德的人，或将各种条件综合起来考虑通过选举产生。族长若是选立的，族人对不称职的族长可惩罚和罢免。如今重庆市彭水县修于道光二十八年（1848 年）的《高氏族谱》中的"高氏族长罚律"就有"族长不以条治者，或从中徇情隐蔽，乃至干犯以上诸条，许通族老幼人等按律究治，罚席免罪"②的明确规定。宗族对族长的监督机制表明，宗族已不是简单的天然血缘群体，而是自治性较强的宗族共同体组织，它随着时代的前进而变迁，进而更符合社会的要求。③

在有些情况下，族长还肩负着分房的任务，这主要是为了给各房寻找一个安身立命的地方，以便各房能够更好地发展。如《卯峒土司志校注》中有载：向氏土司家族除长房外，分设二房、三房、四房和五房，尚有《分房除弊告示》一则，主要涉及卯峒向氏土司房系、除弊、溯源之事，与此密切相关，现抄录如下：

> 为分列房系、除弊、溯源事。照得卯峒僻处一隅，乃朝廷之蕃镇，荆南之保障。自唐宋迄元，世授宣抚使，守镇边夷。谱牒制作，非无传闻，奈世远年湮，未免残缺，无征不信。惟传至一世祖贵什公，值元明改革，时陈友谅、张士诚等，窃土僭号，争雄一方。世祖能识起之布衣之洪武，历数在躬攀龙附凤，功垂竹帛，文献俱存，取证不爽。自喇喏祖接步后尘，除敕设流官经历，并附庸百户外，分建新、江二峒、连司长官，设立五营七甲及总理、佥事二员。至那吾祖任事后，添设前、后、左、右、中五营。各营设总旗、旗长、旗鼓等职。同姓分十二房，房设佥事、巡捕、署事、马杆等官。司内设权司、护印二员。辕门外设七姓把总。自后，代因其职。概自明铺祖时，遭向蒿等谋叛，两次侵袭，尸积如山，血流成渠，历有传闻。自后数世，兵戈不息，司城屡要，新、江亦

①②《高氏族谱》，道光二十八年（1848 年）重修手抄本。
③常建华：《中华文化通志·制度文化·宗族志》，上海人民出版社，1998 年版，第 191-196 页。

叛。致先世所设五营七甲十二房,有疑司破主亡而尽节者,有死于疆场者,有畏害而远逃者,有见势弱而他投者,且被掳者有转有未转者。当是时也,窃疑黍离葛藟之什,惨为本司卯峒咏矣。后幸叔祖二府摄行司事,立志恢复。先服新寨,后归江口,基业赖以不坠。已曾分房设职,但未开明世系。至各房不肖之辈,本系此房子孙,有谋于彼,遂称系彼房之裔;本系彼房子孙,有仇于彼,遂窜入此房。之后,以致一脉之亲共事一人者,往往自相结仇构祸。迄今不严除斯弊,保不蹈向蒿之辙者几稀矣。是以本司除给覃本铺为峒长、覃可富为署事、覃海龙为农官、鞠志奇为长官外,将向麟子孙列为二房,向体春子孙列为三房,向韬子孙列为四房,向略子孙列为五房。其二房户口,林总按户准给金事、巡捕、署事、马杵等员;三房准给巡捕一员;四、五两房,果矢志忠诚,后当量才委。复将二、三、四、五等房及新、江二峒二员,并连司分支世系,悉照谱系,逐一开于后。为此示仰新、江二峒及各房等知悉。嗣后务各照系,各归各房,毋得任意混窜。如有不遵,实行重究。特示。①

上面这则告示告诉我们,向氏土司分房的原因在于"先世所设五营七甲十二房,有疑司破主亡而尽节者,有死于疆场者,有畏害而远逃者,有见势弱而他投者,且被掳者有转有未转者",针对这种情况,于是再将"向麟子孙列为二房,向体春子孙列为三房,向韬子孙列为四房,向略子孙列为五房",并明确告知:"各归各房,毋得任意混窜。如有不遵,实行重究。"

五、族田

所谓族田,是指宗族共有的田地。族田是宗族组织赖以存在的物质基础。没有族田,宗族所开展的建祠、修谱、义学、赡族等一切活动都无法进行。实际上,族田成为维持宗族组织的经济手段。

(一)族田的存在

在明清时期西南民族地区,完全没有族田的宗族组织是不存在的。在《中国宗法宗族制和族田义庄》一书中,对这一地区的族田有一定记载。如表 3.2 所示。

① 张兴文等:《卯峒土司志校注》,民族出版社,2001 年版,第 35-37 页。

表 3.2　明清时期西南民族地区族田表

年代	省县	建置人	面积/亩	备　注	资料来源
嘉靖	广西全州	赵希君	300	义田,"供享祀"。"又置义田数百亩,以招四方之来学者"	《古今图书集成》卷二百四十三
明	云南	谢表,诸生	—	"又置义田义冢,有司给冠带旌之"	《古今图书集成》卷一百九十八
明	昆明	莫蔚文	130	义田	民国续修《昆明县志》卷四
明	—	邹尧臣（进士）	—	设义田	道光《云南通志》卷一百四十六
同治	湖北来凤	—	—	"巨族立宗祠,置祭田,以供祭祀"	同治《来凤县志》卷二十八
乾隆	湖南永顺	尧其英	400	"赡族中贫乏"	光绪《永顺县志》卷八
光绪	四川叙州	郭光泗等	226石租谷	捐银10 000两置,"赡族鳏寡孤独及无力养葬婚嫁、贫不能读者"	光绪《叙州府志》卷十八
光绪	广西省	赵希尹	—	"置义田以赡族"	嘉庆《广西通志》卷二百五十七
光绪	桂林	张氏	—	"族人析产,以产之二十之一作家祭产,所出子孙世共有之"	《桂林张氏家乘》卷七《族规》
光绪	贺县	—	—	"县民建宗祠……有祭田"	光绪《贺县志》卷七
道光	云南昆明	胡氏	130	义田,"以其入延师教族子弟"	道光《昆明县志》卷六上

注:整理自李文治等:《中国宗法宗族制和族田义庄》,社会科学文献出版社,2000年版,第108,266, 267,274页。

　　明清时期西南民族地区宗族组织设置族田十分普遍,所谓"百人之族,一命之官,即谋置祠宇祭田","祠内大族,多置义田以备荒歉",这说明了设置族田的风气在西南地区相当盛行。如梁任葆先生估计清代广西族田额,在道光末年每县平均约有 30 000 亩。① 如果按当时广西共有 66 州县计算,族田约为1 980 000亩。咸丰元年(1851 年)广西总田额为 8 960 179 亩②,据此,广西的族田估计占 22.10%。在目前广西的一些方志中,多有族田的记载:广西贺县"祭宗祠……有祀田"③;藤县"巨族或立祠买祭田以供祭祀,僻壤村落亦有祖厅"④。在梧州府(即今梧州市),"巨族或立祠置祭田以供祭祀"⑤;在容县,"联合族人营建宗祠其祭费或出于祀田或醵金"⑥;在桂平县(今桂平市西),"族大者多置祀田,以祭远祖,家稍小康则近而三代亦有尝产供奉"⑦;在平乐县,"一姓脉传聚族而居合构宗祠……置产业为蒸尝"⑧;在三江侗族自治县,"族人醵金置产,或以基金放贷,取其租息,以供蒸尝之需"⑨;在广西西部土司比较多的地区,除有土司宗祠外,还有官族各自建立的支祠。每个土司"官族的宗祠中都设有神主排位。每逢祭祀,官族聚会……齐集宗祠,由宗主或族长主持,作礼设祭"⑩。

(二)族田的来源

明清时期的西南民族地区,各宗族均有族田。如广西"壮族聚族而居的许多村屯各自建有本宗族的宗祠,而宗祠一般都有多少不等的田地,称为宗祠田"⑪,主要有祭田、社地、义庄田、宗祠田等类型。西南民族地区的族田是宗族成员共同拥有的田产,是宗族组织财产的重要组成部分,在宗族生活中发挥着重要的作用。

从西南民族地区族田的来源看,主要有五种渠道:一是宗人捐置,这种情况主要是一些大官僚、大富商以其官俸或经商所获巨息购置义田;二是祖先遗留下来的产业;三是户绝产业(即一些族人由于没有子女、亲戚继承产业,他们死后的田产便转化为宗族成员共同拥有的族田);四是族田收入的续置,如四川省

---

① 梁任葆:《金田起义前广西的土地问题》,《历史教学》,1956 年第 7 期,第 48-51 页。
②《户部则例》,咸丰元年(1851 年)校刊卷五。
③[光绪]《贺县志》卷七《风俗》。
④[光绪]《藤县志》卷五《舆地志·风俗》。
⑤[同治]《梧州府志》卷三《风俗》。
⑥[民国]《容县志》卷四《舆地志·风俗》。
⑦[民国]《桂平县志》卷三十一《风俗》。
⑧[光绪]《平乐县志》卷二《风俗》。
⑨[民国]《三江县志》卷二《风俗》。
⑩钱宗范等:《广西各民族宗法制度研究》,广西师范大学出版社,1997 年版,第 229 页。
⑪梁颖:《广西壮族民间宗祠述论》,《桂林市教育学院学报》,1996 年第 1 期,第 20-25 页。

绵竹县马氏义田,以租入办家塾,于"族中子弟资以修金月米"①;五是宗族组织为了祭祀祖先、赈济族中穷人,有意添置族产。如贵州平越杨氏宗族,按人派银入祠的方法,规定"以咸丰元年为始,凡我祠中子孙,不拘男女老幼,该得应行捐助,其男丁每年各捐银1两,如每年各捐银5钱"②。所以派捐银两最后也会转向地产,仍不失为合族置产的一种方式。

有的专家认为,族田在两个方面发挥着十分重要的作用:就祭田祀祖来看,族田起着慎终追远、发扬孝思之情的作用;对义田赡族而言,族田起着联系、团结族人的睦族作用。③ 这从四川彭水县《冉氏义田条约》中可以得到佐证。该义田条约如下:

一、孤幼无赡依,每年给钱三千文,有伯叔者减半,至十二岁免给。

二、老而无媳者,每年给钱三千文,自六十岁起,有侄者减半。

三、力不能婚者,给钱三千文。不能嫁者称是,不能葬者亦如之。

四、童蒙无力就学者,每年给学钱二千文。资性钝者读二年,颖悟有造者,酌给膏火束脩。入泮者,助院费银十两,红花衣帽银十两。

五、族中孀妇苦贞者,每年给钱四千文,有子成立者免给。出嫁之女苦贞者仿此。

六、守祠看司不用外姓,检盖献焚,每年工钱二千文,谷八斗。

七、值年经管出入者,每年薪水钱二千文。

八、义田出息,储以待用,族中不得借贷。纵遇荒歉,酌量周恤可也。

九、此举系致美救乏,登雍睦而振家声,倘有不肖作奸犯科,是即获罪祖宗,决不挪借分文。

十、春祭以春分,冬祭以冬至,每次炮烛牲醴,需钱二千文,与祭者随带香资六十文。

裔孙 瑞珍谨识

光绪十九年癸巳岁冬至后一日④

---

① [光绪]《绵竹乡土志》(耆旧)。

② [清]杨越深:《重修杨氏小宗祠谱》卷一《原刊条规》。

③ 李文治,江太新:《中国宗法宗族制和族田义庄》,社会科学文献出版社,2000年版,第198页。

④ 彭水苗族土家族自治县民族宗教志编纂委员会:《彭水苗族土家族自治县民族宗教志》,重庆出版社,2003年版,第223-224页。

其实,综合各方面的情况看,族田收入的主要作用应该有三个方面:一是祭祀祖先。巴县刘氏祭田,租入主要供祭典用,余外部分"尽以赡同族之不足"①。二是赈济族人。如四川省绵竹县马氏族田,"凡老穷寡弱岁给米布棉花,病有药,死有棺,不能嫁娶有衾饰衣被"。② 新都县魏氏族田,"照丁给谷以赡族"③。三是资助读书人。如四川叙州府郭氏族田,以田租的一部分助"贫不能读者"④;叙州府郭氏族田,以租入赡济族中"鳏寡、孤、独及无力养葬婚嫁、贫不能读者"⑤。明清时期西南民族地区各地建置学田协助族人读书的事例不胜枚举。

第二节　民间宗族组织的特点

明清时期西南民族地区的宗族组织结构是由宗祠、族谱、族规、族长、族田等组织要素构成的。在这一内在结构中,祠堂作为宗族的标志,因拥有祖先神灵而具有号召力;族谱作为宗族的血缘纽带,将一族人紧密联系起来;族规具有宗族法典的效力,成为族人必须强制恪守的行为规范;族长成为宗族的主宰,通过族规维护着宗族的正常机制;族田作为宗族的经济命脉,支撑着宗族的长期存在。这就是明清时期西南民族地区乡村社会宗族组织内在结构及运行法则。明清时期民间宗族组织由于长期的发展,它不仅是一个血缘单位,而且是一个准经济单位和准政治单位。作者认为,民间宗族组织是一个以血缘为纽带的乡村社会。它在内部组织结构和实用功能方面的最大特点是与明清时期的政权组织极为相似,从而使明清时期西南民族地区宗族组织呈现出政权化倾向。⑥

一、政治方面

(一)宗族机构

宗族组织既然是一个小社会,就需要处理很多事情,就有必要建立一个对

---

①[民国]《巴县志》卷十下。
②[道光]《绵竹县志》卷二十九。
③[民国]《新都县志》第五编《文学传》。
④⑤[光绪]《叙州府志》卷十八。
⑥叶娟丽:《我国历史上宗族组织的政权化倾向》,《学术论坛》,2000年第2期,第105-109页。

宗族事务进行管理的独立机构。一般来讲,宗族机构分作两套管理系统,一是族下各房的二级机构;二是职责不同的单项机构,以分别处理各种具体事务,如宗子主祭祀、族正管族产、族长通管全盘并兼管宗族司法,单项机构直属族机构领导。宗族机构的人选标准一般也是遵循经济、政治、血缘这样三重标准,如前所述《长阳向氏宗祠组织规程》的规定,湖北省长阳县向氏宗族出任族长须具备品行端正、勋劳于国、热心公益、德望素孚、家道殷实、从事本族公务三年以上劳绩等六个条件①,在具体操作过程中,富户、乡绅和尊长者一般享有优先权。但能力高下,也是族长、房长人选标准之一。因为族长、房长要与官府周旋,要与地方交涉,要平衡宗族内全体成员之间关系,如果不是一个老成、干练的领袖就无法出面处理。至于宗族组织机构的产生,一般采取公推众举的方式。从表面上看,宗族组织机构的组成和人选比国家机构更具理想色彩,但在实际生活中,宗族内部的既得利益者也总是利用自己手中的权力,串通官府,鱼肉乡里。

（二）身份等级

宗族组织是微缩了的社会,故不可避免地打上时代的烙印,族人之间也呈现出不同的身份等级。在宗族内,身份等级高的无外乎几种情况:一是通过科举考试考中的进士、举人,后来获得一官半职;二是虽然没有出仕资格,但获取一定功名而享有某种特殊身份;三是举人、五贡与秀才等在地方上自成势力;四是年老退休的文武官员和通过封赠、捐买的虚衔人员,共同组成乡绅集团,本宗族赋予他们某些特权。但总的来讲,宗族组织中最有身份的是士绅（或称乡绅）和宗族领袖。因为乡绅们能够较准确地把握国家统治者的统治意图以及各级官府的具体需要,故能够更好地融洽宗族与官府的关系,对宗族组织建设起到积极作用。因此,执掌宗族各机构权力的宗族领袖们可利用手中的权力,提高自己在经济生活中的地位。

（三）存在族权

族权不仅是一种特殊的社会权力,而且也反映了一定的社会关系。明清时期西南民族地区的族权一般有严密、固定的组织形式。族长是族权的人格化代表,族长一旦诞生,他在宗族组织内部就具有至高无上的权力。尤其是族权与政权结合后,保甲制度——基层政权组织常与宗族组织合而为一,族长、族正行

①《向氏宗谱》卷一,民国三十一年(1942年)年版,转引自孙秋云,钟年,张彤:《长阳土家族的宗族组织及其变迁》,《民族研究》,1998年第5期,第69-78页。

使保长、甲长的权力,他们既是宗族首领,又是地方行政首长,在宗族组织中的权力可想而知。另外,族权就是"祠堂族长的族权"。它具有以下特点:一是与祠堂、宗谱、族产相结合;二是族长由宗子继承变为从族中殷实士绅推举;三是与封建基层政权相结合,逐渐变为维护封建统治的基层社会的重要控制力量。这就正如前面所讲,族长具有如下职权:一是主持宗族祭祀活动;二是充当族人的分家、立嗣、财产继承的公证人以及族人纠纷的裁决人;三是负责宣讲族规、乡约以及监督族训、族规的执行;四是作为宗族的最高代表,负责对外交涉,出面解决本族与外姓发生争执及涉及本族利益的一切事宜。也就是说,族长的族权就具有了基层政权作用及社会功能。

上述三点与国家政权组织中的设置机构、官分级别、权大一级压死人等政治方面的表现极为相似。说白了,宗族社会是一个缩微社会,宗族组织是一个浓缩版的地方政府。

二、经济方面

(一)以族田实现多种功能——保障族众福利

明清时期西南民族地区各宗族的族田是宗族组织赖以存在的物质基础。1949 年以前,众多的宗族为了维护本宗族的发展,设置了各种名目的族田。如广西在清代中后期的武鸣、马山、隆安、崇左、扶绥、上思、上林、田东、田阳、百色、西林、宜山、天峨、环江、龙胜等县都有蒸尝田,分布甚广。但在比较贫瘠的山区,只有大户人家才有蒸尝田。[①] 据梁仁葆先生估计,道光末年每县平均有30 000 亩[②]。按当时广西有 66 县计算,族田应约为 1 980 000 亩。在新中国成立后,新修县志中对各地族田所占比例有所记载,详见表 3.3。

表 3.3　清代中后期广西各县族田所占比例一览表

地名	数量/亩	比例/%	说　明	资料来源
邕宁县 2 个乡	1 097.51	10.75	公田、蒸尝田	《邕宁县土地志》,1995 年版,第 310 页
郁林县	18 753.8	9.45	尝产、公产	《玉林市志》,1993 年版,第 188 页

①蒙绍荣:《壮族历史上的"蒸尝田"助学金制度》,《广西民族学院学报(哲学社会科学版)》,1989 年第 3 期,第 90-93 页。

②梁仁葆:《金田起义前广西的土地问题》,《历史教学》,1956 年第 7 期,第 48-51 页。

地名	数量/亩	比例/%	说　明	资料来源
武鸣县 1个乡	1 433.86	17.95	蒸尝田	《广西壮族社会历史调查(六)》,2009年版,第6页
容　县	59 323	16.8	祠产	《容县志》,1993年版,第210页
兴业县	1 790	9.45	尝产、公产	《玉林市志》,1993年版,第189页
宾阳县 新城街	31 813	23.37	蒸尝田	《南宁、武鸣、龙州地委、宾阳、邕宁县、广西农协关于农村各阶层占有土地、租佃关系、生活情况的调查和总结报告》,广西壮族自治区档案馆藏,档案号:X55-1-20
钦　县	14 630	0.79	祠田	《钦州市土地志》,2003年版,第147页
昭平县	6 188	3.26	学田、渡田、庙产田、宗祠田等	《昭平县志》,1992年版,第223页
钟山县	126 454	36.24	蒸尝田、学田、庙田、祠田、公会田	《钟山县志》,1995年版,第130页
三江县	48 382	10.56	公田及封建山主地等	《三江侗族自治县志》,1992年版,第240页
桂平县	161 798	14	公产	《桂平县志》,1991年版,第165页
苍梧县	86 177	18.25	公田、祀田、学田	《苍梧县志》,1997年版,第148页
天等县	3 266.39	0.55	蒸尝田、学田、公田	《天等县志》,1991年版,第166页
龙州县	6 260.3	1.91	公田、学田、蒸尝田	《龙州县志》,1993年版,第389页
靖西县	200	0.33	公田	《靖西县志》,2000年版,第179页
上思县 6个乡	3 538.8	2.11	公田	《广西壮族社会历史调查(三)》,2009年版,第55-57页
崇左县 36个乡	10 774	2.08	蒸尝田、公田、学田	《崇左县志》,1994年版,第173页
忻城县	1 772.5	1.48	祠田、庙田、公田	《忻城县志》,1991年版,第146页

续表

地名	数量/亩	比例/%	说 明	资料来源
灵川县1个区	3 116.07	5.6	公田	《灵川县志》,第 172 页,1997 年
南丹县	760.7	1.46	学田、庙田、祠堂田	《南丹县志》,1994 年版,第 128 页
恭城县	4 529.2	1.5	蒸尝田、学田	《恭城县志》,1992 年版,第 84 页

注:1.本表根据广西各地县志和一些档案调查材料整理;2.广西各宗族聚族而居,故将村公田当作族田看待;3.转引自宗刚:《近代两广族田研究》,硕士学位论文,第 22—23 页。

广西各宗族广泛设置族田,或"上供祀事,下育子孙,其为后人计"①;或"积累蒸尝公银立产置业,或田或塘或铺舍,有赢无绌,以供祭祀外,子孙应试给费,进身奖赏,有余力可以赡宗族"②。一般来讲,族田收入主要用于祭祀、赡族、助学、修祠等方面。由于族田是一个宗族赖以生存的物质基础,其主要功能有完纳国课、祭祀修祠修谱、赡养救济族人、助学奖励、储粮备荒、兴办族中公益事业等,因此,族田的最终目的是让族田及其收入发挥各项应有的功能,保障族众福利。

(二)以捐纳谋取某些特权——类似官场买官

在明清时期的宗族内部,各家庭同财共居,独立地享有私有财产。由于族人之间经济实力的强弱不同,必然要形成社会地位的高低区别。再加上宗族组织机构的人通常以"殷实富裕"作为重要标准,因此,族人捐产入族,亦可获得宗族法所规定的各项特殊权利,甚至其子孙后世也能沐恩沾誉,享受某些特权。在这种情况下,那些殷实人家的经济优势往往可以转化为超经济特权。这与官场通过捐纳谋取官位(即买官)极为相似。

三、法律方面

俗话说,国有国法,家有家规。明清时期盛行于西南民族地区的宗族法实际上是大家庭或宗族制定的"法律",这种"家法""家规"与国家法相对应,是一

---

①广东顺德《潘氏家谱》之《履道堂规约》,清光绪七年至九年(1881—1883 年)刻本,广东省立中山图书馆藏。

②《龙涌胡贻谋堂族谱》卷一《祭产》,民国十三年(1924 年),上海图书馆藏。

种维护宗族利益的"准国法"。由于传统中国的国法对大量社会关系的调整处于空白地带,这就严重影响了国法对乡村社会各种关系的覆盖面,进而影响了国法的社会效力。正是由于国法不能有效而全面地对有关社会关系履行法律调整责任,因此,在一定程度上能填补国法空白地带并能有效履行调整责任的宗族法就应运而生。宗族法是在维系庞大家族秩序、维护宗族稳定的前提下产生,并对包括首领在内的全部族人都具有严格的约束力。宗族法与国家法典相对应,其名目有诸如家矩、家规、家法、家政、家范、宗约、宗式、宗训、族规、条规、禁约、条箴等,类似的宗约、家范不计其数。这些族内成文法的核心问题,就是确立族长的家长式统治地位。如广西贺县《龙氏家祠规章》的内容如下:

一、忘背祖宗,忤逆父母、欺凌兄长,触犯重责,罚银十两;再犯出宗,不及子孙,凡出宗同。

二、宗子无嗣,有本房或外房继者,即单传亦入继。如当继者不求继,出继者抗不继,各罚银三十两,仍公督使继。

三、无故黜妻鬻子者,出宗。

四、为娼优隶卒者,重责惩戒,罚银五十两。不改,出宗。

五、奸盗诈伪者,重责,罚银五十两。再犯,出宗。

六、刑丧过犯者,轻则重责、罚银,重责出宗。

七、族内斗殴角力及赌博,无理构讼者,初犯重责,罚银五两,再犯同。①

上引《龙氏家祠规章》与国法相对应,在维系宗族,使宗族成为封建统治主要基础等方面,发挥了极为有效的作用。宗族法在执行过程中,裁判很严,凡对于违犯族规家法者,族权毫不手软地施以重惩,如《龙氏家祠规章》对"忘背祖宗,忤逆父母、欺凌兄长"者,"再犯出宗";对"无故黜妻鬻子者,出宗";"为娼优隶卒者",如果"不改,出宗";对"奸盗诈伪者",如果"再犯,出宗"。这些裁决,在今天看来,的确很重,但在国家承认族权在一定范围内裁判权力的情况下,族众只能勉而受之。

四、军事方面

明清时期西南民族地区很多大家族均有属于自己的武装,特别是各地土司更是拥有少则数百人多则数万人、甚至一二十万人的土兵部队。这些土兵,一

---

① 刘介:《广西通志稿·社会编·氏族》,广西通志馆,1949 年版。

方面接受中央政府征调,参与御边战争或对内战争;另一方面为土司看家护院,维护土司家族利益,参与土司与土司之间、土司与辖地百姓之间的战争或械斗。如四川酉阳土司在明清时期也属于实力较强的土司,曾经与湖广永顺、保靖以及四川秀山等地土司多次发生战争,冉永沛执政时发布的题名《酉阳等处军民宣慰使司,为誓众盟心,共抒忠义,以振纪纲,以御外侮事》的一则文告或许能反映出这一问题。该文告全文如下:

> 照得夫刚妻柔,天地之大义;臣忠子孝,伦理之常经。本司崇尚学校,世世名分井然。本慰娶于保司,以舅甥为翁婿,以姑侄为姑媳。惟冀母仪一方,永缔世好。岂期败坏四德,罪犯七条。上则触逆母太夫人,下则图谋巨测。牝鸡鸣晨,古人所笑;提戈弑主,王法难容。种种恶迹,共见共知。今伊父保司官,顽嚚成性,逆天逆理。不能大体训迪,犹且纵恶为非。谕我头领,动言称兵。在本慰天性相关,实彼自绝人纪。致令与二子永诀,誓不接回,皆出于情不得已也。尔戎旗营百总度乾麟,当此多事之时,尤宜立功效力。或奋勇当先,斩首破敌,自应照格重赏。如不用我命,逗留观望,临阵退缩,不相应援,及随卫左右,心怀携贰,泄我机谋,折我兵卒者,明刑俱在,决丕筮赦。待事平之日,论功概加优典,如本慰负尔,尔负本慰,皇天为鉴,殃及乃身,延及后人,尚其倾心效忠,仰副恩命。此言一出,如同金石,世世宝之。须至帖者。
>
> 　　　右誓贴给戎旗营百总度乾麟子孙收执
> 　　　康熙二十年三月十六日椿林主人(押)①

土司宗族或其他大宗族的武装力量,第一个目的是用于共同对付外族力量对本族利益的侵蚀。第二个目的是一旦发生战争时,充当中央政府的候补力量。从这个角度看,这与国家建立军队的作用也相似。

五、教育方面

明清时期西南民族地区各宗族对族人的教化与教育均有深刻的认识。一方面通过对族人的教育,灌输封建宗法道德伦理思想,对族人起到教化作用;另一方面则是鼓励族人通过科举入仕,这可以提高本宗族的社会地位。因此,各

---

① 重庆酉阳冉氏族谱续修委员会:《冉氏族谱·总谱》,重庆酉阳冉氏族谱续修委员会,2007年版,第81-82页。

宗族对族中子弟的教育十分重视,并采取相应的措施对此予以帮助。

（一）宣传教化

明清时期西南民族地区宗族组织凭借宗族的血缘关系,在宣扬封建伦理、执行封建礼法等方面,比官学、书院、私塾等学校教育的灌输,更能够收到"管摄天下人心"的功效。很多宗族的族谱对伦理关系和道德规范特别重视。如湖北利川《覃氏族谱》有所谓"家中有规,犹国之有制,制不定无以一朝廷之趋,规不立无为子弟"的记载。《覃氏族谱》"家规"中记有"存心""修身""敬祖先""孝父母""敦手足""正家堂""务耕读""和族邻""择师友""维风俗"等十规;"家劝"中有十劝:"劝积善""劝孝父母""劝友兄弟""劝睦宗族""劝重丧祭""劝务本业""劝慎冠婚礼""劝训子弟""劝肃姆教""劝早完粮"。《覃氏族谱》还有十戒:"戒占葬""戒淫欲""戒嗜酒""戒多言""戒好勇斗""戒专利""戒赌博""戒媚佛""戒健讼""戒纵";另有十禁:"禁紊尊卑""戒乱闺门""禁废先业""禁滥交游""禁惯非为""禁欺孤寡""禁凌卑幼""禁欺贫穷""禁同姓为婚""禁充隶卒"。① 无论"规""劝",还是"戒""禁",都是为统治阶级服务的。广西《联石罗氏家谱》之《规约》中对伦理关系和道德规范也有很多具体规定,如:"殴打父母者,罪当诛,经族送官究治";"不养父母忤逆骂辱犯者,罪在必惩,经族处治";"不管妻子小妾放纵任听淫欲野游者,此及败坏家风之人,责令丈夫父母将该妇发卖,如不遵命,斥逐,永不准归宗";"严禁名家妇女不得忤逆翁姑殴骂娌嫂,犯者责令丈夫管束,如有不遵者,将丈夫斥逐,该妇发卖";"鼠窃狗盗,犯者已经察觉,拿回,祖祠重责,立写悔过,姑免,再犯者斥出族外,以免玷污家声也";"盗卖祖祠器用什物及安放不洁之物,堆积污秽毁残祠宇,犯者拿到本祠重责,强顽者斥逐出族";"育外各子孙紊乱宗支,固不准收尝办祭亦不许载入家谱,如违,合族鸣官究治";"祠前及两旁各子孙不得建居近屋,侵占尝地并不得栽种竹木筋藤有碍观瞻,如违,传至本祠斥责出族"②。从这些"规约"看,宗族组织对族众要求甚严、惩处甚重,或"经族处治""斥责出族""不准归宗",或"丈夫斥逐、该妇发卖",或"送官究治""合族鸣官究治"。这些既体现了族谱的宣传教化功能,也体现了宗族家法的威严和族权的至高无上。

①湖北利川《覃氏族谱》,民国三十三年(1944 年)刻本。
②广西《联石罗氏家谱》卷一《规约》,清宣统三年(1911 年)石印本,广西壮族自治区图书馆藏。

（二）助学兴教

明清时期西南民族地区各宗族为了让宗族成员接受儒家思想，宗族组织首先从教育入手。鼓励族众参加科举考试，历来被视作仕宦正途。因而各宗族十分注重培养本族子弟参加科举考试，以求得功名宦绩，光宗耀祖。在具体操作上，主要是通过族田收入来助学奖励。这一点与明清时期中央政府提倡的捐资助学也如出一辙。

1.土官宗族和宗祠创立学校，供本族子弟就读

广西高明罗氏创办私立蒙学和初等小学堂是一个很好的范例。广西陆川的吕氏家族，在清代道光初年就由族人捐钱谷或田产，以之出租取息，创办了"吕氏义塾"。在"族约"第十八条中明确规定：族人"凡析产，留赏学"。讲明"凡兄弟分产，须照祖宗家法，先留一部分蒸尝费及公义费，再留一部分为子孙求学费，然后按股均分"①。与此同时，广西陆川谢氏之族也以同样的办法创办了新村堡莲塘村谢氏义塾。光绪末年，废科举、兴新学之后，景芝东庄又创办了育才高等小学堂，陆川黄氏宗祠创办了一新高等小学堂，钟氏宗祠创办了开明高等小学堂。一位曾在广西生活过的法国天主教神父，目睹当地客家人以祠堂为依托，兴办教育的情况后十分赞赏。他说："客家人每一个村落里都有祠堂，就是他们的学校所在地，全境有七八百个村落，就有七八百个祠堂，也就是七八百间学校。按照人口的比例计算，不但中国没有一个地方能赶得上，就是与欧美相较之下亦不多让。"②

2.宗族给予族中求学子弟补贴，赞助族内子弟参加各级考试的费用

广西《联石罗氏家谱》卷一《赏罚家规》中规定：本族子弟"中等学校毕业具有毕业证书者，得给补助学费银伍元，有与中等学校同等者，无论国内外各生亦照此一体补助；高等专门及大学毕业具有毕业证书者，补助学费银十大元，有与大学同等者，无论国内外各生亦照此一体补助；补助各学生在国外者，须得该学校监督或驻在国公使证明书，其在国内者须经教育部立案之学校证明书，方准支给"。③

此外，对族内学子取得功名进行奖励，对族内学子在宗族活动中给予优待。

---

①刘介：《广西通志稿·社会编·氏族三》，广西通志馆1949年印，广西壮族自治区图书馆藏。

②陈运栋：《客家人》第一章《绪论》，东门公司，1988年版。

③广西《联石罗氏家谱》卷一《赏罚家规》，清宣统三年（1911年）石印本，广西壮族自治区图书馆藏。

总的来讲,族内教育的重要任务在于造就知书识礼、忠孝双全的族人以及培育族内子弟步入仕途。一旦为官为国效力,胜职尽忠而受朝廷谕奖,其宗族也看作本门户的荣誉。各地族谱、家乘皆尽收入族内成员为官而受到皇帝谕奖的内容。这无疑对宗族社会地位的提高、宗族的顺利发展和宗族社会的稳定都有重要的影响。[1]

第三节　民间宗族组织的作用

一般来讲,宗族组织机构之内有以小家庭为单位的经济共同体和以宗族为单位的血缘共同体两个共同体,所谓宗族共同体是指一个族姓的所有成员。由宗族共同体形成的宗族组织,其主要任务是主持族众集会,检查族人善恶,处理族内纠纷。[2] 从宗族组织的作用来看,主要有三个方面。

一、维护家族伦理

明清中央政府都要求乡村社会的民众孝顺父母,尊敬长上,和睦乡里,教训子孙,各安生理,毋作非为。尤其要求民众履行伦常,遵守法纪。所谓伦常关系,是指尊卑长幼、嫡庶亲疏关系。尊卑关系表现为"孝",长幼关系表现为"悌",孝是核心,悌是从孝派生出来的。这种伦常关系不限于五服,而是扩大到一个村镇的整个同族,在这种情况下则更多地体现为"睦",宗族关系的生活准则也就是孝、悌、睦三字,这是明清时期家族或宗族伦理的基本内涵。在今重庆彭水县撰写于同治年间的《向氏宗谱》中的"向氏家训十九条",第一至四条就属于伦理的内容:

> 孝亲第一。小不顺父母者,初犯宣入祠堂训之,再犯处以家法。唾骂父母者,鸣上按律治罪。逼辱父母者,鸣上按律治以重罪。
>
> 敬长第二。触犯同姓尊长辈者,聚祠堂以家法治之;不服,以首犯尊长,上律合攻之。触犯异姓长辈者,或经投明,察其事实有,罚父兄

---

[1] 宗刚:《近代两广族田研究》,南京师范大学 2012 年硕士学位论文。

[2] 李文治,江太新:《中国宗法宗族制和族田义庄》,社会科学文献出版社,2000 年版,第131 页。

辈语以敬顺之道。

友恭第三。弟以非礼加兄者，族长议处。恃长欺弱小者，议罚。弟兄因财物田产相争夺者，族尊察其是非，秉公处断之；不服，向官攻之。

睦族第四。恃富强欺族贫弱者，合攻之。越分占族田地者，族尊秉公处之。①

在彭水县的"李氏家训"中，前五条的内容分别为"敬祖宗""孝父母""敬长上""敦友爱""笃宗族"②，伦常关系彰显无遗。包括明清时期在内的封建社会里，尊卑长幼关系实际是一种等级关系。统治者运用等级关系掩盖阶级关系，这就是明清时期宗法制度的实质。

在明清时期，同辈之中讲究字辈、字派，因为字辈不仅是一个家族的烙印，而且是血缘秩序的标志。字辈是中国传承千年的重要取名形式，也是古代一种特别"礼"制，它一直延续到现代。在我们现在看到的所有古代及近代撰写的宗谱中，维持血缘伦理是家规、族规的主要任务，其具体条目主要是"孝父母""友兄弟""敬长上""序尊卑""别男女""肃闺闱""慎嫁娶""严立继""明宗法""严祭祀""避祖讳"等。

从族规相关条款可见，宗族组织利用族谱中的族规，将人们的日常生活都纳入宗法体系之中，宗法伦理于是就成为神圣不可侵犯的规定。在孝、睦思想的支配下，使尊卑长幼合理合法化，使家族伦理合理合法化。这种宗法宗族制度赋予族长以绝对权力，地方绅衿地主就利用这种权力控制族众。③

二、维护社会秩序

宗族组织利用宗族制度的第二个作用是维护国家法纪和稳定社会秩序。明清时期西南民族地区的很多族规都有这方面的规定，如要族众禁止嫖赌、安分守己等。据重庆市彭水县《李氏家训》第九条"戒为非"云：

士农工商各有恒业，无业之人，即下流之渐也。每见近时子弟，终

---

① 彭水苗族土家族自治县民族宗教志编纂委员会：《彭水苗族土家族自治县民族宗教志》，重庆出版社，2003 年版，第 221 页。

② 彭水苗族土家族自治县民族宗教志编纂委员会：《彭水苗族土家族自治县民族宗教志》，重庆出版社，2003 年版，第 217 页。

③ 李文治、江太新：《中国宗法宗族制和族田义庄》，社会科学文献出版社，2000 年版，第 142 页。

日游手好闲,全无正业。常时邀朋结社,称哥喊弟,交结匪徒,早聚晚散,肆行赌博。小则倾家荡产,大则抢劫为盗,一切不正之行为,皆属非为之邪癖,酿成巨祸而辱祖宗,莫此为甚矣。凡族中子孙有不务正业者,先凭族长责罚示惩,并治其父宽纵之罪;如再不悔,或致辱家,合族首公开治罪,谱中永黜名,不录。①

上引"戒为非"条,其主旨是要求"士农工商"等从事各业的族众勤于职业,安分守己,以维持生计,这是稳定乡村社会秩序和维护封建法纪的根本之计。

在一些族规中,涉及稳定社会秩序的规定表现在各个方面,禁止赌博是其中的一个重要方面。关于禁止赌博,四川省会理县彰冠乡蔡家祠堂中有一块刻于清同治七年(1868年)的"禁止赌博碑",是禁止宗族人员赌博的佳作,现抄录如下:

> 窃思戒赌之条,前人之述备矣。我洛阳家风,历祖以来,断未有公孙、父子、弟兄、叔侄同场聚赌,以败家声,至于如是。今与合族约:自垂碑禁止后,倘族人仍有窝赌、邀赌、诱赌种种赌局,我祖宗定不愿有此子孙。世世族长、族正,重则定要禀官,照例究治;轻则入祠,以家法从事。敬录戒赌十条,以垂于后。一坏心术。一入赌场,遂成利薮,只顾自己赢钱,哪管他人破产,心术岂不大坏? 二丧品行。凡人贵贱高下各自不同。赌博场中,只问钱多钱少,那计谁贵谁贱。有何体统,成何品行。三伤性命。赢了乘兴而往,不分昼夜;输了拼命再来,哪计饥寒。从此耗精疲神,损身丧命,岂不可伤。四玷祖宗。送了人的银钱,还笑浪子发呆;破了你的家产,转叹痴儿作孽。不能光宗耀祖,反致辱没门庭。五失家教。赌博一事,引诱最易。父子博,兄弟博,白日赌,深夜赌。家教大坏,可为寒心。六荡家产。始而气豪,则挥金如土;终而情急,则弃产如遗。衣裳典尽,田宅罄完。想到此间,岂不可怜。七生事变。通宵出赌,彻夜开场。甚至浪子夤缘而生计,匪人窥伺以为奸。祸机所伏,岂不可虑。八离骨肉。士农工商,各勤职业。自入赌场,遂沉苦海。妻子吞声而饮恨,父母蒿目而攒眉。抚心自问,其何以安。九犯国法。赌博之禁,律例最严。轻则杖一百,枷两月;重则徒三年,流三千。绅士照例革斥,成何面目;衙役加倍发落,须顾身家。与

---

①彭水苗族土家族自治县民族宗教志编纂委员会:《彭水苗族土家族自治县民族宗教志》,重庆出版社,2003年版,第218页。

其事后而悔,何若先事而戒。十遭天谴。历看开赌之家,每多横祸;赢钱之辈,偏至奇穷。总由噬人血肉,饱我腹肠;敛彼怨恨,供我欢笑。所以鬼神怀忿,报复不肯稍宽;天道好还,彼此同归于尽。通场看来,更有何益。历观数条,俾世世子孙,触目惊心,最宜改悔矣。近来我族之中,多有不肖之徒,不务根本,而贪赌博。不论祖孙、叔侄、弟兄,打牌、掷骰、摇宝、弹钱,家家有交谪之声,幼子有效尤之惨。种种丑态,难以枚举。况乎场伙一毕,则见其当器卖物也,有人则见其倾家破产也,亦有人且见其抛妻别子流离他乡也,亦罔不有人。赌之害人,甚于水火贼盗,深为可悯也。是以合族商议,勒碑刻石,永远禁止焉。俾我族中,老有所勉,少有所戒,勤耕苦读,型仁讲让,庶不忝南京家声耳。

大清同治七年三月中旬吉日□族公立①

明清时期的宗法制度作为维系社会稳定的重要手段,在西南民族地区乡村社会一直具有很强大的力量。四川会理县张冠乡蔡氏家族为维护家族的稳定与繁盛,利用家族的力量来禁止赌博恶习,的确是一种强有力的措施。

三、维护族姓利益

宗族组织的第三个作用是维护族众的利益,即族众团聚一起防御外族的欺凌以及维护本族的共同利益。在明清时期四川酉阳冉氏宗族中,冉氏土司为了维护本宗族的利益,统一族人的思想与意志,曾多次颁发文告。冉御龙于明代万历二十七年(1599 年)三月二十一日的文告中云:"今而后,凡为我族舍者,举皆逐户逐人书名载册,昭告五庙群神,共举忠义之盟,同心戮力,匡扶一主。若使中心携贰,背公交私,树党立异,与自负英能、欺凌孤弱者,即上告祖庙,问以不忠不义之罪,加以显罚,锄而去之,毋使其乱我家法,玷我祖宗。倘异纵横倚势,凌逼我族众,亦必公告宗主,明理正法,然后家齐族睦,一德一心,可以垂荫庇于无穷,可以绍贤亲于不替。"②冉天育承袭酉阳土司后,于崇祯十四年(1641 年)三月初七日甚至有《誓书》一篇,以文告显示告知族人:"惟有体我祖宗从来德意,与尔舍把人等,同患难,共安乐,手足腹心,视无异体。……惟我坚守盟言,则我之子孙丽亿运祚绵延,世与尔舍把等,同享太平之福。如尔等携贰寒盟,朝君臣而暮仇敌,言则是而行则非,不惟戮及于身,抑且罚延于后,永体斯

①凉山彝族自治州博物馆等:《凉山历史碑刻注评》,文物出版社,2011 年版,第 175 页。
②重庆酉阳冉氏族谱续修委员会:《冉氏族谱·总谱》,重庆酉阳冉氏族谱续修委员会,2007 年版,第 76 页。

盟,勿怠勿坠,谨誓。"①

在现存的一些清代家谱、族谱中,甚至明确规定了须共同维护宗族的坟茔、山林、田产等利益。如彭水敖氏家族《公议家规禁约十则》第四条规定:"祖宗丘墓祠宇,为先灵栖托之所;礼田祭器,为先灵享祀之典。坟墓永宜培植,丘木尤不可剪伐;祀田悉当耕获,而明器亦不可典借。如有鬻祀田祭器,毁丘墓祠宇者,除赔偿外,重加处罚。原谱载古墓,在祖茔境内者,既与祖为邻,尤当培植。"第九条规定:"祖遗世业,公私攸判。凡塘堰山场,在私者,照契管业;在公者,照历来世守规章,勿得越分争占,致伤大义。"第十条规定:"私事不得辄用公费,议除祖先坟山、祀田及关族内风化外,凡遇田土口角是非,俱系私事,不与族中相干。顾我族人,务宜勉旃。"②

在有的地区,有的宗族利用族田的存在和发展以起到维护族众的作用,正如广东中山《大榄梁氏族谱》卷首《族规》所言:"外人如有恃势欺凌及棍徒行凶坑陷者须协力理处……至孤儿寡妇被人欺侮,属在至亲请众合议,力为捍卫,共敦人义。"③宗族组织对族众有强烈的吸引力正是因为它具有维护族众利益的作用。作为宗族组织经济基础的族田却被豪族大地主或族长等人所把持,变为他们争权夺利而发动地方械斗的经济来源。清朝同治年间(1862—1874 年)的广西怀集县,就曾经发生过罗、吴等姓争夺山场的斗争,罗、吴等姓以人少贫弱,"每被徐恃众欺凌"④。在族权强制下,"弱者忍气吞声,甘心附和";强者"但有得财之乐,从无偿命之忧"⑤。王检在《清除尝租锢弊疏》中对族长和乡绅利用族田尝租鼓励族人参加械斗为其争权夺利卖命做了详细的概括:"聚族于宗祠之内,纠约出斗。先行定议,凡族中斗伤之人,厚给尝租,以供药饵,因伤身故,令其木主入祠,分给尝田,以养妻孥,如伤毙他姓,有肯顶凶之人抵者,亦照因伤之人入祠给田。"⑥由此可见,族田成为地方宗族之间进行械斗的坚强后盾,对

①重庆酉阳冉氏族谱续修委员会:《冉氏族谱·总谱》,重庆酉阳冉氏族谱续修委员会,2007 年版,第 77-78 页。

②彭水苗族土家族自治县民族宗教志编纂委员会:《彭水苗族土家族自治县民族宗教志》,重庆出版社,2003 年版,第 224-225 页。

③广东中山《大榄梁氏族谱》卷首《族规》,民国十四年(1925 年)铅印本,广东省立中山图书馆藏。

④方濬师:《岭西公牍汇存》卷三《西省怀集县属罗、吴等姓挟嫌纠斗禀》,光绪四年(1878 年)本衙藏版。

⑤张之洞:《张文襄公全集》卷十四《请严定械斗专条折》,中国书店,1990 年版。

⑥王检:《清除尝租锢弊疏》,转引自《皇清奏议》卷五十六。

社会产生不良的影响。①

综上所述,作者认为,明清时期西南民族地区乡村社会宗族组织的结构包括宗祠、族谱、族训族规、族长及族田;宗族组织具有族内的等级性、族长的权威性、执法的宗法性、族田的福利性等特点。由于明清中央王朝对宗祠、族田等宗族共有财产提供保护,在意识形态上对宗族提供了各种支持,无形之中鼓励了宗族组织的快速发展。使以血缘关系为纽带的宗族组织,不仅成为明清时期西南民族地区乡村社会十分重要的组成部分,而且也成为维护中央王朝统治和封建宗法伦理秩序的有力工具。

---

① 宗刚:《近代两广族田研究》,南京师范大学 2012 年硕士学位论文。

第四章 明清时期西南民族地区乡村社会民间士绅阶层

明清时期是我国士绅阶层发展比较成熟的时期,特别是在清代,伴随着皇权和中央集权由强到弱的趋势,士绅阶层发展达到顶峰。清朝中叶以后,士绅阶层在社会事务,尤其是在基层社会事务中的权力和影响逐渐扩大,这也符合皇权和绅权关系的弱强变动规律。明清时期西南民族地区民间士绅作为一个阶层,他们最大的特点是主动参与地方文化建设和事务管理,甚至控制乡村社会。明清时期西南民族地区的乡村社会除前面已经论述的官方基层组织、官民共建基层组织和民间宗族组织三种基层组织之外,乡村社会的基层精英——民间士绅阶层在管理中也发挥着十分重要的作用。因此,这就共同构成了明清时期西南民族地区乡村社会管理的"三加一模式",形成了一个纵横交错、相互作用的控制网络。

第一节 民间士绅阶层的基本认知

何谓绅士?目前学界是见仁见智。马敏在《官商之间——社会剧变中的近代绅商》中认为,绅士"应当是指以科举功名之士为主体的在野社会集团,同时也包括通过其他渠道(如通过捐纳、保举等)而获得身份和职衔者"①。吴晗、费孝通在《皇权与绅权》一书中或认为:"绅士是退任的官僚或者是官僚的亲亲戚戚";或认为"官僚、士大夫、绅士、知识分子,这四者实在是一个东西,虽然在不同的场合,同一个可能具有几种身份,然而在本质上,到底还是一个"。② 王先

①马敏:《官商之间——社会剧变中的近代绅商》,天津人民出版社,1995年版,第21页。
②吴晗,费孝通等:《皇权与绅权》,天津人民出版社,1988年版,第8页。

明在《近代绅士——一个封建阶层的历史命运》中认为,绅士是"一个处于封建官僚之下、平民之上的独特的社会阶层"。① 周荣德在《中国社会的阶层与流动——一个社区中士绅身份的研究》一书认为:"绅士是一个社会的知识阶层,有着与普通人不同的许多特征,他们有着特殊的规范系统,有着特殊的生活方式,还有着特定文化抱负,本身博学多才。"② 张仲礼认为:"绅士的地位是通过取得功名、学品、学衔和官职获得的,凡属上述身份的即自然成为绅士集团成员。功名、学品和学衔都用以表明持该身份者的受教育背景。官职一般只授给那些其教育背景业经考试证明的人。"③ 应该说,张先生的观点在学界具有代表性。

一、西南民族地区民间士绅阶层的构成

从上述林林总总的观点看,专家学者们都把科举功名的获得者看作士绅的主要构成部分。但对是否包括在职的官员,是否包括生员,是否包括职官在乡的子弟,是否包括居乡的地主及其他具有较多财富和较高社会地位但未有任何功名职衔的地方精英分子方面,还存在着很大分歧。杨银权在其博士论文《清代甘肃士绅研究》中,将那些从最低级功名获得者的生员以及业儒者至进士都纳入士绅阶层,计包括业儒者、生员、监生、贡生、举人、进士等。④ 王先明在《近代绅士——一个封建阶层的历史命运》中则采用分类列举的方法,把绅士分为五类:第一,具有生员以上的科举功名者;第二,由捐纳而获得"身份"者;第三;乡居退职官员;第四,具有军功的退职人员;第五,具有武科功名身份者。⑤ 这里将行伍者也纳入士绅阶层,与前面所列举的类型不尽一致。吴佳佳从不同的角度出发,把士绅分成八个类别:第一,依据功名职衔获得途径的不同,将士绅分为正途和异途。第二,依据居住地的不同,分为城绅和乡绅。第三,依据所取得的功名和职衔的高低,分为上层士绅和下层士绅。把获取生员、监生功名者归为下层士绅,把获取贡生、举人、进士等高级功名者归为上层士绅。第四,依据士绅籍贯的不同,分为本地士绅与外来士绅。第五,依据士绅所从事的主要活动或职业的不同,把士绅分为绅商、学绅、军绅、职绅等。从事商业活动的为绅

---

①⑤ 王先明:《近代绅士——一个封建阶层的历史命运》,天津人民出版社,1997年版,第19-20页。

② 周荣德:《中国社会的阶层与流动——一个社区中士绅身份的研究》,学林出版社,2000年版,第118-127页。

③ 张仲礼:《中国绅士——关于其在十九世纪中国社会中作用的研究》,上海社会科学院出版社,1991年版,第1页。

④ 杨银权:《清代甘肃士绅研究》,西北师范大学2009年博士学位论文。

商,在新旧学堂中任教或求学者为学绅,从事军事活动者为军绅,在地方公共管理机构(如教育会、劝学所、自治公所等)任职的士绅为职绅。第六,依据士绅所获功名或职衔的类别以及士绅实际从事的主要活动,分为文绅和武绅。第七,依据士绅的政治态度,分为传统士绅和新式士绅(亦可称之为"新士绅"和"旧士绅")。第八,依据士绅品行的优秀与否,分为正绅和劣绅。① 上述的分类,均从不同角度来划分,可谓见仁见智。但作者认为,明清时期西南民族地区那些科举功名的获得者应该是士绅的主要成员。这些士绅成为一个特殊的阶层,他们同国家之间有着双重关系,一方面他们用自身的力量在支撑着国家;另一方面他们又被国家的各种政策所控制。实际上从明代中后期开始,士绅阶层在西南民族地区社会舞台和历史舞台上就扮演着极其重要的角色。当士绅在朝为官时,称为官绅;捐来的生员、举人,称为商绅。士绅既可在朝为官,也可是候补或者退休的官员。由于晚明时期君主专制力量减弱,士绅成为极为重要的政治力量,并且逐步取得了农村中的控制权。清代前期虽然通过各种手段使士绅力量受到压制,但太平天国势力强大后,清政府不得不仰赖士绅阶层控制危机四伏的局面,此后士绅的权势越来越大。

二、西南民族地区民间士绅阶层的性质

明清时期西南民族地区的士绅阶层与全国各地一样,作为各级官员的最主要来源之一。当他们或通过科举考试,或者通过捐纳、赏赐、恩荫、军功等挤入统治阶层行列之后,就代表着皇权实现对乡村社会百姓的直接统治。从这个角度讲,这些官员政绩的好坏直接关系到国家政权的稳定与否;而那些没有挤入统治阶层行列或者从官场退出的士绅,同样在乡村社会中发挥着不可忽视的作用。因为在明朝中后期及清代,除康乾盛世之外,其余时间均属于多事之秋,统治阶级的时间和精力对西南民族地区乡村社会的治理无暇顾及,并且统治阶级也不可能真正实现对民族地区乡村社会的直接统治。于是,作为"四民之首"的"乡绅""士绅"们就成为实现代替统治者完善乡村社会治理的最佳人选,士绅阶层于是充当了"官"和"民"之间的桥梁和中介。正如张仲礼所言:"绅士还有一个重要的社会职责是,他们充当了政府官员和当地百姓之间的中介人。"②这就是明清时期西南民族地区民间士绅阶层的性质。

①吴佳佳:《"绅士"的内涵》,《安徽文学》,2006 年第 8 期,第 48-49 页。
②张仲礼:《中国绅士——关于其在十九世纪中国社会中作用的研究》,上海社会科学院出版社,1991 年版,第 54-58 页。

（一）在权力方面

士绅阶层是"官"和"民"之间的桥梁和中介。正是由于士绅阶层这一特殊的性质，就决定了他们在西南民族地区乡村社会中具有十分特殊的地位。士绅阶层是明清时期一个特殊的阶层，他们虽然不属于统治阶层，却在乡村社会（尤其是民族地区乡村社会）里肩负着治理乡村、乡民的作用。特别是在清朝中后期社会秩序不稳定的基层乡村社会里，他们的权力和作用甚至比代表皇权的官员的权力还大，当然，他们比乡村社会的其他平民则享有更多的特权。

（二）在身份方面

无论是没有挤入统治阶层行列的士绅，还是已经从官场退出的士绅阶层，他们虽然贵为"四民之首"，并且在封建社会里处于官和民的中间，充当着中介人的角色，但他们毕竟还是属于"民"的阶层。虽然他们在任是官，但还乡则为士绅，是游离于政治权力之外的特殊阶层。

（三）在移风易俗方面

士绅阶层是乡村社会移风易俗的带头人。在清代及民国时期西南民族地区的很多地方志中，对"士风""士习"均有记载。如《石砫厅志》云："四民首士，士风为民风之倡。厅士风俭朴，无骄侈夸诈之习。若俭而济之以礼，朴而辅之以文，彬彬足风，庶可率更民俗，同大雅。且诸生甫入胶庠，即训蒙糊口，假馆释老之宫，一师教五六十童子，嘈嘈竟日，师无寸阴工读书习艺，故有终身不应试者。谋温饱而无远志，此亦士习之积弊也。"①在邵陆《酉阳州志》中有"然自改土来，沐浴四十年之教，农安稼穑，士习诗书，风气断断乎一变"的句子，在同书讲到彭水县时，则又有"考自明迄今，士之掇巍科，纡青紫者未尝绝也，其文物声明亦甲于酉属"的句子，由此可见一斑。在《同治酉阳直隶州总志》卷十九《风俗志》之"士习"条中，王鳞飞将多种志书针对不同县的情况集中在一起，如《新志》中酉阳州的士习是"读书循分端谨者多"，秀山县的士习是"勤诵习而重名检"，黔江县为"士多洁清白好，敦尚古处"；而《陶志》将彭水县的士习归纳为"人知敬师，每学成游泮，先厚资以谢师，而后敢入黉序。边地错界，土人向有不

---

① [清]王萦绪：《石砫厅志·风俗志》，乾隆四十年（1775 年）刻本。

习经书,诵杂字为专业者,近比户以诗书为学,其风始变"。①

可见,作为西南民族地区乡村社会的政治精英和文化精英,士绅阶层不但享有比较高的特权和待遇,而且对国家事务、家乡社会事务有着其他阶层所无法代替的独特作用。这是因为,明清时期西南民族地区乡村社会的广大乡民识字不多,判断力差,很大程度上只能听取本族、本乡士绅阶层的决断,而士绅阶层又乐于为地方事务鞠躬尽瘁。因为,他们认为,作为乡村社会居于领袖地位和享有特权的社会阶层,他们把自己家乡的事务和利益保护当作不可推卸的责任。② 无可否认的是,士绅阶层在履行一些职责的时候,无形之中又在控制着乡村社会。

三、西南民族地区民间士绅阶层的作用与社会职责

(一)西南民族地区民间士绅阶层的作用

如前所述,那些士绅阶层一旦远离政治权力中心,他们大多会选择回归故里,颐养天年,并充当乡村社会的领袖人物,发挥其士绅的作用。对于回归故里的士绅的特殊作用,学界多有论述,并充分肯定了他们的作用与成就。王先明先生就曾经论道:

> 在"地方政府—士绅—村民"的权力网络中,士绅在完成国家权力对村落共同体的社会控制职能方面,起着不可小视的作用。在乡村社区里,士绅是个管理社区的群体,执行着许多社会任务。如充当社会领袖,组织社区的防卫,调解人民的日常的纠纷,关心人民生活,为社区人民树立楷模,以及帮助人主持婚丧事宜等。……士绅并不像官员那样拥有钦命的权力,却享有基层社会赋予的天然的实际权威。世之有绅衿也,固身为一乡之望,而百姓所宜衿式,所赖保护者也。……绅衿上可以济国家法令之所不及,下可以辅官长思虑之所未周,岂不使百姓赖其利,服其教,畏其神乎?③

在《中国近代社会文化史续论》中,关于士绅在乡村社会的作用,王先明进一步论道:

---

① [清]王鳞飞等:《同治酉阳直隶州总志》卷十九《风俗志》,同治三年(1864年)刻本。
② 杨银权:《清代甘肃士绅研究》,西北师范大学2009年博士学位论文。
③ 王先明:《近代绅士——一个封建阶层的历史命运》,天津人民出版社,1997年版,第61页。

以社会权威而不是以法定权力资格参与封建政权的运作,士绅阶层便集教化、治安、司法、田赋、税收、礼仪诸功能于一身,成为地方权力的实际代表。①

关于士绅阶层在乡村社会的作用,持相似观点的学者还有许多,如孔飞力说:

士子——绅士指那些得到功名的人,他们没有官职,生活于家乡社会,凭借他们的身份、财富和关系操纵地方事务……对社会事务的所有方面实施广泛的、非正式的影响。②

这里不妨举几个例子予以说明:

广西平南的卢守璋,为道光时选用通判。根据知县的谕令,他在当地推行保甲制度,整饬团练组织。同时,他还参与了修理城墙、建造桥梁、设置义渡、联合社学等地方事务。由于办理团练之功,他还获得了同知衔。

云南建水县的王伟,为道光时举人。凡筹赈、育婴、修理河堤、仿照古代增加学生补助等各种善举,他都勉力倡成。知县重其贤能,曾几次保荐他出任官职,他都以父母年老,推辞不就。

贵州黎平的谢恩,太平天国时期的例贡生。他乐善好施,经常接济难民。在当地粮价昂贵时,他经官府允准运入他省粮食减价粜售,并开办了一个带慈善机构性质的当铺,以帮助贫民。他曾捐资倡修桥梁、凉亭、通衢大道和寺庙等。

四川珙县的罗九霄,是道光时廪生。他教书十余年,从不计较学生所交束脩的多寡。对于修桥、补路等善事,他倾囊不吝。③

从上面几则例子可见,士绅作为乡村社会的特殊力量,享有比较特殊的权力,有着高于其他平民百姓的社会地位,掌控着地方文化知识的话语权。所以,他们的作用是重大的。④

---

① 王先明:《中国近代社会文化史续论》,南开大学出版社,2005年版,第345页。
② [美]孔飞力:《中华帝国晚期的叛乱及其敌人——1796—1864年的军事化与社会结构》,中国社会科学出版社,1990年,第5页。
③ 张仲礼:《中国绅士的收入》,上海社会科学院出版社,2001年版,第223-255页。
④ 杨银权:《清代甘肃士绅研究》,西北师范大学2009年博士学位论文。

（二）西南民族地区民间士绅阶层的社会职责

明清时期,西南民族地区乡村社会的士绅承担着非常重要的社会职责。民国《新纂云南通志》载:

> 钱懋龄,昆明人。嘉庆戊午举于乡。罢官后,僦屋以居,月俸薪米授从弟以经。从兄没,迎寡嫂及遗孤育于家。倡捐卷金,修建义学、书院,善举尤著。邑多灾沴,死无以葬,请于郡守钱宝甫,购置义地,为掩骼之举。义仿浙江嘉兴恤嫠之法,设局恤贫。著有《学董堂文集》《瘟疫辑要》《脉诀指南》诸书。①

又如,《浔州府志》载:

> 广西贺县的高建林,太平天国时期的生员,候选训导。他奔走于城乡之间,调解当地居民与客家人的纠纷,使他们重归于好。他曾经理县城义仓达 30 年之久。

上述例子正好证实张仲礼先生所说:"绅士作为一个居于领袖地位和享有各种特权的社会集团,也承担了若干社会职责。他们视自己家乡的福利增进和利益保护为己任。在政府官员面前,他们代表了本地的利益。他们承担了诸如公益活动、排解纠纷、兴修公共工程,有时还有组织团练和征税等许多事务。他们在文化上的领袖作用包括弘扬儒学社会所有的价值观念以及这些观念的物质表现,诸如维护寺院、学校与贡院等。""同时,绅士作为本地的代言人,常常去说服政府接受他们的看法。"②说白了,士绅阶层自觉不自觉地愿意承担这样一些重要的社会职责,其主要目的就是参政,进而控制乡村社会。如贵州省《民国开阳县志稿》卷六十一"乡贤志"载:江现魁是一个"外方严而中慈善,勇于公益"之人。曾"倡议各设立义渡,并先自捐金,冀抛砖引玉。集获款若干,于两渡附近处,购买田亩,年收租谷,供两渡造船及雇舟子工食之需,由于商旅称便,出入口货物无停滞匮竭之虞"。清光绪初,在"田赋科则虽经颁布,而猾吏仍多每上下其手,侵渔作奸"的情况下,他"以中饱病民,非革除不可"为由,"始诉之地方有司,继诉之省中大吏",且"定章刻石,达为民请命之志"。光绪十年(1884年),"瓮安县教匪遗孽朱洪竹倡乱败,率党徒百数十人,窜匿于官庄双鼻洞内",

①［民国］龙云,卢汉:《新纂云南通志·八》(点校本),云南人民出版社,2007 年版,第 371 页。
②张仲礼:《中国绅士——关于其在十九世纪中国社会中作用的研究》,上海社会科学出版社,1991 年版,第 54-58 页。

江现魁"侦知之,阳与周旋,阴密报官府,发兵剿捕,首要伏法,长吏嘉其弭乱有方,奖以五品军职"。因此,江现魁"任总甲垂三十年,崇正嫉邪,扶弱抑强,与人排难解纷时,必先自发誓,以明其无左右祖"①。在西南民族地区清代和民国时期的方志中记载士绅阶层勇于承担社会责任的不乏其例。如广西贺县的高建林,是太平天国时期的生员,候选训导。他奔走于城乡之间,调解当地居民与客家人的纠纷,使他们重归于好。他还经理县城义仓达30年之久。又如,云南楚雄的宋永锡,是乾隆、嘉庆时的生员,洪灾时,官府拨款赈灾,并让河流改道,他参与此项工程。他还获得官方批准,将裁撤的营房改建成30余间商肆,其租金用于补贴书院学生。当地用兵时,军粮皆由民纳、民运,粮户苦之。他力请民纳官运,合郡称便。再如,贵州铜仁的杨栋秀,为嘉庆时进士,曾任河工同知。在家乡丁忧期间,他清理旧案,收回了属于当地书院和官学的被人强占的学田,还倡修了本族的宗祠。再看四川泸州的汤佑光,是嘉庆时进士,曾任教谕,在成为生员后,在家乡教书。他也参与过很多地方上的善举。②

由此可见,明清时期西南民族地区乡村社会的士绅阶层的职责范围比较广泛,包括地方文化建设、地方公共事务等方面。

第二节　民间士绅阶层的地方文化建设

在文化教育事业并不发达的明清时期西南民族地区,士绅群体不仅是唯一享有文化知识的群体,而且也是在乡村社会的文化建设方面发挥主导作用的群体。王先明先生在论述士绅为什么在乡村社会文化建设方面居于主导作用时,有一段很好的论述:"绅士是儒家文化最忠实的信徒,也是这种文化的宣传者和维护者。他们是唯一享有教育和特权的社会集团,'劳心者治人,劳力者治于人'的社会价值观决定了唯有文化占有者的绅士才拥有维护传统社会纲常伦理的职责。"③在这一节中,拟探讨明清时期西南民族地区士绅阶层在文化设施建设及地方教化等方面所发挥的作用。因为,在那个特定的历史时期,西南民族地区乡村社会的文化建设不仅离不开士绅阶层的积极参与与大力支持,而且对

①欧先哲:《民国开阳县志》(点校本),开阳县史志办公室,1996年版,第374页。
②张仲礼:《中国绅士的收入》,上海社会科学院出版社,2001年版,第223-255页。
③王先明:《中国近代社会文化史论》,人民出版社,2000年版,第21页。

于士绅群体自身而言,这些地方文化建设工作也被他们视为义不容辞的社会职责。

一、学校教育的贡献

作为儒学教义确定的纲常伦纪的卫道士、执行者和代理人,士绅对学校教育和儒家教化的关注和执行,被视为士绅最重要的职责之一。这些具体的事务包括:创立和经理教育及文化机构,包括义学、私人书院、方志局、文学社团等的创办、运作,维持这些文化机构设施正常运转所需费用的筹措。所有这些教育和文化机构的负责人既需要经理能力,又需要文化才能。所以,只有士绅才有资格为他们提供服务,于是,创建并经理这些机构者基本都是士绅。事实也一再表明,这些事务,均离不开地方士绅的介入、参与,甚至在各项事务中发挥着实际领导作用。①

(一)士绅阶层创建学校

明清统治者为了在西南民族地区乡村社会极力推行封建教化,以达到加强对基层民众的控制与约束的目的,除了宣讲圣谕外,通过学校教育也是加强社会控制的一种手段。正是因为统治者充分认识到了封建教化以及学校教育在维护良好社会风俗方面的作用,所以,明清统治者大力提倡士绅阶层积极创办学校。在中央政府和地方官的大力提倡下,西南民族地区的士绅们更加积极地投身到学校教育机构的创办之中。在西南民族地区,士绅办学始于明代。在云南,据民国《新纂云南通志》载有三例:

> 王逵,禄丰人。解官归,建祠奉先,设塾训俗。复出赀创建学宫,置文明书院教授生徒,自是人物焕然,科第不绝。②
> 苏民生,晋宁人。天启间贡生,家居时,建馆置田,以教孤寒子弟,乡人德之。③
> 邹尧臣,赵州人。嘉靖丙戌进士。丁艰归,遂不出。设义田、立家塾,宗族德之。④

他们或修书院,或立私塾,虽然规模远远落后于经济发达地区,但他们毕竟

---

① 杨银权:《清代甘肃士绅研究》,西北师范大学 2009 年博士学位论文。
② [民国]龙云、卢汉:《新纂云南通志·八》(点校本),云南人民出版社,2007 年版,第 363 页。
③ [民国]龙云、卢汉:《新纂云南通志·八》(点校本),云南人民出版社,2007 年版,第 365 页。
④ [民国]龙云、卢汉:《新纂云南通志·八》(点校本),云南人民出版社,2007 年版,第 377 页。

是作为士绅阶层创办学校教育的先驱。虽然为数不多,但并非意味着无士绅阶层办学。时值清代,士绅阶层兴建学校之例不胜枚举,现列举云南的几例:

崔寿仁,宜良人。光绪壬午举人。世居治南乐道村,倡义学,置学田为经久计。后人得因其基础改办小学校者,寿仁之力也。①

张翱,罗次人,岁贡生。翱授课之余,兼营公务。首建城池、文武庙,次及县署、学署、明伦堂、文昌宫、奎星楼、关圣宫,不十年而悉复旧观。晚年力行慈善,在虎峰山设立施棺、施药会,修理九岳坪大路,重建永丰、安顺等桥。②

李正荣,昭通人。独力建宗祠,设祭田,置家塾。③

汪于泗,旧定边县人,诸生。首倡建学,不惜己赀,乡人矜式。④

翻检地方志和相关文献后发现,在大多数的义学和社学的创办过程中发挥实际作用的是士绅阶层,即便有时是地方官捐资,但实际主持义学创办工作的仍然是士绅。当然,这里的情况也较复杂,他们或掌管学校的创办,或直接负担全部的出资,或由他们出面去筹资。但无论哪种方式,在资金的解决上,士绅的作用都不容忽视。⑤

(二) 士绅阶层培养人才

在"绅"出仕为"官","官"退为"绅"的封建社会里,绅和官的关系比较特殊。办事自然比一般百姓方便,他们在为地方官员的种种作为和教化等的施行方面也往往乐此不疲。在云南省现存的地方志中对这方面的记载颇多,如清代河阳人郭晋,为乾隆时举人,致仕归乡之后"尤喜培植人才,凡郡人之贫不能就试者,悉助之资,一时寒唆多所成全"⑥。宣威人朱光鼎,为嘉庆丙子举士,"屡主书院讲席,其教人以忠恕为要,不拘拘于章句。县属与蜀接壤,风俗多豪侈夸诈,光鼎导以敦朴诚笃。接待诸生,劝善规过,如待家中子弟,期以维纲常、厉廉隅,邑人敬而爱之。"⑦尤其是一些士绅退居乡野后,他们期盼立功、立言,所以,他们往往在培养人才方面着力。在西南民族地区的地方志书中,对这方面的记

①②[民国]龙云,卢汉:《新纂云南通志·八》(点校本),云南人民出版社,2007 年版,第 374 页。

③[民国]龙云,卢汉:《新纂云南通志·八》(点校本),云南人民出版社,2007 年版,第 424 页。

④[民国]龙云,卢汉:《新纂云南通志·八》(点校本),云南人民出版社,2007 年版,第 426 页。

⑤杨银权:《清代甘肃士绅研究》,西北师范大学 2009 年博士学位论文。

⑥[民国]龙云,卢汉:《新纂云南通志·八》(点校本),云南人民出版社,2007 年版,第 398 页。

⑦[民国]龙云,卢汉:《新纂云南通志·八》(点校本),云南人民出版社,2007 年版,第 407 页。

载颇多，这里抄录几则云南的例子：

顾天佑，昆明人，嘉靖癸卯举人。致政归里后，以经学授徒，杜门讲业。①

苏复，晋宁人，道光壬辰举人。主书院讲席，课训甚勤，他邑人氏受业门下者辄数十百人。②

陈鸣玉，宜良人，咸丰壬子进士。以亲老告归后，迭遭兵燹，筹饷派兵，地方赖以维持，主讲五华、育材两书院，造就人甚众。著有《不自是斋诗文集》。③

李鼎，晋宁人，咸丰丙辰进士。假归，主育才书院讲席。其子李维，晋宁人，光绪乙酉举人。掌教象山书院，勤于训诲，呈贡及本邑游其门者多知名之士，族内子侄辈悉招而教之，并供以膳费，祖遗产业尽分诸兄弟，年得脩脯亦分润之。④

杨文奎，云龙人，同治四年岁贡。淡于仕进，主讲彩云书院凡十余年，成材甚众。⑤

李学钧，浪穹人，光绪己卯举人。创修观澜书院，主讲其中。所得馆谷，分给寒素弟子之聪颖者，训诫诱掖，成为敦品笃学之士。⑥

佴永苞，建水人，庠生。丁艰归，主崇正书院讲席，教士有方，多敦品励学者。⑦

王善量，河西人，同治庚午举人，主讲螺峰书院。奖藉后进，敦尚朴学，十余年间，士气复盛如承平时。⑧

从上述诸例可见，这些地方士绅或"执掌书院"、或"主讲书院"、或"经学授徒"、或"杜门讲业"、或"招而教之"，他们在教学工作中因"课训甚勤""勤于训诲""训诫诱掖""教士有方"，最后实现了"受业门下者辄数十百人""造就人甚众""成材甚众"的教学效果。这一切，无疑是士绅阶层在地方文化建

---

① [民国]龙云，卢汉：《新纂云南通志·八》（点校本），云南人民出版社，2007年版，第362页。
② [民国]龙云，卢汉：《新纂云南通志·八》（点校本），云南人民出版社，2007年版，第372页。
③④ [民国]龙云，卢汉：《新纂云南通志·八》（点校本），云南人民出版社，2007年版，第373页。
⑤⑥ [民国]龙云，卢汉：《新纂云南通志·八》（点校本），云南人民出版社，2007年版，第382页。
⑦ [民国]龙云，卢汉：《新纂云南通志·八》（点校本），云南人民出版社，2007年版，第390页。
⑧ [民国]龙云，卢汉：《新纂云南通志·八》（点校本），云南人民出版社，2007年版，第392页。

设上发挥的作用。

（三）士绅阶层捐资助学

明清时期西南民族地区士绅阶层身处经济落后地区，他们本身就相对贫困。但他们对于读书应试、士子膏火费、捐资建学校等方面却积极筹措资金和大力支持，这表现了西南民族地区士绅致力于当地文化建设的不懈努力。在具体资助方式上，除了直接给予应试者银两外，他们还常常建立市房，通过取租，或者捐助资金，以发商生息的方式作为对应试者的援助。① 如清代贵州兴义府景寿春"笃于宗族乡党，贫者无不资乏。府文庙将圮，为修葺；又购田归之官，岁收其租，为郡士试卷费；郡之应乡试者，别捐金为三科卷费，其爱士如此"②。如云南阿迷人伍士祺，康熙辛酉举人，告归乡里后，凡遇"乡会两试，置有卷金以赠行者，故乡党尤称之"③。又如云南石屏人杨桂森，既解官归……"其于石屏故里，则捐送举人会试卷金田、玉屏书院膏火田，至今学校犹食其利"④。这种例子在《新纂云南通志》有载：

> 李维，晋宁人，光绪乙酉举人，掌教象山书院。勤于训诲，呈贡及本邑游其门者多知名之士，族内子侄辈悉招而教之，并供以膳费，祖遗产业尽分诸兄弟，年得脩脯亦分润之。⑤

> 云南太和人李蟠根，嘉庆壬戌进士。以终养归……复倡修各庙坛、龙尾菶清风桥及都中理化会馆，用赀甚巨，皆独力任之。主讲桂香书院数年，束脩所入，悉增书舍、添膏火，生徒尤多所裁成。⑥

> 陈文灿，楚雄人。乾隆癸酉举人。告养归里后，蓄赀宗祠，为族人试卷费，赡养穷乏。……师范称其"器宇清深，文笔隽朗"。⑦

> 赵良相，思茅人，附贡。好兴义举，书院旧无膏火，出赀创设。又

①杨银权：《清代甘肃士绅研究》，西北师范大学 2009 年博士学位论文。

②[清]张锳：《兴义府志》卷六十一《乡贤传》（点校本），贵州人民出版社，2009 年版，第1031 页。

③[民国]龙云，卢汉：《新纂云南通志·八》（点校本），云南人民出版社，2007 年版，第 387 页。

④[民国]龙云，卢汉：《新纂云南通志·八》（点校本），云南人民出版社，2007 年版，第389-390 页。

⑤[民国]龙云，卢汉：《新纂云南通志·八》（点校本），云南人民出版社，2007 年版，第 373 页。

⑥[民国]龙云，卢汉：《新纂云南通志·八》（点校本），云南人民出版社，2007 年版，第 381 页。

⑦[民国]龙云，卢汉：《新纂云南通志·八》（点校本），云南人民出版社，2007 年版，第 396 页。

以地处极边，应试鸢远，士多裹足，为添设卷金，赴试者咸取给焉。①

　　李重芳，会泽人，同治庚午举人。为地方官敦促，出办地方公益事，举凡黉宫、义仓、青云会考棚、卷金等之管理，及培修东城外沙子河等善举，无不尽心竭力。②

这种通过膏火、田地、房屋助学的形式最能体现西南民族地区士绅作为文化人代表对本地区教育文化发展和人才培养的关注和重视。

二、文化事业的参与

明清时期西南民族地区士绅阶层作为维护儒家伦理纲常的重要组成部分，除了兴建、修建学宫、社学、义学、书院、私塾（包括义塾和族塾）等直接的教育机构外，还乐于参与其他文化事业的建设。

（一）修建考院、贡院、文庙等教育机构及文化名胜

广西容县的何其英，是道光时的生员。他有干才，县中公务倚以综理，曾和其他士绅一起倡建该县的考场。③《平南县志》卷二十一载，广西平南的黎士华，道光时举人。他在家乡时，曾经募集几千两银子，创建了一座宝塔。④对于这种事例，民国《新纂云南通志》记载较多，列举几例：

　　熊明，宾川人。建议修复文武庙，乡人难之，乃独输银贰千两、谷百余斛，鸠工庀材，力为营度，卒用落成。⑤

　　汤茂如，蒙自人，康熙己卯举人。旧文昌祠，地狭屋倾，茂如请迁改，捐金倡修，庙貌宏敞。⑥

　　尹宗梁，蒙自人，康熙丁酉举人。归里后，倡修黉宫，岁歉粜米下市价。⑦

　　陶希皋，姚安所人，万历癸酉举人。归里后，养亲课子。修黉宫，

---

①［民国］龙云，卢汉：《新纂云南通志·八》（点校本），云南人民出版社，2007年版，第417页。

②［民国］龙云，卢汉：《新纂云南通志·八》（点校本），云南人民出版社，2007年版，第423页。

③④张仲礼：《中国绅士的收入》，上海社会科学院出版社，2001年版，第224页。

⑤［民国］龙云，卢汉：《新纂云南通志·八》（点校本），云南人民出版社，2007年版，第381页。

⑥⑦［民国］龙云，卢汉：《新纂云南通志·八》（点校本），云南人民出版社，2007年版，第388页。

捐资倡首。①

　　姚建中,蒙化人。告归里后,复修葺蒙化大成殿,北社学文献楼。②

　　孙文达,沾益人,贡生。多善举,倡修文庙,移建奎星阁。③

从上面这些例子可见,修建与教育有关的考院、贡院、文庙等机构及文化名胜等,都是士绅阶层关注地方文化教育和培养人才的重要组成部分。也正因为如此,他们对这些机构及文化名胜是积极参与并解囊相助的。④ 通过这些事例表明,在所有涉及有关儒家伦理纲常设施的兴建和维护方面,西南民族地区士绅阶层的作用不但不可忽视,而且十分巨大。

(二)地方志书的撰修

地方志书编撰水平的高低是衡量一个地区文化发展程度高低的重要标志之一。所以,重视文化控制的明清两朝政府都极为重视地方志书的编修,三令五申督促全国各地编修方志,从而全国各省、府、州、县的方志编修蔚然成风,形成了地方志书编修的昌盛时期。在明清两朝政府的高度重视和大力提倡下,作为享有文化话语权的士绅阶层自然就成为各地方志编修的主力军。于是,在他们的努力下,方志编修也成为地方构建文化知识体系的主要传承形式,并且作为一种文化理念渗透到各行政区。明清时期西南民族地区与全国一样,其府、州、厅、县志的编修一般由地方官出面组织一个方志局,聘请本地的政府、知州、知县或外地有名望的学者负责方志的总编纂。⑤此外,还要聘请大量的本地士绅参与,分任编写和分赴辖区各地的采访。作为当地士绅,他们不但是本地的文化精英,而且熟悉本地的情况,便于调查,能够掌握比较可靠的素材。而士绅乐此不疲的原因有二:一是他们愿意服务家乡,千古留名;二是他们为能掌握地方文化的话语权而自豪。据民国《新纂云南通志》载:"朱光鼎,宣威人,嘉庆丙子举士。……为文贯串经史而有风韵。道光甲辰承修《宣威州志》。"⑥作者查阅朱光鼎参与编撰的道光《宣威州志》,该志书共八卷,其中卷之一包括图考、星野图、州总图、州城图、学宫图、武庙图、书院图、州署图、星野、附气候、疆域、附形势、程途、邮旅、山川等内容;卷之二包括建置沿革、城池、附官署、仓库、关哨、

---

①[民国]龙云,卢汉:《新纂云南通志·八》(点校本),云南人民出版社,2007 年版,第 395 页。

②[民国]龙云,卢汉:《新纂云南通志·八》(点校本),云南人民出版社,2007 年版,第 427 页。

③[民国]龙云,卢汉:《新纂云南通志·八》(点校本),云南人民出版社,2007 年版,第 408 页。

④⑤杨银权:《清代甘肃士绅研究》,西北师范大学 2009 年博士学位论文。

⑥[民国]龙云,卢汉:《新纂云南通志·八》(点校本),云南人民出版社,2007 年版,第 407 页。

津梁、物产、风俗等;卷之三的内容有户口、田赋、经费、秩官、兵防、武秩官、名宦;卷之四的内容最广,涵盖学校、文庙、书院、册费、卷结、祭田、义学田、舆礼、庆贺、宣读、朔望、迎春、鞭春、救护、祈祷、乡饮、宾兴、养老、祠典、文庙、陈设图、祝文、礼器、乐器、乐章、群祀、祝告文、耕猎、附群庙、古迹等内容;卷之五包括选举、武职、人物乡贤、忠烈、孝义、文学、节烈、封赠、荫袭、附职事人员、流寓、仙释、土司(附土舍人)、种人、祥异等内容;卷之六只有宸翰、奏议两方面的内容;卷之七和卷之八主要为"艺文",包括论、铭、记、序、说、引、考、文、五古、七古、五律、七律、五绝、七绝、诗余、杂志、跋等内容。①

在民国《新纂云南通志》中,对云南士绅参与地方志书的编撰多有记载,如:

> 孔之裔,沾益人,诸生。遭流寇之难,刖其右手,以左手执笔。居家教授,以孝友廉耻躬行实践,为乡人法,四壁萧然,著《州志略》。②

> 吴承伯,宣威人,雍正壬子举人。既归,延亲戚故旧,出宦囊尽分遗之。讲学吴山,生徒常数十人,学者称为吴山先生。乾隆间,州牧饶梦铭修郡志,资其稿为初本,明清数百年间文献不坠,承伯之功也。③

> 孙绍康,宣威人,以父老,乞养归。主榕城书院讲席三十余年,先后成就者数百人。著有《宣威州志》。④

> 倪藩,昆明人,同治庚午举人。主讲育材书院十余年,成就后进甚多,参与修《云南通志》。⑤

> 姚贺泰,蒙化人,乾隆壬申举人。后丁艰归,不复出。与徐时行续修《蒙化直隶厅志》。⑥

> 郭锡恩,河阳人,道光壬辰进士。后以耳病不出,居乡引掖后进。贫而废读者,助之膏火,使入乡塾。里党有急叩之,无不应。时知府李熙龄纂修《澂江府志》,聘入局。参互考订,不厌周详。⑦

从云南的部分士绅情况看,他们的确对清代云南地方志的修纂作出了积极贡献。他们或自修,如孔之裔;或受地方官聘请,如吴承伯;或与他人合修,如姚

①[清]刘沛霖,朱光鼎:《道光宣威州志》,台湾成文出版社,1967年版。
②[民国]龙云,卢汉:《新纂云南通志·八》(点校本),云南人民出版社,2007年版,第404页。
③[民国]龙云,卢汉:《新纂云南通志·八》(点校本),云南人民出版社,2007年版,第406页。
④[民国]龙云,卢汉:《新纂云南通志·八》(点校本),云南人民出版社,2007年版,第407页。
⑤[民国]龙云,卢汉:《新纂云南通志·八》(点校本),云南人民出版社,2007年版,第374页。
⑥[民国]龙云,卢汉:《新纂云南通志·八》(点校本),云南人民出版社,2007年版,第427页。
⑦[民国]龙云,卢汉:《新纂云南通志·八》(点校本),云南人民出版社,2007年版,第398-399页。

贺泰；或参修，如倪藩；或"聘入局，参互考订"，如郭锡恩。无论采用哪种形式，均说明一点，即地方官只有与当地士绅阶层有机合作，才能使政令顺利实行、政绩卓然。这是由明清时期社会的政治体制以及士绅阶层的依附性特点决定的，即"官不能离开绅而有所作为"。①

三、礼仪教化的培育

儒家思想认为："礼仪教化是治理国家的最好方法。"②因此，明清时期统治者在其谕旨中，一再强调"士风"对"民风"的相率作用。康熙四十一年（1702年）的谕旨中，对士绅的修身立品提出了明确的要求。谕旨说：

> 从来学者，先立品行，次及文学，学术事功源委有叙，尔诸生幼闻庭训，长列官墙，朝夕诵读，宁无讲究，必也躬修实践，砥砺子隅。敦孝顺以事亲，秉忠贞以立志，穷经考义，勿杂荒诞之谈。③

康熙皇帝除了在谕旨中要求士绅敦品励行、表率乡民外，朝廷形成了《圣谕十六条》，并作为制度在全国各级学校推广。《圣谕十六条》的内容为：

> 敦孝弟以重人伦，笃宗族以昭雍睦；和乡党以息争讼，重农桑以足衣食；尚节俭以恤财用，隆学校以端士习；黜异端以崇正学，讲法律以警愚顽；明礼让以厚风俗，务本业以定民志；训子弟以禁非为，息诬告以全良善；诫窃逃以免株连，完钱粮以省催科；联保甲以弭盗贼，解仇忿以重身命。④

《圣谕十六条》是清代中央政府对士绅阶层的一个全面要求，包括忠孝、息讼、士风、学风、法律、风俗、赋税、治安等各个方面。这就要求士绅阶层在所有这些方面都能够起到表率作用，从而起到加强统治的目的。其中，"明礼让以厚风俗"就是要求士绅阶层严于律己、以身作则，为乡民做榜样，从而培养起良风美俗。雍正年间，清朝政府为了加强对士绅阶层的约束，从而达到对乡民的表率作用、实现巩固统治的目的，雍正四年（1726年）上谕说：

> 为士者乃四民之首，一方之望。凡属编氓，皆遵之奉之，以为读圣贤之书，列胶庠之选，其所言所行，俱可为乡人法则也。故必敦品励

---

① 费正清：《剑桥中国晚清史》上卷，中国社会科学院出版社，1993年版，第25页。
② 艾永明：《清朝文官制度》，商务印书馆，2003年版，第161页。
③《宁夏府志》卷六《学校》。
④《圣谕十六条》，浙江书局，清同治七年（1868年）刻本。

学,谨言慎行,不愧端人正士,然后以圣贤诗书之道开示愚民,则民必听从其言,服习其教,相率而归于谨厚。①

正是在外有统治阶级的提倡和要求,内有士绅阶层立德、立言、立功心理的驱使下,明清时期西南民族地区的绝大多数士绅都遵守着这些"圣谕"要求,并为当地良好礼仪教化风气的培育作出了积极贡献。在目前西南民族地区的一些地方志中,有对士绅阶层引领良好士风的记载。

在贵州的地方志中,此类记载颇多,如明代对贵阳府的记载有"士秀而文""仕者,多著廉洁之称""文教丕扬,人才辈出"的记述,万历年间郭子章在《黔记》中对贵阳府就有"民不喜争,士皆彬雅"的颂扬,乾隆《贵州通志》中有"士敦诗书而多彬雅"的记载,民国《贵阳通志》更是对有清一代形成的士风赞赏有加:

> 士束修自爱,笃彝伦,崇气节,无干谒之事,无乖僻之行。百余年沐国家教泽涵濡,礼让风行,廉隅互饬,世族子弟下帷诵读,不染浮华;乡曲寒畯,党庠州序,舷歌相闻。大比之年,登贤书者居全省什之四五;入馆分曹者,科有其人。处则共敦廉让,出则茂著勤劳;一官一邑,无不思饬簠簋而切拊循。盖由地处会垣,士习最醇,文风最茂,土官之陶成培植又最先也。②

在贵州其他地方,对于"士风"的记载也不少,如兴义府"士业诗书""士安弦诵""士习淳朴,仕宦者,文多能吏,武多奇勋";在大定府,自康熙三年(1664年)平定以来,"士民皆外省流寓……雍正、乾隆之时,民皆愿约俗,尚敦庞。士人读书,崇重师儒,砥砺名节,冠、婚、丧、祭,如古礼"③(《大定志稿》)。

西南民族地区士风的纯朴,一方面与明清统治阶级的提倡有关;另一方面与士绅阶层对自身的严格要求密切相关。同时,由于这些士绅有着高于普通百姓的社会地位和特权,因而,他们的言行往往对乡村社会百姓的日常生活、习惯、心理及行为产生深远的影响。在这些影响下所形成的特定的社会习惯,就是一个特定地方的良风民俗。在现存的西南民族地区地方志的"人物志"之"乡贤"或"德行"中,有关士绅对儒家规范严格执行的记载俯拾皆是。例如,云南太和的周榛,太平天国时生员。同治时,他"尤殷殷以兴学校、振风俗为先"④(《云

①[清]昆冈等:《钦定大清会典事例》卷三百八十三。

②③[民国]刘世显等:《贵州通志·风土志》,民国三十七年(1948年)铅印本。

④张仲礼:《中国绅士的收入》,上海社会科学院出版社,2001年版,第235-236页。

南通志》卷一百五十八）。云南罗次人张翰,岁贡生。他居住在该县属牛家营时,乡人有占行悖谬者,他"必严厉以绳,男妇皆敬畏之。以是,乡俗淳美,至今犹有遗风焉"①。云南河西人王善量,同治时举人。他"奖藉后进,敦尚朴学,十余年间,士气复盛如承平时"②。

上述这些士绅不仅严格遵循儒家规范,成为乡村社会民众学习的典范,而且由于他们的率先垂范和加强礼仪教化的培育,改变了本地乡村社会的风俗习惯。

第三节　民间士绅阶层的地方事务管理

明清时期,皇权势力要想到达乡村社会,实现对所有西南民族地区的有效治理,必须依靠地方官和地方士绅阶层。③"窃为治之道,必须官通民情,民知官意,上下相信,而后举办要政,如响斯应。……中国向来积弊,官绅隔则多蒙蔽,官绅通则启嫌疑,不惟官与民隔,绅亦与民隔。……所以官欲通民,必先使绅与绅通,而有以联之,官欲民信,必先使绅为民信而有以导之。"④因为,在广袤的西南民族地区,地方官的势力也只能到达县级,对县以下的广大乡村社会,地方官员的控制力相当有限。中央政府要想使皇权深入到西南民族地区乡村社会,实现对乡村社会民众的有效控制,官方势力必须借助居于乡村社会士绅阶层的襄助。因为,"绅士为一方领袖,官之毁誉,多以若辈为转移"(何耿绳:《绅士》)。正如王凤生所言:"士为齐民之首,朝廷法纪不能尽喻于民,惟士与民亲,易于取信。"⑤在"士与民亲"的前提下,地方士绅阶层是当地民众最信得过的人。基于此,居于西南民族地区乡村社会的士绅们,在国家治理乡村社会的过程中,其作用是无可替代的。如《酉阳直隶州总志》卷之十七《人物志二》之"贤达"条载:"陈缙……道光辛巳恩贡。立品端方,居心孝友,三岁失怙,事其

①[民国]龙云,卢汉:《新纂云南通志·八》(点校本),云南人民出版社,2007年版,第374页。

②[民国]龙云,卢汉:《新纂云南通志·八》(点校本),云南人民出版社,2007年版,第392页。

③杨银权:《清代甘肃士绅研究》,西北师范大学2009年博士学位论文。

④《隆平县设立公议局警务研究所禀请核示文并批》(续),《大公报》1907年7月21日"公牍"。

⑤刘放生:《清代府县官是怎么做的——以〈牧令书〉为例》,湖南师范大学出版社,2018年版,第190页。

父终身,色养不衰。与弟绅绂相友爱,同居六十载,举无间言。尤笃于亲谊,族中男女有贫不能读书应试者,与不能婚嫁者,缙屡有分惠。至酉、秀分设学校,迁修圣庙、奎星楼、明伦堂、文昌宫、二酉书院,并加增束脩,添设膏火,分设考棚与本族宗祠,皆竭尽心力,不避嫌怨。续由恩贡就职教谕,历署名山、安县学篆,凡有关文教之事,无不曲意培植。没后,州人士设主私祀于本州奎星楼下。"可见,因为陈缙在地方事务管理中"竭尽心力",所以,"州人士设主私祀于本州奎星楼下"①。

关于士绅阶层在乡村社会治理及地方事务管理中的独特作用,张仲礼先生也论道:"士绅作为一个具有领导地位和特殊声望的社会上层集团,推进和经理着众多地方和宗族的公共事务。他们的功能覆盖着广泛的领域,其中包括监督公共事项的财务、兴建和运作,组织和指挥地方团练,建立和经理地方和宗族的慈善机构,以及在和官府打交道时代表地方和宗族的利益。"②根据作者目前所掌握的材料看,明清时期西南民族地区的士绅阶层在地方事务管理中主要从事三方面的工作。

一、灾荒救济的实施

在生产力水平十分低下的明清时期西南民族地区乡村社会,广大贫苦农民几乎没有抵御自然灾害的能力,每遇较大灾荒,都有大批农民或流落他乡,或转死沟壑,或揭竿而起。这种情况不仅影响乡村社会民众生计和国家税收,而且危及社会安定和国家政权的巩固。因此,明清统治者高度重视荒政工作,除了要求官吏定期奏报各地各种自然气候情况、庄稼丰歉情况以及赈灾情况之外,清朝统治者还督促编纂荒政专著(如《筹济篇》《康济录》《荒政辑要》《赈济录》等)和救荒手册(如《宦海指南》),在当时形成一种地方官吏必须以荒政为己任的社会风尚,有力地促进了清代救灾事务的发展。西南民族地区由于气候、环境和诸多人为因素的影响,明清时期该地区的生态环境严重恶化,自然灾害十分频繁。③ 据《广西通志·民政志》第四编"救灾救济"第一章"晚清时期"第一节"灾情"载,清代广西的灾情频繁,仅道光二十年(1840年)至清末,从有关史志资料记载中的不完全统计来看,1840—1911年的72年间,广西发生水灾37次、旱灾25次、疫灾28次、饥灾16次、蝗灾7次、火灾12次、雨雹灾5

---

①[清]王鳞飞等:《酉阳直隶州总志》(点校本),巴蜀书社,2009年版,第426-427页。
②张仲礼:《中国绅士的收入》,上海社会科学院出版社,2001年版,第42页。
③杨银权:《清代甘肃士绅研究》,西北师范大学2009年博士学位论文。

次、暴风雨灾 2 次、风灾 1 次,总计发生各种自然灾害 133 次,平均每年 1.85 次。其中最多的是水灾、疫灾和旱灾,共计 90 次,占灾害总数的 67.67%。为防御各种自然灾害,明清中央政府和西南民族地区的地方官员十分重视抗灾减灾工作,不但采取诸多积极性措施来防灾、备灾,而且在临灾赈济、灾后补救等方面实施了一套行之有效的办法。其中包括预备仓、常平仓、义仓和社仓等在内的备荒仓储,就是明清时期防灾抗灾工作的重要措施。① 在明清时期,西南民族地区乡村社会的一些士绅,他们面对义仓、社仓的粮食储备,经常倡捐或主动捐谷。《贵阳府志》卷四十六"义仓"条有这样的记载:"贵阳义仓四:曰雪涯洞仓贮谷八百三十四石五斗;迎恩寺仓贮谷五百四十五石;斑竹园义仓贮谷八百六十四石;花仡佬义仓贮谷四百九十五石八斗。以上皆道光九年知府于克襄劝建。克襄捐银百两以建仓,郡人云南按察使翟锦观、江西布政使花杰各捐银五百两以籴谷,绅民各捐谷以益之,于是仓储益备。斑竹园仓,则郡人李含章、李培章合捐谷五十石以倡之。罗斛城义仓贮谷一千四百石,皆绅民捐输。龙里县义仓贮谷一千石,道光四年绅民捐输。贵定县义仓四:东门仓贮谷一千一百九十石,道光六年署知县王存成承土官橛,劝绅民捐输;新安仓贮谷一百八十石,道光六年建;沿山龙场在天龙山之右,道光六年建,绅民输谷贮其中,道光十四年平枭得银百七十两,当王以伦田一分、价八十两,当杨茂亭田一分、价九十两,每年收谷贮仓,现存谷一百九十石(市斗)。旧县仓在贵定故城北街元真观右,道光六年知县王存成建,县人安佩莲、王仁溥各捐谷一百石,诸绅民捐谷二百十九石贮仓。道光十四年平枭得价银三百四十一两八钱,买郎渊如谷里堡栗山山脚田二丘,栽种一斗;捕獐田三丘,栽种一斗八升,共价一百九十三两八钱,每年收租谷九石;又买马洪猷中坡脚田四丘,栽种一斗二升,价一百四十八两,每年收租谷七石三斗,租谷仍贮仓。贵定又有旧社仓四,其二万历二十四年驻镇推官李珏倡建,捐俸籴谷五十石贮仓。康熙年间,提学沈忠元又拨助贫生米六十石贮其中。其一为李公社仓,康熙年间,知县李从纲捐俸倡率绅民建于社学故址,贮谷其中,今废。"②这里对此提及"绅民捐输""绅民捐谷"或"诸绅民捐谷",足见当地士绅们在捐粮储备、赈灾饥民活动中倾注的热情。

面对频繁的各种灾害,除了由地方官府举办赈灾救济之外,而实际的经营大多是由地方士绅负责。据西南民族地区地方志载,明清时期西南民族地区士

---

① 杨银权:《清代甘肃士绅研究》,西北师范大学 2009 年博士学位论文。

② [清]周作楫:《贵阳府志》(点校本),贵州人民出版社,2005 年版,第 911 页。

绅阶层参与地方灾荒救济的方式主要有这几种：一是济贫穷。或直接救助其人粮食、衣物、药品等财物，或救济其人解决贫穷和饥饿的方式（如给耕具和种子）。二是济灾荒。三是济战乱。① 在民国《新纂云南通志》中对这类士绅多有记述，例如：

王制，昆明人，隆庆丁卯解元。比归，为善益力。岁歉赈饥，乡里德之。②

王希尧，昆明人。万历已卯举人。后亲老，力请归养，侍眠食者十年。每岁终，以钱米济乡党之贫乏者。③

倪春华，昆明人。凯还，隐于市，家渐康。喜推解，有叩门鬻女者，给以金，仍还其女，令择良配。途中遇亲故之窘迫羞，即解衣与之。④

刘清元，昆明人，诸生。清元性好施与，凡戚族中有孤嫠者抚恤之，贫不能自存者假贷周济之。⑤

张相度，太和人，贡生。岁饥，斗米三金，复劝输麦为饼饵赈散，饥民全活至众。⑥

范宗莹，太和人，光绪庚寅进士。岁饥，则自请发仓以贷贫民而躬自料量，全活者众。⑦

周文郁，蒙化人，贡生。平居，敦宗睦族，赈饥抚孤，赡济贫困，助婚丧赀尤慷慨不吝焉。⑧

在救济成为一种社会风气和传统美德的情况下，士绅阶层对各种灾荒实施救济，这不但会得到社会的认可和赞赏，而且往往会产生意想不到的社会影响。例如，王制的"岁歉赈饥，乡里德之"就是佐证。

---

①杨银权：《清代甘肃士绅研究》，西北师范大学 2009 年博士学位论文。

②[民国]龙云，卢汉：《新纂云南通志·八》（点校本），云南人民出版社，2007 年版，第 363 页。

③[民国]龙云，卢汉：《新纂云南通志·八》（点校本），云南人民出版社，2007 年版，第 364 页。

④[民国]龙云，卢汉：《新纂云南通志·八》（点校本），云南人民出版社，2007 年版，第 370 页。

⑤[民国]龙云，卢汉：《新纂云南通志·八》（点校本），云南人民出版社，2007 年版，第 373 页。

⑥[民国]龙云，卢汉：《新纂云南通志·八》（点校本），云南人民出版社，2007 年版，第 379 页。

⑦[民国]龙云，卢汉：《新纂云南通志·八》（点校本），云南人民出版社，2007 年版，第 382-383 页。

⑧[民国]龙云，卢汉：《新纂云南通志·八》（点校本），云南人民出版社，2007 年版，第 427 页。

二、慈善事业的投入

明清时期西南民族地区由于生产力发展水平低下、经济十分落后,乡村社会大量的贫民不但得不到维持生存所必需的粮食、衣服等生活资料,而且他们中的许多人死后会因为贫穷无法入葬。鉴于此,在地方官员对于慈善事业只是起一个组织者和审批者的作用的情况下,乡村社会的慈善事业与其他所有地方社会的公共事务一样,大多由一些有经济实力的"殷实"的士绅来组织和经营。例如,在现存的一份《育婴堂条规事宜册》中规定,育婴堂应仍设堂长一人,令府县慎选品行端方、老成好善、家道殷实之士,毋论贡监生员,许绅衿公举报明入堂担任。①

西南民族地区士绅参与地方慈善事务的形式多种多样,他们或者助人婚嫁,或者助人丧葬(包括施棺木、设义冢等),或者帮人育婴。如民国《贵州通志》对清代贵阳人王胜文记载如下:"王胜文……嘉庆初,兴义苗变,捐募乡勇以卫守城。东门外义冢,遗骸暴露,酷暑,佣人捡骨,别男女瘗之。令役夫陈甲赍银五百两赴兴义,甲妇窃其一百而用之,甲至兴义始知,盛怒欲出其妇,而鬻子女以偿焉。胜文闻之,召甲抚慰之,不索其金。甲夫妻子女获全,终身德之。"②这些慈善之举,不仅体现了明清时期中国社会中乐于助人的良好传统,更体现了中国士绅群体"忧国忧民,以天下为己任"的高贵品质。例如:

何鑑,楚雄人。正德庚午举人。后归居乡,亲戚贫不能嫁娶者,捐资助之。③

康金,晋宁人。嘉靖戊子举人。及致仕家居,赈贫助葬。④

张昺,保山人。乃以千金置义田于蒲缥,以济宗族之贫者,婚葬孀居,皆有常给,子侄有不善,责令改而后已。乡人有贷而不能偿者,焚其券,孤茕无依者,则置室鞠之,教以艺业,长则为之婚配。⑤

赵之炎,保山人,万历戊午举人。致仕归,捐建养生院,置义田义地,收赎被掳子女,人皆德之。⑥

①陈宏谋:《育婴堂条规事宜册》,转引自[清]徐栋:《牧令书辑要》卷十五。
②冯楠:《贵州通志·人物志》,贵州人民出版社,2001年版,第636页。
③[民国]龙云,卢汉:《新纂云南通志·八》(点校本),云南人民出版社,2007年版,第394页。
④[民国]龙云,卢汉:《新纂云南通志·八》(点校本),云南人民出版社,2007年版,第362页。
⑤[民国]龙云,卢汉:《新纂云南通志·八》(点校本),云南人民出版社,2007年版,第418页。
⑥[民国]龙云,卢汉:《新纂云南通志·八》(点校本),云南人民出版社,2007年版,第420页。

陶希皋，姚安所人，万历癸酉举人。归里后，族人之无后者，为任丧葬。①

官鏸，昆明人。与邑绅李芬、保先烈、倪应选经理卷金，恤贫悯嫠，施棺诸会，均竭力捐办，井井有条。②

张相度，太和人，贡生。他若施衣、施棺诸举，不可胜书。③

唐守诚，南宁人，嘉庆庚午举人。族中贫乏有婚丧者，悉捐俸以助。④

窦志曾，罗平人，贡生。置义冢地，遇婚丧不举者力为经营，抚戚幼数人俱成名。⑤

赵琦，剑川人，诸生。族中子弟先世无嗣之墓，皆为修葺。⑥

李均，会泽人，贡生。好施与，乡里有急难者，辄资之。倡惜字、掩骸诸会。⑦

罗尧章，白井人，诸生。其他施粥、施棺、施寒衣等义举甚多。⑧

从上述 12 例中可见，在经济落后的西南民族地区，士绅群体对地方慈善事务的资助和救济是多方面的。以上所举只是云南省地方志中所载的一些比较典型的事例而已，并非明清时期西南民族地区乡村社会士绅阶层关注地方慈善事业的全部。但这些事例足以显示出士绅阶层对地方慈善事业的积极关注程度。这不但体现了明清时期中国士绅阶层一贯的优秀品质和传统，而且有利于西南民族地区乡村社会秩序的稳定和人民生活的安定。

三、公共工程的兴建

地方公共工程一般包括道路、桥梁等交通设施，城墙、堡垒等城防工事，水坝、河堤等水利工程的兴建。明清时期西南民族地区诸多地方公共工程大多是由士绅倡议并在实际兴建过程中负责的。⑨ 据《黎平府志》载，贵州黎平的谢

---

① [民国]龙云、卢汉：《新纂云南通志·八》(点校本)，云南人民出版社，2007年版，第 427 页。
② [民国]龙云、卢汉：《新纂云南通志·八》(点校本)，云南人民出版社，2007年版，第 372 页。
③ [民国]龙云、卢汉：《新纂云南通志·八》(点校本)，云南人民出版社，2007年版，第 379 页。
④ [民国]龙云、卢汉：《新纂云南通志·八》(点校本)，云南人民出版社，2007年版，第 407 页。
⑤ [民国]龙云、卢汉：《新纂云南通志·八》(点校本)，云南人民出版社，2007年版，第 408 页。
⑥ [民国]龙云、卢汉：《新纂云南通志·八》(点校本)，云南人民出版社，2007年版，第 413 页。
⑦ [民国]龙云、卢汉：《新纂云南通志·八》(点校本)，云南人民出版社，2007年版，第 422 页。
⑧ [民国]龙云、卢汉：《新纂云南通志·八》(点校本)，云南人民出版社，2007年版，第 430 页。
⑨ 杨银权：《清代甘肃士绅研究》，西北师范大学 2009 年博士学位论文。

恩,是太平天国时期的例贡生。他除了乐善好施、经常接济难民之外,还捐资倡修桥梁、凉亭、通衢大道和寺庙等。① 西南地区各地方志中有无数记载都表明,在公共工程兴建中,士绅阶层的作用非常突出。故张仲礼先生曾经指出:"无论这些工程由官或由绅指导,在执行中总是绅士承担主要负担。"②下面举几则云南的例子:

> 陈常道,呈贡人,嘉靖丙戌成进士。乞归后,建义桥,置义田。③

> 何渐逵,楚雄人,恩贡生。后告归,仗义乐施,建桥利涉。④

> 李瀚,南宁人。康熙庚午举人。致仕归后,置义田,造船济众,乡人德之。⑤

> 李东升,宣威人,以外艰归。值寻甸匪马二花之乱密迩州城,时城垣坍塌,东升建议速修。砖不备,以土为女墙。⑥

> 孙绍康,宣威人,以父老,乞养归。好为善举,州中修试院,置义仓,葺城垣、河堤,皆捐馆谷以为之倡。⑦

> 赵良相,思茅人,附贡。好兴义举,修道路、建桥梁,皆竭力倡首。⑧

> 李正荣,昭通人。尤好施与,凡赈荒、修桥及各慈善事,美不胜书。光绪癸卯,滇抚林绍年具其孝友义行,奏请旌扬,部准建坊立祠。⑨

> 姚建中,蒙化人。告归里后,并建议设送米所。公德、南薰、永春诸桥之成也,建中皆倾囊助之。⑩

上述这些例子,情况各不相同,在公共工程的兴建问题上,他们或独自修建,如陈常道、何渐逵、李瀚等士绅;或"首倡",如孙绍康、赵良相等士绅;或"倾囊相助",如姚建中等。总之,明清时期西南民族地区乡村社会享有较高声望的士绅们,往往利用自己的社会声望发出倡议,或倡议地方官兴建桥梁道路等公

---

①张仲礼:《中国绅士的收入》,上海社会科学院出版社,2001年版,第225页。

②张仲礼:《中国绅士——关于其在十九世纪中国社会中作用的研究》,上海社会科学院出版社,1991年版,第60页。

③[民国]龙云,卢汉:《新纂云南通志·八》(点校本),云南人民出版社,2007年版,第361页。

④[民国]龙云,卢汉:《新纂云南通志·八》(点校本),云南人民出版社,2007年版,第394页。

⑤[民国]龙云,卢汉:《新纂云南通志·八》(点校本),云南人民出版社,2007年版,第405页。

⑥⑦[民国]龙云,卢汉:《新纂云南通志·八》(点校本),云南人民出版社,2007年版,第407页。

⑧[民国]龙云,卢汉:《新纂云南通志·八》(点校本),云南人民出版社,2007年版,第417页。

⑨[民国]龙云,卢汉:《新纂云南通志·八》(点校本),云南人民出版社,2007年版,第424页。

⑩[民国]龙云,卢汉:《新纂云南通志·八》(点校本),云南人民出版社,2007年版,第427页。

共工程,或倡议地方士绅阶层积极捐助兴建,或士绅群体联合起来兴修。无论是兴建哪种类型的公共工程,他们所关注的是承担社会职责,造福地方百姓。当然,在兴建公共工程、造福当地百姓的过程中,他们或许存在着建功立业、提高声望的目的。

四、清末团练的举办

团练制度始于嘉庆初年(1796—1804 年)的川楚白莲教起义,成熟运作于太平天国运动时期。在清朝末期,清政府允许甚至大力支持乡村社会举办团练,其目的是期望借助民间的力量来遏制反对清朝统治的各种势力。它反映了清朝统治力量的急剧衰落,军队战斗力的低下和国家财政紧张的客观事实。张仲礼先生曾对此有精辟的论述:"几乎所有的地方志都记载了 19 世纪当地团练的发展,并可以发现,其组织者和首领主要是绅士。"①据民国《开阳县志稿》载:

> 李树德,州属杨司田尾巴人,副榜。见时方多难,乃兼习拳术技击,并涉猎兵法书籍。清咸丰三年,办团令下,树德分任杨司团首事宜,后建筑营寨于白岩营地方,与尖山营相掎角。树德善驭众,每于训练之余,恒以敬恭桑梓大义向众解说,故团众颇用命。咸丰七年,曾随石公虎臣御苗教众于落旺河,复前进攻克建中鸡场、牛场等地。咸丰九年,随石公剿玉华山何得胜党众,树德营五勺梅花,石公战殁,树德众奋勇突阵数次,均以敌众不能攻入,后守岩门、玉卡,均著辛劳。贾福保未降时,树德曾与力战,伤福保一目。《平越志》称:树德为开州团首中之健将,勇而善战,以文人兼长武事,尤为难得。②

这虽然是贵州省开阳县的一个例子,但它说明了几个问题:第一,西南民族地区乡村社会的团练与全国其他地方的团练一样,其团长、团正、团首等团练的主要职务基本上是由各地的士绅担任。第二,在时势造英雄的情况下,一大批熟读儒家经典的士绅阶层开始步入军营,参与军事战争,这为一批没有能通过科举而步入仕途的士绅以积军功而进入仕途提供了机会。第三,如雨后春笋般兴起的团练使更多的士绅积极投身到维护封建社会秩序的斗争中,为保障战争

①张仲礼:《中国绅士——关于其在十九世纪中国社会中作用的研究》,上海社会科学院出版社,1991 年版,第 70 页。

②[民国]欧先哲:《开阳县志稿》(点校本),开阳县史志办公室,1996 年版,第 378-379 页。

的胜利和乡村社会的安宁作出了积极的贡献,也正如《平越志》盛赞李树德的一样:"以文人兼长武事,尤为难得。"在西南民族地区的地方志书中对士绅阶层举办团练之事多有记载。例如,《贵州通志考》载,贵州贵筑的黄富春,为道光、咸丰时进士。他做官返回家乡后,组织团练。其子也是进士,任翰林院编修。其子后返回家乡,帮助父亲从事地方防务。①《潼川府志》载有四川安岳的唐静修,咸丰时贡生。他举办团练时订立了当地团练的条规,率领乡民筑寨自卫。②《酉阳直隶州总志》载,四川酉阳的蔡世佑,曾充道光丙午(1846年)辛亥科同考官。"值发匪之乱,溧阳等地皆失陷,世佑奉委督办团练。咸丰六年,乃轻装趋间道回酉守制。酉时亦军务旁午,当事者造请,至再,皆不应。然团练防御,指示方略,乡间恃以为保障焉。"③由此可见,清代西南民族地区的士绅阶层随着清朝统治势力的衰微,在清朝统治者不得不借助士绅的襄助来维系其风雨飘摇的统治时,"王权"和"绅权"也随着中央集权的衰微而发生了此消彼长。张仲礼先生在其专著中说明了绅权扩张的原因。他说:"在太平天国以及其后的非常时期,由于中央政府的力量和效率下降,越来越多的政府职责和权威由绅士取而代之,乃至到了这样的地步:绅士可以选择究竟是支持政府还是向它的权威直接提出挑战。"④面对这种情况,在清廷的允许下,在士绅或组织团练或指挥团练的影响下,西南民族地区的团练也在各地大规模兴办起来。士绅阶层参与团练的事迹,在西南民族地区地方志的人物传中俯拾皆是。

> 邹国璋,于清咸丰三年,办团令下,国璋族众繁多,其德望足以服人,被举为一心团团首。下水距城可五里许,隐成掎角之势。咸丰九年,高枧之役,石公战殁,赖国璋所部与马华丰等团众增援,将石公忠骸夺回,得殡葬如礼。同治二年,何得胜等大部窜马胻、三板桥一带,副将何显仕全军覆败,各团练官军续溃。得胜即分令所部,进陷州城,国璋团当敌冲,为敌所厄,挠败之余,势不振,乃与顶兆何正冠团相联合。越明年七月,参将赵德光将率兵规州城,与得胜相持于自岩营间,国璋率所部逼州城北门外三台山,会德光自率轻骑袭开州,守城敌溃,州城遂复,国璋与有力焉。乱平后,州牧龙声洋曾题"共尔心劳"四字

---

①张仲礼:《中国绅士的收入》,上海社会科学院出版社,2001年版,第236页。

②张仲礼:《中国绅士的收入》,上海社会科学院出版社,2001年版,第255页。

③[清]王鳞飞等:同治《酉阳直隶州总志》(点校本),巴蜀书社,2009年版,第427页。

④张仲礼:《中国绅士——关于其在十九世纪中国社会中作用的研究》,上海社会科学院出版社,1991年版,第74页。

以旌之。①

官鏸，昆明人。委办城防、保甲、团练诸务，夙夜焦劳。不惜毁家纾难，以劳绩议叙同知。②

李鼎，晋宁人，咸丰丙辰进士，会滇乱，同黄侍郎琮办理团务，以忧劳卒于军中。③

李东升，宣威人。以外艰归。禀请知州设乡勇，联保甲，坚壁清野。敌知有备，不敢窥。④

段永珍，永北人，道光己酉拔贡。癸丑勤理城丁，丙辰协办团防，颇形劳瘁。⑤

罗尧章，白井人，诸生，有侠士之风。咸丰六年乱作，流寇以白井富饶，欲资以起事，暗纠数百人由东南各关突放铳炮，呼声鼎沸。尧章见势危迫，著短衣，持铳炮，号召乡勇，先率之出东关迎敌。匪首萧某挥戈而进，尧章燃炮击之，洞胸立毙。尧章驱众追杀，他关之匪亦皆溃散。九年夏，夷匪石马将陷阱，褫训导张锟衣，刳其腓，民皆惊匿。尧章奔救，马将怒，顾其下杀之。夷众夙钦尧章品望，掖之退，遂拥锟至五马桥，裂尸悬柱上，无敢取之者。尧章约赵士鳌等醵银赎锟首，聚尸厚殓之，厝于罗氏租茔，匿其妻子于家。会滇西敌势日炽，拟《平敌要务》数十条上之。⑥

总之，清代后期西南民族地区士绅阶层举办或参与团练的情况有四：一是受地方官委托而训练团练，参与镇压起义。二是由地方百姓和人民推举士绅为团长，参与对地方百姓和人民的保护。三是士绅自发组织、倡练团练，肩负起“士之职责”。四是为团练捐输饷银、粮草及器械。⑦ 应该说，清末西南民族地区的士绅阶层在举办团练的过程中发挥了重要作用，对团练的发展作出了较大贡献。

①[民国]欧先哲：《开阳县志稿》(点校本)，开阳县史志办公室，1996 年版，第 374 页。
②[民国]龙云，卢汉：《新纂云南通志·八》(点校本)，云南人民出版社，2007 年版，第 372 页。
③[民国]龙云，卢汉：《新纂云南通志·八》(点校本)，云南人民出版社，2007 年版，第 373 页。
④[民国]龙云，卢汉：《新纂云南通志·八》(点校本)，云南人民出版社，2007 年版，第 407 页。
⑤[民国]龙云，卢汉：《新纂云南通志·八》(点校本)，云南人民出版社，2007 年版，第 428 页。
⑥[民国]龙云，卢汉：《新纂云南通志·八》(点校本)，云南人民出版社，2007 年版，第 430 页。
⑦杨银权：《清代甘肃士绅研究》，西北师范大学 2009 年博士学位论文。

第五章 明清时期西南民族地区政治制度下的乡村社会与国家关系

在历史发展的进程中,西南地区的整合经历了一个十分复杂的过程。一方面,由于中央王朝的活动长期集中在黄河流域和长江中下游地区,远离这些地区的所谓"边地"——西南地区,往往容易成为中央王朝控制体系的末端。西南地区不仅在开发程度上远远逊色于黄河流域和长江中下游地区,而且在较长的时段里一直作为少数民族的势力范围,与中央王朝保持一种非统辖的关系。在地形上的相对封闭性,基本上处于我国三级阶梯中的第二级,也让西南地区更有可能成为一个相对独立的地理单元。这里既有喀斯特地貌充分发育的云贵高原,也有号称"天府之国"的四川盆地;既有在奔腾不息的长江、澜沧江等发达水系作用下的高山深谷,也有因为河流的冲击而形成的适于农业耕作的山地坝子。另一方面,正是在远离中央政权的前提下,西南地区充当着不同地域之间经济生活、宗教信仰等彼此交流、融合、共生共存的舞台。百越、濮僚、苗瑶、氐羌以及巴等多种族系汇聚于此,并不断发展演变,形成了众多民族与多元文化。应该说,自古以来,西南地区对于以儒家文化为主体的中原文化始终抱有认同感。尤其是在明清时期,随着改土归流实施后的政权下乡,西南民族地区乡村社会的各族人民对国家保持高度认同的态度。由此,在政治制度方面,明清中央政府采取了一系列的举措,这无疑逐步加强了国家与西南民族地区乡村社会的各种联系。同时,通过土司制度、改土归流、乡里制度及团练制度的施行,逐渐实现国家权力在西南民族地区的延伸、扩张、深入、下沉,进而最终实现了国家"大一统"的目标。

第一节　土司制度

龚荫先生在《中国土司制度·序言》中说:我国封建王朝对西、南部少数民族的治理,曾经施行过两种政策。一是自秦迄宋王朝推行的比较宽松的政策,人们称之为"羁縻政策";二是元、明、清王朝实行的较为严格的管理办法,人们称之为"土司制度"。① 李世愉先生认为,土司制度是元、明、清三朝统治者对西南边疆少数民族地区实行的一种特殊统治方式,即由中央政府任命少数民族贵族为世袭地方官,并通过这些官吏对各族人民的管理,达到加强对边疆地区统治的目的。② 元明清时期的土司制度是封建王朝在我国西南、中南及西北等边疆民族聚居地区和杂居地带实行的,封闭自治的政治制度和管理制度。封建王朝对内附的各民族或部落的首领封以官爵、赐以名号,让其世袭统治辖地百姓,实现中央王朝对民族地区的间接统治;各民族首领承认自己是中央王朝委派的官吏和领地属于封建王土,同时服从军事征调,按期缴纳相应的贡赋。翻检史籍,我们发现,明清时期中央政府在西南民族地区广设土司,明代有大小土司589家,清代有大小土司825家,其具体情况详见表5.1、表5.2。

表 5.1　明代西南民族地区土司设置一览表

单位:家

地区	土知府	土知州	土知县	宣慰司	宣抚司	安抚司	长官司	蛮夷司	其他	合计
四川	1	0	0	1	4	8	46	0	24	84
云南	13	28	5	4	4	9	45	0	91	199
贵州	3	1	1	3	0	8	112	25	27	180
广西	4	44	11	0	0	0	5	0	2	66
湖南	0	6	0	3	0	1	14	0	0	24
湖北	0	0	0	3	5	6	14	3	0	31
总计	21	79	17	14	13	32	236	28	144	589

---

①龚荫:《中国土司制度·序言》,云南民族出版社,1992年版,第2页。
②李世愉:《略论土司制度与改土归流》,转引自马大正:《中国古代边疆政策研究》,中国社会科学出版社,1989年版,第465页。

表 5.2　清代西南民族地区土司设置一览表

单位:家

地区	土知府	土知州	土知县	宣慰司	宣抚司	安抚司	长官司	蛮夷司	其他	合计
四川	0	0	0	5	6	17	40	0	365	433
云南	2	4	1	0	1	0	7	0	46	61
贵州	0	0	0	1	0	0	111	1	103	216
广西	2	32	7	0	0	0	13	0	18	72
湖南	0	3	0	1	0	0	13	0	1	18
湖北	0	0	0	2	0	7	11	1	4	25
总计	4	39	8	9	7	24	195	2	537	825

注:(一)资料来源:1.[明]刘大漠,杨慎:《四川总志》卷十四、十五《土司》,北京图书馆古籍珍本丛刊嘉靖本。2.[明]刘文征:《滇志》卷三十《羁縻志》,云南教育出版社,古永继点校本,1991 年版。3.[明]彭泽修等:《广西通志》卷三十一、三十二,《明代方志选》,台湾学生书局万历二十七年(1599 年)刊刻本,1986 年版。4.《永乐大典》卷八《元一统志》。5.[清]张廷玉等:《明史》卷三百一十一《四川土司》、卷四十至四十六《地理志》,上海古籍出版社,1986 年版。6.[清]常明:《四川通志》卷九十六至九十八《土司》。7.[清]郝浴等:《广西通志》卷三十一。8.[清]卞宝第,李翰章:《湖南通志》卷八十五《武备志八·废土司》,续修四库全书编委会,光绪十一年(1885 年)刻本,上海古籍出版社。9.赵尔巽等:《清史稿》卷五百一十二至五百一十六《土司传》,上海古籍出版社,1986 年版。10.王承尧,罗午《土家族土司简史》,中央民族学院出版社,1991 年版。11.龚荫:《中国土司制度》,云南民族出版社,1992 年版。12.尤中:《云南民族史》,云南大学出版社,1994 年版。13.《贵州通史》委员会:《贵州通史》(第 2 卷),当代中国出版社,2002 年版。14.田玉隆等:《贵州土司史》,贵州人民出版社,2006 年版。

(二)表格中的"其他",主要包括除明清等朝设置的"土知府、土知州、土知县、宣慰司、宣抚司、安抚司、长官司、蛮夷司"等职衔以外并为上述文献所及的土司,或因史志文献、研究成果和统计上下限的差异而被重复记录或遗漏的土司。

由上面两个表格的土司设置情况可见,土司制度在明清时期是一种"国家在场"的制度,它体现了国家政治的强性控制和国家在乡村社会中始终占据主导地位。当然,在实施土司制度的过程中,国家与乡村社会也始终保持着一种复杂的互动关系。

一、土司制度实施中国家权力通过土司制度延伸至西南民族地区乡村社会

朱元璋建立明朝后,既沿袭元制又大为恢拓,将土司制度发展成为一种完整的制度。正如《明史》所言:"迨有明踵元故事,大为恢拓,分别司郡州县,额以赋役,听我驱调,而法始备矣";且"西南夷来归者,即以原官授之"。① 明朝统治者出于对巩固少数民族地区的需求,制定了一整套土司贡赋、承袭的制度,这就使土司制度得以完备。无论是西南民族地区还是中南、西北民族地区的土司,均由朝廷任命,颁发印信、号纸,承袭也必须经中央政府批准;并且,中央政府对土司首先是"额以赋役",这改变了前代只征土贡、不征田赋的状况。明清统治者出于国家权力向土司区延伸的需要,要求各地土司必须在国家制定的土司制度框架内接受地方长官的约束,履行驻防、守御的职责,随时准备征调。② 这些规定充分体现了国家权力对土司地区的强制介入和在民族地区乡村社会的不断延伸。③

(一)土司承袭制度

明清时期西南民族地区土司的承袭制度,从国家强制介入及有效控制角度看,主要包含两个方面的内容。

1.授职

明初和清初,西南民族地区土司只要是"来归者",明清中央政府皆"用原官授之"。但在具体实施过程中,又"以劳绩之多寡,分尊卑之等差"。④ 即是按对明王朝的"忠勤"情况,而决定授予职官的大或小。如《明史》卷三百一十一载,洪武十五年(1382 年)置建昌卫指挥使司,"元平章月鲁帖木儿等自云南建昌(当时建昌隶属云南)来贡马一百八十匹,并上元所授符印。诏赐月鲁帖木儿绮衣、金带、靴袜,家人棉布一百六十匹、钞二千四百四十锭。以月鲁帖木儿为建

---

① [清]张廷玉等:《明史》,中华书局,1974 年版。

② 李世愉:《略论土司制度与改土归流》,转引自马大正:《中国古代边疆政策研究》,中国社会科学出版社,1989 年版,第 468 页。

③ 李良品、赵毅:《土司制度:国家权力在西南土司地区的延伸》,《长江师范学院学报》,2014 年第 5 期,第 1-7 页。

④② [清]张廷玉等:《明史》,上海古籍出版社,1991 年版。

昌卫指挥使"①;《明史》卷三百一十八载,"洪武元年,大兵下广西,右江田州府土官岑伯颜遣使赍印诣平章杨璟降。二年,伯颜遣使奉表贡马及方物,诏以伯颜为田州知府,世袭"②。清政府为了有效控制土司,其授职等有必要补充。《钦定大清会典事例》卷五百八十六《兵部·土司授职一》载,"德尔格忒宣慰司……于雍正七年归诚,授宣抚司职。于雍正十一年加授宣慰司,改称今名,另给印信号纸,每岁认纳贡马十二匹,每匹折银八两,青稞一千五百斗,每斗折银一钱,狐皮十二张,每张折银五钱"③。

2.承袭

明、清朝廷对土司的承袭,作了"皆赴阙受职""承袭人范围"和"承袭的办法"等一系列规定。《明史》卷三百一十载:"袭替必奉朝命,虽在万里外,皆赴阙受职。"但此规定仅是在中小土司中执行,而在大土司中就未认真执行或没有执行。④

第一,"承袭人范围"。《明史》卷七十二载:"其子弟、族属、妻女、若婿及甥之袭替,胥从其俗。"这就表明,明朝廷规定的土司承袭人范围具体情况为:父死子继、兄终弟及、叔侄相立、族属袭替、妻妾继袭、玄媳继职、子死母袭。清代对承袭规定更严格、具体和明确。据《钦定大清会典》卷十二载:土司亡故或年老有疾请代,"准以嫡子嫡孙承袭;无嫡子嫡孙,则以庶子庶孙承袭;无子孙,则以弟或其族人承袭;其土官之妻及婿,有为土民所服者,亦准承袭"⑤。对破坏宗支嫡庶次序袭替的土司,要给予处分。《钦定大清会典事例》卷五百八十九载:"如宗派冒混,查出参究","承袭之人,有宗派不清、顶冒、陵夺各弊,查出革职,具结之邻封土官照例议处"。⑥明清中央政府对于土司承袭的规定得到了各地土司的回应并基本上按照这些规定执行,如石砫马氏土司的历代传承世系表现为五种形式:一是嫡长子承袭,这是石砫土司传承的主体;其他的还有叔侄相传、子幼母袭、兄终弟及、族属袭替等方式。⑦

①②［清］张廷玉等:《明史》卷三百一十一,中华书局,1974年版。

③⑥［清］昆冈等:《钦定大清会典事例》,中华书局影印本,1991年版。

④李良品:《历史时期重庆民族地区的土司制度》,《重庆邮电大学学报(社会科学版)》,2011年第3期,第106-112页。

⑤《钦定大清会典》卷十二《吏部·验封清吏司》,光绪商务印书馆石印本,第二册第2页。

⑦［清］王槐龄:《补辑石砫厅新志》,道光二十三年(1843年)刻本。

第二,"承袭的办法"。在土司的承袭中,为了防止作弊假冒,明朝廷制定了一些办法,如具图本结状。《明会典》卷六载:"洪武二十六年定,湖广、四川、云南、广西土官承袭,务要验封司委官体勘,别无争袭之人,明白取具宗支图本,并官吏人等结状,呈部具奏,照例承袭";又"天顺二年奏准,土官病故,该管衙门,委堂土官体勘应袭之人,取其结状宗图,连人保送赴部,奏请定夺"。① 清代对于土司的承袭方法规定得更加明确、具体,这在《钦定大清会典事例》卷一百四十五《吏部·土官》"土官承袭"条中得以集中体现:"顺治初年,定土知府、同知、通判、知州、州同、州判、吏目、知县、县丞、主簿、典史、经历、知事、巡检、驿丞等文职承袭由部给牒书其职衔世系,及承袭年月于上名曰号纸,其应袭职者,由督抚察实,先令视事,令司府州邻封土司具结,及本族宗图,原领号纸咨部具题请袭。又定,凡承袭之土官,嫡庶不得越序,无子许弟承袭,族无可承袭者,或妻或婿为夷众信服者,亦许承袭子或年幼由督抚题明注册,选本族土舍护理,俟其年至十五岁时请袭。"②承袭条例还规定:一要有当地官员的查核和作保,二要有土司的"宗支图本"。如无"宗支图本",则不准承袭。预定土司承袭人,其目的在于对土司加强管理。有的土司妻妾甚多,故子孙甚众,常因争袭纷争、仇杀。为此,明朝廷又制定了预定土司承袭人的办法。

（二）土司职衔制度

土司职衔制度包括十分丰富的内容,概括起来,主要有三个方面。

1.职衔

在明清土司制度中,最关键的要素是土司职衔的确立。土司职衔的确立,是土司制度成熟的标志。翻检历史文献,我们就会清楚发现,明清时期西南民族地区各级土司的职衔和品级规定得十分清楚,详细情况见表5.3。

表5.3 明清时期西南民族地区土司职衔、品级一览表

明清土司职衔		明代品级	清代品级
指挥司	指挥使	—	正三品
	指挥司同知	—	从三品
	指挥司佥事	—	正四品

①［明］申时行等:《明会典》(万历朝重修本),中华书局,1989年版,第31页。
②［清］昆冈等:《钦定大清会典事例》卷一百四十五《吏部·土官》,中华书局影印本,1991年版。

续表

明清土司职衔		明代品级	清代品级
宣慰司	宣慰使	从三品	
	宣慰司同知	正四品	
	宣慰司副使	从四品	
	宣慰司佥事	正五品	
宣抚司	宣抚使	从四品	
	宣抚司同知	正五品	
	宣抚司副使	从五品	
	宣抚司佥事	正六品	
安抚司	安抚使	从五品	
	安抚司同知	正六品	
	安抚司副使	从六品	
	安抚司佥事	正七品	
招讨司	招讨使	从五品	
	招讨副使	正六品	
长官司	长官	正六品	
	副长官	正七品	
蛮夷长官司	蛮夷长官	正七品	—
	蛮夷副长官	从七品	—
千户长	千户	—	正五品
	副千户	—	从五品
百户	百户	—	正六品
百长	百长	—	不入流
路总管府	总管	—	—
军民总管府	总管	—	—

明清土司职衔		明代品级	清代品级
土知府	土知府	正四品	从四品
	土知府同知	正五品	
	土知府通判	正六品	
	土知府推官	正七品	
	土知府经历	正八品	
	土知府知事	正九品	
土知州	土知州	从五品	
	土知州同知	从六品	
	土知州通判	从七品	
	土知州吏目	从九品	
土知县	土知县	正七品	
	土县丞	正八品	
	土主簿	正九品	
	土巡检	—	从九品
	土典史	无品级	不入流
	土游击	—	从三品
	土都司	—	正四品
	土守备	—	正五品
	土千总	—	正六品
	土把总	—	正七品

资料来源:1.[清]黄本骥:《历代职官表》,上海古籍出版社,2005 年版。2.余贻泽:《明代之土司制度》,《禹贡》,1936 年第 11 期。3.余贻泽:《清代之土司制度》,《禹贡》,1936 年第 11 期。4.郭松义,李新达:《中国政治制度通史》,人民出版社,1993 年版。

　　西南民族地区土司的隶属在《明会典》卷六有载:"土官承袭,原俱属验封司掌行。洪武末年,以宣慰、宣抚、安抚、长官等官,皆领土兵,改隶兵部;其余守土者,仍隶验封司。"①这是指明朝廷于洪武末年明确把土司分为文、武职两类。明清时期西南民族地区土司的职称有文、武两个系统。明代文职土司有军民府、土知府、土知州、土知县等不同名称;武职土司有宣慰司、宣抚司、安抚司、招讨司和长官司等不同名称,还有番部都指挥使司、卫指挥使司、万户府、千户所、蛮夷官、苗民官、千夫长、副千夫长等名称。清代文职土司另有土典史、土驿丞等无品级的土司;武职土司另有百长、土舍和土目等不入品级的土司。如明朝在四川共设置大小土司 300 余家,其中指挥使 1 家,指挥同知 1 家,宣慰使 7 家,宣慰同知 1 家,宣慰佥事 1 家,宣抚使 4 家,招讨使 1 家,安抚使 7 家,长官使 47 家,副长官 7 家,土知府 2 家,土知州 1 家,土州同 1 家,土州判 1 家,土巡检 7 家,土副巡检 1 家,未入流小土司 210 余家。清代四川共设置土司 342 家,其中土都司 1 家,土守备 3 家,土千总 5 家,土把总 5 家,土千户 46 家,土副千户 3 家,土百户 150 家,土副百户 1 家,土屯守备 13 家,土屯千总 20 家,土屯把总 34 家,土屯外委 88 家,土目 94 家,土寨目 2 家,土乡总 7 家,土通把 7 家,土外委 1 家,土舍 3 家。②

2. 衔品

土司的衔品,即土司的品级。《明会典》卷十《资格》"土官资格"载如下:宣慰司宣慰使为从三品,宣慰司同知为正四品,宣慰司副使、宣抚司宣抚使为从四品,宣慰司佥事、宣抚司同知为正五品,土知州、招讨司招讨使、宣抚司副使、安抚司安抚使为从五品,土通判、长官司长官、招讨司副招讨、宣抚司佥事、安抚司同知为正六品,土州同知、安抚司副使、长官司副长官为从六品,土知县、安抚司佥事、蛮夷司长官为正七品,宣慰司与经历司经历、招讨司经历、蛮夷长官司副长官为从七品;土县丞、宣慰司经历司都事、天全六番招讨司都事为正八品,土知事、宣抚司与经历司经历为从八品,宣抚司与经历司知事、宣慰司知事为正九品,宣慰司儒学教授、宣慰司毕节仓大使、巡检司巡检、千户所吏目、安抚司吏目、招讨司吏目、宣抚司吏目为从九品。③ 清代土司的品级略微有点变化,据《钦定大清会典事例》卷五百四十二《兵部》"土官品级"规定:"正三品,甘肃土

①[明]申时行等:《明会典》(万历朝重修本),中华书局,1989 年版,第 31 页。
②资料来源:1.[明]刘大漠,杨慎:《四川总志》卷十四、十五《土司》,北京图书馆古籍珍本丛刊嘉靖本。2.[清]张廷玉等:《明史》卷三百一十一《四川土司》、卷四十至四十六《地理志》,上海古籍出版社,1986 年版。3.[清]常明:《四川通志》卷九十六至九十八《土司》。4.赵尔巽等:《清史稿》卷五百一十二至五百一十六《土司传》,上海古籍出版社,1986 年版。
③[明]申时行等:《明会典》(万历朝重修本),中华书局,1989 年版,第 64-67 页。

指挥使;从三品,宣慰使司宣慰使,甘肃土指挥同知;正四品,宣慰使司同知,甘肃土指挥佥事;从四品,宣慰使司副使,宣抚使司宣抚使;正五品,宣慰使司佥事,宣抚使司同知,甘肃土正千户;从五品,宣抚使司副使,安抚使司安抚使,招讨使司招讨使,甘肃土副千户;正六品,宣抚使司佥事,安抚使司同知,招讨使司副招讨使,长官司长官,甘肃土百户;从六品,安抚使司副使;正七品,安抚使司佥事,长官司副长官,蛮夷官,苗民官,千夫长,副千夫长;土官中土舍头目,无专职品级。"①土官品级的规定虽同于流官,但实际并不相同。如遇犯罪,流官可以降级减少俸禄抵罪,而土官是"自食其土",无俸禄可减,只得输米赎罪。如《钦定大清会典事例》卷五百八十九《兵部·土司议处》规定:"土官凡有钦部案件奏销钱粮迟误之处,均照流官例处分,但土官不食俸,如遇到罚俸降俸降级等事,均按其品级计俸罚米,每俸银一两罚米一石,移储附近常平仓,以备赈荒。"②

3.信物

明清时期中央政府一经给土司除授,朝廷即赐予诰敕、印章等信物,作为中央政府任命朝廷命官的凭证。

一是诰敕。诰敕是朝廷除授土司的任命书。据《明会典》卷六载:"凡诰敕等级,洪武二十六年定,一品至五品皆授以诰命,六品至九品皆授以敕命。"③卷之一百二十二"诰敕"条载:"凡土官,无封赠父祖例,止与本身诰敕。成化以来,该抚按衙门,查勘无碍,奏请,兵部覆题,亦准封赠。嘉靖元年奏准,长官司长官敕命,准照土官资格,六品封赠,正长官,作正六品。副(长官),从六品。"④即土司武职招讨使以上是授予诰命。武职长官司长官是授敕命。敕命犹如近代所说的命令。明清两代封授六品以下的官职,朝廷都是要下达一道敕命的。

二是印章。印章是中央政府授予土司一定权力的象征。据《明史》卷七十二载:正三品以土官员为银印,从三品以下则为铜印。因此,除极少数的土指挥使赐予银印外,西南民族地区其他各地土司均是赐予铜印,只是铜印有大小、厚薄之分,按其品级分别赐予。如《钦定大清会典事例》卷五百八十七《兵部·土司授职二》载:"四川龙安府所属:阳地隘口长官司王燧,于顺治六年归诚授职,

①[清]昆冈等:《钦定大清会典事例》卷五百四十二《兵部》,中华书局影印本,1991年版。

②[清]昆冈等:《钦定大清会典事例》卷五百八十九《兵部·土司议处》,中华书局影印本,1991年版。

③[明]申时行等:《明会典》(万历朝重修本),中华书局,1989年版,第31页。

④[明]申时行等:《明会典》(万历朝重修本),中华书局,1989年版,第630页。

颁给印信号纸,辖番民三百八十四户,并无认纳税银粮马。杂谷厅所属梭磨宣慰司,即梭磨长官司,其长囊索沙加布,于雍正元年归诚,授职长官司职,以不能约束郭罗克土目,于雍正七年降副长官司,后于乾隆十四年改授安抚使,四十年改授宣慰司,另给印信号纸。卓克基长官司,乾隆十四年,设长桑吉朋,于是年授职,有印信号纸,松冈长官司,系杂谷脑土司苍旺,因叛诛灭其弟擢斯甲,于乾隆十七年授职,有印信号纸。丹坝长官司,旧名党坝土司,其长测旺,原系土舍,于乾隆二十四年授职,有印信号纸。"①此外,以表示土司身份的冠带在《明史》卷六十七载:"明朝文、武官员,按品级高低而授予规格不一的冠带,土司亦如是。"

综上所述,明清时期的土司职衔制度已基本完备,西南民族地区土司与其他地方的土司一样,均享受上述各种应有待遇。

(三)土司贡赋制度

明清中央王朝对西南民族地区的治理实施土司制度,朝贡纳赋制度是土司制度的主要内容之一。明初和清初,西南民族地区各地前朝土司在归附中央王朝后,必须向中央政府朝贡纳赋。土司在向中央政府朝贡之后,皇上对朝贡土司均有数量不定的回赐。因此,龚荫先生说:"朝贡,象征着土官土司对中央王朝的臣服,纳税,意味着土官土司地区归属中央王朝的版籍。"②如《明会典》卷一百零八《朝贡四·西戎下》载:"长河西鱼通宁远等处(杂道长官司附):洪武十六年,置长河西等处军民安抚使司。每年一贡,给与勘合,于四川比号,雅州入境。每贡止许五六十人,多不过一百人。方物该守关官员辨验,申送都布按三司,审实起送。后改升宣慰司。弘治以来,人数渐多。嘉靖二年,题用弘治以前例,不许过一千人。隆庆三年,定三年一贡,每贡一千人,内五百人全赏,五百人减赏,于全赏内起送,八人赴京,余留边听赏。贡物:画佛、舍利、各色足力麻、各色铁力麻、各色氆氇、珊瑚、犀角、左髻、明盔、刀、毛缨。"③至于给回赐的问题,在《明会典》卷一百一十二《给赐三·外夷下》有载:"长河西:正统初,赏赐宣慰司自来进贡者,宣慰使,钞一百五十锭,彩(土商)四表里。指挥金事,钞一百锭,彩(土商)二表里。俱纻丝衣一套,靴袜各一双。袭职进贡赏同。"④《钦定

①[清]昆冈等:《钦定大清会典事例》卷五百八十七《兵部·土司授职二》,中华书局影印本,1991年版。

②龚荫:《中国土司制度》,云南民族出版社,1992年版,第40页。

③[明]申时行等:《明会典》(万历朝重修本),中华书局,1989年版,第581页。

④[明]申时行等:《明会典》(万历朝重修本),中华书局,1989年版,第596页。

大清会典事例》卷一百六十五"土司贡赋"条载："康熙五年,覆准,四川、广西、
云南、贵州、各土司系边方世职,其钱粮完欠,不必照流官例考成。六年,覆准,
石砫土司,有山坡草地应纳之粮,均折银,按三年一征。七年,覆准,各土官经征
钱粮一年内全完者,督抚题明奖赏银牌花红,永为定例。五十一年,覆准,四川
化林协属各土司,三年一次贡马,照例折价交收。雍正四年覆准,征收土赋,不
许额外科派,私行需索。……乾隆二年谕,向来四川土司,旧有贡马之例,其不
贡本色而交折价者,则每匹纳银十二两。朕因四川驿马之例,每匹止给银两八
两,独土司折价较多,蛮民未免烦费,比降谕旨,将土司贡马折价,照驿马之数,
裁减四两,定为八两,以示优恤。至广西土司,每三年贡马一次,亦系折价十二
两,所当一体加恩,使土司均沾惠泽,着照四川折价之例。每马一匹,减银四两,
定为八两,永着为令。"①明清时期西南民族地区土司所缴赋税是明清国家组织
国家财政的一种重要手段,具有强制性和无偿性的特点,因此,明清时期中央王
朝对此高度重视。

（四）土司奖惩制度

明清时期中央政府对西南民族地区各地土司与流官一样,有考核,明代
无明确记载,清代称"三年大计"。《钦定大清会典事例》卷一百四十五载:清
初开始考核,如广西,康熙间议准"广西巡抚所属土司,遇三年大计之期,其中
果有清廉爱民,并无掳杀及贪残不职、恣意侵害之员,行令该管官据实确查,
具题举劾,其升赏降革之处分,别轻重,仍照土司定例遵行"②。雍正四年
（1726 年）又制定:"各省所属土司,有奉法称职、裨益地方者,该督抚不必拘
三年大计之例,随时荐举。"③同时还规定,土司考核时要加以照顾。《钦定大
清会典事例》卷一百六十五载:"康熙五年复准,四川、广西、云南、贵州各土
司,系边方世职,其钱粮完欠,不必照流官例考成。"④但由于清王朝后来政治
腐败,加之土司制度自身弊端,朝廷将土司考核予以取消,这是中央王朝制定
政策的一大失误。

1.惩罚

明清中央王朝对土司进行考核后,要根据情况予以惩罚,除"反叛必诛"外,

---

①④［清］昆冈等:《钦定大清会典事例》卷一百六十五"土司贡赋"条,中华书局影印本,
1991 年版。

②③［清］昆冈等:《钦定大清会典事例》卷一百四十五《吏部·土官承袭》,中华书局
影印本,1991 年版。

还有其他处理办法。

一是革降。所谓革降,也就是将违法土司裁革或降职。《钦定大清会典事例》卷五百八十七《兵部·土司授职二》"峨边厅"载:"于道光十四年在十二地相连之曲曲乌设立夷长二人,夷目二人,分守定界,于木城冈地方稽查夷汉出入,十五年将原设夷目隘把,概行革除。"①《钦定大清会典事例》卷五百八十九《兵部·土司》"议处"条载:"(康熙)八年覆准,野苗掳掠百姓,该管土官隐讳不报者,降二级留任。十年题准,土官互相残杀能自悔过和息者免议。十一年题准土官吓诈部民,恣意侵害者革职。十四年议准,土官不食俸,有罚俸降俸之案,皆免其处分,其因公诖误应降一级二级三级调用者,止降一级留任,降四级五级调用者,止降二级留任,应革职者降四级留任。"②明清时期,像这样处罚土司的情况还有很多。

二是迁徙。所谓迁徙,就是把有罪土司迁徙到其他地方安置,以达到削弱其势力的作用。《钦定大清会典事例》卷一百四十五《吏部·土官》"土官承袭"条载:"(康熙)八年覆准,改土归流之土司家口,由各该督抚据实确核,其妻妾子女与应迁之父母兄弟照例迁徙。如该土司止有妻妾,并无子嗣及子嗣幼小又无应迁之父母兄弟,即将伊妻妾幼子安插于本省省城,令地方官稽查约束,毋许生事,至犯军流罪改土归流之土司之家口,无论有子无子,照例随同本犯迁徙外。如本犯未迁之先身故及子嗣幼小者,亦将伊妻妾幼子,安插省城,令地方官稽查管束,毋许生事。"③《钦定大清会典事例》卷七百四十一《刑部一九·名例律一九·徒流迁徙地方一》规定:"凡土司有犯徒罪以下者,仍照例遵行外。其改土为流之土司,本犯系斩绞者,仍于各本省分别正法监候。其家口应迁于远省者,系云南,迁往江宁。系贵州,迁往山东。系广西,迁往山西。系湖南,迁往陕西。系四川,迁往浙江。在于各该省城安插,如犯军流罪者,其土司并家口应迁于近省安插。系云南四川、迁往江西;系贵州广西、迁往安庆;系湖南、迁往河南;在于省城及驻扎提督地方分发安插。"④可见,明清中央王朝为了维护其在少数民族地区的统治,对于违法的土司,坚决绳之以法。这表明,明清两代较元代对土司的控制又有所加强。

---

① [清]昆冈等:《钦定大清会典事例》卷五百八十七《兵部·土司授职二》,中华书局影印本,1991年版。

② [清]昆冈等:《钦定大清会典事例》卷五百八十九《兵部·土司》,中华书局影印本,1991年版。

③ [清]昆冈等:《钦定大清会典事例》卷一百四十五《吏部·土官》,中华书局影印本,1991年版。

④ [清]昆冈等:《钦定大清会典事例》卷七百四十一《刑部一九·名例律一九·徒流迁徙地方一》,中华书局影印本,1991年版。

2.奖赏

明清中央政府对土司中"安抚夷民""完纳钱粮""擒捕盗贼"成绩突出者，"出征打仗"立有军功者，均要给予奖赏。《钦定大清会典事例》卷五百八十九《兵部·土司》"议叙"条规定："顺治初年，定土官效力勤劳，并投诚之后，能杀贼拒逆，平定地方者，督抚具奏，优加升赏。康熙十一年题准，地方官征解钱银全完者，督抚奖赏银牌花红。二十二年议准滇黔土官，无论逃人逃兵叛属，擒获六十名者，加一级，数多者递准加级，不及六十名者，督抚量加奖赏，雍正四年覆准，土官土目，有随师效力应议叙之人，止就原职加衔，如宣慰使司、宣抚使司、安抚使司，则有各司使副使同知金事等衔；招讨使司、副招讨使司、长官司，则有招讨使长官副长官衔；指挥使司，则有指挥使同知金事正千户副千户百户等衔，照原官品级以次升授递加，至宣慰使指挥使而止，如有余功，准其随带，仍令本职管事，及袭替时，亦止以原世职承袭。又议准，土官能约束土众，擒剿盗贼，一应案牍于一年内全结者，督抚具奏加一级。一年内完结过半者，督抚量加奖赏，五年覆准，各省土官，有实心效力，擒获奸匪者，照内地文武官擒获盗首之例，加级记录，其立有军功，奉法守职者，均照原题以次加衔，赏给朝衣。乾隆二十九年奏准，不拘本省邻省之凶手盗首，逃匿土司地方，该土司能查解五名以上者，记录一次，十名至十四名者。记录二次，十五名者，加职一级，三十名者，加职二级。如一年不敷议叙之数，准俟次年按算议叙，不准三年合算。三十九年奏准，土司土职，军功保列出众者，方准加衔一等，头等者加一级，二等者记录二次，三等者记录一次，其土兵列为出众者，赏银三两，头等者赏银二两五钱，二等者赏银一两五钱，三等者赏银五钱。四十九年奏准，土司土职，奉旨从优议叙，将保列出众土司加衔一等，再加一级，头等者加衔一等，二等者加一级，三等者记录二次，土兵于应得例赏之外，各按所列等第应得银数，加赏三分之一。又奏准，委署屯土官弁，随征出力，交部议叙者，仍照土兵例给予赏银，毋庸议给加级记录。"[1]此奖励条例为两方面内容：一是奖励忠于职守，很有劳绩者；二是奖励立有军功，"保列出众者"。同时，对于功劳大的土司或具体加衔、加级，甚至对有特大功劳的土司，还赏给虚衔、官品顶戴、名号等。[2] 这些举措实际上是中央政府笼络土司为其卖命的一种有效方法。

总的来讲，土司制度应该包括土司职衔制度、承袭制度、升迁制度、惩罚制度、抚恤制度、贡赋制度、土兵制度、教育制度等。上述这些制度不仅包括中央

①[清]昆冈等：《钦定大清会典事例》卷五百八十九《兵部·土司》，中华书局影印本，1991年版。
②龚荫：《中国土司制度》，云南民族出版社，1992年版，第176页。

王朝管理土司的制度,也包括土司约束周边土司的制度和土司治理家族村社的制度。这就形成一个"国家在场"的管理土司的体系。在这个体系中,既有中央政府利用各种制度有效控制西南民族地区各地土司,完成国家权力不断向土司地区乡村社会的延伸;又有各地土司与中央王朝的博弈、互动,以及通过积极贡赋、踊跃征调土兵、创办教育等形式,彰显西南民族地区乡村社会对国家权力延伸的回应。本来明清时期的土司制度,从中央政府有效控制西南民族地区土司的角度看,还包括土司土兵制度、土司文化教育制度等,这些相关内容将分别在第八章、第九章中予以论述。

二、明清时期中央政府治理西南民族地区土司的主要举措

明清时期中央政府在处理内地与"四夷"时,国家权力延伸的趋势趋于相同,也就是说:"地方政治制度的基本事实是在成文制度方面,国家行政权力的边陲是县级,县以下实行以代表皇权的保甲制度为载体,以体现族权的宗族组织为基础,以拥有绅权的士绅为纽带而建立起来的乡村自治政治。"①也即是学术界经常提及的"王权止于县"。但是,在实行土司制度的少数民族地区(包括西南民族地区在内),在国家政权建设方面,则未形成这样的格局,却是"王权止于土司"的局面。② 正因为如此,明清中央政府在完善土司制度后,则一改过去安抚政策为对土司的驾驭方式,企图以加强对土司的控制,牢固掌握对边疆地区的统治权③。明清时期中央政府治理土司的主要举措表现为以下五点。

(一)在制度设计上,彰显约束之策

各级各类土司必须受地方文武长官的约束,这就把土司的自主权压缩得很小。从隶属关系看,"隶验封者,布政司领之;隶武选者,都指挥领之"。也就是说,属于文职者如土知府等,由地方行政长官约束;属于武职者,如宣慰使、安抚使等,则由地方军职长官约束。所谓受地方长官约束,也就是不仅要听从指挥,定期向该管官汇报情况,而且还要随时备征调。

明清时期西南民族地区实施土司制度的地方,按照一般惯例,土司的级别表面很高,但实际上土司是"见官小一级",由此,从中央到西南民族地区的土司

①于建嵘:《岳村政治》,商务印书馆,2001年版,第41页。

②洪涵:《国家权力在民族地区的延伸——以云南德宏傣族土司制度为例》,《云南民族大学学报(哲学社会科学版)》,2011年第2期,第115-120页。

③李世愉:《清代土司制度论考》,中国社会科学出版社,1998年版,第12-16页。

辖地就形成了"中央—行省—地方机构—土司机构"的政治组织架构,在土司地区的"王权"是否"止于县"还难以得出结论。因为这里的情况十分复杂,如,从四川秀山杨氏土司的置废看,秀山杨氏四大土司的隶属关系并不是一成不变的。在洪武年间"更定蕃国朝仪"所列土司名目中秀山杨氏四大土司均榜上有名。在"永乐定制"中将秀山下杨氏土司原属酉阳宣抚司的麻兔长官司改归贵州铜仁府,新增地坝副长官司属酉阳宣抚司;又将原属酉阳的邑梅司改属重庆卫,将邑梅长官司直属重庆卫,而石耶长官司、地坝副长官司属酉阳宣抚司领属,仍属重庆卫管辖,平茶长官司直属四川布政司。① 另据学者研究表明,今云南省德宏地区土司往往是向大理府、昆明府、永昌府、龙陵厅、腾越厅等"汇报工作"。如明朝弘治年间芒市二世土司之弟放双法因兄占妻而至腾越州(即腾越厅)诬告兄与思氏政权勾结密谋复国,腾越州处死其兄。后南甸土司又为此写文书上达大理府,说明兄占弟媳的实情及兄冤死的情况,大理府颁发号纸令放双法袭土司位。又如清嘉庆年间,土司放过法被崩龙族打败逃至龙陵厅,龙陵厅则备文上达永昌府和云南省。② 这些说明,西南民族地区土司的隶属关系虽然十分复杂,但必须接受地方文武长官的约束却是毋庸置疑的。

(二)在承袭问题上,显示驾驭之权

关于土司承袭事,明初沿元制隶属吏部,洪武二十年(1387年),改以府、州、县等官属吏部验封司,宣慰、招讨等官隶兵部武选司。同时规定,土司"袭替必奉朝命,虽在万里外,皆赴阙受职"③。在新土司袭职过程中,明政府还有一些具体规定,如应袭者必须年满15岁,未及者必须暂令"协同流官管事";准备袭职者,必须先"申报抚按勘明",还须有同族保结,待该管衙门查明情况属实后,再由布政司"代为奏请"。批准后,应袭者还要赴京受职,换取号纸。弘治年间又规定:"以后土官应袭子弟悉令入学,渐染风化,以格顽冥。如不入学者,不准承袭。"由此可见,明代对土司的管理制度十分严格,这使得土司诚惶诚恐,唯命是从。这充分显示了明朝中央政府对土司的驾驭之术。

(三)在执行过程中,实施监督之术

中央政府在各地土司衙门安插流官,以便随时对土司进行监视、制约。这

①重庆市民族宗教事务委员会:《重庆民族志》,重庆出版社,2002年版,第47-48页。

②方一龙译:《芒市历代土司简史》,转引自云南编辑组《德宏傣族社会历史调查》(三),云南人民出版社,1987年版,第4页。

③[清]张廷玉等:《明史》,中华书局,1974年版。

些流官均属佐贰官,"大率宣慰等司经历皆流官,府、州、县佐贰多流官"。这些安插在土司衙门内的流官,实际上是中央政府设在土司身边的耳目,他们可以随时将土司的情况向地方长官汇报。尽管这些流官职低位卑,但仍不失为对土司的一种钳制力量。

(四)在统治手段上,采取"恩威"之计

"恩威并施""剿抚并用"作为一种统治土司的手段,明清封建统治者都曾采用,而对西南民族地区尤多施用。清政府在对西南民族地区继续实施土司制度的过程中,同样是"恩威并施"。如在承袭制度方面,既严格了袭替次序、袭职年龄、承袭程序,又严禁地方官从中勒索;在贡赋制度方面,既严格征收、加强监控,但又较内地赋税为轻。同时,在加强种种限制的过程中,又有"法外施恩"的情况。如土司的奖惩制度、对革除土司的处理制度,更是奖罚分明,把"恩威"二字有机地联系在一起,既使心存异志的土司感到清政府的威严而多有收敛,又使俯首帖耳的土司体会到朝廷的恩惠而更加恭顺,从而保证了清政府对土司的绝对控制及对西南民族地区的有效统治。①

(五)在终极目标上,实施土流一体化

清政府对西南民族地区治理的最终目的是要实现与内地的一体化。要实现西南民族地区与内地的一体化,首先要解决土流一体化的问题,这是清代土司制度发展的总体趋势。鉴于这种指导思想以及清代土司制度的由盛而衰,所以,为了防止土司坐大、难以收拾的状况,雍正四年(1726年),云南总督鄂尔泰奏请"改土归流",对包括西南民族地区在内的各地土司采取一系列的约束、抑制、打击、革除措施,从而形成清代土司制度的十大举措。一是大举改土归流,以此为坚定不移的方针。二是严格承袭制度,强调预报宗支图谱、嫡庶有序的承袭方法。三是明确土司职守,规定纳贡、征赋和管制土兵三项任务。四是加强铨叙考核,"有功则叙,有罪则处",治理犹如流官。五是土官皆受流官节制,划归府、州、厅、县管辖。六是颁布苗疆禁例,防止土司骄横、反叛,实行封锁。七是限制土司地界,使之"画地为牢",必要时还削其地。八是实行土司分裂法,将一司分为数司。九是添设土舍、土目等,不授品级。十是添设开科考试,促使土司子弟自动放弃归业而倾慕仕途,从思想上解除武装,一心归向王朝。这些

---

①李世愉:《清代土司制度论考》,中国社会科学出版社,1998年版,第166-171页。

办法,旨在限制、打击和瓦解土司,最终实现改土归流。[①] 有鉴于此,到清光绪年间,虽然西南民族地区土司数量仍有 600 余家,但实力强大的土司已经基本被消灭或者是改土归流。当时西南民族地区土司情况详见表 5.4。

表 5.4 清光绪时期西南民族地区土司分布一览表

职 衔	省 份					合 计
	四 川	广 西	云 南	贵 州	湖 南	
土知府	—	—	4	—	—	4
土同知	—	1	—	2	—	3
土通判	1	—	2	1	—	4
土推官	—	—	—	1	—	1
土经历	—	—	1	—	—	1
土知事	1	—	1	—	—	2
土知州	—	22	5	—	—	27
土同知	—	—	5	—	—	5
土州判	—	—	2	—	—	2
土吏目	—	—	—	1	—	1
土知县	—	4	—	—	—	4
土县丞	—	—	5	4	—	9
土主簿	—	—	2	2	—	4
土典史	—	—	1	—	—	1
土巡检	2	10	20	2	—	34
土副巡检	1	—	—	—	—	1
土驿丞	—	—	3	—	—	3
千户	39	—	2	1	2	44
百户	151	—	—	—	22	173

①侯绍庄,史继忠,翁家烈:《贵州古代民族关系史》,贵州民族出版社,1991 年版,第 241-242 页。

续表

职 衔	省 份					合 计
	四 川	广 西	云 南	贵 州	湖 南	
宣慰使	9	—	1	—	—	10
宣抚使	5	—	5	—	—	10
宣抚副使	3	—	3	—	—	6
安抚使	17	—	2	—	—	19
安抚副使	1	—	—	—	—	1
长官司长官	37	3	2	63	—	105
长官司副长官	3	1	2	15	—	21
六品土官	—	—	—	2	—	2
七品土官	—	—	—	5	—	5
土外委	—	—	—	1	—	1
土目	17	—	—	—	—	17
合 计	288	40	69	100	24	637

注:根据白钢主编,郭松义、李新达、杨珍著《中国政治制度通史》,人民出版社,1996年版,第289-291页整理。

三、明清时期西南地区各地土司促进国家权力延伸的举措

在明清时期西南地区大多数的土司辖区,各地土司主要依托宗族组织,通过制定族规、家规和家训以及建家庙、修族谱、置族田、设义学等方式,树立和提高威望,在土司区的乡村社会治理中发挥重要作用。同时,各地土司为了积极配合国家权力在土司区的逐渐延伸,充分运用社会控制的理论,采取多种控制手段,以实现国家权力在土司区延伸的目标。从现有的历史文献资料看,各地土司主要从政治、经济、军事、文化教育等方面控制辖区内的民众,以达到社会治理的目的。

(一)政治制度控制

政治制度虽然是地方社会控制的核心内容,但是,这种控制仍然是一种国

家在场的地方社会控制,如果离开了国家场域这个基本前提,任何土司都不可能有效地实施社会控制。如在黔西北的水西地区,水西安氏土司控制辖下民众主要依靠制度控制和政权控制。水西安氏土司地区实施的家支制度、则溪制度、九扯九纵制度是治理地方和控制乡村社会的核心手段。因为在彝族地区,宗亲关系与家支血脉是彝族的精髓,拥有很好的基础。则溪制度是一种宗亲关系下的地方权力制度,通过则溪的划分可将地方基层权力划分得具体、明确,同时以十二宗亲为纽带将每一个则溪的行政权力牢牢掌握在宗亲范围之内。则溪制度的内容是水西政权的核心制度,水西安氏土司通过这样一种地方权力结构的建立,使对地方社会的控制得到细化,并渗透到每家每户中。水西安氏土司实施的"九扯九纵制度"是品级官职名称和事务工作名称的复合体。据《大定府志》载:"其官有九扯、九纵之目:九扯者,自上而下之等级,犹中国之九品。九纵,分司掌事,犹中国之九卿。九纵之目不可得详。九扯则更苴、木魁、擢魁、补木、器脉、备所、骂色、貊拔、黑乍是也。"①在土家族地区,各大姓土司则是通过确立等级制以控制麾下小头目及辖下土民。如各土司通过设置把总、管家、总管、把目、家政等官职以及土司内部的营、旗等军事组织,使这一职官体系成为一个严密的等级体系,以此达到实际控制的目的。

（二）经济控制

土司在乡村社会控制中,由于经济成为保障政权的重要基础,加之土地所有权是乡村社会经济的命脉,所以,对土地所有权的控制是土司控制乡村社会的重要内容。据《嘉靖贵州通志》载:"贵州宣慰司,田无顷亩,岁照各属司地方广狭以纳秋粮。"郭子章在《黔记》中说:"田土自来无丈量顷亩,每岁纳粮、差,俱于土官名下总行认纳。"②这两则史料说明,水西安氏土司统治地区,没有准确的田地面积,因此,无法按亩纳粮。水西安氏土司利用大土地所有制以分封的方式实现其社会控制。据谢绲《新辟水西纪略》所言:"宣慰部下地十二则溪,分封则有四十八目濯、百二十骂裔、千二百夜所,犹之成周封建之地,如七十里、如五十里也。"③大土地所有者安氏宣慰使通过分封方式,把土地分配给宗亲和官吏,以此为纽带结成一个统治集团,达到世长其民的目的。④ 除了利用土地控

①贵州省毕节地区地方志编纂委员会:《大定府志》(点校本),中华书局,2000年版,第977-978页。

②王明贵,王继超:《水西简史》,贵州出版社,2011年版,第102页。

③史继忠:《明代水西的则溪制度》,云南大学1981年硕士学位论文。

④王明贵,王继超:《水西简史》,贵州出版社,2011年版,第90页。

制之外,各地土司还通过贡赋与地租控制辖地民众。明代江东之在《瑞阳阿集·乞赐生还疏》记载:"加派里民火烟、御木、扯手等项银两,若有不从,财蓄尽归。"清代大定知府黄宅中在《大定府志》中说:"土目有婚事,又量银两,食物,俗谓之红白扯手。"①水西安氏土司时期的"扯手"名目繁多,诸如"送礼""送新"和"认主"等。主人家有婚丧嫁娶等大事,必须赠送各种礼品,谓之"送礼";一切土地出产的新作物,必须先给主人尝新,称为"送新";主人家添丁,必须备礼上门恭贺,叫作"认主"。此外,还有所谓"大派""小派"等杂项负担。②在土家族土司统治地区,大凡新官上任,"所属地方头目派送礼物,名曰贺礼,虽至贫之家,必勉力供应。且有不肖头人指一派十,希图入己"。土民添丁、动土、烧锅等也成为土司敛财的借口,按照规定:"凡民间烧锅一口,名为火坑一个,每一个火坑每年派征银三钱。如有多者,照数加征,倘有别项事故,亦照火坑另派。"此外,在征收税赋过程中,"土司征纳秋粮中舍把俱用老戥称收,每老戥一分,竟有汉平三、四分不等。且昔年照火坑分派,虽穷无立锥亦勉力上纳,或又劫掠牛马,抢夺家财,甚至将夫妻子母拆离分卖,惨若难名"③。上述种种情形都是各地土司强力控制乡村社会民众的具体体现。

(三)军事控制

在土司时期的社会控制中,各地土司往往以军队或者军事制度等内容来实现统治权威,治理社会。如水西安氏土司政权主要通过"军政合一"的"则溪"制度予以实施,每个则溪之主既是行政长官,也是军事长官,还是君长的宗亲,这三重结合使军事控制权始终掌握在水西土司政权的内部。无论是对民众,还是对土目,都有很强的控制力,这就使当地民众"只知土司不知皇帝"。明清时期西南民族地区各地土司在乡村社会中,往往用成文法或不成文法控制民众。

1.成文军事法

所谓成文军事法,是指由立法机关按照一定的程序以文字形式制定和施行的军事法,这是现代国家军事法的主要表现形式。④ 在明清时期西南民族地区的土司衙署,均有相应的成文军事法。据有关文献记载,自清初川西德格土司形成文字的法律颁布后,被历代土司、头人、寺庙奉为至上法规,在执行法规、判

---

① ② 史继忠:《明代水西的则溪制度》,云南大学1981年硕士学位论文。

③ 莫代山:《历史时期土家族地区土司的社会控制》,《长江师范学院学报》,2008年第3期,第69-74页。

④ 邹瑜等:《法学大辞典》,中国政法大学出版社,1991年版,第670页。

决案件的过程中,对罪犯的量刑,则根据康区普遍流行的习惯法,制定成民事、刑事及有关军事的混合的13条成文法规:

第一条:叛国罪。指反抗和颠覆土司头人统治;或投奔与土司为敌的土酋;或引联外部势力进攻土司辖区的"政治犯",处以死刑中的挖眼刑罚。

第二条:逃亡罪。逃亡的农奴捉回后,先抽100皮鞭,关监悬吊6次,按数缴纳罚金(一般罚哈达一条、藏洋30元或折合牛1头。罚缴豹皮、狐皮、狼皮各1张),再遣送至土司、头人指定的地方居住。

第三条:欠债。逾期不还的农牧民,债主可以抄没其家产抵债,家资无法抵债的,欠债额以利滚利方式延期偿还。

第四条:抗差案。抗拒支服乌拉差徭的农奴(人差、牛差、马差、兵差、枪差等),以服加倍的乌拉差役处罚并挞以30皮鞭。

第五条:杀人罪。多判以赔偿命价:凡平民杀死头人或喇嘛,赔偿一等命价藏洋25秤(每秤为藏洋160元,合大洋40元);头人杀死头人,赔偿二等命价藏洋22秤;百姓杀死百姓,头人杀死百姓,赔偿三等命价藏洋8秤;汉人杀死藏族百姓,或赔偿三等命价或抵命;藏民杀死汉民则抵命。犯杀人罪的犯者,除赔偿命价外,处以囚禁1年的刑罚。

第六条:伤人罪。致人伤残的犯者,轻伤赔偿血价,重伤赔偿重价。犯者捉捕关监后,如被害人因伤致死,按杀人罪论处;如伤者痊愈,赔偿全部医药费并处以不等的血价费处罚。

第七条:盗窃罪。对于惯盗惯匪处以肉刑,将其悬吊于木架上,由喇嘛在旁念经,每念完20遍,放下1次,连续反复9次,仍未致死,即宣告无罪释放;如属小偷小摸,除责成退还原物外,再罚以到寺庙叩长头2 000个以上,称作"洗罪"。

第八条:妇女不贞案。对淫乱不贞妇女,剪去头发,以示惩罚。

第九条:诬良为盗罪。首先查证原告物证,如无证物,则由双方赌咒,以辨真伪,以不敢发誓者为败;若双方都不愿赌咒,则由审理人指定一方赌咒,被告被证实有罪则从重处罚,原告若是错告或诬告,须向被告人道歉,罚赠哈达1条、狐皮1张。

第十条:离婚案。夫妻要求离婚,若为女方主动提出,由女方赔偿男方脱婚费;若为男方主动提出,由男方赔偿女方脱婚费;双方均提出离婚,由审理人主持,男女双方平分家产后,各自分居。夫妻离异时若有子女,则男归其父,女归其母。

第十一条:强奸罪。处罚男犯赔偿女方部分财物(马、牛、羊),并责令当众认罪,如致女方怀孕,由男方负责抚养成人。

第十二条:渎神罪。偷寺庙的东西,侵犯神山、神树、神像,皆以渎神罪论处,将犯者用毛绳捆其足指,倒吊鞭打,再用烧红铁针在罪犯前额上烙一"十"字,戴上纸帽,用驱鬼方式,驱逐出境。

第十三条:逮捕人犯规定。执行逮捕和传讯者的伙食,缉捕人员的一应开支,归案前,由原告承担,归案后,则由被告负担。在逮捕和传讯过程中,对被告不能体罚。①

上述这些条款,对该土司辖区内的每个民众均适用,以有效地控制该地区。

2.不成文军事法

所谓不成文军事法,是指不是立法机关制定并公布,不具有文字形式的军事法。它大多来源于战争中的惯例,故又可称之为军事习惯法。②在明清时期土家族地区土司采用箸帚调兵的方法,实际就是一种不成文的军事法。据乾隆《鹤峰州志》载:"调以箸,则能饭者至;调以帚,则扫境而出。"传示筷箸,则表示事态紧急,能战斗的人(16~60 岁的男子)都要参战,且集结时间不超过一顿饭的时间;若传示扫帚,则表示事态危急,男女老幼倾巢而出,立即行动。在其他少数民族土司中,同样也用这种方式调兵遣将。③ 在川西农牧区的土司,针对土民和土兵的"习惯法"主要内容有八条:一是反对土司、头人或不堪忍受土司头人的压迫而外逃的百姓,皆以"政治犯"论处。二是杀人须赔偿命价法。三是偷盗、抢劫赔偿法。四是非婚生育和奸情惩治法。五是抗拒乌拉差徭处罚法。六是打猎、伤生等行为的处罚。七是渎神罪惩治法。八是损坏他人器物赔偿法等。④ 这些习惯法虽然不完全是军事法规,但与土司兵密切相关,与军事制度有千丝万缕的联系。又由于土司时期各地民众均有充当土兵的义务,即"平时为民,战时为兵",所以,这些规定对土司地区的民众都适用。

总的来讲,明清时期西南民族地区的军事法规由原来的不成文军事法逐渐

---

①甘孜藏族自治州志编纂委员会:《甘孜藏族自治州志》,四川人民出版社,1997 年版,第805-806 页。

②邹瑜等:《法学大辞典》,中国政法大学出版社,1991 年版,第 670 页。

③蔡玉葵:《秦良玉军事思想初探》(内部版),石柱土家族自治县人民政府地方志办公室,2010 年版,第 79 页。

④甘孜藏族自治州志编纂委员会:《甘孜藏族自治州志》,四川人民出版社,1997 年版,第809 页。

发展为成文军事法,这不仅是从口头法到成文法的演化,而且有从专门法到综合法的进步,这就是土司控制辖地乡村社会历史发展的必然进步。

（四）文化教育控制

文化教育控制是一种非强制性控制,与政治、法律等硬控制相比,文化教育控制有其自身的优势。明清时期西南民族地区乡村社会中,一切文化教育都是为统治阶级服务,必须符合统治阶级的利益和意志。明清时期西南民族地区土司在文化教育方面实施控制所采取的举措主要有三点。

1.文化精英阶层的垄断

在彝族地区,由于与君、臣并列的布摩掌管祭祀。他们是知识与文明的象征,跻身统治阶层,受到彝族地区乡村社会民众的尊重和敬仰,布摩所宣扬的各种价值观是土司政权的意识形态。[1] 在百姓没有机会接受教育的时代,"布摩的根种,来源都清楚,因而做布摩"。在君、臣、布三者秉权的政治结构中,布摩既是职业,又是财富,更是权力和贵族的身份象征。作为彝族地区的统治者,绝不让庶民百姓通过学习而进入布摩阶层。[2] 这实际上从一个侧面加强了统治阶级对民众思想的控制。

2.教育受众面的垄断

土司时期虽然各地广设儒学,但为了便于统治,土司对属下土民采取愚民政策,不允许土民学习汉文化。土司子弟则可以进入国子监接受教育,如《明实录》载:"播州、贵州宣慰使司并所属宣抚司各遣其子来朝,请入太学。上敕国子监官曰:'移风善俗,礼之为本,敷训导民,教为之先,故礼教民于朝廷而后风化达四海。今西南夷土官各遣子弟来朝,求如太学,因其羡慕,时允其请,尔等善训教,俾有成就,庶不负远人慕远之心。'"[3]这实际上是一种对教育受众的控制与垄断。

3.利用宗教信仰麻痹民众

在西南民族地区乡村社会中,对祖先、神灵的信仰将对内心产生极大控制力,这种权威是通过统治者的宣传手段得以实现的。例如,碑刻《千岁衢记》记载:"公(安万铨)敬贤乐善,节用爱民,百废俱兴,忠孝仁之美,闻予朝廷,显于制

---

①温春来:《从"异域"到"旧疆"——宋至清贵州西北部地区的制度、开发与认同》,生活·读书·新知三联书店,2008年版,第9页。

②温春来:《从"异域"到"旧疆"——宋至清贵州西北部地区的制度、开发与认同》,生活·读书·新知三联书店,2008年版,第10页。

③贵州民族研究所:《明实录·贵州资料辑录》之《太祖洪武实录》卷二百零二,贵州人民出版社,1983年版。

诰;至若青年致政……公名万铨,字天庞,葵轩其别号也,任贵州宣慰使司宣慰使,封昭勇将军。"①明代田汝成在《炎徼纪闻》中记载:"安氏有贵州,千余年矣。岂其先世有大功德于诸蛮哉!何其祚之绵永夜?罗鬼憨而恋主,与诸夷异,即暴虐不怨,其他强族不得代有之,故不易姓,今虽授官给印,直名羁之,不能令也。"②这种权威就是通过世代文化信仰的渗透所产生的效果,而这种文化控制思想一旦形成,将在长期内产生强大控制力。

值得一提的是,西南少数民族土司及亲属在当地成为有一定威望、承担组织一定公共事务责任的士绅后,改土归流对他们影响不是很大,他们仍然是当地士绅。如在云南实施改土归流时,将丽江木氏、姚安高氏等土司土官就改造为"缙绅"③,继续发挥着控制乡村社会的作用。

总之,任何一种政治制度必须具备"合法化能力"才能生存和运作,这种"合法化能力"是指"国家运用政治符号在属民中制造共识,进而巩固其统治地位的能力"④。元明清时期土司制度的确立,使国家及土司的统治在当时当地获得了合法性,实现了国家权力在土司区在乡村社会的延伸。无可否认的是,土司虽然与国家政权之间存在着冲突与博弈,但是,在多数情况下,国家政权与土司政权之间是一种认同、互动、和谐的关系;必要时,国家政权与土司政权之间均做出一定的调适,这为国家权力在西南土司区的延伸奠定了坚实的基础。

第二节 改土归流

所谓改土归流,就是裁革土官、改设流官,使土司丧失自己长期世袭的政治、经济、军事特权的一次彻底性制度变革。换言之,也就是废除土司的政治、经济、军事等特权,由中央政府委派官吏直接控制土司辖区内的行政事务、土

①彭福荣,李良品:《乌江流域民族地区历代碑刻选辑》,重庆出版社,2007年版,第74页。

②田汝成:《炎徼纪闻》卷三,台湾商务印书馆景影,文渊阁四库全书本,1983年版。

③周琼:《从土官到缙绅:高其倬在云南的和平改土归流》,《中国边疆史地研究》,2004年第3期,第55-66页。

④王绍光,胡鞍钢:《中国政府汲取能力的下降及其后果》,转引自张静:《国家与社会》,浙江人民出版社,1998年版,第1-2页。

地、赋税、人口等。应该说,改土归流是顺应历史潮流、具有进步意义的一次社会变革。从政治角度看,这意味着国家权力扩张在改土归流地区的最终实现;从社会经济角度看,这意味着在改土归流地区的封建领主经济被封建地主经济所取代;从文化角度看,改土归流地区兴办儒学,推行科举制度,有助于国家权力在西南民族地区乡村社会扩张。① 因此,改土归流不仅是明清中央政府对西南民族地方事务从间接干预到直接干预的转变过程,而且是国家权力在西南民族地区乡村社会强烈扩张的有效途径。这里强调的国家权力,主要是指支撑一个国家合法性的一整套观念体系以及在这个体系下所形成的一系列政治、经济、军事、文化等制度的复合体。② 如果说元明清时期实施的土司制度是国家权力在土司地区乡村社会不断延伸的话,那么,改土归流无疑是国家权力在西南民族地区乡村社会的强烈扩张。

一、西南民族地区改土归流的背景与历程

总的来讲,明清中央政府在西南民族地区实施改土归流,是从被动改流发展成为主动改流。在一定程度上讲,改土归流既是一个长期、艰巨、复杂的过程,又是一项重大的政治、经济、军事、文化的变革。

(一)西南民族地区改土归流的背景

元明清时期,中央政府实施土司制度的一个重要原因是将土司制度作为一种民族政策来推行。中央政府给西南地区土司颁发印信、号纸,授以官职,以加强对西南民族地区的管理与控制,中央政府以此实现对西南民族地区民众的控制和国家权力在西南民族地区的延伸。客观地讲,元明时期的土司制度在推动西南民族地区社会稳定、经济发展、民族和谐等方面发挥过重要作用。土司制度随着西南民族地区社会经济的快速发展,其落后性和残暴性在明代初期就开始暴露,特别是到了清朝康熙、雍正时期,土司制度已逐渐成为封建经济和多民族统一国家发展的重大障碍。在这种情况下,国家政权与土司政权之间产生了剧烈冲突。中央政府为了国家权力的扩张,对各地土司实施改土归流采取了渐进的过程,这在《钦定大清会典事例》卷五百八十九《兵部四八·土司四·土司议处》中有所反映:

---

① 弥渡县民族宗教事务局:《弥渡彝族简史》,云南民族出版社,2004 年版,第 48 页。
② 蒋立松:《中心与边缘:西南地区民族社会与国家权力结构刍议》,《西南师范大学学报(哲学社会科学版)》,2005 年第 5 期,第 144 页。

康熙八年覆准,野苗掳掠百姓,该管土官隐讳不报者,降二级留任。十年题准,土官互相残杀,能自悔过和息者免议。十一年题准,土官吓诈部民,恣意侵害者革职。十四年议准,土官不食俸,有罚俸降俸之案,皆免其处分,其因公诖误应降一级二级三级调用者,止降一级留任,降四级五级调用者,止降二级留任,应革职者降四级留任。二十一年议准,土官缉获旗下逃人,照例解部,获逃兵叛属,解督抚惩治,照例安插,如该土官地方失察逃人一名,或被别土官擒获,或逃人供在某土官处,审实、将土官降一级,知情藏隐者革职。三十年题准,土官凡有钦部案件奏销钱粮迟误之处,均照流官例处分,但土官不食俸,如遇罚俸降俸降级等事,均按其品级计俸罚米,每俸银一两罚米一石,移储附近常平仓,以备赈荒。四十三年题准,黔楚顽苗生事,聚众不及五十人者,百户寨长各罚俸六月,五十人者罚俸一年,百人者革职,百人以上者革职,杖责四十,不准折赎,知情不禁止者革职,枷示一月,杖责如前,不准折赎,若商谋指使、意在分肥者,照首犯治罪。四十四年议准,凶苗伏草捉人,枷肘在巢,勒银取赎,所管土官失察者,每案罚俸六月,积三案革职,知而不禁者革职,杖四十,不准折赎,若商谋指使、意在分肥者革职,枷三月,不准折赎,其外委无品级俸禄土官,遇有捉人勒索之案,杖四十,黜退别选。……(雍正)十三年议准,土官土人,因公远赴外省,许呈明该管官转报督抚,给咨知会所到地方之督抚查核,于事竣日,给咨知会本省督抚,均计程立限,毋许逗留,有不行申报、擅自出境者,土官革职,土人照无引私渡关津律、杖八十,若潜往外省生事为匪、别经发觉者,除实犯死罪外,徒罪以上,皆照军人私出外境掳掠、不分首从发边远充军律、治罪,其本境及所到汛守官失察者,罚俸降调有差。乾隆七年议准,土官管辖之熟苗为盗,该土官明知故纵者、革职,养盗殃民者、革职提问,苗蛮聚众行劫,侵犯城池,该土官实系失察者、革职,其人数无多寻常盗案,限一年缉获,限满不获,降一级留任,获日开复。①

从上面引文可见,康熙年间土司犯罪或有过失,主要采取的是"降级留任""罚俸""杖责""革职"等措施。到了雍正、乾隆年间,土司犯罪或有过失,主要采取的是"革职""改土为流""别立土官""治罪"等措施。

由于土司世有其土,世有其民,世有其政,俨然是独霸一方的土皇帝,对辖

---

① [清]昆冈等:《钦定大清会典事例》卷五百八十九《兵部四八·土司四·土司议处》,中华书局影印本,1991年版。

区内民众肆意进行政治压迫和经济掠夺；如"雍正五年，保靖土司骨肉相残，桑植土司暴虐不仁"①。蓝鼎元在《边省苗蛮事宜论》所言："土司多冥顽不法，坐纵其行凶杀夺，而因以为利。……苗民受土司荼毒，更极可怜。无官民之礼，而有万世奴仆之势。子女财帛，总非本人所自有。"至于贵州省的土司，更是"一年四小派，三年一大派；小派计钱，大派计两。土民岁谕土徭，较汉民丁粮，加多十倍。土司一日为子娶妇，则土民三载不敢婚姻。土民一人犯罪，土司缚而杀之。其被杀者之族，尚当敛银以奉土司，六十两、四十两不等，最下亦二十四两，名曰'玷刀银'"②。刘彬在《永昌土司论》中言："彼之官，世官也；彼之民，世民也。田产子女，唯其所欲；苦乐安危，惟其所主。草菅人命，若儿戏。然莫敢有咨嗟叹息于其侧者！以其世官世民，不得于父，必得于子于孙，且数倍蓰。故死则死耳，无敢与较者。嗟此夷民，何辜而罹此惨耶！汉人苦于所司，动辄鸣于土官。此则不敢鸣，即鸣之矣！彼固有所恃而不恐。岁时馈献，不过差目具文。一有提调，则闭匿深藏，负嵎以待，其洋洋然山头望廷尉。良以平日无事，宽容太过，及其有事，虽有谴罚之名，曾无惩创之实。彼固视为故事，自谓土官世职。莫可如何！以致骄纵滋蔓，尾大不掉，所由肆屠虐而不悛，玩法纪若罔闻者。故曰其为恶最深也。"作者在该文末尾感叹道："噫！岂独永为然哉！全滇之土司皆然也，天下之土司皆然也。"③总的来讲，明清时期在西南民族地区进行改土归流的背景可以归纳为几点：一是暴虐淫纵，作威作福。二是私占横征，肆意苛索。三是扩充武力，专事劫杀。四是土司内部与土司间征战不已。五是抗命朝廷。正是由于上述情况的出现，明清中央政府为了国家权力在西南民族地区乡村社会的扩张，废除土司制度、实施改土归流就成为一种历史的必然。④

（二）西南民族地区改土归流的历程

从现有史料看，中国的改土归流自明朝洪武二年（1369 年）广西太平府土官黄英衍扰乱地方、强占太平路被明代中央政府改流开始，至新中国成立后彻底废除土司制度止，前后达 580 余年，经历了一个十分漫长的过程。

①［清］严如熤：《苗防备览·述往录下·往哲》（点校本），岳麓书社，2013 年版，第708 页。

②［清］蓝鼎元：《边省苗民事宜论》，《小方壶斋舆地丛钞》（第八帙）。

③［清］刘彬：《永昌土司论》，转引自［清］贺长龄：《皇朝经世文编》卷八十六《兵政十七·蛮防上》。

④吴永章：《中国土司制度渊源与发展史》，四川民族出版社，1988 年版，第 251-254 页。

1.明代西南地区的改土归流

明代中央政府在西南民族地区实施改土归流始于洪武年间。据《明太祖实录》载,洪武二十一年(1388 年),云南越州土知州阿资叛,明代中央政府经过八年征伐,于洪武二十八年(1395 年)平定叛乱。之后,废除土州,改置越州卫,以流官统之。① 之后,中央政府拉开了对西南民族地区土司改土归流的序幕,据不完全统计,有明一代,计改流 90 家土司,其详细情况见表 5.5。

表 5.5　明代西南地区改土归流一览表

土司地名	改流时间	改流原因及经过	备　注
广西太平府	洪武二年 (1369 年)	土官黄英衍扰乱地方,强占太平路	
广西庆远安抚司	洪武三年 (1370 年)三月	不能驭众,改安抚司为庆远府	
贵州普定府	洪武十八年 (1385 年)	窝藏有罪之人,裁革	永乐元年(1403 年)又置安抚司,永乐十三年(1415 年),土司慈长谋不轨,伏诛,改为普安州
贵州普安府	洪武二十三年 (1390 年)	土知府反叛,官府讨平之,遂罢府置普安卫	
贵州都云定安抚司	洪武二十三年 (1390 年)	洪武十三年(1380 年),都云定云安抚司土酋归附,洪武十九年(1386 年)改为都云安抚司,洪武二十三年(1390 年),平定都云等地苗民起义,革除安抚司,设立都云卫	
广西奉议州	洪武二十八年 (1395 年)	土官因叛逆被诛,罢奉议州为卫	洪武三十三年②(1400 年),撤奉议卫,仍置州
广西向武州	洪武二十八年 (1395 年)	土官因叛逆被诛,改向武州为军民千户所	洪武三十三年③(1400 年),撤向武军民千户所,仍置州

①《明太祖实录》卷一百九十四"洪武二十一年十月至十二月"条,卷一百九十五"洪武二十二年正月至三月"条。

②③建文年号被朱棣废除,故建文元年至建文四年仍用洪武年号。——编辑注

土司地名	改流时间	改流原因及经过	备 注
广西南丹州	洪武二十八年（1395 年）	土官莫金叛逆，改南丹州为南丹卫	建文四年（1402 年）因瘴气及当地人作乱复土
云南越州	洪武二十八年（1395 年）	土知州阿资叛逆，该置越州卫	
广西左州	洪武三十年（1397 年）	嗣绝	洪武三十二年（1399 年）因乡老告保复土，成化十三（1477 年）年再度改流
广西忻城县	洪武初年	设流官知县，原因不明	正统年间瑶老举荐莫金城为土官，复土
广西程县	洪武年间	改流原因不详	正统年间由于泗城土官岑豹所逼复土，嘉靖二年（1523 年）再改流
贵州思南宣慰司 贵州思州宣慰司	永乐十一年（1413 年）	仇杀谋乱，改思州、思南宣慰司为思州、思南府、置流官。后又将其地分为八府四州	
广西养利州	宣德三年（1428 年）	侵邻，土官以罪诛杀，改流官	天顺后复辟，成化十四（1478 年）年再次改流
广西崇善县	宣德三年（1428 年）	因侵占地方，杀掳等事，全家抄斩，改设流官知县	
贵州福禄永从长官司	宣德六年（1431 年）	土司嗣绝，改长官司为永从县	
贵州新化府	宣德九年（1434 年）	地狭民稀，无设府之必要，以其地并入黎平府，所辖湖耳等长官司随之改隶	
云南靖安宣慰司	宣德九年（1434 年）	自请归车里军民宣慰司管辖，裁革	
云南楚雄府	正统元年（1436 年）	嗣绝，改流官	
贵州治古长官司	正统三年（1438 年）	举兵反抗，废除	

续表

土司地名	改流时间	改流原因及经过	备 注
贵州答意长官司	正统三年（1438年）	举兵反抗，废除	
贵州乌罗土府	正统三年（1438年）	由于治古、答意二长官司被废除，乌罗府仅存三长官司，不足以立府，遂将其裁革	
贵州镇远州	正统三年（1438年）	由于人少官多，裁革，并入镇远府	
四川祈命簇长官司	正统四年（1439年）	裁革，原因不详	
云南麓川平缅军民宣慰司	正统六年（1441年）	因叛逆，废除	
广西利州	正统七年（1442年）	土官内部仇杀	嘉靖二年（1523年）归并泗城州
云南鹤庆军民府	正统八年（1443年）	知府高伦犯罪论斩，子孙中均为为恶不良之人，别无堪举，除流官管事	
贵州施秉长官司	正统九年（1444年）	改施秉长官司为施秉县	
广西养和州	天顺四年（1460年）	原因不详	
广西上隆州	成化三年（1467年）	原上隆土官岑铎迁到浔州府碧滩开武靖州，上隆州被废除，其地并入田州	
云南阿迷州	成化十二年（1476年）十二月	（土官）弟普明奏袭，查系争袭，成化十二年（1476年）十二月，除流官杜参	天启四年（1624年），普名声援黔有功，以其子为土知州
云南路南州	成化十三年（1477年）十月	嗣绝，无应袭之人，除流官知州李升管事	

土司地名	改流时间	改流原因及经过	备 注
云南寻甸军民府	成化十三年（1477 年）	兄弟争袭，改流官知府李祥	
广西上石西州	成化十五年（1479 年）	嗣绝，选除流官知州彭侃旋	弘治初，流官知州畏瘴毒不敢入州，思明府土官据州摄其事，遂复土，弘治六年（1493 年）内乱，仍改流官治理
云南广西府	成化十七年（1481 年）	知府昂贵故，改除流官知府贺勋	
广西永康县	成化十八年（1482 年）	入邻县劫掠，伪署官职，改流	万历二十八年（1600 年）升县为州
贵州金达长官司	成化时期	谋不轨	
广西恩城州	弘治五年（1492 年）	土官岑桂佩于思恩府岑浚之乱中被诛，印信遗失，无人承袭，地为田州所并	
云南维摩州	弘治六年（1493 年）	土官嗣绝，别无定夺，刘年除流官。弘治七年（1494 年），除流官知州王端	
云南弥勒州	弘治六年（1493 年）	不详	
贵州九姓长官司	弘治七年（1494 年）	弘治七年（1494 年），开始都匀府，改九姓长官司为独山州，改麻哈长官司为麻哈州，改清平长官司为清平县，均属都匀府	
贵州麻哈长官司	弘治七年（1494 年）	弘治七年（1494 年），开始都匀府，改九姓长官司为独山州，改麻哈长官司为麻哈州，改清平长官司为清平县，均属都匀府	

续表

土司地名	改流时间	改流原因及经过	备 注
贵州清平长官司	弘治七年（1494年）	弘治七年（1494年），开始都匀府，改九姓长官司为独山州，改麻哈长官司为麻哈州，改清平长官司为清平县，均属都匀府	
贵州镇远溪洞金容金达长官司	弘治七年（1494年）	改为镇远县	
云南马龙州	弘治七年（1494年）	土官户绝，设流官知州罗环	
四川马湖府	弘治九年（1496年）	土知府安鳌有罪，伏诛，改流官	
广西永安长官司	弘治十四年（1501年）	叛逆作乱	
云南宁州	弘治十六年（1503年）	弘治十六年（1503年）四月文选司报宁州添设流官知县掌印，土官专一管束夷民，巡捕盗贼	
广西思恩军民府	弘治十八年（1505年）	土官岑浚叛乱作乱	嘉靖六年（1527年），于其地设九土巡检
广西田州府	弘治十八年（1505年）	土知府岑猛构成大祸，失陷府治要将岑猛降为福建平海所千户，本府设改设流官知府	正德间猛母求情，复土；嘉靖六年（1527年），岑猛攻泗城州，平定后将田州府改为一州、十九土巡检司
广西上思州	弘治十八年（1505年）	土族争袭，叛逆作乱	嘉靖元年（1522年），因土人作乱，复土
贵州印江长官司	正德年间	长官因罪废，改长官司为县，后有功，授土县丞	

土司地名	改流时间	改流原因及经过	备　注
云南蒙自县	嘉靖二年（1523年）	弘治六年（1493年）四月，文选司报蒙自县添设流官知县掌印，土官知县专一管束夷民，巡捕盗贼	
广西上林长官司	嘉靖初年	嗣绝	正德年间，被泗城州侵占
四川芒部军民府	嘉靖五年（1526年）	内部争袭，骚动两省，朝廷平之，土官亲枝已尽，无人承袭，改为镇雄府，设流官知府统之	嘉靖九年（1530年），由于芒部贼联合乌撒的等苗蛮叛，复土
云南元江府	嘉靖三十二年（1553年）	嘉靖三十年（1551年）土舍那鉴作乱，寻讨平之，革其官，以临安卫署之	万历十三年（1585年），以元江土舍那恕招降车里功，许袭祖职
云南孟连长官司	嘉靖中	内部仇杀，长官司废	万历十三年（1585年），复设，称孟脸
四川龙州宣抚司	嘉靖四十五年（1566年）	土官仇杀，该龙州宣抚司为龙安府	
广西武靖州	嘉靖年间	土官嗣绝，武靖州废为镇	
云南武定军民府	隆庆元年（1567年）	叛逆作乱，悉置流官	
贵州程番长官司	万历十四年（1586年）	改为定番州	
贵州贵竹长官司	万历十四年（1586年）	贵竹长官司所辖皆流寓子孙，与夷民不同，连同平伐长官司一起废除，改设新贵县，隶属贵阳府	
贵州平伐长官司	万历十四年（1586年）	贵竹长官司所辖皆流寓子孙，与夷民不同，连同平伐长官司一起废除，改设新贵县，隶属贵阳府	

续表

土司地名	改流时间	改流原因及经过	备 注
云南罗雄州	万历十五年（1587年）	土官弑其父,并举兵为乱,官府率兵讨平之;改罗雄州为罗平州,设流官	
云南大候州	万历十六年（1588年）	争杀抗命,改流官,以原土官为州判	
贵州水德江长官司	万历二十三年（1595年）	族人争袭不定,改长官司为安化县,天启元年（1621年）有功,授土县丞	
贵州容山长官司	万历中	裁革,原因不详	
云南陆凉州	万历中	以罪戍边,职除	
贵州铜仁长官司	万历二十六年（1598年）	土官李永授贪酷残民,遂将铜仁司改为铜仁县,隶于铜仁府	
云南顺宁土府	万历二十七年（1599年）	抚按觊觎土官猛氏之富,因此会奏,剿灭猛氏,因改流官	
贵州龙泉坪长官司	万历二十八年（1600年）	播州平定后,以龙泉坪近苗,土司例不设,城难守,改司为县	
贵州黄平安抚司	万历二十八年（1600年）	平播后,改黄平安抚司为黄平县,与余庆县、瓮安县、湄潭县同属平越府,隶贵州	
广西思同州	万历二十八年（1600年）	土官嗣绝,改流并入永康县,升永康县为州	
贵州余庆长官司	万历二十九年（1601年）	平播后,长官司改为余庆县	
四川真州长官司	万历二十九年（1601年）	因胁附杨应龙,改为正安州,设流官	

土司地名	改流时间	改流原因及经过	备　注
四川播州长官司	万历二十九年（1601年）	改播州长官司为遵义县	
四川播州宣慰司	万历三十一年（1603年）	宣慰使杨应龙叛乱，朝廷讨平之，分播州为遵义平越而府，并设置二州、八县	
贵州金筑长官司	万历三十九年（1611年）	金筑安抚司自请改流，遂改为广顺州，隶属贵阳府	
云南云龙州	万历四十八年（1620年）	内部争袭，奏改知州为流官	天启中年，剿寇有功，给冠带铃束夷众，后废
四川永宁宣抚司	天启三年（1623年）	土官叛逆，废除	
四川太平长官司	天启三年（1623年）	永宁宣抚司废后，太平长官司司废为太平里	
贵州札佐长官司	崇祯三年（1630年）	贵州宣慰使安位出降，于是将其水外六目地改流，又废除札佐、青山二长官司	崇祯四年（1631年），贵州宣慰司同知革职，又以其十二马头地置开州。明亡，贵州宣慰司亦废
贵州青山长官司	崇祯三年（1630年）	贵州宣慰使安位出降，于是将其水外六目地改流，又废除札佐、青山二长官司	崇祯四年（1631年），贵州宣慰司同知革职，又以其十二马头地置开州。明亡，贵州宣慰司亦废
贵州宣慰司	明末	贵州宣慰使安位出降，于是将其水外六目地改流，又废除札佐、青山二长官司	崇祯四年（1631年），贵州宣慰司同知革职，又以其十二马头地置开州。明亡，贵州宣慰司亦废
永乐长官司	明末	嗣绝，长官司被废除	

资料来源：1.［明］郭子章：《黔记》，明万历刻本。2.［明］林富，黄佐：（嘉靖）《广西通志》，齐鲁书社影印本，1997年版。3.［明］王文征：《天启滇志》，中央民族学院出版社影印本，1989年版。4.［清］张廷玉等：《明史》，中华书局，1974年版。5.［清］无名氏：《土司底簿》，台湾商务印书馆，1969年版。6.［清］毛奇龄：《蛮司合志》，齐鲁书社，1996年版。7.［清］鄂尔泰等：《贵州通志》，台湾商务印书馆影印本，1986年版。8.龚荫：《中国土司制度》，云南民族出版社，1992年版。9.何仁仲等：《贵州通史·明代的贵州》，北京当代中国出版社，2002年版。

自明代初期改土归流始,中央政府为了实现国家权力在西南民族地区乡村社会的扩张,最终达到政治一体化的目标,只要具备一定的条件和机会,就会对土司实行改土设流。从上面表格中的相关情况可见,终明一代,中央政府实施改土设流的原因有三:一是对叛逆、犯罪土司实施改土设流。二是土司绝嗣无人承袭而乘机改流。三是以"不系世袭"为由改流。① 概言之,明代改土归流的动因基本上是土司嗣绝、叛逆及内部争袭等。作者将上面表格的内容分省、分代整理出如下情况,详见表5.6。

表 5.6　明代西南地区改土归流统计表

单位:个

时　代	云　南	贵　州	四　川	广　西	合　计
洪武	1	3	—	8	11
永乐	—	3	—	—	3
宣德	1	2	—	2	5
正统	3	5	1	1	10
天顺	—	—	—	1	1
成化	4	1	—	3	8
弘治	4	4	1	6	15
正德	—	1	—	—	1
嘉靖	3	—	2	2	7
隆庆	1	—	—	—	1
万历	6	10	3	1	20
天启	—	—	2	—	2
崇祯	1	4	—	—	5
合计	24	33	9	24	90

翻检史籍可见,明代规模较大的改土归流有两次:一次是永乐年间平定思南、思州两个田氏土司之乱,析其地为八府四州,并设立贵州布政使;另一次是万历年间平定四川播州杨氏土司之乱,分播地为遵义、平越二府,其中遵义府隶

① 龚荫:《中国土司制度史》(上),四川人民出版社,2012 年版,第 159 页。

属四川,平越府隶属贵州。但总的来讲,明代的改土归流是很不彻底的,对整个土司制度没有根本触动。也就是说,明代中央政府并没有把国家权力的扩张发挥到极致,而只是把改土归流作为控制土司的一种手段和措施,通过改土归流以缓解中央政府与地方乡村社会之间矛盾。

2.清代西南地区的改土归流

如果说明代中央政府没有把国家权力的扩张发挥到极致,那么,到了清代,由于天下大定,国家各种实力大增,国家权力扩张到西南民族地区的欲望增强,中央政府具备制服西南地区土司的力量,加之西南地区土司与中央政权的矛盾十分尖锐。因此,中央政府大规模改土归流自然就提上议事日程。[1]

第一,中央政府实现国家权力扩张与土司政权割据一方的矛盾以及封建地主制与封建领主制(甚至奴隶制)的矛盾日趋尖锐,以致不可调和,这是清代改土归流的根本原因。明以来的改土归流都是在土司抗拒朝命或拥兵反叛,构成对中央政权威胁的情况下进行的。明末以降,西南民族地区的一些土司构成对中央政权的极大威胁,以及危害西南地区的社会稳定,这种情况到清雍正年间已非常突出。如湖广容美土司"新造鼓楼、三层拱门",设"龙凤鼓""景阳钟",开"玉带河",架"月宫桥",住居"九五居"、筑"观星台"、捉人"割做太监"达33人,并有"鸟枪、兵器、盔甲等"[2];云南东川土司经常"绑掳人口,劫抢牲畜"[3];广西泗城土府差土役"各执器械,越境拏人"[4];湖广容美土司掠夺桑植人民"千有余口"[5]。由此可见,西南地区一些土司俨然就是独霸一方的土皇帝,以致"土人知有土官而不知有国法久矣"[6]。这是作为强权政治的清代统治者绝对不能容忍的。因此,清代中央政府的改土归流势在必行。

第二,西南民族地区土民与土司之间的矛盾日益激化,这是清政府实施改

---

①李世愉:《试论清雍正朝改土归流的原因和目的》,《北京大学学报》,1984年第3期,第67-74页。

②[清]允禄,鄂尔泰:《硃批谕旨》(第五十四册),乾隆三年(1738年)武英殿朱墨套印本"雍正八年四月二十四日"条。

③[清]允禄,鄂尔泰:《硃批谕旨》(第二十五册),乾隆三年(1738年)武英殿朱墨套印本"雍正四年三月二十日"条。

④[清]允禄,鄂尔泰:《硃批谕旨》(第二十五册),乾隆三年(1738年)武英殿朱墨套印本"雍正五年五月初十"条。

⑤[清]允禄,鄂尔泰:《硃批谕旨》(第十二册),乾隆三年(1738年)武英殿朱墨套印本"雍正六年二月十七日"条。

⑥[清]蔡毓荣:《筹边第二疏》,转引自[清]鄂尔泰,尹继善:《乾隆云南通志》卷二十九《艺文》,乾隆元年(1736年)刻本。

土归流的直接原因。土司制度自诞生之日起,就建立在政治压迫和经济剥削之上,西南民族地区各地土民与土司之间的矛盾一直尖锐地存在着。清代康熙初年以降,随着各地土司势力膨胀之快以及对土民敲骨吸髓之深,土民在不能承受的情况下,反抗斗争越来越激烈,且达到白热化的程度。《钦定大清会典事例》卷五百八十九所载或许能够反映当时的情况:

> 雍正三年谕,各处土官,鲜知法纪,所属土民,每年科敛,较之有司征收正供,不啻倍蓰,甚至取其马牛、夺其子女、生杀任情,土民敢怒而不敢言,莫非朕之赤子,而土民独使向隅,朕心深为不忍。然土官之敢于恣肆者,大率皆汉奸为之指使,或缘事犯法、避罪藏身,或积恶生奸、倚势横行。此辈粗知文义,为之主文办事,教之为非,无所不至。嗣后督抚提镇务严饬所属土官,爱惜土民,毋得滥行科敛,如申饬之后,不改前非,一有犯事,土官参革从重究拟,汉奸立置重典,切勿姑容宽纵,以副朕子惠元元遐迩一体之至意。四年议准,土官不遵法度,故纵苗猓为盗,劫杀掳掠男女财物,扰害土民者,该督抚查出,即题参革职,别择应承袭之人,准其承袭,至有养盗殃民怙恶不悛者,该督抚据实题,严挐治罪,或应改土为流,及别立土官,均请旨施行。①

在西南民族地区,土民杀死土司的现象屡见不鲜。如康熙年间贵州就发生四起这种事例:康熙四年(1665 年),定番州苗民杀死小龙土司龙象贤、丹平土司莫大成。康熙十二年(1673 年),土民又杀死小龙土司舍龙象宾、龙正吟②;康熙十二年(1673 年),都匀府苗民杀死夭坝土司夭应禄③;康熙四十年(1701年),黄平州苗民杀死土司何瓒远④。此外,在湖广、广西、云南、四川等地也有同样的事例。这反映了土民与土司之间矛盾尖锐到登峰造极的地步。土民的反抗斗争彻底动摇了土司制度的根基,在此情况下,清代统治者为了维护西南民族地区的稳定与安宁,不得不下决心实施改土归流。

第三,朝廷命官与乡村民众要求改土归流的呼声越来越高,这是清代中央政府实施改土归流的重要原因。康熙中期以后,统治阶级中的一些人对土司制度弊病的认识比以前更深入,对改流的要求也更为强烈。一是朝廷命官对改土

---

①[清]昆冈等:《钦定大清会典事例》卷五百八十九《兵部四八·土司四·土司议处》,中华书局影印本,1991 年版。

②[清]年法尧等:《康熙定番州志》卷一《大事》,巴蜀书社影印本,2006 年版。

③[清]鄂尔泰等:《乾隆贵州通志》卷二十四《师旅》,巴蜀书社影印本,2006 年版。

④[清]李台等:《嘉庆黄平州志》卷三《武备》,巴蜀书社影印本,2006 年版。

归流具有一定的认知。如湖北巴东县知县齐祖望认为："倘不申明法纪,严加禁制,使土司无敢萌其觊觎之私……诚恐数十年后边人终未得高枕而卧也。"①云贵总督蔡毓荣意识到土司之患在于土司制度已经腐朽:"土官以世系承袭,不由选举……我国家八法计吏,三年考绩,土官皆不予焉。不肖者无惩,间有一二贤者亦无以示劝,欲其奉职守法也得乎?"②也就是说,土司制度已经腐朽,不实施改土归流就不能推动西南民族地区乡村社会发展。鄂尔泰是前人思想之集大成者,也是提出改土归流建议最为合理并被雍正皇帝首肯的封疆大吏,他的改流主张更为坚决。如言:"欲靖地方,须先安苗猓,欲安苗猓,须先制土司。"③他在雍正四年(1726年)九月的一份奏折中指出:"苗猓逞凶,皆由土司……若不尽改土归流……大端终无头绪……滇黔必以此为第一要务。"④二是在云南的一些知识分子中,同样看到土司制度的腐朽性,强烈要求改土归流。其中以云南永北人刘彬的《永昌土司论》最为突出。刘彬在《永昌土司论》中说:"自谓土官世职,莫可如何! 以致骄纵滋蔓,尾大不掉。所由肆屠虐而不悛,玩法纪若罔闻者,故曰其为恶最深也……往者滇省常受其害,如阿资、凤继祖……沙定州辈。一夫作难,全省震荡。前车已覆,后车不戒,岂非以其固结已久?"刘彬直接提出"改土归流,变夷为夏者,十且八九,未闻必藉土司而后保固也"的看法。刘氏还认为:"若仅泥于目前,非不晏安无事,而不知其有事之机自在也。且以土人言之,同在中华之内,而风化不能及,恩泽不克沾,各有土官以隔别之。在流官曰,此土人非我百姓,漠视之耳。至于科派之重,刻虐之惨,则惟土官司之。在流官又曰,此土人非我百姓。奚预我事,又漠视之耳。"⑤同属中华民族之民众,却不能享受同样的待遇,甚至徭役、科派均不同,官吏管理职责也不明,易造成各种混乱。可见刘氏要求改土归流之切! 戴名世则认为,土司制度的存在,"名为羁縻",实为"天地间之缺陷"⑥,并指出土司制度如果继续下去的危害。云南昆明人倪蜕分析得更为深刻:"世每谓土官家争杀淫纵之为,悉属边蛮渗

①[清]齐祖望:《清严边防详》,转引自《同治宜昌府志》卷十四《艺文》。

②[清]蔡毓荣:《筹边第二疏》,转引自[清]鄂尔泰,尹继善:《乾隆云南通志》卷二十九《艺文》,乾隆元年(1736年)刻本。

③《硃批谕旨》(第二十五册),雍正四年(1726年)二月二十四日鄂尔泰奏。

④《硃批谕旨》(第二十五册),雍正四年(1726年)九月十九日鄂尔泰奏。

⑤[清]刘彬:《永昌土司论》,转引自[清]贺长龄:《皇朝经世文编》卷八十六《兵政十七·蛮防上》。

⑥[清]戴名世:《戴南山全集》卷十二《纪红苗事》,还书屋民国七年(1918年)木活字印本。

气。……春秋二百四十年，《左传》所载诸侯卿大夫家事，岂不有甚于今日土官家所为者。齐、鲁、郑、卫，岂是边蛮？而其骄淫杀夺，无所不有。盖非太公、康叔贻谋之不善，亦封建世官之流弊必至于此极者也。"①三是西南民族地区各族人民为了改变自己的地位，争取一个相对好一点的生活条件，对改土归流表现出极大的热情。如四川天全州土司残暴贪婪，"民怨若沸""久愿归流"②。云南丽江木氏土司衙署内的两千多奴仆闻知改土归流，都主动请求交纳丁银，承担赋税，"以等齐民"③。贵州铜仁府红苗因不甘邻近土司的残害，在清政府招抚后，"欢欣鼓舞，情愿编户纳粮"④。

上述三方面的原因表明，清代实施大规模改土归流，以及国家权力在西南民族地区乡村社会扩张的时机已成熟。因此，清代中央政府在实现全国统一，国力已经强盛之时，为了实现"大一统"的目标，为了国家权力在西南民族地区的扩张，改土归流已势不可当。

有清一代的改土归流情况，《清朝续文献通考》卷一百三十六记载得十分清楚。宣统三年（1911年）民政部奏各省土司拟请改设流官称："西南各省土府州县及宣慰宣抚安抚长官诸司之制，大都沿自前明。远承唐宋，因仍旧俗，官其酋长，俾之世守，用示羁縻。要皆封建之规，实殊牧令之治。康熙、雍正年间，川、楚、滇、桂各省，迭议改土归流。如湖北之施南，湖南之永顺，四川之宁远，广西之泗城，云南之东川，贵州之古州、威宁等府、厅、州、县，先后建置，渐成为内地。乾隆以后，大小金川，重烦兵力。迨改设民官而后，永远底定。比值筹备宪政，尤宜扩充民治。近年各省，如云南之富州、镇康，四川之巴安等处，均经各该疆臣，先后奏请改土归流。而广西一省改革尤多，所有土州县均因事奏请停袭，及撤任调省，另派委员弹压代办。此外，则四川之瞻对、察木多等处尚未实行，德尔格忒、高日、春科等处，甫经核准。伏维川、滇等省，僻处边陲，自非一律更张，不足以巩固疆臣。惟各省情形不同，办法亦难一致，除湖北、湖南土司已全改流官外，广西土州县，贵州长官司等，名虽土官，实已渐同郡县，经画改置，当不甚难。四川则未改流者尚十之六七，云南土司多接外服，甘肃土司从未变革，似须

①倪蜕：《土官说》，转引自［清］贺长龄：《皇朝经世文编》卷八十六《兵政十七·蛮防上》。

②中国第一历史档案馆藏：《硃批奏折》（民族事务类）第1674号卷，雍正五年（1727年）正月二十九日岳钟琪奏。

③中国第一历史档案馆藏：《硃批奏折》（民族事务类）第1729号卷，乾隆三年（1738年）五月初七日庆复奏。

④中国第一历史档案馆藏：《硃批奏折》（民族事务类）第1783号卷，雍正八年（1730年）十一月二十八日鄂尔泰奏。

审慎办理,乃可徐就范围。"①该奏章将清朝的改土归流情况作了总结性的叙述,其改流过程、改流方法、改流特点、存在问题及注意事项等均十分详尽、清楚明了。

二、西南民族地区改土归流的特点

李世愉先生认为,改土归流是历史的产物。作为明清中央政府,无论是被动改流,还是主动改流,其总体目标就是要使西南民族地区"比于内地",置西南民族地区于国家权力的统治之下,实现全国的"大一统"。②但改土归流并非一帆风顺,当国家政权利用国家机器要剥夺地方土司政权的一切权力和利益的时候,西南民族地区的很多土司政权都不会心甘情愿地拱手奉出维系数百年的权力和利益。因此,国家权力扩张到西南民族地区,实施改土归流的时候,中央政府要剥夺土官的世袭特权和地位,促使他们削职为民,其间的阻力、博弈、反抗、挣扎乃至战争等自然不言而喻。翻检史籍,我们就会清楚地发现,明清时期西南民族地区在被中央政府触动甚至剥夺土司的权力和利益的时候,就呈现出如下特点。

(一)认识观念上的差异性

明清两代的改土归流存在很大的差别。一是在改土归流的数量上。据有的学者统计,有明一代,中央政府在西南民族地区改流的县级以上土司90余家,清代仅雍正时期西南地区改土归流的土司就超过160家③。二是在改土归流的动因上。明代改土归流主要是外加的,也就是说,明代中央政府实施的改土归流是对西南土司地区发生的各种"特殊情况"的一种被动反应;而清代则是在"大一统"总体目标的指导下,切实贯彻执行国家权力在西南民族地区乡村社会的控制政策,确定了改流的总体规划,有较清晰的目的和实施步骤,是一种大规模的、主动的改土归流。这种差别主要来自中央政府及朝廷命官认识观念上的差异。之所以会出现这样的差异,有的学者将其原因归纳为三个:一是明清两朝面对的边疆形势不同。如明代稳定西南地区的土司,除了防范蒙古族残余势力卷土重来之外,还要应对来自日益崛起的女真族势力以及后来屡次侵犯朝

①［清］刘锡藻:《清朝续文献通考》卷一百三十六《职官》二十二《直省土官》,商务印书馆,1995年版,第二册第8964页。

②李世愉:《试论清雍正朝改土归流的原因和目的》,《北京大学学报》,1984年第3期,第67-74页。

③王春玲,于衍学:《清代改土归流成因分析》,《西北民族大学学报(哲学社会科学版)》,2005年第4期,第104-108页。

鲜的日本①。而清朝在入关之前已征服了包括朝鲜在内的所有东北地区,并与蒙古贵族结盟建立了蒙古八旗,且经历了顺康两朝的开拓,国力日强;加之雍正初年征服了西北面的所有少数民族,使清王朝必须主动实施在西南地区的改土归流。二是明清两朝统治者对待西南少数民族观念的不同。明王朝继续推行"守中制边""夷夏大防"的传统民族政策,对西南少数民族实行了不同程度的民族隔离政策,如在苗疆地区修"边墙"等。而清朝统治者却打破传统的对少数民族的偏见,竭力提倡"满汉一家"的民族政策。发展到雍乾时期,"满汉一家""华夷一体"的民族政策扩展到西南少数民族与汉民族的关系,打破了原有的民族隔离,使汉民族与西南少数民族融合在统一的多民族国家之下,大规模的改土归流时机业已成熟。三是明清两代面对改土归流的时机不同。明代土司制度处于发展上升时期,中央政府将土司制度作为一种控制手段,全面改土归流的客观条件尚不成熟。清朝在康雍乾时期,国力强盛,在西南民族地区实施大规模改土归流的客观条件已然成熟,在雍正皇帝的悉心筹划下,改土归流的成功实施已水到渠成。

(二)国家决策上的反复性

明清两代在西南民族地区实施的改土归流本质上是在少数民族地区废除世袭土官,改由中央政府任命流官进行统治的一种政治措施。这不仅是一场实实在在的制度性变革,而且也是一场充满刀光剑影的血腥过程。改土归流的推行势必会触及上至封建中央政府各个阶层或集团的既得利益,下至西南民族地区土司以及乡村社会广大民众的切身利益。因此,注定了这场制度性变革并非一帆风顺和一蹴而就,而是要经历一个尖锐而复杂的斗争过程,在改土归流过程中出现较大的反复性也在所难免。② 例如,明中期以后,由于朝政腐败,中央政府几乎无力控制西南民族地区土司,以致有些改土归流的地方又重新废流为土,且这种现象不在少数。作者将滇黔两省"改流复土"的土司整理出如表5.7所示。

明代西南民族地区改土归流之所以出现较大范围内的反复性,是国家决策上的反复性所导致的结果。当然,这种决策与明代土司制度正处于上升与全盛时期,土司制度具有较大的合理性,西南地区少数民族民众能适应土司制度等客观因素密切相关。

---

① 栾成斌:《贵州改土归流源流考》,贵州大学 2010 年硕士学位论文。

② 蓝武:《认同差异与"复流为土"——明代广西改土归流反复性原因分析》,《广西民族研究》,2010 年第 3 期,第 136 页。

表 5.7　明代滇黔两省改流复土一览表

土司名称	改流时间	改流原因	复土时间	复土原因	备注
景东府知府	洪武十八年（1385年）	思伦发反,攻景东,知府俄陶奔白崖,明朝廷镇压伦发,派流官掌印	洪武二十三年（1390年）	俄陶勤慎守法,不敢踰尺寸;夷汉安之,因仍复知府	
古州,龙里,欧阳,中林验洞,八舟等五长官司	洪武十八年（1385年）	苗蛮吴面硬化,发兵讨平之,遂废	永乐元年（1403年）	招辑其民,复业者众,故复社焉	
湖耳,亮寨,新化,赤溪湳洞,西山阳洞五长官司	洪武十八年（1385年）	苗蛮吴面硬化,发兵讨平之,遂废	永乐元年（1403年）	招辑其民,复业者众,故复社焉	
曹滴洞,潭溪,福禄永从,洪洲泊里等四长官司	洪武十八年（1385年）	苗蛮吴面硬化,发兵讨平之,遂废	永乐元年（1403年）	招辑其民,复业者众,故复社焉	
都坪峨异溪蛮夷长官司	洪武二十五年（1392年）	省人黄道溪长官司	永乐十三年（1415年）	从征有功	
广南府土同知	洪武二十八年（1395年）	叛乱,设流官掌印,土同知降为州判	正统年间	从征麓川有功,升同知	
普安安抚司	永乐元年废（1403年）	裁并州县	永乐元年（1403年）	者昌子慈长奏:"本地境阔民稠,输粮三千余石,乞仍前职报效"	永乐十四年废（1416年）
答意,洛古长官司	正统三年（1438年）	叛乱,乱后残民所剩无几	不详	革司后,朝廷一直未能控制西北腊尔山区,实际由红苗苗长控制	
孟养军民宣慰司	正统三年（1438年）	宣慰刀玉奔失败于麓川思任,因内奔,故逆绝	万历十三年（1585年）	思禄据孟养地,并与缅甸抗立功,授宣慰;后思禄誓约永不过金沙江,后思氏抗缅甸侵犯立功	

土司名称	改流时间	改流原因	复土时间	复土原因	备注
南安州判官	正统四年（1439年）	为事奸罪，运回原籍为民	正统年间	随征麓川有功，复还原职	
浪穹县上江巡检司土巡检	不详	杨氏自胜后尝失职	正德年间	龙从征十八寨始袭旧职	
阿迷州土知州	成化十二年（1476年）	争袭	正德二年（1507年）	盗出没，令普氏纳继前职	
元谋县土知县	成化年间	直接派流官	天启七年（1627年）	安铨、凤朝文之变和克、举之变，及天启年间的奢安之乱元谋土知县吾氏后裔均立功	
鹤庆军民府土知事	弘治八年（1495年）	直接派流官	正德七年（1512年）	复授	后又革除
宁州土知州	弘治十六年（1503年）	直接派流官	万历中	从征陇川岳凤有功，复土知州职	
安南长官司	正德八年（1513年）	那代助蒙自土司禄祥争袭乱	天启二年（1622年）	沙源垦立战功，授王弄山长官司，以安南司地界之	
印江长官司	正德十二年（1517年）	鹤龄以罪废。改司置县	天启年间	水西安邦彦叛，督运有功，授土县丞	
车里宣慰司	嘉靖十一年（1532年）	缅甸莽应里据摆古，蚕食诸蛮。车里里宣慰刀糯猛折而入缅	万历十三年（1585年）	元江土舍那恕往招，盗糯猛复归，复原职	明末车里被缅甸侵占

		争袭		
元江土知府			万历十三年（1585年）	那恕招降车里立功，许袭祖职
孟琏宣抚司	嘉靖中	孟琏与孟养、孟密诸部仇杀数十年，司废	万历十三年（1585年）	复设，称孟脸
湾甸州土知州	万历十一年（1583年）	叛乱，土知州降为州判	万历年间	后从讨孟廷瑞有功，复旧职
水德江正长官司	万历二十三年（1595年）	改水德江长官司为此安化县，司除	天启元年（1621年）	水西安邦彦叛，督运有功，授土县丞
云龙州知州	万历十八年（1590年）	内部争权	天启年间	嘉龙子綵有剿寇功
琅盐井巡检司	天启间	无嗣	崇祯七年（1634年）	因土贼劫掠，仍准李时馨承袭

资料来源：1.［明］《明实录》，台湾地区"中央研究院历史语言研究所"，1962年版。2.［明］毛奇龄：《蛮司合志》，四川民族出版社，1998年版。3.［明］刘文征，古永继校注：《滇志》，云南教育出版社，1991年版。4.［清］张廷玉等：《明史》，中华书局，1974年版。5.［清］谈迁：《国榷》，中华书局，1958年版。6.［清］顾祖禹：《读史方舆纪要》，中华书局，2005年版。7.［清］鄂尔泰等：《乾隆贵州通志》，乾隆六年（1741年）刻，嘉庆修补本。8.［民国］牛鸿斌点校：《新纂云南通志》，云南人民出版社，2012年版。9.龚荫：《中国土司制度》，云南民族出版社，1992年版。10.龚荫：《中国土司制度史》，四川人民出版社，2007年版。

关于广西改土归流后出现反复以致改流复土,蓝武、付光华、邹映、黄汝迪、覃成号等学者均有一定的研究。在一定程度上讲,明朝时出现数十起改流复土的现象,这充分反映了明代并不具备改土归流的成熟条件。加之明朝中后期国家力量式微,土司制度正处于兴盛之时,即便在改土归流后也不能对改流区进行有效的直接管理。因此,明代中央政府没有逆历史潮流而动,而是适时适地采取了改流复土的措施,这符合历史发展的规律。有的学者认为,改流复土是改土归流反复性的体现,是明代中央政府改土归流失败的体现。明代在西南民族地区虽然出现改流复土的现象,使国家权力在西南民族地区扩张过程中受阻,但却为有清一代实施的大规模改土归流提供了借鉴。① 时值清代,土司制度落后、腐朽甚至反动的一面已充分暴露,国家实力不断增强,改土归流已势不可挡,国家权力在西南民族地区乡村社会扩张已指日可待。在此情况下,清代改土归流后,出现"改流复土"已屈指可数,这说明清代改土归流的条件已完全成熟。

（三）实施过程中的长期性

作为国家层面来讲,明清中央政府实施改土归流的具体目标体现在四个方面:一是在政治上,要消灭地方反叛和割据势力,巩固封建专制主义的中央集权,维护西南民族地区社会的稳定与安宁。二是在经济上,要剥夺西南土司的既得利益,从西南各省获得更多的经济利益和物质财富。三是在军事上,要夺取战略要地,达到控制西南地区、巩固国防力量的目的。四是在思想文化上,要以汉族的传统观念影响西南各民族,达到"以汉化夷",从思想文化上控制西南各族民众。② 作为地方政权的土司政权,在土司制度顺利推行之时,西南民族地区土司与明清中央政府结成了政治与经济的同盟,或者叫利益共同体。但当改土归流推行之时,西南民族地区各地土司与明清中央政府就不再是利益共同体,而是利益矛盾体或对立体。西南民族地区各地土司已由原来占有辖区土民的各种利益的剥夺者,转瞬之间成为中央政府的各种利益的被剥夺者,他们必将反抗乃至与中央政府相对抗,导致以战争的形式完成改土归流。因此,这就决定了改土归流是一项长期的工作。如贵州思南、思州的改土归流从明初一直持续到清中期。即明代从永乐十一年(1413年)中央政府废思南、思州二土司

---

① 邹映:《明代云贵地区改流复土现象研究》,广西师范大学2012年硕士学位论文。
② 李世愉:《试论清雍正朝改土归流的原因和目的》,《北京大学学报》,1984年第3期,第67-74页。

开始,明清两朝中央政府在这一地区进行了持续的改土归流,一直到清嘉庆十六年(1811年)为止,前后持续近400年的时间。又如广西在清代至民国时期的改土归流就经历了263年的历史,详见表5.8。

表5.8 清初至民国时期广西土司改土归流一览表

名称及土官姓氏	今地名	建立时间	改流时间
上林长官司岑氏	田林西及西林县	宋、元依氏上林州	1666年
安隆长官司岑氏	田林西北及隆林	宋、元依氏上林州	1666年
陀陵县黄氏	扶绥西北、崇左东北	宋朝	1688年
思明州黄氏	宁明县西	唐、元分上下思明州	1721年
泗城州(府)岑氏	凌云、乐业等县	宋朝置、顺治升府	1729年
镇安府岑氏	原那坡后德保	宋归化依氏,后来安岑氏	1731年
归顺州岑氏	靖西县	宋依氏顺安州,元李氏归安州,明为岑氏	1732年
恩城州赵氏	大新县恩城乡	唐朝	1733年
湖润寨岑氏	靖西县湖润	宋依氏、明岑氏	1747年
小镇安岑氏	那坡县	宋归化州,后来安,元后为镇安洞	1766年
那马巡司苏氏、黄氏	马山周鹿	嘉靖七年(1528年)	1870年
田州黄氏、岑氏	田东、田阳等县	唐州、元路、明初府,嘉靖七年(1528年)降州	1875年
阳万州岑氏	田阳西德保县北	乾隆七年(1742年)分田州立	1879年
凭祥州李氏	凭祥市西	宋元洞、永乐为县,成化十八年(1482年)升州	1910年
永定长官司韦氏	宜州市石别乡	弘治六年(1493年)	1910年
永顺长官司邓氏	宜州市西南都安北	弘治六年(1493年)	1910年
永顺副长官司彭氏	宜州市三合乡	弘治六年(1493年)	1910年
江州黄氏	崇左县南江州乡	唐太州、宋改江州	1915年
归德州黄氏	平果县东南	唐朝	1915年

续表

名称及土官姓氏	今地名	建立时间	改流时间
果化州赵氏	平果县西南	元代	1915 年
旧城巡司黄氏	平果县旧城乡	嘉靖七年(1528 年)	1915 年
古零巡司覃氏	马山古灵上林镇圩	嘉靖七年(1528 年)	1915 年
白山巡司王氏	马山白山镇	嘉靖七年(1528 年)	1915 年
定罗巡司徐氏	马山永州	嘉靖七年(1528 年)	1915 年
兴隆巡司韦氏	马山兴隆	嘉靖七年(1528 年)	1915 年
安定巡司潘氏	都安东南	嘉靖七年(1528 年)	1915 年
都阳巡司王氏	都安都阳乡	嘉靖七年(1528 年)	1915 年
思陵州韦氏	宁明思陵	唐朝	1916 年
忠州黄氏	扶绥县南	宋朝	1916 年
龙英州赵氏	天等县西南龙茗乡	宋洞后升州	1916 年
镇远州赵氏	天等县进结镇	宋洞后升州	1916 年
佶伦州冯氏	天等县东北	元洞后升州	1916 年
结安州张氏	天等县东北结安	元洞后升州	1916 年
都结州农氏	隆安县西都结乡	元洞后升州	1916 年
茗盈州李氏	大新县全茗乡	元旧洞后分置	1916 年
全茗州许氏	大新县全茗乡	元旧洞后分置	1916 年
思明州黄氏	宁明县	元设路,明后为府	1916 年
向武州黄氏	天等县西北	元朝	1917 年
都康州冯氏	天等县中部	元初洞后升州	1917 年
上映州许氏	天等县西部	元初洞后升州	1917 年
迁隆峒黄氏	宁明东上思西	宋峒,元州明洞	1918 年
罗白州梁氏	崇左县东南罗白乡	元朝	1918 年
上林州黄氏	田东县东恩林	元朝	1918 年

名称及土官姓氏	今地名	建立时间	改流时间
下旺巡司韦氏	平果	嘉靖七年(1528 年)	1918 年
东兰州韦氏	东兰、凤山等县	宋初	1919 年
南丹州莫氏	南丹县北中部	宋初	1919 年
龙州赵氏	龙州县	唐置,元升万户府,明降州,雍正分上下龙州而巡检司	上龙 1921 年
上下冻州赵氏	龙州县下冻乡	宋置,元分上下二冻州,明初合为一州	1921 年
下石西州闭氏	凭祥市下石	唐置,元分上下二州	1927 年
扶绥中东镇东黄氏	扶绥中东镇东	唐朝	1927 年
那地州罗氏	南丹县西南	唐朝	1927 年
太平州李氏	大新县雷平镇	唐波州,宋安平州,元末分二州	1928 年
下雷州许氏	大新县下雷	宋下雷洞依氏、明许氏	1928 年
安平州李氏	大新县安平	元末分为二州	1928 年
忻城州莫氏	忻城县	弘治九年(1496 年)	1928 年
万承州许氏	大新县东北龙门乡	唐置	1929 年

资料来源:[日]谷口房男,白耀天:《壮族土官族谱集成》,广西民族出版社,1998 年版,第 669-671 页。

从表 5.8 可见,清代广西改土归流长达 244 年,如果加上民国时期的改土归流,前后长达 263 年才完成。在清代四川民族地区的改土归流同样可以得到印证。据有关史料及学者研究表明,清代四川的改土归流进程,从清初到清末,其进程分为前、后两个重要阶段:第一阶段是清朝前期与中期,从雍正年间一直持续到嘉庆年间,主要解决东川、乌蒙、镇雄等土府改土归流的问题。乾隆年间,又解决大、小金川土司反叛的问题,最终于乾隆四十年(1775 年)平定金川地区,实施改土设屯。第二阶段是清朝晚期,即在光绪与宣统年间,主要解决懋功厅的沃日安抚司、绰斯甲布宣抚司,会理州境内披砂、会理村、苦竹、者保、通安舟五土司,康定府境内沈边长官司、冷边长官司、革咱安抚司、巴底宣慰司、巴旺宣慰司、霍耳竹窝安抚司、霍耳章谷安抚司、霍耳孔撒安抚司、霍耳甘孜麻书安抚司、霍耳白利长官司、霍耳东科长官司、林葱安抚司、上纳夺安抚司、瞻对长官司等,见表5.9。①

表5.9 清代四川改流的著名土司一览表②

改流土司名称	治所今地	改流时间	改流后政区名称
天全六番招讨司	四川天全县	雍正六年(1728年)	天全州
雷波长官司	四川雷波县	雍正六年(1728年)、乾隆二十六年(1761年)	雷波卫、雷波厅
长河西鱼通安远宣慰	四川康定县	雍正七年(1729年)、光绪三十四年(1908年)	打箭炉厅、康定府
平茶长官司	重庆秀山县	雍正十三年(1735年)	秀山县(后属酉阳)
酉阳宣慰司	重庆酉阳县	乾隆元年(1736年)	酉阳直隶州
杂谷安抚司	四川理县	乾隆十七年(1752年)	杂谷厅(理番厅)
石砫(现重庆市石柱县)宣慰司	重庆石柱县	乾隆二十七年(1762年)	石砫直隶厅
大金川安抚司	四川金川县	乾隆四十一年(1776年)	阿尔古厅
小金川土司	四川小金县	乾隆四十一年(1776年)	美诺厅
巴塘宣抚司	四川巴塘县	光绪三十一年(1905年)	巴安府
九姓长官司	四川叙永县	光绪三十四年(1908年)	古宋县
里塘宣慰司	四川理塘县	光绪三十二年(1906年)、三十四年(1908年)	里化县
德尔格忒宣慰司	四川石渠县	宣统元年(1909年)	登科府

资料来源:《清史稿》卷六十九《地理志十六》与卷五百一十三《土司传二》。

从表5.9可见,清代四川省改土归流从雍正六年(1728年)到宣统元年(1909年),前后一直持续181年。由此说明,任何一家土司,无论是自愿改土归流,还是被迫改土归流,他们都不会轻易退出历史舞台,自愿献出各种权力和利益。特别是清代中央政府以武力征剿消灭的土司,在最后阶段都会做垂死挣扎。

①安介生:《历史民族地理》(下册),山东教育出版社,2007年版,第860-861页。
②安介生:《历史民族地理》(下册),山东教育出版社,2007年版,第862页。

（四）具体处理中的并重性

在明清乃至民国时期的改土归流时，中央政府在国家权力扩张到西南民族地区的过程中往往采取"土流并重"的措施。例如，永乐十一年（1413 年）废除思南、思州二宣慰司，改以流官后，在原思南、思州二土司辖地之内，数十个长官司仍然存在。在此后的改土归流过程中，虽然明代中央政府持续地废土司，但思州、思南两地土司依然存在，只是土司的级别及衔品较低而已。同时，思州、思南二宣慰司罢废之后，田氏土司的后裔一直拥有出任土知府、同知的特权。播州杨氏土司被罢废之后，其后裔也一直世袭充任遵义府的土知府，直到清代康熙年间才裁废这一职位。又如龙泉坪长官司、贵竹长官司或因不称职，或因居民结构有改变而"改土为流"，设置了龙泉县或贵竹县，但末代土司本人以及后裔却有权世袭充任这两个县的土县丞。这足以证明改土归流仅是行政体制的转型，这种转型并不影响"土流并治"法规的延续。"土流并治"作为一种制度设计，不管经历过多少次"改土归流"，它依然有效，而且也被国家法规所承认。① 否则，土司、土职就不可能写入《明史》《清史稿》的《职官志》中。

"土流并重"在学界被称为"土流并治""土流参用"或"土流兼用"等。杨庭硕先生认为，"土流并治"是一项制度性的安排，土司、土职、土弁以及民族地区统帅土兵的各级土军军官等官员不仅全部处在朝廷职官范围之内，而且还是朝廷亲自任命、皇帝直接管辖的特殊职官，他们所管辖的地区是朝廷的直辖领地。从这个意义上讲，"土流并治"不仅意味着土官和流官可以并存，还意味着土官和流官之间可以相互转型，可以相互兼任。但有一点是肯定的，那就是土司与土职的任职情况、考成等始终处在流官的监控和朝廷的管辖之下。明清时期中央政府"改土归流"的实质既有改土官为流官的目的，也有依法管理土司和土职的功能和作用。

明代贵州省的行政建置的特点是"军政分管，土流并治"。随着国家权力的不断扩张，"土流并治"的局面在不断发生变化，总的趋势是土司势力在不断被控制、削弱，改流，府、州、县的权力在逐渐增加、扩展、加强。如明永乐十一年（1413 年）贵州出现第一次改土设流后，中央政府将思州、思南二宣慰司革除，在原思州宣慰司辖地置思州、黎平、新化、石阡四府，在原思南宣慰司辖

---

① 杨庭硕，李银艳：《土流并治：土司制度推行中的常态》，《贵州民族研究》，2012 年第 3 期，第 94-105 页。

地置思南、铜仁、乌罗、镇远四府,并将原属二宣慰司的三十九长官司及蛮夷长官司分属八府,置于流官统治之下。同年,以新开的八府、贵州宣慰司并安顺等三州为基础,建立贵州等处承宣布政使司,正式建省。后来,随着成化至隆庆百余年间以及万历年间的大规模改土设流,"土流同治"局面在不断改变,土司管辖的地方和势力在不断减少或削弱,流官管辖的地方在不断扩大和加强。①

无论是"土流并重",还是"土流并治",其目的之一在于:当国家权力在西南民族地区乡村社会扩张过程中遇到一定阻力时,中央政府和地方官员便借助土司的力量,以实现国家权力的扩张。研究表明,"土流并重",文武相维,能够增强中央政府在西南民族地区的统治力量,使各地土司能够谨守疆土,"修职贡,供征调",稳定社会秩序,促进西南地区民族融合、社会发展和文化繁荣。

三、西南民族地区改土归流的举措

明代西南民族地区的改土归流是以军事干预为先导,以众建土司为手段,以"剿抚兼施"为策略,以改土归流为目标,渐次展开,诸如永乐年间的思南、思州改流,万历年间的播州改流,明末的奢安土司改流等无不如此。清雍正时期大规模的改土归流也大体相同。具体来讲,明清两代改土归流的举措有五点。

(一)武力征剿

明清中央政府在实施改流过程中,武力征剿土司是用得最多的手段。尤其是明代,但凡土司反叛朝廷、土司之间仇杀、土司内部争袭,危害西南民族地区社会稳定时,中央政府往往通过武力征剿的形式以达到镇压和平定土司的目的。如《明史纪事本末》中有《麓川之役》《诛岑猛》《平杨应龙》《平奢安》等文,在《清史纪事本末》卷三十有《苗族及金川之征剿》一文,其中有"征剿"一词。这些文章中所涉及的基本事实为:云南麓川宣慰司思任发和思机发父子的叛乱,广西田州府土官岑猛的叛乱,四川播州宣慰使杨应龙的叛乱,四川永宁宣抚使奢崇明和贵州水西宣慰同知安邦彦的叛乱,以及四川大小金川土司之乱。这些均是明清两代影响很大的土司叛乱,至于小规模的土司叛乱和土司之间仇杀

①余宏模:《略论明代贵州建省与改土设流——纪念贵州建省590周年》,《贵州民族研究》,2003年第4期,第132-146页。

的情况则不可胜数。有学者统计,明代西南民族地区通过武力征剿的土司很多,云南有鹤庆军民府、孟连长官司、武定府、顺宁府、越州、罗雄州、麓川平缅军民宣慰司、大侯州、云龙州9家;四川有芒部军民府、龙州宣抚司、永宁宣抚司、太平长官司、播州宣慰司、真州长官司、播州长官司7家;贵州有思州、思南、贵州宣慰司、普安府、草塘、瓮水、黄平安抚司,金达、治古、答意、余庆、龙泉坪长官司12家;广西有田州府、思恩军民府、上思州、利州、南丹州、奉议州、崇善县、永康州、养利州、向武州、太平府、永安长官司12家。①

明代,在今贵州省的版图内,大凡对大土司的改土设流无一不是以军事实力为后盾,以武力征剿为手段进行的。其突出事例如下:一是思州、思南二土司地区的改土归流。永乐十一年(1413年),思州宣慰使田琛与思南宣慰使田宗鼎互相仇杀,当地民众深受其害,明廷命顾成率兵五万直压其境,将田琛、田宗鼎执送京师,废土设流,并在此基础上设置贵州布政使司。二是播州地区的改土归流。万历二十七年(1599年),播州宣慰使杨应龙与明廷的"平播之役"战争,明王朝调集四川、贵州、陕西、甘肃、浙江、湖广、云南等省计24万兵力,分兵八路围攻播州,虽遭杨应龙数万土兵的顽强抵抗,终于在万历二十八年(1600年)六月六日攻破海龙囤,杨应龙自杀,播州宣慰司及其属下一些安抚司和长官司被改土设流。这场"平播之役",播州杨氏首领、土目、土兵被俘1 124人,被斩首22 687人,杨氏族属被俘5 539人,招降播民1 262 111人。平播大军伤亡3万~5万人,其中官兵阵亡将军78人,士兵4 645人,重伤969人,轻伤2 458人,其余伤亡均为土兵。②"平播之役"虽然取得了胜利,但无论是对于官军及调入的土兵,还是对播州地区的土兵来讲,都付出了巨大的代价,对社会生产造成了极大的摧残。这正如《清史稿》所言:"明代播州、蔺州、水西、麓川,皆勤大军数十万,殚天下力而后铲平之。故云、贵、川、广恒视土司为治乱。"③

(二)众建土司

分土司地,众建土司,是明代中央政府治理土司地区的一大策略。这一策略最早始于明朝著名政治家丘浚(1420—1495年)的建议。他认为,广西

---

① 王强:《明代西南地区改土归流研究》,浙江大学2010年硕士学位论文。

② 遵义市汇川区高坪镇志编纂委员会:《遵义市汇川区高坪镇志》,方志出版社,2012年版,第576页。

③ 赵尔巽等:《清史稿》列传二百九十九《土司一·湖广》,中华书局,1977年版。

左右两江地方的府州县正官以当地土人担任,而佐官参用流官为之,并建议在广西动乱的各个地方参照左右两江土官体制,众建土官,以此达到"众设其官,势分力敌,自足相制,不能为乱"①的治理效果。实践众建土司之策效果最好的当属明代嘉靖年间两广总督王守仁,他在平定广西思恩土目王受与田州土目卢苏造反之后曾上疏:"因请复设流官,量割田州地,别立一州,以岑猛次子邦相为吏目,署州事,俟有功擢知州。而于田州置十九巡检司,以苏、受等任之,并受约束于流官知府。帝皆从之。"②他在制度设计上,使所有的土巡检都听命于流官知府,其官职虽可世袭,但其承袭必须经过流官知府的认同。这样,各土司由于所辖地域狭小,失去了叛逆作乱的实力;且新设的小土司完全置于当地流官知府控制之下,各地土司失去了叛乱的基础,从而加强了中央政府对土司的实际控制,维护了地方的稳定,有利于促进土司地方社会经济的发展。③

明朝末年,兵部尚书兼督贵州、云南、广西诸军务的朱燮元,在平定"奢安之乱"后,采取"裂疆域,众建诸蛮"之策。同时,他上疏曰:"水西有宣慰之土,有各目之土。宣慰公土,宜还朝廷。各目私土,宜界分守,籍其户口,征其赋税,殊俗内响,等之编氓。大方、西溪、谷里、北那要害之地,筑城戍兵,足销反侧。夫西南之境,皆荒服也,杨氏反播,奢氏反蔺,安氏反水西。滇之定番,小州耳,为长官司者十有七,数百年来未有反者。非他苗好叛逆,而定番性忠顺也,地大者跋扈之资,势弱者保世之策。今臣分水西地,授之酋长及有功汉人,咸俾世守。虐政苛敛,一切蠲除,参用汉法,可为长久计。因言其便有九:不设郡县置军卫,因其故俗,土汉相安,便一。地益垦辟,聚落日繁,经界既正,土酋不得侵轶民地,便二。黔地荒确,仰给外邦,今自食其地,省转输劳,便三。有功将士,酬以金则国币方匮,酬以爵则名器将轻,锡以土田,于国无损,便四。既世其土,各图久远,为子孙计,反侧不生,便五。大小相维,轻重相制,无事易以安,有事易以制,便六。训农治兵,耀武河上,俾贼遗孽不敢窥伺,便七。军民愿耕者给田,且耕且守,卫所自实,无勾军之累,便八。军耕抵饷,民耕输粮,以屯课耕,不拘其籍,以耕聚人,不世其伍,便九。帝咸报可。"④明代统治者针对西南地区土司地大势强容易反叛朝廷的实际情况,采取传统的"众建诸侯而少其力"之策,力求

---

① 邱濬:《广西众建土官议》,转引自《粤西文载校点》(第四册)卷五十七,广西人民出版社,1990年版,第198页。

② [清]张廷玉等:《明史》卷一百九十五,中华书局,1974年版。

③ 王强:《明代西南地区改土归流研究》,浙江大学2010年硕士学位论文。

④ [清]张廷玉等:《明史》卷二百四十九,中华书局,1974年版。

通过和平手段促使土司力分而易制。

这种策略不仅被以"识者皆诵其言"后人而赞美,而且也被清代统治者再度推行,如《朱批谕旨》所言,"其势既分,心即离异,日后纵欲鸱张,其中必互相掣肘,或畏惧相戒,则其邪谋自息矣",这就是在明代地方官员(如朱燮元等)提倡并践行众建土司的基础上发展而来的。① 明代"众建土司"之策对清朝政府在改土归流、处理民族关系、维护西南民族地区社会稳定等方面产生了重要影响。

(三)嗣绝改流

明代对土司的承袭人范围有明确规定。《明史》卷七十二载:"其子弟、族属、妻女、若婿及甥之袭替,胥从其俗。"②可见,土司承袭人范围十分广泛。土司承袭情况有多种情况:父死子继,兄终弟及,叔侄相继,族属继承,妻妾袭替,女媳继职,子死母继。其承袭顺序是先嫡后庶,先亲后疏。事实上在如此广泛的继承范围之内,要找一个能继承土司职位的人应当极为容易。所以,所谓因嗣绝而改流只是明政府的一种借口而已。例如,《土官底簿》载:云南丽江府土府照磨"木苴剌故,绝……成化十二年九月二十四日除流官萧昇"③;广西上石西州土知州"何义护印亦故,无嗣,本宗别无以次儿男……成化十五年正月题准选除流官知州彭侃讫"④。据有的学者研究表明,有明一代,西南民族地区因嗣绝而被改流的土司较多,如云南的马龙州、广西府、路南州、维摩州、楚雄府、曲靖土置安抚司;贵州的福禄永从长官司、水东长官司,广西的左州、上石西州、上思州、武靖州、上林长官司均是因嗣绝而被改流。⑤在清代,因嗣绝而改流者,自然不乏其例。此不赘述。

(四)自请改流

明代土司自请改流是极为少见的现象,有学者统计,仅有云南靖安宣慰司和贵州金筑安抚司两家。在清代改土归流的高潮之中,由于清政府对西南民族

①⑤王强:《明代西南地区改土归流研究》,浙江大学 2010 年硕士学位论文。

②[清]张廷玉等:《明史》卷七十二,中华书局,1974 年版。

③[明]无名氏:《土官底簿》卷下,云南丽江府"本府照磨"条,台湾商务印书馆影印本,1986 年版。

④[明]无名氏:《土官底簿》卷下,广西"上石西州知州"条,台湾商务印书馆影印本,1986 年版。

地区土司土职人员的安排处理采取区别对待的政策,或强行改革,或异地安插,或宽免其罪,或给官俸以终其身等。因此,有的地方的土司就自请改流,如湖北以忠峒安抚司田光祖为首联合请改土归流达十五家土司之多,清政府根据不同情况分别给予迁徙、给房、给田的处置,详见表5.10。

表 5.10　清廷对十五家土司处置情况表①

土司名称	司主名称	迁徙地方	坐房间数	田　　数
忠峒*	田光祖	孝感	25	3 顷 15 亩
高罗	田昭	汉阳	3	35 亩
木册	田应鼎	孝感	12	1 顷 95 亩
大旺	田正元	孝感	12	2 顷
腊壁	田封疆	黄陂	5	80 亩
东流	田尧封	孝感	3	45 亩
散毛	覃煊	孝感	6	85 亩
卯峒	向舜	孝感	8	1 顷 15 亩
百户	向权	孝感	10	1 顷 40 亩
漫水	向廷富	孝感	2	40 亩
唐崖	覃梓桂	汉阳	27	4 顷另五亩
金峒	覃舜	孝感	9	1 顷另 20 亩
龙潭	田贵龙	汉阳	4	65 亩
忠孝	田璋	孝感	6	75 亩
忠路	覃楚梓	孝感	10	1 顷另 5 亩
沙溪	黄正爵	汉阳	7	80 亩

注:＊忠峒土司初置于孝感,后又迁往黄陂。

①刘孝瑜,答振益,柏贵喜:《湖北省志·民族》,湖北人民出版社,1997 年版,第60-61 页。

（五）裁革土司

裁革土司也是明清两代中央政府在改土归流中常用的手段之一。明代以各种理由被裁革的土司并不少，其原因或"人少官多""地狭民稀"，或土司犯罪被裁革。例如，贵州乌罗土府因为原隶于其下的治古、答意二长官司叛乱被废除，所辖仅剩三长官司，不足以立府，因此于正统三年（1438 年）被裁革；云南陆良州和贵州普定府因土官犯罪而被裁撤。明政府以这种理由裁革土司通常比较顺利。清代裁革土司的理由，往往是"因事""滋事""缘事""因罪"等。《清史稿》对此记载较多，如《清史稿》列传三百《土司二》载，四川酉阳宣慰使司冉元龄于雍正十二年（1734 年），"因事革职，以其地改设酉阳直隶州。原管有邑梅峒、平茶峒、石耶峒、地坝四长官司，均于乾隆元年改流"。又载，四川永宁道千万贯土千总杨明义"于雍正六年因云南米贴夷滋事案参革"。《清史稿》列传三百零一《土司三》载，云南姚安府土同知李厚德于"雍正三年，以不法革职，安置江南"。《清史稿》列传三百零二《土司四》载，贵州思南府蛮夷副长官李慧于雍正八年（1730 年），"缘事革职"。在广西，裁革的现象较为普遍。如《清史稿》列传三百零三《土司五》载，归顺州土司岑佐于雍正八年（1730 年），因不法而"革职改流"；思明州土司观珠于雍正十年（1732 年）"以罪参革，改流"；上龙司土司赵殿炬于雍正三年（1725 年）"以贪残参革，析其地为上龙司、下龙司"。①

总之，明清时期的改土设流是封建中央政权与地方土司政权之间的激烈斗争，这场斗争的实质是封建地主制与封建领主制之间的斗争，是中央集权与地方分权之间的斗争，是中央王朝和地方土司争夺各种权力和利益的斗争。在这场根本利益的斗争中，虽然中央政府付出了惨重的代价，但通过改土归流，极大地削弱了西南民族地区土司的势力，加速了国家权力在西南民族地区扩张的历史进程，维护了西南民族地区乡村社会稳定。翻检史籍，我们会发现，大凡平定一次大规模的土司叛乱之后，时任主帅均要撰写一份"善后事宜疏"，这种奏疏主要是土司平定之后作为主帅对土司地区今后的相关事宜做的部署与安排，在一定程度上对平定的土司地区的政治、经济、社会、文化等方面产生深远影响。如李化龙在"平播之役"后撰写了一篇《播地善后事宜疏》，其中包括"复郡县""设屯卫""设兵备""设将领""丈田粮""限田

①赵尔巽等：《清史稿》，中华书局，1976 年版。

制""设学校""复驿站""建城垣""顺夷情""正疆域"等十二条建议①,不仅使中央政府能更有效地对播州地区进行有效管理,而且有利于该地区的社会重构,解放乡村社会民众的生产力,增加朝廷的税收,促进该地区社会、经济、文化、教育的快速发展。同时,也为清代在西南民族地区更为彻底地改土归流奠定基础和提供经验。

第三节　乡里制度

明清时期的乡里组织不是一级行政政权,而是县以下的政治、经济、社会职能不够完备的辅助性的基层行政单位。乡里制度是指中国古代县以下的各级基层行政区划制度,它集中反映了当时社会结构的一些特殊性。大量的文献资料证明,明清时期国家政权控制西南民族地区乡村社会的最主要工具是里甲制和保甲制,征收赋税成为国家政权统治西南民族地区乡村社会的主要体现。也就是说,明清时期西南民族地区乡里组织的基本形式是里甲制和保甲制。换言之,里甲制度和保甲制度是明清时期西南民族地区乡里制度的主要组成部分。在一定意义上讲,国家就是通过里甲制度和保甲制度这些基本形式,逐步使国家权力深入到西南民族地区乡村社会的阡陌之间。

一、国家权力通过里甲制度和保甲制度深入到西南民族地区乡村社会

明清时期西南民族地区乡村社会实行的乡里制度,本质上是一种以地主、乡绅为骨干的乡村社会治理机制。因为它集行政、教化、司法、自我管理和监督等职责于一身,并拥有编排户口、宣传教化、督催赋税、摊派力役、维持治安、兼理司法的职权,所以它使明清时期的国家权力在西南民族地区一步一步地深入,逐渐深入到乡村社会的各个角落、各个民族、各类人群。明清时期的乡里制度主要包括里甲制度、保甲制度以及清末团甲制度。这里仅探讨前两种,团甲制度将在第八章的第三节"团练制度"中探讨。

---

①李化龙:《播地善后事宜疏》,转引自郑珍,莫友芝:《遵义府志》,遵义市志编纂委员会办公室,1986年版,第1334-1339页。

（一）里甲制度

里甲制度不仅是明清时期西南民族地区乡村社会的基层组织制度,而且也是明代中央政府推行黄册制度、粮长制度的主要基础。明代和清代前期实施里甲制度的目的在于在当时社会结构的基础上,形成人口居住、土地占有、赋役责任、自治管理等高度结合的乡村社会运行机制,实现基层社会控制的一元化格局。它对于国家权力在西南民族地区乡村社会的深入和国家在该地区有效实施治理,均有着十分重要的作用。

1.里甲制度的名称

明清时期里甲制度较为复杂,它是在既吸收了以往乡村社会基层组织制度建设成果的基础上,又根据当时的西南民族地区乡村社会的实际情况而创建的。再加之不同时期、不同阶段、不同地区、不同民族的特点,所以,里甲制度称谓不一、名目繁多。白钢先生指出:"明代的乡村行政机构。据有关方志所载,多半是乡都图、乡都里三级,也有的地方是乡保村里、乡保区图四级。"[1]据此可知,明代的乡里组织层级较为复杂,有乡、里、都、图、保、村、区等名称。[2]《中国政治制度通史》(明代卷)的作者认为,明朝在城乡普遍建立基层社会组织,以加强对民户的管理。城内分坊,有坊长;近城为厢,有厢长;乡村为里,有里长。坊、厢、里之下是甲,有甲首。因此,明朝的里甲制度既指乡村的里甲组织,也包括城郭的坊甲和厢甲组织,但人们通常都把它视为乡村基层组织。里甲之上是乡。因此,明朝县以下单位应有"乡—里—甲"三级。但由于乡在明朝是作为地区划分而未建立政权组织,所以,县以下基层单位主要是里甲。[3] 概括起来,明代乡里制度的发展大致经历了两个阶段,一是明初期的里甲制,二是明中后期的保甲制。[4] 这在明代不能一概而论,因为在清代雍正年间,有一个改里甲制为保甲制的过程。即使是这样,在西南民族地区,很多地方在道光年间仍然在实施里甲制。例如,直至清代道光年间,贵州省大定府仍然在实施里甲制,按里甲征收田赋粮米。据道光《大定府志》载,在道光二十一年(1841年)《粮册》上记载了贵州省大定府(今贵州省大方县)亲辖地征粮数额,详见表5.11。

---

[1]白钢:《中国农民问题研究》,人民出版社,1993年版,第137页。

[2]赵秀玲:《中国乡里制度》,社会科学出版社,1998年版,第39页。

[3]杜婉言,方志远:《中国政治制度通史·明代》第九卷,人民出版社,1996年版,第218页。

[4]赵秀玲:《中国乡里制度》,社会科学出版社,1998年版,第40页。

明清时期西南民族地区乡村社会与国家关系研究

表 5.11　贵州省大定府亲辖地征粮数额一览表①

里　名	甲　名	征粮数额	备　注
乐贡里	一甲	二百六十五石五斗四升九合五勺	
	二甲	一十四石零一升七合	
	三甲	八十石零一斗二升七合五勺	
	四甲	七十八石四斗三升五合四勺九抄一撮	
	五甲	一百一十五石九斗七升二合九勺八抄	
	六甲	四十三石六斗四升二合二勺	
	七甲	三十二石七斗五合五勺	
	八甲	六十石三斗五升五勺	
	九甲	四十七石四斗五升五合	
	十甲	四十六石一斗五升四合四勺	
悦服里	一甲	九十四石六斗三升六合三勺二抄五撮	
	二甲	八十一石九合九勺	
	三甲	一百一十五石四斗五升七合六勺	
	四甲	八十七石五斗九升四合	
	五甲	七十石二斗五升五合	
	六甲	四十三石六斗四升二合二勺	
	七甲	三十二石七斗五合五勺	
	八甲	四十石零六合	
	九甲	三斗九升五合	
	十甲	四斗二升	
嘉禾里	一甲	一百一十七石七斗九升九合	
	二甲	五十七石四斗八勺	
	三甲	五十六石	
	四甲	三十七石六斗四升三合	
	五甲	四十石一斗三升八合	
	六甲	十五石七斗一升	
	七甲	一斗五升	
	八甲		粮册无
	九甲	二石三斗六升五合	
	十甲	一百一十六石零五升五合	

①［清］黄宅中：《道光大定府志》（点校本），中华书局，2000 年版，第 225-278 页。

里　名	甲　名	征粮数额	备　注
大有里	一甲	一百三十一石五斗八升七合八勺	
	二甲	一百一十石四斗七升九合五勺	
	三甲	一百四十八石三斗九升八合	
	四甲	九十四石六斗三合一抄	
	五甲	六十五石六斗七升八合	
	六甲	五十五石八斗九升一合	
	七甲	七十七石九斗一升二合五勺	
	八甲	二十五石四斗六升三合	
	九甲	六十二石七斗七升八合二勺五抄	
	十甲	四十一石零五合	
仁育里	一甲	一百三十一石八斗五合五勺	
	二甲	九十一石二斗一升一合	
	三甲		粮册无
	四甲		粮册无
	五甲		粮册无
	六甲	三十一石零五开五合	
	七甲	八十七石一斗一升二勺一抄五撮	
	八甲	七十四石零五升一合五勺	
	九甲	六十石九斗	
	十甲	三十七石一斗七升五合	
义渐里	一甲	一百一十石五斗二升二合	
	二甲	六十二石一斗六升二合	
	三甲	十一石五斗七合	
	四甲	九十石六斗二升一合四抄	
	五甲	四十五石四斗四升六合	
	六甲	五十二石七斗四升九合	
	七甲	二十一石一斗八升四合	
	八甲	二十八石六斗七升二合	
	九甲	二十六石四斗四合	
	十甲	三十九石四斗九升九合	

且从《大定府志》可知,在该地区内,其基层单位为"里—甲—寨"三级。据道光二十一年(1841 年)《粮册》:

> 乐贡里一甲,粮二百六十五石五斗四升九合五勺。寨百六十八,曰岩脚、曰小屯、曰松树坪、曰涑工、曰架木、曰得胯、曰法胯、曰阿乌怯、曰石墙院、曰则溪、曰白胯、曰木社以脚、曰小麻窝滴水岩、曰则魁、曰对江屯、曰老冒车厂、曰祼居、曰以那、曰新铺、曰法窝、曰大屯、曰穴那、曰次暮胯、曰脚至作改、曰勋卧、曰花果园、曰小屯、曰则胯、曰岩下、曰木弄九层菁、曰自租扯木沙架、曰告谷山、曰内泥、曰石墙院、曰小河、曰小屋基、曰鱼洞、曰果木、曰滞木胯、曰法夏、曰滥泥沟、曰阁鸦、曰龙场坝、曰小河、曰黑石头、曰新庄、曰金鱼桥、曰毛粟园、曰本城、曰帽沙井、县黄煤洞、曰西门外、曰沙农□、曰法怯、曰高枧槽、曰瓦厂塘、曰龙场坝、曰沙树多乐、曰中坝、曰鱼洞、曰后街鱼洞、曰老虎以则、曰攉基湾、曰黑石头、曰鬼筒菁、曰法窝、曰沙架、曰小素衣坝、曰白租扯、曰花沙架、曰松树坪、曰暮沙架、曰渡子、曰汪家洞、曰雄黄厂、曰汪家洞、曰龙井沟、曰猪打坡、曰法夏、曰岩脚、曰老虎洞、曰松树坪、曰长宁更、曰本城北门、曰六塘小河、曰骂□、曰六仲亩、曰以怯法夏对门、曰河头上、曰花沙架、曰笋子山、曰法夏麻冲、曰煤洞沟、曰雄那沟、曰老虎以则杓佐架、曰落水洞、曰哇哇山、曰以则、曰街尾、曰土锅寨、曰阁鸦、曰个处洛、曰瓦厂、曰落水洞、曰龙井沟、曰祼居、曰切木胯、曰松树坪、曰九曲黄河、曰旧头塘、曰六塘小河、曰落水洞、曰法洛、曰落水洞、曰果必祼、曰狗巴岩、曰岩下、曰滥泥沟、曰火焰山、曰贾世作两叉河、曰大沟坎、曰煤洞坡营盘寨、曰雄黄厂、曰逆达气下半坡、曰以那觉、曰瓦厂、曰滴水岩、曰石墙院、曰一碗井、曰出水洞、曰寨脚以那、曰宋家沟、曰路冲冒沙井、曰则魁菁口、曰两叉河、曰旧屋基、曰龙井沟、曰青枫林乌枼祼果必祼、曰瓦厂、曰得胯河、曰一捧井、曰旧头塘、曰砲沙冲、曰南门外马家井、曰山脚、曰砲沙冲、曰石板水沟大坡头、曰大坡脚、曰九里菁沙坝长冲、曰鱼洞、曰龙井沟、曰纸厂、曰石墙院、曰以冲河、曰小河、曰螃蟹山、曰叶子山、曰雄黄厂、曰龙场坝、曰本城金鱼桥、阁鸦、花果园、曰落水洞、曰大鹿塘、曰以则菁、曰老虎吃水、曰滥泥沟坛罐坡、曰大屯、曰水井坡、曰果处祼园茶、曰雄那沟、曰本城,其间小河、龙场坝、黑石头、汪家洞、岩脚、花沙架、阁鸦、六塘、小河、滥泥沟、旧头塘、砲沙冲、雄那沟、大屯皆再见,瓦厂、雄黄厂皆三见,石墙院、松

树坪、龙井沟皆四见,落水洞五见,又除本城三处,实百四十五寨。①

这种情况在四川省西部也可得到佐证。据《阿坝州志》载,清朝中期今阿坝地区改土归流后,藏、羌山乡仍广置宣慰司、安抚司、长官司、巡检司、千户、百户等,依旧实行土职世袭。而汶、理、懋、茂、松等县汉族或汉羌回杂居地区,推行里甲制,10户为甲,设甲长;若干甲为里,设里长,统里为县。计汶川县2里,理番厅6里,茂州36里。②

根据上面的种种情况,作者认为,在西南民族地区和众多少数民族中,不仅实际上存在着一种相对于中原地区不同的时间制度,而且也存在着一种有别于汉族地区或已经改土归流地区的基层政治制度和组织制度,时间跨度近500年。

2.里甲制度的实施

朱元璋建立明朝后,试图通过推行里甲制度规范地方社会的权力结构,形成以安分守法的地主、富民为乡村社会领导层的社会秩序,并且保证国家对全国各地人口的控制,以适应征发徭役、征收赋税的需要。③从里甲制度在西南民族地区乡村社会实施的原因看,一方面是明初自耕农的大大增加及垦荒政策的需要;另一方面是地主阶级集团内部矛盾斗争的需要。但后来随着西南民族地区人口数量的增长和迁移率的提高,民众之间贫富分化程度的加剧,商品经济发展对乡村社会的冲击和影响等作用,乡村社会的支配权力转移到地方精英士绅、土豪等人手中。这是晚明社会变迁进程中一个十分重要的内容。

在广西,一些土州县的田赋与兵役是里甲编户为国家承担的最主要的义务。各土州县里甲编户的多少与赋额和兵额的负担并不完全成比例,这或许与各土州县的地理位置、土地肥瘠、地域大小等因素有关。但总的看来,赋额与兵额与里甲编户密切相关。换言之,明代的黄册制度即使在西南民族地区的乡村也和内地一样得到贯彻执行,只是到了土州县,其具体做法灵活一些,见表5.12。④

①[清]黄宅中:《道光大定府志》(点校本),中华书局,2000年版,第225页。
②阿坝藏族羌族自治州地方志编纂委员会:《阿坝州志》,民族出版社,1994年版,第692-693页。
③杜婉言,方志远:《中国政治制度通史·明代》第九卷,人民出版社,1996年版,第218页。
④李小文:《国家制度与地方传统——明清时期桂西的基层行政制度与社会治理》,厦门大学2006年博士学位论文。

表 5.12　嘉靖年间太平府各土州县里甲编户、秋粮、兵额统计表

州县名	太平州	龙英州	恩城州	万承州	都结州	安平州	思同州	上下冻	茗盈州	全茗州	结安州	结伦州	镇远州	罗阳州	陀陵州
里	4	2	2	2	1	5	1	1	1	1	1	1	1	1	4
赋(石)	239	275	186	520	98	192	88	102	103	120	78	30	99	155	167
兵额	145	150	95	165	54	140	37	无	44	44	55	54	51	76	49
加调	355	350	150	380	66	70	62	无	160	160	59	56	59	34	51

资料来源:(万历)《太平府志》卷三《各土州县》;(嘉靖)《广西通志》卷五十一《外志》。

从上表可见,明代广西土州县虽然承担的田赋非常有限,但承担的兵役任务则比较重,这反映了边境地区独特的社会历史背景。

3.里甲制度的编排方法

据《明史》载,"洪武十四年,诏天下编赋役黄册,以一百十户为一里,推丁粮多者十户为长,余百户为十甲,甲凡十人。岁役里长一人,甲首一人,董一里一甲之事。先后以丁粮多寡为序,凡十年一周,曰排年。在城曰坊,近城曰厢,乡都曰里。里编为册,册首总为一图。鳏寡孤独不任役者,附十甲后为畸零。僧道给度牒,有田者编册如民科,无田者亦为畸零。每十年有司更定其册,以丁粮增减而升降之。"①《明会典》也有大致相同的内容:"洪武十四年,诏天下府州县编赋役黄册,以一百一十户为里,推丁多者十人为长。余百户为十甲,甲凡十人。岁役里长一人,管摄一里之事。城中曰坊、近城曰厢、乡都曰里。凡十年一周。先后,则各以丁数多寡为次。每里编为一册,册首总为一图。鳏寡孤独不任役者,则带管于百一十户之外。而列于图后,名曰畸零。"②这两种史籍对里甲编排的记载略有不同,大抵以乡、坊、厢为单位,每 110 户为一里,推丁粮多者10 户为里长,其余百户分为 10 甲,每甲 10 户,有甲首一户;如有剩余户口,则编入本乡(或本坊、本厢)的邻里。③ 这就使全国各地的户口编入粮册,每年缴纳一定的赋税。于是,全国各地的里甲组织就成为大明王朝地方机构的最小细胞。

国家通过里甲制度这一套严格的规定,不仅初步建立了政治上和经济上的

---

① [清]张廷玉等:《明史》卷七十七,中华书局,1974 年版。
② [明]申时行等:《明会典》(万历朝重修本),中华书局,1989 年版,第 132 页。
③ 杜婉言,方志远:《中国政治制度通史·明代》第九卷,人民出版社,1996 年版,第 219 页。

"秩序",而且也使国家权力逐渐深入到西南民族地区乡村社会的阡陌之间。在国家权力深入到西南民族地区乡村社会的整个过程中,犹如地球上不同时差,只是或早或迟、或先或后而已。

(二)保甲制度

里甲制度在经过较长时间的运行之后,已越来越难以正常地发挥其职能。特别是某些地区的宗族组织取代了里甲组织的大部分功能以及地方精英渴求发挥较大社会功能的愿望越来越强之后,里甲制度似乎走到了历史的尽头。因此,雍正年间,清政府开始实施"摊丁入地"办法,使赋役合而为一,这标志着里甲制度的消亡和保甲制度的诞生。据《广西通志·民政志》载:明代广西实现里甲制度,直到清初,在州县以下,仍然实行里甲制度。清代雍正四年(1726年),对保甲组织进行了一次较大的整顿,强调务必落实对人户的编排,"村庄虽小,即数家亦可编为一甲",要求每户发给印信纸牌一张,以备稽查。同时,还制定了一系列专门针对少数民族地区的保甲编制措施,例如,"顺庄编排"保甲组织的办法,在广西得到了贯彻,与此相应的赋税制改革也在同步进行。至雍正六年(1728年),广西已基本完成摊丁入亩、地丁合一的赋役制度改革,实现了一切出于田赋的目的。① 由此可见,西南大部分地区在清代雍正年间已经实行了保甲制度。

保甲制度作为一种乡村社会基层政治制度,其最本质特征是以"户"(家庭)为社会组织的基本单位。保甲制度是清代中央政府对乡村社会进行有效管理与控制的重要手段,是国家权力在西南民族地区乡村社会最深入的一种基层管理制度。

1.保甲制度的名称

清代保甲组织十分复杂,其名称多种多样。如《皇朝通考》卷二十一载:"考十七年②令民间设立里社。则有里长、社长之目;惟八旗庄屯,以设催领,不更设里长。南省地方,以图名者,有图长;以保名者,有保长;其甲长又曰牌长,以其十家牌之首也。"保甲组织的名称也因地而异。闻钧天在《中国保甲制度》一书中指出,保甲制度的名称有自乡、里、区、社、城、镇、铺、厢、集、图、部、保、总、村、

---

①广西壮族自治区地方志编纂委员会:《广西通志·民政志》,广西人民出版社,1996年版。

②指顺治十七年(1660年)。——作者注

庄、营、圩、甲、牌、户、寨、堡、团、卡房等。① 作者查阅西南地区大量地方志书,发现清代在县之下实施的保甲制度,一般是三级制。但各地名称各不相同,或叫乡都图,或叫乡都村,或叫乡都里;有的地方而是二级制,或叫保里,或叫里甲,或叫镇保。

按照《广西通志·民政志》载,清代中后期广西的保甲组织名称很不规范,不仅保留了大量里甲组织的旧称,而且混杂了许多旧防卫组织(如堡、寨)及地形(如坡、洲)、地物(如堰、闸)等习惯称谓。

光绪《临桂县志》载,临桂县下基层组织则分为乡、里(厢)、村三级。临桂县城分十厢,即城一图、东一厢、东三厢、南二厢、南四厢、南五厢、西一厢、西二厢、西三厢、北一厢。郊区分东、西、南三乡。光绪《藤县志》所载,藤县在县以下划分为乡、都(里、厢)、村三级。藤县县城分为五捞厢、西阳厢、南阳厢、仁寿坊、兴贤坊、登俊坊、胜概坊、孝通坊、富寿坊、得隽坊、桂坊,为三厢十坊;郊区分六乡。

道光末年,西南民族地区很多地方举办团练,维持地方治安。随着太平天国起义爆发,云南、贵州、四川、广西等地各州县大办团练。举办团练的地方大多在原地方基层组织范围内进行组训,一般在乡一级设置团局。地主豪绅势力强大的地方,也有以一保一里或联结数保(里)组团的,如广西临桂县就有120余团。团练与地方乡、保组织从一开始就有紧密联系,如团练以保甲抽丁、编组,团练经费相当一部分由保甲摊派、筹集;加之,团练与乡保组织大多皆由地主豪绅控制,故乡保组织职能不断受团练浸淫,有的更为团练所取代。这种情况在原来乡保组织基础、传统比较薄弱的少数民族地区,更为显著。

在西南民族地区一些尚未改流的土司统治地区,其基层组织不仅保留着原有的习惯称谓,而且职能和保甲制度相异,其基层组织仍然承担着向土司提供赋税和劳役的义务。如广西南丹土州的基层政权为哨,全土州分本州哨、移州哨、者勤哨、者远哨、巴平哨、弄吟哨、皮寮哨、巴峨哨、罗富哨、并哨、尖哨、六寨哨、四马哨等十四哨。每哨有哨目(亦称哨点)一人,掌握全哨大权,处理哨内事务;有师爷一人,协助哨目处理事务;十长一人,率哨勇一棚(十人一棚),负责保护哨目的身家性命,递送公文和传讯案件。哨下设团,有团总一人,团的多少视哨的大小而定,大哨有几十个团,如本州哨有七十二个团;小哨不设团。团下为甲,十户或十余户为一甲,设甲长一人,由团总委派。

---

① 闻钧天:《中国保甲制度》,商务印书馆,1935年版,第206页。

安平土州(今广西大新县境内)划分为东、西、南、北、上、中、归、食等八化,每化管辖十余个至三十余个村屯。每化设知峒一人,掌握全化大权;钱峒一人,专责催收粮赋;权隘若干,每隘一名,专守隘口。化之下,又分片,数村为一片,每片设总化一人。片下村屯,各村屯设郎首一人至数人,多由过去的村老衍化而来,为一村之长。

根据广西实施保甲制度的情况推测,清代雍正年间以降,西南民族地区的保甲制度已经确立,乡、保、甲三级已成为保甲组织基本组织形式。但各地称谓不一,除乡一级名称比较统一外,保一级有堡、里、都、图、厢、坊、甲、寨等称谓,甲一级则多以村名之。咸丰年间以后,团练兴起,在基层多与乡保并存。在少数民族地区,已改流者除称谓多沿袭原来旧称外,基层组织性质已与汉族地区无异;土司统治地区,基层组织仍负担着为土司办粮当差的职责,有的甚至还承担着专业的抬轿、吹奏、种菜、饲养牲畜等无偿封建性徭役。[①]

2.保甲制度的编排方法

据有关史料载,雍正四年(1726年)七月,吏部遵旨议行保甲法。《清史稿》载:"其法,州县城乡十户立一牌长,十牌立一甲长,十甲立一保长。户给印牌,书其姓名丁口。出则注所往,入则稽所来。其寺观亦一律颁给,以稽僧道之出入。其客店令各立一簿,书寓客姓名行李,以便稽察。"[②]就全国而言,保甲的编排方法为:"十户立一牌头,十牌立一甲长,十甲立一保正。其村落畸零及熟苗、熟僮,亦一体编排。"(《清世宗实录》卷四十六)按照规定,即便村庄不符合这个编排标准,也可不限于具体规则,"村庄虽小,即数家亦可编为一甲";为便于地方官稽查,使保甲之法得以更好实施,规定每户"发给印信纸牌一张"[③]。从保甲的编排方法看,这一命令强调了两点:一是十进制的牌、甲、保设置,逐级分别设置牌头、甲长、保正;二是畸零村落、熟苗、熟僮一体编排。其实,上述《清世宗实录》的记载只是保甲令的梗概,还有一些具体的规定,如乾隆《大清会典则例》更详细地记载了雍正四年(1726年)保甲制度:"嗣后每户给印牌一张,书姓名丁数,偶有出入,必使注明,不许容留面生可疑之人。若村落畸零户不及数,即

---

①广西壮族自治区地方志编纂委员会:《广西通志·民政志》第一篇《基层政权》第一章《清代、民国时期》第一节《清代》,广西人民出版社,1996年版。

②赵尔巽等:《清史稿》卷一百二十《食货一·户口》,中华书局,1976年版。

③[清]尹泰,张廷玉:《雍正清会典》卷一百三十八《兵部·保甲》,雍正五年(1727年)刻本。

就数编立。至熟苗、熟僮已经向化,应一例编立保甲。"①另据《巡视北城监察御史罗其昌奏陈京装宜设保甲折》载:"保甲之法,十家立一甲长,百家立一保长。一家有一门牌,十家有一十家牌。各书姓名、籍贯、生理、男妇、丁口于牌上,彼此互相稽查。"②这是在前面保甲令的基础上的进一步细化。西南民族地区保甲的编排方法比较切合实际,如鄂尔泰在一份奏疏上说:"云贵土苗杂处,户多畸零,保甲之不行多主此议。不知除生苗外,无论民彝,凡自三户起皆可编为一甲,其不及三户者令迁附近地方,毋许独住,则逐村清理,逐户稽查,责在乡保甲长。"③鄂尔泰根据云贵地区土苗杂处、户多畸零的情形,为推行保甲而建言献策。同时,他的建言献策,其实就是与保甲令中畸零村落、熟苗、熟僮一体编排保甲是一致的,而且更加具体化。④ 在作者所见到的保甲制度编排方法最为详细的是贵州《黎平府志》,其中记载"编保甲"条内容如下:

> 以十一户立一甲长,十甲立一保正,东南西北四乡各立一保长以总之。城厢既不统于四乡,亦立一保长以总之。共设保正若干名,甲长若干名,烟户清册若干。一存官,一给保,以便稽查填注。(其法:以十一家为一甲,内以一家择为甲长,以统十家。自一甲至十甲为一百一十家,内以十家为十甲长,另以一家择为保正,以统十甲。如十甲之外尚有畸零,甲即附统于末保之保正。十家之外尚有畸零户,即附统于末甲之甲长。其庄村不及百家者,附近有二十三家即十数家之小村,准其附入以足一保。不及十家者,附近有二三家之小村,准其附入以足一甲。如村外独户及遥远孤村不过数家,即于数家中择一年力精壮、晓事者为庄头,即于附近之保正兼统之。其庵观寺院,如在本甲开于甲尾,以不入丁差,不便列于十户之数也。但僧道若干名,仍照民户开报,以便稽查。其在城及城外关厢,统于城厢保长。余俱如四乡。)⑤

---

① [清]乾隆:《钦定大清会典则例》卷一百十五《兵部职方清吏司·洁禁·保甲》,文渊阁四库全书本,第 623 册第 408 页。

② 中国第一历史档案馆:《雍正朝汉文朱批奏折汇编》(第 1 册第 246 号)《巡视北城监察御史罗其昌奏陈京装宜设保甲折》,江苏古籍出版社,1989 年版,第 339-340 页。

③ 中国第一历史档案馆:《雍正朝汉文朱批奏折汇编》(第 7 册第 603 号)《管云贵总督事鄂尔泰奏陈宜重流官职守宜严土司考成以靖边地管见》,江苏古籍出版社,1989 年版,第 851-852 页。

④ 常建华:《雍正朝保甲制度的推行》,《故宫学刊》,2013 年第 2 期,第 101 页。

⑤ [清]徐渭:《黎平府志》卷五上,光绪十八年(1892 年)刻本。

《黎平府志》不仅是推行保甲制度的章程,而且是相关规定及细则,它将保甲制度编排方法予以细化,便于具体操作。

3.保甲制度的推行

保甲制度在西南民族地区的推行,恰逢一个良好的契机,那就是改土归流和治理苗疆。也就是说,西南民族地区保甲制度的实施,是伴随着改土归流和治理苗疆的实施而推行的。鄂尔泰在对西南土司用兵以及进行改土归流过程中,同时推行保甲制度。雍正四年(1726年)八月初六日,鄂尔泰上奏,言及保甲问题:"窃照流、土之分原以地属边徼,入版图未久,蛮烟瘴雾,穷岭绝壑之区,人迹罕到。……然所以清盗之源者,莫善于保甲之法。臣屡与督臣杨名时、抚臣何世璂熟商酌议,拟立规条行之两省,及阅邸抄,知荷蒙圣恩,着九卿详议具奏。臣等伏候奉旨,部行到日当即颁行,一体遵奉外,按保甲之法,旧以十户为率。"①鄂尔泰在处置长寨苗人问题时,他的《长寨示稿》中保留了有关保甲问题的记载:"现委员遍谕苗民,各照祖宗姓氏,贯以本名,造报户口清册,编立保甲。"②雍正四年(1726年)九月十九日,鄂尔泰提出具体的措施:"既先之以重兵弹压,即继之以清册稽查,按其户口,照汉民以行保甲;清其田亩,借赋役以为羁縻。不独户与户环相连保,并寨与寨互相甘结,则容一凶苗,而群苗为之获罪;隐一凶寨,而各寨为之靡宁,势不能不互相举首,交为盘查。"③雍正五年(1727年)正月二十五日,鄂尔泰复奏治理"顽苗"问题时提到:"况保甲之法已行,则乡保头人自应稽查,地方邻佑自应首告,使皆各有责成,违者并坐。"④同年三月,兵部议覆鄂尔泰疏奏经理长寨等仲苗事宜,其中有:"仲苗姓氏相同者多难于分别,应令各照祖姓造报户口清册,雍正帝朱批说是:'是极,当极。可谓探本寻源之治,弥盗唯以治窝家为上策。'编立保甲,其不知本姓者代为立姓,以便稽察。"⑤这些记载反映了鄂尔泰在实施改土归流及治理苗疆时推行保甲制

①中国第一历史档案馆:《雍正朝汉文朱批奏折汇编》(第7册第603号)《管云贵总督事鄂尔泰奏陈宜重流官职守宜严土司考成以靖边地管见》,江苏古籍出版社,1989年版,第851-852页。

②中国第一历史档案馆:《雍正朝汉文朱批奏折汇编》(第8册第507号)《云贵总督鄂尔泰奏报审讯抗阻官兵建营仲苗暨川贩汉奸情由折》附件,江苏古籍出版社,1989年版,第701页。

③中国第一历史档案馆:《雍正朝汉文朱批奏折汇编》(第8册第84号)《云南巡抚鄂尔泰奏遵旨剿办不法苗人折》,江苏古籍出版社,1989年版,第112页。

④[清]允禄,鄂尔泰:《硃批谕旨》第六册,卷一百二十五之三《朱批鄂尔泰奏折》,乾隆三年(1738年)武英殿朱墨套印本,第77页。

⑤《清世宗实录》卷五十四"雍正五年三月甲寅"条。

度的情形。

4.保甲制度的完善

清代保甲制度在雍正年间全面推行,在乾隆年间逐渐完善。据《清史稿》载,乾隆二十二年(1757年),清政府更定《保甲制度十五条》,其中与西南民族地区相关的有十一条,其内容如下:

> 一,直省所属每户岁给门牌,牌长、甲长三年更代,保长一年更代。凡甲内有盗窃、邪教、赌博、赌具、窝逃、奸拐、私铸、私销、私盐、踹曲、贩卖硝磺,并私立名色敛财聚会等事,及面生可疑之徒,责令专司查报。户口迁移登耗,随时报明,门牌内改换填给。二,绅衿之家,与齐民一体编列。一,……凡客民在内地贸易,或置有产业者,与土著一律顺编。一,盐场井灶,另编排甲,所雇工人,随灶户填注。一,矿厂丁户,厂员督率厂商、课长及峒长、炉头等编查。各处煤窑雇主,将佣工人等册报地方查核。一,各省山居棚民,按户编册,地主并保甲结报。广东寮民,每寮给牌,互相保结。一,……苗人寄籍内地,久经编入民甲者,照民人一例编查。其余各处苗、瑶,千百户及头人、峒长等稽查约束。一,云南有夷、民错处者,一体编入保甲。其依山傍水自成村落者,令管事头目造册稽查。一,川省客民,同土著一例编查。一,甘肃番子土民,责成土司查察。系地方官管辖者,令所管头目编查,地方官给牌册报。其四川改土归流各番寨,令乡约甲长等稽查,均听抚夷掌堡管束。一,寺观僧道,令僧纲、道纪按季册报。其各省回民,令礼拜寺掌教稽查。一,外来流丐,保正督率丐头稽查,少壮者递回原籍安插,其余归入栖流等所管束。自是立法益密。①

这些规定,无疑使清代的保甲制度更加具体、严密。其表明,清代对包括西南民族地区在内的乡村社会的控制更加强化,这种控制已由地域性开始向全国性转变,或由民间化向官方化转化。换言之,这是国家权力在西南民族地区乡村社会深入的一种表象。

二、国家权力在深入到西南民族地区乡村社会过程中的特点

前面探讨了乡里制度在里甲制度向保甲制度转变过程中国家权力在西南民族地区乡村社会的逐渐深入,下面拟就明清时期国家权力在深入到西南民族

---

① 赵尔巽等:《清史稿》,中华书局,1976年版。

地区乡村社会的过程中呈现出的特点作简要分析。

（一）职役性

无论是明代及清前期里甲组织的里长、甲首、里书、里老，还是清代的总甲、里长、保长、甲长等乡里组织的领袖，随着国家权力的逐步深入及社会控制的逐渐加强，这些乡里组织的领袖们的社会责任越来越轻，他们的职役性越来越强，后来几乎成为征收赋税和维护社会治安的工具了。也就是说，乡里制度在明代中后期以降，其职役制的性质日见突出。例如，明代里甲制度职役性的规定："国朝役制：一里十甲，挨次轮差。有正役，谓之里甲；有杂泛，谓之均徭。正役凡十家为甲，别推有产力者为之长。一里之地，为十甲者共一百十家。循环应役。"[1]这里将"役"分为正役与杂泛（即杂役），"粮、塘、老人均杂役，惟里长为正役"[2]。可见，明代中央政府明文规定了乡里长们职役的性质，乡里长们就只有整天奔波于各种差役之中。明代及清前期，里甲组织设有里长、甲首、里书、里老等职务，在一般情况下，里长是乡里基层组织的负责人，主要负责催办钱粮、勾摄公事。里书，主要协助里长、甲首编制黄册、摊派赋役。作为明代乡村社会的基层行政组织，里甲的职责在明代政书中没有明确记载，只是在律令中作了若干规定。顾炎武说过："为里长，在官专掌值钱粮勾摄公事而已，其后乃以支应府诸废若祭祀、乡饮、迎春等事。皆责措办，浸淫至于杂供私馈无名百出，一纸下征，刻不容缓。加以吏皂抑索其间，里甲动至破产。"[3]丘浚《大学衍义补》曾概括说："凡其一里之中，一年之内，所有追征钱粮，勾摄公事，与夫祭祀鬼神、接应宾旅，官府有所征求，民间有所争斗，皆在见役者所司。"[4]由此可见，明代里甲的职能有四个：一是宗法职能，主持祭祀；二是司法职能，处理民间诉讼；三是接待职能，迎送政府有关人员；四是财政职能，征收钱粮，采办贡物，提供徭役。此外，里甲还有户籍管理和督促乡民从事农副业及其他生计的职能。明末清初，战乱不已，人口死亡、逃徙严重，土地大量荒弃，里甲制度逐渐土崩瓦解。清王朝定都北京后，又恢复了里甲制度。据《清史稿》卷一百二十一《食货二·役法》载："初沿明旧制，计丁授役，三年一编审，嗣改为五年。凡里百有十户，推丁多者十人为长，余百户为十甲，甲十人。岁除里长一，管摄一里事。城

---

① 蒋孔炀：嘉靖《德化县志》卷四《役法》。

② ［清］顾炎武：《天下郡国利病书》卷二十《江南八·徭役》。

③ ［清］顾炎武：《天下郡国利病书》卷九十五《福建五》。

④ ［明］丘浚：《大学衍义补》卷三十一《治国平天下之要·制国用》，京华出版社，1999年版。

中曰坊,近城曰厢,乡里曰里。里长十人,轮流应征,催办钱粮,句摄公事,十年一周,以丁数多寡为次,令催纳各户钱粮,不以差徭累之。编审之法,核实天下丁口,具载版籍。年六十以上开除,十六以上添注,丁增而赋随之。有市民、乡民、富民、佃民、客民之分。民丁外复有军、匠、灶、屯、站、土丁名。"①在汉族地区和部分已改土归流的少数民族地区,里甲制度一直持续到雍正年间;在西南未改土归流地区和改土归流较晚的地区,里甲制度则持续到清代后期。从上述情况可见,明代和清代前期的里甲制度是封建国家政治权力高度强化后,国家政治职能和经济职能的集中体现。

清代雍正年间以后实施的保甲制度,其保长、甲长、里长等人的职责与明代及清前期的里甲制度下的里长、甲首、里书、里老等相比,大同小异。清人认为,"安民莫要于弥盗,弥盗犹莫要于行保甲"②,但其职责并非仅限于"弥盗"。从现有历史文献看,清代保甲的主要职能是编查户口、维持乡村社会治安,其他诸如调解户婚土田纠纷,申报命案斗殴事件,参加赈灾,宣讲"圣谕"和法令,对乡民进行教化等,也属于保甲组织的职责。按照乾隆二十二年(1757年)更定《保甲制度十五条》的规定:"甲内有盗窃、邪教、赌博、赌具、窝逃、奸拐、私铸、私销、私盐、踊曲、贩卖硝磺,并私立名色敛财聚会等事,及面生可疑之徒,责令专司查报。户口迁移登耗,随时报明,门牌内改换填给。"可见,西南民族地区乡村社会的保长、甲长"专司查报"甲内的盗窃、邪教、赌博、窝逃、奸拐、私铸、私销、私盐、踊曲、贩卖硝磺并私立名色敛财聚会,以及面生可疑之徒,户口迁移登耗,责令随时报明,于门牌内改换填给等。事实上,从雍正年间至道光末年,保甲在州县的控制下,包揽了西南民族地区乡村社会各个方面的事宜。但我们必须清楚地看到,清代乡里制度职役性质仍非常明显。说白了,保甲制度下的乡村组织领袖仅作为清代统治者的工具而存在着,上下通连,应付各种差役。清人张惠言说:"甲长、乡正之名,近于为官役。"③康熙六年(1667年)御史戈英奏言:"州县每年有轮直甲长,凡催征钱粮及衙门需用各费,皆甲长承办。"④此时的甲长无疑为县衙的差役。又如雍正十二年(1734年),清政府设"保正,任图中一应役务"。⑤ 这里明确规定了"保正"一职作为"役"而执行公务。清代的广西,甚至出现里甲世袭化的情况。据史料载,广西养利州黄册里长"陋习相因,子承父

①赵尔巽等:《清史稿》,中华书局,1977年版。

②[清]徐渭:《黎平府志》卷五上,光绪十八年(1892年)刻本。

③[清]张惠言:《论保甲事例书》,转引自徐栋:《保甲书》卷二《成规下》。

④[清]王庆云:《石渠余记》卷一《纪免徭役》。

⑤转引自孙海泉:《论清代从里甲到保甲的演变》,《中国史研究》1994第2期,第59-68页。

业,世守(勿)替"①,已经成为一种职役;太平州的禁革碑文也有"禁革世袭里长不许父殁子接……不诚实有让人户轮流""黄册里长,世守舞弊,该州议革"②的规定,这足以说明里长正逐渐世袭化。

(二)变异性

1.乡村自治性质的变异

民国《平坝县志》记载:"中国自古以来屡有关于自治方面之表现,如周礼之比、闾、族、党、州、乡,即自治区域,汉之三老、啬夫,即自治职员,宋明以来之义仓、善堂、保甲、乡约,即自治事务。惟有自治之事实,而无自治之名义;有片断之设施而无系统之组织,有消极方面之容许,而无积极方面之推行。于是,自治事业若存若亡,沉沦晦塞,数千年生活于专制官治政治下之群众,对于此之观念影响几绝。"③特别是乡约成为清代统治者统治西南民族地区乡村社会的工具之后,更是彻底改变了乡村自治的性质。所谓乡约,是指明清时期乡村社会基层组织负责人。清代则泛指乡里组织的乡长、乡老、约正、里长、保长等人。清代在西南民族地区的一些乡村巨堡以及土司地方,设立讲约处所,拣选老成者一人作为约正,再选择朴实谨守者三四人作为值月,每月朔、望日,咸集耆老人等,宣读圣谕广训及钦定条律,务使家喻户晓。这项活动载入典章,谓之乡约。后来在乡村社会中设立约正、约副,由州县官选派,对乡里百姓施以约束和劝化,对乡里百姓的善恶进行记录。④ 这就由原来的民间性转而成为官方化、制度化。康熙是中国历代比较重视以"王道"治国的皇帝,他曾在《圣谕十六条》中较为系统地阐明了自己的乡里教化思想。《圣谕十六条》是:"敦孝弟以重人伦;笃宗族以昭雍睦;和乡党以息争讼;重农桑以足衣食;尚节俭以惜财用;隆学校以端士习;黜异端以崇正学;讲法律以儆愚顽;明礼让以厚风俗;务本业以定民志;训子弟以禁非为;息诬告以劝良善;诚匿逃以免株连;完钱粮以省催科;联保甲以弭盗贼;解仇忿以重身命。"⑤雍正年间,全国更加重视乡里教化。道光、咸

---

① 《养利州革除催粮黄册里长碑》,转引自广西民族研究所《广西少数民族地区石刻碑文集》,广西人民出版社,1982年版,第13页。

② 《养利州革除催粮黄册里长碑》,转引自广西民族研究所《广西少数民族地区石刻碑文集》,广西人民出版社,1982年版,第14页。

③ [民国]江钟岷,陈廷荣:《平坝县志》第三册《自治志·自治之预备》,民国二十一年(1932年)铅印本,第1页。

④ 朱金甫,张书才:《清代典章制度词典》,中国人民大学出版社,2011年版,第59页。

⑤ [清]夏炘注:《圣谕十六条附律易解》,同治九年(1870年)江苏书局刊本。

丰、同治等皇帝都是乡约的坚定推行者。如此一来,清代的乡约因为受制于清政府,从而导致乡约的变异,乡村社会的自治性质于是发生了动摇。

2.乡里组织负责人职责的变异

明代及清前期里甲制度中的里长作为乡村社会基层组织的负责人,是以催办钱粮、勾摄公事为主要职责。明代嘉靖年间,王守仁在治理桂西时,曾在田州处理里甲事宜。王守仁颁布了《分派思田土目办纳兵粮》的公文,其文记载:

> ……为此牌仰田州府土目龙寄等遵照后开甲分,每岁应该纳办官粮,查照开数,依期完纳,出办一应供役征调等项事情,悉听知府调度约束。本目仍要守法奉公,正己律下,爱养小民,保安境土,毋得放纵恣肆,逾分于纪,自取罪累,后悔无及,候奏请命下,仰各钦遵施行。计开:
>
> 凌时甲每年纳夏税秋粮米八十八石八斗七升七合。每调出兵三百八十四名。每年表笺用银三钱二分。须知一本,赴广西用银一钱一分;须知二本,赴京用银八钱八分。每年纳官猪等例银一十三两。每年纳官禾四十担,重一百斤。每年供皂隶禾七担。①

王守仁发给田州各甲的土目龙寄等人执照,以示认可。同时,要求各甲完成两项任务:一是每年按时按量“纳办官粮”;二是“出办一应供役征调等项事情”,并且“悉听知府调度约束”。由此可见,从官方行政角度来看,西南民族地区里甲组织作为基层的职能部门,主要职责是为官府催征钱粮和供役征调两件事。②

在清代实施保甲制度的过程中,保长或保正则是以维护保甲之内户口稽察及治安互保等事情为主要职责。同样是乡里制度,其职责发生重大变化。另一方面,同样是保甲制度,但是在清朝的雍正、乾隆及嘉庆年间的职责与光绪年间的职责略有不同。例如,《黎平府志》记载雍正、乾隆及嘉庆年间保甲组织的职责:

> 保正、甲长有防御盗贼、盘诘逃人、稽查一切违禁事件之责……
> 谕令保正督率甲长稽查牌内,如有容留面生讬名亲友访投佣工艺业者,甲务必问明来踪、察其行迹,稍有可疑,即报知保正驱逐……

---

① [明]王阳明:《王守仁全集》卷三《知行录之三·公移三》。

② 李小文:《国家制度与地方传统——明清时期桂西的基层行政制度与社会治理》,厦门大学2006年博士学位论文。

凡流民游丐,尽加驱逐,惟妇女老幼、残废穷民,听其安分讨乞,亦不许保正甲长借端凌辱生事……

凡有走索、跑马、弄猴、打拳、唱曲、说书、卖药、算卦及无衣单度牒之游方,僧道内中,多有奸宄潜踪,概行出示,严禁市镇村庄,不许容留、敛钱,歇店、饭铺、庵观、寺院,不许容留住宿,如敢逗留,保甲查拿禀究,即将外来匪人递解本籍……

保长以编保甲造保甲册为首务……

保长选举保正,以协理保务,是其专责……

甲长稽查甲户盗逃奸宄及歇客店家往来住宿之人,是其专责。①

光绪四年(1878 年)十一月,贵州巡抚林肇元制定了一份《通行保甲新章》,其中有两条十分重要:

一、总甲、里长、甲长,不准干预钱粮、词讼也。该总甲人等,既有保甲之责,地方有无窝匪、盗窃、赌博情事,自应专责稽查,如有扶同狗隐等情,发觉连坐,治以应得之罪,其余户婚田土斗殴争闹,止能于两造未成讼以前,理处解散。如至成讼以后,则事已经官,应从官断,不准把持干预。如有将应讯应提之人,支匪扛帮,及私和词讼人命、包揽纳粮等事,皆为不知自爱,立将所充总甲、里长、甲长革除,照例惩究,不得稍有姑息。

一、传提、词讼、催征等事,不得贻累总甲、里长、甲长也。差役、传案、催粮,往往于所到村寨,先寻团甲头目人等,代为传催,酒食歇宿,恣其所为,事后团甲因之借口,科派敛钱,为累滋甚,既严定章程,不准总甲人等,干预公事。其提案、催粮等事,自应专责里差,从严约束,不准仍蹈前辙。惟有命盗大案,及时发觉,属在何甲何里,该里长、甲长等,立将凶犯拿获,协同尸亲事主,交总甲送官,以免节外生枝、株连拖累。②

两份材料相比较,前期的保甲组织包揽了西南民族地区乡村社会的诸多事宜,后期规定"总甲、里长、甲长,不准干预钱粮、词讼"及"传提、词讼、催征等事,不得贻累总甲、里长、甲长"等,保甲组织仅限于编户口、弭盗匪、维稳定,职权被削弱。如果说保甲制度前期"保甲之设,所以弭盗安民"为西南民族地区乡村社会保甲组织的主要职责的话,那么,到了清代后期,西南民族地区乡村社会的保

①② [清]徐渭:《黎平府志》卷五上,光绪十八年(1892 年)刻本。

甲组织为当地乡绅、地主所控制后,就充当了乡绅、地主掠夺、欺压普通村民的工具。尤其是贵州巡抚林肇元在《通行保甲新章》中"责成里长宣讲圣谕,以广教化,以收保甲全效"①的规定,更使保甲制度成为维护清王朝统治的工具。

3.乡里组织领袖素质的变异

清时期乡里制度下担任里长、甲首、里书、里老、总甲、保长、甲长等职的人,原本都是西南民族地区乡村社会自治过程中的领袖,但随着其行政管理职能的变化,他们逐渐官役化,其基本素质也逐渐发生变化。在明代西南民族地区实施里甲制度的过程中,较少有里长有"累民"和行为不轨的记载,但在清代,这种现象屡见不鲜。清嘉庆年间广西西林县立的两广总督觉罗吉的《禁革陋弊告文》碑,反映了"各甲里正擅理地方民情"的有关情况,其中有六条列于后:

一、各甲里正擅理地方民情,需索银两,永远禁革,违者从重究办。

二、旧州里正号书伙伴,狼狈为奸,倚官吓诈,科派银钱,严行禁革,违者重究。

三、里正遇有新官到任以及民间户婚、田土争论,籍端勒索,稍有不遂,非刑拷打,今严行禁革,违者,官则严参,吏则重究。

四、凡有新官到任,户书钻营,使费茶房,征收钱银,与里正官差勾通,不许自投封柜,甚至以完作欠,重复追征,今永远禁革,违者重究。

五、里棍于新官到任时,谋(冒)充号书,包揽佚役供应,恣意婪索,今永远禁革,违者严提重究。

六、每年征收地丁兵米,里正、仓书索取割飞银两,找差索取村脚银钱,永远禁革,违者重究。

嘉庆二年十月□日告示②

由此可见,该地区在禁革前,里正等官员或"需索银两",或"籍端勒索,稍有不遂,非刑拷打",或"恣意婪索",或"索取割飞银两,找差索取村脚银钱"等;又如光绪年间贵州巡抚林肇元在《通行保甲新章》提到的总甲、里长、甲长等"酒食歇宿,恣其所为,事后团甲因之借口,科派敛钱,为累滋甚。"③这反映了西南民族地区里甲组织、保甲组织的官员素质低下。

---

①③[清]徐渭:《黎平府志》卷五上,光绪十八年(1892年)刻本。

②[清]觉罗吉:《禁革陋弊告文》,转引自广西壮族自治区编辑组:《广西少数民族地区碑文契约资料集》,广西民族出版社,1987年版,第232-233页。

（三）控制性

自明代在西南民族地区乡村社会实施里甲制度以降，国家权力对乡里制度的控制逐渐严格，乡里制度的自治程度越来越弱。明太祖朱元璋统治时期曾规定："凡民邻里，互相知丁，互知务业，具在里甲。县州府务必周知市村，绝不许有逸夫。若或异四业而从释道者，户下除名……农业者，不出一里之间，朝出暮入，作息之道，互知焉。"①明朝中后期，封建统治者对乡里组织的控制日益加强。清人戈涛曾说："保甲与里甲，相似而实不同。里甲主于役，保甲主于卫。"②可见，无论是保甲制度还是里甲制度，封建统治阶级实施的一个目的，均在于有利于对乡村社会老百姓进行有效控制，不管是经济的控制，还是政治的控制。处于乡村社会最底层的农民就如同统治者手中的玩物，一旦被编入乡里组织之后就难获自由，就如"鸟之在笼，兽之在柙"。清代中期开始在西南民族地区实施的保甲制度，是一种制约乡村社会民众的枷锁，与明代相比，对乡里社会的控制较以前更加强化，其主要原因有两个。

1.乡里制度已由地域性制度开始向全国性制度转变

如果说明代的保甲制度还只是地区性的、个别性的组织，尚未形成全国性的乡里组织的话，那么，清代保甲制度已发挥到极致。它不仅成为全国普遍推行的乡村社会管理制度，并且影响所及几乎渗透到乡村社会的每一个角落，国家权力已经深入到包括西南民族地区乡村社会在内的阡陌之间、田边地角。更为重要的是，清代实施的保甲制度对乡村社会的严密控制达到了史无前例的地步。具体表现在几个方面：第一，甲内"十家联保"。广西城大梧村在道光八年中竖有一块《禁约碑记》，其序言有"朝廷制度，律条乡党，严立禁约，所以束人心、敦风俗也"③。"束人心"三字，将思想控制表达得淋漓尽致；同时，将保甲组织目标定位为"十家为甲，一甲有长，相友相助，而亲睦着焉"。为此，大梧村制定了保甲章程，共计五条规定，其中第一、二条的内容如下：

> 一、村内设立甲长，挨户连环保结。如有甲长容贼纳匪，或聚众赌博，因而盗窃牲头杂物，邻右知情不报，甲长查出，邻家一体同罪。

---

① 朱元璋：《大诰续编·互知丁业第三》，转引自钱伯城等：《全明文》第一册《朱元璋三十》，上海古籍出版社，1992 年版。

② [清]徐栋：《保甲书》卷三《广存》。

③ 《禁约碑记》，转引自广西壮族自治区编辑组：《广西少数民族地区碑文契约资料集》，广西民族出版社，1987 年版，第 242 页。

二、村孤愚民，被土棍勾引外匪勒索者，甲长各要纠齐捆解送官，如甲长置若罔闻，系与土棍串计勾引，邻右查知禀究，甲长同罪。①

由此可见，国家就是通过在保甲内部建立治安连带责任的办法，以达到乡村社会民户与保甲之间互相监视、互相防范的目的。第二，村季"守护相望"。这就要求邻近各村各守其境，和睦邻里，守护相望。第三，各户"登记门牌"。如广西龙胜县于同治元年（1862年）制定一份《龙胜南团门牌章程》，其序言中明确指出了门牌制度在保甲中的重要性："照得门牌之设，原所以清厘烟户，分别丁口洋明事。盖姻户清则家可综稽，而团规整肃；丁口别，则人归方核；而痞恶消魂、事业各详，则游民金踪，而外匪亦无所从来，此同整顿地方久安长治要道也。"②在时人看来，清查户口、建立门牌制度，是乡村社会保甲组织履行治安职能的基础，同时也是"久安长治要道"。此外，还有缉拿罪犯和其他公共事务等。这些具体做法旨在对西南民族地区乡村社会常住人口进行严格而有效的管理。

2. 乡里制度由民间性制度向官方化制度转化

清代后期的乡约已成为清代统治者统治乡村社会的工具。如前所述，清代统治者在全国范围内推行乡约，规定由约正、约副为乡约宣讲，每月朔望之期召集乡村社会的每一个民众必须听讲："以强权为后盾进行空洞无物的政治宣教，它的理论不管是怎样的冠冕堂皇，日久必将遭到民众普遍的厌弃，清朝中后期各级地方官员在推行宣讲过程中越来越陷入难以自拔的泥潭，也是势所必然。"③同时，乡村组织的领导还对乡村社会所有百姓的善恶进行记录，以促使民众只能规规矩矩，不能乱说乱动，这就有效控制了乡村社会的所有民众。

三、国家权力通过乡里制度深入西南民族地区乡村社会的举措

明代及清前期在西南民族地区实施的里甲制度的衰落与废弛，直接影响到清王朝封建国家政权的统治，迫使清政府改变统治方式。故有雍正初年开始的"摊丁入地"等一系列赋役制度的改革措施。摊丁入地的实行，为保甲制取代里甲制创造了最根本的条件。咸丰三年（1853年）在西南民族地区普行的团练，

①《禁约碑记》，转引自广西壮族自治区编辑组：《广西少数民族地区碑文契约资料集》，广西民族出版社，1987年版，第243页。

②《龙胜南团门牌章程》，转引自广西壮族自治区编辑组：《广西少数民族地区碑文契约资料集》，广西民族出版社，1987年版，第173页。

③张瑞泉：《略论清代的乡村教化》，《史学集刊》，1994年第3期，第22-28页。

后来又逐渐成为统治者控制乡村社会的另一种制度。团练制度虽然从社会功能上取代了保甲制度,但在社会组织形式上却依存于保甲制度。如果说保甲的控制权操之于中央政府手中,中央政府借助于保甲以牵制绅权的话,那么,团练的控制权则操之于士绅手中,乡村社会的士绅们又借助于团练以制衡保甲。这样一来,士绅们由被保甲制度控制的对象,转瞬之间则上升为控制乡村社会的主体。由于士绅成为团练的领袖,而通过团甲的结合,使团练与保甲互为表里,或团练即保甲。有事则团练,无事则保甲,于是西南民族地区乡村社会的士绅们就自然成为兼摄团甲的共同首领。① 这就是明清时期五百余年西南民族地区乡里制度的演变过程。这一过程,其实质就是国家权力逐渐全面、深入控制乡村社会的过程,对西南民族地区乡村社会的影响是深刻且深远的。

(一)加速国家政治秩序的"一体化"

从中国历史进程看,无论是秦汉时期强调的"大一统",还是唐宋时期强调的"大一统",都不是真正意义上的"大一统",不过是形式上的"大一统"而已。说白了,也就是没有真正完成国家的完全统一。明清中央王朝一改历代王朝的传统做法,通过土司制度过渡到改土归流,把郡县制深入推进到边疆地区。在原土司地区设府州县,一如内地,直接纳入国家管理,废除土司的世袭制,国家直接委派流官治理,一切由皇帝掌控。② 这就是明清时期中央王朝所期盼的"大一统"。国家在实现这个目标的历史进程中,加速国家政治秩序的"一体化"是必须要经历的过程。

1.乡村社会制度改革

明清时期,中央政府在对西南民族地区乡村社会制度的改革上主要做了两个方面的工作。

①推行与内地相同或相似的乡村社会政治制度。推行与内地相同或相似的乡村社会政治制度的方式,就是直接把内地的里甲制、保甲制、团甲制等乡村社会制度向西南民族地区推行。明清中央政府对西南民族地区大量推行内地的乡村社会制度,使西南民族地区的乡村社会组织制度得到结构性的变革。明清两朝在西南民族地区开始推行里甲、保甲、乡约、牛丛、团练等制度。明朝以

---

① [韩]金钟博:《明清时代乡村组织与保甲制之关系》,《中国社会经济史研究》,2002 年第 2 期,第 22-25 页。

② 李治亭:《论清代边疆问题与国家"大一统"》,《云南师范大学学报(哲学社会科学版)》,2011 年第 1 期,第 8 页。

来，虽然在府州县的设置上有土流之分，而在乡村社会组织制度上，中央政府却较为积极地将内地基层社会组织向民族地区推行，如明初即在大理白族地区推行里甲、保甲和乡约等基层社会组织。[①] 清朝时，这种方式更为明显，在整个西南民族地区推行保甲、乡约、团练制度。即使在云南的德宏、临沧等偏远的民族地区也大量设置保甲、乡约："云南省永昌之潞西、顺宁之缅宁二处，居住近边之人，照内地保甲之例编造寄籍，登造年貌，互相保结，并严禁与摆夷结亲。如有进关回籍，用互结报明，官给印票，关口验照放行；回时仍验明放出，若无印票，概不准放行。如各员弁混放偷漏，查出参处。如永昌腾越、顺宁缅宁、南甸、龙陵一带本籍百姓，保甲亦一体稽核。毋许混匿江楚客民，在则从严惩治。"[②]

②改变各少数民族固有制度为与内地乡村社会相应的社会制度的功能。明清时期，中央政府在对西南民族地区乡村社会组织制度的改置中采取的一种方式就是对西南少数民族固有的一些制度进行承认，在形式上适当改革后赋予它们新的功能，使其具备与内地乡村社会组织制度一样的功能，进而达到对西南民族地区乡村社会组织改革的目的。[③] 如明朝嘉靖年间对云南武定府改土归流时，邓世彦提出的"永立管马通事，以寓保甲"的乡村社会组织制度改革方式，虽然仍保留传统的马通事，但本质上是"通事即中州之里长，火头、村长，即中州之甲首矣"。这就把武定府原来的少数民族乡村社会组织制度赋予了新的社会功能。[④] 明清时期西南民族地区设置的各种名目的官员中多是此种职能，如把壮族、布依族地区"溪峒"组织中的峒官，加封为知州、权州、监州、知县、知峒、同发遣、权发遣等名目不等的官号；将黔桂边境的壮族、布依族地区传统的亭木制加以改变，形成军事与行政合一、政权与族权合一、土司由上而下"分土而治"的甲亭组织。清王朝在改土归流后采取设置小土官的制度，滇西北地区仅中甸就设有 2 名土守备、5 名土千总，16 名土把总；维西地区设有土千总 2 人，土把总 5 人，土目 29 人。这样，国家就把县以下的乡村社会治理工作交给土司土官或寨首、头人，而这些土司土官或寨首、头人又受制于中央政府委派的流官，这就形成了国家政治秩序的"一体化"。

---

①③ 胡兴东：《元明清时期的基层组织与国家法适用研究——以云南民族地区为中心的考察》，《云南师范大学学报（哲学社会科学版）》，2010 年第 4 期，第 143-150 页。

②徐栋，丁月昌等：《保甲书辑要》，转引自《中国方略丛书》（第 1 辑），台湾成文出版社，1968 年版，第 27-28 页。

④郭怀礼：《光绪武定直隶州志》卷六《武定府改土设流记》，转引自《中国地方志集成·云南府县志辑 62》，凤凰出版社影印本，2009 年版。

2.乡村社会实施教化

明清中央王朝十分重视对乡村社会民众实施教化,如清代雍正年间将《圣谕十六条》予以逐条解释后就有了《圣谕广训》,并逐渐形成了以孝治天下的政治思想纲领。国家为了对包括西南民族地区乡村社会民众在内的全国人民进行"洗脑",强力推行《圣谕广训》,最终达到国家政治秩序的"一体化"的目标。当时的举措有五项。

①乡约宣讲。清代的乡约制度,主要是宣讲圣哲和惩恶扬善。设约正、约副为讲解人员,由乡人公举60岁以上,行履无过、德业素著的生员担任;若无生员,即以素有德望、年龄相当的平民担任。每遇朔望,进行宣讲,并甄别乡人善恶表现,登记簿册,分别奖惩。

②乡村社会的里长、保长等宣讲。贵州巡抚林肇元在《通行保甲新章》中"责成里长宣讲圣论,以广教化,以收保甲全效"①的规定,其规定如下。

一、责成里长宣讲圣论,以广教化,以收保甲全效也。黔自乱后,民不知法,有司不先教之,致陷于罪,谁之过欤?唐魏徵曰:"乱后之民,愁苦易教。"黔其时矣。除饬各府、厅、州、县,即以保甲之故,请发本署院所刊附律易解,责成各村寨里长,各领二本,每值场市日期,于空旷处所累棹为台,将圣谕从头宣讲,必字句分明,高声讲解,恭谨将事,毋许错漏。将讲之,先鸣锣传集赶场之人,环台恭听,不许喧哗吵杂,必听讲完一遍,然后各就交易而散,期期如是、处处如是。譬之今日鼠场,明日牛场,系一里长所管者,则分日逐场宣讲,不得顾此失彼,使百姓耳濡目染,咸知禀遵,共为良民,则一切作奸犯科、伤风败俗之事,自不除而尽。该地方官于领发附律易解之时,将各里长姓名另注一册,如一年之中,该里无犯法之事,词控到官,则该里长之讲解有功,即其效验,准开具该里长姓名、年貌、逐详藩司衙门酌为优奖。其甲长能随时早晚收集所管十家宣讲者,亦听其便,其宣讲不怠者,里长呈之总甲,请地方官奖赏。至总甲有专管、稽查之责,各里长之宣讲勤惰及有无效验,按三个月禀明地方官一次,地方官亦即随时申谕,使之实力奉行。总甲若稽查不力、举报不公,地方官饬罚之。地方官若能提起精神,专心宣教,日以此事为事,责成总甲、里长,使官民一气贯注,渐仁摩义,无论实署,若一年内,四境乡风民(风)皆良善、讼息人安者,由

①[清]徐渭:《黎平府志》卷五上,光绪十八年(1892年)刻本。

藩司扎移，该管府道满年考核申报，详奏奖励。实缺久任者，每年一举奖厉成劳，此乃收保甲之全功、实化民之善道举。吾黔以概之，天下均应及时行之者也，其宣讲来往不无小费，即于所收场规，酌量提用，以免枵腹从公。①

③通过学校与科举考试贯彻《圣谕广训》，凡不能背录者不准录取。

④宗族宣传。清政府要求各地族长、族正要对族人宣讲圣谕，以兴教化。并要求各地宗族族众要心领神会，父慈子孝、兄友弟恭、夫和妇顺、敦族睦渊。在清政府的倡导下，清人所修族谱中，大多将《圣谕十六条》的主要内容印入族谱之中。如湖北省长阳土家族自治县撰修于清光绪三十三年（1907 年）的《覃氏族谱》，其第一条规定："每月朔日由族长派明白通解子弟一人宣讲《圣谕广训》，集众赴祠敬听，俾知孝弟人伦。如托故不到，准族长薄惩。农忙之月停讲。"

⑤勒石刻碑。作者在收集的西南民族地区的一些碑记中，有的碑记就有对乡村社会实施教化的内容，如云南呈贡县大王营等七村的《乡规民约碑》中有这样的内容："国有律法，民有乡规，乡规者正人心而厚风俗也。呈邑东门外大王家营等七村，原有正觉一寺，每一会期祝绅耆宣讲。圣谕化导愚顽，无如聆遵者煌煌，寡遇者寥寥，良由愚顽无知习惯性成，将圣谕教化置若罔闻。"正因为如此，该碑记第一条就规定："圣谕广训，虽经官为宣讲，但村居僻壤者难以周知，请令各村绅士或事集人，或于朔望之期。逐细宣进，化导愚顽，咸知礼法。若无绅士者，令稍知礼义之人讲解、推广、劝化，俾知尊崇改过自新。如有绅耆延请不呈，均于圣谕碑前罚跪。"②至于其他碑记中提到的兄友弟恭、夫和妇顺、敦族睦渊等内容，就更是不胜枚举。

翻检历史文献，我们就会清楚地看到，在明清历史中，西南民族地区确实经历了从"化外"到"化内"、从封闭到开放的转变过程。从"因俗而治"、高度自治的土司制度，到推行"改土归流"政策，逐渐推进"一体化"进程。在这一历史进程中，由于国家权力强行推进里甲制度、保甲制度和团甲制度，西南民族地区（尤其是土司地区）也逐渐接受了国家"一体化"的各种制度，因而加速了国家政治秩序"一体化"的进程，带来了乡村社会治理模式的诸多变化。

---

①［清］徐渭：《黎平府志》卷五上，光绪十八年（1892 年）刻本。
②黄珺：《云南乡规民约大观（上）》，云南美术出版社，2012 年版，第 29-30 页。

(二)加强乡村社会治理的"网状化"

明清时期在包括西南民族地区在内的乡村社会里,明清政府充分发挥国家权力的作用,逐步建立起中国封建社会最完备、最系统的层级节制、左右关联的纵深型网状化社会控制体系——先是里甲制度,再是保甲制度,最后是团练制度。特别是国家在实施保甲制度和团练制度的过程中,牢牢地将乡村社会管理的所有权力全部收归中央政府,实现了国家权力在西南民族地区深入的目的。明清时期的这种乡里制度分为纵横两个方面。从纵的方面看,它自上而下,呈现阶梯式分布,如明代里甲制度的"乡—里—甲"三级,或取代保甲制度的或"乡—都—图",或"乡—都—村",或"乡—都—里",或乡—堡(坊)—村等形式的三级,从而构成了层级递进的纵深型机构。就横的方面看,明代里甲制度设有里长、甲首、里书、粮长、乡老等,清代的保甲制度下设置有保正、保长、牌头、甲长、约正、约副等。对明清时期乡里制度的特点,常熟陈梅说:"周礼五家为比,比有长。五比为闾,闾有胥。四闾为族,族有师。五族为党,党有正。五党为州,州有长。五州为乡,乡有大夫。其间大小相维,轻重相制,纲举目张。周详细密,无以加矣。而要之自上而下,所治皆不过五人。"①这里虽然不是明指明代,但实指明代乡里制度的情况。刘淇在《里甲论》中认为:"县何以里? 里何以长也? 所以统一诸村,听命于知县而佐助其化理者也。每县若干里,每里若干甲,每甲若干村,如身之使臂,臂之使指,节节而制之,故易治也。"②清代的保甲制度,据《广西通志民政志》载:清代中后期广西的保甲组织一般为三级,形成了层级节制、左右关联的纵深型网状化的乡村社会控制体系。同治《苍梧县志》载,苍梧县下的乡村社会组织分为乡、堡(坊)、村三级。当时该县城厢分10坊,郊区分11乡。浔阳乡分头堡、二堡、三堡、四堡和畸零甲;东安乡分上堡、中堡、下堡、八寨堡、十寨堡和长竹闸、石牛闸、大鸡闸、牛过水闸、竹笼闸、石川闸、白钩闸;多贤乡分头堡、二堡、三堡、四堡、五堡、六堡和灰诵闸;平政乡分长洲、莫潘三甲、扬麦甲、罗滩甲、朗旗甲、狠甲、利顿甲;思德乡分罗峒甲、三义甲、风圹甲、路峒甲、车田甲;安平乡分一甲至六甲;吉阳乡分头堡、二堡、三堡、四堡、五堡及江皮甲;冠盖乡分头甲至五甲;长行乡分上头堡、上二堡、上三堡、下头堡、下二堡、下三堡;平乐乡分戍圩、上堡、中堡、头堡及泗化洲;须罗乡分头堡、二

①[清]顾炎武:《日知录集释》卷八《里甲》,转引自贺长龄:《清朝经世文编》卷十八《吏政四》。

②[清]刘淇:《里甲论》,转引自贺长龄:《清朝经世文编》卷七十四《兵政五》。

堡、三堡。由此可见,清代保甲制度不仅仍然采取层级节制、左右关联的办法,甚至有过之而无不及。谭钧培在《饬办保甲示附条约》中规定:

一、每十户为一甲,十甲为一牌,十牌为一社。每甲设甲长一人,每牌设牌长一人,每社设社长二人。户属于甲,甲属于牌,牌属于社。以联指臂,而资统率。

二、社长应由地方官选举。无论有无功名,必需品望端方众所信服者,方准给谕承充。甲长、牌长,则由社长选择诚实可靠之人经理。

三、每甲遇有形迹可疑之户,牌甲须先认真查明,取有切实保结,方准给发门牌。否则,禀官驱逐。倘有徇庇查出,惟牌甲长是问。

四、窝藏盗贼之家,难瞒左右贴耳目。昔于清端守江宁,曾有九家连坐之法,行之有效。惟坐至九家,株连太广。今拟酌坐左右贴邻,责令攻讦,以归简易。

五、左右贴邻。如查有匪徒,即密报社长,送官审讯,一经得实,大盗赏钱十千文,小窃赏钱四千文。倘敢知情容隐,别经发觉,从重治罪。如仅失于觉察,薄罚充赏。

六、每牌公制铜锣一面,遇警即鸣。遇有盗□□齐力捕,以尽守望相助之谊。

七、每甲每夜轮出一人,于四五更时,互相缉。雇人代替者听。或每牌公雇更夫一名,公点明灯一盏亦可。

八、候补各官及现官幕友,与曾经出仕之乡绅,本少与舍居民往来,应仿照京城办法,令将本宅自行稽查。人有犯,不与相干。其派人支更等事,仍同齐民办理。

九、歇店各立循环簿,将住客来历,逐一登记,以凭稽查。

十、社长如办理二年著有成效,由该县详请分别给予六七品功牌。牌长、甲长,由县给予花红银牌,以示奖励。倘未能得力,或营私舞弊,一经发觉,轻则撤退,重则严办,俾昭劝惩。

以上十条,责成州县遵照举办。奉行不力,立予撤。①

上述的这些规定,统治者是把广大的乡村社会分成若干个层次,而每一个层次都设有专人专门负责管理,从而达到统治阶级所期盼的"天网恢恢,疏而不

---

① [清]谭钧培:《饬办保甲示附条约》,转引自饶玉成:《皇朝经世文续编》卷七十四《兵政五·保甲上》。

漏"的管理效果。清代有人指出清代统治者设置保甲制度的目的:"保甲之设,所以使天下之州县,复分其治也。州县之地广,广则吏之耳目有不及;其民众,众则行之善恶有未详。保长、甲长之所统,地近而人寡,其耳目无不照,善恶无所匿,从而闻于州县,平其是非,则里党得其治,而州县亦无不得其治。"但是,在具体实施过程中,也不尽如人意:"举行保甲,而卒无其效。非保甲之法之不善,为保长甲长之人之未善也。"①针对"保长甲长之人之未善"的情况,《黎平府志》中提出了保长、甲长的"选择之法":"先择保长,而保正、甲长须责成保长与地方绅耆公同择选。凡择保长,宜先出选举保长告示,令各乡之人择选家道殷实、年力精健、才献迈众、素行可称者,合词公举,每乡拟正、陪二人报县。既报之后,地方官再行细访,属实,即令来署,引入客厅待坐待茶,特为加礼焉。而凡有品自重、有才欲试者,皆踊跃而乐于从事矣。保正统率百家,甲长统率十家,皆有稽查之责,尤以防御为重,故必令保长协同地方择其年力强健,能晓事者充之,如此则保甲得人而事可举矣。"②可见,作为保长,其标准为"家道殷实、年力精健、才献迈众、素行可称";选择保正、甲长的标准为"年力强健,能晓事者"即可。

从明清时期西南民族地区乡里制度形成的层级节制、左右关联的纵深型网状化的体系来看,它的确体现了层级递进式社会控制的优点。特别是乡村社会的领袖们体现了一种层级间相互制约、环环相扣的关系,加之分工明确、职责细致,有利于乡里制度较好地发挥作用。③

(三)践行国家管理制度的"地方化"

从历史上看,明清时期是我国封建社会里国家制度建设最完备的时期。西南民族地区经过明清以来几百年的国家与乡村社会的互动,其乡村社会的控制体系与社会治理方式发生了重大变化。一方面,是国家权力和国家制度在不断地向西南民族地区乡村社会延伸、扩张与深入;另一方面,明清时期西南民族地区乡村社会的地方精英、士绅阶层等则根据现实需要接受、利用与改造各种国家权力、国家制度等资源,以提高对乡村社会的控制能力与治理能力。④ 无论是实施军政合一或军政教合一的土司制度,还是实施改土归流;无论是施行里甲

<hr>

① 沈彤:《保甲论》,转引自贺长龄:《清朝经世文编》卷七十四《兵政五》。
② [清]徐渭:《黎平府志》卷五上,光绪十八年(1892年)刻本。
③ 赵秀玲:《中国乡里制度》,社会科学出版社,1998年版,第307页。
④ 李小文:《国家制度与地方传统——明清时期桂西的基层行政制度与社会治理》,厦门大学2006年博士学位论文。

制度、保甲制度,还是团练制度,它们均在自上而下地推进。无论是官方基层组织,还是民间基层组织,它们均在不断地接受或执行"国家"制度,因为它们只能接受或执行。当然,有的"国家"制度也是选择利用,变通执行。如清代西南民族地区保甲制度确立过程中,虽然乡、保、甲三级成为保甲组织基本组织形式,但清代的保甲制度据《广西通志民政志》载,在广西各地称谓不一。除乡这一名称比较统一外,保一级有堡、里、都、图、厢、坊、甲、寨等,甲一级则多名为村;南丹土州的基层政权为哨、团、甲三级;隆林仡佬族的基层组织为乡、团、写牌三级。光绪《郁林州志》记载乡村社会组织情况,同样是乡、堡(街、寨)、村三级。玉林城厢分8街83村:乐门外街,辖18村;南门外街,辖21村;西门外街;北门外街,辖10村;东关街,辖1村;南关街,辖10村;西关街,辖16村;北关街,辖7村。郊区分4乡。东凝乡辖西岸堡(24村)、罗寒梧堡(12村)、榜山堡(18村)、谷阴堡(11村)、茂林甲(52村)、寒圹甲(51村)、白石甲(70村)、永定甲(18村)、钟都甲(17村)、玉豸甲(16村)、云岭寨(9村)、麻地寨(2村)、六贡寨(8村),共13堡(甲、寨)308村。贵平乡辖辛棉堡(19村)、枥木堡(12村)、罗汉堡(9村)、水路矿堡(17村)、韦表堡(12村)、高流堡(18村)、江阳堡(7村)、六良堡(9村)、藤龙堡(17村)、凉水堰(22村)、青岭坡(25村),共11堡(堰、坡)167村。富民乡辖石脚堡(148村)、欧樟堡(38村)、罗流堡(32村)、高沙堡(17村)、小曹堡(12村)、金流堡(10村)、军黎堡(17村)、古坡堡(7村)、勾寨(5村),共9堡(寨)286村。抚康乡辖蔻峒堡(97村)、独帽堡(37村)、龙平堡(154村)、卢圹堡(24村)、平阳堡(25村)、平山堡(96村)、岭头堡(71村)、张峰堡(9村)、党州甲(9村)、清水甲(31村),共10堡(甲)553村。这其实就是国家制度在广西乡村社会的实践过程,或者说是广西的地方精英践行国家制度"地方化"的过程。由此可见,明清以来西南民族地区乡村社会所实行的国家制度,如果套用时下的话说,就是"规定动作不走样,自选动作有特色",有些"自选"的"国家制度"是经过地方精英选择、改造之后的"国家"制度,其发展历程、演变及内涵与内地不完全一样,具有明显的"地方化"特点。

明朝初年,西南民族地区(包括土司区、土州县)已开始实行户籍、黄册与里甲制度,这与内地发展基本同步。但其行政职能有一定的特殊性,这主要彰显在里甲的地方性特征方面。以里甲制度为例予以说明。一是在名称方面,西南民族地区保甲制度的乡、保、甲三级是基本组织形式,各地在称谓上除乡这一名称比较统一外,保一级则有堡、里、都、图、厢、坊、甲、寨等称谓,甲一级则大多以村多名,这与内地的"乡—都—图""乡—都—村""乡—都—里"等称谓有一定的区别。二是在对国家尽义务方面,西南民族地区特别是土司区、土州县对国家尽义务重在兵役、次在力役、贡物最轻,贡物的政治意义大于实际意义。这既符合西南民族地区物质生产的实际,也体现了中央政府对民族地区的"怀柔"政策。中央政府的态度是,只要西南各地土司认同中央王朝是合法政权,不反叛朝廷,能够"额以赋役,听我驱调"即可。

总之,从中央政府治理的角度看,包括里甲、保甲、团练、乡约等在内的乡里制度,都是国家提倡、支持、认可的国家制度,是国家"授权"给地方实施的"国家"制度,这能够弥补中央官制的不足。① 从西南民族地区乡村社会治理角度来看,里甲、保甲、团练、乡约等均是乡村社会管理制度,这些制度共同构成了西南民族地区乡村社会的"自治"体系。里甲、保甲、团练、乡约等乡里制度,各具特点,反映了以乡村社会治理的"网状化"为方式,以国家管理制度"地方化"为手段,最终实现国家政治秩序"一体化"的目标。它使国家权力通过乡里制度深入到西南民族地区乡村社会的田边地角,深入到各族民众的心中。

---

①李小文:《国家制度与地方传统——明清时期桂西的基层行政制度与社会治理》,厦门大学 2006 年博士学位论文。

第六章　明清时期西南民族地区社会保障制度下的乡村社会与国家关系

　　社会保障是现代名词,系指国家或社会通过国民收入再分配,对生活困难的社会成员予以物资帮助,从而保障其基本生活的制度。[①]中国古代社会即使发展到明清时期,也没有社会保障这个名词概念。但我们如果按照目前社会保障制度所包括的内容(即社会保险制度、社会福利制度、社会救济制度和社会优抚制度、社会互助制度等)以及从实际功能层面来考察,我国在先秦时期就已经存在着一些社会保障的机构和相关制度,尤其是明清时期较为明显。

　　张祖平博士认为,社会保障是一种制度安排,它包括正式的和非正式的制度安排,是一个动态的开放的体系。[②]一般来讲,社会保障的内容是以人为出发点,当生、养、葬和疾病、灾害等引起人的生活困难时,由国家和社会给予其基本生活保障。中国古代社会保障制度的形成源于传统的孝道思想、佛教宣扬的恻隐之心与积德行善思想以及统治阶级一直倡导的仁政思想等。例如,传统的孝道思想使社会成员养成了长幼有序、尊老敬老的优良传统,同时也使家庭养老广为人们接受。老人奋斗一生,在家庭中不仅能够获得物质帮助,而且还能获得亲情的抚慰。同时,社会保障制度与经济基础密切相关,因为经济基础决定社会制度。由于我国古代社会是一种自给自足的自然经济社会,农业长期居于主导地位。因此,明清时期建立的社会保障制度都与自给自足的自然经济相适应,如明清中央政府为实施灾荒救济建立的仓储制度、宗族为实施内部保障采用的义庄义田制度、各种善会善堂赖以维持的土地租佃制度等都与农业密切相关。从现有各种史料看,明清时期西南民族地

---

①王卫平:《中国古代传统社会保障与慈善事业——以明清时期为重点的考察》,群言出版社,2004年版,第1页。

　　②张祖平:《明清时期的政府社会保障体系研究》,西南财经大学2006年博士学位论文。

区乡村社会的社会保障制度,大体由政府、宗族和民间三部分组成。这三者之间各司其职,但又相互配合,起到了一定的作用。本章探讨明清时期的社会保障制度,主要包括灾荒救济制度、养老制度、军人优抚制度和民间慈善事业四个方面,前三者属于政府社会保障制度,后者属于官民结合、以民为主的民间社会保障制度。考察明清时期西南民族地区社会保障制度,有利于探索乡村社会与国家之间的关系。

第一节　灾荒救济制度

灾荒救济是明清中央政府在社会保障制度方面做的一项主要工作。明清统治者实施灾荒救济制度的原因有三:一是让微利于民,以维护封建统治。明清时期处于我国封建社会末期,两朝统治者在继承我国封建社会精华的同时,也继承了其糟粕。这一时期,明清统治者不得不想方设法让微利于民,以继续维持自身的统治,从社会保障方面做足文章,使"庶几德泽下而人心咸服,未死之民,得延其残喘,未萌之变,可保其或无矣"。① 这就是基于维护乡村社会的稳定与人民的安宁而考虑。二是具有长期的灾荒救济经验。我国古代的人们在与自然界的长期斗争中,不仅留下了大量的灾害史料,而且积累了丰富的减灾救荒的历史经验。特别是一批有识之士对这些经验进行了系统的总结和整理,著录成书,如南宋时期董煟的《救荒活民书》等。明清时期,灾荒救济著作大量涌现,如林希元的《荒政丛言》、屠隆的《荒政考》、钟化民的《赈豫纪略》、周孔教的《荒政议》、陈继儒的《煮粥条议》、陈龙正的《救荒策会》、魏禧的《救荒策》、俞森的《郧襄赈济事宜》、劳潼的《救荒备览》等,这些著述的作者既是救荒专家又是朝廷官员,有的是主持赈务的地方官员。其著作中记述了减灾救荒的措施、救荒中的利弊及克服办法,体现了明清时期丰富而深刻的减灾救荒思想。三是频繁的自然灾害。西南地区独特的地貌特征、多样性的气候类型,使该地区自然灾害种类多、频度强,最易发生规模大且危害严重的主要有水灾、旱灾、地震、泥石流、滑坡等山地灾害,且常以多灾并发、重复交错出现为特点,明代西南地区的水灾、旱灾频发,如表6.1所示。

---

① 谢文正:《两淮水灾乞赈济疏》,转引自陈子龙:《明经世文编》卷九十七。

表 6.1　明代西南地区（除贵州外）水灾、旱灾一览表

灾类与频次	四　川	云　南	广　西	合　计
水灾（次）	5	19	2	26
频次（次/100 年）	1.8	6.9	0.7	9.4
旱灾（次）	4	18	13	35
频次（次/100 年）	1.5	6.6	4.7	12.8

资料来源:陈高傭:《中国历代天灾人祸表》,上海书店,1986 年版。

到了清代,各种灾害情况并没有发生好转,反而有加重的趋势。尤其是水灾、旱灾、地震和雹灾,成为最严重、最频发的灾害。这里以清末为例予以说明,见表 6.2。

表 6.2　1840—1919 年西南地区自然灾害一览表

单位:次

省　份	水　灾	旱　灾	雹　灾	地　震	虫　灾	火　灾	疫　灾	合　计
四川	43	18	18	15	2	13	3	112
云南	37	17	18	24	3	5	8	112
贵州	23	11	12	5	1	1	4	57
合计	103	46	48	44	6	19	15	281

资料来源:作者根据李文海等的《近代中国灾荒纪年》,湖南教育出版社,1990 年版整理。

从表 6.1、表 6.2 可见,西南民族地区的灾害是十分频繁的。自然灾害除了使正常的生产无法进行之外,有时还引发大规模的社会冲突和社会动乱,出现大批的流民、灾民,以致酿成社会动荡。因此,如何使灾民能安分守己,明清中央政府也采取社会保障制度。明清时期中央政府在灾荒救济过程中业已构建了事前备灾、事中救灾、事后安抚的灾荒救济体系。

一、明清时期的事前备灾

我国自古以来就有事前备灾的思想,而且随着时间的推移渐趋完善。自西周至宋元,比较完备的仓储制度逐渐形成。明太祖洪武三年(1370

年),命州县皆于四乡各置预备仓(永乐中移置城内),出官钞籴粮贮之以备
赈济,荒年借贷于民,秋成偿还,于是成为明代定制,取代了常平仓。《明会
典》云:"国家设仓庾储粟,以赡军赈民。两京、直隶、各布政司、府州县、各
都司卫所以及王府,莫不备具。其收贮有时,支给有数,注销有册,各有通
例。……至预备仓,常存二年之蓄,以需缓急。"①这里说明了设置仓庾的作
用、地点、经管、仓名及储存时间等。在《明会典》卷二十二"仓庾二"中,列
举了西南民族地区的仓庾,如表 6.3 所示。

表 6.3　明代西南地区仓庾一览表

布政使司名	地　　名	仓　　名
四川布政使司		建昌仓、大印堡仓、盐井仓、宁番仓、小河仓、越嶲仓、会川仓、镇平仓、永宁仓、三舍仓、归化仓、冕山桥仓、叠溪仓、松潘仓、永丰仓、泸州卫仓、镇西仓、礼州仓、打冲河仓、坝底堡仓、德昌仓
四川布政使司	威州	安远仓
	茂州	广备仓、长宁仓
	黔江县	广盈仓
	忠州	禄盈仓
	广安州	丰济仓
	保宁府	永丰仓
	广元县	广积仓
	叙州府	博济仓
	夔州府	太平仓
	雅州	广盈仓
	乌撒军民府	乌撒仓

①[明]申时行等:《明会典》(万历朝重修本),中华书局,1989 年版,第 136 页。

续表

布政使司名	地　名	仓　名
广西布政使司	桂林府	广储仓
	全州	长盈仓
	柳州府	大军仓
	融县	永丰仓
	象州	受纳仓
	宾州	常丰仓
	梧州府	广备仓
	郁林州	永盈仓
	浔州府	常平仓
	贵县	通济仓
	平乐府	庆丰仓
	南宁府	大军仓
	横州	军储仓
	庆远府	广盈仓
	太平府	乃积仓
云南布政使司		云南左卫仓、云南右卫仓、云南中卫仓、云南前卫仓、云南后卫仓、景东卫仓、六凉卫仓、越州卫仓、平夷卫仓、广南卫仓、曲靖卫仓、临安卫仓、蒙化卫仓、楚雄卫仓、大理卫仓、澜沧卫仓、洱海卫仓、腾冲卫广储仓、姚安千户所仓、宜良千户所仓、木密关千户所仓、定远千户所仓、杨林堡千户所仓、安宁千户所仓、易门县千户所仓、姚安中屯千户所仓、马隆千户所仓、大理卫前前右右二所仓、临安卫前前右右二所仓

布政使司名	地　名	仓　名
云南布政使司	云南府	广备仓
	大理府	崇盈仓
	云南县	泰安仓
	临安府	广济仓
	曲靖军民府	广盈仓
	楚雄府	大有仓
	鹤庆军民府	致阜仓
	永昌军民府军储仓	足食仓
	景东府	景丰仓
	北胜州	充实仓
贵州宣慰布使司		黄平仓、平越仓、赤水仓、安庄仓、都匀仓、威清仓、兴隆仓、乌撒仓、清平仓、新添仓、平坝仓
贵州宣慰使司	贵州宣慰使司	丰济仓、龙里仓、毕节仓
	普安州	普济仓
	永宁州	永丰仓
	安顺州	广积仓

资料来源:作者根据明代申时行等著《明会典》(万历朝重修本),中华书局,1989 年版,第 146-149 页内容整理。

　　从上表可见,明朝时国家在西南地区设置仓庾遍布"各布政司、府州县、各都司卫所"等地方,能够实现"赡军赈民"之目标。

　　现有史料及研究表明,明代西南民族地区仓庾的设置主要是预备仓。这是我国在漫长的历史长河中唯有明代设有的仓制,它虽与明代以前各代和清朝的主要仓制——常平仓的终极目的相一致,但其具体运作却自成一体。[1] 它兴于

---

① 王卫平,黄鸿山:《中国古代传统社会保障与慈善事业——以明清时期为重点的考察》,群言出版社,2005 年版,第 73 页。

洪武元年(1368年),衰于嘉靖中期,历时170余年,在明代荒政中发挥过不可替代的作用。

清顺治中,各府、州、县俱置常平仓及社仓,责成道员专管,每年造册报户部。顺治十七年(1660年),定仓谷籴粜之法,春夏出粜,秋冬籴还,平价出息,如遇灾荒,即以赈济。康熙年间,又定春借秋还,每石取息一斗;各地常平、义仓储粮永留本境备赈。规定了大、中、小州县应储粮数。后以籴本不足,命州县官"劝输"常平等仓粮。具体来讲,明清两代包括西南民族地区在内,全国已基本形成了"省会以至州郡俱建常平仓,乡村则建社仓,市镇则设义仓,而近边有营仓之制,所以预为之备者,无处不周矣"①的局面,备荒仓储体系已较为完备。

由此可见,明清时期仓储制度成为重要的备荒机制,诸如预备仓、常平仓、义仓、社仓等类型的备荒粮仓遍布全国各地。当然,明清时期西南民族地区乡村社会的仓储也有一个逐渐普及的过程。例如,《万历贵州通志》载有贵州省31个行政单位中有预备仓的仅有39处(包括有的府县有5处或6处)、养贤仓1处、社仓2处、存留仓2处,②且积谷数量不明。据《绥阳县志》的记载,绥阳在明末有预备仓,清初康熙年间建有常平仓共六十四间。乾隆三年(1738年),原贮积谷一千九百七十六石,重农谷一十九石,钦奉谷一百一十一石。至乾隆十三年(1748年),陆续增添定额,贮常平、钦奉、积贮,敬陈各案谷,共二万三千九百四十石三斗。后又增溢额谷,并钦奉重农谷二百五十四石六斗。至道光十九年(1839年),陆续增溢额等谷一百九石,共谷二万四千三百九斗。③ 从这段文字可见,明清时期仓储名称不尽一致,诸如预备仓、常平仓、社仓、义仓等;所积谷物的名称较多,如积谷、重农谷、钦奉谷、溢额谷等。这些变化在《贵阳府志》中也有体现。

《贵阳府志》卷四十六载有清朝道光年间,贵州积贮情况大为改观的过程:"贵州积贮之事,我朝康熙二十八年河南道御史口士煌疏请,令民输米粟实常平仓,以备荒歉,予官有差,工科掌印给事中谭瑄疏请,沿边诸州县官民输米粟,贮

---

① 《清朝通志》卷八十八(食货略八),浙江古籍出版社,1988年版。
② [明]王耒贤,许一德等:《万历贵州通志》(点校本),贵州大学出版社,2010年版,第48-325页。
③ [民国]胡仁:《绥阳县志》(点校本),绥阳县志编纂委员会,1986年版,第216页。

仓以备赈济,照捐纳例予官有差,皆下部议行。贵州之有积贮,实自此始。三十一年上谕各地方官劝谕百姓,比户量力捐输米谷,春夏借与乏食之民,秋冬照数偿还。每岁依例举行,州县官各具其姓名及米谷之数以上,寻又谕直省现任官各量力捐谷,于就近地方常平仓存贮,每年逐一造册报明。盖自是而贵州之积贮弥广矣。"①发展到道光年间,贵阳府就有社仓、义仓、备赈仓、常平仓、便民仓等名称的仓储。这个变化过程在《永宁州志》有载:"社仓,雍正元年天下有司设立社仓。永宁州额设八间,州城二间,分建募役司二间,顶营司二间,沙营司二间。在州城者,向系社长经管,并未修有社仓。乾隆十四年,知州严再昌查详归州,乃实建社仓于常平仓之侧,所于社谷内变价修造。"《安顺府志》又载:"本城义仓五间,在学宫旁。道光十五年,知州黄培杰劝众士绅捐资倡建,并拨募役白坟田、本城邓凯田、北口庄田、叶姓田共四份归入义仓,每年约收净谷一百六十京石(实止收九十石),值年斋长经管。"②如何管理义仓,《安顺府志》中保留了一篇《义仓章程》,现抄录于后:

> 一、义仓五间,现贮京石谷一千二百石。周围修砌墙垣,门悬义仓匾额。雇人看守,毋许闲杂人等至仓内闲游,以防透漏。

> 二、义仓内义田四份,每年收京石谷一百六十石(实止收九十石)。除将三十石给经管首士作为晒晾风搧及看仓检漏、盘量等项人工食外,余存谷一百三十石,归入义仓收贮。

> 三、义仓归地方官经管,难免书役侵渔,若以士绅一人独管,亦难保无亲友借贷。兹拟由值年斋长公举殷实士绅二人,正直者民二人公同管理,地方官随时稽查,绅士、耆民互相纠察,均不得擅动颗粒。经管之人,三年更换一次。每遇大雨阴霾,该管首士前往查看有无渗漏,及时粘补。倘疏于防范,致有霉变透漏等事,经管人照数赔偿。

> 四、义仓之制,多系春借秋还,惟永宁苗汉杂处,山多田少,一经借出,势难收取。今拟将义仓谷石,止准平粜煮赈,不得以借种生息、易陈出新等项名色,私自支放,致启弊端。

---

①[清]周作楫:《贵阳府志》(校注本),贵州人民出版社,2005年版,第910页。
②[清]常恩:《安顺府志》(点校本),贵州人民出版社,2007年版,第566页。

五、义仓专为救荒而设。遇年岁小歉，酌减市价五分发卖，存七粜三，不得尽行变价；如遇年岁大歉，按时价酌减，以七分平粜，三分煮赈，务使无力穷民，均沾实惠。

六、出粜义仓谷石，须士绅人等向学正告知，会同地方官前往监视，始准开放出粜。每日每户按人数零星粜卖，即人口众多，亦不得粜至一斗以外；如有囤贩情事，查出加倍罚谷添赈。

七、义仓粜获谷价，须跟同学正、地方官及绅耆人等，兑明数目，公同封固，仍交经管首士照数登记收存；俟丰稔时买补还仓，不得将价值久留，虚悬谷石。

八、义仓如有睁塌，随时修补，日后谷多，再添仓廒存贮。所有一切经费，由值年首士禀知学正，牒地方官查核，准其将义田谷动支报销。

九、每年原贮谷若干，收义田谷若干，经费若干，逐条登记簿籍。遇新旧经管人接代时，禀请学正、地方官跟同核算。照数盘量，以免弊混。所有盘量经费，亦即于义田谷动支。

十、经管义仓谷石，遇新旧交接盘量时，每百石准开谷耗谷六斗，庶经管人不致畏累不前。倘此外再有折耗，惟经手人是问。①

这则《义仓章程》将义仓管理人员、谷物收支、经营管理、借还方式、存粜比例、出粜数量、粜获谷价、修补经费、交接核算、义谷损耗等，规定得十分清楚。

在云南腾越厅，其仓储名称更多，诸如预备仓、广积仓、卫仓、常平仓、义谷仓、社仓、屯仓、练仓等。② 作者查阅清末及民国时期西南民族地区的方志，得出的一个基本判断是，到清代嘉庆年间及以后，西南民族地区乡村社会的仓储名称主要是义仓和便民仓。这可从民国《绥阳县志》采集各仓情况得以证实，如表6.4所示。

---

① [清]常恩：《安顺府志》（点校本），贵州人民出版社，2007 年版，第 566-568 页。
② [清]陈宗海等：《腾越厅志》（点校本），云南美术出版社，2002 年版，第 119-121 页。

表 6.4　清末贵州省绥阳县义仓设置一览表

里名	义仓名	义仓间数	存谷数量
金里	金里义仓,原有三十间,储谷壹仟玖佰肆拾叁石捌斗捌升		
	城内萧曹祠仓	五间	贰百贰拾叁石玖斗
	金二甲平定营仓	一间	陆拾肆石贰斗
	风坎寺仓	一间	贰拾玖石柒斗
	金四甲仓	二间	玖拾伍石伍斗伍升
	金六甲郑场仓	二间	伍拾肆石八斗
	金七甲落沿村仓	一间	拾玖石
	麻家村仓	一间	拾石
	槐子村仓	一间	贰拾捌石
	关门村仓	一间	叁拾柒石
	底水村仓	一间	伍拾伍石贰斗
	梓桐村仓	一间	拾捌石叁斗
	飞水村仓	一间	肆拾柒石陆斗
	三阳村仓	一间	伍拾叁石壹斗
	漏磔村仓	一间	肆拾石
	回龙场仓	一间	肆拾贰石
	城旺村仓	一间	拾石
	雷土村仓	一间	贰拾柒石
	浙水村仓	一间	拾柒石壹斗
	金八甲上坪场仓	一间	捌拾玖石陆斗
	黑金坪仓	一间	拾石
	桶坝村仓	一间	肆拾石
	金九甲黄家坝仓	一间	贰拾壹石贰斗
	官路场仓	一间	玖拾石零玖斗玖升
	清水坪仓	一间	肆拾柒石
	金十甲伞水场仓	一间	捌拾石

续表

里名	义仓名	义仓间数	存谷数量
	旺里义仓,原有三十一间,储谷壹仟伍佰贰拾石玖斗		
	牛旺村仓	一间	贰拾陆石
	真武村仓	一间	拾贰石
	大凹村仓	一间	叁拾贰石壹斗
	黎村寺仓	一间	贰拾石
	磨阳村仓	一间	叁拾贰石伍斗
	自家庙仓	一间	叁拾柒石陆斗
	照家山仓	一间	叁拾陆石
	许罗坝仓	一间	叁拾伍石伍斗
	马畔塘仓	一间	叁拾伍石伍斗
	洪光坝仓	一间	拾捌石肆斗
	显灵庙仓	一间	壹佰肆拾石
	大难坝仓	一间	贰拾捌石肆
	中台寺仓	一间	贰拾柒石叁斗
旺里	林岩坝仓	一间	拾贰石
	华庄寺仓	一间	贰佰叁拾石
	大关寺仓	一间	肆拾石零叁斗
	桑木村仓	一间	拾叁石
	水心村仓	一间	叁拾壹石肆斗
	尖山村仓	一间	肆拾陆石陆斗
	中山村仓	一间	拾柒石
	崇塘庙仓	一间	肆拾石
	合口寺仓	一间	捌拾壹石
	下仓	一间	肆拾石
	下村仓	一间	叁拾叁石叁斗叁升
	玉皇观仓	一间	伍拾贰石
	大梨村仓	一间	肆拾贰石捌斗陆升
	万天宫仓	二间	柒拾伍石贰斗
	修文寨仓	一间	贰拾贰石
	长迁寺仓	一间	捌拾贰石肆斗

里名	义仓名	义仓间数	存谷数量
朗里	朗里义仓,原有贰拾贰间,储谷壹仟零壹拾陆石壹斗柒升		
	朗一甲仓	一间	伍拾肆石
	朗二甲仓	一间	陆拾捌石
	朗三甲仓	一间	玖拾贰石陆斗
	朗四甲仓	一间	柒拾陆石零捌升
	又四甲仓	一间	肆拾肆石
	朗五甲仓	一间	陆拾壹石伍斗
	朗六甲仓	一间	陆拾斗
	朗七甲仓	一间	捌拾柒石陆斗
	胡八甲仓	一间	壹佰零捌石壹斗贰升
	朗九甲仓	一间	玖拾叁石肆斗
	朗十甲新场仓	一间	肆拾捌石
	五里坎仓	一间	贰拾陆石陆斗
	大桥场仓	一间	陆斗伍斗
	回龙庙仓	一间	拾伍斗肆斗柒升
赵里	赵一甲仓	一间	陆拾石零柒斗贰升
	赵二甲仓	四间	玖拾捌石叁斗
	赵三甲仓	三间	壹佰捌拾柒石贰斗肆升
	赵四甲仓	二间	肆拾柒石捌斗
	赵五甲仓	一间	叁拾捌石壹斗
	赵六甲仓	一间	玖拾玖石玖斗
	赵七甲仓	四间	伍拾柒石陆斗
	赵八甲仓	一间	贰拾柒石玖斗
	赵九甲仓	二间	陆拾伍石柒斗陆升
	赵十甲仓	一间	拾贰石肆斗

资料来源:作者根据[民国]胡仁著《绥阳县志》(点校本),绥阳县志编纂委员会 1986 年版,
第217-220页内容整理。

　　清朝道光年间,在贵州安平县(今平坝区),知县刘祖宪积极修建便民仓廒五十五间,再加上前知县修建仓廒六间,共计六十一间。① 由于知县刘祖宪捐谷二百五十一石九斗,绅民积极捐谷,共得谷六千七百五十一石六斗六升一合四勺,分作三十六处收贮,于是,一种新的仓储名称——便民仓诞生了。② 如表6.5所示。

表 6.5　安平县城乡便民仓贮谷一览表③

单位:石

地　名	便民间数	捐修年月	捐修人名	刘祖宪捐	民众捐	合计谷数
本城	两间在书院头门内隙地	道光二年(1822年)	公建	10.0	315.0	723.6152(加利谷等)
左八、猪槽、本堡	三家在本堡	道光三年(1823年)	公建	6.0	137.2	458.8642(加利谷等)
左七、铺笼场	三间在本场	道光六年(1826年)	刘公及民众	6.0	303.0	358.84(加利谷等)
中八、中十	一间在水月庵	同上	刘公	6.0	210.0	216.0
羊场河	二间在关帝庙	同上	刘公及人民王松	6.0	198.0	204.0
羊场堡	二间在五显庙	同上	刘公及人民刘朝典等	6.0	150.25	156.25
姜家岩	二间在本寨	道光三年(1823年)	公建	6.0	77.0	89.2(加利谷等)
后三八、下洛阳	二间在洛阳	道光六年(1826年)	人民吴廷纪、苏玉佩	6.0	140.08	186.88(加利谷等)
七甲堡	三间	同上	杨永芳、王之桢等	6.0	119.0	185.0(加利谷等)
前四何家院	一间在钟灵山寺	道光三年(1823年)	公建	6.0	61.0	182.6(加利谷等)

①[清]常恩:《安顺府志》(点校本),贵州人民出版社,2007年版,第568页。

②[清]常恩:《安顺府志》(点校本),贵州人民出版社,2007年版,第568-571页。

③[民国]任可澄:《续修安顺府志辑稿》(点校本),贵州人民出版社,2012年版,第438-440页。

地 名	便民间数	捐修年月	捐修人名	刘祖宪捐	民众捐	合计谷数
后一湖坝坎	一间	道光六年（1826年）	生员杨大发、人民梁师陶	6.0	126.6	182.6（加利谷等）
右九九家堡	二间在青龙寺	同上	刘公	6.0	147.2	153.2
后九甲堡	三间	同上	雷天爵、唐经邦	6.0	165.0	173.0
后五上洛阳	一间在衍庆庵	同上	刘公及赵承宁等	6.0	51.9	67.9（加利谷等）
左六张官堡	一间	同上	刘公	6.0	71.5	77.5
后六六甲堡	一间	同上	潘槐等	6.0	93.0	99.0
左三潘家岩	一间	同上	潘其发等	4.0	50.6	54.6
后一本堡	一间	同上	赵承殷等	4.0	72.0	96.0
左九龙箐	一间	同上	王应先等	21.4	3.45	44.85
前一一甲寨	一间在象山寺	同上	王发等	6.0	60.25	66.35
柔东上排	二间在观音寺	同上	刘公及绅黄容等	6.0	87.5	108.9（加利谷等）
柔东下排	一间在青龙寺	同上	刘公及曹如海等	6.0	105.6	3.6
柔东中排	二间在小鸡场	同上	刘公及刘希俊	6.0	89.2	107.3（加利谷等）
柔东安乐寨	一间	同上	刘志勇	6.0	50.0	50.6
柔东宅吉寨	一间	同上	陈世元等	4.0	37.4	41.4
柔东齐伯房	二间在五显庙	同上	王光远	6.0	236.75	242.75

续表

地　名	便民间数	捐修年月	捐修人名	刘祖宪捐	民众捐	合计谷数
饭笼铺	一间	同上	刘公	8.0	89.5	97.5
中伙铺	一间在三教堂	同上	田惠先等	8.0	24.8	32.8
西堡马场	三大间	同上	监生龙涟、耆民简嘉惠	10.0	665.5	675.5
西堡龙场	三间	同上	士绅徐士魁、人民褚廷璧	8.0	250.0	250.8
西堡大弄寨	二大间	同上	刘经纬等	8.0	339.75	347.75
西堡、外夏、卧寨	三间在大寨	同上	士绅梅克秀等	8.0	269.0	277.0
西堡蜡柳枝	二间在小坝寨	道光七年（1827年）	头人、生员王成化等	6.0	166.25	172.25
前九丁三寨	三间	同上	训导梅万先等	8.0	200.0	208.0
中六林下堡	未知有无				100.0	100.0

注：1.表中所载刘公即知县刘祖宪。2.本无旧存谷而又有利谷，如下洛阳等处，大概此项利谷是由拨采之谷内生出。3.捐修仓廒人究竟如何捐法，旧志只载明龙涟捐银四十两，简嘉惠等捐银二十九两八钱。4.梅芳先除捐建原仓外，又义捐仓地一间。5.林下堡一组，旧志附出于姜家岩条下，并未特列。6.合计总数表外已详。

为此，安平县知县刘祖宪还撰写了一篇《增设安平便民仓详文》，历陈"民无转运之劳""举目亲邻，易于觅保""随借随放，随还随收，民便而头人不劳""极贫次贫，人所共知，应借不应借，亦人所共悉，耳目易周，弊端易绝""建仓愈多，则管理愈易，收放越近，则民情愈亲""官亦得以亏缺无多，而易于追偿弥补，不致此仓之竟废"等七便，故名"便民仓"。同时，知县刘祖宪于道光六年（1826年）还拟订了《便民仓章程》，其章程全文很有参考价值，现将内容抄录于后：

一、各寨收谷放谷，均要干洁。每石取利谷一斗，均用平斛，不准淋尖踢斛；出入均用烙记新斗，毋得掉换滋弊。

二、各贫民无殷户担保而又藉强估借者,必非良民,许头人禀究。

三、所有各寨借放,除有抗欠估借、禀请差提外,俱不准书役干预,违者许各头人禀究。

四、民间缺少籽种、栽秧缺食及青黄不接之时,均关紧要,各头人务将存仓谷数与贫民应借户数通盘打算。如该仓存谷一百五十石,则分作籽种、栽秧、青黄不接三次酌量借放,不得希图省事,作一次尽放,致使青黄不接之时,各贫民仍受富民加五重利之累。

五、贫民告借,旧例着令十家担保,不无格碍之处,今改为殷户一人认保,书明如欠愿赔字样。如借户无可追缴或追缴不清,着令保人赔还;如保人违抗,禀官究追;若认保之人,经官严追,亦系无力赔垫,咎在头人,此项之谷,责令经手头人分赔。

六、各仓所有附近小村小寨,贫户之众寡不同,贮谷之多少亦异,放借之时,难免争执。兹已将各该仓民数、谷数通盘核算,并将某仓应借附近某村某寨,一一榜示。是各贫民均有应借之寨,并无偏祜;如有越界混借者,一概不准,违者以估借论。

七、旧例止准有田者借食,每户不得过一石,但此番积谷较多,每户准加借一石;除游手好闲及单身居住无定者仍不准借外,其有工商及有业有家室之贫民俱准照例觅保,一体给借。但须先尽力田之家,后及工商各项,不得搀越,反使贫民力田者无所藉也。

八、每石旧谷照青黄不接之时值银五钱,至收入之时每石新谷只值银三钱零及四钱不等,即并息谷估算,每旧谷一石,贫民总获利银五六分及一钱不等。原为轸恤贫民起见,若有勾串保人,希图贱价贩卖者,许头人禀究;如头人、保人有勾串情事,亦准各贫民禀究。

九、各寨保人,有代多人保借计至十余石及二十一石者,各头人务要审实,核殷户实有保赔余力而又无勾串贩卖诸弊,方准其作保;否则责令借户另觅保人。各头人毋得疏忽,自取赔累。

十、各仓多有头人四五名或五六人,难免无突来事故,所有发借收谷之时,不必尽数邀齐,致使贫民守候;唯三四人承借,则借约内须载明经某头人手、借谷若干,以专责成。若平粜散赈等事,则公同来齐,毋得参差。

十一、各仓如积谷五百石,本年尽数借放,每石谷准开除耗谷一升五合,头人伙食谷一升五合;其有修仓之费,另行呈报察核,准予开销,无报不准。假如五百石之谷只放出三百石,所有存仓二百石,如系谷贵,即为禀官尽数平粜,其银交殷户公贮,秋成后,责令买补还仓。若市价不昂,无人粜买,即将余谷存仓,免其进息。每年每石谷仍准开除鼠耗一升五合,均于五六月放完;及十月、十一月收完之日,开明清账,报官存案,以备稽察。

十二、各乡乡约,究系在官人役,不准干预;但乡约之中,如有殷实急公之人,而该乡又缺少头人,亦准该处士绅将此项乡约保充头人。其有人称急公,而非殷实者,不得滥保插入,致滋弊窦。

十三、各寨头人,均系殷实诚朴之人。所有贫民,俱不准其动令作保,违者许即禀究。

十四、各寨头人,不论绅耆士庶,俱经县官再四查访,实系殷实急公、忠实可靠之人,县官各给戳记一颗以为凭信。所有呈报估借拖欠,及应行呈禀一切事件,俱令其书明事由情节,粘连借字,盖戳封固,专人呈投;县官即为据禀办理,各头人俱免其赴案,以省拖累,以示优奖;如控涉头人营私而实有确据者,不在此例。

十五、县官下乡,自当顺便询查有无弊窦,验明借约是否符合。其有禀报存仓之谷,各头人即开仓请官核验是否实数,以《算经·量仓法》量之,无不尽知。若概为盘量,不独靡费无益,且启书役习难舞弊之渐。其有显系亏缺者,自当彻底究追,不在此例。

十六、遇小歉之岁,民未大困,自当照例发借,责令赔偿;若系大歉,各头人务于贫民未绝粮之先,即将应借各寨开列极贫、次贫之户,载明每户大口应赈谷若干,小口若干,禀究核办;若勘不成灾,将各民所借谷石,亦禀官酌量灾之分数为豁免之分数;若勘已成灾,此谷似当酌留,再设法弥补,毋使该仓之竟废也。

十七、各仓如本城、湖坝坎、九甲堡、下洛阳、后七、后六及西堡、马场、龙场、革利、大弄均在人居稠密之中,着令头人轮流看守,毋庸另招看守之人,致有靡费;其有收贮于庙中及公所者,均责令庙僧及住庙者看守,每石谷给予工食谷一升,如该僧等不小心看守,即禀请更换;如遇有盗贼偷窃情事,即将该僧等究逐,缉贼究追。

十八、万一遇有火灾,各头人即董率村民,将仓谷救藏别处,派人看守,给予奖赏;俟火熄后,即为盘量存谷若干,耗散若干,禀言验明。所有耗散之谷,准其豁免。

十九、县官交代,前官将各仓谷数,除消耗及杂费外,造具存谷实数,取具各仓甘结,移交后任接收以后稽查,以垂永远。①

这则章程是知县刘祖宪成立便民仓后所撰,主要内容是关于存放者分为歉年粜,平年借;借又分为籽种、栽秧、青黄不接三次,不准一次尽放。每借谷一石利谷一斗,唯游手好闲及单身居处无定者不借。关于管理者,择殷实诚朴之头人经管,仓设寺庙者归寺僧或住持经管。存谷每石准耗谷一升五合,借出每石准支头人伙食谷一升五合,庙僧、工食谷一升。维书役及乡约人等不准干预。关于盘量者,验仓照《算经·量仓法》,不准概为盘量,以杜书役刁难。各仓斗用平斛烙印为记。② 这则章程不仅仁之至、义之尽,而且条分缕析、规定清楚、执行严明,的确方便乡村社会民众在荒灾之时能够及时得以赈济。

由此可见,在明清时期西南民族地区乡村社会,其仓储名称主要有常平仓、预备仓、社仓、义仓和便民仓。作为备荒救灾而设置的仓储作为一种制度,无论其名称如何变化,他们均有相同点:一是根本目的相同。这些仓储都是致力于救济民众,稳定社会,促进乡村社会和谐,进而维护封建统治。二是救济手段共通。这些仓储都糅合了赈给和借贷的作用。三是具有调节收入差距、进行收入再分配的功能。四是具有互补作用。例如,社仓建在乡村,弥补了常平仓、预备仓、义仓建在城镇保障范围的不足,这种相互结合,自然就形成了一张覆盖城乡的社会救济网。当然,不可否认的是,这些仓储在政策目标、赈济效果、设立地点、救济形式等方面存在一些不同。③

二、明清时期的灾中赈济

所谓赈济,就是用财物救济灾民。该词语出自《后汉书·质帝纪》"方春戒节,赈济乏匮,掩骼埋胔之时"。赈济是救灾中的核心内容,是国家对灾民的反哺。明清时期西南民族地区乡村社会灾中赈济主要采用蠲缓、赈放钱粮、借贷等方式。

(一)蠲缓

蠲缓是指中央政府对乡村社会劳动者应缴钱粮或徭役的减免或缓征措施。

①[清]常恩:《安顺府志》(点校本)贵州人民出版社,2007 年版,第 571-573 页。
②[民国]任可澄:《续修安顺府志辑稿》(点校本),贵州人民出版社,2012 年版,第 440 页。
③张祖平:《明清时期的政府社会保障体系研究》,西南财经大学 2006 年博士学位论文。

明代云南就有赈济的记载,如明景泰七年(1456年),免云南被灾税粮(《明史·景帝本纪》);成化十六年(1480年),免云南被灾税粮(《明史·宪宗本纪》);正德二年(1507年),令云南抚、按同三司掌印等官设法籴买米谷上仓,专备赈济(《明会典》);嘉靖十二年(1533年),赈云南饥。(《明史·世宗本纪》)到清代之后,这种情况的记载更多,如乾隆元年(1736年)谕总理事务王大臣:"据云贵总督尹继善奏称,云南、曲靖、澂江、临安、楚雄、姚安、广西、昭通等府所属州、县内有栽插稍迟之地,禾稻正在扬花,忽遇冷雨,多不结实,止有五、六分收成,其中呈贡、昆阳、安宁、恩安、鲁甸等处,收成则在四分以下,除委员确勘实在,成灾者即应具题,将应免地丁等项照例请免。查秋米一项,旧例不在邀免之内,已令所属暂缓征收等语。滇省远在天南,舟车不通,民每艰于谋食,今闻本年栽种稍迟,州、县内有收成歉薄之处,朕心甚为轸念。其成灾地方,自应将应免地丁等项照例豁免,至于秋米一项,虽无邀免例,第恐闾阎力薄,输纳维艰,著将收成六分以下之州、县所有本年应收秋米,全行缓征。从乾隆二年为始,分作三年带征,以纾民力。凡此歉收之处,穷民必至乏食,其应赈恤者,即行动项赈恤,务使咸得其所。其应平粜者,即将存仓米谷减价平粜,或将邻近仓储设法拨运,以资接济。至无力之民,则借给籽种,以助来岁春耕。若摺内所开州县之外,尚有似此歉收之处,亦照此一体办理,勿得忽视。"①一般来讲,蠲缓是在灾荒年份政府经常采取的赈济措施。灾中赈济举措除用于灾荒外,在国家举行重大庆典或皇帝体恤民艰、大发仁慈时,也会蠲缓部分乡村地区的钱粮。蠲缓包括蠲免、缓征和免追征三个方面。蠲免是对当年应交钱粮或徭役的免除;缓征是将当年应交的钱粮移往以后征收的赈济方式;免追征是对乡村社会劳动者以前拖欠的税粮全部取消,不予追征的赈济方式。② 当然,由于多种原因,在不同的书中,其救灾的种类或名称也不尽一致。例如,《广西通志民政志》第四篇《救灾救济》的第一章《晚清时期》之第二节《救灾救济实施》就认为,清代的救灾工作,据《钦定大清会典·户部·蠲恤》所记有"荒政十二"的规定,救灾工作的主要措施是蠲赋、缓征、拯饥。其中,在"蠲赋"中载,同治十年(1871年)清廷全免广西全省地丁钱粮。光绪十三年(1887年),清廷蠲免永安、贺县、岑溪、郁林、平南、宣化、贵县、横县、来宾等31州县灾歉田亩钱、兵米。在"缓征"中载有三例:第一,光绪十二年(1886年),清廷缓征广西崇善、养利、迁江、来宾等十州县新旧钱粮,暨象县、武宣、苍梧、武缘等八

---

①[民国]龙云,卢汉:《新纂云南通志》(点校本第七册),云南人民出版社,2007年版,第482页。

②张祖平:《明清时期的政府社会保障体系研究》,西南财经大学2006年博士学位论文。

州县被灾各村庄本年缓征地丁兵米。第二，光绪十九年(1893年)，永淳雨水过多，河水陡涨，沿河两岸田亩民房被淹，巡抚张联桂奏请蠲缓永淳受灾各地钱粮。第三，光绪二十二年(1896年)二月，蠲缓崇善、养利、来宾、左、永康、柳城、灵川等二十一州县灾歉地方地丁兵米。蠲免、缓征和免追征等做法在西南民族地区的地方志书中多有记载，如《酉阳直隶州总志》卷六《食货志》"蠲赈"条载有清代中央政府对四川酉阳州"蠲赈"的相关情况，现摘录数条：

> 康熙二十六年，地丁条粮奉文蠲免。

> 雍正八年，地丁条粮奉文蠲免，耗羡照征。

> 乾隆十一年，地丁条粮奉文蠲免，火耗缓征。

> 乾隆四十年，地丁条粮奉文征五缓五，嗣奉文将三十七、三十九两年钱粮再蠲免六分。

> 乾隆四十一年三月一日上谕，两金川平定，将酉阳、秀山、黔江、彭水四十年分前经酌缓十分之五钱粮内蠲免十分之三。

> 乾隆四十二年，为圣母仙驭升遐，推广慈仁，以酬罔极，特奉谕旨，将各省额征地丁钱粮普行蠲免，自戊戌年为始，分年输蠲(案：酉阳州属于四十三年地丁条粮奉文蠲免，火耗次年带征)。

> 乾隆六十年十月初八日上谕，以丙辰元旦行归政礼，覃恩蠲免直省租赋，部议四川省作三次轮，于丁巳年轮免，酉阳州等属(其火耗次年带征)。其先，三月二十六日上谕，逆苗滋扰四川，秀山一带亦被苗匪蔓延，所有春季钱粮，着加恩缓征。又于十一月初一日上谕，将秀山六十年秋季钱粮缓至明年，与本春季钱粮分作两季完缴。

> 嘉庆元年三月十一日上谕，湖北贼匪滋扰，据毕沅等奏，四川之酉阳均有贼匪抢掠，着加恩收，本年地丁钱粮即全行豁免，以示优恤。

> 嘉庆三年三月十七日上谕，川省被贼蹂躏，邻近州县民力不免拮据，其黔江等属应征本年地丁钱粮一体缓征，以纾民困。

> 嘉庆七年三月二十一日上谕，酉阳、秀山、黔江、彭水着加恩蠲免地丁十分之一，以示奖励。[1]

从上文可见，明清时期西南民族地区乡村社会的蠲免、缓征和免追征这三种赈济方式，只要一遇灾荒，便经常使用。也就是说，在灾荒及中央政府有喜事的日子，百姓都会享受中央政府的"阳光雨露"。

---

① [清]王麟飞等：《酉阳直隶州总志》(点校本)，巴蜀书社，2009年版，第150-151页。

（二）赈放钱粮

一般来讲，无论是荒灾还是地震之后，政府都要派朝廷命官到受灾地区查勘灾情，以决定是否赈济、赈济数量等问题。乾隆五十四年（1789年），云南通海、华宁等县地震，乾隆皇帝谕旨"查勘"。云贵总督随即亲往查办，并对地震成灾实情查明上奏：通海等地"城垣、官署俱有坍坏，民居并多倒塌，间有伤毙人口"，中央政府据此震灾实情予以赈济。道光十三年（1833年）云南嵩明大地震，总督阮元对地震受灾情形派员查勘，并据实上奏地震成灾实情。① 灾情查勘确实后，中央政府就根据灾情迅速赈放钱粮，救济灾民。据《钦定大清会典事例》记载：康熙二十七年（1688年），"云南鹤庆、剑川二处地震，该抚委官赈济，压毙者每名给银一两，压伤者每名给银五钱，倒坏房屋每间给银二两，被灾无栖止者每名给谷一石，幼者给谷五斗，动支常平积谷。"②对于受灾之后的赈济钱粮数量，中央政府一般有比较明确的规定，如乾隆五年（1740年）议定："发放赈米，大口日给五合，小口二合五勺。若为利便灾民起见，可按月计粮，一次发给。每月大建大口给米一斗五升，小口七升五合，小建照扣一日之粮。发放之口粮如为米、麦、豆、粟，即以一石算一石；若为稻谷与大麦，每二石作米一石；高粱、秫秫、玉米，每一石五斗作米一石。至赈期之长短，又视灾情之轻重及贫穷之等级而殊。"至于贫穷等级不同、受灾轻重不同，中央政府对赈济也有十分明确的规定，如乾隆七年（1742年）议准："被灾之户欲于极贫、次贫之外，再有又次贫之一项，既不便于分析，又不便著减，赈恤致有偏枯。应将又次贫归于次贫之列，而分为极贫、次贫两种。并定被灾六分者，极贫抚赈一月，加赈一月；次贫抚赈一月，加赈无。七、八分者，极贫抚赈一月，加赈二月；次贫抚赈一月，加赈一月。九分者，极贫抚赈一月，加赈三月；次贫抚赈一月，加赈二月。十分者，极贫抚赈一月，加赈四月；次贫抚赈一月，加赈三月。"③这里的极贫、次贫是按照一个什么标准确定的呢？ 这在汪稼门《查赈事宜》中找到了答案，该书云："产微力薄、家无儋石，或房倾业废、孤寡老弱、鹄面鸠形、朝不谋夕者，是为极贫；如田虽被灾、盖藏未尽，或有微业可营，尚非急不及待者，是为次贫。"④在赈济的过程中，有时也会发生一些变化，如乾隆二十八年（1763年），云南通海、江川、宁州

①孟昭华：《中国灾荒史记》，中国社会出版社，1999年版，第488页。

②转引自［民国］龙云，卢汉：《新纂云南通志》（点校本第七册），云南人民出版社，2007年版，第482页。

③④ 转引自［民国］龙云，卢汉：《新纂云南通志》（点校本第七册），云南人民出版社，2007年版，第483页。

等州县地震,政府给予赈银赈谷,"倒坏房屋每间赈银五钱,草房每间赈银三钱,压毙人口每大口给银一两五钱,小口给银五钱,压伤不论大小人口每口给银五钱。现存被灾户,每口赈谷一石,幼者赈谷五斗"。① 与康熙二十七年(1688年)相比,就存在明显差别,现列表6.6。

表6.6 康熙、乾隆年间云南地震受灾赈济差别表

类 别	康熙二十七年(1688年)	乾隆二十八年(1763年)
倒坏房屋	每间给银二两	每间赈银五钱,草房每间赈银三钱
压毙人口	每名给银一两	每大口给银一两五钱,小口给银五钱
压伤人口	每名给银五钱	不论大小人口每口给银五钱
其他	被灾无栖止者每名给谷一石,幼者给谷五斗	现存被灾户,每口赈谷一石,幼者赈谷五斗

从表6.6可见,清代中央政府在"倒坏房屋"和"压毙人口"这两方面规定得比较具体。这说明,随着时代的发展,封建统治阶级的思想也在发生一定的变化。

(三)借贷

借贷是救荒中借给灾民口粮等生活资料及种子、牛具等生产资料,并不时地豁免灾民债务的一种赈济办法。明清时期中央政府和地方政府除了自身借贷给灾民口粮等生活资料及种子、牛具等生产资料外,还广泛动员富人参与借贷,这是政府在紧急时刻干预乡村社会经济关系的一种表现。

历史上救荒中的借贷灾民的办法实际上是一种"散利"。其类型主要有三:一是政府赈贷。在乡村社会歉收或勘不成灾之时,政府一般不直接散米给百姓,而是采取借贷口粮的方式予以救济。如洪武十八年(1385年)太祖命令各地有司,凡遇岁饥,先发仓廪赈贷,然后具奏。洪武二十六年(1393年)又要户部谕各地有司:"自今凡遇岁饥,则先发仓廪以贷民,然后奏闻,著为令。"②清代还有中央政府拟定了借贷收息的办法。雍正元年(1723年)谕:"社仓之设,原

① 转引自[民国]龙云,卢汉:《新纂云南通志》(点校本第七册),云南人民出版社,2007年版,第484页。
② 《明太祖实录》卷二百七十二,"洪武二十六年四月乙亥"条。

以备荒歉不时之需,然往往行之不善,致滋烦扰。……其收息之法:凡借本谷一石,冬间收息二斗,小歉减半,大歉全免只收本谷。至十年后,息倍于本,只以加一行息。其出入之斗斛,遵照部颁,公平较量,社长预于四月上旬申报受纳,不得抑勒多收。临放时,愿借者先报社长,计口给发;交纳时,社长先行示期,依限完纳其册籍之登记。"①除了借贷口粮外,灾后为了及时恢复生产,政府还会借贷种子、牛具等生产资料给灾民。这在许多荒政著作中都有记载。乾隆元年(1736年)谕总理事务王大臣:"其应平粜者,即将存仓米谷减价平粜,或将邻近仓储设法拨运,以资接济。至无力之民,则借给籽种,以助来岁春耕。若摺内所开州县之外,尚有似此歉收之处,亦照此一体办理,勿得忽视。"②二是豁免债务。发生灾荒时,政府借给贫民的钱、粮、牛具等,灾后如果贫民仍无力偿还,又适逢中央政府举办如皇帝、皇太后寿辰之类的重大庆典,这时就会对穷民的债务予以豁免,以显皇恩。这种豁免在清朝中后期差不多十年施行一次。③ 如乾隆二年(1737年)针对云南省州县收成歉薄的情况,乾隆皇帝谕总理事务王大臣:"上年滇省州、县有收成歉薄之处,前已降旨将成灾地方应征地丁等项照例豁免,应收秋米从乾隆二年为始分作三年带征,今虽据云南督、抚奏报,今春雨旸时若,可望丰收,但朕思百姓既有带征之秋米,又有应纳之正供,昨岁歉收之后,输纳未免艰难,朕心深为轸念。著将乾隆元年分云南省所有分作三年带征之秋粮全行豁免,该督等即通行晓谕,仍严饬州、县实力奉行,务使闾阎均沾实惠。"同年,又谕总理事务王大臣:"云南省之昭通、东川、元江、普洱四府内新辟夷疆,人稀土旷,从前曾经募民开垦,借给银两,令其分年完纳,至今尚有未完银一万八百六十余两。朕恩滇省去岁收成歉薄,间阎生计艰难,已将乾隆元年应征地丁钱粮俱行宽免。夫正供尚在蠲免,而开垦宿逋犹令追缴,穷黎拮据,朕心深为轸念。著将滇省未完开垦借给银两悉行豁免,以示朕嘉惠边民之至意。"④在这里,政府蠲免的借给百姓的钱粮是免除真正的债务。三是劝借。劝借是地方政府动员富人参加赈贷。有清一代,政府除赈济、官赈之外,亦尝劝民间自为诇救,以补官力之不足。清顺治十年(1653年)议准:"士民捐助米五十石或银

①转引自[民国]龙云,卢汉:《新纂云南通志》(点校本第七册),云南人民出版社,2007年版,第474页。

②转引自[民国]龙云,卢汉:《新纂云南通志》(点校本第七册),云南人民出版社,2007年版,第482页。

③张祖平:《明清时期的政府社会保障体系研究》,西南财经大学2006年博士学位论文。

④转引自[民国]龙云,卢汉:《新纂云南通志》(点校本第七册),云南人民出版社,2007年版,第483页。

百两者,地方官给匾旌奖;捐米百石或银二百两者,给九品顶戴,捐多者递加品级,至现任文武官弁,捐助者亦得议叙。"①这事实上是一种政府通过给予奖励、免除杂役或许以官职的方式鼓励富人参加赈贷,这种做法为赈济制度的正常运行创造了较为适宜的制度环境。

三、明清政府的事后安抚

灾荒之后,灾民有饿死、病死的,也有流徙他乡的。受灾乡村社会人们的心理受到了极大创伤,社会风俗受到一些影响,安抚好灾荒之后流民和社会重建就成为当务之急。从现有史料及研究成果看,政府安抚流民的办法主要采用两种:一是遣返回籍,令其复业;二是编排户籍附入州、县。明朝的流民问题从一开始就成为当时西南民族地区,乃至全国较为普遍的社会问题,引起了明政府的高度重视。如正统二年(1437年),"令各处有司委官,挨勘流民名籍、男妇大小丁口。排门粉壁,十家编为一甲,互相保识,分属当地里长带管"。正统六年(1441年)奏准:"流民愿归原籍者,有司给与印信文凭。沿途军卫有司,每口给口粮三升。其原籍无房者,有司设法起盖草房四间。仍不分男妇,每大口与口粮三斗,小口一斗五升。每户给牛二只,量给种子,审验原业田地,给与耕种。优免粮差五年,仍给下帖执照。"从这里可见,中央政府对当时流民是实施了宽厚的政策。成化十七年(1481年),中央政府专门"添设四川按察司副使一员,于重、夔、保、顺四府抚治流民"。到嘉靖年间,中央政府还实施了一系列招抚流民的优惠政策,如嘉靖六年(1527年)诏:"今后流民有复业者,除免三年粮役,不许勾扰。其荒白田地,有司出给告示晓谕,许诸人告种,亦免粮役三年。三年后,如果成熟,量纳轻粮。"嘉靖九年(1530年),"令抚、按官招抚流民,令各还乡。查将本处仓库,堪动钱粮,并近开事例银两,量给牛具种子,使各安生业,毋致失所"。当然,对于不听招抚者,也制订了管理办法:"如有不遵,官吏里甲人等,一体治罪。"②到清代之后,流民问题更加凸显,如贵州省的流民不仅数量多,而且分布广,遍及全省各府州县。有的学者统计,仅乾隆、嘉庆、道光两个时期,除遵义、思州、石阡等州县未加统计外,贵州共有流民72 484户,按每户5人估算,当时贵州有流民36万余人,比明代万历时贵州全省的人口还多。③ 如何

①转引自[民国]龙云,卢汉:《新纂云南通志》(点校本第七册),云南人民出版社,2007年版,第491页。

②[明]申时行等:《明会典》(万历朝重修本),中华书局,1989年版,第130-131页。

③陈国生,董力三:《清代贵州的流民与山区开发》,《贵州师范大学学报(社会科学版)》,1994年第3期,第16-18页。

安置流民,也是统治者十分伤脑筋的问题。对于流民安置,有的学者认为,至少要处理好征税与稳定的矛盾、流民救济与流民增加的矛盾。① 这种见解比较符合当时的实情。

总之,荒政是明清时期中央政府举办社会保障的重点,国家无论是在政策上、制度上,还是在人力和财力上都给予了一定的支持。中央政府实施的一系列灾荒救济的举措,不仅在一定程度上保障了西南民族地区乡村社会灾民的生命安全和生活,而且恢复了该地区的社会生产,维护了社会秩序,对乡村社会的广大群众产生了积极的影响。

第二节 养老制度

中国自古以来就是一个尊老敬老的国度,《礼记·王制篇》有"凡养老,有虞氏以燕礼,夏后氏以飨礼,殷人以食礼,周人脩而兼用之"的记载,《周礼·大司徒》也说:"以保息六养万民,一曰慈幼,二曰养老"。中国的养老保障思想在先秦时期就已产生并对后世产生极大的影响,直至明清时期,政府和整个社会都非常重视民众的养老问题,并制定了许多有益的养老保障政策。②

一、明清时期中央政府倡导尊重老人的社会氛围

明清时期西南民族地区的养老一般以家庭为主。政府在养老保障中的主要作用是倡导尊老、敬老、养老的社会氛围,给予老人一定的物质补助,在政策上鼓励家庭养老并为家庭养老创造必要条件。具体来讲,明清时期中央政府倡导尊重老人的社会氛围,主要从以下几方面入手。

（一）赐予爵位

朱元璋建立明朝之初,就令贫者给米肉、富者赐爵,享受一定的政治和社会地位。洪武十九年(1386 年),"诏所在有司,审耆老不系隶卒倡优,年八十、九十邻里称善者,备其年甲行实,具状奏闻。贫无产业者,八十以上,月给米五斗、肉五斤、酒三斗;九十以上,岁加给帛一匹、絮五斤。虽有田产,仅足自赡者,所

---

① ② 张祖平:《明清时期的政府社会保障体系研究》,西南财经大学 2006 年博士学位论文。

给酒肉絮帛亦如之。其应天、凤阳二府富民,年八十以上,赐爵里士;九十以上,赐爵社士,皆与县官平礼,并免杂差,正官岁一存问。着为令"①。由此可见,乡村社会拥有爵位的老人不仅拥有崇高的社会地位,而且享有一定的政治权利,可以和县官平礼。

(二)有司存问

所谓有司,在古代是指主管某方面工作的官吏。存问有两个意思:一是尊对卑、上对下的慰问、慰劳;二是比较客气地问候或探望。有司存问分为地方官吏存问和朝廷遣使存问两种形式。通过官员对八十、九十以上高龄老人的存问,不仅可将人们对官员的尊重转移到对老人的尊重上,而且能使得被存问的高龄老人精神上得到极大的安慰。明清时期皇帝亲自要求地方官存问老年的事例有很多,如《大明会典》卷之八十"养老"条序言中有"其大臣八十九十者、特赐存问。盖古者尊高年、养国老之遗意"的句子,后来逐渐发展、扩大到平民百姓。如洪武十九年(1386年)有"正官岁一存问"的规定;永乐二十二年(1424年),令民年七十以上、八十以上者"时加存问"。②清朝政府甚至将地方官存问老人列入法律之中,将存问老人之事作为地方官必须履行的职责和考核的政绩之一。《大清律例》规定:"老人九十以上者,地方官不时存问。"③

(三)乡饮酒礼

乡饮酒礼是国家倡导的乡村社会敬老之礼。通过按年龄大小安排席位、饮食品种等,表达对老人的尊敬。明清政府也大力提倡乡饮酒礼,重视乡饮酒礼的社会教化功能。明朝洪武初年,明太祖诏"中书省详定乡饮酒礼条式,使民岁时燕会,习礼读律,期于申明朝廷之法,敦叙长幼之节"。洪武十六年(1383年),颁行《乡饮酒礼图式》,规定各处府、州、县于每年正月十五日、十月初一日在儒学行乡饮酒礼。同时,还对里社作出规定:"每岁春秋社祭会饮毕、行乡饮酒礼。"乡饮之设的目的在于"尊高年、尚有德、兴礼让"。洪武十八年(1385年),重定乡饮酒礼,明确要"序长幼,论贤良,别奸顽,异罪人"。④

清朝沿袭明朝乡饮酒礼制度,并且在顺治、雍正、乾隆时期均有相应的规

①② [明]申时行等:《明会典》(万历朝重修本),中华书局,1989年版,第459页。
③《大清律例》卷八《户律·户役·收养孤老》。
④[明]申时行等:《明会典》(万历朝重修本),中华书局,1989年版,第456页。

定。尤其是乾隆五十年（1785年），命岁时举乡饮，毋旷，每行礼，奏御制补笙诗六章。据有关文献记载，乡饮酒礼到了明清时期，发展成为一套复杂的仪式，有揖拜，有宣讲，有读律，有献酒，有品馔。作者以《遵义府志》的记载为例，将乡饮酒礼的仪式①抄录于后：

> 乡饮酒礼仪注，京府及直省府、州、县，岁以孟春望日、孟冬朔日举行于儒学。前一日，执事者于儒学之讲堂依图陈设座次，司正率执事诸生习仪。至日，黎明，执事者宰牲具馔。主人及僚属、司正先诣学，遣人速宾僎以下。宾至，主人率僚属出迎于庠门之外，揖入。主居东，宾居西，三揖三让，而后升堂，东西相向立。赞：“两拜；宾坐。”僎至，主人又率僚属出迎，揖让升堂，拜坐，如前仪。宾、僎、介至，既就位，执事者赞：“司正扬觯。”引司正由西阶升，诣堂中，北向立。执事者赞：“宾僎以下皆立。”赞：“揖。”司正揖，宾僎以下皆揖。执事者以酒授司正，司正举酒，曰：“恭惟朝廷，率由旧章，教崇礼教。举行乡饮，非为饮食。凡我长幼，各相劝勉：为臣尽忠，为子尽孝，长幼有序，兄友弟恭。内睦宗族，外和乡里。无或废堕，以忝所生。”读毕，执事者赞：“司正饮酒。”饮毕，以觯授执事。执事者赞：“揖。”司正揖，宾僎以下皆揖。司正复位，宾僎以下皆坐。赞：“读律令。”执事者举律令案于堂之中，引读律令者诣案前北面立。赞：“宾僎以下皆立。”行揖礼如前。读毕，复位。执事者赞：“供馔案。”执事者举馔案至宾前，次僎，次介，次主，三宾以下，各以次举讫，执事者赞：“献宾。”主起席，北面立，执事者酌酒以授主，主受爵，诣宾前，至于席，稍退。赞：“两拜；宾答拜。”讫，执事者又酌酒以授主，主受爵，诣僎前，置于席，交拜如前仪。毕，主退，复位。执事者赞：“宾酬酒。”宾起，僎从。执事者酌酒投宾，宾受爵，诣主前，置于席，稍退。赞：“两拜。”宾、僎、主交拜，讫，各就位坐。执事者分左右立，以次酌酒，献三宾、众宾遍。宾主以下，酒三行。供羹，执事者以次酌酒，饮酒，供馔三品。毕，执事者赞：“撤馔。”侯撤馔案讫，赞：“宾僎以下皆行礼。”僎、主、僚属居东，宾、介、三宾、众宾居西。赞：“两拜。”讫。赞：“送宾。”以次下堂，分东西行，仍三揖，出庠门而退。

---

① [清]郑珍，莫友芝：《遵义府志》，遵义市志编纂委员会，1986年版，第665-666页。

二、养老制度的具体举措

明清时期中央政府为了表达尊老敬老之意,对年龄达到八十岁以上者会赐予米、酒、肉、帛等生活资料作为衿恤或奖赏。这在中国有着悠久的历史,先秦以降各朝史书均有记载。明清时期实施养老制度的具体举措有以下三方面。

（一）给予老人一定的物质补助

明朝建立后,继续实施这一政策,对年龄在八十岁以上的老人给予物质补助。如洪武十九年（1386 年）规定:"贫无产业者,八十以上,月给米五斗、肉五斤、酒三斗;九十以上,岁加给帛一匹、絮五斤。"永乐十九年（1421 年）规定:"民年八十以上,有司给与绢二匹、布二匹、酒一斗、肉十斤。时加存恤。"永乐二十二年（1424 年）规定:"民年七十以上及笃废残疾者,许一丁侍养。不能自存者有司账给。八十以上者,仍给绢二匹、绵二斤、酒一斗。"天顺二年（1458 年）又规定:"军民有年八十以上者,不分男妇,有司给绢一匹、绵一斤、米一石、肉十斤。年九十以上者倍之。"天顺八年（1464 年）规定,凡民年龄"八十以上者,加与绵二斤、布二匹。九十以上者,给与冠带。每岁设宴待一次。百岁以上,给与棺具"。[1]

清朝自顺治年间至道光年间制定了十余次对老人的补助政策。作者将载入《遵义府志》卷十五中的相关内容辑录如下。[2]

> 顺治十八年正月初九日规定:军民年八十以上者,给与绢一匹、棉一斤、米一石、肉十斤;九十以上者,倍之。
>
> 康熙二十七年十月二十三日规定:军民八十以上者,给与绢一匹、棉一斤、米一石、肉十斤;九十以上者,倍之。
>
> 康熙四十二年四月十八日规定:军民年八十以上者,给与绢一匹、棉一斤、米一石、肉十斤;九十以上者,倍之;百岁者,题明,给与建坊银两。
>
> 康熙四十八年三月十一日规定:赐老人绢、棉、米、肉,悉如四十二年恩诏之数。
>
> 康熙六十一年十一月二十日规定:军民八十以上者,给与绢一匹、

---

① [明]申时行等:《明会典》（万历朝重修本）,中华书局,1989 年版,第 459 页。
② [清]郑珍,莫友芝:《遵义府志》,遵义市志编纂委员会,1986 年版,第 429-447 页。

棉一斤、肉十斤;九十以上者,倍之。

雍正元年八月十三日又规定:直隶各省,妇女年七十以上者,给与布一匹,米五斗;八十以上者,给与绢一匹,米一石;九十以上者,倍之;百岁者,题明,给与建坊银两。

雍正十三年九月初三日和十一月二十一日规定:军民年八十以上者,给与绢一匹、棉一斤、米一石、肉十斤;九十以上者,倍之。

乾隆二十六年十一月二十二日规定:军民八十以上者,给与绢一匹、棉一斤、米一石、肉十斤;九十以上者,倍之,百岁,题明,给与建坊银两。

乾隆五十五年又奉上谕:军民年七十以上者,赏给绢一匹、棉一斤、米五斗、肉五斤;八十以上者,赏给绢一匹、棉一斤、米一石、肉十斤;九十以上者,赏给绢二匹、棉二斤、米二石、肉十二斤;至百岁者,题明旌表,并加赏大缎一匹、银十两。

嘉庆元年规定的内容为:军民年八十以上者,给与绢一匹、棉一斤、米一石、肉十斤;九十以上者,倍之。

嘉庆十四年规定:军民年八十以上者,给与绢一匹、棉一斤、米一石、肉十斤;九十以上者,倍之;百岁者,题明旌表。

嘉庆二十五年八月二十七日规定:军民年八十以上者,给与绢一匹、棉一斤、米一石、肉十斤;九十以上者,倍之。

道光十五年十月初十日又规定:军民年八十以上者,给与绢一匹、棉一斤、米一石、肉十斤;九十以上者,倍之;至百岁者,题明,给与建坊银两。

从上面引文可见,明清时期中央政府对乡村社会老人的物质补助一直没有固定的年龄标准和物质补助标准,全凭最高统治者的意志决定,这在很大程度上表明这种制度具有极大的随意性。同时,对老人年龄的要求和补助额的高低深受国家经济状况的影响。当一个新政权刚刚建立,财力较为紧张的时候,八十岁以上的老人才能得到补助。当一个新政权经过一定阶段的发展,国家已经逐渐强大,政府财力雄厚的时候,国家就开始遍赏全国七十岁以上老人钱物。

(二)免除老人及家丁的赋役

明清时期中央政府对步入老年之人有免除徭役的规定。《明史》中有"年十六成丁,成丁而役,六十而免"的记载。这是明朝对六十岁以上的老人免除赋役的规定。具体来讲,以法典的形式作明确规定的是《明会典》卷之八十"养老"条,其内容为:"洪武元年,诏民年七十之上者,许一丁侍养,与免杂泛差役。"①这一规定是针对有子孙的老人而言的,而且老年人获得给侍待遇,其年龄必须达到七十以上,并且只允许留一丁侍养。侍丁差役的免除,相当于国家赋役的减少,实质上是国家对家庭养老保障的变相资助。天顺八年(1464年)又强调,"凡民年七十以上者,免一丁差役,有司每岁给酒十瓶、肉十斤"。②

　　清朝自顺治年间至道光年间制定了诸多对免除老人"杂派差役"的政策。从顺治十八年(1661年)至道光十五年(1835年)均有"军民年七十以上者,许一丁侍养,免其杂派差役"的规定。同时,对"鳏寡孤独废疾不能自养者,宜于给养"。③ 由此可见,清朝基本上沿袭明朝的这一制度,并无本质的区别。到了康熙四十二年(1703年)之后,八十岁以上的老人除了获得给侍待遇外,还有其他实物给付;百岁以上老人,可获得建坊的殊荣。具体规定为:军民年"百岁者,题明,给与建坊银两"。乾隆五十五年(1790年)开始,凡百岁老人国家优惠,规定为:军民年"至百岁者,题明旌表,并加赏大缎一匹、银十两"。④ 明清时期减免老人及家丁赋役的政策具有一定的积极意义,在一定程度上减轻了老人及其家庭的经济和人力负担,为老人的家庭养老提供了便利,使得老年人在经济上能够得到赡养,在生活上能够得到照料。

　　(三)优免老年人触犯刑律的处罚

　　也就是说,在同等罪行面前,对高龄的老人,量刑处罚予以适当减轻,甚至免除。如《明会典》卷一百六十一《律例二》之"老小废疾收赎"规定:

　　　　凡年七十以上、十五以下及废疾,犯流罪以下收赎;

　　　　八十以上、十岁以下及笃疾,犯杀人应死者,议拟奏闻,取自上裁;盗及伤人者,亦收赎。

　　　　九十以上、七岁以下,虽有死罪,不加刑。其有人教令,坐其教令者。若有赃应偿,受赃者偿之。

　　　　凡军职犯该杂犯死罪,若年七十以上、十五以下及废疾,并例该革职者,俱运炭纳米等项发落,免发立功。

①②　[明]申时行等:《明会典》(万历朝重修本),中华书局,1989年版,第459页。
③赵尔巽等:《清史稿》卷一《世祖本纪一》,中华书局,2003年版。
④[清]郑珍,莫友芝:《遵义府志》,遵义市志编纂委员会,1986年版,第438页。

年七十以上、十五以下及废疾,犯该充军者,准收赎,免其发遣。若有壮丁教令者,止依律坐罪。其真犯死罪免死及例该永远充军者,不准收赎。

凡老幼及废疾犯罪,律得收赎者,若例该枷号,一体放免,照常发落。

在《明会典》卷之一百六十一《律例二》之"犯罪时未老疾"又规定:

凡犯罪时虽未老疾,而事发时老疾者依老疾论(谓如六十九以下犯罪,年七十事发;或无疾时犯罪,有废疾后事发,得依老疾收赎。或七十九以下犯死罪,八十事发;或废疾时犯罪,笃疾时事发,得入上请。八十九犯死罪,九十事发,得入勿论之类)。若在徒年限内老疾,亦如之(谓如六十九以下,徒役三年,役限未满,年入七十;或入徒时无病,徒役年限内成废疾,并听准老疾收赎。以徒一年三百六十日为率,验该赎钱数,折役收赎)。

清朝法律对老人犯罪同样作了特别的规定,如年过七十者犯流罪以下,罪行并不严重者,可以钱赎罪;八十以上老人犯罪,罪行严重需判死刑者,须由皇帝亲自裁决;九十以上者,则"虽有死罪不加刑"。[1]

总之,养老传统是中华民族传统美德的重要组成部分,是历史积淀下来的优良传统。养老保障制度属于政府的重要职能,是国家管理社会的一项重要事项。明清时期的养老传统贯穿于当时的制度、政策和社会生活等方方面面,国家对乡村社会的老人实施养老制度,对明清时期西南民族地区乡村社会的政治稳定、社会发展发挥着十分重要的作用。明清中央政府为了让全社会形成尊老、敬老、养老的社会氛围,在法制和礼制方面做了许多工作。如在法律上把"不孝"列为"十恶"之一,严惩不贷。《大明律》就明确规定,凡骂祖父母、父母,及妻、妾骂夫之祖父母、父母者,并绞。[2] 凡子孙殴祖父母、父母,及妻、妾殴夫之祖父母、父母者,皆斩。[3] 皇帝为高寿老人贺寿,这对尊老、敬老良好风气的形成也很有帮助。据《清实录·仁宗实录》载,嘉庆十五年(1810年)十二月十六日,嘉庆皇帝赏广西一百四十二岁寿民蓝祥六品顶戴及御制诗章匾额,仍加赏银五

---

①《清朝续文献通考》卷九十九。

②《大明律》卷二十一《刑律四·骂祖父母、父母》。

③《大明律》卷二十《刑律三·斗殴·殴祖父母父母》。

十两。① 嘉庆皇帝曾作诗并御笔褒奖,其中有"百岁春秋卅年度,四朝雨露一身罩。烟霞养性同彭祖,道德传心问老聃"等诗句。② 明清时期,为百岁老人建坊也是习以为常的事情,这同样有助于尊老、敬老良好风气的形成。明代有位名叫殷从俭的人,曾经为竹冈一位姓金的老人撰写过一篇《百岁坊碑》,现录于后:

> 竹冈金公,生于成化三年丁丑,中丙午乡试。至嘉靖六年丁亥为重逢今四十三年甲子,寿登九十八,以闰计之,历月三十有九,实计百岁。吾乡前此未始无百岁之人,但或德未能以称齿,望不足以服众,则亦沦没无闻尔。

> 公发身贤科,筮仕学博,归隐五十余年。潜心砥行,交际不苟。于凡道德性命之旨,阴阳医卜之术,罔不洞究。教子自擢魁于乡,仕为县令,年近古稀,雅为乡评所重。公虽登上寿,而步履饮食,康强如壮,非建坊表扬,无以章示盛美。

> 蒙靖江味玄殿下,乐善尚齿,迈古贤王,捐金五十,暨王世子屹峰殿下二子、辅国将军任晟,共捐金十余。大书百岁二字,遣纪善舒烨,持以授俭。予幸与公比邻,欣承雅意,获效微劳,遂谋于镇国中尉约俄、乡宦李公采、李公膺、侯公相、王公文儒、何公革、董公德明、彭公登瀛、李公仲僕,共成厥事。偏告于宗藩缙绅,奉国将军规耸、国子司业吕公调阳等百有余人,各捐金有差。适镇守副总戎王公宠闻,而题之捐俸五金,委百户徐钺董其役,卜址南门隙地,众心胥悦。事既就绪,始白于巡院三司,郡邑诸公,皆乐赞其成。经始于中秋,落成于长至。天时人事,不谋而合,又岂偶然之故耶?

> 兹幸毕役,谨勒其略于石,以俟登上寿者,次第书焉。是为记。③

同时,明清中央政府对年龄在七十岁以上者实施侍丁制度、终养制度、免赋役制度、犯罪存留养亲制度等,在政策上予以支持,这能对当代养老保障制度配套措施的推行提供有益的借鉴。

---

①《清实录·仁宗实录》卷二百三十七,中华书局,1986年版,第200页。
②宜州市地方志编纂委员会:《宜州市志》,广西人民出版社,1998年版,第807页。
③桂苑书林丛书,《粤西文载校点》第三册,广西人民出版社,1990年版,第291-292页。

第三节 军人优抚制度

《辞海》对"优抚"的解释是："优抚：优待和抚恤的简称。在我国，包括褒扬革命烈士，优待抚恤革命烈士家属和革命残废军人，优待革命军人家属，安置复员退伍军人和军队退休干部，开展拥军优属活动及对牺牲、病故、残废的革命工作人员的优抚等。目的是加强群众的国防观念，提高群众的革命觉悟，密切军民关系，帮助烈属、军属和残废军人等解决生活困难，鼓舞部队士气，增强国防力量。"①所谓优待，是指从政治和物质上给予良好的待遇。广义上的优待是指国家、社会、群众三方面对优抚对象广泛的关怀照顾及物质帮助。安抚体恤叫抚恤。这里的抚恤是指在战争中牺牲以及因公牺牲和导致病故的人员，国家或政府对其家属支付一定数额的抚恤金，对其致伤致残的人员按期付给一定数额的伤残抚恤金。同时，对伤残人员和家属给予精神上的安抚。在我国古代的恤政之中，"凡有七端：一曰养老，二曰慈幼，三曰赈贫，四曰劝农，五曰宽商，六曰恤兵，七曰赏死事，又曰周患难"②。可见"恤兵"属于古代的社会保障制度之一。其实，无论是官方还是西南民族地区土司，一直十分重视优抚。千百年来，在四川阿坝地区，一个部落可成为一个军事组织，实行"寓兵于农牧"的军事制度，酋长或土司既是部落统治者，又是军事指挥者。凡为中央王朝征战，输诚国家，立战功，朝廷赐封，官位俸禄优厚，子孙世袭冠带，久享俸禄；凡土兵立功，论功行赏，战死伤残，优待抚恤。凡土兵为部落征战，以酋长或土司言出法随而定奖罚。③ 这实际是一种论功行赏和献金劳军的优待政策。明清时期，四川阿坝地区的土兵在械斗中死伤，土司头人以约定俗成予以抚恤；甚至抚恤死伤破禁规，即准允妇女招郎抚子，孤老招继赡养。④ 这些举措无疑有利于稳定军心，确

①《辞海》，上海辞书出版社，1989 年版，第 569 页。

②[清]黄宅中：《道光大定府志》（点校本），中华书局，2000 年版，第 859 页。

③四川省阿坝藏族羌族自治州地方志编纂委员会：《阿坝藏族羌族自治州志》，民族出版社，1994 年版，第 701-702 页。

④四川省阿坝藏族羌族自治州地方志编纂委员会：《阿坝藏族羌族自治州志》，民族出版社，1994 年版，第 707 页。

保土兵能够效命沙场。①

一、明清时期军人优抚内容

一般而言,优抚分优待和抚恤。"死则善葬,伤则医抚",是我国一种传统的优抚思想。历代统治者无不把做好军人及家属的优抚工作视为稳定军心、安邦定国的良策予以重视。明清时期的统治者为了安定军心、保障兵源,维系军队的战斗力,同样也制定了一套政策来优待和抚恤那些在战争中著有功勋或为国捐躯的官兵及受难者家属。明清统治者均十分重视军人的优抚,如明朝建立伊始,明太祖就下诏:"出征军官、军人多烦劳苦,仰中书、大都督府厚加存恤。"②并进而解释,"军士为朕开拓疆域,奋不顾身,殁于战场,尸不至家,魂无所依,父母年高,妻寡子幼,一旦抛弃,至今不能存恤,此朕之过也""朕当安居存养,使不失所"。③ 清朝统治者也同样有一些优抚的文件,如《钦定兵部军需则例》就有很多优抚军人的规定,而"土司军功议恤"条例,则是将土司、土兵战时待遇、军功赏赐、阵亡伤亡、出征病故以及对其家属赐钱物和免役等规定明确,这是保障土司兵能够在战场上不惧血染沙场、马革裹尸的关键环节。但是,对于正规军人、土兵的优抚政策,究竟如何执行,这是我们值得探讨的一个问题。

明清时期西南民族地区的军人及土司土兵的优抚是中国古代军事优抚制度发展中的重要一环。在具体实施过程中,其内容主要包括两个方面。

(一)现役将士与家属

明王朝为增强西南民族地区军人及土兵的战斗力,朝廷特别注意对现役将士的优待,以激励他们效命沙场。一般来讲,军官是明代正规军队的中坚力量,关系到明朝武装力量战斗力的强弱;土官是明代后备军队的中坚力量,关系到明朝武装补充力量战斗力的强弱。因此,朝廷重视对现役军官平时和战时的优待。在此基础上,中央政府也重视给予土司土兵战时待遇、军功赏赐等优待。

1.奉调优待

明朝中央政府自明朝建立后,就对军人实施"优给"政策,所谓"优给者,优

---

①李良品,卢星月:《明清时期西南地区土司兵参加军事战争的影响》,《成都大学学报(社会科学版)》,2014 年第 3 期,第 33-39 页。

②[明]傅凤翔:《皇明诏令》"初元大赦天下诏",《中国法律典籍集成》乙编第三册,科学出版社,1994 年版,第 13 页。

③《皇明诏令》"优恤经难民兵诏","洪武七年八月"条,第 40 页。

恤其人而给之也"①。按照"优给"的界定,它是指对伤残、亡故或年老武职官员年幼应袭舍人的一种抚恤方式,在应袭舍人出幼袭职之前,官府给予一定物质照顾以确保其顺利成长。② 据万历《明会典》卷之一百二十三"苗蛮倭贼附"条之"凡陕西、甘肃、四川、贵州、湖广、两广、番贼苗蛮"规定:"成化十四年申明,一人擒斩三名颗,升一级;至九名颗,升三级。验系壮男,与实授。幼男妇女,与十名颗以上并不及数者,俱给赏。"又"凡南方蛮贼"规定:"宣德九年定,斩首三颗以上及斩获首贼者,俱升一级。斩首二颗、俘获一二人、斩从贼首一颗以上及目兵兵款有功者,俱加赏(不升)。"③在《明会典》中,与西南民族地区乡村社会密切相关的规定还有:"凡斩获苗蛮山贼领军官。正德十六年题准,领军、领哨、把总等官,部下擒斩一百名颗,升署一级;三百名颗,升实授一级(俱不)。四百名颗以上,亦升一级;仍计余功加赏。不及数者,不升。万历十一年议准,云南夷贼④窥犯,擒斩功次,照倭功事例升赏)。"⑤上述这些规定,从物质和精神上排解了武官的后顾之忧,其目的在于稳定军心,确保武官世袭的延续。

明清时期西南民族地区的土司土兵在乡村社会中发挥巨大作用,中央政府对土司土兵载中央政府征调中优抚有一定的政策规定。按照明代土司制度的有关规定看,土司无月俸,土兵平时无军饷。但从石砫土司兵援辽"应照关宁步兵之例,每兵一两四钱,而将官月禀亦照一体之例,不敢有异同"⑥的情况看,土司兵在战时情况下,至少可以享有支给"行粮"的待遇。土司兵参照官军"居有月粮,出有行粮"⑦"班军本处有大粮,到京有行粮,又有盐斤银"⑧标准,土司兵出征俱有行粮口粮等,至少应享受与官兵同等待遇。其列表如表6.7。

---

①[明]邓球:《皇明泳化类编》卷三十八《功宗》,收于《北京图书馆古籍珍本丛刊》第49册,第332页。

②张松梅:《明代军人抚恤制度述略》,转引自《中国社会历史评论》(第8卷),天津古籍出版社,2007年版。

③[明]申时行等:《明会典》(万历朝重修本)卷一百二十二《兵部五·优给》,中华书局,1989年版,第627页。

④"夷贼":明代统治阶级对西南地区少数民族的歧视性称呼。——作者注

⑤[明]申时行等:《明会典》(万历朝重修本)卷一百二十二《兵部五·优给》,中华书局,1989年版,第632页。

⑥《续修四库全书》编纂委员会:《续修四库全书·史部》,上海古籍出版社,2002年版,第333页。

⑦[清]张廷玉等:《明史》卷一百八十二,中华书局,1974年版。

⑧[清]张廷玉等:《明史》卷九十,中华书局,1974年版。

表 6.7　明代土司土兵出征年饷表

类　别		粮　饷/石	饷　盐/斤	
			有家小	无家小
军　士	马军	24	24	12
	总旗	18	24	12
	小旗	14.4	24	12
	步军	12	24	12

资料来源:此表根据《明史》卷八十二《食货志六》及《明会典》卷二十九《户部十四》整理。

　　值得说明的是,土司兵行粮的支给标准,或因时、因地、因事而异。如《覆秦翼明川兵欠饷缘繇疏》中针对石砫土司兵援辽的待遇时,就有"官支廪银不等,兵丁各月支银一两四钱,米五斗,不愿支米者折银四钱,不支盐菜"①的说明。明代广西梧镇是两广地方一个极其重要的军事要地。因而,对征调至梧镇轮戍的壮族土目及土兵,封建王朝也特别赏给银饷以作为粮饷。《苍梧总督军门志》卷十二《梧镇军饷》中对其调土兵至南宁或贵县、横州的犒赏额制规定如下:"领兵一万名以上者,土官男,每名赏猪、酒、米,折银十两;大头目每名赏酒、肉,折银七钱;报效土官男,每名赏猪、酒折银三两;报效大头目,每名赏酒、肉,折银五钱。领兵八千名以上者,土官男,每名赏猪、酒、米,折银八两;大头目每名赏酒、肉,折银七钱;报效土官男,每名赏猪、酒,折银三两;报效大头目,每名赏酒、肉,折银五钱。领兵五千名以上者,土官男,每名赏猪、酒、米,折银七两;大头目每名赏酒、肉,折银七钱;报效土官男,每名赏猪、酒,折银三两;报效大头目,每名赏酒、肉折银五钱。领兵二千五至四千以上者,土官男,每名赏猪、酒、米,折银六两;大头目每名赏酒、肉,折银七钱;报效土官男,每名赏酒、肉,折银三两;报效大头目,每名赏酒、肉,折银五钱。领兵一千至二千五以上者,土官男,每名赏猪、酒、米,折银五两;大头目每名赏酒、肉,折银七钱;报效土官男,每名赏猪、酒,折银三两,报效大头目,每名赏酒、肉,折银五钱。领兵四百至五百名以上者,土官男,每名赏猪、酒、米,折银四两;大头目赏每名酒、肉,折银五钱;报效土官男,每名赏酒、肉折银二两;报效大头目,每名赏酒肉折银四钱。"②这种以出

①《续修四库全书》编纂委员会:《续修四库全书·史部》,上海古籍出版社,2002 年版,第 122 页。

②[明]刘尧诲:《苍梧总督军门志》,全国图书馆文献缩微复制中心,1991 年版,第 138-139 页。

兵数量予以奖赏的举措,有利于促使土司尽可能多地出兵,因为出兵越多,得到的奖赏就越多。

又据万历《明会典》卷之一百二十三"凡倭贼"条规定:"嘉靖三十五年议准:凡水陆主客官军民快,临阵擒斩有名真倭贼首一名颗者,升实授三级。不愿升者,赏银一百五十两。获真倭从贼一名颗,并阵亡者,升实授一级。不愿者,赏银五十两。获汉人胁从贼一名颗者,升署一级。不愿者,赏银二十两。……如贼已登岸,有能冲锋破阵,夺其声势;或追出境,或逼下船,使地方不致被祸;或所部兵少,而擒斩多者。均以奇功论。"在"量赏"中有规定:"知府及土官知府、宣慰、宣抚、照指挥例。同知、通判、知州、推官、知县及土官千户、安抚、长官,照千户例。经历、知事、检校、县丞、主簿、教谕、训导、典史、巡检、大使等官,照百户例。掾史、省祭官、义官、阴阳生、医生、千夫长、百夫长、吏舍、老人、总小甲、民壮、民款、土舍、达军、黎兵人等,照旗军例。"由于给赏丰厚,因此,在明代嘉靖三十三年(1554年)明政府征调土家族土兵前往东南沿海抗倭战争中,参加抗倭的有湖广永顺、保靖、容美、麻寮、大喇、镇溪、桑植等地土家族土兵及四川酉阳、秀山土家族土兵,前后持续3年多时间,被征调抗倭的总兵力合计约5万人次(一说3万多人次)。[①] 在这场旷日持久的抗倭战争中,土家族土兵听征调而不用军饷,自备食粮器具,表现出崇高的爱国热忱。在战斗中,土兵冲锋陷阵,前赴后继,英勇杀敌,不少土兵将士如彭翅、田丰年等还献出了自己的生命。[②]

清朝建立政权后,同样需要军队对内镇压人民反抗、对外抵抗侵略,维护统治秩序。因此,基于稳定军心、保证战斗力的考虑,清政府制定了一系列优待和抚恤军人的政策。在清代军人的优抚政策中,分为几个等级:一等是八旗军,二等是绿营军,三等是汉兵与土兵。同时,清代对八旗军、绿营军、汉兵与土兵的平时待遇以及在征调过程中的待遇规定得更加具体、明确。又如《贵州通志》所载:"雍正七年,赐天下标营银有差,令各寄商生息,以其息为兵婚丧之费。其在大定者,则威宁镇赐银一千五百十八两七钱一分有奇,大定协一千五百十八两七钱一分有奇,平远协一千一百十三两七钱二分有奇,黔西协一千一百十三两七钱二分有奇,毕赤营六百七两四钱八分有奇……乾隆中征金,威宁诸镇营兵

---

① 石亚洲:《土家族军事史研究》,民族出版社,2003年版,第131页。

② 李良品,张芯:《明代土家族土兵抗倭的缘起、进程与取胜原因》,《长江师范学院学报》,2014年第2期,第1-6,137页。

多从征。《威宁州志》云："乾隆十四年八月二十一日。上谕给出师金川兵棉衣，有差"。①

清代对西南民族地区乡村社会征调的土司兵的待遇规定得更加具体、明确。作者现根据《钦定户部军需则例》卷之三"盐菜口粮"之"土目土兵盐菜口粮跟役名数"的相关内容整理出表6.8。

表6.8 清代土司土兵出征行粮定例表

土司官兵类别	出征行装粮/两	月支盐菜银/两	日支口粮	跟役人数/人
世系土司官	0	2.4	八合三勺	4
土副将	6	1.8	八合三勺	3
土参将	6	1.8	八合三勺	3
土游击	6	1.8	八合三勺	3
土都司	6	1.8	八合三勺	3
土守备	6	1.8	八合三勺	3
土千总	6	1.4	八合三勺	2
土把总	6	1.4	八合三勺	2
土外委	6	0.9	八合三勺	1
土 兵	3	0.9	八合三勺	0

不仅如此，清代《钦定户部军需则例》卷之四"骑驮马驼"之"屯土官兵夫马"中对四川改土设屯地方的屯土官兵夫马的待遇也有明确规定：

> 川省屯土官兵遇有邻省调派土司与土副将以上，各给骑马三匹；土舍与大头人、土参游等各给骑马二匹；小头人与土都（司）、守（备）、千（总）、把（总）等各给骑马一匹；土外委、兵丁每二名合给驮马一匹；土司头人、官弁之跟役，照绿营官员跟役例，每五名合给驮马二匹，如马匹不敷或山路崎岖，马不得力之处，按每兵百名给夫八十名，跟役按应得马数，每马一匹，折夫二名（现在酌拟）。如遇本省地方派调剿捕贼匪，仍照旧例，毋庸支给。②

---

① [清] 黄宅中：《道光大定府志》（点校本），中华书局，2000年版，第861页。

② [清] 阿桂：《钦定户部军需则例》，转引自《续修四库全书》，上海古籍出版社，2002年版，第111页。

2.军功赏赐

军功赏赐是激励一支军队奋勇作战的首要条件。虽说当兵吃粮,天经地义,但只支给行粮的话,有谁会心甘情愿地替中央王朝卖命呢? 还得有功劳赏赐。在此,我们以明清时期西南民族地区土司兵的军功赏赐为例,来说明该问题。

《明会典》卷一百二十三"功次通例"款"凡土官有功无升例"条中重申:"成化十四年申明,各照地方例,升散官、至三级而止。其余功次,与土人俱厚赏不升。"①由此可见,明代土司土兵在征战的阵亡、伤亡等赏赐中,与官兵相比,存在一定差异,这主要体现在升级上。从明代对土司土兵征调功赏的实际看,其奖赏主要是食物或银两。据《苍梧总督军门志》载,广西梧镇作为明朝广西的军事战略要地,朝廷为了激励官军和土司土兵英勇作战,专门制定有适合该地的"赏格"条例,其中规定:"一、凡斩获盗级一颗,为下功;其夺获被虏或贼属男女,赏同。若兵临贼境,能招降贼人者,与斩级同赏。二、凡生擒贼从一名,为下功;若系有名剧贼,为中功。三、不论官兵、乡兵,但有用计斩获剧贼首一名者,为中功;生擒者,为上功。若系聚至数百人及千人以上贼首,为奇功。"对于上中下功,同时也做了严格规定:"下功赏银一两起至十两止,中功自十两起至五十两止,上功自五十两起至百两止,奇功自百两起至千两止。皆以贼势轻重、成功难易为差。其所获财物并给所获之人。若大捷,多获一半入官,一半均赏其非私家所得用者,官给其值。"②这里虽然并未明确提及土司土兵,但从前面有关奖励看,官军和土司兵是同等看待,享受同等待遇,所以,这里的相关赏格内容应与官军一致。

清朝对土司土兵的军功奖赏规定十分明确,《钦定大清会典事例》载:"乾隆三十九年奏准,土司土职军功保列出者,方准加衔一等。头等者加一级,二等者记录二次,三等者记录一次。其土兵列为出者,赏银三两。头等者赏银二两五钱,二等者赏银一两五钱,三等者赏银五钱。乾隆四十九年奏准,土司土职奉旨从优议叙,将保列出土司加衔一等,再加一级。头等者加衔一等,二等者加一级,三等者记录二次。土兵于应得例赏之外,各按所列等第应得银数,加赏三分之一。"③乾隆四十年(1775年),针对平定大小金川"其实在出力打仗得功兵丁"的情况,为了"鼓励将士,乘锐直攻,其达尔图及俄坡各碉",乾隆皇帝"心深为嘉悦,所有将军、参赞以下将领、弁员及土司、土舍、土目,均着从优议叙。至

---

①[明]申时行等:《明会典》(万历朝重修本)卷一百二十二《兵部五·优给》,中华书局,1989年版,第634页。

②[明]刘尧诲:《苍梧总督军门志》,全国图书馆文献缩微复制中心,1991年版,第165-166页。

③[清]昆冈等:《钦定大清会典事例》卷五百八十九《兵部四八·土司议恤》,中华书局影印本,1991年版。

此次官兵等冒雨进攻,尤为奋勉出力,除交部照例议叙外,仍均赏给一月钱粮,以示优奖"。同年,"以攻得勒乌围贼巢,红旗报捷。予将军阿桂、副将军丰升额、参赞大臣海兰察、额森特及在事将、弁等优叙。出力之满汉官兵、屯土兵练,均各给一月钱粮"①。《钦定兵部军需则例》卷之五"土司军功议恤"之"议叙土司军功"中对土司土兵征调立下军功者,其记功及奖赏之规定十分明确:"土司土职随师效力者,有军功应行议叙者,止就原土职品级以次递加至三品及宣慰使、指挥使而止。如有余功,准其随带,仍以本土司职管事及袭替时亦止。以原世职承袭,其军功保列出众者,方准加衔一等。头等者加一级,二等者记录二次,三等者记录一次。其乡勇土兵列为出众者,赏银三两;头等者赏银二两五钱;二等者赏银一两五钱;三等者赏银五钱。"在同卷之"从优议叙土司军功"条中又规定:"超等土官加衔一等,再加一级;头等土官,加衔一等;二等土官,加一级;三等土官,记录二次。超等土兵,赏银三两;头等土兵,赏银二两五钱;二等土兵,赏银一两五钱;三等土兵,赏银五钱。各按照本例应赏银数之外,再加赏三分之一。"并且还着重强调"阵亡土官土兵以及受伤土官土兵,照绿营例全分给与赏银"。② 这就让土司土兵享受了绿营官兵的同等待遇。

(二)丧亡将士与家属抚恤

所谓抚恤,就是安抚体恤。它是指在战争中牺牲以及因公牺牲和导致病故的人员,对其家属支付一定数额的抚恤金;对其致伤致残的人员,按期付给一定数额的伤残抚恤金。同时,对伤残人员和家属给以精神上的安抚。按照常理,政府在将士伤亡问题上处理是否得当,将直接关系到军队将士的情绪和社会的稳定,从而在一定程度上关系到军队战斗力的强弱。《明会典》卷一百二十二"优给"(优养附)之"凡优给优养总例"规定:"洪武四年定,军职阵亡、无子弟而有父母若妻者,给全俸,三年后给半俸;有子弟而年幼者亦同。候袭职,给半俸。有特旨令其子孙参随历练及未授职者,给半俸。其病故、无子弟而有父母若妻者,给半俸终身;有子弟年幼者,初年给半俸,次年又半之;俟袭职,给本俸。特旨参随及未授职者,亦给半俸;军士阵亡有妻者,月粮全给;三年后守节无依者,月给米六斗终身。病故,有妻者,初年全给,次年总小旗月给米六斗。军士给月

①[清]昆冈等:《钦定大清会典事例》卷六百一《议叙通例二·军功优叙一》,中华书局影印本,1991年版。

②[清]阿桂:《钦定兵部军需则例》,转引自《续修四库全书》,上海古籍出版社,2002年版,第148页。

粮一半,守节者给终身;将士守御城池,战没病故,妻子无依者,守御官计其家属,有司给行粮,送至京优给。愿还乡者,亦给粮送回。愿留见处者,依例优给。二十六年定,军官亡故,遗下嫡长子女,年未出嫁或母年老,或无嫡子嫡孙,次及庶子,或弟或侄,合得优给养赡者。"明政府对伤亡将士家属的优恤主要采取亲属俸禄的优给、优养等形式。所谓"优给",《明会典》云:"凡故官子孙、妻女,皆送入优给,后乃分子孙应袭年未及者曰优给。"①这里指的是对故官子孙、妻女给予的优恤。如洪武元年(1368 年)颁布《优恤将士令》指出:

> 凡武官军士,两淮、中原者,遇有征守病故阵亡,月米皆全给之。若家两广、湖湘、江西、福建诸处,阵亡者,亦全给;病故者,初年全给,次年半之,三年又半之。其有应袭而无子及无应袭之人,则给以本秩之禄,赡其父母终身。②

这是分地区,分阵亡、病故等而给予的优恤。此后,有的优恤制度不仅对武职官员的优恤有明确规定,而且还分阵亡、病故等多种情况,对普通军士家属的优恤也有具体规定。所谓"优养",《明会典》中规定:"子孙废疾故绝,止遗母若妻若女及年老无承袭者,曰优养。"③也就是指对武官和军士老疾后的抚恤;若官军身故后无子可袭职,对其遗留父母、妻、女的抚恤。

明代永乐元年(1403 年),对洪武二十六年(1393 年)之规定作补充条文:"官舍旗军余丁,曾历战功,升授职役,其子准承袭。无子,其父、兄、弟、侄见授。职役小者,俱进袭职事相应。"④以后,正统、弘治、正德、嘉靖等朝屡有条例或补充或修正,致有"袭替借职""推用武官袭替""升职官舍袭替""阵亡武官承袭""为事官舍承袭""调卫武官袭替""犯罪降袭""犯罪革袭"等名目。⑤ 正德年间,阵亡将士家属蒙恩甚广。正德二年(1507 年)奏准,军职故绝,其女残疾,不能出嫁者,"愿守父坟灵,月给米一石,终身"。后又补充,已故将官的外孙女及其生母均各月给米一石终身。在封建男权制社会,恩及孙辈男性不难理解,但

①[明]申时行等:《明会典》(万历朝重修本)卷一百二十二《兵部五·优给》,中华书局,1989 年版,第 627 页。

②《明太祖实录》卷三十七"洪武元年十二月壬辰条"。

③[明]申时行等:《明会典》(万历朝重修本)卷一百二十二《兵部五·优给》,中华书局,1989 年版,第 627 页。

④[明]申时行等:《明会典》(万历朝重修本)卷一百二十《武职袭替》,中华书局,1989 年版,第 619 页。

⑤王卫平、黄鸿山:《中国古代传统社会保障与慈善事业——以明清时期为重点的考察》,群言出版社,2005 年版,第 84 页。

正德年间,武宗推恩及故官外孙女辈,这的确是一个惊人的举措。嘉靖年间对阵亡将士家属的优给优养措施愈加具体。嘉靖六年(1527 年)规定,各卫所已故将官的亲母、亲女"月支米五石者,给本色米二石,折色三石,折色三石中一石折银二钱五分,二石折钞四十贯"。嘉靖三十年(1551 年)议准,"调卫病故,子孙年幼,许令原卫暂与比给"。成年后,"袭职,仍去原调卫所"。对各边阵亡将官之子也有新的规定条文,其子年幼者"照所荫官与全俸优给。加以冠带"。①

《明会典》卷之一百二十二"优给"(优养附)之"凡来降夷目"规定:"景泰三年,令殁于王事,儿男幼小者,准记录,月给养赡米二石。候出幼着役。其在京病故者,亦准记录,月给米一石。"该卷"诰敕"条规定:"凡土官,无封赠父祖例。止与本身。"又:"成化以来,该抚按衙门,查勘无碍,奏请,兵部覆题,亦准封赠。嘉靖元年奏准,长官司长官敕命,准照土官资格,六品封赠。正长官作正六品。副(长官),从六品。"②这实际上是明代中央政府采取多种形式抚恤嘉勉伤亡土司土兵。

总的来讲,明一代对阵亡将士家属的优抚采取世袭职位和亲属俸禄的优给优养并存的方式。明代统治范围之广、存在时间之长,与明代强大的军事力量密切相关。从另一个角度讲,这也是明代军人优抚政策在其中发挥了十分重要的作用。

清代中央政府对西南民族地区乡村社会民众从军者的优抚较为优厚,故各地"营兵多从征"③。一旦在战争中阵亡或受伤,对其本人或家属的抚恤也十分优厚。在此,将道光《大定府志》中转抄其他方志中的相关内容抄录于后,以便说明该问题。

> 《威宁州志》云:乾隆十四年八月二十一日。上谕给出师金川兵棉衣,有差。三十七年三月,赐征金川墨垄沟阵伤兵银万一千五百二十两。十月十六日,赐攻克金川郭宗及绰斯、甲布诸处阵伤弁兵银一千二百七两。十月二十三日,赐攻克金川路顶宗弁兵银三十八两。十一月,赐攻克金川达古素及程木耳古鲁弁兵银六百六十五两。十二月十七日,赐攻克布朗、郭宗弁兵银十四两。三十八年二月七日,赐攻克金川当葛拉弁兵银四百六十二两。三月十八日,赐攻克金川达尔儿、普

---

①[明]申时行等:《明会典》(万历朝重修本)卷一百二十二《兵部五·优给》,中华书局,1989 年版,第 628 页。

②[明]申时行等:《明会典》(万历朝重修本)卷一百二十二《兵部五·优给》,中华书局,1989 年版,第 630 页。

③[清]黄宅中:《道光大定府志》(点校本),中华书局,2000 年版,第 861 页。

旁诸处弁兵银四百五十五两。十月二十三日,赐征金川渡甲楚河攻克达乌阵伤弁兵银万一千二百四十五两。十一月二十二日,赐攻克金川当葛拉山梁弁兵银八百二十七两,又赐三月至五月攻克金川日旁、宜喜、达尔图诸处弁兵银六百两,攻克金川木思工葛克丫口弁兵银六百二十二两。十二月七日,赐二月至六月攻克金川小金古鲁、色木则、僧格宗、科多、三官桥、猛固、美诺木诸处弁兵银四百两。三十九年正月,赐攻克金川绒布寨阵伤弁兵银九百六十两。七月十八日,赐攻克金川布达什那诸处弁兵银二百十三两。十月二十九日,赐收复小金川弁兵银六百二十八两。四十年二月二十一日及四月十三日,赐攻克金川马奈河南市、咱那河北得木及得樗弁兵银二百三十二两。八月二十四日,赐攻金川勒乌围阵伤弁兵银二百七十五两。四十一年三月一日及二十一日,赐攻克金川达乌及西里第二峰弁兵银三百七十五两。《威宁志》云:乾隆五十三年,给出师台湾弁兵伤恤银六十两。此则恤兵之政也。

又《贵州通志》:雍正九年二月七日,赐征米贴阵亡兵伍成功、朱朝正等银有差。四月二十三日,赐剿八达阵亡兵熊士柱、李士龙等银有差。十年四月二十日,赐剿乌蒙、镇雄阵亡兵朱亮、王用等银有差。十一年八月二十三日,赐平乌蒙有功总兵及阵亡兵李国印、周文世等银有差。十二年十一月十九日,赐剿丹江阵弁兵罗资衮、李思英等银有差。乾隆四年,赐剿丹江台拱阵亡游击曾唯、都司张文秀、守备武英、弁兵黄金贵银有差。

《黔西志》云:雍正四年,赐出师长寨阵亡兵雷士志、杨重银各一百两。六年,赐出师雷波阵亡兵杨东山、刘国正、钟凯、杨仪、李国贤、赵贵银各五十两。八年,赐出师乌蒙阵亡兵潘珩、赵琮叶文发、司文衡、杨显明、张烈、王有德、李奇、何仲杰等银各五十两。九年赐出师稿坪阵亡兵张英、陈登科银各五十两。十年,赐出师九股阵亡外委把总杜应龙、马兵曹文亮、颜登科银各七十两,步兵涂金榜等各银五十两。十三年,赐出师苗疆阵亡把总史宗渊银一百两、马兵张彦银五十两、步兵袁士俊等银各五十两。乾隆三十四年,赐出师滇省阵亡兵张秉昭、杨茂秀、彭克胜、王洪仁、王连、王廷印、杨志、文天池银各五十两。三十六年,赐出师金川阵亡副将松德银六百两,都司刘宏达二百两,千总王天池百五十两,把总杨宗贵、张健、陈大忠各百两,外委及马步兵陈克新等百九十九人银有差。外委数缺,马兵七十两,步兵五十两。乾隆六十年至嘉庆八年,赐黔楚兴义四川阵亡守备陈凡银四百两,千总何成林二百两,把总卢仲、赵廷栋各百五十两,外委王元柏、朱良佐、刘尚质、赵应魁各百两,马步兵邹士重等百十二人等银有差。马兵各七十两,步兵各五十两。此则赏死事之政也。①

有清一代,对西南民族地区出征的土司兵的优抚也较为优厚,这在《钦定大清会典事例》卷五百八十九《兵部四八·土司议恤》中体现得很充分:

> 康熙十七年题准,土兵助战阵亡者,照步兵例减半给赏,阵前受伤者,照各等第减半给赏。乾隆三十七年谕,自上年征剿小金川以来,其派调随征土司等,踊跃从公,与官兵一体出力,自宜优加渥泽,以示鼓励,惟向例土兵土练于接仗时遇有阵亡受伤者,照绿营兵丁减半赏恤。至土职部中向无议恤之条,但念同属尽瘁戎行,不得并邀恩恤,其情殊为可悯,所有土司土职遇有阵亡受伤,应如何酌定加恩赏恤之处,着该部即行详悉定议具奏,钦此。遵旨议定,土司土职阵亡伤亡者,三品土官赏银二百五十两,四品土官赏银二百两,五品土官赏银一百五十两,六品土官赏银一百两,七品八品土官赏银五十两,俱加衔一等,令伊子承袭一次,仍以本身应得土职照旧管事,俟再承袭时,将所加之衔注销,空衔顶戴,照八品土官例赏赉,毋庸给与加衔。三十九年奏准,土司土兵打仗受伤,列为头等者给银十五两,二等者给银十二两五钱,三等者给银十两,四等者给银七两五钱,五等者给银五两,此内阵亡伤亡兵丁应给之银,并无妻子亲属承受者,给银二两,该总督巡抚提督总兵官委员致祭。又奏准,出征病故三品四品土官赏银二十五两,五品六品土官赏银二十两,七品八品土官赏银十五两,其打仗奋勉,屡着劳绩,立功后病故,经该将军保列等第报部者,即照该土司应得议叙之加衔加级纪录分别令伊子承袭土司时,随带一次,土兵赏银八两。四十九年奏准,土司土兵打仗受伤,例给期限,头等伤予限半年,二等伤予限五个月,三等伤予限四个月。如限内因伤亡故,仍照阵亡例议恤,其有限外因伤亡故者,头等伤再与限六个月,二等伤再与限五个月,三等伤再与限四个月,俱令该管官出具印甘各结,报部议恤,至向例尚有四五等伤给银之例,今四五等伤名目,遵旨概行删除。五十八年谕,向例出征阵亡兵丁,绿营步兵赏恤银五十两,屯练降番只赏银二十五两。此次进征廓尔喀,屯练降番登山陟险,甚为劳苦,所有阵亡之屯练降

---

①[清]黄宅中:《道光大定府志》(点校本),中华书局,2000年版,第861-864页。

番,俱着加恩改照绿营步兵之例,赏恤银五十两,以示体恤,兵丁舍命阵亡,岂可分别厚薄,此后永以为例。①

在我国军事史上,军人出征打仗,阵亡或受伤,乃常有之事。但是,无论是官兵还是土兵,按照军功之等差、受伤之轻重,给予不同程度的奖赏,这却是历代封建王朝均在认真思考之事。在封建社会早期,朝廷往往按官兵将士军功的大小,给予他们相应的土地房屋等优待。同时,为战亡者和已故战将修筑纪念设施,这是我国早期的烈士褒扬活动。唐朝实行府兵制,规定对府兵本人免租庸调,但家属要缴税服徭役;对因战争阵亡或失踪的士兵的家属及残疾士兵本人实行"不减少或不收回均田制下国家所受之田"的优抚政策。对阵亡将士以礼祭葬,依例抚恤家属,在医护救治方面重视对伤病将士的救治和照顾。宋朝时优抚政策得到进一步发展,在伤亡抚恤方面制订了一些制度,将对伤残和死亡将士的抚恤区分开来,并对其家属给予不定量的赏钱,作为临时补助和抚慰费用。对兵士复员安置也采取了一些有效措施。明清时期是中国封建制度中优抚政策的完善时期,同时也是中央政府正规军打仗以及征调土司土兵轮戍、征贼、平叛、援辽、抗倭等最为频繁的时期。有明一代,不仅对伤亡病故官兵将士及其家属给予抚恤,而且对现役将士及其家属的安抚,对将士的退伍安置都作了具体规定,这使得我国军队的优抚制度得到进一步发展。正是在这种背景之下,清政府在乾隆年间出台了《钦定兵部军需则例》,在"卷之五"有专门的"土司军功议恤",这就对土司土兵的军功、阵亡、伤亡、出征病故、在途殉命、因公被掠等作出了明确的规定,这无疑是我国封建制度下第一部(也是唯一一部)完整的有关土司、土兵的优抚条例。从这个优抚条例我们可以看到,尽管我国古代优抚与现代优抚在内涵和外延上不尽相同,但我们可以从清政府所施行的具体优抚措施中总结出"优抚"一词在土司时期的含义:优抚是指国家给予在战争中伤亡病故的将士及其家属、现役将士及其家属以及退伍将士的一种特殊经济待遇和精神奖励。当然,明清时期土司土兵的优抚也从属于其中,它是中国古代优抚制度发展中的重要一环。

二、优抚政策执行机构

明清时期中央政府的优抚政策主要是针对包括正规军队及西南民族地区

---

① [清]昆冈等:《钦定大清会典事例》卷五百八十九《兵部四八·土司四·土司袭职·议叙·议处·议恤》,中华书局影印本,1991年版。

土司土兵在内的武官和军士制订的,朝廷设有优抚政策的执行机构。由于各部的职责所限,优抚政策主要推行机构为兵部、户部和礼部。在此,主要以明清时期西南民族地区土司兵的优抚政策执行情况为例,予以说明。

(一)兵部

明朝时,兵部是优抚政策的主要制订机构。兵部的主要职责是掌天下武卫、官军、选授、简练、镇戍、厩牧、邮传、舆皂之政令。兵部下属武选、职方、车驾、武库四清吏司,其中武选掌卫所、土官选授、升调、袭替、功赏之事。[1] 也就是说,兵部几乎囊括了吏部四司的职能。伤亡或病故的土司及土司土兵的抚恤标准、优给优养、武职袭替、军功赏赐等主要优抚政策大都由兵部制定和执行,故《明史·职官志》叙述其职能为"以贴黄征图状,以初绩征诰敕,以效功课将领,以比试练卒徒,以优养恩故绝,以褒恤励死战,以寄禄驭恩幸"。[2] 清沿明制,前期的兵部主要掌管武职官弁的任免、考核、奖惩以及有关兵籍、武器制造、马匹饲管、武科考试等事务,并兼管邮驿事宜;[3]雍正元年(1723 年)之后,兵部下属机构有武选、车驾、职方、武库四清吏司以及会同馆、捷报处、档房、本房、司务厅、督催所、当月处、稽俸厅等,分别掌管各项事务。[4] 可见,明清时期西南地区土司土兵的优抚政策大多为兵部制定。

(二)户部

户部是优抚政策提供物质资源保障的机构。《明会典》卷十四载,户部设尚书、左右侍郎,其主要职责为掌天下户口田粮之政令。其属初曰民部、曰度支部、曰金部、曰仓部,后改为十三清吏司、曰浙江、江西、湖广、福建、山东、山西、河南、陕西、四川、广东、广西、云南、贵州。这十三司各设郎中、员外郎、主事等职,分掌钱谷诸务。[5] 从国家财政体系看,组织军事保障的主要机构是户部,优抚土司土兵的经费主要由户部管理。户部分总部、度支部、金部、仓部四属部。其中度支"主会计夏税、秋粮、存留、起运及赏贵、禄秩之经费"。如前所述的有关石砫土司秦良玉麾下的土司土兵的开销均在《度支奏议》奏折中。在西南民族地区,四川清吏司、云南清吏司、贵州清吏司、广西清吏司及湖广清吏司则各

---

①②[清]张廷玉等:《明史》卷七十二,中华书局,1974 年版。

③朱金甫,张书才:《清代典章制度辞典》,中国人民大学出版社,2011 年版,第 120 页。

④朱金甫,张书才:《清代典章制度辞典》,中国人民大学出版社,2011 年版,第 328 页。

⑤[明]申时行等:《明会典》(万历朝重修本)卷一百二十二《兵部五·优给》,中华书局,1989 年版,第 85 页。

掌其分省之事,兼领诸司、卫所禄饷,边镇粮饷之事。清代的户部,与明代大同小异,主要职掌全国财政出入之政令以及户口、土地、疆理、盐务、钱币铸造、库储、关税等事权。户部下设的广西清吏司主要掌核广西之钱粮奏销,梧厂、浔厂之税收,兼管全国矿政及钱法和内仓之出纳事。云南清吏司主要掌核云南之钱粮奏销及各厂之税课,并管理漕政事务。四川清吏司主要掌核四川之钱粮奏销,夔关、打箭炉之关税,并稽查草厂出纳、纸朱银两之奏销以及入官各款事宜。贵州清吏司主要掌稽贵州之钱粮奏销事,并管理全国关税及贡进貂皮事。① 由此可见,明清时期土司土兵征调时的行粮、盐菜银以及征战过程中阵亡、伤亡、出征病故等优抚均在户部掌管之列。

(三)礼部

礼部是拟定优抚政策精神奖励方案是机构。明代礼部下属的祠祭清吏司则"分掌诸祀典及天文、国恤、庙讳之事""勋戚、文武大臣请葬祭赠谥,必移所司,核行能,傅公论,定议以闻"。清代礼部职掌全国各项礼仪制度的制定与执行,包括朝仪、册封、祭祀、庆典、出征以及婚丧嫁娶、冠服、车舆、文书、印信、外交等仪礼典制等。光绪《大清事例会典·礼部》载:"掌考五礼之用,达于天下,以赞上导万民。凡班制论材之典,达诚致慎之经,会同职贡之政,燕飨饩廪之式,百司以达于部,尚书、侍郎率其属以定议。大事上之,小事则行,以布邦教。"②也就是说,大凡土司土兵在优抚政策的精神奖励方面,大多由礼部拟订方案并执行。

兵部、户部和礼部三部,分工明确而又相互关联。各个执行机构有效地参与了明清两代对西南民族地区正规军队以及土司土兵相关优抚政策的制定和实施。

三、优抚政策执行程序

明清时期优抚政策的执行,有着严格的既定程序。在此,以西南地区土司土兵优抚政策的执行程序为例,介绍如下。③

(一)土兵优给优养程序

土司时期西南地区土司及土兵亡故,其家属要想获得优给优养,必须具备

---

① 朱金甫,张书才:《清代典章制度辞典》,中国人民大学出版社,2011年版,第128页。
② 朱金甫,张书才:《清代典章制度辞典》,中国人民大学出版社,2011年版,第195页。
③ 陈友力:《明前期优抚政策研究》,西南大学2007年学位论文。

一定的条件,即土官亡故遗下的长子女年龄未满 15 岁,或母亲年老,或没有长子长孙次及庶子或弟或侄符合条件者,对符合优给条件的亡故军官家属,朝廷在"优给优养"例条中规定:"须凭各卫保结起送到部,审取故官从军脚色,一体委官齐赴内府比对贴黄相同,具奏。如是奉旨钦与优给,随即于御前附写钦与优给文簿,扣算出幼年分,明白开写岁数,至某年住支;或奉特旨升等优给及流官特与世袭,亦须随即明白注写。通行抄出缘由立案,行移锦衣卫作数放支,其征进阵亡、伤故、病故总小旗儿男,一体引奏定夺。"①这些规定同样也适用于土司及土司兵。如果说明代尚无明确针对土司及土司兵优抚的规定的话,那么,清代对于土司及土司兵的优抚程序就已经清楚、明白了。《钦定兵部军需则例》卷之五"土司军功议恤"之"办理议叙恤赏限期"条规定:

> 出征官员兵丁,凡有议叙恤赏之案,兵部即行办理。若有应行驳查者,止将应查之人扣除,不得因一二人而将众人应得之议叙恤赏一并稽迟。在办理期限如军营送到册籍。②

在"伤亡官兵准恤定限"条又有规定:

> 如在余限内伤发亡故者,一二品大员,荫子弟一人,以六品官用;三品以下官并受头二等伤者,荫子弟一人,以七品官用;三等伤者,荫子弟一人,以八品官用。均按品食俸,服满后该督抚就近留于本省学习,期满照原荫品级酌量以千把总等官补用。其年未及岁者,给予半俸,俟当差时再行按品支食全俸。其应荫之人,其有未仕而故者,应准其补荫。此内如无子弟承荫,或虽有子弟而官职均在应荫品级以上者,应照伊等受伤等第再行照例赏给银两,毋庸议给官职。兵丁照原伤等第再行赏给受伤银两,其余限外亡故者,为期既久,应毋庸置议。③

(二)亡故将士抚恤程序

按照明代的规定,凡亡故将士抚恤程序,需经过请恤、议恤和赐恤三个环节。请恤环节主要是由各卫所对阵亡将士名单进行核实、造册,上报兵部,为殉

---

①[明]申时行等:《明会典》(万历朝重修本)卷一百二十二《兵部五·优给》,中华书局,1989 年版,第 627 页。

②③[清]阿桂:《钦定兵部军需则例》,转引自《续修四库全书》,上海古籍出版社,2002 年版,第 150 页。

难将士请恤。议恤环节是由兵部、内府等相关部门审查,察例议恤。赐恤是上报名单,经审查合格并确定抚恤等级后,由朝廷颁布谕旨钦与抚恤。对有官阶的武官亡故的抚恤,朝廷命礼部根据亡故武官官阶大小给予不同的抚恤。礼部派人领亡故武官家属到内府领取布匹、米等物质,并与工部协商造办棺停、造坟、安葬等事宜;在丧葬期间,礼部派官员到亡故武官家致祭。对一般的军士亡故,仅支给丧葬一石,对家境贫困军士亡故给予棺槨安葬。明朝尚无对土司土兵抚恤程序的相关规定。清朝《钦定兵部军需则例》卷五"土司军功议恤"之"伤亡官兵准恤定限"中,对土司土兵"出征打仗受伤,续经伤发亡故官兵"的优抚程序规定:

> 限内实系本身故者,照阵亡例议恤。若因病亡故者,不准请恤。至伤亡官兵,从前给过受伤银两,应于所得恤赏银内照数扣除,其前因打仗受伤续又打仗阵亡者,从前应得受伤银两仍行议给,毋庸扣除。①

(三)土兵优抚待遇与时限

据《钦定大清会典事例》卷五百八十九"土司议叙"之"议恤"条载:

> 向来绿营阵亡官弁,俱给与世职。俟袭次完时,给与恩骑尉世袭罔替。原以轸恤勋劳,特加优典。至屯土官弁,遇有征调,无不踊跃争先,着有劳绩。而临阵捐躯者,向止给与赏恤银两。分别加衔,并未一体议给世职。该屯土员弁,与绿营同一效命疆场。而恤典各殊,究未免稍觉向隅。嗣后屯土官弁设遇调发,有随征阵亡者,均着照绿营之例。按照实任职分给与世职袭次。俟袭次完时,再给予恩骑尉世袭罔替。至此等承袭世职人员,遇有该处屯土备弁缺出,着先尽此项人员酌量拔补。如此逾格加恩,永为定例。该屯土官弁等,益当倍加感激,尽力戎行,以副朕一视同仁,励忠荩之至意。②

乾隆五十八年(1793 年)针对土司及土司兵的相关规定,强调土司兵"与绿营同一效命疆场",理应"一视同仁""均着照绿营之例",这无疑是一个相对公平的优抚政策。对于"出征打仗受伤"的时限,同样有明确的规定:

---

① ② [清]昆冈等:《钦定朝大清会典事例》卷五百八十九《土司议恤》,中华书局影印本,1991 年版。

如受头等伤者,予限六个月;二等伤者,予限五个月;三等伤者,予限四个月。限内实系本身故者,照阵亡例议恤。若因病亡故者,不准请恤。……至限外亡故官兵,头等受伤,再予限六个月;二等伤,再予限五个月;三等伤,再予限四个月。①

对于具体经办人员来讲,其办理时间也十分详尽:

在办理期限如军营送到册籍,在一千名内外者,限四十日办结;二三千名,限六十日办结;四五千名,限七十日办结;六千名以上,限八十日办结。逾违参处。如一时连到数案实在不能完结者,临时奏请展限。其将军、参赞等官均随时办理,毋庸另定限期。②

这无疑是要求具体办理人员能够急优抚人员之所急,只有这样,才能对得起在战场上奋勇作战的土司、土兵将士。

四、土兵优抚政策执行的效用

明清时期中央政府,针对官兵和土司土兵的实际情况,制定了优抚政策,并充分运用兵部、户部和礼部的职能,相互协作、予以执行。这无疑确保了优抚政策的执行力,对明前期官兵和土兵战斗力的增强,政权的巩固和经济的恢复及发展起了重要作用。③

(一)激发战斗力

优抚政策的有力执行,能极大地调动西南地区土司土兵的积极性,激发少数民族地区地方武装力量的战斗力。在平播之役时,平播主帅李化龙为了能早日完成中央王朝交办的"平播之役"这一历史重任,拟定了一篇《悬购规则疏》,对平播缘由、赏罚事因、赏罚要求、赏格层次、赏银数量、升官等级、军功计数、酌量优恤以及军事处罚等规则规定得十分具体及明确,有利于实现"以图全胜"的目标。其中有"不论汉土官兵、军民人等,有能奋勇先登,入娄山关、崖门关、大滩关、苦竹关、板角关、三渡关、黄滩关、乌江关者,升三级,赏银一千两。有能奋勇先登,打破播州城者,升五级,赏银三千两。有奋勇先登,打破海龙囤,虽本身

①[清]阿桂:《钦定兵部军需则例》,转引自《续修四库全书》,上海古籍出版社,2002年版,第149页。

②[清]阿桂:《钦定兵部军需则例》,转引自《续修四库全书》,上海古籍出版社,2002年版,第150页。

③陈友力:《明前期优抚政策研究》,西南大学2007年硕士学位论文。

不能擒斩应龙,而大众验系真正当先者,升七级,赏银五千两"①的规定。这激励了官军和土司土兵的战斗力,故能仅用114天的时间就结束了"平播之役"的战斗。

(二)肩负多重责任

优抚政策的有力执行,有利于土司时期中央王朝政权的巩固、地方社会的稳定和西南地区经济的发展,促使西南地区土司土兵肩负起守卫祖国边疆、巩固封建统治的重任。不可否认的是,在土司及土司兵优抚政策执行过程中也存在着诸多问题,如军官腐败的日益加深、邻省银两因路途遥远不能按时送抵、优抚钱粮不能及时兑现等,这就使较好的优抚政策在执行过程中大打折扣,弱化了优抚政策对西南地区土司土兵带来的实惠,降低了土司土兵对中央政府的信任度和认同感,导致许多不该发生的事情时有发生,并引起一些大的内乱。这无疑是我国军事史上留给人们的最大教训。

第四节　慈善事业

自朱元璋建立明朝后,中央政府就十分重视慈善事业的发展。据《明会典》卷八十之"恤孤贫"条载:"国初,立养济院以处无告,立义冢以瘗枯骨。累朝推广恩泽,又有惠民药局、漏泽园、旛竿蜡烛二寺。其余随时给米给棺之惠、不一而足。"②据作者翻检《万历贵州通志》可见,明代万历年间及以前,贵州省就设有养济院、漏泽园、惠政药局、义冢园等慈善事业的机构。有清一代,中央政府又在乡村社会设置育婴堂、普济堂、栖流所等机构。除中央政府和地方政府高度重视外,民间一些士绅阶层、富庶人家也积极投入慈善事业。可见,明清时期中央和地方政府对慈善事业都十分重视,不但恢复和发展了前朝的一些官办慈善机构,而且创设了一些新的官办慈善机构。明清时期国家在西南民族地区共设有养济院、义冢、惠民药局、漏泽园、旛竿蜡烛二寺、育婴堂、栖流所等官办慈善事业,与官民共办的慈善事业——普济堂及幼堂,以及民办的慈善事业——

---

①［明］李化龙:《平播全书》(点校本),大众文艺出版社,2008年版,第57-59页。
②［明］申时行等:《明会典》(万历朝重修本),中华书局,1989年版,第459页。

冬济堂、全节堂（尚节堂）、施棺会、会馆、义庄及各种善堂善会等对于乡村社会穷苦民众来讲，从婴儿、青年、壮年到老年的关照，从日常生活到生老病死的关照，这无疑体现了国家对乡村社会的人生关照。本节拟结合西南民族地区方志的记载，重点探讨官方和民间的慈善事业。

一、明清时期的官方慈善事业

明清时期中央和地方政府对慈善事业都十分重视，不但恢复和发展了前朝的一些官办慈善机构，而且创设了一些新的官办慈善机构。

（一）养济院

养济院是明代由官方倡设的抚恤孤老的慈善机构。据《明会典》卷之八十"恤孤贫"条载："洪武初，令天下置养济院，以处孤贫残疾无依者。"[①] 终明一世，这种养济院在全国不断得到推广和普及，在兴盛时期达到了各州县都有一所，个别财力宽裕的州县则有两所。清承明制，重建和新设了许多养济院，并且已扩展到西南民族地区，四川、广西地区均设有养济院。如《广西通志·民政志》第六篇"社会福利"第一章"孤老婴幼收供养"第一节"孤寡老人收养"中记述：清初至嘉庆年间，广西共有 52 个养济院，集中收养当地或农村流入城镇、无法归籍的孤寡老人。雍正十三年（1735 年），会城和镇安、桂林、临桂、兴安、灵川、阳朔、永福、灌阳、永宁（今属永福）、义宁（今属灵川县）、全州、马平（今属柳州市柳江区）、雒容（今属鹿寨县）、罗城、柳城、怀远（今三江侗族自治县）、融（今属融安县）、象州、来宾、宜山、天河（今属罗城仫佬族自治县）、河池、东兰、武缘（今武鸣县）、宾（今属宾阳县）、迁江（今属来宾县）、上林、凌云、西林、西隆（今属隆林各族自治县）、平乐、恭城、贺、荔浦、修仁（今属荔浦县）、昭平、永安（今蒙山县）、梧州、苍梧、藤、容、岑溪、怀集（今属广东省）、桂平、平南、贵、武宣、宣化（今分属南宁市、邕宁县）、新宁（今属扶绥县）、横、永淳（今属横县）、上思、崇善（今属崇左县）、养利（今属大新县）、永康（今属扶绥县）、宁明、龙州、奉议（今属田阳县）、郁林、博白、北流、陆川、兴安等府、厅、州、县的 64 个养济院，共设孤贫名额 954 名。每年共支口粮银 1 998 两 1 钱 7 分 7 厘、米 1 186 石 4 斗 1 升；遇闰加银 61 两 2 钱，米 82 石 8 斗；冬衣银 265 两 5 钱，另棺木银每名 1 两。另有额外孤贫 491 名，每年共支银 613 两 6 钱 4 分 3 厘，米 270 石 6 斗，谷 130 石；遇闰加米 9 斗，钱 40 千文。嘉庆四年（1799 年），巡抚台布添设各府州县额外孤

---

①［明］申时行等：《明会典》（万历朝重修本），中华书局，1989 年版，第 459 页。

贫名额 355 名,每名银 1 两 6 钱。嘉庆五年(1800 年),巡抚谢启昆添设各府州县额外孤贫 345 名,每名银 2 两 4 钱。但所设孤贫名额不足以应付为数众多的孤贫,如贵县分得孤贫名额 4 名,而该县养济院实有 40 名。且各地养济院设施十分简陋,如上思县仅有土墙围房屋 5 间,几无其他设施。在云南边陲的永昌府(今云南保山市),在明末清初就已建立养济院。光绪《永昌府志》中有一篇《养济院碑记》就有"旧在升阳门内,久废。康熙三十八年(1699 年),知府罗纶新建于拱北门外"①的记载,说明其创建之久。

1. 养济院发展概况

自明太祖至明世宗都十分重视养济院的修建,虽然这些养济院大多在明末清初的大规模战乱中坍塌毁坏,但作者认为,明清时期西南民族地区各府州厅县大多有所创办。这里以《万历贵州通志》载有的贵州养济院 26 处为例,予以说明,详见表 6.9。

表 6.9　明代贵州布政司下辖各地养济院一览表②

地　名	养济院名	地　址	创建时间	创建人
贵阳府	养济院	州城内		
威清卫	养济院	治东南		指挥高节建
坪坝卫	养济院	城北小街		
安顺州	养济院	城内东北	正统年间建,嘉靖三十五年(1556 年)重建	
安庄卫	养济院	卫治东		
永宁卫	养济院			
安南卫	养济院	卫治前		
普安州	养济院	治内		知州苏北印建
乌撒卫	养济院	卫治东		
赤水卫	养济院	北门街		
永宁卫	养济院	城东门外		

①[清]刘毓珂:《永昌府志》卷六十五《艺文志》,光绪十一年(1885 年)刻本。
②[明]王耒贤,许一德等:《万历贵州通志》(点校本),贵州大学出版社,2010 年版,第 49-325 页。

地　名	养济院名	地　址	创建时间	创建人
龙里卫	养济院	城内北		
新添卫	养济院	卫东	成化七年(1471年)建	钱效忠重建
平越卫	养济院	卫治西	洪武年间建	
清平卫	养济院	卫治北		
兴隆卫	养济院	卫治东	成化年间建	
都匀府	养济院	府治南		
独山州	养济院			
镇远府	养济院	玄妙观前		
黎平军民府	养济院	西门外		知府高岳建
思州府	养济院	府治南		
思南府	养济院二	一在兵备道东,一在山川坛西		
务川县	养济院			
石阡府	养济院	府北	隆庆二年(1568年)重建	推官王朝用
铜仁府	养济院	铜仁书院右		

　　从表6.9可见,在偏远的贵州,作为当时一个小省,在这些府、州、县、卫的所在地大多重建了养济院,说明这项工作已十分普遍。

　　清朝建立后,顺治年间即着手在全国范围内恢复建立养济院。据史载,顺治五年(1648年)和雍正元年(1723年),中央政府都曾诏令各处养济院收养鳏寡孤独及残疾无告之人,有司留心举行,月粮依时发给,无致失所。雍正年间,逐渐扩大。①嘉庆年间,注重落实。自康熙八年(1669年)起,康熙二十七年(1688年)、康熙四十二年(1703年)、雍正元年(1723年)、雍正十三年(1735年)、嘉庆元年(1796年)、嘉庆十四年(1809年)、嘉庆二十四年(1819年)、嘉庆二十五年(1820年)等近十次,中央政府均有"各处养济院,所有鳏、

①[清]昆冈等:《钦定大清会典则例》卷五十三《蠲恤一》,中华书局影印本,1991年版。

寡、孤、独及残疾无告之人,有司留心,以时养赡,无致失所"等基本相同的规定。①另据《遵义府志》载,在道光年间,当时遵义府所辖各州县均建有养济院。如:

> 遵义县养济院,在城东门外,明万历三十二年建。以后修补未详。国朝嘉庆间,存瓦屋十五间,院门三间,渐就倾坏。道光四年,署知县武占熊重建。额养孤贫二十七名(大口二十四,小口三)。名月给米二斗四升,盐柴银一钱五分(小建扣支)。遇闰加增,冬给棉衣、裤各一,价共九钱九分(小口日给米五合,衣、裤价减半,各属同)。岁共支米七十三石二斗四升二合(每石合银六钱六分六厘),盐柴银共四十七两七钱九分,衣裤工料银共二十五两二钱四分五厘。向系知县先行垫支,报销后请领归款。②

由此可见,清代养济院始终是作为官方救济孤贫的主要机构,从京城逐步发展到西南民族地区乡村社会,分布区域非常广泛。

2.养济院的救济程序

养济院的救济程序主要包括孤贫收容、银米发放等。一是孤贫收容。明朝时,养济院中孤贫的收容并无固定制度,概由皇帝亲自决定。清朝时养济院收容有所改进,不仅有常数,且有明确的救济标准。如贵州正安州养济院,在清朝乾隆、嘉庆年间,收养残废孤贫四名,岁共支米十一石三斗二升八合,盐、柴、衣、裤银十一两四分;道光十五年(1835年)知州周溶增设二十名,共二十五名。③ 二是银米发放。研究表明,养济院中的额内孤贫,俱令居住院内,每名各给印烙年貌牌一面。该州县正印官按季到院亲身验明腰牌,逐名散给口粮。④ 贵州桐梓县养济院,额养孤贫一十四名,岁共支米三十九石六斗四升八合,盐、柴、衣、裤共支银三十八两六钱四分,俱系知县亲自垫给发放,报销之后请领归款。⑤

3.养济院的资金来源

养济院的资金主要来源于政府拨款,如《道光大定府志》卷之四十一《经政志三》中,针对"经费"一项,该志书云:"经费凡四:一曰官役之费;二曰弁兵之费;三曰礼仪之费;四曰赈恤之费。"其中"赈恤之费"载:"额内孤贫百三十名,

①[清]郑珍,莫友芝:《遵义府志》,遵义市志编纂委员会,1986年版,第430-443页。
②[清]郑珍,莫友芝:《遵义府志》,遵义市志编纂委员会,1986年版,第448页。
③⑤ [清]郑珍,莫友芝:《遵义府志》,遵义市志编纂委员会,1986年版,第451页。
④张祖平:《明清时期的政府社会保障体系研究》,西南财经大学2006年博士学位论文。

盐米银二百三两四钱,衣裤银一百十一两八钱七分,共银三百十五两二钱七分。又口粮米三百二十五石四斗四升。"①由此可见,西南民族地区乡村社会养济院的主要经费来自一般税收,如云南为常平捐输项、藩库地丁银,四川为地丁银②,此外还有存留公项银、起运银等,没有设立专门的税目。此外,也有通过知府、知州及当地士绅捐银买田,以田所产稻谷作为养济院的生活所需的。光绪《永昌府志》有一则《养济院碑记》,能说明这个情况,全文如下:

> (养济院)旧在升阳门内,久废。康熙三十八年,知府罗纶新建于拱北门外;知府周际清、知县汪朝鐾重修,年久坍塌。道光元年,知府伊里布、知县朱学宗重建。于咸丰十一年城陷,被贼拆毁。于光绪七年,绅士张凤锦、王诚中、潘庆祥倡首捐修。当经张凤锦捐送田五分,坐落乌鸡村西,甸其田一分,大小三坵,东至刘姓田,南、北二至沟,西至孙姓田,栽工十二个,一分大小六坵,系左二坵,右四坵,东至本主田,(西南)至老君殿田(西至鲁姓田,南至沟),北至沟(本主田),栽工十二个,一分大小三坵;东至玉阁田,南至沟,西至本主田,北至本主田,栽工十(二个),一分大小五坵;东至本主田,南西二至本主田,北至沟,栽工十八个,一分大小五坵(左三右二坵),东至刘、陶姓田,南至沟,西至段姓玉阁田,北至(沟、刘)姓田,栽工十八个。此田有秧田五坵,一坵坐落乌鸡村后,东北二至沟,西南二至李姓田埂;又大小四坵,东至沟,南至路,西至刘(姓田),北至高姓田。上纳右所小金五屯粮四亩,半因租谷不敷济贫,知府郭怀礼,将玉阁济贫项下之租谷,每年拨出市石一百石,永为养济院。③

这则碑记除了简要介绍了永昌府养济院屡废屡修的过程及绅士张凤锦、王诚中、潘庆祥等倡首捐修建之外,其余大部分内容是关于张凤锦捐田面积、"四至"以及栽种产粮济贫等情况。这的确是一篇难得的养济院济贫碑记。

4.养济院的救济项目

养济院在实施救济的过程中,其项目主要是生活必需品的救济,包括吃穿用的米、衣、银。例如,《贵阳府志》载,长寨厅养济院给孤贫均是日给米盐柴,岁给棉衣裤,其中贵阳为岁支米二十二石六斗五升六合,遇闰加一石八斗五升六

①[清]黄宅中:《道光大定府志》(点校本),中华书局,2000年版,第857页。
②[清]昆冈等:《钦定大清会典则例》卷五十三《蠲恤一》,中华书局影印本,1991年版。
③[清]刘毓珂:《永昌府志》卷六十五《艺文志》,光绪十一年(1885年)刻本。

合,共二十四石五斗一升二合;岁支盐柴银十四两四钱,小建扣除,遇闰增领;衣裤银七两九钱二分,小建不扣,闰月不增。定番州养济院给十三名孤贫者,岁支米三十六石八斗一升六合,遇闰加三石一升六合,共三十九石八斗三升二合;岁支盐柴银二十三两四钱,小建扣除,遇闰增领;衣裤银十二两八钱七分,小建不扣,闰月不增。① 可见,生活必需品的救济是养济院救济的主要物品。在明清时期,西南民族地区各府州县的财政预算和财政支出中均有孤贫救济的口粮一项。如雍正十三年(1735 年)议准,广西镇安府向来未有孤贫口粮一项,应准其各县设立四名,每名每年给银三两六钱,遇闰加增一两二钱,从雍正十三年(1735 年)开始,均于地丁银内动支。又迁江县所编口粮米折银一两四钱一分六厘有奇,原编有孤贫口粮应核明充补,照例开支。② 生活必需品的救济初始阶段是以实物为主,后来发展到实物和货币并存,最后演变为以货币为主。有的专家认为,这是商品经济的发展在社会救济领域中的反映。③ 此外,疾病救助和死亡救助等临时性救助虽时有发生,但不是救助的重点。

5.养济院的救济标准

明清时期西南民族地区养济院作为最主要的官办慈善救济机构,大都由各厅、州、县、卫等地方官倡办,其口粮、衣裤银等开销均在公项下支领,而"其规模的大小和维持时间的长短与政府所拨经费的多寡有着极大的关系"④。从现有史料可见,西南民族地区养济院的救济有一定标准。据《明史·土田志》载,洪武五年(1372 年),养济院的救济标准是:"月给米三斗,薪三十斤,冬夏布各一匹。小口给三分之二。"稍后,《户部则例》中明确规定:"大口十五岁以上。月支米三斗,柴三十斤,岁支冬夏布各三丈。小口十四岁以下至五岁,月支米二斗,柴三十斤,岁支冬夏布各三丈。"这个养济标准,成为后来各地方政府养济孤贫残疾人的依据。洪武十九年(1386 年)明政府又规定:"诏所在鳏寡孤独、取勘明白、田粮未曾除去差拨者,即与除去。若不能自养,官岁给米六石。其孤儿有田、不能自立,既免差役,责令亲戚收养。无亲戚,邻里养之。其无田者,一体给米六石。"⑤建文帝即位后,对于上述规定稍作变更。建文元年(1399 年)二月,诏"鳏寡孤独贫无告者,岁给米三石,亲戚养之。亡亲戚者,邻里收恤。"⑥

①[清]周作楫:《贵阳府志》(校注本),贵州人民出版社,2005 年版,第 906 页。
②[清]昆冈等:《钦定大清会典则例》卷五十三《蠲恤一》,中华书局影印本,1991 年版。
③张祖平:《明清时期的政府社会保障体系研究》,西南财经大学 2006 年博士学位论文。
④周秋光,曾桂林:《中国慈善简史》,人民出版社,2006 年版,第 143 页。
⑤[明]申时行等:《明会典》(万历朝重修本),中华书局,1989 年版,第 459 页。
⑥[清]谈迁:《国榷》卷十一,中华书局,1958 年版。

"笃废残疾者,收养济院,例支衣粮"①这一变更,是按照当时各地养济院狭小且多颓坏的实际情形而制定的。改革后的养济院,不收纳鳏寡孤独,只收笃废残疾之人。② 到清代以后,救济标准又根据当时的情况作了必要调整。乾隆三年(1738年)规定,按名均匀支给口粮,每名日给银一分,岁共云南救济米3.6石;四川救济米7.2石,冬衣花布银2.49两。③ 这成为云南、四川两省统一的救济孤贫的标准。在云南,各地在实施过程中基本上按照这个标准执行,如楚雄县养济院设"一孤贫正额十五名,额外一百五十一名,共一百六十六名,每名日给银一分,岁该银五百九十七两六钱,遇闰照加,小建照减"④;元江县养济院"额设正额孤贫九名,每名每日给银一分,岁支银三十二两四钱,又额外孤贫银定现系六十四名,每名每日给口粮银一分,岁支银二百三十两零,遇闰按加,小建截扣公建项下。……除额外孤贫口粮按季赴司库领回散放外,其余俸工养廉银两春夏二季赴司库请领"⑤。

从上述情况看,明清两朝虽然在养济院方面资金支出不大(如清朝云南每年发放银2 761.2两)⑥,但在救济乡村社会鳏寡孤独无告者方面却发挥了作用,促进了社会的稳定和民生保障。

(二)栖流所

栖流所又称"流养局""留养所",是清政府用以专门收养外来无业或乞食之人的慈善机构。最早的栖流所是清政府于顺治十年(1653年)在顺天府成立的京师五城栖流所,于乾隆初年发展到西南民族地区。如《道光安顺府志》中有黄培杰《新建普济堂栖流所记》中提到:"永宁自乾隆元年州牧陈公建茅屋一间,为栖流所,后毁。"⑦后逐渐发展,至光绪年间,西南民族地区的大多数州县均已创办这种慈善机构。

1.栖流所的收留对象

清朝中后期以来,由于自然灾害频仍、战事不断、兵祸匪乱交织、土地兼并

①[明]龙文彬:《明会要》,中华书局,1956年版,第959页。
②王卫平:《中国古代传统社会保障与慈善事业——以明清时期为重点的考察》,群言出版社,2004年版,第81页。
③⑥[清]昆冈等:《钦定大清会典则例》卷五十三《蠲恤一》,中华书局影印本,1991年版。
④[清]崇谦:《宣统续修楚雄县志》卷之四《食货》。
⑤[民国]黄元直:《元江志稿》卷八《食货志》,民国十一年(1922年)铅印本。
⑦[清]常恩:《安顺府志》(点校本),贵州人民出版社,2007年版,第1134页。

严重,大批难民、无业游民纷纷涌入西南民族地区,加之"天下作乱之源,往往因失业游民乘饥蜂起"①。在这种情况下,栖流所则"专为流民栖止"②,故栖流所主要收留的对象是外来的无业或乞食之人。这正如周秋光等所言,西南民族地区各府、州、县设置栖流所是"基于大量流民的出现已对社会秩序的稳定构成了威胁,是官府为加强社会控制的产物"③。《黎平府志》有载:道光二年十一月十六日,册立皇后,诏内开:"各省老妇、有孤寡、残疾、无人赡养者,该地方官加意抚恤,毋令失所。"十一月二十七日恭上皇太后徽号,诏内开:"各省民人有孤寡、残疾、无人赡养者,该地方官加意抚恤,如无室庐栖处,该地方官酌设栖流所,以便栖处。"道光十四年十月十八日册立皇后,诏内开:"各省老妇、有孤寡、残疾、无人赡养者,该地方官加意抚恤,毋令失所"。是年十月二十一日加上皇太后徽号,诏内开:"各省人民有孤寡、残疾、无人赡养者,该地方官加意抚恤,如无庐室栖处,该地方官酌设栖流所,以便栖处。"④光绪十三年(1887年),又诏:"外省民人有孤贫残疾无人养赡者……如无室庐栖处,该地方官酌设栖流所,以便栖处。"⑤在贵州的一些州县,设置的栖流所的具体救济对象有些不同,如怀县之栖流所设草屋三间,"向系军流人犯栖止"⑥;清镇县栖流所则"以为残废孤贫栖息之所"⑦。

2.栖流所的管理办法

清朝政府在资金上会给予栖流所一定的扶持,官办的性质很浓。原来中央政府规定,地方官员对于非本地的流浪、贫困人口须"察其声音,讯其住址,即移送各本籍收养"。并且令各保甲对实在孤苦无依的,要写清楚所在里甲、年龄、体貌特征等资料后上报给州、县官。到乾隆九年(1744年)时,这种政策发生些微变化:"各省流寓孤贫如系附近都邑,仍旧照例移送原籍收养";对于"其有隔省遥远及本省相去至千里之外者,亦如一例加恩收养"。在《钦定大清会典事例》中也有相应记载:"各省流寓孤贫如籍隶邻邑,照例移送收养,在原籍千里以外者,准其动支公用银两,一体收养。"⑧这些流民的花费也可以动支公项银,每

①夏东元:《郑观应集》(上册),上海人民出版社,1982年版,第534页。

②[民国]陈谦、陈世虞:《犍为县志》卷九《义举志》,民国二十六年(1937年)铅印本。

③周秋光、曾桂林:《中国慈善简史》,人民出版社,2006年版,第164页。

④⑤[清]俞渭等:《光绪黎平府志》卷三上《经费》,光绪十八年(1892年)刻本。

⑥[民国]刘显世等:《贵州通志·建置志·公署公所》,民国三十七年(1948年)铅印本。

⑦[民国]方中等:《清镇县志稿》卷五《政治》。

⑧[清]昆冈等:《钦定大清会典事例》卷二百六十九《户部·蠲恤:恤孤贫—善幼孤·收羁穷》,中华书局影印本,1991年版。

年终造册报销。①

3.栖流所的经费来源和救济标准

栖流所的流民一般分额内、额外孤贫两种,大多由官府绅民共同捐建,其经费主要为官款开支。每月支领所内人员之灯油口食费,按人口按月给以口粮,雇看司一名,专事"看守、洒扫、招待,兼司启闭"②,所内一般设有宿室、病室。贵州都匀府栖流所有"宿室五间,病室一间"③。按照《民国绥阳县志》记载,栖流所的救济有一定标准:"额养孤贫十四名,每名月给米一斗一升,小月给米一斗零半升;年给冬衣银九钱三分。"④

4.栖流所的社会功能

栖流所主要收留的是过往贫困流民,由于地方政府给他们提供了容身之地和米食、衣被、柴薪等物,使得这些流民免于寒冷、饥饿。这一做法不仅有利于清朝统治者应付人口剧增、流民日多这一严峻的社会现实,而且这种慈善救济的做法有助于安定社会、消弭隐患,促进西南民族地区乡村社会的和谐发展。

(三)育婴堂

在我国历代的保息之政中的第五条是"养幼孤"。但一直以来,特别是有清一代,在西南民族地区,由于封建社会中私生、贫穷和轻女等原因导致遗弃女婴现象十分严重。这正如《黎平府志》所言:"溺女之事,黎俗相沿不改。故虽有此善举,仍属难行⑤。"面对这种恶习,黎平府知府陈熙曾撰写有一篇很有教育意义的碑记,题名为《捐育女田碑记》,现抄录于后:

> 人之有男女,犹天之有阴阳也。有阴阳而寒暑之变化成,有男女而室家之内外正。使人人重男轻女,于其女,至初生时必投诸水而毙之,则天下将无女矣。盍亦思己之母、己之妻、己之子孙妇,非尽人之女欤?无母而何以有此身,无妻而何以得后嗣,无子孙妇而何以得延宗祧?是女之关系乎人伦也甚重,理本易明,人特未之思耳!黎平风俗尚称淳朴,惟溺女之习未除,在富与贤者,自不至昧理效尤;其贫而

---

① 张小亚:《清代慈善救济组织研究——以四川地区为例》,陕西师范大学 2007 硕士学位论文。

② [民国]陈谦、陈世虞:《犍为县志》卷九《义举志》。

③ [民国]刘显世等:《贵州通志·建置志》,民国三十七年(1948 年)铅印本。

④ [民国]李培枝:《绥阳县志》,绥阳县志编纂委员会,1986 版,第 215 页。

⑤ [清]俞渭等:《光绪黎平府志》卷三上《经费》,光绪十八年(1892 年)刻本。

愚者,以幼则乳哺妨工长,则嫁衣难制,遂忍溺之而不悔。因之女少男多,往往联姻异地,所费不资,甚有终身无力娶妇,以至绝嗣者。虽屡经严禁而莫挽颓风。前太守冯湘严先生,余之座师也,怜其贫而哀其愚,捐奉购谷,给养婴女,赖以生活者甚众。余继守是郡,仰承师志,踵而行之,第所费临时捐给,恐难行之久远。爰为集金置田收谷给养之计,首先捐银以之。倡合郡同僚暨士民之合志者,共相捐助,得银一千余两,适湘严先生之子冯可齐世弟在黎,闻之,慨捐银五百五十两,以竟先人之志,其知义好善,有足尚者,随将捐银置买田亩,每年收谷一百三十四石有奇。凡民间贫难育女者,郡守责令约甲查明,随时举报姓名登籍,月朔齐赴郡署,经历司按籍点名,每口给谷六斗,以资养膳。满三岁及殇者除之。夫三年之中,月有所得,而女不累其母,以其母而育其女。较之乳媪代养,自更体恤,而女得遂其生,迨其长也。荆钗布裙而嫁之求妇者,又无俟远婚邻邑,而女得有所归,不诚一举而三善备乎? 或谓田谷有定而女口无定,三载为期较久,如女口渐多而田谷不敷支给可奈何? 余曰:人之欲善,谁不如我? 后之贤太守度必矜恤愚民,捐廉给领,若续为劝助而扩其规模,抑怵以严刑而大加惩创,尚威尚德,总期积弊永除,此又皆余之所深愿而未逮者也。孟子有言:恻隐之心,人皆有之。又谓:赤子匍匐,入并死非其罪,况余忝摄郡篆,乌可于民间溺女而漠然置之? 惟深愧政教,未信于民,弗克令行禁止,而仅体湘严先生之仁意,创立章程,尤赖后之涖官者,力为维持,以归尽善,敢自诩克尽夫保赤之道也耶! 即为之详道立案,又叙其颠末,而勒之于石者,亦欲郡之人观之,而警悟于心,剪除此恶习也。是为记。①

于是,中央政府、地方官员和地方士绅对这种陋习高度重视,或作出严厉规定,或伸出救援之手,因此,清代西南民族地区的女婴救济事业极为兴盛。详见表 6.10。

表 6.10 清代西南民族地区育婴堂一览表

地 名	善堂名称	创建年份	创建人身份
云南省云南县	育婴堂	1696	官
广西省崇善县	育婴堂之一	1706	?

①[清]俞渭等:《光绪黎平府志》卷三上《经费》,光绪十八年(1892年)刻本。

地 名	善堂名称	创建年份	创建人身份
云南省楚雄县	育婴堂	1707	民
云南省河阳县	育婴堂	1709	官
广西省临桂县	育婴堂	1714	官
广西省永淳县	育婴堂	1717	?
广西省崇善县	育婴堂之二	1717?	官
广西省恭城县	育婴堂	1725	?
贵州省绥阳县	育婴堂	1725	官
云南省建水县	惠育堂	1729	官
云南省蒙自县	育婴堂	1729—1735	官
云南省琅盐井县	生生堂	1730?	?
湖南省永顺县	育婴堂	1735	官
湖南省溆浦县	育婴堂	1745	官
云南省易门县	育婴堂	1745	官
湖南省桑植县	育婴堂	1756	官
广西省邕宁县	育婴堂	1773	官
云南省姚州县	育婴堂	1795?	民
广西省昭平县	育婴堂	1800?	?
云南省建水县	育婴堂	1812	官
四川省宜宾县	育婴堂	1820?	官
湖南省慈利县	育婴堂	1820?	?
湖南省龙山县	育婴堂	1820?	?
湖南省辰溪县	育婴堂	1820?	?
湖南省保靖县	育婴堂	1820?	?
云南省宣威州县	育婴堂	1825	官
云南省云州县	回春院	1835?	?

第六章　明清时期西南民族地区社会保障制度下的乡村社会与国家关系

续表

地　名	善堂名称	创建年份	创建人身份
云南省镇南州县	育婴堂	1835?	官
云南省楚雄县	育婴堂	1840	民
贵州省遵义县	养幼堂	1841	官
贵州省桐梓县	育婴堂	1841?	?
贵州省正安州县	及幼堂	1849	官
四川省隆昌县	育婴女堂	1861?	民
广西省邕宁县	保婴会	1861?	民
四川省乐至县	育婴局	1862?	官
湖北省恩施县	育婴堂	1868	官
四川省隆昌县	德生公所	1872	官
四川省德阳县	育婴局	1873	官
四川省叙永县	育婴堂	1878	官
四川省屏山县	育婴堂	1880?	官
四川省富顺县	育婴恤嫠局	1881	官
四川省南溪县	育婴局	1883	官
云南省呈贡县	育婴院	1885?	官
云南省昆明县	育婴堂	1887?	?
四川省绵阳县	育婴局	1890	官
云南省昭通县	育婴堂	1891	官
四川省高县	育婴堂	1891?	?
湖北省利川县	育婴堂	1892	官
湖北省利川县	育婴堂	1894?	?
湖北省利川县	育婴堂	1894?	?
湖北省利川县	育婴堂	1894?	?
四川省南江县	育婴堂	1908?	官
广西省贵县	育婴堂	1911?	?

地　名	善堂名称	创建年份	创建人身份
广西省全县	育婴堂	1911?	?
四川省雅安县	育婴局	1911?	官
广西省陆川县	育婴堂	1911?	?

注:作者根据梁其姿的专著《施善与教化:明清时期的慈善组织》,河北教育出版社,2001年版,第332-367页整理。

　　其实,梁其姿先生所凭借的地方志书或有限,或未尽其详。在西南民族地区所创建的育婴堂绝非上述56处,如贵州黎平府所属的育婴堂就未列入其中。

　　1.育婴堂的地位

　　清朝政府将慈幼事业列为十分重要的地位:"夫养老少存孤,载于月令,与扶衰恤老,同一善举动。"(《宗宪皇帝实录》卷十九)在西南民族地区,最常见的救济被遗弃婴孩的机构是育婴堂。① 从某种角度来讲,育婴堂是在清朝最高统治者的参与和推动下设立的,其数量和普及率仅次于养济院和普济堂。从上面《清代西南民族地区育婴堂一览表》和大量的地方文献资料表明,清朝后期几乎各县都设有救济婴儿的机构——育婴堂。这说明育婴堂对保护被遗弃婴孩起到了十分重要的作用。从现有史料看,西南民族地区育婴堂的规模不定,一般由各府、州、县的实际需要和资金多寡来定。因此,各地方之育婴堂之大小有别,数量不一。如贵州黎平府之育婴堂,有"正屋五间,后屋五间,大门一(座),围墙一周"②;贵阳府的育婴堂原在城内西隅贯珠桥畔,"嘉庆十六年巡抚颜检始扩而充之,有头门三间,观音阁三间,牌坊一,乳妇房三十间"③。这在当时西南民族地区的育婴堂中已是规模较大了。

　　2.育婴堂的经费来源

　　清代西南民族地区各地育婴堂的经费来源不尽一致,《道光贵阳府志》载:"育婴堂者……其费则出自部定岁支银及捐银之息。部定每岁在布政司库支银二百十三两一钱;巡抚明山捐银一百两,司道府州县合捐银二百五十两,益之以充公银七百五十两,共一千一百两存商生息,岁收息银一百三十六两,每岁合部

---

①转引自王琴:《近代西南地区的慈善事业(1840—1949)》,湖南师范大学2011年硕士学位论文。

②[清]俞渭等:《光绪黎平府志》卷三上《经费》,光绪十八年(1892年)刻本。

③[清]周作楫:《贵阳府志》(校注本),贵州人民出版社,2005年版,第905页。

定银共三百四十九两。有不能给则筹款支销，无匮乏也。"①这里表明其经费来源有二：一是由中央政府规定的岁支银，其数额为"二百十三两一钱"；二是有地方官员或士绅阶层"捐银之息"，即将"一千一百两存商生息，岁收息银一百三十六两"作为支出。如四川西昌县育婴局将筹集来的银两"交商生息，每月取息支给乳母口食"②。在西南民族地区还有一种来源，即置买田地，以收租谷。如贵州仁怀厅之育婴堂"买刘光宗桐梓林田土，取稳租银五十两，每年收租谷十二石"；又"买杨映魁桐梓林田土取稳租银五十两，每年收租谷十二石"③。又如《黎平府志》载：育婴堂"旧田仅数亩，增买北门外锦屏乡等处田"④。道光《遵义府志》也载绥阳县育婴堂"以螺水寺田租谷十五石为收养婴儿之用"⑤。

3.育婴堂婴儿的收育管理

由于清代西南民族地区各地育婴堂的条件不一致，因此，收育管理婴儿的具体举措也不尽相同。一般来讲，育婴堂采取收养和给养两个步骤。据《光绪叙州府志》载，叙州府婴儿入堂资格的基本要求是"收养贫苦婴孩"⑥；另外，就是家庭确实贫困，无力抚养婴孩，也可以送到育婴堂，由育婴堂"雇乳母抚育，人数无定"⑦。可见，当时的育婴堂对入堂婴孩的人数限制不是十分严格，有些育婴堂甚至对入堂婴孩不做规定，视经费的充足与否而定。在给养方面，一般育婴堂大多会雇佣乳母对婴孩进行哺育，如《光绪叙州府志》卷十八中就有"贫苦婴孩三岁以下奶母喂养，三岁以上堂中饲养，十五岁以上出堂"⑧的规定。

4.育婴堂母婴的基本生活保障

从现有文献资料看，清代西南民族地区育婴堂大多雇有乳母哺养，实行一母多婴，给予一定经济待遇。对于实施寄养的乳母，各地标准不尽一致，如贵阳府"额设乳妇四十名，每名月给工食银八钱、口粮米三斗"⑨；在四川兴文县是"岁给衣钱若干；月朝送验，领月米之半；月望送验给其半，视肥瘠为赏罚，记功过于册，岁终赏若干，瘠则退费"，若婴孩得痘，则由堂董延请医生治疗。⑩ 婴孩

①⑨［清］周作楫：《贵阳府志》（校注本），贵州人民出版社，2005年版，第905页。

②［民国］郑少成：《西昌县志》卷四《政制志·地方公益》，巴蜀书社，1992年版。

③［清］崇俊，王椿：《光绪增修仁怀厅志》卷四《食货志》，巴蜀书社，2006年版。

④［清］俞渭等：《光绪黎平府志》卷三上《经费》，光绪十八年（1892年）刻本。

⑤［清］郑珍，莫友芝：《遵义府志》，遵义市志编纂委员会，1986年版，第452页。

⑥⑧［清］王麟祥：《光绪叙州府志（一）》卷十八《矜恤》，《中国地方志集成·四川府县志辑》（28），巴蜀书社，1992年版，第518页。

⑦［民国］郑少成等：《民国西昌县志》，民国三十一年（1942年）铅印本。

⑩［民国］何鸿亮：《兴文县志》卷二《慈善》，《中国地方志集成·四川府县志辑》（34），巴蜀书社，1992年版，第360页。

入堂之后,有一定的基本生活保障,在贵阳府,则将"婴儿分为三等:未一岁食乳,一岁以上食粥,三岁以上食饭。乳妇一人养食乳、食粥、食饭婴儿各一人。婴儿一岁以上、日给米三合;三岁以上日给米五合,银五厘,冬给棉衣一、棉裤一"①。在其他地方一般可以得到微薄的"口粮及衣裤、铺盖、盐薪"(《嘉庆安县志》卷十五《公署》)等最基本的生活上的保障,如在四川犍为县育婴堂的婴孩"每名每月给钱八百文,冬季每名给寒衣钱二千文"(《民国犍为县志·建置》);在四川绵竹县出生一月以上的贫婴按照救济贫困节妇的办法"每名月支育养钱六百文"(《民国绵竹县志》卷十四《慈善》)以维持生存;在四川省宜宾县,婴孩长到十五岁以上出堂,还要"授以职业"。②

5.育婴堂的管理

西南民族地区育婴堂的管理通常包括三个方面:③一是堂内日常事务的管理。由于西南民族地区育婴堂的经费来源大多有士绅阶层的"捐银",所以,育婴堂通常会延请地方绅耆担任堂内首事,"必殷实,必久任",轮流管理,主要负责给发乳媪之工役钱谷,采买婴孩之日常用品,"或有不公或侵徵,被告发乃革换,即革换交代不清则法追"。这是对首事的严格要求。首事属于义务性质,不给薪资,仅"岁给车马费若干"。二是对乳母的管理。由于育婴堂之收养婴孩的办法有堂养、寄养两种。所以,实施堂养的婴孩,一般将婴孩收养在育婴堂内,雇请乳母哺养,一母多婴;实施寄养的婴孩一般由首事负责在堂外寻觅合适乳母,允许其将婴孩带回其家哺养,一婴一母。因清朝后期西南民族地区弃婴人数众多,堂内经费和容量有限,所以,许多州县都采取寄养办法。三是对婴孩的管理。当时各地的育婴堂都制定了许多堂规,对收养、抚育婴孩均有严格的规定。如兴文县育婴堂堂规中规定,弃婴"无论男女,无论送于家收于路,入堂不准领回";若是由其母亲送来堂的,须"取具文,母供结备案"④。贵州省仁怀厅育婴堂对婴儿长成之后的事宜也有考虑:"至稍长时,或有保养,或认领归宗,其无人顾盼者,许放作雇工养媳。"⑤这一系列规定体现了对婴孩的一种高度负责的态度。

明清时期中央政府在西南民族地区除了设立养济院、栖流所、育婴堂之外,

① [清]周作楫:《贵阳府志》(校注本),贵州人民出版社,2005年版,第905页。

② [清]王麟祥:《光绪叙州府志(一)》卷十八《矜恤》,《中国地方志集成·四川府县志辑》(28),巴蜀书社,1992年版,第518页。

③ 王琴:《近代西南地区的慈善事业(1840—1949)》,湖南师范大学2011年硕士学位论文。

④ [民国]何鸿亮:《兴文县志》卷二《慈善》,《中国地方志集成·四川府县志辑》(34),巴蜀书社,1992年版,第360页。

⑤ [清]崇俊,王椿:《光绪增修仁怀厅志》卷四《食货志》,光绪二十八年(1902年)刻本。

还设立一些恤病助丧慈善机构,如惠民药局、漏泽园等。

二、明清时期官民共办的慈善事业

在清朝中后期,由于中央政府控制力的减弱,为民间社会力量参与各种慈善事业提供了机会,各类慈善救济组织的主办权逐渐从官方向民间社会转移。在官、民双方的共同参与下,西南民族地区的慈善事业在一定程度上较好地发挥了社会作用。

(一)普济堂

普济堂在西南民族地区的创设晚于养济院。应该说,普济堂是随着西南民族地区半殖民地半封建化程度的日益加深、自然灾荒的连年发生、急需救济的孤贫者剧增、养济院不能满足实际需要而诞生的又一种收养孤贫的救济机构。

1.普济堂的发展历程

我国早在明代就已建立普济堂,这在光绪《江西通志》有载。明朝洪武五年(1372 年),袁州府宜春县知县孙仕傲建于县城袁山门外建普济堂,后毁于明末战乱。① 清初普济堂在民间恢复后得到了中央政府的大力支持,并引起高度重视。康熙四十五年(1706 年),皇帝亲自表扬倡导,对京城广宁门外士民公建的普济堂,颁赐御制碑文,又御书"膏泽回春"四字。雍正帝也令地方官宜时奖励鼓舞之。雍正二年(1724 年)五月谕:"各省督抚饬有司,劝募好善之人,于通部大邑,人烟稠集之处,照京师例,设立普济堂、育婴堂,养老存孤。"乾隆元年(1736 年),清政府又规定:"各省会及通都大郡,概设立普济堂,养赡老疾无依之人,拨给入官田产,及罚赎银两,社仓积谷,以资养赡。"②此后,包括西南民族地区在内的全国各地,建立和经办普济堂不仅成为地方政府的职责之一,政府的救济事业和财政预算中也正式纳入了普济堂一项。据有关史料载,西南民族地区中的部分地区是在乾隆年间才广泛创办普济堂。如道光《大定府志》载:"普济堂惟黔西、毕节有之。"《黔西州志》云:"普济堂在南门外,旧建。"乾隆二年,署知州苏松捐银购南门外成熟田三亩以给州之鳏、寡、孤、独。乾隆四十八年,知州赫霖泰捐银三十两。乾隆五十三年,吏目金钟捐银十两,皆寄商生息。

---

① [清]刘坤一,刘绎等:《江西通志》卷九十四《经政略十二·恤政》,光绪六年(1880 年)刻本。

② [清]昆冈等:《钦定大清会典事例》卷二百六十九《户部·蠲恤》,中华书局影印本,1991 年版。

嘉庆元年,知州许学范支存济田余谷粜银九十一两六钱,典东关外市房三间,岁收贷银咸以助普济堂之费。嘉庆二年,署知州薛振又捐垫银百十六两四钱一分补买市房之价。凡此,皆黔西之普济堂也。《毕节档册》云:"普济堂前进四间,后进三间,此又毕节之普济堂也。"①在西南民族地区的现有地方文献中,对普济堂有关创办情况或少有记载,或语焉不详。记载最为详细的,唯有《安顺府志》和《民国续修安顺府志辑稿》。

2.普济堂的性质

从贵州的《道光大定府志》《安顺府志》和《民国续修安顺府志辑稿》的相关记述看,普济堂属于民办官助或官督民办的性质。从现有文献看,普济堂大多由地方绅耆集资倡捐,任地方官的知州、知县等捐银购田以及捐银生息等方式创建。如贵州省迁徙州的普济堂,既有署知州苏松捐银购南门外成熟田三亩,又有知州赫霖泰捐银三十两,还有知州许学范支存济田余谷粜银等。②因此,普济堂属于民办官助的慈善机构之一。但由于政府的干预,普济堂在后来的发展过程中,也逐渐带有官督民办的性质。③ 有的地方直接将普济堂与养济院同等看待,如贵州安顺府之"养济院,一名普济堂"④;在有的州县又将普济堂与养济院区别看待,如贵州思南府分别"无疾年老者住普济堂,废疾者住养济院"。⑤从贵州安顺府普济堂的实际情况看,官督民办的性质十分显著。

3.普济堂的经济来源

据地方文献的记载及学者的研究表明,普济堂作为一个民办官助的机构,由于大都由地方上名望很高的绅耆倡办,故资金来源有几种情况:一是地方政府拨给,地方上的普济堂所需资金大部分由地方政府拨给。如贵州《安平志》云:"普济堂……每大口岁折支棉布衣裤银九钱九分,小口岁折支四钱九分五厘,赴藩库请领。"⑥二是中央政府和地方政府允许和鼓励社会人士的捐助。如前面举例的贵州黔西州普济堂的捐助,除署知州苏松捐银、知州赫霖泰捐外,还有吏目金钟的捐银。⑦三是投资收入。如贵州《安平志》所载:"道光七年八月,知县刘祖宪捐银一百两买金世富、世煊等栗木寨全庄粮田一十份,不计丘数,仍招旧佃艾文通等佃种。年纳租谷一百四十五石二斗,添设大口孤贫六名,小口三名,口粮、盐菜及冬季棉布衣裤银两按照上例发给。契佃俱存礼房。"⑧又如

---

①②[清]黄宅中:《道光大定府志》(点校本),中华书局,2000年版,第860页。
③王琴:《近代西南地区的慈善事业(1840—1949)》,湖南师范大学2011年硕士学位论文。
④⑦⑧转引自[清]常恩:《安顺府志》(点校本),贵州人民出版社,2007年版,第574页。
⑤⑥转引自[清]夏修恕等:《思南府续志》卷二《公署》,道光传抄本。

云南赵州之普济堂，"捐买赵成楫民田五亩八分六厘六毫六丝七忽，坐落教场随山二甲，秋粮一斗三升九合零，租六京石，散给孤贫，又新入田二十一亩六分零，纳平三甲，秋粮四斗九升四合零，中地十二亩零，纳三甲税粮一斗七升五合零……每年收京石，租十七石八斗，除完粮外，余租散给孤贫。今移于城西北隅"①。

4.普济堂的开支项目

普济堂的收养虽然为老疾无告者，且分额设孤贫与额外孤贫两种形式，但救济对象没有地域限制，对本地或外地的老疾无告者都给予救济。其开支项目有三项：一是救济对象的生老病死的日常开支。包括按人口大小分别给以口粮、盐菜银，并且按岁支给棉布衣裤银以及医药棺木的支出，给付过程中以实物为主。二是修理普济堂的开支。三是购置堂产的开支。②

5.普济堂的救济标准

清代西南民族地区乡村社会的普济堂，在实施救济的过程中没有统一的救济标准，但各地主食的标准相差不大，并且都是小建扣除、遇闰加增，区别主要表现在其他救济内容方面。③在贵州安顺地区，因普济堂与养济院同等对待，所以，其标准也基本相同。如《郎岱采访册》云："额设孤贫口粮十名。每日大小口给八合，小口给米五合，盐菜银五厘。冬给大小口棉衣裤。"《永宁志》云："孤贫定额九名。每名岁支银一两八钱……米二石八斗……额外孤贫九名，岁支米同上。"（见《食货·经费》）《安平志》对普济院的救济标准说得十分清楚："普济堂，额内孤贫大小二十七。小口五，每名日给盐菜银五厘；大二十二，每月给米二斗四升；小口月给米一斗五升。遇闰加增、小建扣除，均于本邑征存官庄余米项下动支。"④

（二）及幼堂

及幼堂最先出现于贵州，是道光年间贵州巡抚贺长龄在贵州开办的专收父母双亡、无依无靠的孤儿的慈善机构。除贵州的地方文献对及幼堂有记载之外，西南民族地区其他地方无及幼堂的记载。

1.及幼堂的创设缘由

道光十二年（1832年），贵州粮储道张经田在贵阳设局煮粥散济幼童，俗称

---

①赵淳：《赵州志》卷二《治赋》。

②③张祖平：《明清时期的政府社会保障体系研究》，西南财经大学2006年博士学位论文。

④转引自［清］常恩：《安顺府志》（点校本），贵州人民出版社，2007年版，第574页。

稀饭局。道光十七年（1837年），贵州巡抚贺长龄与贵州布政使庆禄、按察使唐鉴及其他官员、绅士等合捐银4 000余两，将原有的稀饭局改为及幼堂。贺长龄为此事还撰写了一封《奏建尚节堂并及幼堂疏》，其中谈到及幼堂的创设缘由："黔省向有育婴堂，以养失乳之婴；又有孤贫院，以恤废疾之老。臣到黔两年，督同司道迭加整顿，府县亦皆认真体恤、稽查，宽严并用，使铢金粒米均及穷民，可以无虞失所。惟黔中瘠苦异常，每有父母俱无、衣食并乏之幼童，自五六岁至十二三岁不等，率多沿街求乞，或且乘便偷窃。既无资生之业，又无管束之人。弱则转死沟中，强则流而为匪。滨十死者固可悯，流于匪者尤可虑。与其惩治于既为匪之后，曷若保全于未为匪之先。……于城南外置房十余间，以资栖止，名曰'及幼堂'。"①贺长龄在其《及幼堂记》中同样也谈到创建及幼堂的缘由："育婴有堂矣，曷有及幼也？曰：'离乎襁褓而未及乎成人也。'襁褓则一任之人矣，成人则自任之矣。今也，既不一任之人，而又不能自任，则父母任之矣。乃或虽有父母亦力不克任，甚或并其父母而无之；而父母斯民者，又漠焉而不为之所，则将谁任哉？此及幼堂之所由建也。"②由此可见，及幼堂的创建，其作用不仅"幼童之游手乞食、衣不蔽体者，街市渐觉稀少"③，而且能够让这些幼童学习知识和技能，减少青少年的犯罪率，真正实现一举多得的目标。

2.及幼堂的收养对象

及幼堂的收养对象是孤贫子弟，具体来讲为五岁至十六岁以内的贫无可依的儿童。在贵州各地根据具体情况又各有不同，如都匀县规定在十五岁以内为收养对象④；思南府则专门"收养无依幼孩年十岁以内者"⑤入堂；而安化县及幼堂又规定其"收养自十三岁以下"⑥；在贵阳则"收养之童，六岁入堂，十七岁出堂"⑦。

3.及幼堂的收养方法

贵州及幼堂的收养办法一般有长恤、半恤、暂恤、寒恤四种。据《遵义府志》载，道光十九年（1839年）知府黄乐之复劝捐银两，恢复养幼堂后，按照《养幼堂章程》的规定，遵义县养幼堂："长恤，四十人，人月京斗米斗二升，收男五岁至十岁，女四岁至十二岁者。男养至十二岁，女至十四岁，放之；以后来者补。半恤，四十人，岁自十月朔始收，男至八岁至十二岁，女至十四岁者，满一百八十日放。

①③[清]周作楫：《贵阳府志》（校注本），贵州人民出版社，2005年版，第1621页。

②[清]周作楫：《贵阳府志》（校注本），贵州人民出版社，2005年版，第1837-1838页。

④[民国]窦全曾，陈矩：《都匀县志稿》卷十三《食货志》，巴蜀书社，2006年版。

⑤⑥[清]夏修恕，周作楫：《道光思南府续志》卷二《公署》，巴蜀书社，2006年版。

⑦[清]周作楫：《贵阳府志》（校注本），贵州人民出版社，2005年版，第909页。

暂恤,百日,四十人,自十一月朔始。寒恤,六十日,四十人,最后收。半恤人月米八升,自下递减,二菜钱银并月三分,惟寒恤无,亦无衣、裤钱。"

4.及幼堂的教育培养

及幼堂与其他慈善事业机构的最大区别在于,及幼堂除了慈善之外,则在于它的教育培养做得十分到位。贺长龄在《及幼堂记》中说:"爱子者非徒养之而已,必将为之终身之计焉。"因五至十六岁的孩童正处于成长的关键期,"知识日已开,嗜欲日已萌,是天人之交也,是成败之关也"①。在这个关键时期,"雇粗识文字二人、工匠数人,择其姿稍优者教之认字,余皆令其学习手艺"②。使在及幼堂的孩童掌握一定的文化知识和谋生技能,以便日后自立。可见,贵州创办及幼堂的指导思想是非常正确的。按照时下的说法,贺长龄于清代道光年间在贵州创办的及幼堂可以称得上是贵州的第一所"职业学校"。

5.及幼堂的性质

从性质上讲,及幼堂是一种官民合办的慈善事业机构。一是从经费来源上看,属于官绅共捐。贵阳府的及幼堂是"臣(指贺长龄——作者注)与司道捐廉为倡,各官绅量力自输。共得银五千两,陆续发商生息"③。遵义府"至去年(即道光十九年)秋,乃行劝募,合官民捐者仅得金若干"④;又有"十九年秋,与所属州县及士绅公商,广为劝捐,以重久远,共获银五千四百七十两"⑤的记载。另据《续遵义府志》载,遵义养育堂自道光十八年(1838年)以后岁收租米,由县公署派人经理报销。其养育堂田租十三处,共计现认租米一百二十七石五斗。具体地点及现认租米如下:

> 东六甲,官庄,水田一份,现租米一石五斗正(计出谷七石之面积,系中田)。
>
> 通二甲,哪巴场小泽林,田土一份,现认租米十四石二斗正(计出谷六十石之面积,外出杂粮五六石之熟田土均次)。
>
> 通八甲,九龙场水田,后台熟土(计出谷三十石之面积无水。大小十四坵,十幅。现认租米六石正)。
>
> 通八甲,黄村坝,田土一份,现认租米六石正,计出谷二十石之面积,系中田。

---

① [清]周作楫:《贵阳府志》(校注本),贵州人民出版社,2005年版,第1838页。
②③ [清]周作楫:《贵阳府志》(校注本),贵州人民出版社,2005年版,第1621页。
④ [清]郑珍,莫友芝:《遵义府志》,遵义市志编纂委员会,1986年版,第449页。
⑤ [清]郑珍,莫友芝:《遵义府志》,遵义市志编纂委员会,1986年版,第450页。

乐二甲,三渡关,桂花桥,田土一份,现认租谷四石正,计出谷二十石之面积,系中田。

北一甲,海龙上坝,田土一份,现认租米二十五石正,计出谷一百一十石之面积,系上田。

北七甲,新矿,田土一份,现认租米十八石六斗正,计出谷四十石之面积,系中田。

北三甲,横担出,田土一份,现认租米一石七斗正,计出谷八石之面积,系中下田。

大一甲,檬梓矿,田土一份,现认租米二十六石正,计出谷一百二十石之面积,系上田。

大四甲,贺家沟,田土一份,现认租米三石后五斗正,计出谷十五石之面积,系中田。

忠七甲,黄家湾,田土一份,现认租米八石正,计出谷三十五石之面积,系中下田。

大三甲,马鞍寺,香林堡,马稻子,田土一份,现认租米十石正,计出谷五十石之面积,系中下田。

大一甲,檬子坝,水田七坵,现认租米四石正,计出谷十六石之面积,系上田。①

二是从事务管理上看,属于官民共管。贵阳府的及幼堂"其衣食被褥等项,皆官所酌定,以时散给……但矜恤之中,尤须约束,当派勤慎委员一人,帮同贵筑县典史轮流照管"②。在遵义府的养幼堂,"其一切事宜,应官经理者,官任之;应首事经理者,首事任之"③。这里说明,地方政府除了官员首倡捐银之外,还任命官员及参与管理。这些均说明及幼堂带有官方性质或官督民办色彩。

三、明清时期的民间慈善事业

《周礼·司徒篇》中提出"以保息养万民,一曰慈幼;二曰养老;三曰振穷;四曰恤贫;五曰宽疾;六曰安富"。这里的"保息之政"是对鳏寡孤独、残疾无告、弃养婴儿、节孝妇女等处于社会弱势群体之人的救助和抚恤。主要包括恤孤贫、养幼孤、收羁穷、安节孝、恤薄宦、矜罪囚等内容。明清时期慈善事业源于三个

①[民国]杨兆麟:《续遵义府志》卷十《蠲恤》,民国二十六年(1937年)刻本。
②[清]周作楫:《贵阳府志》(校注本),贵州人民出版社,2005年版,第1621页。
③[清]郑珍,莫友芝:《遵义府志》,遵义市志编纂委员会,1986年版,第450页。

方面:一是中国的传统思想,主要包括民本主义思想、儒家仁义学说(乐善好施等);二是佛教的慈悲观念与因果报应学说;三是民间善书所宣扬的道教思想。① 明朝中叶,民间慈善事业迅速崛起,成为在官方之外兴办慈善事业的又一重要力量。随着社会经济的发展,清代的民间慈善事业在明朝基础上呈现出前所未有的兴盛局面。民间慈善组织兴盛的标志有四:一是数量急剧增加;二是功能比较齐全;三是经费相对充裕;四是参与阶层比较广泛;五是善举活动非常频繁。明清时期西南民族地区各种民间慈善事业之所以如雨后春笋般迅速发展,特别是清代的民间慈善团体和机构名目繁多,是因为得到了中央政府的大力支持、地方官员的努力推进、绅士阶层和富庶人家的积极参与以及当时社会因素的强烈推动。其主要的民间慈善事业有冬济堂、全节堂(尚节堂)、施棺会、会馆、义庄及各种善堂善会。在此,主要探讨全节堂(尚节堂)、施棺会这两种民间慈善团体和机构。深入研究明清时期西南民族地区民间慈善事业,有助于了解当时西南民族地区乡村社会与国家之间的关系。

(一)清节善堂

明清时期国家保息之政之七就是"安节孝"。在封建社会,若"妇女矢志守节,养舅姑,抚遗孤者,或贫无以自存,命有司察访,给粮以养之"②。从现有历史文献和地方志书的相关记载来看,西南民族地区主要的妇女救济机构——清节善堂类有尚节堂、全节堂、清节堂、恤嫠局、恤隐局等名称。梁其姿先生曾经对全国的清节善堂做过系统梳理,作者据此整理出西南民族地区清节善堂并列表6.11。

表 6.11　西南民族地区清节善堂一览表

地　名	善堂名称	创建年份	创建人身份
四川省宜宾县	厉节堂	1832	官
贵州省贵阳县	尚节堂	1838	?
四川省叙永县	敬节堂	1878	官
四川省屏山县	励节堂	1880	官
云南省腾越县	安节堂	1882	官
云南省昆明县	敬节堂	1885	?

---

① 王卫平,黄鸿山:《中国古代传统社会保障与慈善事业》,群言出版社,2005 年版,第181-189 页。

② 杨景仁:《筹济编》,台北文海出版社,1990 年版,第 43 页。

地　名	善堂名称	创建年份	创建人身份
云南省宁洱县	恤嫠	1891	官
四川省宜宾县	恤嫠堂	1891?	民
云南省昭通县	同善局	1894	官
云南省昆明县	儒嫠会	1895	?
四川省南溪省	励节堂	1900	民
云南省顺宁县	清节堂	1904	官

资料来源：作者根据梁其姿的专著《施善与教化 明清时期的慈善组织》，河北教育出版社，2001 年版，第 368-376 页整理。

其实，在西南民族地区创办的清节善堂还远不止表 6.11 所列州县，如贵州安顺府创办于清同治十年（1871 年）的全节堂就未能位列其中。

1.清节善堂创办的缘由

清节善堂是清末时期我国诸多善堂中的一种，其目的就是收养接济贫苦无依的嫠妇。正如《续修安顺府志辑稿》所言："是堂之设，系以救济孤贫节妇俾克全其节操为主旨。"①《安顺县全节堂现行简章二十条》之二"宗旨"条规定："本堂本慈善主义，以救济孤苦节妇，俾得完其节操为宗旨。"②清朝末年是一个复杂的历史时期，是一个改朝换代及社会转型时期，是一个社会纷争和战乱不断的时期，是我国由一个封建社会沦为半殖民地半封建社会的时期，各种势力和社会力量都竞相粉墨登场。清政府作为国家的代言人，仍然拼命维护其统治，宣扬儒家的贞节观念；加之当时抢寡现象严重，中央政府和地方政府为了保全孀妇贞节，惩儆刁风，对创办清节善堂有着浓厚的兴趣，"所以推广国家之深仁，以维风而善俗"③。贵州巡抚贺长龄在贵阳创办尚节堂，以达到保护孀妇不受暴力污染的目的。绅商等地方精英作为行善的主要动力，通过创办清节善堂不仅可以满足他们行善的需求，而且还可借此机会进一步巩固他们在地方上的名望和地位，以此博得官方的信任。因此，他们慷慨解囊，为创办清节善堂乐此不疲。此外，宗族势力也是清节善堂创办的重要推手。从某种角度讲，对孀妇的

①［民国］任可澄：《续修安顺府志辑稿》，贵州人民出版社，2012 年版，第 416 页。
②［民国］任可澄：《续修安顺府志辑稿》，贵州人民出版社，2012 年版，第 418 页。
③［民国］任可澄：《续修安顺府志辑稿》，贵州人民出版社，2012 年版，第 417 页。

同情是重要的因素。这正如余治《得一录·京口敬节堂仿行彭氏恤嫠会序》所说：

> 人莫苦于鳏寡孤独，而四者之中，寡居尤甚。盖鳏与孤独，虽无骨肉相依，尚有亲朋还往。至于守节之妇，茕茕一室、形影自吊、饔飧不继，而人莫知其饥；鹑结不完，而人莫知其寒。呼号罔应，诉告无门，丈夫当此尤难排遣，矧伊伶仃妞女哉？其在无遗孤者，显扬之报，既绝望于后来；冻馁之嗟，复伤心于现在。悲忧凄怆，何以为怀？在有遗孤者，思亡人之似续，只此一脉相延，顾无父之婴孩，常令三餐莫继。解己之衣，不足以暖儿身；绝己之粒，不足以果儿腹。朝啼夕号，酸楚弥剧。奋欲捐躯，藐孤谁育；暂留残喘，涸辙谁生。斯诚天地之遗憾，生民之最穷。苟非周恤而存活之，苦节之妇，何恃而安？任恤之风，何施而切？……寡妇之苦，比常人加十倍百倍。故无论城乡，皆各宜倡兴。或通族议捐，或合乡集公欵，莫大阴功有力者切勿错过。①

从上述文字所透露出的对寡居者的同情，无疑是进行慈善事业的动力。

2.清节善堂的设施

清节善堂的设施一般较为简陋。但各地情况不尽一致，如贵阳府的尚节堂在南门外箭道街，街外为栅栏，栅以外为种菜佃房，栅以内有柏舟、中河、河侧三所义学，这三所义学是用来教那些嫠妇的孩子。尚节堂内为周墙，有石门，门内的左边是节孝祠三楹，对厅三楹，中间悬挂"尚节堂"匾额，是贺长龄所书的字。左右两边碑龛之壁中，又绘有"励节图"二十四幅在上边。堂的左边是二口仓，环绕堂的周围是六所节妇宿舍，另外开门进入节妇宿舍。这些宿舍分为五所，前所共有二十七间房，中所计有十九间房，后中所计有二十九间房，东所计有二十九间房，西所计有二十九间房。自中所以下，均以中间一间为门。新所另外开门进入，计有二十间房，用其中一间房作"幽贞堂"。这间所谓的"幽贞堂"，是用来祭祀守节不到一年而去世的人。② 贺长龄在《尚节堂章程》中也有相关记载："尚节堂房屋建于省垣南门外箭道街，原买房屋地基共用银八百五十两，修理旧房、建盖新房共成一百四十六间，中分五所，周遭围墙，合为一所。除大门一间，绅董公所一间，看司房二间，节孝祠六间，二门一间，各所大门四间，其

---

① 余治:《得一录》卷三《京口敬节堂仿行彭氏恤嫠会》,《近代中国史料丛刊》(第二编第九十二辑),台北文海出版社。
② [清]周作楫:《贵阳府志》(校注本),贵州人民出版社,2005年版第906页。

余一百三十一间,俱分舍为嫠妇居住。大门二侧为公所、为看司房,中后两层为节孝祠,二门关口旁,设转桶,令看司妇女看管,早晚放学徒出入,由门进。蔬菜煤米由转桶进,水由水槽出,污秽由后园建房之外,尚余睬地,每年佃银若干;又大抚牌坊、北大街楼房二间,每年佃银若干。"① 西南民族地区其他地方对清节善堂的设施记载不多,或语焉不详。

3.清节善堂的入堂标准

清节善堂虽然是对于嫠妇而设的慈善机构,但并非每个寡妇都能入堂。这里涉及严格道德诉求的问题。□□说,寡妇如果只是贫穷,未必有足够资格接受清节善堂的救济;受济□□□条件是她可能成为法律定义的节妇,也就是有可能得到中央□□□□元代在大德八年(1304 年)的规定,所谓"节妇"必须□□□□□□岁以上,符合这个规定的寡妇才有资格申请□□□□□□□□年龄越轻越有优先权,因为年轻寡妇日后成为"真正□□□□□□贺长龄在《尚节堂章程》中,对贵阳府尚节堂的寡妇入堂有这□□□妇报名,须其亲戚邻右将该氏年岁、履历、夫某于何年月日身故,有□□子女,开送到堂,绅董秉公查核实,系丧夫在四十岁以前,贫苦无以为生,贞守不肯他适者,方准收恤。丧夫在四十岁以后者不收,再醮再寡者不收,非穷苦者不收。不得徇情冒滥,分别注册报道,即时起支恤银。"③ 在贵州安顺,入堂标准在《冯太守与马县尊阅定安顺全节堂章程》的第一条有明确规定:"已嫁而子女俱无;或有子女而极贫;或已蒙旌而子女继亡;或未嫁夫亡;或家贫奉养父母,朝夕相依,不愿适人,父母俱故,年老流离;已旌者为乡党所讪诮,青年者为强暴所逼凌:准亲族邻舍开报年岁事实,绅首亲查无异,收入内堂。"④《安顺县全节堂现行简章二十条》中有"节妇资格"的规定:"须年在三十岁以下,居嫠守节在十年以上,贫苦无依者,由邻右团联加具保结,报由本堂注册,依次升补。"⑤

4.清节善堂的经费来源

西南民族地区的清节善堂,作为民办官督的慈善机构,其经费来源主要是依靠官员、绅士及商人的捐助。在救济过程中,均按照一定的标准进行,政府在民间慈善事业中起督促的作用。这表明,明清时期西南民族地区民间慈善事业

①③[清]周作楫:《贵阳府志》(校注本),贵州人民出版社,2005 年版,第 908 页。
②梁其姿:《施善与教化 明清的慈善组织》,河北教育出版社,2001 年版,第 207-208 页。
④[民国]任可澄:《续修安顺府志辑稿》,贵州人民出版社,2012 年版,第 417-418 页。
⑤[民国]任可澄:《续修安顺府志辑稿》,贵州人民出版社,2012 年版,第 418 页。

是一种国家在场的民间慈善事业。贵阳府尚节堂的经费来源,在《贵阳府志》中有载:"其经费之所自出,则(贺)长龄倡率寅僚绅民捐输,共银一万七千九百九十三两,以八千寄各府大商生息,以四千两买六硐桥公馆赁租,余为建堂及初年之经费。其租息之籍,贵阳府交商银五千两,每月每千收息银八两,遇闰无增;大定府交商银一千两,铜仁府交商银一千两,清镇县交商银一千两,共交商银三千两,每月每千两收息银八两,闰月亦同。外交思南巨商生息银每月三十两,闰月亦同。六硐桥公馆,每年赁租银五百两。贵阳知府收交,每年照八厘息以三百八十四两归经费用,余一百六十两为岁修堂屋费,通计每年息银一千五百十二两,遇闰增息银五十四两。外又贵筑县知县以事断各庙租谷一百三十三石六斗二升归之尚节堂,岁碾米以供孤子口粮。尚不给,檄取贵筑仓米百石发价银百两交办。"①上述文献记载表明,贵阳府尚节堂作为民间慈善机构,由于大都通过知府、知州、知县及地方上名望很高的绅耆倡办,故经费来源有几种情况:一是中央政府和地方政府允许和鼓励官员、社会人士等捐助;二是投资收入;三是地方政府拨给。此外,清节善堂的经费还有一种来源,即当地士绅捐银买田,以田所产稻谷来作为清节善堂的生活所需。如《续修安顺府志辑稿》第六卷《民生志》中载有三则田契,其中均有"今凭绅首出顶,买卖与列宪捐入全节堂众节妇生息养活之业"等内容。现将《金澍堂兄弟杜卖明府秋田文契》抄录于后:

> 立杜卖明府秋田文契人金澍堂、金庆堂、金小儒,为因移置,弟兄三人商议,今将祖遗留之田一份共大小十五块外,有小地一幅,坐落地名二下刘许寨干洞皂角树脚田二块,东抵沟,南抵路,西北均抵刘王宅田;大路脚下田一块,上抵路,下抵沟,左抵刘宅田,右抵沟;又大小二块,东抵沟,南抵王宅田,西北俱抵刘宅田;河边田一份,大小共四块,上一块东抵金宅田,南抵张宅田,西抵刘宅田,北抵河;下二块东抵刘宅田,南抵王宅田,西北俱抵河;又一块东抵王、刘二宅田,南抵刘宅田,西抵王宅田,北抵河;田坝中间田一块,东抵沟,西抵刘宅田,西北俱抵严宅田下;旧苑田二块,东南俱抵张宅田,西北俱抵刘宅田;大冲田二块,东南俱抵沟,西抵牛路,北抵杨宅田;小地一块,在冲内;门口田二块,东、南、西、北俱抵刘宅田。四至分明,随载二下秋米三斗三升五合,条照纳。今请凭中证出卖与列宪捐入全节堂生息养膳之项,奉县尊万收回置业,与众节妇养膳生活,即日三面议定:时价市银一百二

---

① [清]周作楫:《贵阳府志》(校注本),贵州人民出版社,2005年版,第907页。

十两整。金姓弟兄三人亲手领明应用,此系实银实契,并无货物准折,亦无逼迫等情。自卖之后,任随全节堂永远管理,安佃收租,金姓弟兄子孙以及房族异姓人等,不得争论异言。如有此情,系卖主一面承担。恐口无凭,特立卖契,永远为据。

安租交佃计约九石,二铺斗至堂开脚

画字开清:吴嘉盛　何介臣　紫宝堂　谢仲山　刘廷光

首士:吴清臣

凭中人:许万钟　吴坤天　金济昌　徐春阶　吴稼缃　黄心齐

光绪十年又五月十一日立卖契人金澍堂、金庆堂、金小儒亲笔①

5.清节善堂的救济标准

由于各地清节善堂的情况不尽一致,故清节善堂的救济标准也不尽相同。贵阳府尚节堂收留的寡妇有住堂和不住堂两种,其标准为:"凡住堂者,月予恤银七钱,歉岁加义仓米二斗四升,折银一钱四分。有翁姑在不愿住堂者,月予恤银五钱,歉岁加折米银亦一钱四分。初入堂者,别予银一两,以为黹绣纺绩之本,子女幼者,亦准随带幼子三人,给及幼堂口粮一分,四人以上给二分,余咸给本堂随带口粮一分,每月给米一斗八升(仓斗)。"②在贵州安顺,全节堂分为内堂、外堂、候补三种,其救济标准自然各不相同,据《安顺县全节堂现行简章》第九条规定:"节妇名额暂定为内堂二十名,外堂暂定为三十名,候补暂定为三十名。"该简章第十五条规定:"内堂节妇每名年给津贴谷二石,洋五元;外堂节妇每名年给津贴谷一石,洋五元;候补节妇每名年给津贴洋三元。"③

6.清节善堂的管理

清末时西南民族地区清节善堂的管理也大同小异。在此,作者以时任贵州巡抚的贺长龄制定的《尚节堂章程》为例予以说明。从宏观层面看,"尚节堂事归粮道衙门管理,凡报名、除补、领支银两,随到随办,吏役人等不得稽压克扣,均用贵秤,月恤银以整,分散不无折耗,每月将银倾成五钱、七钱银锞,给火银五钱。此项银以思南府所解息银发给不开销,每年终报销本院衙门一次"④。这是地方政府部门参与的管理。从中观层面看,"董事举老成公正士绅二人,又委教官二人,于府县学及管书院义学教官中,详

①[民国]任可澄:《续修安顺府志辑稿》,贵州人民出版社,2012年版,第420页。

②[清]周作楫:《贵阳府志》(校注本),贵州人民出版社,2005年版,第906-907页。

③[民国]任可澄:《续修安顺府志辑稿》,贵州人民出版社,2012年版,第419页。

④[清]周作楫:《贵阳府志》(校注本),贵州人民出版社,2005年版,第909页。

院择委,经理查核报名、领发银米、嫠妇除补、年终报销等事。凡领发银米,每妇一单,汇成一奉,银米发进,令各于名下盖戳,以为收据。恤银、恤米每月首发,不及月而生事扣除者追缴,故者勿论。埋葬银随报随领,不得迁延。查核不确,除补不公者罚。"这是善堂内部日常事务的管理。从微观层面看,主要是对节妇和节妇孩子的管理。对节妇的管理十分严格:"堂中详立规条,犯规者逐出。邻居比户口角争闹,董事判明逐无理者,子女口角争闹不能管束者视此。嫠妇母夫家至亲,月准望日看视,女入内,男在转桶旁内外见面。岁准为其翁姑父母夫扫墓,出堂即参节孝祠。父母翁姑丧葬、子孙婚嫁,准出照料,即日回堂,违者以犯规论,余事概不准出。"对节妇还规定:"子孙年二十岁,该妇出堂,及岁而废疾者,从无子论。出堂后子孙故者,准复入堂,子孙视此。无子孙、无可嗣者,在堂终身,身故给埋葬银四两,墓立志石,堂内总龛,每人一行,书某人之妻某氏生卒年月日。出堂身故者不在此例。"对节妇的子女有相关规定:"十岁以前同母住,十岁以后居于外,或学艺,或读书,听其自愿。女亦随带,其无女而有使女亦随带,均不给口粮,及岁遣嫁。"①

7.清节善堂的教育

据梁其姿先生研究表明,在清末的清节善堂中,儒生化现象十分突出,在儒嫠会和儒寡会类型的善堂中,设有义学者较多。据《贵阳府志》中贺长龄制定的《尚节堂章程》载,贵阳尚节堂外设三所义学:一所叫柏舟义学,这是从谷脚义学改移过来;一所叫河侧义学,这是从乌当义学改移过来,其修建经费由粮道衙门支领;一所叫中河义学,这是由县义学改移过来,其经费由县支领。每位义学教师除束脩(即工资。——作者注)四十两之外,每年另加生活费十二两银子,这些银两均在粮道衙门支领。②按照现在的说法,贺长龄于清代道光年间在贵州府创办尚节堂义学,可以称得上是贵州早期的"义务教育学校"。贺长龄的这一创举,解决了尚节堂节妇们的孩子读书的后顾之忧,使节妇的孩子能够学习和掌握一定的文化知识和未来谋生的本领。

在西南民族地区,除了上述清节善堂之外,还有恤嫠局、恤隐局等机构。如贵州湄潭县的恤隐局,"凡妇女生产不便者,皆于此给养"③。分额内、额外两种方式供给,每名口按月发给口粮、盐菜银,冬月各给棉衣裤一套,额数不定,其经费由地方财政中支领。

---

① ② [清]周作楫:《贵阳府志》(校注本),贵州人民出版社,2005年版,第908页。
③ [清]吴宗周,欧阳曙:《湄潭县志》卷四《食货志》,光绪二十五年(1899年)刊本。

（二）施棺会

施棺会是以施棺为主的一种民间慈善机构。施棺是最早流行、数量最多的义葬形式。这种义葬有多种形式,如捐设义地、施赊棺木、掩骼埋胔、助葬代葬等,它们或由综合性组织一体推行,或由专门的组织单独推行(如施棺会、赊棺会、掩埋局)等。① 在清朝后期,西南民族地区的施棺类善堂就不胜枚举,详见表6.12。

表6.12 清代西南民族地区施棺类善堂一览表

省县名称	善堂名称	创建年份	创建人身份
云南省昆明县	施棺公会	1735？	？
云南省路南县	掩骼所	1735？	民
云南省富明县	掩骼所	1743	民
云南省江川县	掩骼所	1765	民
云南省思茅厅	掩骼所之一	1785	官
四川省泸县	普济会	1795？	民
云南省会泽县	施棺掩骼会	1796	官
湖北省来凤县	见义堂	1801	民
云南省盐丰县	施棺会	1801	民
四川省泸县	浮尸会	1804	官
云南省腾越厅	掩骸会	1804	官
云南省威远厅	掩骼所	1807	官
云南省思茅厅	掩骼所之二	1807	民
云南省安宁州	掩骼会	1808	官
云南省宁洱县	掩骼所	1819	官
云南省保山县	施棺所	1825	官
云南省云南县	施棺所	1835？	民
云南省通海县	掩骼所	1835？	民
云南省建水县	掩骼所	1835？	民

①吴琦,黄永昌:《清代江南的义葬与地方社会——以施棺助葬类善举为中心》,《学习与探索》,2009年第3期,第216-223页。

续表

省县名称	善堂名称	创建年份	创建人身份
云南省呈贡县	掩骼会	1835？	官
云南省武定州	掩骼会	1835？	民
云南省元谋县	掩骼所	1835？	民
云南省禄勤县	掩骼所	1835？	民
云南省景东厅	备棺所之一	1835？	？
云南省景东厅	备棺所之二	1835？	？
云南省云南县	掩骸所	1835？	民
云南省晋宁州	掩骼会	1835？	民
云南省蒙化厅	掩骼房	1835？	民
四川省南溪县	施棺会	1874？	民
云南省昭通县	捡骨会	1885	民
云南省宁洱县	施棺会	1895？	官
云南省宣威县	施棺会	1911？	民
云南省龙陵厅	施棺所	1911？	？
云南省宜良县	施棺会	1911？	民

注:作者根据梁其姿著《施善与教化:明清时期的慈善组织》,河北教育出版社,2001年版,
第377-397页整理。

　　表6.12中的这些机构,绝大多数为民办,属于民间慈善团体和机构。在云南虽然这种机构十分普遍,但施棺所屡建屡废也实在费事,云南《永昌府志》中的《施棺所租记》或许能够说明这个问题。全文如下。

　　道光二年,知府伊里布捐廉五百两置买三埠坊,上北廊吴姓铺房一聊四间,中夹隔吴姓巷道一条,递年将所收铺租银买施棺木;道光五年知府陈廷焴,又于朱紫街下廊捐建瓦房六间为施棺所;咸丰十一年,城池沦陷,铺房均被贼折毁,继被吕、余二姓者就铺地折破房建盖铺面,据为己有;同治十三年,经绅管清查,方仍归施棺所项下,又士绅张凤锦、耿毓珍、朱文蔚,并各善士等捆捐银六十两,杜买得杨勤铺房一间,坐落三埠坊上南廊,将铺租添资施棺;又杨品捐送田一分,坐落兰家,确计两大坵,东南二至小沟,西至张姓田,北至朱姓田,系张本信佃种,原日交过杨品押头银八两,由施棺所认还,年收碓斗租米三石二

斗,上纳右所,小金伍屯粮五亩半,计栽工十一个,原价一百一十两;又例贡李邃士以父遗田一分换去施棺所项下通商巷王姓绝产空地一块,此田坐落北纸房红土坡脚,大小三坵,东至姜姓田,西至常住田,南北二至沟;外秧田一坵,坐落周家坟下,首原价银四十五两,有太和里九甲秋粮五升,年纳碓斗租米一石四斗。又光绪七年,管事贡生魏上暹修建施棺所,正房三间,内建耳房一间,以置棺木,又添买得三埠坊上北廊铺,后陆姓归并北城乡约项下空房地基一块,以作铺;之后地实授过价银二十七两;又于光绪十一年,因银铺房坍塌,另购木料包工,就地新建铺楼瓦房三间,后就所买空地添建瓦房三间,以作厨房,共用银一百五十两,将递年施棺,余剩租银,偿价不敷银十两,魏上暹捐田清款。①

这篇租记主要介绍了清朝道光年间至光绪年间云南永昌府(今云南省保山市)施棺所前后数十年间修建、重建及扩建的相关情况及田租等问题,从一个侧面反映了经营施棺所之举步维艰。下面主要以贵州安顺施棺会为个案,探讨施棺会的相关问题。

1.施棺会创办的缘由

清朝嘉庆、道光年间,因为国家由盛而衰,吏治腐败,地方行政日益消极被动,所以,国家对地方社会的依赖性逐渐增强。同时,各种社会问题开始集中爆发,尤其人口流移与灾荒,原有的义冢则大多废弃,因而丧葬问题日益突显。②当时,包括西南民族地区在内的乡村社会对于义葬更为关注,据梁其姿先生的不完全统计,西南民族地区创办的施棺会就多达 34 处,其中云南竟有 30 处之多。在偏远的贵州安顺,也创办了施棺会。那么,安顺的施棺会为何而设?这在《续修安顺府志辑稿》中的《安顺施棺会序》有说明缘由的文字:"无如人生贫富,万有不齐,固有望屋兴叹而莫能措办者,亦有委弃道途而莫能收殓者。如以刀兵四起,疬疫流行,沟壑之辗转良多,死亡之枕藉不少,遗骸满地,腥臭触天,伤心惨目,有如是耶!是以周礼设官,蜡氏掌除骴之事;帝君垂训,尸骸免暴露之遗。""施棺会之设,系以无人槁葬,野无暴骨为宗旨。"③《安顺施棺会纪事录》也说得十分清楚:"悯人类之暴露尸骸,贫无以殓而设也。盖人生贫富不一,其

---

①[清]刘毓珂:《永昌府志》卷六十五《艺文志》,光绪十一年(1885 年)刻本。

②吴琦,黄永昌:《清代江南的义葬与地方社会——以施棺助葬类善举为中心》,《学习与探索》,2009 年第 3 期,第 217 页。

③[民国]任可澄:《续修安顺府志辑稿》,贵州人民出版社,2012 年版,第 441 页。

在富有之家,生有养,死有葬,棺椁固无所用其忧,农衾原不足为其累。若穷乏者流,生前既茕独无告,死后复环堵萧然。甚而流亡之徒或迫饥寒,或罹疫疠,遗骸横路,腥臭熏天。逝者如斯,设不以棺施之,似于人类未免漠视。仁者爱人,当不如此。"①从这里可见,施棺会的主要任务,不仅是单纯地改善乡村社会穷人的生活问题,而且是通过善人的济贫来宣传儒家文化的价值观,进行教化乡村社会,同时还有挽救清贫儒生的社会地位的作用。

2.施棺会创办的历程

从表6.12可见,西南民族地区的施棺会始建于雍正十三年(1735年),在经乾隆、嘉庆年间的发展,道光年间达到高潮。这正是国内国外矛盾集中爆发的时期,也是我国社会转型、国体性质发生变化的时期。安顺地区创办施棺会也实属不易,在《安顺施棺会之历史》中转引《安顺府采访册》说:"嘉庆初,郡城士民捐银生息办棺木以送死者,号曰施棺会;知府张经田捐廉五十金以助其费,并给各捐户匾额曰:积善余庆。"②《安顺施棺会纪事录》中说:"吾郡施棺会之设,始自逊清嘉庆初年,士民捐资生息,备办棺木以送贫民之不能殡葬者。知府张公经田闻而嘉之,捐廉五十两以助。后积累渐多,知府庆公林发商七息,更定章程,每年由首士四人赴府领息办理。嗣后萧规曹随,历嘉、道间无甚变异。咸同匪乱,息金难于征收,几于名存实亡。"后历经多年,多次更换施棺会相关事务人员,加之多方努力,这个施棺会一直延续到民国中期。

3.施棺会的经费来源

西南民族地区的施棺会属于民办官督的慈善机构,其经费来源与其他民办慈善机构一样,主要是依靠各种官员、绅士及商人的捐助。在《续修安顺府志辑稿》中记载了贵州安顺施棺会的经费来源。《安顺府采访册》云:"嘉庆初……知府张经田捐廉五十金以助其费……后积累渐多,知府庆林汇集发商生息,更定章程,每年首士四人赴府领息办理。"又载:"至光绪十八年,洪惠丞等向官商士民各界劝募,始置有吕姓东街店房一所,价银一千零十两;余存银二百三十两,交商生息。"《安顺施棺会纪事录》又载:"始自逊清嘉庆初年,士民捐资生息,备办棺木以送贫民之不能殡葬者。知府张公经田闻而嘉之,捐廉五十两以助。后积累渐多,知府庆公林发商七息,更定章程,每年由首士四人赴府领息办理。……光绪十八年……洪公惠丞爰与诸公向文武各官、绅商士民凡有力者均往劝募。官、商各界亦以斯事不比寻常,争先乐输,结果得银一千四百九十八

①转引自[民国]任可澄:《续修安顺府志辑稿》,贵州人民出版社,2012年版,第442页。
②转引自[民国]任可澄:《续修安顺府志辑稿》,贵州人民出版社,2012年版,第441页。

两余,合领杨义胜所缴并因利局所存,共得银二千零五十三两余。除以一千八百余两买入吕姓东街店房并改建修整及买棺添施外,余存银二百十两零八钱。"①云南施棺会之设立,主要得由"地方文武官绅士民各大善士乐输捐助"②;在云南保山县之施棺所其经费主要来源于捐银附商所生之息金,会内所置买房产之租金等,如"知府伊里布捐廉五百两买置三牌坊铺面四间,每年收租银四十九两二钱零,以施棺木"③;云南龙陵县施棺所"有铺五格,出佃于商,有本金一百数十两,亦放商生息,年收铺租银利,共二十余金,买施棺木,每岁约三十余付,亦惠政之一端也"④。若遇有水旱饥馑、疫疠横行之年月,死亡过于平常,息金、房租不敷施送时,亦请由官府拨款补助和临时劝募。每年公举公正士绅经理年终清算会内财政收支等事务,纯系义务性质,不支薪资。⑤ 从上述这些文献记述的情况看,安顺施棺会经费来源有两种:一是地方政府鼓励官员、绅士及商人等捐助;二是将官员、绅耆捐来的银两"交商生息",即相当于现在的"投资收入"。

4.施棺会的经费支出

按照《安顺府志》记载,施棺会的经费支出主要是对死者购买棺木之用。通常"有死者,向首士报姓名,首士验明登记。老者给十合棺一具,钱二百文;少者给全行棺一具,钱一百文",首士须于"年终赴府呈报"并接受府县"察核","以杜弊端"。⑥ 在云南宜良县,"凡穷民无告者死后各施棺一具"⑦。此外,还有其他用途。据《续修安顺府志辑稿》记载,安顺施棺会到光绪十七年(1891 年)时,其房屋约值千余金,存款二百余金;每年款目收入和年额支出均为收入一百余十金。⑧也就是说,每年款目收入和年额支出基本持平。但《安顺施棺会纪事录》载有光绪十九年(1893 年)时最高"共得银二千零五十三两余",那么,这些经费开支到哪里去了呢? 在《续修安顺府志辑稿》第六卷《民生志》中给我们保留了两份《施棺会开支存单》,其存单如下,现抄录于后:

1.光绪十九年安顺施棺会呈开领款数目

△光绪十八年八月初六日在府署领来杨义胜呈缴房价九八色九

---

① [民国]任可澄:《续修安顺府志辑稿》,贵州人民出版社,2012 年版,第 442 页。

②⑦ [清]袁嘉谷:《宜良县志》卷三《建置志》,民国十年(1921 年)刻本。

③ [清]刘毓珂:《永昌府志》卷十五《建置志》,光绪十一年(1885 年)刻本。

④ [民国]张鉴安:《龙陵县志》卷之五《政赋志》,民国六年(1917 年)刊本。

⑤ 王琴:《近代西南地区的慈善事业(1840—1949)》,湖南师范大学 2011 年硕士学位论文。

⑥ [清]常恩:《安顺府志》(点校本),贵州人民出版社,2007 年版,第 574 页。

⑧ [民国]任可澄:《续修安顺府志辑稿》,贵州人民出版社,2012 年版,第 455 页。

八秤银二百两，扣算足九九色贵秤实银一百九十四两整。

△光绪十九年二月二十五日又在府署领来杨义胜补缴九八色九八秤银一百五十两又九六色九八秤银一百两整，二共扣合成九九色足贵秤实银二百四十两零五钱。

二共合实领到杨义胜缴出房价九九色贵秤银四百三十四两五钱整。

△光绪十八年十月二十八日领到府署发出归入施棺会因利局存款市银一百五十两，照例扣合净银一百二十两整。

2.光绪十九年安顺施棺会呈开修现房屋数目

△光绪十八年十月二十六日买吕李氏、荩臣、小丹、少纯、少苏等房屋一所，兑去票银一千零八十八两正。

△付立合同并立契兑价共两次酒席代零星小用，去银一十六两五钱正。

△做功德簿子一本，去银八钱正。

△付十二月十五日修整施棺会房屋二层，用木工泥水工六十六个，共去银六两六钱正。

△付十九年正月初六日请先生择日下罗盘，去银三钱六分。

△买中柱、楼枕、行挑料共计大小树四百九十二棵，去银四十一两六钱九分；去钱三十六千八百八十文，合银二十三两九钱七。二共合买树用银六十五两六钱正。

△买杉枋、楸枋二十七丈五尺，去银三十七两九钱六分。

△买楼装板共一百二十二丈七尺，共合银一百七十八两一钱七分五厘。

△买椽皮七百一十七块，去银十四两三钱四分。

△买瓦六万五千三百块，照九扣算实瓦五万八千七百七十块，每千价银一两，共合银五十八两七钱七分。

△买石灰一万五千一百三十斤，照九扣称买净灰一万三千六百一十五斤，每千斤价银一两一钱算，去银十四两九钱八分。

△买磉板石十四丈，去银五两八钱八分。

△买厚白、青石板拼院坝，共二百七十五块，去钱四千四百四十文，合银三两三钱三分；去银五两三钱二分，共合去银八两六钱三分。

△买大石坎十四块，连赏石二丈三尺，去钱三千八百七十文（合银

二两九钱）、去银一两一钱五分,二共合银四两零五分。

△付谢木匠工三百六十九个,去银八十两零五钱五分。

△付陶木匠丁四百三十六个,去银九十一两九钱六分。

△付赵、谢木匠工四百三十五个,去银四十七两六钱三分。

△付雕匠工四十八个,去银五两二钱八分。

△付李、村:泥水匠工一百八十三个,去银十八两三钱。

△开每人每天七百文小气工三百二十八个,去钱二十二千八百文,合银十六两三钱二分。

△付楼板门钉、椽皮寸钉各项钉子共用二百零六斤,去银十三两三钱一分五厘。

△付买竹子二十五捆,去钱二千九百八十二文,合银二两二钱四分。

△付毛石头砌墙用,买去钱八十。一千五百三十文,合银六十一两一钱五分。

△付买桐油八十三斤半,去银三两七钱二分。

△付买纸筋、松烟、红土、牛胶,共去银三两五钱。

△付买局中两月伙食代局丁伙房工食,共用去银三十两。

△付各行匠人打牙祭并竖柱、上梁猪首、雄鸡,共用去银四两六钱七分。

△付施棺会添买棺木用,去银十七两八钱。

△付提辖地租钱冬、腊、二、三共四个月地租钱共二千零七十六文,合银一两五钱七分。

△付刘云集整铺面用木料、工价共合去银四两正。

大桌七张、条几二个,去银十一两二钱正;买琴桌一张、椅子四张、板凳二十条、椅凳四个。以上总共实用出银七百三十四两三钱三分。

又兑出吕姓房价并给岳姓搬家器具,共合去银一千零八十八两正;代房价二共合用银一千八百二十二两三钱三分。

△领公款银五百五十四两五钱正。

△收功德银一千四百九十八两七钱正。

△共实收领来银二千二百零四两二钱。

△彼出对之外,实下存银二百三十两零八钱三分。①

---

①［民国］任可澄:《续修安顺府志辑稿》,贵州人民出版社,2012年版,第452-453页。

从上面两份存单看,收支账目清楚。在支出方面,主要用于购买房屋、现房维修、添置物品、购买棺木、田地租金、各种工资等,所有账目的收入、开支及余存都一清二楚。

除了上述两种民间慈善团体和机构之外,还有两种不容忽视的民间慈善机构。一是会馆。会馆最早出现在明永乐年间,是各省缙绅为便利同籍应试士人旅居而在京师与各省城要地创设的。入清以后,由于流官制度的实行和社会经济的繁荣,会馆之设再趋兴盛。如贵州毕节县(今毕节市)就有江西会馆、湖南会馆、陕西会馆、湖北会馆、四川会馆(川主庙)、福建会馆及江南会馆七大会馆。① 凡官宦商贾、工匠流寓足迹之所至,皆有各地乡贯(指籍贯、本籍)建立的会馆。会馆通过举办各种慈善活动来联络乡人,敦洽乡情,促进同籍人事业的发展。一般来说,西南民族地区乡村社会建立的各种会馆都设置有慈善机构,力行善举。会馆主办的慈善活动主要有助学、助丧、施医、济贫四个方面。二是宗族义庄和族田。明清时期西南民族地区很多宗族大姓均设置有义庄和族田,其慈善活动主要有赡贫、恤病、助婚丧、养老、劝学、救急等。

总之,明清时期西南民族地区民间慈善事业是国家在场的民间慈善事业。正是由于我国传统的民本主义思想和儒家仁义学说(乐善好施等)、佛教的慈悲观念与因果报应学说、民间善书所宣扬的道教思想对西南民族地区各族人民的深刻影响,加之该地区民间慈善事业得到了中央政府的大力支持、地方官员的努力推进、士绅阶层和富庶人家的积极投入等诸方面的合力作用,才有力地推动了明清时期西南民族地区乡村社会民间慈善事业的不断兴盛和快速发展。②

---

① 中国会馆志编纂委员会:《中国会馆志》,方志出版社,2002 年版,第 425 页。

② 王卫平,黄鸿山:《中国古代传统社会保障与慈善事业》,群言出版社,2004 年版,第181-191 页。

第七章 明清时期西南民族地区经济制度下的乡村社会与国家关系

　　有的学者认为,经济制度是指由生产过程中的各种生产要素及其所有者的相对地位所决定的其所有者间的关系。① 经济制度是指国家的统治阶级为了反映在社会中占统治地位的生产关系的发展要求,建立、维护和发展有利于其统治的经济秩序,而确认或创设的各种有关经济问题的规则和措施的总称。在一定程度上讲,经济制度是人类社会发展到一定阶段占主要地位的生产关系的总和。按照马克思主义关于人类社会发展阶段的学说,人类历史上经历了原始公社经济制度、奴隶制经济制度、封建制经济制度、资本主义经济制度、社会主义经济制度五种经济制度。明清时期属于封建制经济制度,这种经济制度下是一种自给自足的自然经济,以土地为经济基础。在明清时期封建经济制度下,土地制度、赋税制度、土司朝贡制度和集市贸易等对西南民族地区乡村社会与国家之间的关系十分重要。在很多情况下,它直接影响乡村社会的民族关系。

第一节 土地制度

　　中国古代是一个农业社会,如果说土地是乡村社会农民的命脉,那么,土地制度不仅是反映人与人、人与地之间关系的一种重要制度,而且是人们在一定社会经济条件下,因土地归属和利用问题而产生的所有土地关系的总称。

　　土地制度有广义和狭义之分。广义的土地制度既包括土地所有制度、土地

---

①赵儒煜:《经济制度、经济机制、经济体制辨析》,《当代经济研究》,1994 年第 3 期,第 13-16 页。

使用制度和土地管理制度,也包括土地规划制度、土地保护制度、土地征用制度和土地税收制度等。狭义的土地制度仅仅指土地所有制度、土地使用制度和土地国家管理制度。明清时期,国家作为一种合法使用强制手段的具有自然垄断性质的机构,一方面,国家权力是保护西南民族地区乡村社会民众个人权力最有效的工具;另一方面,国家作为特定阶级的暴力工具又具有侵害西南民族地区乡村社会民众个人权力的倾向,造成乡村社会民众的土地所有权残缺,导致无效产权和经济衰退。因此,有的学者认为,表现在乡村社会民众的土地制度上就是合理的契约关系(所有权和使用权关系)能降低交易成本,增加农业生产力,而不合理的安排则危害生产力。① 在一定程度上讲,明清时期的土地制度对于西南民族地区乡村社会与国家的关系至关重要。

一、明清时期西南民族地区土地国有与"田""赋"结合

土地制度既是一种经济制度,又是一种法权制度。土地制度不仅是土地经济关系在法律上的体现,而且是上层建筑的重要组成部分。在包括明清时期在内的整个封建社会,与土地制度直接相关的问题是研究古代政治、经济等制度时均绕不开的问题。

(一)土地国有

《诗经·小雅·谷风之什·北山》中有"普天之下,莫非王土;率土之滨,莫非王臣;大夫不均,我从事独贤"的诗句。后来经过发展,历代封建帝王津津乐道的是"普天之下,莫非王土;率土之滨,莫非王臣"两句。由此,"天下王土""土地国有"的观念一直传承至今。

在明清时期的土地制度中,土地国有始终处于主导地位,也就是说,全国土地的最终处分权在国家的手里,国家始终处于土地权力分配和界定的主导地位。这种土地制度的形成带有"强制性",其结果是国家提供土地,农民被动接受土地。② 推而广之,在西南民族地区,国家对乡村社会土地的使用和转让也拥有强大的控制力,始终处于支配地位。如《明会典》对明代不同时期西南民族地区的田土有准确的记载:"洪武二十六年,四川布政司田土计一十一万二千零三十二顷五十六亩;广西布政司田土计一十万二千四百三顷九十亩;云南布政司田土(原无数目)。弘治十五年,除贵州布政司田土,自来原无丈量顷亩外(每

---

①②陈豪:《古代农村土地制度思想的考察》,复旦大学 2008 硕士学位论文。

岁该纳粮差,俱于土官名下总行认纳,如洪武年间例)。"①其余各省官田、民田数的百分比如表7.1。

表7.1 明弘治十五年(1502年)西南各省官田、民田数的百分比

直隶府州及布政使司别	官田/亩	民田/亩	官民田共计/亩	官田/%	民田/%
四川	213 412	10 573 550	10 786 962	1.98	98.02
广西	284 154	10 500 647	10 784 801	2.63	97.37
云南	20 556	342.579	363 135	5.66	94.34
贵州	—	—	—		
合计	518 122	21 416 776	21 934 898	—	—

注:根据梁方仲《中国历代户口、田地、田赋统计》,中华书局,2008年版第492页整理。

万历六年(1578年),四川布政司田土共一十三万四千八百二十七顷六十七亩二分三厘零;广西布政司田土、共九万四千二十顷七十四亩八分零;云南布政司田土共一万七千九百九十三顷五十八亩八分零;贵州布政司田土,除思南石阡、铜仁、黎平等府,贵州宣慰司、清平凯里安抚司、额无顷亩外,贵阳府、平伐长官司、思州镇远都匀等府、安顺普安等州、龙里新添平越三军民卫、共五千一百六十六顷八十六亩三分零。② 通过清代统治者的军屯、民屯,西南地区各省的田地数量有巨大的增加,详见表7.2。

表7.2 清代西南地区各省田地数一览表

单位:亩

直省名称	顺治十八年(1661年)	雍正二年(1724年)	乾隆十八年(1753年)	光绪十三年(1887年)
四川	1 188 350	21 503 313	45 957 449	46 417 417
广西	5 393 865	8 157 782	8 953 129	8 993 043
云南	5 211 510	7 217 624	7 543 005	9 319 360
贵州	1 074 344	1 454 569	2 573 594	2 765 006
合计	12 868 069	38 333 288	65 027 177	67 494 826

注:根据梁方仲《中国历代户口、田地、田赋统计》,中华书局,2008年版第530页相关内容整理。

---

① [明]申时行等:《明会典》(万历朝重修本),中华书局,1989年版,第110页。
② [明]申时行等:《明会典》(万历朝重修本),中华书局,1989年版,第110-111页。

中央政府将各省的土地"载在册籍",其目的在于"科则升降、收除、开垦、召佃、拨给,有定例"。说到底,国家将各地土地的使用权和转让权牢牢地控制在自己手中,目的在于对全国各地的土地始终处于支配地位。

(二)"田""赋"结合

明清时期国家的财政收入主要依靠田赋,又称田租、税粮。故古代有"赋从田出"之说。有了土地,才能有田赋。土地,要依靠农民开发耕种。明清中央政府为了保障田赋收入,十分重视土地问题,建立了一套土地制度,并根据政治、经济形势的变化,不时对田赋制度加以补充、修改和完善。所谓"田",是指按田地征收的田租;"赋"是由军赋代金转变成的人头税,称为"口赋"。田赋是中国历代封建王朝对拥有土地的人所课征的土地税。田赋历代被列为国家正供,是国家财政收入最基本、最主要的来源。有明一代,其田赋制度基本上沿袭两税法,分为"夏税"和"秋粮",且有"夏税无过八月,秋粮无过明年二月"之说。明代两税的课征以麦、米等实物为主,如表7.3。

表 7.3　明代四川民族地区粮赋一览表

单位:斗

地　名	夏税(麦)	秋粮(米)	备　注
茂州	4 256.713	5 232.829	存留
汶川县	1 379.194	1 431.637	存留
威州	8 337.547	—	存留
保县	—	4 144.111	存留
静州长官司	—	2 838.341	起运
岳溪蓬长官司	—	1 847.824	起运
陇木头长官司	—	3 271.432	起运
松潘卫	—	1 363.77	存留
高县	9 784.976	28 589.133	起运
筠连县	6 550.36	8 108.188	存留
珙县	4 216.321	12 123.591	存留
兴文县	6 152.368	1 419.168	起运
武隆县	2 672.95	5 489.939	存留

地　名	夏税(麦)	秋粮(米)	备　注
彭水县	7 141.4	1 076.8	起运
播州宣慰司	4 241.34	43 937.226	起运
播州长官司	9 704.449	45 006.84	起运
草塘安抚司	111.24	6 771.9	起运
白泥长官司	658.2	4 125.628	存留
容山长官司	124.5	118.367	存留
真州长官司	576.4	3 538.79	存留
重安长官司	45	1 813.6	存留
酉阳宣抚司	—	8 161.3	起运
邑梅洞长官司	—	478	起运
平茶洞长官司	—	2 500	起运
地坝干等寨	—	825	起运
石砫宣抚司	126.84	1 100.8	存留
马湖府	8 331.22	21 209.81	存留
泥溪长官司	1 528.573	4 502.122	—
平夷长官司	1 707.582	2 900.152	—
蛮夷长官司	408.217	1 198.581	—
沐川长官司	5 305.91	12 303.49	—
龙安府	22 147.226	70 131.757	起运
石泉县	6 670.154	7 148.656	起运
镇雄府	—	41 848.522	起运
乌撒军民府	—	100 000	起运
东川军民府	—	30 000	起运
乌蒙军民府	—	43 000	起运
纳溪县	7 408.437	17 755.741	起运
雅州	23 305.5	71 477..22	起运

续表

地　名	夏税（麦）	秋粮（米）	备　注
永宁宣抚司	6 368.687	12 199.24	存留
九姓长官司	9 259.57	10 183.753	起运
太平长官司	1 613.859	4 708.1	存留
建昌卫并所属龙晋济昌州等长官司	2 578.996	29 920.16	起运
越隽卫并所属邛部长官司	—	2 225.212	存留
宁番卫	528.843	2 180.24	存留
会川卫	2 367.298	36 422.35	存留
盐井卫并所属马喇长官司	1 463.934	34 953.569	存留

注：本表根据明代张学颜等著《万历会计录》卷十《四川布政司田赋》整理，转引自《续修四库全书·史部·政书类》，上海古籍出版社，2002年版，第717-752页。

明中叶，张居正推行赋役合并的"一条鞭法"，也就是将田赋、徭役、土贡方物等合并为一，统一征收，征收的依据为土地和人丁。"一条鞭法"将赋役合并，标志着对人课税向对物课税的重大转变，促进了商品经济的发展和社会的稳定。

清朝初期，在明代"一条鞭法"的基础上，统治者对赋役制度进行了改革，按各省、各县负担丁银的多寡，摊入该省、县的田赋之中，征收统一的地丁银，即"摊丁入地"。从此，丁税完全归入田赋，国家正税中不再存在徭役或丁税项目，田赋基本上以货币交纳。当然，在西南民族地区，也有不完全一致的地方，如民国《大定县志》载：

> 故天下府、州、厅之田类征条银，洎至并丁于田，则又曰地丁银矣。而大定实异是。盖大定收于安坤叛灭之后，开辟较迟，土田租税鲜明制也。考其科，则田无上中下之别，率亩科米三斗，地则亩科荞八升。吴逆叛乱以来，荒芜者过半。康熙三十九年，令民所垦，复减其租米，率亩科米一斗五升，凡有三则，此田地科则之大略也。……
>
> 大定府亲辖地，原额征粮不征银田二万七千二百五十八亩一分六厘九毫四丝，每亩科本色米三斗，共米八千一百七十七石心斗五升八勺。后荒芜田一万三千九百三十五亩五分六毫七丝，无征米四千一百八十三石三斗五升二合。仅存旧熟田一万零三百二十四亩四厘，该有征本色米三千零九十七石二斗一升二合。康熙三十九年以后。新垦

田二千九百九十八亩六分二厘二毫七丝,题请减则,每亩科本色米一斗五升,该米四百四十九石七斗九升三合四勺。实在成熟田一万三千三百二十二亩六分六厘二毫七丝,共征米三千五百四十七石零五合四勺。

原额征荞不征银地一万九千九百七十二亩五分,每亩科本色荞八升,共荞一千五百九十七石八斗。内余荒地六千九百六十三亩一分五厘六毫七丝六忽,无征荞五百五十七石五升二合五勺。实在成熟地一万三千零九亩三分四厘三毫二丝心忽,该荞一千零四十石七斗四升七合五勺。每荞一石,折米五斗,共该米五百二十石三斗七升三合七勺五抄。总计成熟田地共二万六千三百三十二亩五毫九丝,实征米四千零六十七石三斗七升九合一勺五抄。①

在《章谷屯志略》中记载"兵名番练户口科粮"时,四川西北地区章谷屯在乾隆四十一年(1776年)平定两金川之后,改土为屯,二十七名眷兵每名给地三十亩,每名岁征科粮二斗一升零八勺五抄;单兵七十名,每二名合给地三十亩,每二名岁纳科粮一斗一升零八勺五抄;屯民一百九十七户,每户给地三十亩,每户岁纳科粮二斗一升零八勺五抄;屯番二百四十户,每户给地三十亩,每户岁征科粮二斗一升零八勺五抄。② 田赋作为国家财政收入的重要来源,历代中央政府都十分重视田赋制度的改革,如明朝的"一条鞭法"和清朝的"摊丁入地""地丁合一",对后代田赋制度均有重大影响。清代田赋包括地丁、升科、租课三个项目。无论哪种项目,都是"田""赋"的有机结合。

二、明清时期西南民族地区土地的权属

明清时期西南民族地区土地的权属比较复杂,这主要是由于各地府、州、厅、县的情况各不相同而形成的。在西南民族地区与内地相同的经制府、州、厅、县,一般分为官田和民田两种;在土司地区,改土归流前后的情况又各不相同。

(一)西南民族地区经制府、州、厅、县乡村社会民众土地的权属

明清时期的土地制度和其他各项典章制度一样,"多因前代旧制"。但在某些方面也有一些创新,显示出时代风貌与朝代特征。

---

① [民国]李芳:《大定县志·风·士志》(点校本》,贵州省大方县县志编纂委员会,1985年版,第179页。

② 吴德煦:《章谷屯志略》,台湾成文出版社,1968年版,第36-37页。

《明史》卷七十七《食货志一》对明代的土地制度阐述得十分清楚:"明土田之制,凡二等:曰官田,曰民田。初,官田皆宋、元时入官田地。厥后有还官田,没官田,断入官田,学田,皇庄,牧马草场,城需苜蓿地,牲地,园陵坟地,公占隙地,诸王、公主、勋戚、大臣、内监、寺观赐乞庄田,百官职田,边臣养廉田,军、民、商屯田,通谓之官田。其余为民田。"这段话大体概括了明朝土地的种类及其归属和官田的内涵。到了清代,在《清史稿》卷九十五《食货志一》中同样有"官田""官地"之说。清代官田又分庄田、屯田、营田等类。与明代相比,不仅名称不多,而且是以用途来定名。

1.官田

按照通常的理解,所谓官田应包括三类:一是公田,二是国家控制的无主荒地,三是属官府或皇室所有,私人耕种、官府收租的田地。明代的官田,大多来源于元代的官田以及元代皇室、王公、贵族、臣僚等籍入田地,元末战乱后造成的大量无主荒地等。结合明代西南民族地区的实际,当时的官田主要有三类:第一类是分配给百官的职田和边臣的养廉田。第二类是屯田,明清时期西南民族地区的屯田有军屯、民屯和商屯三类。梁方仲在《中国历代户口、田地、田赋统计》中对清朝雍正二年(1724年)、乾隆十八年(1753年)、乾隆三十一年(1766年)西南地区各省的屯田有统计数据,其具体情况如表7.4。

表 7.4　清代雍乾时期西南地区屯田情况一览表

单位:亩

省　别	屯田数		
	雍正二年(1724 年)	乾隆十八年(1753 年)	乾隆三十一年(1766 年)
四川	57 333	13 482	—
广西	190 956	199 662	199 662
云南	806 129	591 537	917 351
贵州	221 196		
合计	1 275 614	804 681	1 117 013

注:根据梁方仲著《中国历代户口、田地、田赋统计》,中华书局,2008 年版,第 580 页相关内容整理。

第三类是学田及其他。梁方仲在《中国历代户口、田地、田赋统计》中对清朝雍正二年(1724 年)、乾隆十八年(1753 年)西南地区各省的学田有统计,并对学田征收银两或粮食也有具体的数据。详见表7.5。

表 7.5 清雍正二年(1724 年)、乾隆十八年(1753 年)各直省学田及征租数一览表

直省别	雍正二年(1724 年)			乾隆十八年(1753 年)		
	学田/亩	征 租		学田/亩	征 租	
		银/两	粮/石		银/两	粮/石
四川	354	5	240	2 300	—	—
广西	13 555	1 058	—	13 407	1 073	32
云南	—	70	100	1 488	36	591
贵州	4 330	236	661	4 418	246	487
总计	18 239	1 369	1 001	21 613	1 355	1 110

注:根据梁方仲《中国历代户口、田地、田赋统计》,中华书局,2008 年版,第 582 页相关内容整理。

2.民田

民田为民众所有,是私有土地,允许民众互相交易。在民田中,有地主土地所有和农民土地所有两种形式。

第一,地主土地所有。这种土地是大中小地主阶级所有的土地,其获得土地的途径有五:一是封建官府的赏赐,二是倚仗权势的巧取豪夺,三是中小农民为避免赋役投靠势家所奉献的田产,四是奸人为获赏而投献的他人田产,五是利用金钱购买的土地等。

第二,农民土地所有。这种土地是自耕农和半自耕农所拥有的小块土地,也就是直接生产者的小额土地。这些土地,或者是从他们的前代继承的祖产,或者是他们自己开垦的土地。这些土地虽然在明清时期经济结构中处于举足轻重的地位,但由于其拥有者的经济地位不稳固,他们时常因为赋役、债务、地租以及天灾等原因而出卖土地。

从总的来讲,明清时期西南民族地区乡村社会民田的经营方式主要有自耕农经营、地主佃仆制经营、地主雇佣制经营、地主一般租佃制经营(这是明清时期最主要、最普通的农业经营形式)和农奴制经营五种。[1] 其实,这些经营方式在土司区改土归流前后也基本相同。

---

[1]郑庆平:《明清时期的土地制度及其发展变化特征》,《中国农史》,1989 年第 1 期,第 12 页。

（二）土司时期西南土司地区乡村社会土地的权属

明清时期土司统治地区，土司拥有辖区全部土地，包括耕地、草场、森林、山川，甚至还包括依附于土地的农奴，都属于土司所有。因此，在川西嘉绒藏族土司地区通行一句俗话——"连人都是土司的"。从广西忻城莫氏土司统治区的情况看，土地大部分集中在土官及官族手中。土官将辖区内的田地分为三大类。①

1.官田

土质肥沃、自流灌溉条件好的田为官田。莫氏土司将直接收租的田称官田。莫氏土司究竟有多少官田？现无法确认。民国二十五年（1936年）刘介在忻城县调查后，对《忻城土县的官田》有记载："忻城土县的田地，大半为官田、官族田、土目田、役田、兵田。土官直接收租之田为官田。支派繁衍，逐渐分割与旁支，是为官族田。民国初年，官田尚可收租五万多斤。虽已改流，土官后裔仍然收租，佃户仍照常缴纳。因防争夺，曾投民国政府验税，领得红契。然地方人士及与有嫌隙之官族，每欲将此项租谷充公，故每换一任县官，即提议一次，而土官后裔又到署解说一次。结果仍予保留。此项官田多在三寨、思练、北荡等乡。某乡某村究有田若千丘、若千亩，其后裔茫然也，但只知向佃户收租而已。因此，佃户常借口灾荒，减缴租谷，而将田吞没一部分，或竟将变卖。"②在莫氏土司的官田中又有官族田、祭田、脂粉田、送礼田、嫁妆田、奶妈田、养姑田、土目田、酬劳田等多种。

2.役田

役田是土司分给土民耕种，不交租不纳税，只为土司服役。役田又分兵田、夫田、烧炮田、人头田、鸡谷田、杂役田等多种。

3.民田

民田是土民自垦自造之田。这些田多为头目所有，又称头目田。还有差田（土目俸田）、夫丁田、红名田（郎头田）。辖区内贫民占有的田极少，需与有田者承耕交其租谷。民田可父传子承，也可以买卖。在贵州清水江流域，明朝时就有自由买卖家庭所有土地的先例。如《贵州清水江流域明清土司契约文书（九南篇）》中有《吴王保石榴山冲荒地卖契》，全文如下：

---

①韦业猷：《忻城土司志》，广西人民出版社，2005年版，第75-84页。
②韦业猷：《忻城土司志》，广西人民出版社，2005年版，第78页。

贵州黎平府湖耳司蛮夷长官管辖地崩寨苗人吴王保,同弟吴艮保、吴老二、吴老关、吴老先等,为因家下缺钱使用,无从得处,情愿将到自己祖业管耕一处,土名石榴山冲旷野荒地一冲,请中问到亮寨司九南寨民人龙稳传名下承买为业。当日三面言定议值价钱,吴王保、吴艮保名下银壹两柒钱,吴老二、吴老关名下一股壹两柒钱,一共叁两肆钱整,入手回家应用。去讫外其荒地,东抵石榴山,南抵大王坡,西、北抵溪,四至分明为界。断粮浚卖,任从买主子孙开荒修砌管业,再不干卖主之事,亦无房族弟男子侄争论,二家各不许憣(翻)悔。如有一人先行幡(翻)悔者,甘罚生金(即额外交纳银两——作者注)三两、白水牛(无偿受罚水牛——作者注)一只入官公用,仍旧承(成)交。今恐人心难凭,立此父卖子绝文约,永远子孙收照用者。

　　吴王保名下多银叁钱正(整)。

嘉靖三十五年十一月廿三日

　　堂亲:龙阳保(画押)

　　立约人:吴王保(画押)

　　同弟:吴艮保(画押)

　　同侄:吴老二(画押)、吴老关(画押)

　　同男:吴老先(画押)

　　引进、[凭]中:尚金台(画押)

　　中证:龙传勇(画押)

　　寨老:龙传亮(画押)

　　代笔人:陆国用(画押)

　　同见人:陆进银(画押)、杨正富(画押)

　　吴王保、吴艮保共[出]画字[钱]一钱七分

　　吴老二、吴老关、吴老先共[出]画字[钱]一钱七分

　　龙祥保[领]画字[钱]壹钱整①

　　这则典型的明代契约文书,不仅有"成交"条款、违约责任处罚约定,而且还有地方上有影响、有权威的人出场,进行公证、确认买卖行为的合法性和有效性,甚至有卖方的主要当事人画押、引进人兼凭中、中证、寨老、代笔人、同见人

---

　　①高聪,谭洪沛:《贵州清水江流域明清土司契约文书(九南篇)》,民族出版社,2013年版,第99页。

等来一同作证并画押。① 这样一来,买卖双方立契约,甲的田又成为乙的田。民田中还有养膳田、祭祖田(或称祠田)。

在今广西大新县的下雷土司辖区内,其土地所有制属于领主土地所有制。自土官到来后,便将全境的土地占为己有。早期,除将部分田地分由官族成员和土目各自经营外,其余均授予各屯地的农奴耕种,只抽部分由自己经营。凡领种耕地的农奴,均要承担劳役和贡纳。因各种劳役和贡纳之不同,习惯上把他们领种的田地按劳役和贡纳种类命名。长期领种役田的农奴,除按时服役和贡纳外,对所耕的土地形成了稳固的耕作权,可以子孙继承,在族内或向族外转让、典当,这就形成了土地所有权的两重性。至清朝末年,虽然土官的土地所有权逐步丧失,但仍占总耕地的半数以上。其余大量的土地已为官族、土目、商人中的富裕者占有,富裕的农奴也占有相当数量的土地。据记载,下雷土司辖区内的田地有挑水田(即由该屯领种的农奴,常年轮流到衙门挑水,每班两人,隔三天一换,为自带伙食的无偿服役)、旗锣田(即土官轿前的仪仗,扛旗敲锣,世代充役)、坟田(即世代守坟奴仆耕种的田)、抬轿田(由土司家奴领种,专以抬轿抵租,送土官及其眷属外出)、看猫田(由一户农奴领种,每逢节日或官家婚丧喜庆等祭祀之时,要专往衙门守护桌上的祭品,以免鼠偷猫食)、养马田(由一户家奴领种,常年在衙内喂马和扫地,以役抵租)、香烛田(由伺候土官拜庙的家奴领种,于土官拜庙时,前往烧香点烛)、夫役田(由领种的农奴轮班,隔天到衙门听候分派做工,以役抵租)、斟酒田(由屯姓许的家奴领种,常年派一人到衙门伺候土官吃饭斟酒)、监工田(由一户农奴领种,每年派夫修筑道路时,到场监工)、杀猪田(由该屯农奴领种,在官田附近修架障碍,以免猪牛等牲畜进入践踏)、兵田(地近国境线的隘江乡各屯,凡领该类田地的农奴,每户每年出兵两次,每次五天,自带伙食,轮流守卡)、番田(由领种的农奴轮流出夫挑担或牧放官家的牲畜;此外,他们生产的粮食,要按每石附征一贯钱给土官)、卯田(领种的农奴除负担挑担的劳役外,按每亩易田附征一斤白米和一贯钱给土官)、杀鸡田(耕种者不交谷租,但当土官、土目等到村时,要四处向各户征派鸡鸭,供官家享用)、塘田(由该地农奴代种,收获全部挑运归于土官;各户农奴另得六亩田种,收获不交租赋,作为代耕官田的酬劳)。此外,以实物贡纳的役田有粮田、蒸尝田、印田、养姑田等类型。②

①高聪,谭洪沛:《贵州清水江流域明清土司契约文书(九南篇)》,民族出版社,2013年版,第99页。

②广西壮族自治区编辑组:《中国少数民族社会历史调查资料丛刊》修订编辑委员会:《广西壮族社会历史调查》(四),民族出版社,2009年版,第157-159页。

（三）改土归流后西南民族地区乡村社会民众的土地权属

改土归流之后，土司对辖区内土地的完全占有被彻底打破，使土地的所有制呈现多元化。具体来说，改土归流后西南民族地区形成了以下三种土地所有制形式。①

1.家庭所有

改土归流的实行，以流官制代替了土司制，以委派制代替了世袭制，这使西南民族地区乡村社会的土地制度得到了一次重组的机会，封建领主制彻底瓦解，各族民众拥有自己的土地，形成了最小以家庭为单位的土地所有制度。乡村社会民众获得土地所有权主要通过两种途径：一是改土归流之后，清政府将国家的一部分土地分给各族民众，称之为"份地"，归各家各户所有，可以自由买卖和租佃。在贵州清水江流域，现今保存十分丰富的一家一户的卖田文书，从这些文书中，我们可以清晰地看到当年的家庭土地所有制形式。《乾隆二十四年十二月十八日文斗下寨姜文华卖田文书》如下：

> 立断卖田约人文堵下寨下房姜文华，为因家中缺少银用，请中问到六房姜永相名下承愿祖田二丘，坐落地名乌鸠、土名是楼，承愿卖与永相为业。当日凭中议定价银二十六两整，文华亲手领回任用。其田信凭永相父子耕管为业。一卖一了，父卖子休。永相父子永远存业，文华父子房叔弟兄并外人不得异言。如有异言，俱在卖主当前理落，不与买[主]何干。今欲有凭，立此断约存照。
>
> 姜永相外有一丘十子把田，坐落地名乌鸠，与老官作粮。其有文华田二丘，姜永相不要当粮。今恐无凭，外有补田当粮存照。
>
> 卖主亲笔　姜文华
>
> 凭中三人：姜老官吃银三钱、姜荣明吃梱银三钱、陈□□
>
> 乾隆二十四年十二月十八日　　　　　　立卖是实②

本则田产买卖文书是一则标准的家庭所有土地买卖文书。这则文书没有

---

①梁健，黄奕玮：《改土归流时期羌族土地制度探析》，转引自谢晖、陈金钊主编：《民间法》（第11卷），厦门大学出版社，2012年版，第231-232页。

②潘志成，吴大华：《土地关系及其他事务文书》，贵州民族出版社，2011年版，第2页。

像其他土地契约文书那样,田土承载的赋税随着田产所有权的转移而转移(即西南民族地区乡村社会经常提到的所谓"粮随田走,照册完粮"的规矩)。由于本则文书属民间私契,买卖双方未向官府呈报、备案、纳税,所以在买受人不承担该田产所承载的赋税,赋税仍由出卖人承担的前提下,而买受人出让另一块田土——"十子把田"给出卖人予以补偿。① 这种情况在当时是一种特殊方式。二是改土归流之后,地方官员鼓励西南民族地区乡村社会民众开垦荒地,只要缴纳一定钱财,便归各户所有。这种情况在改土归流之后,成为西南民族地区乡村社会民众家庭拥有土地较为常见的一种形式。

2.家族所有

西南民族地区众多少数民族有聚族而居的传统,他们在受汉族宗法社会礼制的影响下,也建宗祠、修族谱、置族田。明清时期西南民族地区乡村社会很多少数民族也有以家族为单位的所有制,这些土地一般称为族田。族田分为祠堂田、寺庙田、墓田、祭田、义田、学田、公会田等多种。其中,祠堂田、寺庙田、墓田、祭田专供各自的祭祀之费用;义田是为赡济本族中贫而不能自业者;学田作为鼓励教育族内子弟的费用;跨宗族地域的乡党公会田,往往汇集数个宗族的族田,用于纠纷、争讼和乡党会餐的费用。族田主要来源于商贾、官僚、道家的捐资购置,其次是族人祖先神主牌入祠所交的费用购置,再有就是大户分家时没收不孝者充公的份额。总之,这些收入主要用以支付家族内各项公益事业、赡族、济困、助学等各项费用。据梁仁葆先生估计,清朝道光末年,广西每县平均有 30 000 亩②。按当时广西 66 县计算,族田应约为 1 980 000 亩。其中钟山县多达 126 454 亩,居然占当时全县土地总面积的 36.24%,其种类有蒸尝田、学田、庙田、祠田、公会田等。③ 明清时期西南民族地区土地家族所有制中有一种封山育林制度。在现存的历史文献及碑刻中,还保存着大量的护林制度。如在云南楚雄市,有一块《禁砍树木合同碑记》,从内容上看,是一块家族禁砍树木的碑记,其全文如下:

> 立保护山场,禁砍伐树木,合同碑记。有祖遗上下各村□□山场,
> 田地钱粮巨大,国赋攸关,若不急为保护,则山林渐空,田地日以干寮,
> 钱粮何由上纳? 今兄弟叔侄同佃户公同酌议,齐心儆戒,保护东按蒲

---

① 潘志成、吴大华:《土地关系及其他事务文书》,贵州民族出版社,2011 年版,第 2 页。
② 梁仁葆:《金田起义前广西的土地问题》,《历史教学》,1956 年第 7 期,第 46-49 页。
③《钟山县志》编纂委员会:《钟山县志》,广西人民出版社,1995 年版,第 130 页。

姓地界,以大尖山分山倒水为界;南自石丫口山顶,分山倒水为界;西自北丫口利摩蚱山分山倒水为界;北自母溇郎冲山顶所李姓山场之内。一切树木自封山之后,不得混行砍伐,倘有盗砍盗伐者,博齐公同理论,照规处罚,不得隐恶。若见而不报者,亦照规处罚。倘不遵条规者,执约鸣官,加倍处罚。自此各宜敬戒保护,恐后无凭,立此合同碑记,永垂不朽。

——盗砍青松一棵者,罚银一两五钱。

——巡山不力者,罚松种五升。

——盗砍沙松一棵者,罚银五钱。

——见而不报者,罚银五钱。

——盗砍明子歪寰者,罚松种五升。

——盗砍杂木一枝者,罚松种五升。

嘉庆二十三年十二月初九黄姓同佃户公同立石①

在西南民族地区乡村社会中,像这种同一家族对家族所有的田地、山林作出相关规定的不乏其例。这对于维护家族土地权属和共同利益大有裨益。

3.村寨所有

西南民族地区乡村社会各族民众,在聚族而居的过程中,对于土地所有权,大多以自然的山势和水流来区分村寨土地的所有权。在羌族地区,有些村寨为了使所有权的区分变得更为神圣,甚至在村寨边修砌神庙,双方都不能越神庙一步,越过界限不仅仅冒犯了神灵,而且还违反了人间的规则。明清时期西南民族地区乡村社会的一些村寨,由于争夺土地、山林资源而发生纠纷时,解决的办法就是在承认土地所有权的基础上,双方协商,对土地、山林进行一定的经济补偿,然后对其进行使用。②而勒石立碑是解决纠纷的一种重要手段。如云南省砚山县法依寨有一块清朝道光年间的《护林碑》,其内容如下:

盖闻木本水源,天地之正理,水及养命之物,木能生气之基。我法依一寨,并无河道龙潭,全仰周围池塘积水。概四山树於我寨,内有子寨、石丫口、小水沟、横塘子、提头寨至肖厂等处,地土相连,难分数寨,

①李荣高等:《云南林业文化碑刻》,德宏民族出版社,2005年版,第264-266页。

②梁健、黄奕玮:《改土归流时期羌族土地制度探析》,转引自谢晖、陈金钊:《民间法》(第11卷),厦门大学出版社,2012年版,第232页。

而粮赋一单。为因先辈置业,理应祖孙耕种,众等均思先辈之艰难,今竟有无知之人,肆意砍伐公禁山林,砍柴、凿树,及此山水悠(优)美,利益口口非浅,今合寨诸议,刻石永久不朽。今将四山蓄树四至开后:东至新寨房大山脚止;南至舍木那丫口横山止;西至三板桥大路止;北至白撇卡止;秧田冲大树界上至铁厂冲止,下至石丫口止。

今将条规合同山界勒石。村主当堂给尝,朱印合同各执。

——砍伐禁树拿获者,众议罚钱二千文;

——秋农田地五谷成熟盗取,拿获者,众议宰手指一个;

——祭奠龙神。收催阻挠者,罚钱五百文;

——田头地角无实据争战[占]者,罚钱五千文;

——有公事不勇往而暗行口者,罚钱三千文;

——又有伙头田三分,凭众保举公道人承当,不得相争;

——本寨遵照田单众议,委实人承收,非田土事,众人不齐。一人不得私行偷看。

以上条规均无紊乱,合众不得违法改移,各安本分,天必祐之,神必享之。

道光十一年三月二十日

法依寨合众等会议勒布具立

小家大家挨门挨户若有不依法者,秋收时收钱三百文。①

这则法依寨全寨公立的《护林碑》,不仅在开头讲述了护林的重要性、缘起及"四山蓄树四至",而且将"条规合同山界"计七条予以"勒石",同时还立约确认"众议"为解决纠纷和裁决的方式,"罚钱""宰手指"是解决护林中存在问题的重要手段。这样,该寨子的纠纷化解,各执约据,"不得违法改移,各安本分",各自遵守。

三、明清时期西南民族地区乡村社会土地的买卖、租佃与典赎

土地制度作为全国封建社会的一项根本制度,其极端重要性在明清时期西南民族地区乡村社会彰显得十分充分。在西南民族地区这种以小农经济为主的少数民族乡村社会,土地在各族民众经济生活中的重要性自然是不言而喻。一个家庭、一个家族,拥有土地的多少,则代表这个家庭、这个家族财富的多少

---

①黄珺:《云南乡规民约大观》上,云南美术出版社,2010年版,第114-115页。

及社会地位的高低。与此相对应,明清时期的土地制度包括土地所有、租佃、买卖、典当等在整个法律体系中的地位相对来说也更为突出。①正确的土地制度与土地政策,也能够让乡村社会形成规范的秩序,也能够使经济生活做到井然有序。

(一)明清时期西南民族地区乡村社会土地的买卖

在土司时期,由于封建领主制度的兴盛,西南民族地区的土司区,其土地主要集中在土司手中,各地土民无法拥有自己的土地。改土归流之后,随着封建领主制的瓦解,土地所有制呈多样化,土民拥有自己的土地,买卖、租佃土地也越来越频繁。明清时期西南民族地区乡村社会民众在进行土地买卖时有如下规定:卖主的土地、山林首先要卖给本家族和近亲,只有在他们都不愿意购买时才能卖给外人。在进行买卖时,须订立契约。在订立买卖土地、山林契约时,买卖双方、见证人、中人、家门人都须参加,在契约中应言明土地买卖当事人、买卖标的、土地所有权,即对所有权的来历进行交代,以证明土地来源的正当性。契约成立的理由一般有手头拮据,无钱用度;天灾人祸,等钱救急;土地经营不善等。主要是用来证明出卖的原因并非游手好闲之徒或破家败业之辈,而是有正当理由,应该得到当地习惯法的保护。②在贵州清水江流域的众多契约文书中,不乏土地买卖文书,有一则清朝嘉庆十二年(1807年)二月二十日《黄冈寨王德隆父子卖田文书》很好地体现了上述提到的相关规定,契约全文如下:

> 立卖田契约人黄冈寨王德隆父子,为因家下缺少粮食难度,于家商议,自己情愿将到坐落土名白好山粟姓屋脚田一块,上抵沟,下抵渡子田,左抵草坡,右抵荒坡为界;又冲脚田一块,上抵渡子田,下抵荒冲,左右抵山为界,收禾花五把,要银出卖。先问房族人等,无人承买。请中上门问到龙在德、仕吉、仕清兄弟三人名下承买。当日凭中三面言定价银十五两六钱整,其银卖主亲领入手应用。其田付与买主耕种管业,日后不得异言。如有来路不清,俱在卖主前理落,不与买主相干。今欲有凭,立此卖契存照。

---

①梁健、黄奕玮:《改土归流时期羌族土地制度探析》,转引自谢晖、陈金钊:《民间法》(第11卷),厦门大学出版社,2012年版,第236页。

②梁健、黄奕玮:《改土归流时期羌族土地制度探析》,转引自谢晖、陈金钊:《民间法》(第11卷),厦门大学出版社,2012年版,第233页。

凭中：王清才、杨昌福、李惟重

代笔：王仕口

嘉庆十二年二月廿日立①

这则契约文书首先言明土地出卖当事人、契约成立的理由、买卖标的、土地所有权；其次特别注明"先问房族人等，无人承买"；再其次是"请中"问到买方当事人；再接着交代了"当日凭中三面言定价银"；最后特别强调了"如有来路不清，俱在卖主前理落，不与买主相干"一句，应该是对过去土地买卖"先问亲邻"的回应。在清水江流域的契约文书中，多有提及"房族""房族兄弟""族人"等词语，这体现的是清水江流域各族民众的田宅买卖先尽亲邻的交易习惯。我国古代，土地、房屋、山林等交易，素有"亲邻先买权"，这是我国古代不动产交易中的一项重要制度，亦是传统法律家族本位的一个重要的表现形式。虽然明清时期国家法律没有明确规定亲邻先买权，但在乡村社会的交易中一直延续这种习俗。这种亲邻先买权的交易习惯对西南民族地区的相当部分少数民族都有较大的影响。② 在清水江的契约文书中，其订立契约有多种形式。第一种是以家长名义书立，即父亲健在，由父亲或是父子名义订立。如《道光十七年三月五日岩湾寨范献连父子卖田文书》，在文书首列卖主父子五人的姓名。原文如下：

立断卖田契人岩湾范献连、子老寅、老文、老保、老元父子五人，今因缺少费用，无出，自愿将到祖遗地名冉高小田五丘，若（约）谷六石，凭中出断卖与文斗姜绍熊名下承买为业。当日凭中议定过断价纹银十三两整，亲手收足应用。其田自断之后，任从买主下田耕种管业，卖主父子族人等不得异言。倘有不清，俱在卖主理落，不与买主何干。今欲有凭，立此断卖契永远存照为据。

批：其田粮每年买主帮银三分。

批：其田界限：上一林二块，上凭坡，下凭卖主大田，左凭大田坎上斗处，右凭大路；又一块在大田右角，上凭杉山，下凭朱姓，左凭大田，右凭坡；又一块在卖主大田坎下，界限上凭大田，下凭杉山，左凭路，右凭杉山；又一块界限在大田左边坎上，上凭钟英之田，下凭大田，左凭田坎上边斗坡，右凭太田中内坎上之斗处为界。此断卖之田五块，界

---

① 潘志成，吴大华：《土地关系及其他事务文书》，贵州民族出版社，2011 年版，第 5 页。

② 潘志成，吴大华：《土地关系及其他事务文书》，贵州民族出版社，2011 年版，第 6-7 页。

限一概分明。锡寿手批。

道光十七年三月初五立①

文书中特别批注"其田粮每年买主帮银三分"一句,指的是田产所有权变更后,其承担的田赋仍由出卖人负责缴纳,买受人每年向出卖人帮补三分银子。第二种是以家长名义书立。如果父亲亡故,则以母子名义书立。如《道光十五年四月十四日姜氏母子卖田文书》就属于这种情况。全文内容如下:

> 立断卖田契人六房姜氏香矫、子开怡,为因先年父亲光齐亲手将祖父得买姜岳保之田分落名下,地名党庙里垅田一块,典当与姜映辉、朱卓廷二家。奈光齐已故,母子无银赎回,情愿请中将已典当与映辉之田仍断卖与姜映辉公名下承买为业。当日凭中议定价银一百零八两,扣除典当价外,补银三两六钱,母子亲手领足,分厘不欠。自卖之后,任凭买主与朱姓共耕种管业,卖主以及内外人等不得异言。今欲有凭,立此断卖字约永远发达存照。
>
> 外批:其田之粮照册上纳。
>
> 又批:朱姓之股原是典契,尚未断卖。
>
> 内添三字。
>
> 凭中:姜绍怀、通义

道光十五年四月十四日　姜开泰　笔立②

由上可见,文书中提及的买卖标的物属于为先典后卖,且有姜映辉、朱卓廷二人共同承典,并有清晰的股数划分。道光十五年(1835 年)时,因姜光齐亡故,其妻及子无钱赎回这一产业,于是将出典与姜映辉部分断卖,而出典与朱卓廷的部分并未断卖。第三种是兄弟或叔侄名义订立契约。如《道光二十九年二月二十六日姜凌汉兄弟卖田文书》,全文如下:

> 立断卖田契人姜凌汉、凌青弟兄,为因缺少银用,情愿将到祖遗田大小二丘,地名冉皆贵,界至:上凭毓萃田,以卖主崇捌为界,下凭毓萃山为界,左凭毓萃山,右凭水沟,四至分明,凭中出断卖与万寿宫为业。当日三面议定时价银九两八钱,亲手收足。其田自卖之后,任凭买主耕种管业,卖主兄弟不得异言。今欲有凭,立此断卖契存照。

---

①潘志成,吴大华:《土地关系及其他事务文书》,贵州民族出版社,2011 年版,第 11-12 页。
②潘志成,吴大华:《土地关系及其他事务文书》,贵州民族出版社,2011 年版,第 9 页。

凭中:姜通学、开秀

外批:逐年帮补银六分。

　　　　　道光二十九年二月二十六日　凌汉　亲笔　立①

从这则契约文书的内容看,其田产属于兄弟共有,因此,本则文书是以兄弟名义订立契约。从上面几则契约文书的情况以及专家学者的研究看,明清时期西南民族地区乡村社会成立契约的程序比较复杂,通常有六道程序:一是问本族或近亲。只有当本族人和邻居没有要购买该田产、山林,卖主才能卖给外族人。二是请中人。买卖当事人须自行请中人,凭中说合。中人是成立契约的必要条件,他起着买卖双方价格的协调作用。三是过割。双方在土地买卖预交产权时,买卖土地所承担的向国家交纳税粮随契约由卖方转移给买方,以避免"产去税存"的不合理现象产生。四是交接。即买方交钱,卖方交契,这一切须在中人、证人的见证下进行,不得私相交售。五是签名画押。中人、证人、代书人、族人及卖主签名画押,买者付画押钱。六是立契时间,书于契约最后,标志着土地所有权的转移时间,具有法律意义上的时效作用。②

　　(二)明清时期西南民族地区乡村社会土地的租佃

所谓土地租佃,即土地租赁、土地出租,是指在土地所有权不变的情况下,土地所有者将土地的占有权、使用权、收益权和有限度的处分权在一定时期内按约定条件让给承租人的一种经济行为。改土归流后,西南民族地区乡村社会在撰写土地租佃契约时,规定十分详尽,一般在契约中均写明土地的位置,土地性质、数量,承租人和出租人的权利义务,违约责任,交租的期限、方式,保人的连带责任等。③ 如《道光十二年九月十四日姜绍怀等佃田文书》的内容如下:

　　　立佃种田字人姜绍怀、廷贵,今佃到姜映飞、朱卓述二家之田,地
　　名党庙也陇大田一丘。后秋收朱、姜二姓收田租谷二股,廷贵、绍怀二
　　人收佃种谷二股。照田出谷四大股均分。

　　　凭中:姜通义

　　①潘志成,吴大华:《土地关系及其他事务文书》,贵州民族出版社,2011年版,第13页。

　　②梁健、黄奕玮:《改土归流时期羌族土地制度探析》,转引自谢晖、陈金钊:《民间法》(第11卷),厦门大学出版社,2012年版,第233页。

　　③梁健、黄奕玮:《改土归流时期羌族土地制度探析》,转引自谢晖、陈金钊:《民间法》(第11卷),厦门大学出版社,2012年版,第236页。

[半书]立佃种田合同各存一纸为据

道光十二年九月十四日　绍怀　笔立①

据有的专家学者研究表明,清水江流域的租佃文书绝大多数属于佃户承佃契式。这些田土租佃文书一般均载明了租佃土地的名称、数量、位置、租佃期限、地租的数额、收租的时间与方式、违约条款等,且大多是由佃户出具交由地主收执的单契。但上面这则租佃文书采取的是合同的形式,所谓"立佃种田合同各存一纸为据"。应当是由佃户姜绍怀、姜廷贵保留一份,地主姜映飞、朱卓述保留另外一份。② 土地租佃文书与前面论述的土地买卖文书相比,它们之间最大的区别在于土地所有权的转移。土地租佃文书所涉及的土地,出租者转移的主要是土地的占有权、使用权、收益权和有限度的处分权,土地所有权仍在出租者手中;土地买卖文书所涉及的土地,卖者已将土地的所有权、使用权、收益权等全部出让给了买者。

(三)明清时期西南民族地区乡村社会土地的典赎

我国历史上买卖土地的另一种方式叫典卖。出典人将土地作价出典于人,承典人交付典价后,在典当期间即获得该地的使用权和收益权,并可以转典、出租、设定担保和转让典权。出典人在约定期限内有赎回权。如果出典人以原价赎回土地,典权即消失。如果双方同意以典转卖,即由承典人找补典价与买价之间的差额,承典人就取得所有权;也有的到期不赎即视为绝卖。明清时期西南民族地区的土司区,由于民众没有自己的土地,就不存在土地典卖的问题。但随着改土归流在西南民族地区大规模的实施,乡村社会民众土地买卖的逐渐增多,典权在土地买卖的基础上也就应运而生。在贵州清水江流域,现今仍然保存着众多的土地典赎文书,下面列举两例。

第一则:《乾隆四十三年姜起相典田文书》:

> 立典田约人姜起相,为因家下无银用处,自请中问到姜士朝名下承典为业,其田坐落土名大风坡,凭中议定典价银二十七两整,约禾二百余手,不拘远近相赎。每年即已愿禾收一百七十手整。其田自典之后,任从银主耕管种栽,族口远房不得异言。如有异言,任从典主向前理讲,不与典主何干。恐口言信不凭,立此典字为照。

---

①潘志成,吴大华:《土地关系及其他事务文书》,贵州民族出版社,2011年版,第40页。
②潘志成,吴大华:《土地关系及其他事务文书》,贵州民族出版社,2011年版,第41页。

内吊(掉)五字。

凭中:龙因保

亲笔　姜起相书

乾隆四十三年五月初二日立典①

第二则:《光绪二十七年二月二十六日文斗下寨姜贞祥兄弟典田文书》:

立典田字人下寨姜贞祥、胜祥弟兄,为因缺少粮食,无银用度,无处得出,自愿将到我弟兄受分祖遗之田一丘,地名岩扳坡,约谷二担半,界限:上凭路,下凭[姜]世风大伯之田,左凭路,右凭银主之田,四至分明,今凭中出典与上寨朱家煋名下承典为业。当中议定价宝银二两整,亲手收足应用,未欠分厘。自典之后,任凭银主上田分花三年。我弟兄并房族人等不得异言。如过三年之外,不俱(拘)远近,价到赎回,二比不得异言。口说无凭,立此典田字为据是实。

附:外批内添一字,银过银主戥子。

请中、代笔:姜世龙

亲押:姜胜祥

光绪二十七年二月二十六日立②

从上面两则典当文书看,清代西南民族地区乡村社会各族民众在进行土地典当过程中,双方不仅要订立契约,而且在订立契约时候还必须邀请证人、中间人作见证;契约中要注明典当双方的姓名、典当标的、典价、出典缘由、出典期限以及当事人之间具体的权利与义务。典权人对土地据有占有权、使用权、收益权,出典人具有所有权并取得典金。

在一般情况下,土地出典人可按照相当于土地价格的 50%的价格将土地暂时低价转让给承典人,但出典人对土地仍保有所有权,然后在约定的期限届满时再将土地赎回。从这个意义上讲,土地的"典当"包含着"赎回"这一内涵。当然,我们必须明确的是,土地"典当"是一种介于土地"买卖"和土地"借贷"之间的变易活动。"典当"与"买卖"之间的本质区别在于是否允许回赎。西南民族地区乡村社会有"卖田当日死,典田千年活"的说法,说的就是回赎的权利。在清代西南民族地区典当文书中一般写有"价到赎回"的内容。典当关系中的出典人和借贷关系中的债务人都是因为需要钱用,都需要以自己某项财产的特

①潘志成,吴大华:《土地关系及其他事务文书》,贵州民族出版社,2011 年版,第 26 页。
②潘志成,吴大华:《土地关系及其他事务文书》,贵州民族出版社,2011 年版,第 31 页。

定权利作为交易的内容。不过,"典当"与"借贷"的区分在于:在典当关系中,出典人需要向承典人交付典当的财产(如土地、房产等),而借贷关系中以财产作为抵押担保,但并不需要向买受人交付抵当的产业。① 清朝政府为了解决日益频繁的"典卖不分"的纠纷,对典卖作了相关规定:

> 凡自乾隆十八年定例以前,典卖契载不明之产,如在三十年以内,契无"绝卖"字样者,听其照例,分别找赎。若远在三十年以外,契内虽无"绝卖"字样,但未注明回赎者。即以绝产论,概不许找赎。②

这条定例的立法出发点是为了解决"典卖不分"纷争,但同时也可以看出清廷将未明确典期的典契最高典期定为三十年,超过三十年即不准回赎。嘉庆六年(1801年)修订的《钦定户部则例》则缩短了这一期限,规定:"民人典当田房,契载统以十年为率,限满听赎。如原业力不能赎,听典主投税、过割执业。倘于典契内多载年份,一经发觉,迫变税银,照例治罪……十年以后,原业无力回赎,听典主执业、转典""原典房屋契载物件至回赎时或有倒塌损坏,照原价酌减。典当田房契载年限,至多以十年为率,倘多载年分,一经发觉,迫交税银,照例治罪。"③这就将土地、房产等不动产典期一律限制到了十年,超过十年就视为卖契,要追缴契税。从上面情况看,国家对于土地、房产、山林等不动产,虽然允许个人买卖、租佃、典当,但是,国家对于土地、山林等不动产的交易仍进行一定的管理,可以说,这实际上是一种"国家在场"的土地交易活动。

四、土地制度下国家政权和地方权威在西南民族地区乡村社会中的作用

明清时期西南民族地区乡村社会中存在着两套权威系统,一套是自上而下的国家政权系统,一套是乡村社会的地方权威系统。这两套系统在明清时期西南民族地区乡村社会的土地制度中均发挥着不同的作用。国家政权总是倾向于向乡村社会渗透,但国家政权又不得不依靠地方权威对乡村社会进行有效的控制;地方权威为保护社区的利益和本身的地位,往往会设法抵制或削弱国家政权的渗透。当正式权威的控制力强大到地方权威无法抵制时,地方权威便会

---

①潘志成,吴大华:《土地关系及其他事务文书》,贵州民族出版社,2011年版,第27-28页。
②马建石、杨育棠:《大清律例通考校注》,中国政法大学出版社,1992年版,第119-120页。
③[清]昊宁敕:《钦定户部则例》卷十《田赋·置产投税部》,道光十八年(1838年)刻本。

纷纷退出乡村精英格局。① 这虽然反映在土地制度下的国家政权和地方权威一个此消彼长的问题,但其共同点都是期盼在西南民族地区乡村社会的土地交易中发挥各自的作用。

（一）国家政权对西南民族地区乡村社会土地的控制

明清时期的国家权力既是保护西南民族地区乡村社会民众个人权力最有效的工具,同时又是西南民族地区乡村社会民众土地所有权的实际控制者。也就是说,明清时期包括西南民族地区在内的全国土地的最终处分权掌握在国家的手里。国家始终处于土地权力分配和界定的主导地位。因此,其实质是国家给农民提供土地,农民被动接受土地。换言之,在西南民族地区,国家对乡村社会土地的使用和转让拥有强大的控制力,始终处于支配地位。我们可以从两个方面来看。

1.国家对乡村社会民众土地"亲邻先买权"的控制

在西南民族地区土地、房产、山林等的契约文书中常有"先问房族人等,无人承买"的字样,这表明西南民族地区田宅、山林等"亲邻先买权"已成为交易中的一项重要制度,也是中国传统家族本位的一个重要的表现形式。北魏以降,我国乡村社会中就一直存在着田宅、山林买卖"先问亲邻"的习惯,唐代则以法律形式确定了这种先买权。明代的法律虽未规定亲邻先买权,但在民间的田宅、山林交易中一直延续着这种习俗。清代法律虽然没有明确规定田宅、山林的亲邻先买权,但在乡村社会,亲邻先买权的交易习惯仍然广泛适用,国家对于乡村社会民众田宅、山林的这种"亲邻先买权"也是高度认可。② 这就体现了乡村社会民众田宅、山林的买卖、租佃、典当等均是一种"国家在场"的交易活动。不过,正如杨国桢所言:"到了清代,先尽房亲、地邻的习俗依然保存下来,但在文契上的限制也有所松弛,可以不必用文字在契内标明。"③

2.国家对乡村社会民众土地买卖契纸式样的管理

明清时期国家对于乡村社会民众田宅、山林的买卖契纸式样的管理十分严格。自北宋时官方强制推行"标准契约",并创"官版契纸"以来,凡经官投税印押者称为"官契"或"红契",而"私立草契,领钱交业"者称为"白契"。田宅、山

---

①项辉,周俊麟:《乡村精英格局的历史演变及现状——"土地制度—国家控制力"因素之分析》,《中共浙江省委党校学报》,2001 年第 5 期,第 90-94 页。

②潘志成,吴大华:《土地关系及其他事务文书》,贵州民族出版社,2011 年版,第 6-7 页。

③杨国桢:《明清土地契约文书研究》,人民出版社,1988 年版,第 235 页。

林等不动产交易只有经官投税印押的红契才是财产所有权的凭证,发生纠纷时也只以红契为凭。故南宋吴恕斋说:"官司理断交易。具当以赤契为主","必自有官印干照可凭",而"白约不可凭"。民间私契不仅不能作为所有权的凭证,甚至还要予以没收。明清时期继续沿用宋元以降的契纸式样,并印有官版契纸。当时乡村社会即便使用白纸写契,也只有到官府缴纳契税后粘附契尾并加盖官印才被认可。[1] 至雍正六年(1728年)时,雍正帝甚至颁布谕旨禁止乡村社会民众在田宅、山林买卖过程中使用白契,要求一律使用官版契纸:

> 直隶各省督抚以奉旨之日为始,凡绅衿民人置买田房产业,概不许用白纸写契。敕令布政司将契纸根印发各州县,即将契根裁存。契纸发各纸铺,听民间要用。候民间立契过户纳税时,即令买主照契填入契根,各盖用州县之印,将契纸发给纳户收执,契根于解税时,一并解司核对。倘有不肖州县,于契根之少填价值税银;并将司颁契纸藏匿不发,或卖完不添,申司颁给,仍用白纸写契;或布政司不即印给,以致州县缺少契纸;并纵容书投纸铺昂贵累民,勒索等弊,该督抚查出题参,照例议处。倘民间故违,仍用白纸写契,将产业价值,追出入官,仍照例治罪。如官民通同作弊,将奉旨后所买田产倒坐奉旨以前年月日期,仍用白纸写契用印者,事发之日,官民一体治罪。至活契典业亦照契一例俱用契纸。[2]

这是国家对乡村社会民众土地买卖契纸式样进行管理最好的例证。无可否认的是,清代西南民族地区乡村社会中田宅、山林等不动产交易绝对不乏仍然采用白契的形式。

3.国家对乡村社会民众土地买卖契税的管理

我国自周代开始,对于田地、山林等不动产的交易已经有了较为严格的法律程序,一项田地交易契约在交易双方达成协议之后,尚须履行告官程序。唐宋时期,土地、房宅等不动产买卖有缴纳税契钱的规定。明清时期也有通过缴纳土地、房宅、山林等不动产税契钱以达到加强对土地的管理的目的。[3] 乾隆、嘉庆年间则要求乡村社会田宅买卖必须经牙纪填写官契;咸丰朝时更有《写契投税章程》,其相关规定如下:

---

①潘志成,吴大华:《土地关系及其他事务文书》,贵州民族出版社,2011年版,第16页。
②中国第一历史档案馆藏:《户科》编号01,《土地》。
③潘志成,吴大华:《土地关系及其他事务文书》,贵州民族出版社,2011年版,第17页。

一、律载：置买田房不税契者，笞五十，仍追契内田宅价钱一半入官；又户部则例内载，凡置买田房不赴官纳税，请粘契尾者，即行治罪并追契价一半入官，仍令照例补纳正税。凡民间买卖田房，自立契之日起，限一年内投税。典契十年限满，照例纳税，逾限不税，发觉照徒例责治。

二、民间嗣后买卖田房，必须用司印官纸写契，违者作为私契，官不为据。此项官纸每张应交公费制钱一百文，向房牙买用。准该牙行仍按八成缴官，价制钱八十文。

三、民间买卖田房契价，务须从实填写，不准暗减希图减税。违者由官查出，照契价收买入官，另行估变。倘以卖为典，查出即令更换卖契，仍将典价一半入官。

四、民间嗣后买卖田房，如不用司印官纸写契，设遇旧业主亲族人等告发，验明原契年月系在新章以后，并非司印官纸，即将私契涂销作废，仍令改写官纸，并照例追契价一半入官。

五、民间嗣后买卖田房，其契价作为百分，纳税三分三厘。譬如契价库平足银一百两，完税三分三厘，即库平足银三两三钱。如有以钱立契者，仍照例制钱一千作银一两，完税三分三厘，税银按数交清，总以粘有布政司大印之契尾，用本节州县骑缝印为凭。此项契尾公费每张改交库平足银三钱。否则系经手人愚弄，应即向经手人追问控究。

六、民间嗣后置买田房，务须令牙纪于司印官纸内签名。牙纪行用与中人代笔等费，准按契价给百分中五分，买者出三分，卖者出二分。系牙纪说成者，准牙纪分用二分五，中人代笔分用二分五。如系中人说成者，仅文量立契纸，准牙纪分用一分。如牙纪人等多索，准民告发，查实严办。

七、民间置买房地，契后牙纪盖用戳记，准买卖两家亲友酌添数人，以免牙纪把持，而为日后证据。

八、未定新章以前，民间所执之契，或有遗失，因虞首报受罚，迁延不税，统限一年内照章换用官纸，准其呈明补税，宽免科罚，逾限不税，发觉照例责追。

九、未定新章以前，民间所存远年近年小契（即未粘有本司大印契尾之契），统限一年内，缴换司印官纸，从宽减半投税，逾限如不缴换，发觉照私契论。原契上出主中人向画押记，如换官纸后，仍令补押，恐启习难之端,且迁徙事故,必多碍难,应令业主自官纸,将原契粘连铃印以归简易,而示体恤。

以上九条,买卖田房,民间均当切实遵办。如官吏牙纪书差人等于前定各数外多方勒索,准民赴官控告。①

该章程强制要求乡村社会田宅、山林交易必须使用布政司制定的官契,否则官不为据,并追产业价值的一半入官。同时,要求此前乡村社会民众私下变易的白契限期一年之内缴换官契,规定举报者可以获得罚款额的一半作为奖励。这些规定无疑是国家对乡村社会民众土地、房宅、山林等不动产交易收取契税,加强土地管理的有效举措。

(二)地方权威对西南民族地区乡村社会土地的控制

在明清时期的土地制度下,国家权力对西南民族地区乡村社会的控制往往是通过乡村社会精英——地方权威予以实现的。在明清时期西南民族地区乡村社会土地交易过程中,对其实施实际控制的有三类人。

1.士绅阶层对乡村社会土地交易的控制

明清时期特别是清朝中后期,西南民族地区的士绅一直是乡村社会的领袖。因为他们是通过考试、举荐、捐纳等途径取得功名的人,他们可以获得各种特权,这些特权使他们不仅成为乡村社会大量土地的拥有者,而且成为宗族领袖。他们具有"半官僚"的特殊身份,通常处在官民之间,充当政府与乡村社会民众的中介人。国家权力机构也正是通过控制乡村社会的士绅来控制广大的乡村社会。乡村士绅在乡村社会的土地交易中往往充当"中人"或"代笔"。如果士绅作为"中人",他们就要履行几个方面的职责:一是帮助出卖人寻找买家,所以,一般土地买卖契约中常有"请中问到"的字句;二是在土地交易中平衡买卖双方当事人的利益,议定价格,故契约中又常有"凭中议定"的字句;三是作为标的物和价款转移见证人附署于文书中,负有日后调解纠纷的职责。由此可见,士绅作为"中人",在乡村社会的土地、房产、山林等交易中不仅承担着十分重要的作用,而且是土地交易过程中的实际控制者。同时,他们在乡村社会土地交易中还会收到当事人(多为出卖人)支付的3%左右的报酬,即"谢中"费。②

①张传玺:《中国历代契约汇编考释》,北京大学出版社,1995年版,第1446-1447页。
②潘志成,吴大华:《土地关系及其他事务文书》,贵州民族出版社,2011年版,第3页。

2.宗族势力对乡村社会土地交易的控制

前面我们提到的"亲族（或亲邻）先买权"，这实际上体现的是宗族势力在土地、房产、山林等交易过程中对土地交易的控制。有学者认为，"亲族先买权"反映的是乡村社会民众的土地产权是不完整的。也就是说，土地拥有者拥有完整的使用权，具有残缺的转让权。土地拥有者在实际的土地交易过程中，必须"先问房族人等，无人承买"之后，才能卖给外族人。这就是宗族势力对乡村社会土地交易的控制。这种问题出现的根源在于很多人的土地、房产、山林等来自祖遗。由于同财共居和诸子平分继承制的存在，每个儿子继承的仅限于使用权，诸子（或整个家族）共同继承转让权。这无疑是把土地、房产、山林等不动产巧妙地保存在家族或村庄内部，不仅有利于规模经济的发挥，而且也具有社会整合的功能。[①]

3.乡长、里长、保长等对乡村社会土地交易的控制

在农耕社会里，拥有大量的土地就意味着拥有大量财富和显赫的身份地位，就意味着可以不受别人控制。当一个人或一个家族拥有足够多的土地、房宅、山林等的时候还可以控制别人，甚至用一定的钱财当上乡长、里长、保长。明清时期，国家为了加强行政权力对西南民族地区乡村社会的有效统治，将乡级行政权力收回至县，实行了乡里制度、保甲制度。但保甲的首领并不是政府的组成人员，而只是一种职役，是在乡村社会设立的一些替县政府办事的职役人员。[②] 但由于他们游走于官府与民众之间，认识一定的官府人员，掌握着较多的人脉资源，拥有一定的权力。在国家权力很少介入或未能深度介入乡村社会之前，自然为乡长、里长、保长等人提供了活动的政治空间。因此，他们在乡村社会民众的土地交易过程中经常扮演着"中人""证人"等角色，不仅从中得到酬金、捞取好处，而且也间接地对乡村社会土地交易进行控制。

---

① 赵晓力：《中国近代农村土地交易中的契约、习惯与国家法》，《北大法律评论》，1998年第2期，第116-193页。

② 项辉，周俊麟：《乡村精英格局的历史演变及现状——"土地制度—国家控制力"因素之分析》，《中共浙江省委党校学报》，2001年第5期，第90-94页。

第二节　赋税制度

赋税不仅是我国古代国家宏观管理经济的重要手段，而且是统治者为维护国家机器正常运转的经济基础。古往今来的赋税不仅是社会再分配的一种手段和进行经济导向的一个杠杆，更是衡量一个国家的政府与人民群众关系的重要标志。历史的经验告诉我们，国家如果能够征收公平、合理的赋税，就能促进社会和谐、人民安宁；反之，就会导致社会动荡、人民反抗。

我国古代的赋税制度是随着土地制度或土地状况的变化以及社会现实的需要而不断发生变化。赋税制度是否合理以及能否正确执行，直接关系到其他政策的执行情况和执行效果，甚至影响整个社会经济的发展与社会秩序的稳定。明清时期作为中国封建社会的后期，赋税制度也随着社会的变化而不断发生变化，这有利于改善乡村社会与国家之间的关系。

一、明清时期国家在西南民族地区实施的赋税制度

我国皇权制度下的赋税制度，就其基本性质而言，韩愈的名言最为扼要，他说：

> 君者，出令者也；臣者，行君之令而致之民者也；民出粟米麻丝，作器皿，通财货，以事其上者也。君不出令，则失其所以为君；臣不行君之令而致之民，民不出粟米麻丝，作器皿，通货财，以事其上，则诛！①

韩愈的这几句话不仅将我国封建社会赋税制度完全是皇权绝对统治其国民之工具的性质阐述得非常直白，而且将赋税制度中的皇帝、官吏、百姓应该履行的职责以及权利和义务阐述得十分透彻。众所周知，我国的庶民百姓一般将田赋直接称"皇粮"，将税收称"官课"，这足以说明我国赋税体制对皇权及其官僚制度利益的完全从属。由此，我们直觉地感到封建社会乡村社会民众被迫履行的赋税制度，其实质是一种"以事其上"为根本宗旨的赋税制度。

---

① 韩愈：《原道》，转引自《韩昌黎文集校注》卷一，上海古籍出版社，2018年版。

（一）明清时期西南民族地区乡村社会赋税的种类

从国家财政收入的角度划分,明清时期西南民族地区乡村社会的赋税有四类。

1.田赋

田赋是明清时期对乡村社会拥有土地的人所课征的土地税。"田赋"之"田"是指按田地征收的田租;这里的"赋"是由军赋代金转变成的人头税,叫口赋。明朝初年和中期的田赋被称为"税粮"。自明朝中后期推行"一条鞭法"后一直叫田赋。田赋是国家财政收入的重要来源,明清中央政府都十分重视田赋制度的改革,如明初期和中期继承并实施的"两税法"、明朝后期的"一条鞭法"和清朝的"摊丁入亩"等,对后代有重大影响。

明朝初期和中期的田赋沿袭宋元时期的两税法,分为"夏税"和"秋粮","夏税无过八月,秋粮无过明年二月",其课征以实物为主。作者以《万历会计录》为底本,整理出明代广西各地的田赋情况,详见表7.6。

表7.6　明代广西布政司属各地田赋一览表①

地　名	夏税（麦）/斗	秋粮（米）/斗	备　注
桂林府	12 383.356	1 161 865.272	
临桂县	—	304 592.573	
兴安县	1 537.49	138 559.645	
灵川县	750.82	195 987.412	
阳朔县	夏税（丝）63 斤 3 钱 3 分 7 厘 5 毫		
永宁州	—	31 395.457	
永福县	271.485	41 465.49	
义宁县	319.672	62 394.939	
全州	11 941.397	272 850.589	
灌阳县	—	61 224.781	
柳州府	2 849.348	638 251.42	
马平县	156.951	33 553.821	

①[明]张学颜等:《万历会计录》卷十三,转引自《续修四库全书》(831 册)《史部·政书类》,上海古籍出版社,2002 年版,第 775-789 页。

地　名	夏税(麦)/斗	秋粮(米)/斗	备　注
洛容县	184.958	18 858.651	
罗城县	夏税(丝)4斤2两1钱5分;秋粮(米)73 286.773		
柳城县	1 627.59	98 543.698	
怀远县	夏税(丝)2斤11两5钱7分5厘;秋粮(米)130 412.195		
融县	308.8	130 412.195	
来宾县	夏税(丝)3斤9两5钱8分5厘;秋粮(米)27 669.325		
武宣县	101.642	1 876.889	
宾州	307.58	117 784.659	
迁江县	75.339	141 351.5	
上林县	159.955	63 179.811	
庆远县	76.862	160 852.773	
天河县	43.158	11 423.44	
河池州	16.691	16 865.188	
荔波县	—	3 933.737	
东兰州	2.47	10 135.492	
那地州	—	4 100	
忻城县	14.65	3 193.436	
永顺长官司	—	3 594.843	
永定长官司	—	7 351.126	
平乐府	582.93		
恭城县	夏税(丝)11斤6钱2分5毫;秋粮(米)18 109.757		
富川县	10.5	33 304.793	
贺县	19.45	105 140.874	
荔浦县	92.487	21 622.87	
修仁县	158.456	12 809.91	
永安州	3.9	13 163 395	

第七章　明清时期西南民族地区经济制度下的乡村社会与国家关系

319

续表

地　名	夏税(麦)/斗	秋粮(米)/斗	备　注
昭平县	—	75.818	
梧州府	506.28	1 017 908.763	
苍梧县	夏税(丝)8斤10两9钱3分7厘五毫；秋粮(米)180 389.664		
藤县	1.94	147 542.937	
容县	388.928	84 252.452	
岑溪县	23.893	24 277.331	夏税(丝)折米
怀集县	77.68	57 137.332	夏税(丝)折米
郁林州	689.772	140 976.759	夏税(丝)折米
博白县	389.178	118 133.34	夏税(丝)折米
北流县	115.375	141 478.73	
陆川县	184.935	71 190.275	夏税(丝)折米
兴业县	夏税(丝)4斤7两5钱；秋粮(米)51 717.93		
浔州府	1 195.525	397 783.213	
桂平县	—	107 457.189	
平南县	1 195.525	95 190.99	
贵县	—	184 804.752	
武靖县	—	11 501.172	
南宁府	4 140.295	386 401.824	
宣化县	1 303.72	185 103.379	
新宁州	47.465	10 516.118	
横州	232.525	88 411.21	
永淳县	89.241	34 895.977	
上思州	—	670	
隆安县	2 309.544	58 213.338	
归德州	157.8	4 331.8	
果化州	—	1 400	

地 名	夏税(麦)/斗	秋粮(米)/斗	备 注
忠州	—	1 500	
下雷峒	—	1 000	
湖涧寨	—	360	
太平府	110.56	32 255.798	
太平州	109	3 371	
镇远州	—	992	
茗盈州	—	1 030	
安平州	4	1 903	
思同州	—	885.5	
养利州	—	1 481.5	
万承州	20	5 000	
全茗州	—	1 204	
结安州	—	784.5	
龙英州	—	3 757.5	
佶伦州	—	1 001.5	
都结州	2.5	980.25	
上下冻州	—	1 208.5	
思城州	—	1 869	
左州	—	2 325	
崇善县	65.6	2 102.698	
罗阳县	—	1 558	
陀陵县	—	1 671.75	
永康县	—	403	
思恩军民府	2 308.137	130 519.141	
思恩军民府九土司	1 908.559	56 656.83	
武缘县	1 209.577	73 862.337	

续表

地　名	夏税(麦)/斗	秋粮(米)/斗	备　注
直隶土司衙门	35	110 716.197	
镇安府	—	11 000	
向武州	—	6 541.2	
奉议府	—	2 860	
都康府	35	2 370	
归顺州	—	1 500	
雷劳县	—	2 148	
思明府	—	910	
上石西州	—	300	
下石西州	—	250	
江州	—	2 200	
龙州	—	4 621.5	
思陵州	—	300	
迁隆峒	—	355.5	
上林长官司	—	4 000	
安隆长官司	—	1 416	
泗城州	—	16 469	
田州		48 659.997	

从表 7.6 可见,除一些州县或只缴秋粮,或仅缴夏税丝,或夏税丝折米外,其余一般州县均须缴"夏税"和"秋粮"。明朝后期,中央政府为了增加财政收入,实行"一条鞭法",把田税、丁税、杂税合一,按田亩多少征收,可用银两交纳。

清代在包括西南民族地区在内的乡村社会征收的田赋包括地丁、升科、租课三个项目。地丁,是指地赋与丁赋。清朝雍正二年(1724 年)以丁粮摊入地粮内合一征收,故称"地丁"。升科,是指凡新购买土地或留置旗产地亩或开垦荒地,初报完粮者。租课,是指官田或公有地租给农民耕种,由官府征收地租。地丁、升科、租课各项合称为粮额。

作者在此以贵州遵义地区明清时期的田赋为例予以说明。明初播州土司每年不定量向朝廷贡纳田粮,至明万历时播州杨氏土司每年要向朝廷定额纳粮5 800石。万历二十八年(1600年)"平播之役"后,明廷确定遵义县每年田赋额粮7 212.49石,折征粮差银10 031两、丁差银1 851两,共计折征粮银11 882两。明万历四十六年(1618年)复摊加赋银约909两,年折征粮银共约12 791两。明崇祯三年(1630年)再次摊加粮银约909两,遵义县年折征粮银总额达13 700两。清朝时期对遵义地区乡村社会征收的田赋不断增加。康熙二年(1663年),遵义县额定征收赋粮7 297石、丁粮987石,共计8 284石;赋粮和丁粮共折银12 433两;遇闰年加征闰银730两。到道光十九年(1839年),田赋正额9 448.9石,折征银13 553两,闰年加征闰银934两;田赋正额之外,每年另附火耗银和加派丁银,两项共计4 270两;遵义县田赋正额和附加共计折征银17 823两。到清末时,遵义县田赋粮银和丁银年征总额为银35 284两。[1] 这无疑加重了乡村社会民众的赋税负担。

"改土归流"前的川西北地区,其缴纳田赋的情况又不尽一致。各地土司只向官府每岁认纳少量贡赋,再由土司在辖区内向所属头人或百姓收纳大量年贡。贡赋中除少量征收实物以供军需外,多为折征银两上解。[2]《钦定大清会典事例》卷五百八十七《兵部·土司·土司授职二》载:懋功厅所属的绰斯甲宣抚司资立,每三年认纳贡马一匹,每匹折征银八两。松潘厅所属的包子寺寨土千户噶竹,每岁认纳青稞八石三斗,折米六石二斗零。毛革阿按寨土千户王乍,每岁与麦杂蛇湾寨,共认纳青稞六十四石五斗,共折米二十九石零。阿思洞寨土千户业架,每岁认纳青稞九石,折米六石七斗五升。但在有的土司区,土司也有不认纳田赋的现象存在,如四川龙安府所属的阳地隘口长官司王燱,并无认纳税银粮马。茂州所属长宁安抚司苏廷辅,并无认纳税银粮马。[3] 从这里可见,土司区内,对于田赋来讲,土司有"无认纳"和"认纳"等两种情况。当然,土司认纳的仍然在各地土司中占绝大多数,据《甘孜藏族自治州志》载:

清雍正三年,招抚口外等处土司65员,认纳贡赋杂粮675 261石,折

征银381 185两。雍正十一年,下瞻对土司每年认纳贡布2匹,折银16

---

①遵义市志编纂委员会:《遵义市志》(中册),中华书局,1998年版,第1047页。

②甘孜藏族自治州志编纂委员会:《甘孜藏族自治州志》(中册),四川人民出版社,1998年版,第1464页。

③[清]昆冈等:《钦定大清会典事例》卷五百八十七《兵部·土司·土司授职二》,中华书局影印本,1991年版。

两,仪盖土目郎金每年认纳狐皮1张,折银5钱。木坪董卜韩瑚宣尉使司达秸祖乌儿结,年认纳鱼通地方粮草50石,折银50两上解布政司。明正土司住牧打箭炉,贡赋原额认纳杂粮287石,折征银162两,解赴化林营收;后又每岁认纳贡马银191 545两。冷边、沈边长官司岁纳杂粮折银各50两。巴底、丹东、革什咱、绰斯甲安抚司,均3年认纳贡马银各12两,上解化林营完纳。理塘于康熙五十九年始纳钱粮,每岁认纳青稞500石。折银450两,毛丫、曲登等牧地,每岁上纳贡马、牛折征银150两以支军用,后并入四川额赋。巴塘宣抚司从雍正七年起,每岁认纳贡银191 545两。霍耳孔撒宣抚司每岁认纳青稞350斗、贡马4匹、狐皮12张,折征银86两;叠尔格(今德格县)宣抚司每岁纳青稞1 500斗、贡马12匹、狐皮12张,折征银300两,均由明正司催收兑付泰宁协兵饷。其他土司、千户、百户(瓦述更平、色他、霍耳、春科、瞻对、蒙噶、上纳夺、黎窝、上下临卡等)共岁纳青稞、杂粮、马、牛、狐皮等折征银1 401.37两。①

川西北的方志中记载了康熙年间认纳贡马杂粮,每岁折银征解,共计4 009.85两,各番粮归明正司收,汇起解拨充泰宁协兵饷。档案则记载雍正十三年(1735年)四川布政使窦启瑛查巴塘应征贡赋折征银1 915.45两。乾隆十六年(1751年),四川总督策楞奏,明正司、里塘、巴塘三处地方应纳夷赋共2 500余两。②

2.税课

所谓"税课"实际上就是"商税"。《明史》卷八十一载:"凡税课,征商估物货;抽分,科竹木柴薪;河泊,取鱼课。又有门摊课钞,领于有司。太祖初,征酒醋之税,收官店钱。"③从《明会典》看,西南民族地区的税课除正常的税课之外,其余主要有盐税、鱼课和茶课。现将《明会典》中记载的西南民族地区的税课情况抄录于后。

万历六年税课数:广西税课钞计八万七百九十三贯八百四十一文;四川税课等钞计五十四万四千七百一十八贯二百四十六文;云南税课钞银计一万三千七百六十四两二钱五分五厘,米麦计九百四十四

①甘孜藏族自治州志编纂委员会:《甘孜藏族自治州志》(中册),四川人民出版社,1998年版,第1464页。

②赖慧敏:《清代的明正土司与地方经济》,《第三届中国土司制度与土司文化暨秦良玉研究论文集》,第747页。

③[清]张廷玉等:《明史》卷八十一《食货五商税》,中华书局,1974年版。

石八斗八升八合五勺,海(贝巴)计五千七百六十九索二十手;贵州税课钞计一十四万八千三百六十三贯二百九文。①

万历六年鱼课数:广西计钞二千七十九贯五百三十文;四川计银三百三十七两五钱七分九厘(解陕西);云南计银一千二百五十三两七钱八厘,米麦计三百五十石五斗。②

万历六年茶课数:四川的茶课,本色计一十五万八千八百五十九斤零,折色三十三万六千九百六十三斤,共征银四千七百二两八分。西南民族地区其余各处茶课钞数如下:广西计钞一千一百八十三锭一十五贯五百九十二文;云南计银一十七两三钱一分四厘;贵州计钞八十一贯三百七十一文。③

具体到某个地方,其情况又会有一些变化。如在今川西北的甘孜藏族自治州,除了正常情况下的税课之外,还有牲税(即牧业税)、货税、杂税、常关税等。④ 如在遵义地区,明代播州在万历二十八年(1600年)"平播之役"后,主要征收鱼课、染蜀绢价、茶课等,每年定额征收约银19.96两。⑤ 到了清代之后,遵义地区的税课又发生了一些变化。据《遵义市志》载,清初遵义县开征契税,每年定额收入银100两。康熙元年(1662年)起开征关税、场税,年定额收入分别为银2 515两和583.68两,闰年合计加收闰银288.26两。当时遵义县契税、关税、场税三项年征总额3 198.68两。闰年加收关、场二税闰银288.26两后,合计达3 486.94两。乾隆三年(1738年)达5 146两。光绪年间遵义县开征地方杂捐,直至宣统年间,各项税捐年征总额已达53 980两。⑥ 区区一个遵义县,国家竟征收如此高昂的税课银两,乡村社会民众如何能够承受如此重负!该地区之所以于咸丰六年(1856年)爆发"尖斗事件",就是因为当地民众难以承受税课的重负。

3.官产

这里的官产是指入籍于官府的田地产业的总称。这种情况各地也不尽一致。据《遵义市志》载,清代的遵义地区,其官产收税有下列几种:一是官产学

---

① [明]申时行等:《明会典》(万历朝重修本),中华书局,1989年版,第255页。
② [明]申时行等:《明会典》(万历朝重修本),中华书局,1989年版,第265页。
③ [明]申时行等:《明会典》(万历朝重修本),中华书局,1989年版,第266页。
④ 甘孜藏族自治州志编纂委员会:《甘孜藏族自治州志》(中册),四川人民出版社,1998年版,第1471页。
⑤ 遵义市志编纂委员会:《遵义市志》(中册),中华书局,1998年版,第1047页。
⑥ 遵义市志编纂委员会:《遵义市志》(中册),中华书局,1998年版,第1047-1048页。

田。清康熙五十六年(1717年),遵义知府赵光荣拨置学田。初年收入为米13.135石、银12.45两。除纳条粮外,余助教谕、训导俸米。至清乾隆三十三年(1768年),学田总收入达年租264.16石,每石折银1.6两,共计折银422.66两,另加土租银35两,合计457.66两。从中扣除应赋条粮银15两,每年实收银442.66两,全部拨作府、县两学正、副教官常年业务经费。清末,遵义县学田产业共分18处,年租收入稻谷269石、玉米4石,另租洋(银圆)3.5元。除纳应赋条银并遵义府、县四学每年定额各拨助租米27石外,余额用作培修学署经费。二是棚田。清康熙五十六年(1717年),遵义知府赵光荣拨置棚田。田产分计22处,年收租谷211.95石、土租银4.04两。乾隆三十三年(1768年),每石折银1.6两,计折银339.12两,另增加土租银14.04两,共计353.16两。从中扣除条银22.16两,实收331两。至清末,棚田年租收入达银635.79两。棚田收入余额,作补助坛庙祭祀和书院费用。清末废科举之后,棚田收入改充学款。此外还有逆田、祭田、籍田等类型,这些官产到清末时,其年总产收益约银640两、稻谷约583石、玉米4石。其中专项用于教育支出部分年约640两、稻谷474石、玉米4石。①

4.地方公产

"公产"是相对于私产的一个法律术语。在清末中国的乡村社会,有"公产"概念,它是指那些不属于官方所有,亦不属于私人占有的财产,如地方官员或士绅阶层捐资置办的产业以及一个家族的田产、祠堂等。但在作为收取赋税这个角度来讲,主要是指一些具有地方公共性质的土地。据《遵义市志》载,清代的遵义地区,其地方公产主要有几种:一是书院田。这种田主要由地方官员及士绅捐资置办。清中叶遵义县有田197亩,年收租金100余两,主要用于书院山长、讲席束脩及书院学生伙食炭薪补助。后因开支学生伙食炭薪补助不足,遵义县划拨官田22亩改作书院田,书院田增至219亩。清末,书院田年租收入银229两,1905年废科举后改作办学经费。二是宾兴田。清同治八年(1869年),邑绅蹇阉倡导将兵燹时期死亡或逃亡业主田产清理造册,划作地方公产。起初,年租收入银达9 000余两。光绪元年(1875年),定名"宾兴田"。其后,宾兴田由于逃亡业主回籍认领,代管士绅伺机冒领,以瘠换腴,侵渔中饱,年租总收入减至谷878.6石、银5.8两、制钱7 800文。到清朝末年,扣除赋额银101.83两外,年收租谷919石,每石不论丰歉均定额折收银2两,年净收租银1 838两。另扣除祭奠原业主银28两,所余银额1 810两。宾兴田的收入主要用于全县士子乡试、会试川资卷价费以及公费津贴、渡夫工食、修船费

---

① 遵义市志编纂委员会:《遵义市志》(中册),中华书局,1998年版,第1048页。

等。废除科举考试后,宾兴田租收入改充办学经费。此外,还有公地、马鞍寺田及同仁会田土等。到清末,遵义县地方公产年收入为银 2 346 两,折银圆 3 259元。①

(二)明清时期西南民族地区乡村社会赋税制度的种类

明清时期,与秦汉至宋元一样,我国仍是一个以农业为主的经济国家,农业税(即田赋)一直是国家最大的财政收入,其次是以丁赋(即差役)辅之。但是,明清时期的赋税制度并不是一成不变的,前后也经历了三次变革。应该说,每一次重大的赋税制度变革都是对之前的赋税制度的修正,使之趋于更加合理,行之更为简便。总的来讲,明清时期的赋税制度有两种类型。

1.以土地和财产为主要征收标准的赋税制度,即两税法

唐朝中后期,中央政府为了解决财政危机,于德宗元年(公元 780 年)采纳宰相杨炎的建议,实行两税法,也就是每户按土地和财产的多少,一年分夏、秋两次收税。这种赋税制度一直延续到明代中期。如《万历会计录》中记载的万历年间西南民族地区各地的田赋均是按照夏、秋两次收税,下面以明代云南布政司属各地田赋为例予以说明,详见表7.7。

表 7.7　明代云南布政司属各地田赋一览表②

地　　名	夏税(麦)/斗	秋粮(米)/斗	备　　注
云南府	84 047.475	258 452.32	
昆明县	18 345.515	53 714.921	
富民县	5 178.943	8 649.393	
宜良县	6 498.48	13 840.617	
嵩明县	18 510.5	54 596.925	
晋宁州	8 793.323	18 814.269	
归化县	3 559.27	9 117.98	
呈贡县	6 134.492	17 529.833	
安宁州	3 581.139	28 902.138	

①遵义市志编纂委员会:《遵义市志》(中册),中华书局,1998 年版,第 1049 页。

②[明]张学颜等:《万历会计录》卷十三,转引自《续修四库全书》(831 册)《史部·政书类》,上海古籍出版社,2002 年版,第 791-805 页。

续表

地 名	夏税(麦)/斗	秋粮(米)/斗	备 注
罗次州	1 809.73	12 201.74	
禄丰县	2 484.951	8 042.18	
昆阳州	5 779.162	6 142.419	
易门县	1 342.99	9 212.58	
大理府	91 734.766	156 529.232	
太和县	27 142.124	50 706.123	
赵州	13 445.899	20 571.941	
云南县	18 493.945	27 093.725	
邓川州	9 883.172	14 261.15	
浪穹县	12 290.287	25 986.79	
宾川州	10 417.88	17 761.529	
云龙州	差拨银 56 两 1 钱 2 分 5 厘;棉布 1 200 段		
临安府	13 307.484	147 746.154	
建水州	2 405.22	26 633.311	
石屏州	957.389	21 830.227	
阿迷州	273.32	11 595.883	
宁 州	2 039.391	13 955.979	
通海州	2 492.69	4 249.455	
河西县	2 819.515	16 318.873	
嶍峨县	2 032.85	19 634.95	
蒙自县	287.171	15 659.795	
纳楼茶甸长官司	—	1 999.651	
教化三部长官司	—	2 310	
溪处甸长官司	—	4 242	
在能寨长官司	—	552	
王弄山长官司	—	6 868.853	

地　名	夏税（麦）/斗	秋粮（米）/斗	备　注
亏容甸长官司	—	982.8	
思陀甸长官司	—	411	
落恐长官司	—	23.374	
楚雄府	18 547.26	71 839.39	
楚雄县	6 456.298	28 353.5	
定边县	871.567	3 582.385	
广通县	3 495.624	10 235.752	
定远县	3 511.987	10 795.5	
嶍嘉县	—	1 011.725	
南安州	973.818	6 268.89	
镇南州	3 237.73	11 593.31	
澂江府	21 722.778	50 404.25	
河阳县	9 305.27	19 529.784	
江川县	2 174.898	6 799.367	
阳宗县	2 184.345	5 507.958	
新兴州	5 044.169	11 177.55	
路南州	3 074.95	7 429.59	
景东府	—	21 503.965	
广南府	—	10 056.165	
本府带征	—	7 583.415	
富州	—	2 472.75	
广西府	1 148.4	31 865.895	
师宗州	766.195	12 740.35	
弥勒州	382.25	11 816.795	
维摩州	—	5 789.65	
镇沅府	差拨米粮 100 石，每石折银 7 钱；银 650 两；折色钞 60 锭		

续表

地　名	夏税(麦)/斗	秋粮(米)/斗	备　注
永宁府	差拨马5匹,每匹折银7两		
顺宁府	差拨银450两		
曲靖军民府	13 294.584	65 009.996	
南宁县	4 530.86	13 208.893	
亦佐县	659.4	926.3	
霑益州	3 444.899	33 742.7	
陆凉州	1 676.977	6 338.575	
马龙州	1 557.1	6 908.458	
罗雄州	1 425.5	3 885.7	
姚安军民府	15 966.71	20 420.499	
姚州	9 612.424	11 858.589	
大姚县	6 354.286	8 561.91	
鹤庆军民府	33 558.696	39 853.981	
本府带征	15 898.738	12 731.685	
剑川州	17 061.633	26 033.945	
顺州	598.325	818.351	
武定将军府	4 302.824	30 030.759	
和曲州	1 306.64	8 900.317	
元谋县	582.468	9 617.5	
禄劝州	2 413.716	11 513.392	
寻甸军民府	6 066.87	21 422.497	
丽江军民府	16 395.666	7 741.36	
通安州	9 922.941	3 515.216	
宝山州	1 177.85	938.7	
兰州	2 287.425	635.7	
巨津州	2 678.55	2 306.3	

地　名	夏税(麦)/斗	秋粮(米)/斗	备　注
河西县	228.9	326.2	
蒙化府	19 403.235	29 115.292	
永昌军民府	5 546.141	78 717.987	
保山县	3 158.736	24 420.436	
永平县	1 319.944	9 274.214	
腾越州	—	38 466.51	
施甸长官司	811.26	4 547.379	
凤溪长官司	256.2	2 009.447	
永昌所	差拨银 108 两		
北胜州	10 630.738	15 426.29	
新化州	—	5 048.936	
蒗蕖州	差拨银 60 两		
者乐甸长官司	—	703.5	
威远州	差拨银 400 两		
千崖宣抚司	差拨银 100 两		
南甸宣抚司	差拨银 100 两		
木邦宣慰司	差拨银 1 400 两		
陇川宣抚司	差拨银 400 两		
芒市长官司	差拨银 100 两		
孟定府	差拨银 600 两		
潞江安抚司	差拨银 142 两		
湾甸州	差拨银 150 两		
大候州	差拨银 200 两		
镇康州	差拨银 100 两		
车里宣慰司	差拨金 50 两		
孟养宣慰司	差拨银 750 两		

续表

地　名	夏税(麦)/斗	秋粮(米)/斗	备　注
孟良府	差拨金 16 两 6 钱 7 分		
钮兀长官司	差拨马 4 匹，每匹折银 10 两		

由表 7.7 可见，除一些州县及土司区或只缴秋粮，或差拨银两，或差拨马匹外，其余一般州县均须缴"夏税"和"秋粮"。

总的来讲，明代两税法的课征以实物为主，同时还有一定赋税的减免。明代两税法的实行将原有名目繁多的杂税统一归并为户税与地税两种，这不仅简化了征苛捐杂税的名目，而且使赋税相对确定，从制度上避免了乡村社会的官吏乱摊派的可能。同时，明代两税法按各户的贫富程度确定征税标准，彰显了公平原则。两税法在具体操作过程中以货币计算和交纳赋税，对商品货币经济的发展有一定的促进作用。

2.以征收货币的赋税制度，即一条鞭法和摊丁入亩

第一，"一条鞭法"。时至明朝后期，原有的赋税制度两税法已不适应当时社会经济的发展和土地占有关系的变化。因此，张居正为了增加财政收入，实行"一条鞭法"，也就是把田赋、徭役和杂税合一，折成银两分摊在田亩上，按人丁和田亩多少征税。"一条鞭法"的主要内容是以土地为主要征税对象，以征收白银代替实物征收；以县为单位统计差役、杂役所需人力、物力的总额，平摊到全县土地税中，作为土地税一起征收白银；另外将各种"均徭"改为按人丁数征收白银，称为"丁银"，由官府自行征收解运代替原来的"民收民解"。"一条鞭法"是中国古代赋役制度的一次重大改革，它以货币税代替实物税，结束了秦汉以来以征收实物为主的国家税收方式；废除了一千多年来直接役使农民人身自由的赋役制度，使乡村社会民众的人身依附关系有所松弛；以资产计税为主的税收制度，有利于税赋的合理分担。这种赋税制度的改革虽然由于大地主的阻挠破坏，实行不久就停止了，但中央政府改用银两收税的办法却保留下来。明代国家实施的纳银代役、赋役征银的办法，这标志着我国赋税制度由繁到简、由实物地租向货币地租转变。第二，"摊丁入亩"制度。康熙末年命令废止人丁税，实行地丁合一的制度。康熙五十一年(1712 年)上谕宣布"盛世滋生人丁，永不加赋"政策。"地丁合一"(或"摊丁入亩")政策使得土地的开垦和人口的增加达到了历史空前水平，对中国社会的发展有着深远的影响。雍正年间，将原有固定下来的"丁税"平均摊到田赋中，征收统一的赋税地丁银，反映出封建

国家对农民人身控制的逐渐松弛和商品经济的发展,标志着延续了数千年的"人头税"的废除。

明清时期在西南民族地区实施的"两税法""一条鞭法""摊丁入亩"等一系列赋税制度,足以证明当时国家进行赋税制度改革的决心。这种改革并非完全取决于中央政府或者说取决于皇帝,而是取决于明清时期国家社会生产力的发展。历史经验告诉我们,赋税取之于民,如果赋税过重,就会造成人民缺乏应有的生产积极性,造成生产力的浪费,降低生产效率,最终会造成赋税收入的降低并导致国家财政收入的下降,以及中央政府不能有力保障国家的正常运行。

二、明清时期西南民族地区赋税收入与管理

明清中央政府为了确保包括西南民族地区乡村社会在内的赋税的正常征收和有效管理,从国家层面看,当时十分重视利用各种手段强化对赋税征收的控制和监督,逐步形成了一套颇具特色的管理制度。

(一)设置赋税收入与管理机构

明代时,中央政府在全国设置诸多的课税司,作为专司商税管理的机构。税课司的职责范围有四:其一,负责征商品交易税。洪武二十三年(1390年)令:"各处税课司局商税,俱三十分税一,不得多收。"[1]其二,负责征塌房税和牙钱。明初塌房为国家所有,故税课司兼收塌房税,明中后期塌房多为权贵私占,成为牙商,但须向税课司交牙税方能成为官牙。其三,负责征收市肆门摊税,城镇各店肆、门摊按月赴税课司完成纳税手续,方能继续营业。其四,负责征收契税。税课司"府曰司,县曰局。大使一人,从九品,典税事。凡商贾、僧屠、杂市,皆有常征,以时权而输其直于府若县。凡民间贸田宅,必操契券请印,乃得收户,则征其直百之三"[2]。税课司在全国的设置范围很广,最初设置较多,后来有的被裁革。[3] 在万历年间前,西南民族地区设置的课税局而后被裁革的不在少数,如四川布政司内有:富顺县税课局[嘉靖三十五年(1556年)革]、雅州税课局[以上嘉靖三十五年(1556年)革]、永宁宣抚司税课局[以上嘉靖三十五年(1556年)革];四川行都司内有:建昌卫税课局[以上嘉靖四年(1525年)革]、

---

①[明]申时行等:《明会典》(万历朝重修本),中华书局,1989年版,第255页。

②[清]张廷玉等:《明史》卷七十五,中华书局,1974年版。

③姜晓萍:《明代商税的征收与管理》,《西南师范大学学报(哲学社会科学版)》,1994年第4期,第104-108页。

盐井卫税课局[以上嘉靖四年(1525年)革];广西布政司内有:全州税课局[嘉靖三十七年(1558年)革]、庆远府税课司[嘉靖三十七年(1558年)革];云南布政司内有:曲靖军民府税课司[嘉靖元年(1522年)革]、景东府税课司[嘉靖十年(1531年)革]、蒙化府税课司[隆庆二年(1568年)革]。明代万历年间,西南民族地区仍然设置有大量的税课机构,如四川布政司设有泸州税课局、乌撒军民府税课司;广西布政司设有桂林府税课司、梧州府税课司、南宁府税课司;云南布政司设置有云南府税课司、大理府税课司、临安府税课司、霑益州交水税课局、楚雄府税课司、腾冲军民指挥使司税课局、永昌军民府税课司;贵州布政司设有镇远府税课司、普安府税课局、镇宁府在城税课局、贵州宣慰使司贵州税课局。①

对于明清时期西南民族地区乡村社会来讲,其赋税分为田赋和税捐两种。对于府州厅县,收取田赋的机构一般设在衙门,名称叫户房,征管田赋及地方杂税。在土司区,由土司衙门征收管理。收取税捐的机构名称时有变化,或叫户房,或称厘金局,或谓土药统税局等。作者仍然以今贵州遵义地区志为例予以说明。②

据《遵义市志》载,明万历二十八年(1600年)"平播之役"前,播州地区的田赋由土司衙门征收管理。据有关文献记载,播州杨氏土司在其辖地自收田粮,视情况向朝廷缴纳,或进献土特产品,以示臣属。明洪武七年(1374年),中书省奏请征收播州田赋,每年纳粮2 500石为军储。明太祖朱元璋因杨氏率先归附,准予随其所入缴纳,不必定额。永乐四年(1406年),明廷免征播州荒田租,表明田赋征额已定且有增加。到明万历年间,播州缴纳田赋年定额达5 800石,运至贵州交讫。播州末代土司杨应龙袭职后,另行"等责"制度,按地每亩征银一至数钱不等。万历二十九年(1601年),播州"改土归流"后,将播州辖地分置遵义、平越二府。遵义府有田396 305亩、土885 142亩,合计1 281 447亩。按最低征率(每亩银一钱)计算,仅遵义府辖地即可征收等责银12.81万余两,加上平越府辖地所征,数额更大。当时遵义县衙设有户房,专门负责征管田赋及地方杂税。清朝时,遵义县衙仍设户房,征管田赋、官产地租及地方杂税、杂捐等。康熙二年(1663年)以后,每石赋粮折征银1.5两,田赋丁粮共折征银12 433两。闰年加征闰银730两。道光十九年(1839年),遵义县总计年征田赋正额和附加共达17 823两。到清末时,田赋粮银和丁银年征35 284两,较以前赋额最高的道光年间净增约一倍。

---

① [明]申时行等:《明会典》(万历朝重修本),中华书局,1989年版,第248-254页。
② 遵义市志编纂委员会:《遵义市志》(中册),中华书局,1998年版。

在明末和清前中期的税捐方面,遵义县衙设有户房,除负责征管田赋外,同时还负责征收税捐。据文献记载,明末时遵义县每年征收税鱼课,定额解府0.923两,闰年加解0.077 9两;每年征收染蜀绢价定额银1.825 5两,解布政司;每年征收茶课定额银17.212两,解布政司。遵义县在清初至清末征收税捐有几种:一是契税。以买卖或典当田地、房屋等所订立的契据所载金额为征税依据。契银百两以上为大契,每两征税银5分;百两以下为小契,每两征税银3分;遵义县年解税银100两。二是关税。清康熙元年(1662年)开征关税,由遵义府于交通要道设关卡征收,税源以盐为大宗,税款按季解交司库。清康熙年间,年征税银2 515两,闰年加征闰银239.63两。乾隆初年(1736年)达1万余两,乾隆三年(1738年)裁减为5 657两,扣除税卡人员经费及火耗银后,年解藩库5 046两。清光绪初年,改由四川代征,关税停征。三是场税。康熙元年(1662年)开征,其征税对象主要为遵义县所属区、乡、场镇手工业产品及农副产品,年征税银583.68两,闰年增加税银48.63两。雍正时期,遵义县的场税每年仅能征收银339两。雍正十二年(1734年)遵义等地的山场小税,参照黔省通例,奉准豁免。四是牙帖税。嘉庆二十四年(1819年)开征,每年定额征收牙帖银3两,由牙行(经纪人组织)缴纳,申解藩库。光绪十四年(1888年),并入杂税征收。五是当税。每一当铺年缴定额税银5两。

清咸丰十一年(1861年),遵义县设有厘金局,并于凤朝门、南门关、北关、松林、绿塘、新渡、西坪、木石村处建立八个查卡。在乌江、茶山渡、羊岩河、两路口、鸭溪、泮水、庆远(现名三岔乡)、水碾沟、黎民镇、新舟、板桥、虾子处设12个分卡,对过往物资征收厘金。清光绪三十二年(1906年),遵义县于厘金局之外,另设土药统税局(俗称官膏局),对鸦片、药材等征收统税。两年后,统税停办,统税局撤销,土药归并厘金局征收。

(二)赋税征收与管理

随着明清时期商品经济的繁荣,赋税收入在明清国家财政收入中所占的比重越来越大。这就迫使明清中央政府进一步完善赋税制度,结合明清时期包括西南民族地区在内的社会经济状况建立起严密、合理的赋税征收体系,以保障中央政府对赋税的控制和增加国家财政收入。

1.田赋征管

在明清时期,田赋作为财政收入的大宗,国家一直高度重视。《明会典》

卷之二十九《征收》中说:"国初因田制赋、税粮草料各有定额。每年、户部先行会计,将实征数目,分派各司府、州,照数征收。"①明代在征收税粮方面有一系列明确的规定。一是具体负责征收人的规定:"洪武四年,令天下有司度民田。以万石为率,设粮长一名,专督其乡赋税。""洪武十八年,又令各该有司复设粮长。以民户丁粮稍多者充当。"二是征收税粮的季节及用度:"洪武十六年定,凡各处秋夏秋税粮,已有定额,每岁征收。必先预为会计。除对拨官军俸粮并存留学粮廪给、孤老口粮及常存军卫二年粮斛以备支用外,余粮,通行定夺,立案具奏。"三是征收税粮的程序、具体操作人员及职责:"凡征收税粮,律有定限,其各司府州县如有新增续认,一体入额科征。所据该办税粮,粮长督并里长,里长督并甲首,甲首催督人户。装载粮米,粮长点看见数,率领里长并运粮人户起运。"②总的来讲,明代西南民族地区由于有土司区和一般民族地区的区别,因此,征收税粮也不尽一致。如土司地区征收田赋分为实物或折征银两等形式,其赋额视各地情况派定,依靠里、排、甲、亭等基层行政组织征收,汇交土司衙门。③明代中央政府对西南民族地区的税粮,在一些情况下采取了一定的优惠政策,如:"隆庆六年题准,将贵州所辖土司比照有司事例。自六年为始。如全完至七八分者,奖赏。""万历元年题准,广西清出猺、獞占据田土,除平乐、荔浦、永安、原系民田,拨还耕种、办纳赋役外,其余俱拨今立土司募兵领种。每名给田十亩;其大小头目,酌量加添。三年后,方行起科。每亩止征三升,照原分属县上纳。一应差徭,悉行蠲免。"④

明末至清代,其田赋征管政策有发生一些变化。一是以粮计额,折征银两。"一条鞭法"实施之后,西南民族地区各府州县衙户房均按土地面积派定赋额,直至清末,以田土的亩数计征田赋与丁粮,征收时不交粮食,按当时的粮价折征银两。二是清丈田土,查定赋额。清康熙二年至七年(1663—1668 年),国家在包括西南民族地区在内的乡村社会大量地清丈田土,按上、中、下田分级征赋。此后,西南民族地区各地再次清丈田土,查定赋额。据杨世贤的《广西田赋概要》载,清代嘉庆年间,对广西的田亩清丈了一次,其结果显示,前后确有不同程度的差异,其具体情况见表7.8。

---

①②[明]申时行等:《明会典》(万历朝重修本),中华书局,1989 年版,第 245 页。

③遵义市志编纂委员会:《遵义市志》(中册),中华书局,1998 年版,第 1023 页。

④[明]申时行等:《明会典》(万历朝重修本),中华书局,1989 年版,第 245-246 页。

表 7.8　清嘉庆五年(1800年)广西各属田亩一览表①

单位:亩

属　别	田亩数	附　记
临桂县	5 216.034 9	原额民屯更名,附征共田五千八百九十二顷六十八亩五分三厘四毫,即今之桂林县
兴安县	1 283.937 5	原额官民屯附征共田二千二百一十一顷七亩八分七厘
灵州县	2 783.746 2	原额官民屯附征共田三千三石十五顷八十二亩六分三厘
阳朔县	1 161.187 2	原额民屯猺附征共田一千三百七十四顷三十亩三毫
永宁州	834.701 1	原额官民镇堡兵田附征共田一千八十八顷五十四亩六分,即今之百寿县
永福县	406.653 5	原额民屯附征共田九百三十七顷五十亩八分九厘
义宁县	1 107.707 8	原额官职民屯附征共田一千一百八十六顷二十三亩三分九厘
全州	4 412.325 6	原额官职民屯附征共田六千五百五十顷六十亩七分八厘
灌阳县	1 481.034 3	原额官民猺屯共田一千七百一十二顷九亩二厘
马平县	819.201 9	原额官民屯附征共田一千五十二顷二十三亩二分九厘
雒容县	486.730 9	原额官民共田五百三十二顷五十五亩十分八厘
罗城县	866.408 7	原额官民抚化猺獞无征田四十四顷三十九亩分尚田九百六十四顷二亩九分
柳城县	902.292 5	原额官民二项共田一千六百四十五顷十五亩七分四厘
怀远县	142.179 4	原额官民二项共田一百四十一顷四十六亩三分四厘,即今之三江县
融县	135.1700	原额官职民屯獞共田二千一百一十五顷九十七亩二分九厘
象州	1 007.039 2	原额官职民屯附征共田一千三百三十六顷四十九亩九分六厘
来宾县	408.651 2	原额官职民屯附征四项共田四百一十四顷一十八亩八分一厘
宜山县	931.309 6	二厘原额官民屯共田一千二百二十顷九亩七分

①[民国]杨世贤:《广西田赋概要》,广西省政府经济委员会,民国二十五年(1936年)版,第13-23页。

续表

属　别	田亩数	附　记
天河县	307.014 5	原额官民共田三百二十五顷七十亩五分五厘
河池州	409.108 7	原额官民共田四百七顷一十六亩五分二厘
思恩县	518.670 1	原额民屯共田五百七十二顷五十九亩七分
东兰州	204.520 4	原额民田捐纳共二百四顷三十五亩五分四厘
理苗县丞	162.217 5	
那地土州	288.839 4	
南丹土州	226.744 9	原额民屯二百二十七顷一十八亩九分九厘
忻城土县	66.960 5	
东兰土州	21.914 8	
永定长官司	45.504 8	
永顺长官司	56.476 6	原额民田六十三顷九十三亩一分六厘
永顺嗣长官司	18.925 2	
武缘县	1 713.995 9	原额官民屯共田一千八百一十九顷九十一亩八分四厘,即今之武鸣县
宾州	2 152.596 3	原额官民屯共田二千一百七十九顷六十六亩三分六厘
迁江县	773.735 3	原额官民驿田地塘屯附征共田九百四十一顷三分三厘
上林县	2 513.362 0	原额官民屯三顷共田二千八百六十八顷五十一亩七分七厘
土田州	502.050 0	原额六甲官表祀站兵徭田圩共二万八十二圩如税折上数即今之百色、恩阳、恩隆三县地
上林土县	—	原额田无顷亩
白山土司	193.732 4	实征熟田地塘共税如上数
兴隆土司	157.356 5	实征熟田地塘共税如上数
定罗土司	228.847 6	实征熟田地塘共税如上数
旧城土司	105.993 0	实征熟田地塘共税如上数
下旺土司	83.911 9	实征熟田地塘共税如上数

属　别	田亩数	附　记
那马土司	264.278 1	实征熟田地塘共税如上数
都阳土司	—	有粮额无田额
古零土司	79.227 0	实征熟田地塘共税如上数
安定土司	75.017 7	实征熟田地塘共税如上数
何旺堡	11.328 8	实征熟田地塘共税如上数
凌云县	—	实征首报田二十二伯
西隆州	166.391 6	
西林县	125.996 6	
平乐县	157.350 4	原额官民屯附征共田一千五十六顷七十六亩七分七厘
恭城县	578.549 6	原额官民并清出堡兵征屯田五顷共田五百七十六顷八十六亩六分八厘
富川县	1 099.916 8	原额官民猺屯共田一千九十七顷六亩六分一厘
贺县	2 206.548 5	原额官民獞学于夏屯附征共田二千二百一十九顷二十二亩三分七厘
荔浦县	522.054 1	实征官民猺屯共田如上数
修仁县	186.874 0	原额官民獞屯共田一百八十六顷七十三亩二分
昭平县	1 467.195 9	原额官民獞共田一千四百六十五顷一十五亩二厘
永安州	273.742 8	原额官民并清出堡兵三顷共四千二百六十八顷八十亩五分六厘,即今之蒙山县
苍梧县	3 761.795 3	原额官民学獞屯附征共田三千七百五十九顷一十亩八分四厘
藤县	3 642.215 4	原额官民猺附征共田三千七百三顷三十二亩七厘
容县	1 903.614 3	原额官民屯附征共田一千九百顷二十三亩八分五厘
岑溪县	780.580 9	原额官学民獞并共田七百七十七顷八亩六分六厘
怀集县	167.156 3	原额官学民屯附征共田一千六百六十四顷四十五亩九分二厘

续表

属　别	田亩数	附　记
桂平县	2 596.851 8	原额官民屯狼①共田二千八百八十九顷三十一亩七分九厘
平南县	1 847.525 3	原额官职学民猺共田二千三百三十五顷六十八亩一份五厘
贵县	4 385.653 0	原额官民屯猺狼丈田地塘共田五千三十六顷三十九亩三分
五宣县	472.271 5	原额官民屯共田四百七十六顷四十亩一分
宣化县	4 254.528 7	原额官民屯共田四千五百三十一顷八亩一分九厘,即今之邕宁县
新宁县	1 747.009 8	原额官民共田一千七百四十六顷一十八亩三分二厘
隆安县	1 604.180 3	原额官民共田一千六百三顷七十四亩三厘
横州	2 485.516 9	原额官民屯共田二千四百八十顷九十七亩一分九厘
永淳县	954.027 7	原额官民屯狼军夏桑田九百五十二顷一十九亩二厘
上思州	—	原额田无顷亩
归德土州	—	原额田无顷亩
果化土州	—	原额田无顷亩
土忠州	—	原额田无顷亩,即今之绥渌县
迁隆土司	—	原额田无顷亩
剥甘上中下勾等二十一村	—	原额田无顷亩
崇善县	55.711 1	原额民职民屯附征共田五十四顷二十七亩一厘又附征恩城州首出膳田三百三十九户
左州	49.059 4	实征熟原额官民田如上数
餐利州	31.714 4	原额官民田三十顷七十亩四分八厘
永康州	72.893 0	原额官民及思同陀陵并共田六十六顷八十八亩三分一厘,即今之同正县
宁明州	41.240 0	实征原额管出并勘马户共田如上数

①狼:古代统治阶级对壮族先民中一支的侮辱性称呼。——作者注

属　别	田亩数	附　记
思城土州	37.380 0	实征熟原额官民田如上数,今改流地归崇善县
太平土州	58.619 4	实征熟原额官民田如上数
安平土州	38.140 0	实征熟原额官民田如上数
万承土州	100.400 0	实征熟原额官民田如上数
茗盈土州	20.600 0	实征熟原额官民田如上数
全茗土州	24.080 0	实征熟原额官民田如上数
龙英土州	75.150 0	实征熟原额官民田如上数
佶伦土州	24.030 0	实征熟原额官民田如上数
结安土州	15.692 0	实征熟原额官民田如上数
镇远土州	19.840 0	实征熟原额官民田如上数
都结土州	19.655 0	实征熟原额官民田如上数
思陵土州	—	原额田无顷亩
土江州	—	原额田无顷亩
土思州	—	原额田无顷亩
上石西土州	—	原额田无顷亩,又州久改流,今其地辖十明江同知
下石西土州	—	原额田无顷亩
上下冻土州	20.570 0	实征熟原额官民田如上数
凭祥土州	—	原额田无顷亩
罗白土县	—	原额田无顷亩
罗阳土县	24.000 0	实征熟原额官民田如上数
上龙土司	—	原额田无顷亩
下龙土司	—	原额田无顷亩
小镇安通刊	39.855 0	原额田不称顷亩自乾隆四十三年(1778 年)至嘉庆三年(1798 年)编征新垦开称田如上数
天保县	—	实征熟田五千三百二十一坪一百一伍小半伍

续表

属　别	田亩数	附　记
奉议州	33.306 3	即今之田东县
归顺州	1 153.624 4	原额官民田一千八十一顷八亩八分三厘,即今之靖西县
向武土州	—	原额田无顷亩
都康土州	—	原额田无顷亩
下雷土州	—	原额田无顷亩
郁林州	3 475.928 8	原额官民学屯附征共田三千二百八十四顷九十四亩三分五厘
博白县	2 463.547 9	原额官学民共田二千四百五十八顷二十三亩五分一厘
北流县	2 320.555 6	
陆川县	1 549.711 9	原额官学民狼共田一千五百四十九顷六十七亩七分八厘
兴业县	1 189.496 9	原额官民狼附征共田一千一百七十七顷三十七亩一分五厘
合计	89 563.662 2	又田垆六千二百四垆一伯一五小半五一分田伯二十二伯膳

注:本表以亩为单位,亩之上二位为顷,小数为分厘。

据文献载,至嘉庆十七年(1812 年),奏销册所报田地总数中,广西省的各项田地顷亩总数为八万九千七百六十顷四十三亩有奇,又田伯一十二伯,田垆六千六百二十三垆,膳田三百三十九户。与嘉庆初年相比,田亩数量有若干增加。又至同治十三年(1874 年),则各项田地额减为八万九千六百零一顷七十九亩有奇,除田伯、膳田无增减外,而田垆则增为六千六百四十一垆有奇,这是从该年校刊的《户部则例》摘录者。迨至光绪年间,则复呈增加,据《钦定大清会典》所载:光绪十三年(1887 年)奏销册报各省田地总数,广西省民田、官田共计八万九千六百三十七顷八十三亩有奇,田伯二十二伯,田垆七千三百三垆有奇,膳田三十九户。[①] 这就说明,清代广西的土地在每次丈量过程中的确存在一定的差距。不仅广西如此,云南、四川、贵州等省也应该有类似情况。

在《钦定户部则例》卷五《田赋》中,对西南民族地区各省的田地总数均有

①转引自[民国]杨世贤:《广西田赋概要》,广西省政府经济委员会,民国二十五年(1936 年)版,第 23 页。

明确的记载：

> 广西省各项田地共八万九千六百一项七十九亩有奇（原额九万九千九百二十四顷一十九亩有奇）。又田六千六百四十坪有奇，原额六千五百四坪，每田五分为一五，一亩为一十二亩为一百二百为一坪。膳田三百三十九户，系太平府属官族目男、目卯，首出畸零，田地难以查丈，论户输粮。

> 云南省各项田地共九万三千三百七十七顷九亩有奇（原额九万三千一百四十五顷六十七亩有奇）。官庄田地八百二十二顷二十余亩。又夷田八百八十三户。

> 贵州省各项田地共二万六千八百五十四顷有奇（原额二万六千八百二十五顷六十亩有奇）。

> 四川省民赋田每亩科银一厘五毫九丝至八分四厘九毫一丝有奇。不等粮每斗折银四分，估粮每石征银七分一厘二丝至七钱一分二厘有奇不等。卫所归并，州县屯田每亩科银一分二厘五毫至三钱不等。粮二斗七升二合七勺有奇，每粮一石征米五斗至八斗不等。土司地每亩科银三厘四毫至二分三厘一毫有奇不等，卫所管辖屯地每亩科银一分二厘五毫至二分不等，米一升九合二勺九抄至八斗不等，共额征银六十万一千五百余两。遇闰加征银二万三千二百余两，额征米一万二千一百五十余石，遇闰不加征。①

这里记载着西南民族地区各省田地的确切数字，其实质是为了确保征收税粮的无误，其最终目的是增加国家的财政收入，充实国库。

2.税捐征管

明清时期中央政府对包括西南民族地区在内的税捐都注重管理，并制定了一系列法律法规。如明朝洪武、永乐年间规定："凡商税三十税一，过取者以违令论。"②对于地方官员私设名目苛征商人者，严惩不贷。明代洪武、永乐年间，明政府还多次颁布免税、减税诏令。洪武十三年（1380年）令曰："囊者奸臣聚敛，深为民害，税及天下纤悉之物，朕甚耻焉。自今如军民嫁娶，丧祭时节追送礼物，染练自织布匹及买已税之物，或船只车辆运自己物货并农用之器，各处小民挑担蔬菜，

①《钦定户部则例》卷五《田赋》，同治十三年（1874年）校刊。
②《明太祖实录》卷一百四十"甲辰四月乙酉"条。

各处溪河小民货卖杂鱼,民间家园池塘采用杂果非兴贩者,及民间常用竹木、蒲草、器物并常用杂物、铜锡器物、日用食物俱免税。"①永乐十年(1412年),又令巡按御史赴各地考察商税征收情况,若发现有"数倍增收及将琐碎之物概勒税者,治以罪"②。明代中央政府的三令五申,迫使地方税务官员有所收敛,不敢乱征、苛征,从而保障了商税的简明额轻。到了清代,同样有类似的规定,如"绅衿除优免本身丁银外,倘借名滥以子孙、族户冒入者,该地方查出,生监革职、官题参,各杖一百。受财者从重论。如有私立官儒图户名色,包揽诡寄者,照脱漏版籍律治罪。诡寄者与受寄者同罪"③。《钦定户部则例》卷八中规定:"贵州省古州、八寨、台拱、丹江、清江等五厅属共安屯军八钱九百三十九户,每户给以上田六亩或中田八亩,下田十亩,统计上、中、下三则共官授田六万三千一百五十余亩,附田、山土仅其垦种,所授各军田亩官给印照,永执为业,每年加纳米五千五百余石,除支给屯军工食外,余具变价,解司充公。该管巡道不时稽查,令承田屯军兵该管小旗、总旗百户,于年终出具,并无私相出售。甘结投递,该管厅弁巡道加结申送督抚查核,倘有办理不实或互相徇隐,即行分别究参。"④

明清时期在税捐征管方面采取的具体举措有四:⑤一是派额征解。明代至清初,西南民族地区乡村社会的各种山场杂税按集贸市场的大小派定税额,由场头抽收解交。二是关卡征收。清初至光绪初年,西南民族地区各地设关卡检查进出货物,征收关税。清咸丰十一年(1861年),贵州遵义县就设置厘金局,下设12个厘卡征收厘金。清光绪十四年(1888年),遵义县复设关卡征收杂税。三是比例抽收。明清时期,西南民族地区乡村社会各地产品税课及杂捐等均按比例抽收,定额解交。四是实收实解,有清一代,西南民族地区乡村社会征收契税,年无定额,按实征数额解交司库,增加国家财政收入。

总之,明清时期西南民族地区乡村社会的财政收入以田赋为主,兼收少量税课;而地方财政支出以行政管理费用(薪俸、工食银、公用经费、驿传岁费等)为主,并每年拨付少量定额支出养济孤老。清代前和中期,西南民族地区乡村社会的财政收入仍以田赋为主,但税课收入增加。支出项目主要为行政官吏薪俸、铺夫工食银两、府县廪生月米(膳食杂费)、守城士兵和塘汛士兵食米,以及少量祭祀、慈善事业定额支出等。清末时期,国家对西南民族地区乡村社会每

①②《续文献通考》卷十八《征榷一》。

③转引自魏向阳:《康乾盛世的扛鼎杠杆》,首都师范大学出版社,1993年版,第65页。

④《钦定户部则例》卷五《田赋》,清同治十三年(1874年)校刊。

⑤遵义市志编纂委员会:《遵义市志》(中册),中华书局,1998年版,第1024页。

年的田赋和税课的收取数量大幅度增加,这就导致在咸丰同治年间发生长时间的地方战乱和苗民起义,百姓逃亡离散,使西南民族地区乡村社会民众蒙受巨大的苦难。

三、明清时期国家赋税制度与西南民族地区乡村社会的关系

通过前面的分析,结合有关专家的研究,作者认为,明清时期在西南民族地区乡村社会实施的赋税制度有这么几点值得注意:第一,赋税归属。在封建社会里,由于皇帝、国家、中央政府三位一体,皇帝视国为家,视民为子,皇帝既代表中央政府,也代表国家。所以,明清时期的皇帝往往以中华大家庭家长的身份在包括西南民族地区乡村社会在内的全国各地征税,对各地赋税实行"强权征收",并不征求纳税人的意见或同意,所征收的赋税既属于国家与中央政府也属于皇帝。第二,赋税结构。包括明清时期在内的中国封建社会,一直是以农业税为主体,虽然在明代实施了一条鞭法和清代实施了清摊丁入亩,但是,明清中央政府一直将农业税置于赋税制度的核心地位,将工商税看作辅助赋税而已。第三,赋税征收与管理。我国封建社会中的赋税政策历来由皇帝执掌,明清时期也不例外。赋税征收机构,在国家层面主要是户部,在地方政府层面主要在税课司(局)、户房或厘金局。在赋税管理方面,明清时期的国家税收和皇帝私家收入主要采取分理方式,也就形成了国家和皇室两套管理系统。地方上的赋税管理或由府州县的税课司(局)、户房或厘金局管理,或由各地土司负责管理。第四,赋税的收入。基于明清时期沿袭过去"家国一体"的建构模式,明清中央政府的赋税收入具有突出的强制性质——强权收入,这种赋税收入主要是通过国家强权和高压政策取得收入,因此,具有随意性和专断性的特点。或许只是由于这些因素,从而形成了明清时期国家赋税制度与西南民族地区乡村社会的关系。

(一)赋税制度下的宗族组织

作者在前面讲过一句话:宗族社会是一个缩微社会,宗族组织是一个浓缩版的地方政府。可以说,明清时期西南民族地区乡村社会的宗族组织在维护乡村社会稳定方面功不可没。明清时期西南民族地区乡村社会的宗族组织与我国其他地方一样,也是以血缘关系为基础建立起来的一个社会共同体。各宗族组织严密的户口管理制度通常是以续修族谱、分胙钦福、发放义米为名建立的。其实,宗族组织已成为明清时期乡村社会最基本、最普遍的组织形式,在完清国

家规定的赋税方面表现得最为明显。明清时期西南民族地区乡村社会各宗族组织征收赋税的方式有三种：一是由祠堂代为催征；二是由祠堂直接征收，然后汇总解交官府；三是由祠堂用族产公款代纳钱粮。一般来讲，明清时期西南民族地区乡村社会的宗族组织，在国家赋税制度实施过程中起到了积极的作用。

1.在各宗族族规中大都有保证赋税征收的内容

如《秦氏家乘》中的《秦氏家规》开宗明义的第一条就规定："子孙务遵国家法制，正赋当及期而贡，即正赋外随时所议征输，亦上贡须早，勿听浮薄子言，不知忠爱，以惜财误公，自干罪戾。"①一般情况下，如果族人不按期缴纳税粮，族规都要对其进行处罚。

2.宗族组织与保甲组织的结合，促成赋税的完成

在明清乡村社会中，宗族组织与里甲、保甲、团练等相互交错，各组织及其任职人员相互重合，因此，乡村社会的里甲、保甲等催办钱粮的任务就自然而然地由宗族组织承担。雍正四年（1726 年），清政府制定选立族正之例，并陆续在苗、壮等民族聚居省份推行。清政府为了推行保甲制，允许保甲不能编查的同姓聚居之地方，不设立保甲，而有族正代替保长、甲长行使职责。在保甲与宗族组织并存之地，保长、甲长或由巨户大族的首领担当，或由巨户大族指派某人担当，任保长、甲长之人在履行职务的过程中，直接受宗族的影响。这就促使宗族组织与保甲组织合而为一。在此情况下，宗族组织在赋税征收方面可以发挥比较大的作用。

3.用族田收入以完成赋税

族田作为宗族的共有财产，在完成赋税方面也起到主要的示范作用。据《广西通志》和《永顺县志》载，由于明清时期的西南民族地区乡村社会各地宗族均有"置义田以赡族"或"赡族中贫乏"的习惯，所以设置族田的风气在西南地区相当盛行。据梁任葆估计清代广西族田数量，在道光末年每县平均约有 30 000 亩。②如果按当时广西共有 66 州县计算，族田约为 1 980 000 亩。按咸丰元年（1851年）广西总田额为 8 960 179 亩，③据此，广西的族田估计占 22.10%。在目前广西的一些方志中，多有族田的记载：在容县，"联合族人营建宗祠其祭费或出于祀田或醵金"④；在三江侗族自治县，"族人醵金置产，或以基金放贷，取其租息，

①秦成德：《秦氏繁衍史》（内部版），石柱县人民印刷厂，1996 年版，第 641 页。

②转引自梁任葆：《金田起义前广西的土地问题》，《历史教学》，1956 年第 7 期，第 46-49 页。

③《户部则例》卷五，咸丰元年（1851 年）校刊。

④容县志编纂委员会：《容县志》卷四《舆地志·风俗》，广西人民出版社，1993 年版。

以供蒸尝之需"①。由于族田是一个宗族赖以生存的物质基础,其中完纳国课也是族田的主要功能之一。也就是说,当一个家族中有人无力完清国家规定的赋税时,宗族组织可以动用族田的收入帮助完清。

(二)赋税制度下的土司

明清时期,中央王朝每年除了给土司划拨一定的银两作"耗羡""养廉"费用外,其他薪俸全无。因此,西南民族地区土司的公私费用,全部取之于民。也就是说,明清时期赋税制度下的西南民族地区土司,他们在征收国家赋税的名义下,以各种名目大肆搜刮民脂民膏,剥削辖区内广大民众。如广西大新县的土司的名目诸如若柴马、若工墨、若贡品袋璜、闰年耗银、田例、额夫、纳鞭之墨、火耗、坐平、余平、扣水、加码、随封、赎单、羡余、比较、经解、长捐、雇夫、月米、边规、地庙、底素、串票、飞粮、役谷、拆免钱、委牌钱、稿堂钱、汉堂当递、地利算禾谷等30多种。附征往往大于正税,如婚丧事亦随科加派,额外取盈。更有甚者,娱乐的玩具,亦可以随意向百姓索取。土官好斗蟋蟀,就勒令百姓抓了送来;土官喜欢珍禽异兽,亦令百姓抓捕送给。粮赋的多少并非以田地多少为标准,而是以土官口判为凭,所以各地税赋是不公平的,加上隶属头目插手,流弊之多更是无底洞。如广西大新县万承土州,百姓除了种田纳粮税外,还要纳屋税、鱼塘税、牛税、马税、猪税、鸡税、鸭税、田契税、洒税、糖税、打柴税、地摊税、人头税、招赘税、道公巫婆税等。万承土州农民耕种正粮田、官田、番田、官族用或地主田,都要纳税。由于土司辖区赋税太重,农民无法交清,有的农民便成为土官狱中的囚犯。②

(三)赋税制度下西南民族地区乡村社会的"抗粮"事件

有清一代在继承明代"一条鞭法"的基础上,康熙年间实施了"滋生人丁,永不加赋"的赋税政策;雍正以降,国家又相继进行了"摊丁入亩""耗羡归公""养廉银两"等一系列赋役制度改革,这些具有划时代创新意义赋税制度改革,理应得到当时社会的高度认可。但事与愿违,在清代后期,在西南民族地区(特别是贵州省)爆发了多次"抗粮"事件。所谓的"抗粮"是指公开抗拒交纳政府的赋役。这是乡村社会与国家争夺赋役资源的最激烈的形式。如果针对某个具体的府州县来讲,则是乡村社会与地方政府争夺赋役资源的最激烈的形式。据傅衣凌先生在《太平天国时代的全国抗粮潮》文中统计,咸丰年间西南民族地区就爆发有六次"抗粮"

①姜玉笙:《三江县志》卷二《风俗》,成文出版社,1975年版。
②大新县地方志办公室:《大新土司志》,广西人民出版社,2013年版,第60-61页。

事件[即咸丰三年(1853年),贵州黄平;咸丰九年(1859年),云南开化府,贵州桐梓、仁怀、铜仁等]。① 此外,在道光三十年(1850年),贵州天柱县爆发了农民武装抗粮斗争;咸丰三年(1853年)瓮安县爆发了一次参加者万人以上、持续两年多的抗粮斗争。清末爆发多次"抗粮"事件的原因有三。

1.政治方面的原因

清朝乾隆年间中后期,由于政治腐败的加剧,地主官僚利用政治和经济强势,或逃避赋税,或转赋税于民,这势必导致乡村社会下层贫民在来自官府、地主、官僚等多方面的赋税负担的基础上经济状况更加恶化。故激烈的"抗粮"事件时有发生。

2.经济方面的原因

由于清政府对各地田地、人口和赋役资源的愈加控制,乡村社会对田地隐瞒、赋税规避日益严重的情况下,中央政府对包括西南民族地区在内的田赋银两和田赋粮食也愈加控制。详见《清顺治、康熙、雍正、乾隆四朝西南地区各省田赋银两数》(表7.9)、《清顺治、康熙、雍正、乾隆四朝西南地区各省田赋粮食数》(表7.10)。

表 7.9　清顺治、康熙、雍正、乾隆四朝西南地区各省田赋银两数

单位:两

直省别	顺治十八年 (1661年)	康熙二十四年 (1685年)	雍正二年 (1724年)	乾隆三十一年 (1766年)
四　川	27 094	32 211	225 535	660 801
广　西	199 654	293 604	308 124	391 352
云　南	61 748	99 182	91 257	105 784
贵　州	53 150	53 512	57 788	121 282
各省总计	341 646	478 509	682 704	1 279 219

注:根据梁方仲著《中国历代户口、田地、田赋统计》,中华书局,2008年版,第539页整理。

从表7.9可见,自顺治年间至乾隆年间,西南地区各省田赋银两数一直呈上升趋势,特别是雍正年间与乾隆年间相比,国家收取的田赋银两数几乎上升近50%(表7.10)。

---

①傅衣凌:《太平天国时代的全国抗粮潮》,《财政知识》,1943年第2期,第33页。

表 7.10　清顺治、康熙、雍正、乾隆四朝西南地区各省田赋粮食数

单位:石

直省别	顺治十八年 （1661 年）	康熙二十四年 （1685 年）	雍正二年 （1724 年）	乾隆三十一年 （1766 年）
广　西	94 299	221 718	120 726	130 420
云　南	123 917	203 360	142 980	167 938
贵　州	76 660	59 482	110 610	155 250
各直省总计	295 804	485 775	431 435	467 048

注:根据梁方仲著《中国历代户口、田地、田赋统计》中华书局,2008 年版,第 539 页整理。

从表 7.10 可见,自顺治年间至乾隆年间,西南地区各省田赋粮食数总趋势是上升的,特别是康熙年间在顺治年间的基础上,上升了 40% 左右。虽然此后有一定的下降,但到乾隆年间之后,又逐渐上升。这种上升无疑加重了西南民族地区乡村社会民众的负担。

3. 地方官吏的原因

明清时期,西南民族地区的地方官吏在治理地方时往往唯朝廷指示是瞻,根本不顾当地群众的实际情况,因此,这就导致了乡村社会民众与地方官吏,甚至与国家形成对立状态。在《续遵义府志》中就记载了道光年间发生在遵义县的"尖斗事件"。

《续遵义府志》"遵义县粮户与县官构衅始末"全文如下:

> 遵义自设官以来,民间纳粮向无尖斗之例。自道光中年,杨书魁来知县事,防御温水土贼之费,议征于民。于是议以民间之纳粮者,增平斗为尖斗。众惑之。然以为暂计,非欲永著为例也。未几,书魁去,继之者沿为定例,牢不可拔,而民间怵于官府之势力,年复一年,噤不敢抗,实未尝甘心输纳也。至咸丰二年,娄一枝署县事,征敛无额,于尖斗外复纵下勒索地盘米各浮费,民抗不纳。次年三月,一枝出示许免,民至,横索如故。民大哗,立散。县役王相,见民情愤激,恐官失败,聚其徒露刀以逼民。民终不服,而遵邑之民与一枝从此势成水火,酿成大狱,不可收拾矣。时北乡松林贡生许伯皋,素薄一枝贪婪,闻其事,偕西南乡民赴省具控。省宪委道员某逮一枝及相到省对簿,经按察司龚自闿提讯,遵民得直,置相于狱,许民平斗纳粮,立除尖斗,并除

去一切浮费,永著为令。以为至今之后,阖遵之民可有见天之日矣。讵知世情变幻,越出越奇。越三年,丙辰十月,时当纳粮之际,县令为顾昆扬,而伯皋复来城要集四乡粮户谒昆扬,请申臬宪平斛纳粮之判,勒碑树于县头门或东门城门,辞意坚执。昆扬恚甚,斥之曰:"县头门、东门城门二处,为万目睽睽指视丛集之地,地方中人日夕经过,辄复肆口唾詈,我何能堪!且此案与遵人为难者,娄县令是也。我不幸适承其后,而无端树此万年不拔之桩于通衢大道之旁,任人笑骂,任人诟诨,俾遵邑之三尺童子,胥目我为殃民之罪魁祸首,后之官斯土者,其谓我何!设身处地,恐君等亦有所不甘也。除二处,其他处如祝厘寺、城隍庙唯命。否则,万难曲从也。"斥之愈力,伯皋等执之愈坚。昆扬莫可如何,乃召集两城绅耆来署公议,冀得一两全之善策,此召集绅耆之初愿也。移时毕至,昆扬语其故,有缄默不言者,有模棱两可者,言人人殊,莫衷一是。最后有某绅者,见伯皋等坚执如初,毫不逊让,知难以口舌争也,乃乘众喧嚷之际,厉声抗言曰:"此辈目无官长,形同叛逆,若不即行诛戮,恐乱臣贼子接踵而兴也。"力怂昆扬先诛此四人以儆其余。昆扬当盛怒之下,亦不加思索,立咤缚伯皋等四人(另三人为赵金陵、赵元亨、郭义顺——作者注),于头门外甬墙之下骈戮之。惜哉!未几,昆扬去,遵四人之冤,竟无人为之昭雪,而尖斗之苛敛,遂永与正供并行矣。[1]

据《续遵义府志》载,咸丰六年(1856年)十月,为根绝尖斗纳粮弊端,贡生许白高(《续遵义府志》写作伯皋)会同四乡代表,提议将省平斗纳粮判词刻碑竖于县衙头门或县城东门。知县顾昆扬执意不允,并令杀许白高等四人,史称"尖斗事件"。这件事在1998年版的《遵义市志》中同样有记载,现文摘如下:

清道光中期,遵义知县杨书魁以加强地方防御力量为名,改平斗为尖斗纳粮,以后沿为定例。咸丰二年,遵义知县娄一枝不仅沿用尖斗纳粮,而且放纵属下向百姓勒索"地盘米""样米"等各种浮费。贡生许白高偕乡民赴省控告,省按察司逮捕娄一枝,许民平斗纳粮。咸丰六年,为根绝纳粮弊端,许白高会同四乡代表晋见遵义知县顾昆扬,

---

①遵义市红花岗地方志办公室:《续遵义府志》,遵义市红花岗区地方志办公室,2000年版,第367-368页。

要求将省平斗纳粮之判,刻碑树于县衙头门或县城东门。顾昆扬仅同意树碑于偏僻的县城隍庙或祝厘寺前,许白高等人执意不允,双方争论不休。嗣后,顾昆扬召集新、老二城士绅及许白高等人"公议"立碑之事。许白高等人坚持原议,再次与顾昆扬发生争论。一劣绅乘众人喧嚷之际,厉声大喝,谓许白高等人"此辈目无官长,形同叛逆,若不即行诛戮,恐乱臣贼子接踵而兴也"。顾昆扬借此下令,将许白高、赵金陵、赵元亨、郭义顺等四人当即处斩,史称"尖斗事件"。①

许白高(《续遵义府志》写作伯皋)等四人在"尖斗事件"中被知县顾昆扬杀害后,许氏子孙于咸丰十一年(1861年)在许白高墓前树碑一方,其碑文如下:

尝观国柄下移,政权莫属,任皂隶之铺张,仗声势之吩属;窃叹无人作中流之砥柱,挽既倒之狂澜,彻足上足下之征,聚为国为民之本。念许公自具控土司之日,忘身忘家,不顾形骸,欲与诸人搭桥过海、造梯升天,使一县内无勒索之忧,四乡中免浮收之虑,其心不可谓不高,其思不得谓不远,而其意盖极不忘夫向、戴两公而代为伸雪也。然而公之所为,固建诸天地而不悖,质诸鬼神而无疑;以一人补千万人往来之途,为亿兆姓建治安之策,作百世垂不磨之规,与万代享无疆之福,夫亦何恨之有?谁知柄下移,权莫属,假狐虎之威者,使公竟遭无辜之杀戮哉。嗟乎!大丈夫宁死于阵前,此言洵不诬矣!可怜济世无私,孤魂独往;想见攀辕诸老,双泪交垂。一木难支,犹幸夜郎之行踪宛在;十年遗恨,岂期豪杰之结局如斯。迄今追忆芳徽、缅怀时数,风微人往,名著节存,思入黔而神伤,念荒郊于大墓。直恨无人请剑,斩他奸佞之头;稍容在彼藏锋,现尔报应于目。遂使衣冠禽兽,命入黄泉;贪毒虎狼,名登黑簿。于期时吾等转悲为喜,易哀成乐与!斯世斯人共谈英雄之不久远耶。只翼公逍遥快乐之无穷也,岂不休哉?又何有悼道云尔!②

咸丰十一年葭月上浣日四乡悲感而同赠

从清朝咸丰年间遵义县爆发的"尖斗事件"可见,当时西南民族地区乡村社会民众规避赋税的行为日趋激烈,不仅有一般的贫民参加,更有一些乡绅等乡

---

①遵义市志编纂委员会:《遵义市志》(中册),中华书局,1998年版,第987页。
②遵义市志编纂委员会:《遵义市志》(下册),中华书局,1998年版,第2101页。

族势力从中推波助澜,从而使清代后期的赋税征收及乡村社会民众的抗粮斗争呈现出错综复杂的局面。这种大规模、经常性的"抗粮"事件的出现,无疑会严重影响国家与乡村社会之间的关系。

总的来讲,明清时期中央政府分配一定数量的赋税给民众,这也是维护国家机器正常运转所必需的财政收入。乡村社会民众依法缴纳赋税,这是作为一个百姓应尽的义务。但是,如果民众缴纳赋税的数量超过了可以承受的那个"度",如果朝廷命官在地方不能妥善处理相关赋税的问题,乡村社会民众势必会抗争以及"抗粮",甚至爆发大规模的农民起义。遵义县的"尖斗事件"就是一个很有说服力的例证。

第三节　土司朝贡制度

土司朝贡,是明清时期国家制度设计、西南民族地区土司承办、乡村社会民众积极响应的一项重要活动。土司朝贡既是中央王朝与西南民族地区交流的主要途径,也是以儒家思想为核心的中原文化在土司地区传播的重要媒介。西南民族地区土司朝贡制度源于元代,完善于明代,衰微于清代。在实施土司制度的明清时期,西南民族地区的众多土司一直与中央王朝保持着密切的互动联系,如明代播州杨氏土司对明王朝朝贡 130 多次,象征着播州土司对中央王朝统治的认同,对以儒家为代表的中原文化的认同,对以朱姓执掌国柄的国家的高度认同。时值清代,西南民族地区的土司为了自身利益的考量,同样向清廷投诚、朝贡、称臣,心甘情愿服从清王朝的统治。明清时期西南民族地区土司的积极朝贡既是一种政治行为,又是一种经济行为。中央王朝通过土司定期或不定期到京朝贡的方式,一方面是联络感情,了解各地土司的动向,考察土司对当地的治理情况及是否认同和效忠朝廷;另一方面也从土司的进贡物品中,满足了中央王朝的物质需求。土司进京朝贡,表达了西南民族地区土司对中央王朝的效忠以及对明清统治者的认同,保持与中央王朝的密切联系,适时掌握王朝的政策变化,为争取中央王朝的政策倾斜创造了机遇,这从客观上促进了西南民族地区乡村社会的和谐稳定与经济发展。

一、明清时期的土司朝贡制度

朝贡制度是古代中央王朝处理国家与国家、国家与地方、国家与少数民族地区关系的一种政治经济制度。明清时期西南民族地区土司的朝贡,朝廷对其十分重视。中央王朝把各地土司是否交纳贡品,看作是否忠于朝廷的标志。明清中央王朝也通过朝贡索取,对西南土司地区进行大肆掠夺。

明清时期西南民族地区各土司的国家认同的动力并不是由土司自发形成的,而是在明清中央王朝有关土司制度的规定中被迫形成的。明清中央王朝为了加强对包括西南民族地区在内的土司的控制,强制土司认同封建中央王朝,且对全国各地土司朝贡作出一系列规定并形成了土司朝贡制度。土司朝贡制度属于土司制度中一项十分重要的内容,它包含十分丰富的内涵。下面仅就其主要内容作一些探讨。

(一)朝贡物品

朝贡物品简称"贡品"。贡品是西南民族地区土司向中央王朝呈献的礼物,不仅能体现土司与中央王朝的和谐、互动关系,而且能让各地土司从朝贡中获取丰富的回赐,使自身的合法地位受到朝廷的认可。因此,西南民族地区土司往往将本地最好的物产当作贡品进献给朝廷。从现有的历史文献看,西南民族地区土司所贡物品多为方物。据《明会典》卷一百八十"土官贡物"载:西南地区土司的主要贡物是金银器皿、各色绒绵、各色布手巾、花藤席、降香、黄蜡、槟榔、马、象、犀角、孔雀尾、象牙、象钩、象鞍、象脚盘、蚺蛇胆、青红宝石、玉石、围帐、金绒索、珊瑚、氆氇、画佛、舍利、各色足力麻、各色铁力麻、各色氆氇、左髻、明盔、刀、毛缨、胡黄连、木香、茜草、海螺、毛衣等。[1] 各地土司具体贡物情况各不相同,如以广西为例,《广西通志》卷一百五十五载:"洪武间,广西思明府贡消毒药五百三十四味,共三千八斤。内锦地罗一味重二斤,消食药十味,清毒药十八味重十九斤,大冲药一味重一斤,塞住药六味重四斤。"又岁以"零陵香进,费至二千金"。又贡"葛布二百匹"。又贡桂面、百合粉、葛仙米、龙脊茶、僮毯、龙须草席并衣包、肉桂、三七、千年健、金果榄、丁香、乳香、沉香、犀角、片脑、活鹿、翠毛、翎毛等。又田州、思州、南丹、忠州等十四州,罗白一县,迁隆洞、湖润寨二土司,每年贡马共六十一匹,折等银六百三十三两有奇。[2] 由此可见,西南民族地区土司进献何种贡品给皇帝,主要根据当地出产情况而定。如明代云南土司就积极向朝廷朝贡各类方物,详见表7.11。

①[明]申时行等:《明会典》(万历朝重修本),中华书局,1989年版,第581-585页。
②[清]谢启昆:《广西通志》卷一百六十四《经政略》十四"土贡"条,嘉庆六年(1801年)刻本。

表 7.11　明代云南土司朝贡一览表

府、州、厅	朝贡土司姓氏	朝贡事例	文献出处
云南府	罗次县土知县杨氏	（洪武）二十年（1387 年）六月，升本司经历。差往云南宣布声教，承认土军，领把事刀思养将赍方物进贡	《土官底簿·罗次县知县》
	宜良县汤池巡检司土巡检马氏	宜良县汤池巡检司土巡检，明正统中，以通事屡从使臣入三宣，导诸夷贡方物，从夷酋之请，以其子马骐为巡检	道光《云南志钞·土司志下·云南府》
	罗次县炼象关巡检司土巡检李氏	长男阿赖，备马进贡告袭。（永乐）八年（1410 年），嫡长男李训年幼，李俊系阿赖亲弟，备马赴京进贡，俟侄长成袭替	《土官底簿·炼象关巡检司巡检》
	罗次县炼象关巡检司土巡检王氏	长男王源，备马赴京进贡告袭	《土官底簿·炼象关巡检司巡检》
	邓川州青索鼻巡检司土巡检杨氏	（洪武）十七年（1384 年），备马进贡	《土官底簿·青索鼻巡检司巡检》
大理府	云南县你甸巡检司土巡检李氏	（洪武）二十四年（1391 年），嫡长男李花，备马赴京进贡告袭 （永乐）三年（1405 年），同男李瑛，赴京朝贡奏替	《土官底簿·你甸巡检司巡检》
	浪穹县箭杆场巡检司土巡检字氏	（洪武）十七年（1384 年），实授，故。……嫡长男字良，备马赴京告袭	《土官底簿·箭杆场巡检司巡检》
	浪穹县十二关巡检司土巡检李氏	（洪武）十七年（1384 年），实授，故。……嫡长男李福，赴京告袭	《土官底簿·十二关巡检司巡检》

府、州、厅	朝贡土司姓氏	朝贡事例	文献出处
大理府	浪穹县十二关巡检司土巡检张氏	(洪武)十七年(1384年)实授,故。……嫡长男张护,备马赴京告袭	《土官底簿·十二关巡检司巡检》
	宾川州神摩洞巡检司土巡检赵氏	(洪武)十七年(1384年)实授,故。无儿男。正妻杨观信带同女观寿,并自幼招到养老女婿杨药师名等,赴京进贡告袭	《土官底簿·太和县神摩洞巡检司巡检》
	宾川州金沙江巡检司土巡检得氏	(洪武)三十五年①(1402年)朝贺	《土官底簿·金沙江巡检司巡检》
	赵州定西岭巡检司土巡检李氏	洪武十七年(1384年)归附……本年实授,故。长男李得备马赴京告袭 永乐四年(1406年)……男李能亦故。侄李子成,系李得嫡长孙,备马进贡,保送	《土官底簿·赵州定西岭巡检司巡检》
	云龙州顺荡井巡检司土副巡检李氏	(洪武)十七年(1384年)八月,同鹤庆府知府董赐赴京朝觐 永乐元年(1403年)……故。嫡长男李泉,备马赴京告袭,亦故。嫡长孙李泰赴京告袭	《土官底簿·顺荡井巡检司巡检》
	赵州蔓神寨巡检司土巡检董氏	(洪武)十六年(1383年),总兵官札授大理府土官经历职事。……故。……董禄系嫡长亲孙,备马赴京告袭	《土官底簿·赵州蔓神寨巡检司巡检》
	顺荡盐井盐课司副使杨氏	(洪武)三十二年②(1399年)袭,后布政司起送,自备马匹赴京进贡	《土官底簿·顺荡盐井盐课司副使》

①②建文年号被朱棣废除,故建文元年至建文四年仍用洪武年号。——编辑注

续表

府、州、厅	朝贡土司姓氏	朝贡事例	文献出处
大理府	浪穹县土典史王氏	（洪武）十六年（1383年）九月总兵官札改浪穹县典史，十九年（1386年）实授。故。嫡长男王恭备马赴京告袭	《土官底簿·邓川州浪穹县典使》
	太和县洱西驿土驿丞张氏	（洪武）十七年（1384年）实授。故。张山系嫡长亲男，备马赴京进贡告袭	《土官底簿·大理府洱西驿驿丞》
	云南县云南驿土驿丞袁氏	（洪武）三十五年①（1402年）十月，赴京朝贺，回驿	《土官底簿·云南驿驿丞》
临安府	纳楼茶甸长官司土副长官普氏	（洪武）十七年（1384年）洱西驿朝贡，给诰命、冠带遣归	《新纂云南通志·土司考四·世官一·临安府》
	嶍峨县土主簿王氏	（正统）六年（1441年），备马赴京陈情。天顺四年（1460年）十月……来京告袭二次	《土官底簿·主簿》
楚雄府	楚雄府土知府高氏	永乐元年（1403年）正月……及高纳的斤备马赴京朝觐到部，为因首先来朝，本部议拟不准	《明史·云南土司一·楚雄》
	姚安土知府高氏	永乐十六年（1418年），高贤告系高保庶长男，先因年幼，有叔高胜借职，今已出幼，备马进贡告袭	《土官底簿·姚安府土官》
	镇南州土同知段氏	洪武十六年（1383年）四月总兵官札取复任，二十四年（1391年）赴京朝觐。……故。嫡长男段奴，备马赴京朝贺告袭 （洪武）三十五年②（1402年）……老疾。同男段节，赴京进马告替	《土官底簿·镇南州同知》

①②建文年号被朱棣废除，故建文元年至建文四年仍用洪武年号。——编辑注

府、州、厅	朝贡土司姓氏	朝贡事例	文献出处
楚雄府	安南州土判官李氏	李花通……（洪武）十九年（1386年）七月，将伪参政王满杀获首级解官……二十年（1387年）实授。调琅井巡检，（洪武）二十三年（1390年）备马进贡。……故。嫡长男李保备马进贡告袭	《土官底簿·安南州判官》
	镇南州土叛官陈氏	（洪武）十七年（1384年）实授。故。嫡长男陈寿，备马赴京朝觐告袭。永乐元年（1403年）正月……老疾，带男陈恭赴京告替。	《土官底簿·判官》
	楚雄县土县丞杨氏	洪武十五年（1382年）归附。十六年（1383年）朝觐。永乐二年（1404年）……老病。嫡长男杨俊，备马赴京朝贺告袭	《土官底簿·楚雄府楚雄县县丞》
	广通县土主簿段氏	（洪武）十七年（1384年）实授……故。嫡次男段时可，自备马赴京进贡告袭	《土官底簿·广通县主簿》
	广通县回蹬关巡检司土巡检杨氏	杨保……洪武十五年（1382年）归附，十六年（1383年）赴京朝贡告替	《土官底簿·回蹬关巡检司巡检》
	广通县回蹬关巡检司土巡检成氏	洪武十五年（1382年）归附……残疾。自备马匹带男成普，赴京进贡告替	《土官底簿·回蹬关巡检司巡检》
	镇南州英武官巡检司土巡检张氏	（洪武）十九年（1386年）被贼杀死。无子。亲侄张寺，备马赴京朝贡告袭	《土官底簿·英武关巡检司巡检》

续表

府、州、厅	朝贡土司姓氏	朝贡事例	文献出处
楚雄府	镇南州镇南关巡检司土巡检杨氏	(洪武)十七年(1384年)实授。年老。亲男杨三保应袭赴京告替……	《土官底簿·镇南巡检司巡检》
	镇南州阿雄关巡检司土巡检者氏	(洪武)十七年(1384年)实授。故。次男者吾,赴京告袭……	《土官底簿·阿雄府巡检司巡检》
	姚州普昌巡检司土巡检李氏	洪武十六年(1383年)归附,总兵官拟除本司巡检,年老,男李智替。故。嫡长男李善,备马赴京朝贡告袭	《土官底簿·普昌巡检司巡检》
	镇南州沙桥驿土驿丞杨氏	(洪武)十九年(1386年)正月被贼杀死。男杨护年老,杨应系嫡亲孙,备马赴京进贡告袭祖职	《土官底簿·沙桥驿丞》
澄江府	路南州土知州秦氏	(洪武)十七年(1384年)朝觐,除本州同知。三十五年(1402年)赴京朝贺……	《土官底簿·澄江府路南州知州》
广南府	富州土知州沈氏	沈大忠,任本州知州,收捕生野罗罗……备马令男沈絃赴京朝觐告替	《土官底簿·广南府富州知州》
顺宁府	孟琏宣抚司宣抚使刀氏	明永乐四年(1406年),头目刀派送遣子坏罕入贡(万历)十三年(1585年)……率车里入贡	《云南志钞·土司志上·顺宁府》
	大侯州巡检司土巡检阿氏	洪武十六年(1383年)归附,十八年(1385年)朝觐,除本司巡检。故。无儿男,亲弟阿瑶备马赴京进贡告袭	《土官底簿·巡检》

府、州、厅	朝贡土司姓氏	朝贡事例	文献出处
曲靖府	寻甸军民府土知府安氏	安阳,洪武十六年(1383年),赴京朝觐 洪武十六年(1383年),土官安阳入朝贡马及虎皮、毡衫等物……	《土官底簿·寻甸军民府知府》《新纂云南通志·土司考一·废官一·曲靖府》
	陆凉州土知州资氏	洪武十六年(1383年),总兵官起送赴京朝觐	《土官底簿·陆凉州知州》
	马龙州土知州安氏	洪武四年(1371年),故。男法灯年幼,母萨住赴京告袭……	《土官底簿·马龙州知州》
	沾益州土知州安氏	洪武十四年(1381年)归附……同籍弟阿卑男阿州亲侄,备马赴京进贡告袭	《土官底簿·沾益州知州》
	亦佐县土知县沙氏	洪武十五年(1382年)归附,十六年(1383年)赴京,钦授本县官知县	《土官底簿·亦佐县知县》
	平彝县土县丞海氏	洪武二十七年(1394年)……进马赴京,有旧日把事…… 永乐三年(1405年)正月……故。嫡长男海叶自备马匹,同已故男带把事刘泰男刘进、博易男阿定赴京告袭	《土官底簿·知县》
	南宁县白水关巡检司土巡检李氏	永乐十七年(1419年)老病,庶长男李文玉赴京进贡(告袭)	《土官底簿·曲靖军民府南宁县白水关巡检司巡检》
	易龙驿土驿丞奄氏	洪武十六年(1383年),总兵官委任驿丞,十七年(1384年)实授。老病。长男阿倘,备马赴京进贡告袭	《土官底簿·易龙驿驿丞》

续表

府、州、厅	朝贡土司姓氏	朝贡事例	文献出处
丽江府	丽江军民府土知府木氏	（洪武）十六年（1383年），阿得入朝贡马，赐姓木	道光《云南志钞·土司志上·丽江府》
	鹤庆军民府土知府高氏	洪武十五年（1382年）归附，起取赴京，病故。……十七年（1384年）实授。故。男高兴，本年十一月袭职。赴京朝贺……永乐元年（1403年）正月……故。无儿男，亲弟高宝保结，备马赴京进贡告袭	《土官底簿·鹤庆军民府知府》
	鹤庆军民府土同知高氏	洪武十五年（1382年）归附，起取赴京，病故	《土官底簿·鹤庆军民府知府》
	宝山州土知州和氏	（洪武）三十二年（1399年）……患病。男阿日赴京朝贺……	《土官底簿·宝山州知州》
	通安州土同知高氏	洪武十五年（1382年）投附……十六年（1383年）总兵官拟扎本州同知，当年赴京朝觐	《土官底簿·通安州同知》
	鹤庆军民府土知事董氏	洪武十五年（1382年）归附……十七年（1384年）实授。老疾，带领长男董宗赴京进贡告袭	《土官底簿·鹤庆军民府知事》
	巨津州石门关巡检司土巡检阿氏	（洪武）十七年（1384年）实授石门关巡检。故。男阿俗，备马赴京进贡告袭	《土官底簿·石门关巡检司巡检》
	鹤庆州观音山巡检司土巡检王氏	洪武十五年（1382年）归附……十七年（1384年）实授。故。嫡长男王瑾，备马赴京进贡告袭	《土官底簿·观音山巡检司巡检》
	剑川州弥沙井巡检司土巡检沙氏	（洪武）十七年（1384年）实授。老病。嫡长男沙塝备马赴京进贡告袭……	《土官底簿·弥沙井巡检司巡检》

府、州、厅	朝贡土司姓氏	朝贡事例	文献出处
丽江府	剑川州弥沙盐井盐课司土副使何氏	(洪武)十七年(1384年)实授。故。长男何胜,备马赴京进贡告袭	《土官底簿·剑川州弥沙盐井盐课司副使》
	鹤庆州在城驿土驿丞田氏	(洪武)十六年(1383年)跟随土官高仲朝觐……故。嫡长亲孙田永,备马赴京进贡(告袭)。……故。嫡长男田直,备马赴京进贡告袭	《土官底簿·在城驿驿丞》
	鹤庆州观音山驿土驿丞郭氏	(洪武)十七年(1384年)实授。故。嫡四男郭宗,备马赴京告袭	《土官底簿·观音山驿驿丞》
普洱府	车里军民宣慰使司宣慰使刀氏	(洪武)二十四年(1391年),子刀暹答嗣,遣人贡象及方物。(宣德)七年(1432年)……九年(1434年),岁贡如例 万历十三年(1585年),命元江土舍那怒往招,糯猛复归,献驯象、金屏、象齿诸物,谢罪	《明史·云南土司三·车里》
永昌府	木邦军民宣慰使司宣慰使罕氏	建文末,土知府罕的法遣人贡马及金银器,赐钞币。(永乐三年)(1405年)罕的发卒,其子罕宾发来朝,请袭,命赐冠服。帝嘉其中,遣中官徐亮赍敕劳之,赐白金三千两,锦绮三百表里,祖母、母、其织金文绮、纱罗各五十四。自是,每三年遣使贡象、马	《明史·云南土司三·木邦》《新纂云南通志·土司考二·废官二·永昌府》
	孟养军民宣慰使司宣慰使刀氏及入据思氏	(嘉靖初)思禄已死,其子思伦与木邦罕烈各入贡 (万历)十七年(1589年),思远贡方物,赉以金币,授宣慰	道光《云南志钞·土司志下·永昌府》

续表

府、州、厅	朝贡土司姓氏	朝贡事例	文献出处
永昌府	八百大甸军民宣慰使司宣慰使刀氏	洪武二十一年（1388年），八百媳妇国遣人入贡，遂设宣慰司。二十四年（1391年），八百土官刀板冕遣使贡象及方物	《明史·云南土司三·八百》
	老挝军民宣慰使司宣慰使刀氏	老挝……成祖即位，老挝土官刀线歹贡方物。……五年遣人来贡。……自是连年入贡。皆赍予如例 弘治十一年（1498年），宣慰舍人招揽章应袭职，遣人来贡，因请赐冠带及金牌、信符。赍赏如制……十一月，招揽章使人贡 （嘉靖）四十四年（1565年），土舍怕雅兰章遣人进舞牌牙象二、母象三、犀角十，云南守臣以闻	《明史·云南土司三·老挝》
	缅甸军民宣慰使司宣慰使那氏、莽氏	洪武二十六年（1393年），八百媳妇国使人入贡，言缅近其地，以远不能自达。……二十八年（1395年），卜剌浪遣使贡方物，诉百夷思伦发侵夺境土	《明史·云南土司三·缅甸》
	南甸宣抚司宣慰使刀氏	永乐五年（1407年），备贡物马匹进贡，钦升腾冲千户所千夫长，兼试千户	《土官底簿·南甸州知州》
	干崖宣抚司宣抚副使刀氏	永乐元年（1403年），设干崖长官司，以忠国领之，改名曩欢，遣目奉表贡象、马	道光《云南志钞·土司志上·永昌府》
	孟定府土知府刀氏、罕氏	洪武三十五年（1402年），土酋刀名扛来朝，贡方物，赐绮帛钞币，设孟定府，以刀浑立为知府 永乐二年（1404年），孟定土官刀景发遣人贡马，赐钞罗绮	《明史·云南土司一·孟定》

府、州、厅	朝贡土司姓氏	朝贡事例	文献出处
永昌府	孟艮府土知府刀氏	（永乐）六年（1408年），土知府刀交遣弟刀哈哄贡象及金银器。……是后，贡赐皆如例	《明史·云南土司一·孟艮》
	永昌军民府土同知申氏	（洪武）十六年（1383年），永昌州土官申保来朝	《明史·云南土司二·永昌》
	茶山长官司正长官早氏、副长官早氏	（永乐）八年（1410年），早章遣人贡马	《明史·云南土司三·里麻》
	东倘长官司长官新氏	东倘长官司，宣德八年（1433年）置……。新把的遣子莽只贡象、马、方物	《明史·云南土司三·东倘》
	永平县土县丞马氏	洪武二十年（1387年）归附……。故。长男马哈新，备马赴京朝觐	《土官底簿·永平县县丞》
	永平县打牛坪巡检司土巡检蒙氏	洪武十六年（1383年）归附……十七年（1384年）实授。故。男蒙礼，备马进贡告袭	《土官底簿·打牛坪巡检司巡检》
	永平县打牛坪驿土驿丞杨氏	（洪武）十七年（1384年）实授。……杨纯，嫡长孙南，备马赴京进贡告袭	《土官底簿·打牛坪驿驿丞》
	永平县永平驿土驿丞李氏	（洪武）十七年（1384年）实授。故。无子。嫡长亲侄李定，备马赴京进贡告袭	《土官底簿·永平驿驿丞》
东川府	东川军民府土知府禄氏	（洪武）二十六年（1393年）……故。男普合备马赴京进贡	《土官底簿·东川军民府知府》
镇雄直隶州	芒部军民府土知府陇氏	（洪武）二十二年（1389年），准令署事。阿弟出幼，备马赴京告袭	《土官底簿·芒部军民府知府》

续表

府、州、厅	朝贡土司姓氏	朝贡事例	文献出处
景东直隶厅	景东府土知府陶氏	明洪武初,大兵至楚雄,阿只鲁子俄陶遣通事姜固宗、阿衰纳款,献象、马、铠仗,并元所给牌	道光《云南志钞·土司志上·景东直隶厅》
	景东府土知事姜氏	明洪武初,以把事随阿哎等,赍故元所授土官俄陶金牌、印信诣军前纳款,寻以象、马入贡	道光《云南志钞·土司志上·景东直隶厅》
	保甸巡检司土巡检陶氏	宣德中,贡象入京,铨保甸巡检	天启《滇志·羁縻志·土司官氏》
	板桥驿土驿丞云氏	板桥……阿赛……进京朝贡	《新纂云南通志·土司考三·景东直隶厅》
蒙化直隶厅	南涧土县丞阿氏	(洪武)十七年(1384年)实授。年老。长男阿吾不同语言,嫡孙阿衰备马赴京进贡告替	《土官底簿·定边县县丞》
	样备驿土驿丞尹氏	(洪武)十七年(1384年)实授。故。长男尹春,备马赴京进贡告袭	《土官底簿·蒙化府样备驿丞》
	蒙化州土千夫长施氏、阿氏	永乐九年(1411年)……正千夫长阿柬来朝,贡马,赐予如例	《明史·云南土司一·蒙化》
永北直隶厅	永宁府土知府阿氏	(洪武)二十九年(1396年)……备马令男卜撒赴京进贡,就关诰命	《土官底簿·永宁府知府》
	北胜州土百夫长杨氏	北胜……永乐五年(1407年),土官百夫长杨克即牙旧来贡马,赐钞币	《明史·云南土司二·北胜》
	北胜州土判官高氏	高亮,洪武十六年(1383年)率领土官接应大军。……十七年(1384年)赴京朝觐,实授。……男高琳备马进贡,到京告袭	《土官底簿·(北胜州)判官》

府、州、厅	朝贡土司姓氏	朝贡事例	文献出处
永北直隶厅	宁番巡检司土巡检张氏	永乐三年（1405年），西平侯差做通事，招谕番刺次和等甸寨目张首男罕思八等，同赴京朝见	《土官底簿·宁番巡检司巡检》
广西直隶州	弥勒州土知州赤氏	（洪武）二十一年（1388年）赴京，五月实授。故。嫡长亲男者克赴京告袭，本年八月袭	《土官底簿·弥勒州知州》
武定直隶州	元谋县土知县吾氏	（洪武）十七年（1384年）有流官知县张元礼病故，阿吾赴京朝觐	《土官底簿·和曲州元谋县知县》
	和曲州龙街关巡检司土巡检李氏	（洪武）二十四年（1391年）七月……故。长男李忠备马赴京进贡告袭	《土官底簿·和曲州龙街关巡检司巡检》
元江直隶州	元江军民府土知府那氏	洪武十五年（1382年）赍金牌、文凭、象、马归附，拟土官。十六年（1383年）赴京朝见，实除	《土官底簿·元江军民府知府》
镇沅直隶厅	者乐甸长官司长官刀氏	（永乐）十八年（1420年），长官刀谈来朝，贡马。	《明史·云南土司三·者乐甸》
黑盐井	黑盐井巡检司土巡检杨氏	洪武十五年（1382年）归附，……男名四，即杨巨源，备马赴京朝贺告袭	《土官底簿·黑盐井巡检司巡检》
	黑盐井巡检司土巡检攀氏	洪武十四年（1381年）进贡	《土官底簿·黑盐井巡检司巡检》
	黑盐井巡检司土巡检李氏	（洪武）二十三年（1390年）备马进贡。……故，嫡长男李保，备马进贡告袭	《土官底簿·南安州叛官》

从表7.11可以看出，明代云南各地土司朝贡总数约120次。虽然这些记载没有明确每一次朝贡的贡品，但都是赴京朝贡情况的记载。云南地处祖国边陲，离京城路途遥远，但各地土司均不会放过每次朝贡时既表明忠心，又获封赏

的绝佳机会。水西安氏土司,朝贡更是积极,作者曾对明代水西安氏土司朝贡的情况作过梳理,在119次朝贡中,除有20次朝贡属于不详之外,其余99次或为贡马,或为朝贡方物及其他贡品,详细情况见表7.12。

表 7.12　明代水西土司朝贡情况一览表①

时　间	朝贡者	朝贡物品	回赐情况
洪武六年(1373年)八月	郑彦文、霭翠	马、方物	文绮袭衣,仍世袭宣慰使
洪武七年(1374年)九月	霭翠	马	袭衣、文绮十匹
洪武九年(1376年)十月	霭翠	马	绮、帛六匹、人衣、靴
洪武十一年(1378年)十一月	霭翠	不详	锦仁二匹、金龙文绮人二匹
洪武十五年(1382年)闰二月	霭翠	马二十七匹、毡、衫、环刀	衣帽、衣服、钞锭、复加赐衣、钞
洪武十六年(1383年)正月	霭翠	马	不详
洪武十六年(1383年)正月	霭翠	不详	钞百锭、锦十五匹、金带一条
洪武十六年(1383年)六月	霭翠	马	文绮、钞锭
洪武十六年(1383年)九月	霭翠	马	不详
洪武十六年(1383年)九月	沙溪	马、方物	织锦、文绮及衣服、帽、带、靴、袜、钞锭有差
洪武十七年(1384年)二月	奢香	方物	文锦、绮、帛及珠翠、如意�、金环、文绮袭衣
洪武十八年(1385年)正月	霭翠	马、方物	不详
洪武二十年(1387年)十月	奢香	马二十三匹	不详
洪武二十一年(1388年)六月	宋斌	马	赐钞有差
洪武二十一年(1388年)九月	霭翠	马	不详
洪武二十一年(1388年)九月	霭晖	马	钞三百四十锭

①贵州民族研究所:《明实录·贵州资料辑录》,贵州人民出版社,1983年版,第5-1084页。

时　间	朝贡者	朝贡物品	回赐情况
洪武二十二年（1389 年）三月	奢香	马	赐钞有差
洪武二十二年（1389 年）十一月	奢香	马	赐使人、把事、通事钞有差
洪武二十四年（1391 年）六月	安的	马二十匹	厚赏其使及其从人钞有差
洪武二十四年（1391 年）十二月	安的	马	不详
洪武二十五年（1392 年）五月	安的	马	三品公服并纱罗袭衣、□花金带，白金三百两、钞五十锭、锦、绮各十匹，把事从人等绮、钞有差
洪武二十五年（1392 年）十月	奢雷	马	银四百两、锦、绮各十匹、钞五十锭，另赐奢助等锦、绮、钞有差
洪武二十五年（1392 年）十一月	安的	马六十六匹	绮、帛、钞锭。置贵州宣慰司儒学，设教授一员，训导四员
洪武二十六年（1393 年）正月	奢香	方物	诏赐宴于会同馆，仍各赐文绮、钞有差
洪武二十六年（1393 年）正月	安的	方物	冠带、袭衣、文绮、钞有差
洪武二十六年（1393 年）三月	谢阿梭	马	绮、帛
洪武二十六年（1393 年）十一月	阿夷、阿库	马六十五匹	不详
洪武二十六年（1393 年）十二月	安的	马	绮、帛及钞
洪武二十七年（1394 年）正月	安的	马十二匹	不详
洪武二十七年（1394 年）十一月	安的	马二十六匹	免其积岁补租

续表

时　间	朝贡者	朝贡物品	回赐情况
洪武二十八年(1395年)正月	安的	方物、马匹	不详
洪武二十八年(1395年)七月	安的	马	白金三百两、钞二百五十锭
洪武二十八年(1395年)九月	安的	马	文绮、钞锭
洪武二十九年(1396年)八月	安的	马	不详
洪武三十年(1397年)正月	阿沙	马	袭衣、金带、文绮、钞锭各有差
永乐元年(1403年)正月	安卜葩	方物	白金、钞、文绮有差
永乐元年(1403年)十月	安卜葩	马	赐赍有差
永乐四年(1406年)正月	安卜葩	马十四匹	白金、锦绮
永乐六年(1408年)正月	安卜葩	马	赐之钞币
永乐七年(1409年)正月	安卜葩	马	赐安卜葩白金、锦绮、金织衣,赐长官及兼从有差
永乐十年(1412年)正月	安卜葩	马	赐之钞币
永乐十三年(1415年)正月	安卜葩	马九十匹	赐钞币,遣还
永乐十九年(1421年)正月	安卜葩	马	赐钞币,遣还
永乐二十二年(1424年)正月	安中	马	钞二百五十锭、锦二段、彩币八表里,仍给其马直,赐所遣人钞、彩币表里有差
洪熙元年(1425年)十二月	阿路等	马、方物	不详
宣德元年(1426年)三月	王志彬等	马、金银器皿等物	不详
宣德元年(1426年)三月	王志彬等	不详	钞、彩币表里、金织袭衣有差,另给钞酬其马直
宣德二年(1427年)三月	安武子瑛	马	不详
宣德二年(1427年)三月	安瑛	不详	钞、彩币、绢、布有差

时　间	朝贡者	朝贡物品	回赐情况
宣德二年(1427 年)三月	徐名	不详	钞、彩币、袭衣有差
宣德三年(1428 年)四月	蒋贵林	马、方物	不详
宣德三年(1428 年)七月	阿关	不详	钞、彩币表里有差
宣德四年(1429 年)二月	安怯	驼、马等	不详
宣德五年(1430 年)二月	安嘉	马、方物	不详
宣德五年(1430 年)二月	安嘉	不详	钞、彩币表里及绢有差
宣德五年(1430 年)三月	安比	马、金银器皿、方物	不详
宣德五年(1430 年)四月	安比	不详	钞、彩币表里及绢有差
宣德六年(1431 年)二月	袁英	马、方物	不详
宣德六年(1431 年)二月	袁英	不详	钞、彩币表里、金织袭衣有差
宣德六年(1431 年)三月	何敬	马	不详
宣德六年(1431 年)三月	何敬	不详	彩币表里、钞有差
宣德七年(1432 年)四月	安中	不详	钞、锦绮、彩币表里有差
宣德九年(1434 年)三月	胡珉	马	不详
宣德九年(1434 年)三月	胡珉	不详	钞币有差
宣德十年(1435 年)十一月	安中	马、方物	彩币等物有差
正统三年(1438 年)五月	安聚等	马	钞锭、彩币表里有差
正统四年(1439 年)正月	者凤	马、方物	彩币、钞、绢有差
正统四年(1439 年)十二月	安聚	马	彩币等物有差
正统六年(1441 年)四	阿意	马、方物	钞币有差
正统七年(1442 年)二月	石得新	马、方物	彩币等物有差
正统八年(1443 年)八月	王玄明	马	赐宴并赐彩币等物有差
正统九年(1444 年)七月	何澄	马	钞、币、段有差
正统十年(1445 年)六月	阿朔	马、方物	赐宴,并彩币表里有差

续表

时　间	朝贡者	朝贡物品	回赐情况
景泰元年(1450 年)	安陇富	不详	织金财币有差
景泰三年(1452 年)八月	安克	驼、马、方物	赐宴,并赐彩币表里,青红布绢等物
天顺二年(1458 年)闰二月	阿鲁	马、方物	赐宴并彩币表里有差
天顺四年(1460 年)五月	阿约	马、方物	赐宴并彩币等物有差
天顺七年(1463 年)正月	不详	马、方物	赐宴并钞币等物有差
成化元年(1465 年)八月	安观	马、方物	衣服彩段等物有差
成化二年(1466 年)正月	舍人等	马、金银器皿、香蜡等	彩段表里等物有差
成化三年(1467 年)三月	周冕	马	彩段、宝钞有差
成化四年(1468 年)十月	王源	马	彩段、钞锭有差
成化五年(1469 年)二月	安觉	象、马	衣服、彩段等物有差
成化七年(1471 年)正月	安观	马	彩段表里等物有差
成化十一年(1475 年)二月	安贵荣	马、银器	彩段等物有差
成化十二年(1476 年)七月	安贵荣	马	彩段、钞锭有差
成化十二年(1476 年)十二月	陈昂	马	彩段、绢、钞有差
成化十九年(1483 年)四月	头目把事等	马	彩段、绢、钞有差
成化二十一年(1485 年)二月	安沐	马、方物	彩段、宝钞有差
成化二十二年(1486 年)六月	安得	马	赐宴并彩段、钞锭有差
弘治四年(1491 年)三月	安贵荣	马	彩段、钞锭有差,仍赐锦段等物如例
弘治六年(1493 年)三月	安贵荣	马	彩段、钞锭有差
弘治八年(1495 年)六月	安贵荣	不详	彩段等物如例
弘治十一年(1498 年)九月	把事	不详	彩段、钞锭有差

时 间	朝贡者	朝贡物品	回赐情况
弘治十二年（1499 年）二月	安亨	不详	锦段等物并赐安亨彩段、钞锭如例
正德元年（1506 年）四月	安诚	马、方物	赐宴并衣服、彩段等物有差
正德三年（1508 年）四月	安宗	马	锦段表里等物及赐安宗等彩段、钞锭有差
正德四年（1509 年）闰九月	安居	马	彩段、宝钞有差
正德五年（1510 年）十一月	安贵荣	马	彩段、钞锭有差
正德六年（1511 年）正月	安仁	马	彩段、纱绢有差
正德十年（1515 年）十月	安万钟	马	彩段、钞锭
嘉靖二年（1523 年）十一月	安然	马	锦缎、彩段、绢、钞有差
嘉靖四年（1525 年）八月	安元	马	钞币有差
嘉靖十九年（1540 年）九月	安边	不详	宴赉如例
嘉靖二十一年（1542 年）四月	安义	马	给赏如例
嘉靖二十三年（1544 年）二月	安仁	马	已过期给半赏
嘉靖二十四年（1545 年）十二月	委克	马	宴赏如例
嘉靖二十七年（1548 年）二月	安乐	马	给赏如例
嘉靖三十一年（1552 年）二月	安万铨	马	已过期给半赏
隆庆二年（1568 年）正月	安河	马	宴赉如例
隆庆二年（1568 年）二月	安国亨	马	宴赉如例
隆庆四年（1570 年）二月	安国亨	不详	赏如例
隆庆五年（1571 年）正月	安国亨	马	赏如例
万历元年（1573 年）九月	舍人	不详	钞锭、彩段衣服等物如例
万历二十九年（1601 年）二月	安疆臣	马三十匹	锦段、彩段六表里
万历三十二年（1604 年）二月	安疆臣	不详	给赏如例
万历三十三年（1605 年）十月	安瑞汉	马	彩段表里、钞锭如例

续表

时　间	朝贡者	朝贡物品	回赐情况
万历三十八年（1610年）二月	安德	马	表里段绢
万历三十八年（1610年）八月	蔡应富	马	钞、锭、彩、缎如例

　　明清时期西南民族地区土司进献的贡品种类丰富，大多都是各地的特产。从明代云南土司朝贡和水西安氏土司朝贡的情况看，他们都经常朝贡象和马。云南贡大象是家常便饭。大象和马是明代西南地区土司的主要贡品，《明史》记载麓川曾六次贡象，木邦在永乐七年曾有一较长时期每三年贡象一次。各司贡象数最少则一只，多至六只。[1]"1382年，景东土知府一次进贡马160匹、银3 100两、驯象2只；1383年，寻甸土知府进贡马55匹及虎皮、毡衫等物。1414年，麓川平缅宣慰使思任发一次进贡马600匹及许多金银器皿。"[2]"马，属有蹄类，体高大，耳壳短，尾全部被有长毛，毛色各种，马之命名亦因以异。乘骑致远，滇中最重要之家畜也。……寻甸、镇雄、禄劝、晋宁、大理、永北、保山等县则又为省内产马之中心区域。"[3]贡品是土司用来表明自己忠诚和获得中央王朝认可的承载物，质量必须上乘。中央政府对于各地土司运送至京城的贡品，还设置了专门的管理机构，如御马监专门管理马的饲养，驯象所专门管理大象，内务府专门接受药材、金银器皿、奇珍异宝，各种贡品均有专人负责包装。

　　明清时期，西南民族地区各地土司向中央王朝进献大木也是常有的事情，作者曾经有一篇《明代西南地区土司进献大木研究》的论文，对有明一代西南民族地区的土司进献大木的基本情况做过统计，详见表7.13。

表7.13　明代西南地区土司进献大木一览表

时　间	土司名称	献大木情况	奖　励	资料来源
洪武十二年（1379年）	马湖土司珉德	香楠木	衣钞	《明史》卷三百一十二

---

　　①转引自江应樑：《明代云南境内的土官与土司》，云南人民出版社，1958年版，第20页。

　　②何耀华，夏光辅：《云南通史》第四卷《元明前清时期（公元1254—1840年）》第四章《明代的云南政治》，中国社会科学出版社，2012年版，第121页。

　　③《新纂云南通志》（四）卷五十八《物产考一》，第50页。

时　间	土司名称	献大木情况	奖　励	资料来源
正德八年（1513 年）	酉阳土司冉元	大木二十	允其子袭职赴京	《明史》卷三百一十二
正德十年（1515 年）	永顺土司彭世麒	楠木三十，次木二百根	赐敕褒谕，赏进奏人钞千贯	
正德十年（1515 年）	永顺土司彭明辅	楠木三十，次木二百根	赐敕褒谕，赏进奏人钞千贯	
正德十三年（1518 年）	永顺土司彭世麒	大楠木四百七十根	诏世麒升都指挥使，赏蟒衣三袭，仍致仕；明辅授正三品散官，赏飞鱼服三袭，此敕奖励，仍令镇巡官劳之，免永顺秋粮	《明史》卷三百一十
正德十三年（1518 年）	永顺土司彭世麒子彭明辅	进大木备营建		
嘉靖四年（1525 年）	酉阳土司冉元	大木二十	诏量加服色酬赏	《明史》卷三百一十二
嘉靖五年（1526 年）	贵州土司汪誉	楠樟大木	特赐服色诰命	《世宗实录》卷六十九
嘉靖二十五年（1546 年）	永宁土司奢禄	献大木	给诰如例	《明史》卷三百一十二
嘉靖三十年至四十年（1551—1561 年）	卯峒土司向政	献大木	得旨嘉奖	同治《来凤县志》
嘉靖三十四年（1555 年）	容美土司田世爵	大木五十根	赐银二十两，彩缎二表里	《世宗实录》卷二百九十
嘉靖四十年（1561 年）	丽江土知府木高	木植银二千八百两	授亚中大夫，诰命	《明史》卷三百一十四

续表

时　间	土司名称	献大木情况	奖　励	资料来源
嘉靖四十二年（1563 年）	永顺土司彭明辅	献大木	加明辅督指挥使,赐蟒衣,其子掌宣慰司事,右参政彭翼南为右布政使,赐飞鱼服,仍赐敕嘉奖	《明史》卷三百一十
嘉靖四十四年（1565 年）	永顺土司彭明辅	献大木	诏加明辅、赐翼南二品服	
万历十三年（1585 年）	播州土司杨应龙	大木七十	赐飞鱼服,又复引其祖斌赐蟒例	《明史》卷三百一十二
万历十四年（1586 年）	贵州土司安国亨	大木四十	乞还冠带,并赐飞鱼服	《大定府志》卷四十五
万历年间	容美土司田九龙	献大木	不详	《容美土司史料汇编》91 页
万历十七年（1589 年）	酉阳土司冉维屏	大木二十	价逾三千,加从三品服	《明史》卷三百一十二
万历二十三年（1595 年）	播州土司杨应龙	献四万金助采木	免斩	道光《遵义府志》卷十八
万历二十四年（1596 年）	播州土司杨应龙,子杨朝栋	大木四十	不详	《神宗万历实录》卷三百零一

从表 7.13 中可见,西南土司进献皇木主要集中在正德、嘉靖和万历三朝,其原因在于这三朝是修建皇宫的高峰期。据有关专家研究表明,明代因营建不断,皇木采办纷繁。特别是嘉靖年间(1522—1566 年)、万历年间(1573—1620 年),主要在湖广西部、四川南部及东南部、贵州北部及东部地区采办高大笔直的楠木、杉木。仅嘉靖三十六至三十七年(1557—1558 年),就在上述三地采得

楠、杉 11 280 株，15 712 根块；万历二十四年（1596 年）采办的楠、杉等木达5 600根块，到万历三十六年（1608 年）又达 8 000 多株，24 601 根块。① 这样惊人的皇木采办，不仅要耗费大量的人力物力，更要大量的财力（上千万两白银）作后盾。而土司进献皇木，作为中央王朝来讲，不需要考虑人力物力财力的问题，土司将皇木运至京城后，只要给一定的回赐物品或赐封官衔即可，十分省事，作为皇上来讲，何乐而不为？②

清朝时，西南民族地区土司所贡物品，仍然是各地土特产。以四川为例，据记载，嘉庆时，四川尚未改土归流的几个藏族大土司如瓦寺、梭磨、卓克基等，每五年朝觐一次，贡物主要有鸟枪、左插、藏香、贝母、黄连、金佛、银佛、腰刀、哈达、鹿茸、氆氇等；交通不便的德格、倬斯甲等土司，采取的措施是贡马折银。清代西南民族地区土司朝贡的物品，无论是品种，还是数量，比明代都增加了许多。③

（二）朝贡时间

西南民族地区土司朝贡是土司与中央王朝互动的纽带。各地土司通过朝贡以表达对中央王朝的臣属关系和对其治统的高度认同。明清时期中央政府对各地土司进京朝贡的时间有严格的规定，具体来讲，朝贡时间分两种情况。

1.例贡

形成惯例的朝贡称为例贡。明清时期西南民族地区各地土司的朝贡或一年一贡，或三年一贡，或五年一贡，一般为三年一贡。据《明会典》卷一百八《朝贡四》"土官"条载："湖广、广西、四川、云南、贵州腹里土官，遇三年朝觐，差人进贡一次。俱本布政司给文起送，限本年十二月终到京。庆贺限圣节以前。"④三年一贡的惯例，早在明初就确立。《明史》卷三百一十一载："洪武六年，天全六番招讨使高英遣子敬严等来朝，贡方物。……每三岁入贡。"⑤《明史》卷三百一十二载："（洪武）八年，（播州宣慰使杨）铿遣其弟来贡，赐衣币。自是，每三

①蓝勇：《中国历史地理学》，高等教育出版社，2002 年版，第 71-72 页。
②李良品：《明代西南地区土司进献大木研究》，《中南民族大学学报（人文社科版）》，2008 年第 5 期，第 34-38 页。
③龚荫：《中国土司制度史》（上编），四川人民出版社，2012 年版，第 178 页。
④［明］申时行：《明会典》，中华书局，1989 年版，第 583 页。
⑤［清］张廷玉等：《明史》卷三百十一，中华书局，1974 年版。

岁一入贡。"①这种"三年一贡"的规定,一方面体现了中央王朝对土司的关怀,减少他们来回奔波的频率;另一方面是想通过"三年一贡"的规定,将土司牢固地纳入明朝政权体系中,从而防止土司不来归附的情况发生。清朝时,西南民族地区各地土司也依然是"三年一贡"。《钦定大清会典事例》卷一百六十五"土司贡赋"条载:"康熙五十一年覆准,四川化林协属各土司,三年一次贡马,照例折价交收。……雍正十二年覆准,四川阿胪等六枝夷民,拨归四川建昌镇管辖,照例三年一贡。乾隆二年谕……至广西土司,每三年贡马一次,亦系折价十二两,所当一体加恩,使土司均沾惠泽,着照四川折价之例。"②

2.不定期朝贡

这类朝贡具有谢恩和谢罪性质。《明会典》卷一百八《朝贡四》"土官"条有"谢恩无常期。贡物不等"③之说,也就是说,中央政府除了规定各地土司"三年一贡"之外,还可以通过皇帝大寿、朝廷庆典、土司承袭、土司子弟入学等时机,要求土司朝贡,并与土司保持着密切的联系。对于这类朝贡,没有具体的时间规定,至于庆贺,明廷规定只要不错过庆贺的日子即可。如四川播州杨氏土司:"洪武二十三年五月,播州宣慰使司并所属宣抚司官各遣其子来朝,请入太学。"④宣德六年(1431年)二月,播州宣慰使杨升遣副长官陈恕进马及方物,庆贺皇帝的生日,作为朝贡使者的陈恕还得到了朝贡赏赐的钞、彩币表里、金织袭衣。⑤ 此次朝贡,是杨升派人祝贺皇帝生日,距播州土司上次朝贡的时间(1430年)仅一年左右。宣德八年(1433年)二月,播州宣慰使杨升遣副使杨昌建等进京贡马,朝廷赐播州宣慰司土官副使杨昌建等钞、彩币、绢、布及金织袭衣。⑥ 此次朝贡距上次朝贡(1432年)也是时隔一年。播州杨氏谢恩的朝贡也不乏其例,如弘治六年(1493年)正月,播州宣慰使司遣头目把事等谢恩庆贺,进贡马匹,赐彩段、钞锭有差。⑦ 这次朝贡是谢恩及庆贺兼而有之,距上次也不到一年时间。在土司时期,如果土司违犯法律,中央王朝必然会对其依法进行惩处,但是惩罚的力度还是会视情况而定。有时,土司为了减少中央王朝对自己的惩

①[清]张廷玉等:《明史》卷三百十一,中华书局,1974年版。

②[清]昆冈等:《钦定大清会典事例》卷一百六十五"土司贡赋"条,中华书局影印本,1991年版。

③[明]申时行等:《明会典》(万历朝重修本),中华书局,1989年版,第583页。

④李国祥、杨昶:《明实录类纂(四川史料卷)》,武汉出版社,1993年版,第739页。

⑤李国祥、杨昶:《明实录类纂(四川史料卷)》,武汉出版社,1993年版,第783页。

⑥李国祥、杨昶:《明实录类纂(四川史料卷)》,武汉出版社,1993年版,第790页。

⑦李国祥、杨昶:《明实录类纂(四川史料卷)》,武汉出版社,1993年版,第868页。

罚,会主动派遣使者赴京朝贡,进献礼品,表达悔过之意,请求中央王朝对其宽恕,这种朝贡属于赎罪性朝贡。如四川播州土司杨应龙曾借献木赎罪。万历二十四年(1596 年)紫禁城三殿遭灾,时值杨应龙有罪当斩,杨应龙与其子杨朝栋便献大木 40 根,遂免于死。① 由于进献大木可以使土司赎免罪过,有罪之土司当然乐而为之。②

(三) 朝贡人数

从明朝对西南民族地区土司朝贡人数的规定变化看,经历了从宽松到紧缩的过程。明朝初年,土司派遣朝贡人数很多。《明史》卷三百一十八载:洪武二十三年(1390 年),思明府土知府黄广平"遣思州知州黄志铭率属部,偕十五州土官"③入贡。《明史》卷三百一十载:"嘉靖七年,容美宣抚司、龙潭安抚司每朝贡率领千人。"④可见,明朝前期和中期,中央政府对西南民族地区土司朝贡的人数未作详细规定。至明代中期后,明廷严格限定了朝贡人数,控制朝贡的规模。据《明会典》卷一百八载:"嘉靖七年议准,湖广土官袭授宣慰、宣抚、安抚职事者,差人庆贺,每司不许过三人。其三年朝觐,每司止许二人。大约各司共不过百人。起送到京者,不过二十人。余俱存留本布政司听赏。"⑤其他土司较多的行省,朝贡人数略微多一些。这种紧缩朝贡人数的规定,能够大大降低朝廷因接待朝贡人员支出的成本,同时也使朝贡制度趋于规范。清朝时,朝廷规定,西南民族地区土司除部分珍奇物品需要土司赴京朝贡外,其余贡品,或以省集中解送,或将贡品折银。《钦定大清会典事例》卷一百六十五载,乾隆二年(1737 年)谕:"向来四川土司,旧有贡马之例,其不贡本色而交折价者,则每匹纳银十二两。朕因四川驿马之例,每匹止给银八两,独土司折价较多,蛮民未免烦费。比降谕旨,将土司贡马折价,照驿马之数,裁减四两,定为八两,以示优恤。至广西土司,每三年贡马一次,亦系折价十二两,所当一体加恩,使土司均沾惠泽,著

①贵州通史编委会:《贵州通史》,当代中国出版社,2002 年版,第 221 页。
②李良品:《明代西南地区土司进献大木研究》,《中南民族大学学报(人文社科版)》,2008 年第 5 期,第 34-38 页。
③[清]张廷玉等:《明史》卷三百一十八,中华书局,1974 年版。
④[清]张廷玉等:《明史》卷三百一十,中华书局,1974 年版。
⑤[明]申时行等:《明会典》(万历朝重修本),中华书局,1989 年版,第 585 页。

照四川折价之例,每马一匹,减银四两,定为八两。永著为令。"①这些改变,对土司来说,既减轻了进京朝贡的负担,又不用派遣贡使入京进贡;对朝廷来说,中央政府免去了大量的回赐开支与礼仪费用。这种改革,无论是对土司,还是对中央政府,均是一项互利的改革。

(四)朝廷赏赐

中央王朝为了笼络西南民族地区效忠皇帝的土司,对朝贡的土司都会给予赏赐。朝贡赏赐一般根据贡品多寡、价值高低等规定了赏赐原则。明代中央王朝对土司朝贡有回赐的规定,据《明会典》卷一百一十三载:

> 云南徼外土官,进到象马金银器皿宝石等件,例不给价。其赐例各不同:车里,给赐宣慰使锦二缎、纻丝纱罗各四匹。妻,纻丝罗各三匹。差来头目,每人纻丝纱罗各四匹,折钞绢二匹,布一匹。通事,每人彩缎一表里,折钞绢一匹。俱与罗衣一套。象奴从人,每人折钞绵布一匹、绢衣一套,俱与靴袜各一双。木邦,给赐宣慰使锦二缎、纻丝纱罗各三匹。妻,纻丝罗各二匹。差来陶孟,每人纻丝纱罗各三匹、折钞绢二匹、布一匹。招刚,每人纻丝纱罗各二匹,折钞绢二匹。通事,每人彩缎一表里,折钞绢一匹,俱与罗衣一套。象奴从人,每人折钞棉布一匹、棉衣一套、俱与靴袜各一双……孟养,给赐孟养思六及妻,与车里同。差来陶孟,每人纻丝罗各四匹、纱二匹、折钞绢二匹、棉布二匹。招刚,每人纻丝罗三匹、纱二匹、折钞绢一匹、棉布一匹。招八,每人纻丝纱罗各一匹、折钞绢一匹。通事,每人纻丝一表里,折钞绢一匹。各与纻丝衣一套。象奴,每人折钞棉布一匹、绢衣一套、俱与靴袜各一双。进过马,每匹绢五匹。孟密,给赐女土官及其子安抚,俱纻丝纱罗各三匹。安抚妻,纻丝罗各二匹。差来头目,陶孟、招刚、通事、象奴从人、赏例与木邦同。孟琏,给赐土官纻丝纱三匹、罗二匹、绢四匹。妻,纻丝罗各二匹。差来头目舍人、每人彩缎二表里、罗衣一套。通事,钞二十锭、绢衣一套。从人,每人钞十五锭、绢衣一套。俱与靴袜各一双。孟艮,给赐土官舍人纻丝纱罗各二匹。差来头目,纻丝罗各二匹、纱一匹、折钞绢一匹。通事,每人折钞绢一匹。俱与罗衣一套。从人,每人折钞棉布一匹、绢衣一套、俱与靴袜各一双。邓川州,赐例

---

① [清]昆冈等:《钦定大清会典事例》卷一百六十五"土司贡赋"条,中华书局影印本,1991年版。

与孟琏同,象奴赏与从人同。

　　湖广、广西、四川、云南、贵州,腹里土官,朝觐进到方物及中途倒死马匹,例不给价。到京马匹,每匹赐钞一百锭。其赐各不同:凡三品、四品,回赐钞一百锭,彩段三表里(惟播州、贵州二宣慰使,赐锦二段,彩段六表里)。五品钞八十锭,彩段三表里。六品、七品钞六十锭,彩段二表里。八品九品钞五十锭,彩段一表里。杂职衙门并头目人等自进马匹方物,钞四十锭,彩段一表里(弘治十四年,琼州、崖州起送土官,每人赏钞三十锭,绢二匹,绢衣一套)。差来通事、把事、头目各钞二十锭,彩段一表里,随来土官弟男并把事头目人等,钞二十锭,从人伴吏钞十锭(播州差来长官钞四十锭,一表里,通把头目人等各钞三十锭,贵州差来舍人,钞二百五十锭,二表里,把事十五锭,一表里,通事十锭,绢一匹,头目从人赏钞如例)。凡进马一二匹及方物轻者,止照杂职例赏。嘉靖元年奏准,朝觐到京,以马数多寡为差,进马一二匹者,准一人作差来名色,赏钞二十锭,彩段一表里,三四匹者作二人,五六匹者作三人,彩段钞锭,照数递加。(嘉靖)二年题准,若所差系土官弟姪儿男进马四匹以上,与方物重者,照旧例,以衙门品级高下为差。其马少物轻者,照杂职例。若所差系通把头目人等,照新例,以马数方物多寡为差。①

　　根据上面的记载,这里应注意几点:一是中央王朝回赐给土司的物品。明廷对于西南民族地区朝贡土司赏赐的物品主要有钞锭、彩币、文绮、纻丝、缎绢、袭衣等。名目虽然繁多,实则货币、丝麻等纺织品、衣物三大类。二是中央王朝回赐物品与贡品价格成正比。即土官进贡的物品越多、品质越好,得到的回赐就越多。说明朝廷是按照一定的价格给予回赐。如各地土司所贡骏马,明代中央王朝将其分为上中下三个等级,上等马每匹赏赐一千贯,中等马每匹赏赐八百贯,下等马每匹赏赐五百贯。三是根据朝贡官员的品级高低,其回赐有差别。如"凡三品、四品,回赐钞一百锭,彩段三表里(唯播州、贵州二宣慰使,赐锦二段,彩段六表里)。五品钞八十锭,彩段三表里。六品、七品钞六十锭,彩段二表里。八品、九品钞五十锭,彩段一表里。"②此外,中央政府对西南民族地区恭顺的土司,其回赐格外优厚,如《明史》卷三百一十六载:洪武十七年(1384年),奢香率所属来朝,"愿效力开西鄙,世世保境。帝悦,赐香锦绮、珠翠、如意冠、金环、袭衣"。其后,奢香子安的袭职,帝曰:"安的居水西,最为诚恪。"洪武二十五

----

①② [明]申时行等:《明会典》(万历朝重修本),中华书局,1989年版,第597-598页。

年安的来朝，"赐三品服并袭衣金带、白金三百两、钞五十锭"①。明王朝一直采用优厚赏赐来笼络西南民族地区土司。中央王朝除赏赐之外，还要举办宴席，款待土司，为土司宴请做出详细的安排，包括宴席的流程、饮食品类、接待人员等，这一切均体现了中央王朝对土司的高度重视。

总的来讲，明代是中国土司制度最兴盛的时期，中央政府对西南民族地区土司朝贡的相关制度制订得比较完善，史籍中记述也较全面。到了清代，由于湖广、贵州等省的全部以及四川、云南、广西的部分土司地区已改土归流，故《钦定大清会典事例》卷一百六十五"土司贡赋"条较少涉及，同时，《钦定大清会典事例》卷五百八十六、卷八十七、卷八十八等三卷中对四川未改土归流土司记述较多，对广西、云南、贵州的土司仅记述改土归流前的一些情况。因此，作者在论述过程中，对清代西南民族地区土司朝贡情况取材较少。

二、明清时期西南民族地区土司积极朝贡的原因

明清时期封建王朝与西南民族地区土司为什么都十分重视朝贡之事？佘贻泽在《中国土司制度》一书中这么说："朝贡一事，为土司直接与中央政府接触之机。朝廷之所以重视朝贡者，一则足以表其归化之心，二则亦可藉使瞻天子之威严，中原之富庶，礼教之敦厚，使之油然向化。至于其所贡礼物，朝廷非爱其财！且每次给赏甚厚，以表天子之恩也。"②明清时期西南民族地区的土司为什么乐于向中央政府朝贡呢？是自愿？是为了讨好皇上？抑或是为了得到回赐、领取奖赏？作者曾经研究过西南地区土司进献皇木的采运过程，现将相关内容抄录于后。③

康熙七年（1668 年），四川巡抚张德地曾经亲自到遵义等处踏勘后说，遵义等地虽然有大木，但高山险峻，又无大江大河，难于挽运。并先后向皇上题报三疏，备陈艰难。该疏中突出表现了皇木采办在勘察、采伐、运输、交收诸方面的艰难。④ 该疏晚于明代正德年间 150 年左右，晚于嘉靖年间 120 年左右，晚于万历年间 70 年左右，都还存在着诸多难处，并且还是以国家名义进行皇木采办。那么，我们可以想象，作为雄踞一方的土司要向皇上进献大木，其艰难程

---

① [清]张廷玉等：《明史》卷三百一十六，中华书局，1974 年版。

② 佘贻泽：《中国土司制度》，正中书局，1944 年版，第 26 页。

③ 李良品：《明代西南地区土司进献大木研究》，《中南民族大学学报（人文社科版）》，2008 年第 5 期，第 34-38 页。

④ [清]郑珍，莫友芝等：《遵义府志·木政》（点校本），遵义市志编纂委员会办公室，1986 年版，第 539-542 页。

度自然不言而喻了。明代西南民族地区土司进献大木的采运过程虽然历史文献中只字未提,但根据官办采木和商办采木的采运情况,也势必要经过以下四个环节。

1.勘察

勘察是采办大木的第一步。土司向皇上进献大木,勘察的任务主要是由土司所派的下属官员负责。他们首先要勘察巨大楠木、杉木生长的地方。所谓"巨材所生,必于深林穷壑、崇冈绝菁、人迹不到之地经数百年而后至合抱又鲜不空灌"①。由于大木生长的环境多是高山深谷,需要大批的勘察人员和较长的勘察时间。负责勘察的人员也是非常辛苦的,因为"栋梁巨材,各菁之中,大约皆可采办以资国用。但其箐之大者,周围有五六百里,其小者亦有一二百里,非一朝一夕可以尽悉,必须按日细查,方可采取"②。勘察人员不仅要翻山越岭,而且经年累月。土司为了向皇上进献最好的大木,不仅勘察队伍非常庞大,而且勘察地区也非常广泛。在勘察大木任务完成后,一般由勘察人员向土司上报勘察大木的数量、规格、具体地点、所需银两、力夫等数目,以便采伐。

2.采伐

采伐的对象确定以后,接下来就是商人组织人力砍伐。按明代采伐皇木的常制,重要的采办地方一般都要设立木厂。在土司管辖的这些地方,四川有马湖木厂、遵义有南宫木厂、湖广有龙山木厂。采办大木的人力组成是以山厂为基本单位的。山厂是明代采木时在采木区设置的采木基地,是采木队伍的补给之所,也对所采之木进行初步加工以利于运输。采木队伍有明确的分工。土司下属有关官员负责管理及后勤等事务(如架长找厢,斧手砍伐,人夫拽运,石匠凿石,铁匠打制斧头等工具,篾匠制造缆绳)。③ 就一般情况而言,"所产楠木,皆在深箐人迹不到之处;至于砍伐,非比平地木植,可以随用斧斤。高菁之中,必须找厢搭架,多用人夫缆索,方可修巅去顶盘根"④。采伐大木的过程是十分辛苦的:"架长看路找厢,找厢者,即垫低就高,用木搭架,将木置其上以为拽运之说也。斧手伐树取材,穿鼻找筏。"⑤由此可见,砍伐一株大木时,必须先由架

---

①[清]常明,杨芳灿:《四川通志·木政》,巴蜀书社,1984年版。

②[清]张德地:《采木条议疏》,转引自郑珍等:《遵义府志·木政》(点校本),遵义市志编纂委员会办公室,1986年版,第542页。

③李志坚:《论明代商人对皇木的采办》,《信阳师范学院学报》,2006年第3期,第118-121页。

④⑤[清]张德地:《题报勘采遵义地方楠木疏略》,转引自郑珍等:《遵义府志·木政》(点校本),遵义市志编纂委员会办公室,1986年版,第540页。

长用木搭成平台让斧手登其上,砍去枝叶。同时,用绳子拉着以防木倒伤人。伐倒大木后,由斧手在大木上凿孔是为"穿鼻",以便拽运时拖拉。然后,将大木拖下高山。这时,由架长"找厢","所谓'找厢',即像铺设铁路一样,以两列杉木平行铺设于路基或支架上,每距五尺横置一木。同时有专门的篾子匠造作缆索及助滑竹皮,铁匠打制工具,拽运时其间免不了要用石匠开采巨石,架长在陡坡处用木垫低就高,减小坡度,并于两高山间垒建高架成桥"①。因为都是在深山之中,所以"必假他木抓搭鹰架,使与山平,然后大木方可出山"②。这是非常困难的过程。

3.运输

大木砍伐后,要运到北京,不仅路程遥远,而且运输艰难。大木运输分拽运和泄运两个环节。首先是拽运,即从采伐地点"运到外水",即由人夫拽运到河。张德地在其奏疏中陈述了拽运之艰苦:"楠木一株,动须人夫百千,方能拽动。而山路险窄,亦难立足,山势曲折,不能并走;势必开山填砌,找厢搭架,所用人夫,非比泛常,拽运工程,难以日计"③。众所周知,"楠木一株,长七丈、围圆一丈二三尺者,用拽运夫五百名"④,在交通十分不便的深山之中,土司要动用几百人甚至上千人运这么大的楠木是十分艰难的。加之产木之处,尽属危崖峭壁,即使是空行尚须攀藤附葛。巨木一根,须人夫千百方可拽动,而一线鸟道,山路险窄,一遇曲折狭径及深涧断壑,必开山修路,沿线砍伐,数百人一日只能拽移二三里,由此可知拽运的难度有多大。其次是泄运,即从小河运到大河,由大河运到大江,再由大江运到北京。泄运大木有两难:一是运输不便,耗时太长。大木上筏需运至河渠水道,令土司头痛的是大木至小溪后泄运"又苦水浅,且溪中皆怪石林立,必待大水泛涨漫石浮木始得放出大江",有时不得已,还需从下游筑堤截壅,蓄水丈余方可顺流拽运,若遇大石阻道,还需用石匠凿开,相地势高下,辗转运送。由于这种情形,便出现了"木在溪涧利于泛涨,木在山陆又以泛涨为累",所以,土司运输大木也肯定要出现"陆运必于春冬,水运必于夏秋"⑤的状况,时间

---

①蓝勇:《明清时期的皇木采办》,《历史研究》,1994年第6期,第87-99页。

②王士信:《广志绎》,中华书局,1981年版。

③[清]张德地:《题报勘采遵义地方楠木疏略》,转引自郑珍等:《遵义府志·木政》(点校本),遵义市志编纂委员会办公室,1986年版,第540页。

④[清]张德地:《采木条议疏》,转引自郑珍等:《遵义府志·木政》(点校本),遵义市志编纂委员会办公室,1986年版,第542页。

⑤[清]王骘:《疏》,转引自郑珍等:《遵义府志·木政》(点校本),遵义市志编纂委员会办公室,1986年版,第546页。

耗损很多。大木由小溪、小河运至大河,又由大河运到长江,后大木沿长江顺流而下,"出三峡,道江淮,涉淮泗,以输于北"①;"越历江河,逶迤万里,由蜀抵京,恒以岁计"②,"有时是两三年才能运到首都"③。二是上筏艰难。大木运到小河或大江时,需扎筏运输。这项工作也是异常艰难的:"上筏之处,必由河溪水道。而山谷一线涧水,皆系乱石填阻,若非天雨旬日,则水不盈尺,势必从下流筑堤截壅,蓄水丈余,方可顺流拽运。然须逐路筑堤蓄水,始能前进;若遇顽大乱石阻挡,又必多用石匠凿去,振泄漏水,相地形之高下,用转移之权变,事难为程限。"④当然,只要大木扎筏进入长江之后,运输相对要轻松一点。

4.运解交收

大木以泄运或扎筏运到大江大河水域后,交各督木道验收,便开始从水路转运京师的解运过程。明代西南地区进献大木的各土司,本着舍远求近、省力省时、减少开支的原则,他们走的究竟是一条怎样的运输路线?作者根据有关史料及今人著述,得出的结论是:从总的来讲,都是通过各地的小河运到长江边,再由长江运到今江苏南通,进入大运河⑤,最后直达北京东面的北通州(今北京市通县)。但具体来讲,各个地方的土司在由小河到大河的运输过程中,其河流又各不相同。丽江、马湖二土司由金沙江到叙州(今四川宜宾市)进入长江;贵州宣慰使安国亨及永宁土司由赤水河到泸州进入长江;播州土司习惯上是由綦江进入长江;酉阳、永顺二土司由酉水入沅江至城陵矶进入长江;容美土司由漤水入沅江至城陵矶进入长江。明代西南土司每次大规模的大木运解至京,都分成若干运来完成,一运由若干筏组成。明代扎筏一般以80株大木为一筏,每筏用水手10名,运夫40名。各路的皇木从长江扎筏运到大运河,北上运到通州交割验收。这些土司或找人押运,或亲自督运,他们可谓是"路经八省程途万余"运输大木。毫无疑问,西南土司距京城均是万里之遥且山重水复,一次采伐,运送百十根大木谈何容易!他们从进山选料到运送至京城,历尽千辛万苦。时至今日,永顺土司所处的灵溪河沿岸都还流传着当年的拖木号子:"三声号子四声唱,一声爹来一声娘。前头莫拖牛吃水,后稍龙尾慢慢扬。这根楠木

①吕必:《明朝小史》卷三,台湾"国立中央图书馆",1981年版。
②[明]乔壁星:《议略》,转引自常明,杨芳灿等:《嘉庆四川通志》,巴蜀书社,1984年版,第2363页。
③利玛窦,金尼阁:《利玛窦中国札记》,广西师范大学出版社,2001年版,第230页。
④[清]张德地:《题报勘采遵义地方楠木疏略》,转引自郑珍:《遵义府志·木政》(点校本),遵义市志编纂委员会办公室,1986年版,第540-541页。
⑤贵州通史编委会:《贵州通史》,当代中国出版社,2005年版,第222页。

长又长,生到山中本平常。拖到京城见皇帝,万根大木它为王。"

作者曾仔细思量,西南民族地区土司为了进献皇木,不顾勘察之艰、采伐之难、运输之苦、运解交收之繁,究竟为了什么? 除了"家国一体"这个大道理之外,还为了什么? 后来作者翻检诸多历史文献,结合西南民族地区土司进献大木的情况,最终总结出土司积极朝贡的原因有四。①

（一）土司制度的制约

土司制度自元朝建立后,到明朝有了迅速的发展,制度完备是其重要特征。《明史》记载:"洪武七年,西南诸蛮夷朝贡,多因元官授之,稍与约束。……皆因其俗,使之附辑诸蛮,谨守疆土,修职贡,供征调,无相携贰。"②这里的"修职贡",也就是土司必须向中央王朝进贡。按明初定制:"湖广、广西、四川、云南、贵州腹里土官,遇三年朝觐,差人进贡一次。俱本布政司给文起送,限本年十二月终到京。"③且限在圣节以前。贡品为当地土产、特产及稀有之物。西南地区土司朝贡的物品很多,包括马、象、水银、朱砂、黄连、黄蜡、麝香等物,而以马为大宗。但正德以来,由于兴建世庙皇陵,加上明代皇室几次火灾,皇木之需甚为急迫,一时之间,采办皇木成为某一阶段压倒一切的中心任务。而皇木所生长的地区许多都是明代西南地区土司所在地,所以,皇木也就成为当时西南地区土司的主要贡物之一。对西南土司进献皇木之事,《明史》《世宗实录》等均有一些记载。当中央王朝需要皇木的时候,土司进献皇木既可以抵其所应该缴纳的贡赋,又是其忠于朝廷的一种表现形式。土司通过向中央王朝定时进贡以表示对中央的臣服。

（二）中央政府的鼓励

明清时期西南民族地区各地土司为了巩固其统治地位,守护祖先创下的基业,积极投靠中央王朝,不仅按照规定的时间准时赴京接受中央王朝的考核,还通过各种机会赴京朝贡,保持与中央王朝信息交流的畅通,固守着紧密的君臣关系。有学者认为:"朝贡的宗旨是让民族地区受封土司,以定期或不定期向明中央政府贡'方物'的形式体现政治隶属关系的政治制度,实质上是各土司对明

---

① 李良品:《明代西南地区土司进献大木研究》,《中南民族大学学报(人文社科版)》,2008 年第 5 期,第 34-38 页。

② [清] 张廷玉等:《明史》,中华书局,1974 年版。

③ [明] 申时行等:《明会典》(万历朝重修本),中华书局,1989 年版,第 583 页。

中央政府承担的一种特定的政治义务。"①事实上,明清时期各代皇帝均鼓励西南民族地区的土司进京朝贡,而各地土司也抓住皇帝生日、皇帝登基、立太子、正旦等机遇对皇上进行庆贺性朝贡,同时,还充分利用归附、子弟入学、承袭、谢恩、谢罪等时机进行事务性朝贡,于是构成了西南民族地区土司朝贡的两大类。

到了清代,只要"投诚"后的土司愿意"认纳"、朝贡,就给土司"授职",这实质上也是对土司朝贡的一种鼓励。据《钦定大清会典事例》卷五百八十六载:"四川马边厅所属……蛮彝长官司文寿祚,于康熙二十一年归诚授职,颁给印信号纸,原管土民,归屏山县辖,其地亩钱粮,系屏山县征收外,每三年认纳贡马一匹,折征银八两;沐川长官司悦泽长,于康熙三十四年归诚授职,颁给印信号纸,原管土民归屏山县辖,其地亩钱粮,系屏山县征收外,每三年认纳贡马一匹,折征银八两。"②这里多次提及的"认纳贡马",其实也意味着中央政府对土司朝贡的鼓励。也就是说,在清代尚未改土归流的土司中,只要"投诚"和"认纳",就给土司"授职,颁给印信号纸"。

土司向中央王朝进献皇木,中央王朝也会对土司进行鼓励,在此以明代为例予以说明。早在嘉靖六年(1527年),采木侍郎黄衷上疏提出先给土司"半值",然后给予袭替、服色、进阶、诰命等。谈迁曾说:"土司有功,往例赐金币,进木又其细者。"明代中央政府鼓励土司进献皇木,并给予进献皇木的土司一定的经济和名誉上的奖励。于是,有的土司进献皇木,有的土司进献采木之银(见表7.13)。这在一定程度上刺激了土司进献皇木的积极性。有明一代,皇木采办需要十分浩大的经费开支,《蜀山采木记》中言:"国家以殿阙频灾,兴采木之役,则拮据无已时。"嘉靖二十六年(1547年)因修宗庙,四川一省采办皇木费至339万余两;明万历二十四年(1596年)采办三殿木植,四川、湖广和贵州费银达930余万两,全是征诸民间,较嘉靖年费更倍,其中,万历三十五年(1607年)在四川用银为363万两。在中央政府经费十分紧张的情况下,土司献木或献银对于中央来说,可以节省部分经费;而对于土司来说,获得中央政府的赏赐是一件很荣耀的事情。

(三)各地土司的效尤

明清时期西南民族地区的土司,无论是庆贺性朝贡,还是事务性朝贡,他们都

①洲塔,贾霄锋:《试析明代藏区土司的朝贡制度》,《西藏大学学报(社会科学版)》,2006年第3期,第59-65页。

②[清]昆冈等:《钦定大清会典事例》卷五百八十六《土司·土司授职一》,中华书局影印本,1991年版。

是争先恐后。因为进献马匹、方物或皇木的土司能得到中央王朝一定的经济和名誉上的奖励。各地土司不仅争先恐后,而且为了朝贡,特别是献皇木而不择手段,爆发采木争夺。万历十三年(1585年),四川播州宣慰使杨应龙进献皇木获得了中央王朝的赏赐,贵州宣慰使安国亨见状,不顾自己当时没有皇木也声称有皇木进献朝廷,同样获得了中央赏赐的飞鱼服。土司有时也通过商人获得木材。前述贵州宣慰使安国亨"请以皇木进,乞还给冠带诰封如播例。既而木竟不至,乃诿罪于木商"。皇木是一种特别的资源,可以得到土司之间矛盾的最后裁决者——皇帝的赏识,这也难怪西南土司进献皇木会趋之若鹜,争先效尤。

(四)土司政策的优惠

明清时期的中央政府对西南民族地区的土司有一些优惠政策。例如,土司如果犯罪,可以用捐输、朝贡等形式减罪或免罪。据《太祖实录》载,洪武二十八年,因郑国公常茂事,龙州知州土官赵宗寿被诏令赴京。然至四月,广西布政使司上言赵宗寿虽屡被诏令赴京,仍拒命不出。明太祖怒其不臣,遂发大军讨之。九月丙申,赵宗寿偕当地耆民农里等69人来朝贡方物谢罪。于是从致仕兵部尚书唐铎的奏请,罢兵勿征龙州,命移师奉议、向武等处。明代西南民族地区土司借献木赎罪、免罪,也不乏其例。这种政策开始于嘉靖三十六年(1557年)。这一年,采办皇木的工部侍郎刘伯跃奏请《重申献木恩典事宜》,并允许土司以献木赎罪,通行于两广、四川、云南、贵州各土司地区。"土夷可矜疑者,量其轻重拟纳赎合式木植及应免罪,复袭替之人。"万历十三年(1585年),贵州宣慰使安国亨因事获罪,朝廷令其"采木自赎";万历二十四年(1596年)三殿遭灾,时值杨应龙有罪当斩,杨应龙与其子杨朝栋各献皇木三十根,遂免于死。由于进献皇木可以使土司赎免罪过,土司之间的矛盾本来就十分复杂且敏感,因此时常发生冲突。嘉靖二十一年(1542年),酉阳土司与永顺土司"以采木仇杀,保靖又煽惑其间,大为地方患"。争夺皇木是导致土司间爆发冲突的一个重要原因,这种冲突无疑给地方社会带来极为不利的后果。

正是由于以上原因,西南地区各土司为向朝廷表忠心,不惜动用自己管辖下的大量人力物力,千里迢迢将马匹、方物以及极其笨重的整根楠木从偏僻崎岖的西南山区运到万里之外的北京,可见西南土司对明清中央王朝的忠顺。虽然西南土司朝贡马匹与方物、进献皇木与接受中央朝廷的赏赐仅是象征性和程式化的,但它却是西南土司表示忠顺中央王朝的一种表象,也是明清统治者显示中央王权的一种招牌。

三、明清时期西南民族地区土司朝贡的影响

朝贡既是一种政治行为,也是一种经济行为。中央王朝通过土司定期或不定期进京朝贡的方式,不仅可以了解各地土司的动向,考察土司是否认同和效忠朝廷,而且可以从土司的进贡物品中满足物质需求。明清时期西南民族地区各地土司进京朝贡,表达了各地土司对中央王朝的效忠以及对治统的高度认同,保持与中央王朝的密切联系,适时掌握王朝的政策变化,为争取中央王朝的政策倾斜抓住机遇,这从客观上有利于促进土司地区的社会和谐稳定和经济文化发展。但无可否认的是,西南民族地区土司朝贡也带来很多弊端。从这个意义上讲,土司朝贡有积极影响和消极影响两个方面。

(一)积极影响

无论是从历史记载还是从实际政治作用来看,西南土司朝贡与接受中央朝廷的赏赐都是象征性、程式化的,它既是西南土司表示忠顺大明王朝的一种表象,也是明代封建统治者显示中央王权的一种招牌。① 就积极意义看,它不仅加强了西南地区与内地、地方与中央、民族地区与汉族之间在政治、经济、文化各方面的联系,加强了明中央对西南地区的有效统治和管理,而且进一步促进了边疆地区社会经济文化的快速发展。

1.政治方面

西南地区土司向明代中央王朝积极朝贡,加强了明清时期国家对西南地区各民族的统治与地方治理。西南地区与内地在诸多方面都存在着或多或少的差距,历代王朝对其统治的方法也有别于其他地方。据《明史》记载,"西南诸蛮⋯⋯迨有明踵元故事,大为恢拓,分别司郡州县,额以赋役,听我驱调,而法始备矣。然其道在于羁縻。彼大姓相擅,世积威约,而必假我爵禄,宠之名号,乃易为统摄,故奔走惟命。"② 由此可见,明清中央政府只有继续保留西南地区原有的政治、经济结构,利用其本族中的上层人物,授以世职,对这些地区进行间接统治。在土司制度下,土司朝贡是西南地区各土司与中央保持联系的特殊方式。当土司或其使者历尽艰辛抵达京城,并进行朝拜、献贡等礼节仪式时,一方面表明了他们之间的君臣关系,另一方面表明了土司所代表的民族与明代中央

---

① 张婷:《明代四川土司述要》,四川大学 2005 年硕士学位论文。
② [清]张廷玉等:《明史》卷三百一十,上海古籍出版社,1991 年版。

的隶属关系。明清时期中央政府十分重视朝贡,把它看作土司是否臣服中央的重要表现,一旦有变,轻则质问,重者动兵。明清中央政府就是通过朝贡,牢牢控制了一个个土司,达其"额以赋役,听我驱调"的目的。而各地土司也通过朝贡,"假我爵禄,宠之名号"而得到的特权和实惠,进而巩固和加强自己在土司地区的统治地位,在地方权力的行使中,不断获取最大利益。可以说,西南土司向明清中央王朝朝贡,其政治意义远远大于经济意义。①

2.经济方面

西南土司向明清王朝朝贡,这无疑是中央王朝对西南地区进行物质索取的一种方式。但就朝贡本身来看,其作用有四②:第一,为经济交流提供了条件。通过西南土司向明清王朝朝贡,而朝廷则将中原地区的货币、丝绸和书籍如"飞鱼服、冠带、袭衣、文绮、钞锭"等回赠特使,这就为双方经济上的交流开辟了道路,提供了条件。第二,刺激了西南地区各族人民的经济意识。由于明清王朝规定土司特使上贡之后,会同馆可为开放三五日,馆外各铺行人携带货物入馆,双方可以公平交易,这些活动都不断刺激和提高着西南地区各族人民的经济意识。第三,促进了西南地区与周边地区交通的发展。西南地区山高水深,与外界交往历来不便,土司朝贡往返中土,首先必须要有交通条件,明清时期由西南各省城向外遍设驿站,形成了四通八达的交通网络,这与方便西南土司进京朝贡不无重要关系。第四,加速西南地区的经济发展。土司朝贡与朝廷回赐物品的相互流通,加上贡使在京和沿途的所见所闻,使西南地区的土民能了解到中原的先进生产工具、生产技术、生产方式,这无形中加速了西南地区的经济发展。

3.文化方面

西南地区土司朝贡的作用在于:一是通过土司及其使者进京,能深入中原地区,通过亲眼所见,亲耳所闻,对汉族的生活、生产、思维方式、民族性格、风俗习惯等产生许多感性认识。而随着朝贡次数的增多,认识不断强化、加固,最终对汉族、对中原文化逐渐形成了认同感,以及对中华民族逐渐产生了归属感,由文化的认同最终形成国家意识,其作用不可小视。二是通过土司及贡使们在京逗留或沿途所见,对汉族先进的政治、经济、文化及风俗礼仪等必然有所接触和了解,这为西南地区各族人民对不同民族之间的相互学习以及落后民族的自身提高,都提供了有利条件。

---

① 张婷:《明代四川土司述要》,四川大学 2005 年硕士学位论文。

② 李伟:《乌江下游土司时期贡赋制度考略》,《贵州社会科学》,2005 年第 2 期,第 40-44 页。

（二）消极影响

这里主要以明清时期西南土司进献大木的情况看,其消极意义十分显著,它使明清时期西南土司统治地区的劳动人民不仅承担了繁重的负担,而且遭受了深重的苦难。

1.生态破坏

西南民族地区各土司批量地向中央王朝进献大木,导致该地区生态环境遭受极大破坏。明清两朝统治者为了自己过着奢侈糜烂的生活,他们不仅无休止地挥霍国家资源,而且也没有体恤民情,由此造成了四川森林被毁、楠木绝迹的现象。清代康熙初年的四川巡抚张德地在《题报勘采遵义地方楠木疏略》中有这样的句子:"据遵义府正安州申称:遵郡原系播彝旧地,改土设流,山瘠土薄,从未产有长大楠木,即间有产者,并不堪大工之用。"①这说明在清初就没有多少楠木了。明清时期西南民族地区乡村社会生态破坏严重的罪过既包括土司进献大木,又包括明清时期西南地区历代官员采办皇木。

2.劳民伤命

西南民族地区土司给朝廷进献大木,给土司辖区民众带来了深重的灾难。前面我们叙述了土司进献大木经历勘察、采伐、拖运及运解交收诸过程的艰辛,而土司为了进献皇木,根本就不会考虑和体恤辖区民众勘察之艰、采伐之难、运输之苦、运解交收之繁。我们可以从明万历三十五年(1607年)负责采办"大木"的乔璧星在上疏中历数采办皇木之艰难,可见土司进献大木给民众带来的灾难:"以茕茕孑遗之民,任此艰难重大之役,其何以堪?"②在采办大木的地方,四川采木形成了"十室九空,赤子委于沟渠,白骨暴于林莽"③的悲惨境地,蜀语的"入山一千,出山五百"④绝非信口雌黄。迄今为止,西南民族地区乡村社会究竟有多少无辜的庶民百姓为了给土司进献大木而葬身于西南地区的林海和江中,谁也无法统计。

─────────────

① [清]张德地:《题报勘采遵义地方楠木疏略》,转引自郑珍等:《遵义府志·木政》(点校本),遵义市志编纂委员会办公室,1986年版,第540页。

② 郑珍,莫友芝等:《遵义府志·木政》(点校本),遵义市志编纂委员会办公室,1986年版,第536页。

③ [清]常明,杨芳灿:《四川通志·木政》,巴蜀书社,1984年版。

④ 郑珍,莫友芝等:《遵义府志·木政》(点校本),遵义市志编纂委员会办公室,1986年版,第534页。

总之,明清时期中央王朝要求西南民族地区各地土司朝贡马匹、方物和进献大木,给西南民族地区乡村社会民众带来繁重的负担。当我们今天读到明代黄辉《采木记》中的"采木,国之巨役也,费至重,力至劳,是天下之所无奈何而不可以已者也"①的时候,就会自然而然地想到官办皇木给明清时期西南民族地区乡村社会民众带来的深重灾难及对后世造成的严重后果。②

第四节　集市贸易制度

由于自然环境及历史发展的原因,西南民族地区历来属于经济欠发达地区,专家学者们对明清时期集市的研究并不多见。明清时期,西南民族地区乡村社会的集市大多依镇而建,依街而兴,分布广、网点多,每隔3~20里就有一处集市,都采取定时定点"赶场"形式进行商品交换。对"集""市"的概念,有的学者做过界定:"集"指的是农村集市;"市"则是具有一定人口规模和经济功能的居民聚居区,并作为一级行政单位。因此,小市即农村集市,中市即为镇,大市就是城市了。③ 本节中的集市是指"定期市场",也就是按照一定的时间周期,在固定的地点定期举办的市场。这些集市的形成、发展,对西南民族地区乡村社会的经济发展有极大的推动作用。

集市贸易是人类社会发展到一定程度而出现的一种商品交换形式。而作为财物交换场所的集市,它包括的要素有三个,即人、物品和固定场所。由于交换本身必然涉及交换双方的人和交换的物品这几个基本要素,因此,作为研究集市起源问题的关键,也就在于研究进行交换的固定场所究竟是怎样出现的。那么,最早的经常性的进行交换的场所,究竟是怎样形成的? 西南民族地区乡村社会的集市有哪些场期制度? 乡村社会的各族民众在集市贸易过程中有哪

---

①[明]黄辉:《采木记》,转引自郑珍等:《遵义府志·木政》(点校本),遵义市志编纂委员会办公室,1986年版,第537页。

②李良品,彭福荣:《明清时期四川官办皇木研究》,《中国社会经济史研究》,2009年第1期,第58-65页。

③慈鸿飞:《近代中国镇、集发展的数量分析》,《中国社会科学》,1996年第2期,第27-39页。

些习俗？西南民族地区乡村社会集市形成过程、集市场期制度、集市习俗的成因是什么？在本节中，作者将以贵州集市贸易的相关情况为案例予以分析和归纳。

一、明清时期西南民族地区集市形成路径

作者以为，明清时期西南民族地区集市具有"多种形成路径"。按照万红博士的解释，所谓"多种形成路径"，也就是将集市之历史形成路径的多样性予以类型化①。由于西南民族地区少数民族众多，历史悠久，地域性的文化差异很大，地貌地理和交通条件等也都千差万别，因此，明清时期西南民族地区在乡村社会集市形成过程中，具有非常丰富的多样性的特点。通过对西南民族地区各种主要集市形成进程的不同类型的认识，我们进一步深刻地理解该地区的有关历史和现实问题。

有学者认为，西南民族地区乡村社会集市的形成过程有两种可能性，一种是出现在原始共同体经常集会的场所，另一种是出现在不同的共同体之间接触频繁的地带②。

明清时期西南民族地区乡村社会的民众虽然定期（有的五日一集、六日一集、十日一集）前往集市进行交易，但是，各地对集市的称呼不尽一致，或曰集，或曰场，或曰墟。民国《剑河县志》云："日中为市，交易而退。黔之场市盖其遗义也。黔地崇山叠嶂，舟车不通，艰难往返，相地置场市，鬻盐负米，羌宾贩货，便日用耳。方言曰：赶场、赶集、赶墟皆谓此也。"③民国《大定县志》也有类似的记载："本地民苗及贩夫、贩妇，于一定日期，各以米、盐、布帛、酒、烟、牲畜等物集中交易，谓之赶场，犹他处所云：赶集、赶墟也。"④贵州人称为"赶场"。虽然人们对农村集市和赶集称呼各异，但性质完全相同。明清时期，西南民族地区集市的形成是有其历史原因的。正如《贵州六百年经济史》所云："入清以来，场市日渐增多，星罗棋布，遍及四乡，贵阳府亲辖四里六司及贵筑县所属九里，共有场市 40 余处。其中，有不少是由屯堡发展而成，如朱昌场、洛湾场、乌八场、青岩场、马堡场、胡朝场、刘士连场、穿心堡场、孟官堡场等；有的是由哨铺发展

---

① 万红：《中华西南民族市场论》，中国经济出版社，2006 年版，第 239 页。
② 万红：《中华西南民族市场论》，中国经济出版社，2006 年版，第 54 页。
③ 阮略：《民国剑河县志》卷三《建置志·场市》，剑河石印局，民国三十四年（1945 年）石印本。
④ 李芳：《民国大定县志》卷二《建置志·市集》，贵州省大方县县志编纂委员会办公室点校本，1985 年版，第 46 页。

而成,如沙子哨场、石板哨场;有的系土司所在地,如扎佐场、养龙场、中曹司场;有的系少数民族村寨,如花仡佬场、巴香场、摆金场、高坡场、麦西场等。"①贵州如此,西南民族地区其他区域集市的形成路径也基本相同。

(一)行政中心型集市

行政中心与集市的形成有着十分密切的关系。行政中心地带一般均拥有一定的常住人口,加之出于办事需要而来来往往的各类人员络绎不绝,使其成为人口经常聚集的地带,从而为商品交换提供了十分有利的场所。在贵州历史上,历代统治者所设行政机构的所在地,不但是一个地区的权力中心,而且由于商贾往来频繁,集市随之兴起,有不少行政中心逐渐发展成为经济和流通的中心。从一个行政中心逐渐发展成为集贸市场,在明清时期贵州的集市中占据相当大的比例。如雷山县西江镇,就是由于此种原因而形成的集市。西江镇距离雷山县城37千米,距黔东南州首府凯里80千米,是全国苗族最大的聚居村之一,人称"千户苗寨"。清初建制时称"鸡讲"。清乾隆三年(1738年),置鸡讲司,下辖鸡讲、顶冠、控稗三汛,驻绿营兵240员,管40寨,是当时八寨(今丹寨)、丹江(今雷山)通往镇远、柳霁(今剑河)必经的孔道和丹江厅东北边缘的战略要地。清王朝在鸡讲设治以后,汉民、屯兵迁入苗区。汉民中的一些从事商贾贩运者,给封闭的苗族社会逐渐带来了活跃的气氛,日用品、食盐、燃油等商品由肩挑贩运的汉族商民运进苗区,在司、卫、屯堡和驿站驻地,便逐渐形成了物资交换的场所。"夷汉不问远近,各负货聚场贸易"②。随着流官的到来,使用国家统一货币,原有的以物易物的方式就变成了"钱货两清"的交易方式。清朝中后期,在鸡讲司设场时,墟场分为大场和小场,即逢午(马场)赶大场(隔六赶七),逢亥(猪场)赶小场(隔四赶五)。到民国二十六年(1937年),西江场集逐渐兴旺起来。后来虽然时有兴废,但该镇至今仍是雷山县境东北一个重要的集镇,也是西江地区的政治文化中心和商品集散地。在明清至民国时期,贵州省这类行政中心型集市还有很多。由于在行政中心设立集市,通常具有人口集中、方便管理(收取税金和各种管理费)、行政与经济功能相结合等特点,对各类商贩和依托集市进行各种交换和消费的周边乡民都具有很强的吸引力,因此,大部分的县、区、乡所在地等行政中心均开设有集市③。据

---

① 《贵州六百年经济史》编辑委员会:《贵州六百年经济史》,贵州人民出版社,1998年版,第188页。

② 黔东南州民族研究所,雷山县民族宗教事务局:《西江苗族志》(内部资料),1998年版,第47页。

③ 万红:《中华西南民族市场论》,中国经济出版社,2006年版,第186-189页。

《贵州省志·工商行政管理志》载,至1949年,贵州计有77个县,1 397个乡镇,共1 474个集贸市场①。由此可见,每个县、乡、镇所在地基本上就是一个集市。

(二)卫所屯堡型集市

西南少数民族地区地处边疆要塞,历代统治者都十分重视对其地的治理与镇戍。在一些军事要塞,由于驻军的消费需求,很早就出现了集市,如贵州省锦屏县的青山界,唐宋时就曾是一个很大的集市②。追根溯源,西南民族地区有不少集市是由历史上的军事卫所和屯堡逐渐发展而形成的。从元代到明代,中央朝廷在贵州许多地方不仅建立了土司制度,而且还在贵州省的边缘地带、险要地区设置卫所,驻守重兵,建立起军事防御包围圈。明代的卫所在多数情况下是一种军事性质的地理单位,而不仅是一种单纯的军事组织③。明朝时,贵州的卫所机构基本上设在边缘地带,有的则与土司犬牙交错。卫所的作用在于管理军户,它插入土司地区,控扼军事要道,并以此为据点,逐步实行改土归流,卫所与府、州、县有时同在一城,有时在不同城,这就使一些卫所逐渐发展成为后来的集市。据万历《贵州通志》记载,明代万历以前,贵州全省共建城四十三座,计有省城一座,府城四座,还建了屯堡二百八十余处。万历以后,又新增若干州、县、卫城。清代又增设若干营讯哨铺。这些城池、屯堡、营讯,起初也都只是一些军事据点或政治中心,后来逐渐形成了集市。清镇市卫城镇也就是由保卫贵阳城的军事重镇发展演变成为的有关集市。因为卫城镇地处贵阳至黔西北的交通要冲,于明崇祯三年(1630年)建城并置镇西卫,为卫治,故名卫城。清康熙二十六年(1687年)裁卫入清镇县,称卫里。明清至民国时期先后设镇西镇、卫城镇④。一般而言,明清时期的这些城池、屯堡、营讯,大都处于交通条件较好、地理位置较为优越的地带。在这些人口较为密集、生活的社会化程度比农村高的军民聚居点——卫所城池附近,应驻军和居民对农副产品的日常需求而出现了集市,进行农副产品之间及农副产品与手工业品的交换,借以沟通卫所、屯堡与村落的经济联系。例如,永乐十二年(1414年),贵州平越、清平、偏桥、镇远四卫的集市贸易就颇为繁荣,卫城内的汉族军民与四围乡村的苗

①贵州省地方志编纂委员会:《贵州省志·工商行政管理志》,贵州人民出版社,1998年版,第92页。

②万红:《中华西南民族市场论》,中国经济出版社,2006年版,第195页。

③罗远道:《清雍正初年卫所制度的大变革》,《中国历史博物馆馆刊》,1996年第1期,第91-97页。

④贵州省地方志编纂委员会:《贵州省志·地理志》(上),贵州人民出版社,1985年版,第476页。

族民众都来赶场,众多的人群聚居在场市上进行贸易活动,"市如云集,朝至暮归"。军卫与民间、汉族与少数民族之间的经济交往日益频繁①。像这一类的集市很多,如威宁县的耿家屯、金斗堡、乌蒙屯、平山堡、乌蒙堡、大塘堡、水槽堡及西屯等②,一听这些集市的名称就知道是从历史上的卫所和屯堡发展而成的。类似情况还有毕节市毕节镇、平坝县天龙镇、黄平县新州镇、修文县扎佐镇等。

(三)土司署城型集市

土司制度是一种封建的地方政治制度,是中央封建王朝在边疆民族聚居地区和杂居地带实行的一种特殊的统治制度。在元明清三代,中央王朝在西南民族地区设置了众多土司,有的土司衙署所在地后来就成为集市,如贵州大方县大方镇就是这样的集市。翻检贵州古代史,我们就会清楚地知道,大方县大方镇历史上曾为水西土司统治中心,元至元二十年(1283年)为亦溪不薛宣慰司治所,明初为贵州宣慰司领地。当时,由于水西君长接受中央王朝的赐封,成为全国有名的大土司;明洪武六年(1373年),朱元璋升贵州宣抚司为宣慰使,诏霭翠(霭翠系水西君长)位各宣慰之上③。清康熙四年(1665年)置大定府,为府治;民国二十五年(1936年)设大方镇④。在一定程度上讲,没有水西土司就没有大方镇。在贵州省的集市中,由土司衙署或治所所在地形成的集市太多,诸如威宁县草海镇,黔西县水西镇,遵义县南白镇、高坪镇,息烽县永靖镇、九庄镇,余庆县白泥镇,凤冈县龙泉镇,江口县双江镇,印江县印江镇,黄平县旧州镇、重安镇,施秉县偏桥镇,石阡县汤山镇,思南县思塘镇,德江县姜司镇,沿河县和平镇,松桃县乌罗镇等。

(四)驿道驿站型集市

集市是物产汇聚、商贾辐辏、货物交流的场所。交通运输便利是集市赖以存在和发展的重要条件。明清时期,西南民族地区的不少集市就是在水陆交通要道上发展起来的。众所周知,驿道驿站是我国古代主要物资运输、官员往来、信息传递的重要命脉。明代贵州水西土司奢香在黔西北开

①万红:《中华西南民族市场论》,中国经济出版社,2006年版,第198页。

②苗勃然:《民国威宁县志》卷二《建置志·市集》,民国十三年(1924年)稿本。

③[清]张廷玉等:《明史》,上海古籍出版社,1991年版。

④贵州省地方志编纂委员会:《贵州省志·地理志》(上),贵州人民出版社,1985年版,第514页。

辟了驿道,中央王朝在此设置了众多驿站,这对贵州集市的发展有至关重要的作用。由于驿道上人员往来众多,在设驿、站、铺的地方逐渐形成聚落和集市。贵州的一些乡场集镇就是在古道驿站的基础上形成的,其中有一部分是明清两朝由官府设置的乡场,或清末民初建立的集镇。它们都是农村集市贸易中心,其形成与盛衰反映了交通因素在集市形成中的重要作用。只要认真翻检史籍,我们就会发现,贵州的集市与驿道交通有着极为密切的关系。一是集市直接从驿站发展而来。明清时期,中央政府在重要的关津要塞都设置有驿站、塘讯,这些驿站、塘讯既是中央与地方联系的通道,也是商业往来的重要渠道。驿站的设置,无疑形成了一定的消费规模,就需要有与之相配套的一系列商业活动,商业活动达到一定规模的就有了税收和管理衙门,派驻了军队,甚至筑起了城墙,于是集市就应运而生。如黔西县谷里镇,明代为黔西地区龙场九驿之一;清代为川盐入黔"仁岸"运输要站,外地商人多来于此;民国十六年(1927年)就建谷里镇①。贵州这种集市很多,如遵义县鸭溪镇、板桥镇,桐梓县城关镇、松坎镇、新站镇等。二是集市由驿站向政治、经济、文化、军事中心发展,后来成为新生的县级政权的所在地,由此带动了驿道沿线社会经济的发展。如贵州龙里县龙山镇,于明朝洪武四年(1371年)设置龙里驿,洪武十九年(1386年)又增设龙里站,洪武二十三年(1390年)置龙里卫;清康熙十一年(1672年)裁卫设置龙里县,为县治;民国二十一年(1932年)设龙山镇②。由此可见,龙山镇就是由最初的驿站而逐渐发展成为龙山县的政治、经济、文化中心的。贵州省很多集市属于类似情况,如赫章县双河镇、平坝县城关镇、凯里市清平镇、修文县城关镇、清镇市城关镇等。

(五)水运码头型集市

在明清时期,河流和水系对于乡村社会民众的劳动生产和日常生活至关重要,它既是人们生活用水的渠道,又是人们水上运输的航线。在古代陆路运输方式较为落后的情况下,在靠近河流两岸的地区,由于灌溉方便,农业经济相对发达,农业的商品化程度也比较高,加之水运中转时纤夫、船工、商客的食宿等

---

①贵州省地方志编纂委员会:《贵州省志·地理志》(上),贵州人民出版社,1985年版,第523-525页。

②贵州省地方志编纂委员会:《贵州省志·地理志》(上),贵州人民出版社,1985年版,第436页。

商品服务需要,容易形成聚落,进而发展成为集镇。明清时期,由于军事和经济的需要,一些河流沿岸的大小港口及水旱码头上,多有集市形成。镇远城关镇舞阳镇就是一例。由于镇远"盖自楚来者,至此而陆;自滇来者,又至此而舟"①,控驿道而滨舞阳河,自元代起就成为著名的水陆码头。明代更是"舟车辐辏、货物聚集",云南产的铜锡及西路货物在此转运,贵州的铅也有一部分由此外运。溯江而上的货物在此集散,浙盐、淮盐也多由此入境,商业繁盛一时,到清末已成为"黔省之冠"。由于镇远地界湘黔,又当水陆要冲,外地客商大都在此驻足,集结而成街市,成为名副其实的"滇黔门户""水陆之会"②,故"舟车辐辏,货物聚集"③。又如思南,上接乌江,下通楚蜀,地处邻省"商贾贸易之咽喉"。务川有茶、桐、水银、朱砂、漆之利,"而漆之利更广,四乡所出,岁不下数万金"④,蒲溪产铅,安化、印江遍栽桐、卷树、漆树等,桐卷摘子取油,"夏秋之间,商贾辐辏"⑤,所以思南府城"人咸集贸易"。更重要的是思南府城外的乌江是川盐入黔涪岸的终点,商业堪称繁荣。史载:"黔中诸郡皆荒凉,惟思南府最盛,有水道通舟楫,货物俱集而人文亦可观。"⑥思南府常有四川、陕西、山西商贩来收购桐油、木油、灯草、土布等,再至涪陵、常德转销;江西商人在思南府城开设源荣号、十柱号、安家号、万家号、大盐号等10多家大商号,收购当地的农副产品和土特山货贩运至省外售卖,同时从外省运来洋广杂货,经过思南府城分销至贵州各地⑦。可以说,河流是集市形成和发展的基础。从一定意义上讲,是否拥有水路条件以及水路条件的优劣程度,直接影响和制约着集市经济的发展。从贵州省河流的分布看,很多集市均是由各条河流的干流或支流的水运码头形成的,如遵义县乌江镇,绥阳县洋川镇,湄潭县义泉镇,石阡县汤山镇,思南县思塘镇,沿河县淇滩镇、和平镇、思渠镇、洪渡镇,正安县凤仪镇,务川县都濡镇等。

(六)物资集散地型集市

物资集散地与集市有着密不可分的关系。因为物资集散地堆积着异常丰

---

① 爱必达:《黔南识略》卷一十四《镇远县》,道光二十七年(1847年)罗绕典刻本。

② 万红:《中华西南民族市场论》,中国经济出版社,2006年版,第225页。

③ [清]陈鼎:《黔游记》,杨汉辉等点校,贵州人民出版社,1997年版,第419页。

④ 爱必达:《黔南识略》卷一十六《务川县》,道光二十七年(1847年)罗绕典刻本。

⑤ 爱必达:《黔南识略》卷一十六《安化县》,道光二十七年(1847年)罗绕典刻本。

⑥ [清]陈鼎:《黔游记》,杨汉辉等点校,贵州人民出版社,1997年版,第431页。

⑦ 何伟福:《清代贵州商品经济史研究》,中国经济出版社,2007年版,第200-201页。

富的物资,聚集着南来北往的人群,由于"交通"的便利,自然容易形成集市。一般来讲,集散地型的集市具有几个显著特征:一是距离产地较近;二是便于物资的聚集与分散;三是多在交通便利之处;四是能够为客商提供各种服务。因此,物资集散地形成集市是十分自然之事。这种类型的集市当以贵州清水江沿岸的木材集市为重要代表。清水江流域是侗、苗、汉杂居地区,其范围大体包括今贵州都匀、麻江、福泉、凯里、黄平、施秉、台江、剑河、黎平、锦屏、天柱等县。由于清水江流域是我国南方重要木材供应基地之一,也是我国传统人工林区①。在古代,清水江流域是天然林的广布之地。明清时期,沿江两岸古树参天,杉木、松木、柏木以及种类繁多的阔叶林排山塞谷,遮天蔽日。《黔南志略》记载:"郡内自清江(今剑河县)以下至茅坪(今属锦屏县)二百里,两岸翼云承日,无隙土,无漏荫,栋梁芒角之材,糜不具备。"②从明永乐年间起,朝廷派"皇商"到清水江中下游广征"皇木",采伐的"皇木"要顺江流放至江淮,用于宫殿建筑。于是,民商涌至,纷纷到两岸采购木材,清水江的很多地方成为物资集散地,久而久之,这些物资集散地均形成集市。清水江沿岸很多地方遂成"舟楫东来,商贾云屯"的交易市场。尤其值得一提的清水江下游的王寨,由于清水江、小江与亮江在此汇合,故称三江镇。明洪武三十年(1397年),在今锦屏县城设置铜鼓卫,屯兵运粮,成为水陆要冲。加之境内盛产木材,有"杉木之乡"之称,清末便已形成清水江河系最大的木材集散地。民国三年(1914年),锦屏县治自铜鼓迁王寨,由于王寨河宽水缓,形成良好的木坞,因而木材贸易更为繁荣。民国期间,设有大小木号百家,木材成交额为黔东之冠,故有"木头城"之称③。清水江沿岸类似情况很多,诸如远口、茅坪、王寨、卦治、南哨、反排、施洞、王寨、清江、施洞、重安等。

(七)节日集会型集市

节日集会型集市是指借助节日集会从事商品交换而形成的集市。贵州作为一个多民族省份,在千百年来的发展历程中,各族人民以无穷的智慧创造了

①李良品等:《近三十年清水江流域林业问题研究综述》,《贵州民族研究》,2008年第3期,第137-144页。

②转引自《黔东南苗族侗族自治州志·林业志》第二章《林业资源》,中国林业出版社,1990年版。

③万红:《中国西南民族地区市场的起源与历史形成》,中国社会科学院2002年博士论文。

丰富多彩的原生态民族文化。在贵州的 17 个世居的少数民族中,除满族没有保存具有自己鲜明的民族特色的传统节日外,其余的苗族、布依族、侗族等 16 个世居民族都有自己的具有鲜明的民族特色和深厚的文化积淀的民族传统节日。据统计,在贵州大地上有 1 000 多个民族文化传统节日,从正月初一到腊月三十,全省各地几乎每一天都有民族文化传统节日,都有少数民族同胞在过节,"大节三六九,小节天天有"就是贵州民族文化传统节日的真实写照①。根据这些节日的特点,贵州的节日集会大致可以划分为四类:一是季节性节日。这种节日结合农事,或组织春耕,或欢庆丰收等,有极强的季节性。如水城、普定等地布依族正月三十日过"了年节",即宣示春节活动结束,备耕开始。其他民族的"赶年节""三月三""吃新节""芦笙会"等均属此类。二是纪念性节日。这在贵州少数民族节日集会中占较大比例。这种节日或纪念重大历史事件,或纪念本民族的英雄人物。如贵阳地区苗族的"四月八"是纪念传说中的民族英雄亚务。这类活动近似于汉族纪念屈原的"端午节"。三是祭祀性节日。这种节日多与民族历史上祭祀祖先及宗教信仰相关。如贵州苗族的重大节日"吃牯脏"即系始祖姜央因子女多病,种植无收,为祈求祖神祛病赐福而杀牛祭祀其蝴蝶妈妈所兴,后世子孙代代相传。② 四是社交娱乐性节日。在贵州民族文化传统节日中,最为著名的有苗族的"姊妹节""爬坡节""跳花节""花山节""凯里舟溪芦笙节""凯里香炉山爬坡节",布依族、壮族的"三月三歌节""六月六歌节",侗族"三月三讨葱节""采桑节",彝族的"赛马节"等。这种节日是在特定的时间段内以特定的仪式为外在形式,以族群男女青年为主要参与者,以谈情说爱为主要内容的民俗活动,是节日拥有者男女青年制造缠绵、释放浪漫的时空,许多男女青年正是通过这些节日集会,在"以歌传情、以舞表意"的缠绵中缔结下百年之好的③。正是这众彩纷呈的节日集会,为集市的形成提供了可能。天柱县城北 8 公里处的邦洞集镇,大约形成于清代康熙年间。每年农历四月初八,当地群众在此聚会,青年男女对唱山歌,逐步演变成歌场。尔后由歌场逐渐形成了集市。随着物品交换的频繁,人们后来就以农历每月的四日、八日定为场期,至今未变。

---

①③ 颜勇,雷秀武:《贵州民族文化传统节日综论》,《贵州民族研究》,2007 年第 6 期,第 36-59 页。

②李良品,彭福荣:《乌江流域民族地区非物质文化遗产的类型、保护与传承》,《民间文化论坛》,2006 年第 6 期,第 82-87 页。

（八）庙会活动型集市

有学者研究表明，大凡联系数省区的大型庙会市场，往往是区域间商品流通的重要场所；而一般州县城市中的庙会市场，则是外来货物及高档消费品的主要销场；那些农村庙会市场，确是农村生产资料与日用百货的主要供应渠道。因此，庙会市场在地方商品流通中起到了非常重要的作用①。众所周知，庙会属于生活习俗的范畴，它是在长期的社会发展过程中伴随庙宇或寺观的宗教活动而出现，在特定时期举行的集祭祀神灵、交易货物、娱乐身心于一体的群众性聚会②。由于西南少数民族地区庙会都有自己固定的时间、地点、规模和特点，因此，许多庙观为了吸引信众，在举办拜神祭佛活动的同时，逐渐引入了娱乐和集贸功能。庙会的会期或祭祀神佛的诞辰，或为宗教性节日。庙会的集贸功能，是在庙会的形成、发展和完善过程中逐渐加入进去的。庙会有聚众的作用，它能将各种各样的人吸引到庙会上来，庙会高度的聚集性刺激了民众的日常消费需求，吸引了众多的商贩③。人群集中的地方也是便于进行商品交换的地方。因此，庙会活动有助于集市的形成。贵州省沿河土家族自治县的集市就是由庙会活动逐渐形成的。据《沿河土家族自治县志》称，沿河县城集市大约始创于明洪武年间（1368—1398 年），最初是在土地坳西南修建观音寺后，每年农历七月十五日为庙会，赶会拜佛者上百人，除烧香进贡、占卜问卦外，同时也进行以物易物的物资交换活动，久而久之形成了定期聚会交换而为集市。随着时间的推移，到嘉靖年间（1522—1566 年），与庙会活动有密切关系的观音寺、县城、宋家河场、天乐井场、庙垭寺、大席场、唐垭寺等地方也形成了集市。当时市场上有粮食、食盐、猪肉等少数品种，采取物易物方式进行交换。到了清代，除宋家河场、天乐井场、庙垭寺、大席场被淘汰外，全县集市由原来的 13 个增加到 17 个，并出现了一旬二集的场期④。在贵州省，由庙会活动而形成的集市不乏其例。

此外，还有一些少数民族村寨后来形成集市的，如贵阳的花溪镇。花溪在历史上曾经是仡佬族的聚居地，因当地仡佬族人喜着花衣，以族名地，称之为花仡佬。花仡佬地是省城通往定番（今惠水）的要道，明代设花仡佬哨，清置花仡

①张萍：《明清陕西庙会市场研究》，《中国史研究》，2004 年第 3 期，第 121-136 页。
②吴孟显：《清至民国晋南庙会市场研究》，《山西师范大学学报（社会科学版）》，2008 年第 3 期，第 87-90 页。
③万红：《中华西南民族市场论》，中国经济出版社，2006 年版，第 143-144 页。
④贵州省地方志编纂委员会：《贵州省志·民族志》（上册），贵州民族出版社，2002 年版，第 376-377 页。

佬塘。道光年间,花仡佬已成为贵阳近郊的一个集镇,民国三年(1914年)后,花仡佬设镇,易名花阁老。民国三十年(1941年),贵筑县政府移驻花溪镇①。由此可见,花溪镇花仡佬村是逐渐发展成为集市的。类似的还有巴香场、高坡场、麦西场等,在此不必赘述。

二、明清时期西南民族地区集市贸易的场期制度种类

明清时期贵州乡村社会集市的共同特征在于:有定期赶场之商业交易。如遵义地区乡村社会的乡场"或五日一场或十日三场,每逢场期,乡民小贩,四方云集,罗列百物,互相易售,日中成市,未暮已散"。赶场者主要有三类:最大多数者为本场附近之农民,携其农(米、杂粮、蔬菜等)、林(桐籽、五倍子等)、畜(猪只、鸡蛋等)产以求售,换取布匹、盐巴等杂货日用品以归。其次是赶转场之小贩,自大城镇如遵义、贵阳运米布匹、杂货或各地手工业产品如铁器、陶器、纸张等,日肩一挑,今日赶甲场,明日赶乙场,于广不足百里之范围内,周而复始。每至一场,赁地设摊,列其货品,售之乡民。此种摊贩,多为川湘两省籍之人,岁暮还乡,年初复来,作定期之移动。再次为场上之固定居民,营饮食店、旅栈业,以应赶场及过路人之需要,或设粮食行作乡民交易之中介处所②。当时包括贵州在内的西南民族地区乡村社会的集市,一般规模较小,半径范围不出一日往返之遥,它既是农村小区域内的经济中心地,也是乡村社会农民之间、农民与手工业者之间互通有无的一种贸易场所。③ 为了村民和市民之方便,每个集市都有赶场的开市时间——场期。作者认真翻检了明清至民国时期贵州省属的一些县志、乡土志、访册及资料稿等史籍,对场期作记载的仅25种。仔细分析各县场期制度,不外乎三种情况。

(一) 十二生肖场期制度

众所周知,十二属相原本是用来计算人们出生年份的一种习俗。但自唐宋以来,由于社会经济不断发展,城乡经济联系逐步加强,为适应这种需要,十二生肖又被人们用于计算农村定期集市的日期——场期。所谓场期,也就是集市的开市时间。西南民族地区大多以十二生肖为场期。据贵州省民政厅1986年

---

① 贵阳市志编纂委员会:《贵阳市志·建置志》,贵阳市志编纂委员会,1983年版,第152页。

② [民国]张其昀:《遵义新志·区域地理·聚落·乡场》,国立浙江大学史地研究所,1948年版。

③ 何伟福:《清代贵州商品经济史研究》,中国经济出版社,2007年版,第178页。

印发的《贵州行政区划》初步统计，当时全省行政村以上的地名，以十二生肖场期命名的有259个。其中贵阳市7个，六盘水特区35个，遵义地区6个，安顺地区49个，黔西南州24个，毕节地区4个，黔南州50个，黔东南州12个，铜仁地区4个。以县级行政区划看，贵州省84个县(市、区)中55个有十二生肖命名的场镇，无此类地名的仅29个县(区)。在该省现存的以十二生肖命名的249个集市中，其中鼠场9个、牛场32个、虎场20个、兔场4个、龙场36个、蛇场4个、马场39个、羊场29个、猴场8个、鸡场29个、狗场20个、猪场19个。这些场镇名称的形成，是在明清以来，社会经济发展，城乡经济联系逐步加强的条件下，为了便于计算，人们把原来用以计算出生年份的十二属相，应用于计算场期的结果。这是用中国民俗中的十二生肖作为场期的结果。因为以十二属相计算人们出生年份的习俗，与我国传统的干支计时法关系十分密切。①

翻检史籍，我们就会知道，明清时期是贵州省乡村社会集贸市场较为兴盛的时期。当时出现了许多农村集市，其特点是以城镇为中心，在周围轮流赶场，场期依干支为序，场市皆以十二生肖命名，此日赶鼠场，彼日赶牛场，虽经常都有集市，但赶场地点逐日轮换。弘治《贵州图经新志》记载说："郡内夷汉杂处，其贸易以十二生肖为该市名，如子日曰鼠场，丑日则曰牛场之类。及其各负货聚场贸易，仍立场主以禁争夺。"州县城的贸易也往往采取这种形式，但有的渐渐发展为"百日场"。有许多地方，场市并无房屋，"货皆露积，以日中为市，商贾苗民按期而至，交易而散"②。贵州省安顺地区，与十二生肖相关的地名很多。

据《安顺府志》载，镇宁州场市如下：

> 本城场：子、巳日集。
>
> 郎洞马场：治南五十里郎洞枝。旧场子日集，新场午日集。
>
> 幺铺场：治东北三十三里。辰、亥日集。
>
> 猴场：治北一百三十里七伯方枝。寅、申日集。
>
> 下马场：治东北二百八十里。子、午日集。
>
> 曾周马场：治东北一百九十里。子、午日集。
>
> 薛家鸡场：治东北一百四十里。卯、酉日集。
>
> 落锅场：治东一百五里华楚枝。卯、酉日集。

---

① 侯绍庄：《十二生肖场镇名称探源及其对贵州经济发展的影响》，《贵州师范大学学报（社会科学版）》，1993年第3期，第9-12页。

② 《贵州六百年经济史》编辑委员会：《贵州六百年经济史》，贵州人民出版社，1998年版，第188页。

马路场：上九枝，辰、戌日集。

老董山：下九枝，辰、戌日集。

丁旗堡场：治北二十五里。丑、未日集。

木冈场：治北四十里木冈枝。卯、酉日集。

保罗坪场：治北一百里阿破枝。卯、酉日集。

乐平场：治东北一百五十里公具枝。辰、戌日集。

架布鸡场：治北一百二十里。卯、酉日集。

双堡场：治东一百里中九枝。寅、申日集。

四旗堡场：治北一百四十里东屯枝。午、亥日集。

白岩场：治东北一百里补纳枝。卯、酉日集。

毛栗坡：上九枝，卯、酉日集。

马路场：华楚枝，寅、申日集。①

在这一带，明清时期的所谓"鸡场"，仍然定期在酉日举办。在贵州省，至今仍以十二支（生肖）为场期的集市还有不少。如平塘县分布的小集市，按生肖排列推算，均是六天一个轮回。如平湖（县城所在地）赶龙、狗，摆茹赶蛇、猪，马场赶鼠、马，西凉赶牛、羊，牙舟赶虎、猴，兔场赶兔、鸡等，全县基本上每天总有地方在赶场。台江县政府所在地的台拱镇，开市日仍为辰、戌日。② 类似这样的市场周期，在当地被人们称之为"空五赶六"（五天休市，第六天开市——作者注）。明清时期贵州的流动商则是"货郎"，肩挑货物，一天一个地方，赶"转转场"，他们既是商人又要兼作力夫。

明清时期，在贵州以十二生肖为集市场期的 55 个县市中，有 17 个县市的志书或资料对此有记载。通过资料记载的分析，至少有两点值得注意：第一，以六天一集为主。当然，这种场期制度也有例外的情况，如《独山县志》对县城龙场的说明是："在城次东门外，辰亥日集，每辰日集次。巳午二日市牛马，诸货间有。"③这段文字告诉我们两条信息：一是在明清时期，独山县城的场期有大场和小场之分。辰亥日买卖各种物品，为大场；巳午日以市牛马为主，为小场。二是该集市明显为 12 日赶四集，比一般县城集市场期频率大。第二，集市周期以"空五赶六"为主。当时采用这种场期制度，有利于本县及临县集市贸易的方

---

①［清］常恩：《安顺府志》（点校本），安顺市地方志编纂委员会，2007 年版，第 132 页。

②万红：《中国西南民族地区市场的起源与历史形成》，中国社会科学院 2002 年博士论文。

③［民国］王华裔：《独山县志》卷五《城池》，贵州人民出版社，2019 年版。

便。正如《定番县乡土教材调查报告》所云："各场市的日期,都是用干支来计算,邻接的各场所定的日期都不相同,以免冲突。"①我们从各县的场期可见,贵州各县不尽一致;即便就是在一县之内,也并非统一。如《大定县志》所云:"本城以寅、午、戌为场期,间三日一集。各场或间四日、五日、六日一集,至多间十一日一集。"②

（二）农历场期制度

明清时期贵州各地均已形成"逢赶集之期,日中为市,以有易无"的生活习惯。"如多数乡民（瑶苗在内）须用食盐、棉纱及装饰品等类,则由小贩行商供给其需要;而城中居民,又须用油、米、柴、炭、竿、酒及杂粮等物品,必取给于乡民,所谓交易而退,各得其所。"③于是,每到赶场之日,"扶老携幼,远近咸集",至于各地场期,或一七,或二八,或三九,约六日一次,周而复始,互为先后。面对难得的集会,"多数行商小贾亦不惮跋涉,贩运货物,辗转奔走于各场镇之间,出售于一般住户,以搏蝇头小利。积习相沿,迄今仍旧,抑部落之遗风欤!"④其实,对于农历场期制度,在部分县志中不仅有文字解释,而且还有场市表,如《续遵义府志》《绥阳县志》《桐梓县志》《沿河县志》等无不如此。农历期场制度有以下两个特点:

第一,以一旬二集为主。一旬一集的场期计 2 次,占 0.61%;一旬二集的场期有 302 次,占 92.4%;一旬三集的场期 22 次,占 6.7%;一旬四集的场期仅 1 次,占 0.3%。一旬之内赶三集的有桐梓和务川两县;当然,桐梓县纯属例外,因为一旬赶四场的仅此一县而已。我们还是从民国《桐梓县志》中找到了答案:"古者日中为市,以便交通;今日商情,更臻繁盛。不有市集,奚类群情聚货,致民适中为要。按期赶集,庶不衍期?"更主要的原因却在于桐梓市场为"川黔冲要"。

第二,集市周期以"空四赶五"为主。在这些场期中,以"一、六"为集的 48 次,以"二、七"为集的 65 次,以"三、八"为集的 59 次,以"四、九"为集的 66 次,以"五、十"为集的 53 次,合计 291 次,占场期总数的 92.4%。就一般而言,一县之中的场期,或"一、六",或"二、七",或"三、八",或"四、九",或"五、十",互相

① [民国]吴泽霖:《民国定番县乡土教材调查报告》第七章《商业》,民国二十八年（1939年）铅印本。

② [民国]李芳:《大定县志·建置志·市集》卷二,贵州省大方县县志编纂委员会办公室点校本,1985 年版,第 46 页。

③④ [民国]罗骏超:《民国册亨县乡土志略》第六章第十八节《交易》,民国二十五年（1936 年）铅印本。

间交错开来,方便民众趁墟赶场,方便商品中转调剂,使一县之集市极富弹性,生机益然。

（三）十二生肖场期制与农历场期制兼用的混合制

在遵义、仁怀、桐梓、黄平、剑河五县的场期中,采用的是十二生肖场期制与农历场期制兼用的混合制。

三、明清时期西南民族地区"赶场"与集市交易的习俗

作为西南民族地区乡村社会商品交易的重要场所的集市,既是城市经济的补充,又是沟通城乡物资交流的重要桥梁。明清时期西南民族地区乡村社会的民众在集市贸易中形成了一定的习俗,在此有必要作一些探讨。所谓习俗,是指人们在群体生活中逐渐形成并且共同遵守的习惯和风俗,是人类在日常生活中世代沿袭与传承的社会行为模式,它包括习惯和风俗。来源于经济生活的集市贸易习俗,无疑是受西南民族地区自然条件和社会环境的影响和作用的结果。习俗与社会紧密相连,特别是乡村社会庶民百姓的习俗更能反映社会的真实状况,明清时期西南民族地区乡村社会民众在集市贸易习俗方面既有传承,又有变迁。这些变迁,既是社会变迁的标志,又是衡量社会经济水平的尺度。

（一）赶"转转场"的"赶场"习俗

集市贸易是人类社会发展到一定程度而出现的一种商品交换形式。明清时期西南民族地区乡村社会民众时兴赶"转转场"。西南民族地区的很多人历来称到集市上进行商品交换为"赶场"（现在乡村社会的民众也大多说"赶场"）。民国《大定县志》载:"本地民苗及贩夫、贩妇,于一定日期,各以米、盐、布帛、酒、烟、牲畜等物集中交易,谓之赶场,犹他处所云:赶集、赶墟也。"①民国《兴义县志》载曰:"县境市场,皆有定期,以六日为标准,循环终年。例如县城场期为子午,俗呼曰鼠马,即子日赶集曰鼠场,午日赶集曰马场是也。其他各乡场照此类推。"②贵州省平塘县分布的小集市,至今仍是按生肖排列推算,均是六天一个轮回。如平湖（县城所在地）赶龙、狗,摆茹赶蛇、猪,马场赶鼠、马,西凉

①[民国]李芳:《民国大定县志·建置志·市集》,贵州省大方县县志编纂委员会办公室点校本,1985年版,第46页。

②[民国]卢杰:《兴义县志》第二章第十二节《市集》,民国三十七年（1948年）稿本。

赶牛、羊,牙舟赶虎、猴,兔场赶兔、鸡等,全县基本上每天总有地方在赶场。流动商人则是所谓的货郎,肩挑货物,一天一个地方,赶"转转场"①。也难怪布依族古歌道:"造牛场卖米,造马场卖布,造虎场卖碗,造龙场卖猪,造兔场卖鸡,造鼠场卖兔,造羊场卖花,造龙场卖线,造蛇场卖菜,造狗场卖盐,造鸡场卖蛋,造猪场卖肉。有买有卖,有卖有买。"②由此可见,长期的潜移默化,各地集市的场期频率会逐渐成为人们经济生活的习惯,尽管集市的场期频率有所增加,但一般来说,原有乡村社会的集市不会轻易增加场期,而新增集市也依本地主要的集市场期频率习惯开设。民国《大定县志》说得十分明确:"各区场市,多沿夷俗,以支干配象名之,如,子日场期,谓之鼠场;丑日场期,谓之牛场,余以此类推。其同一场期者,则加大小或新旧字样以别之,或冠以地名。"在贵州大定县11区的84个场市中,与十二生肖有关的场名有小猪场(县城)、六龙、公鸡山、小龙场、鸡场、鼠场、龙场、马场、牛场坡、大兔场、海子羊肠、新猴场、老猴场、鼠场坝、大龙场、羊场、小兔场等,约占总数的21.4%。③

(二)千奇百怪的集市贸易习俗

明清时期西南民族地区乡村社会集市的商品大多以粮食、布匹、茶叶、食盐、牛马及日用百货为主。在进行商品交换时,皆按件计价,其交易规则可谓极为多样。竹以扛(若干竹捆作一束以肩扛)之大小、木以株之粗细论价。粮食数量多者以斗、少者用碗量。牛、马之类大牲畜以"掌牛""比马"的方法计价。④如贵州安顺地区,交易规则十分复杂:"城市与乡村异,此乡复与彼乡异。同城同乡,行号复与市摊相异,此物又与彼物不同。度、量犹曰地方习惯为之,至若衡之大小,则虽同一城市,同一行业,甲乙各殊,丙丁互异。"如在度器方面,不仅有"公议尺""裁尺""营造尺""步弓"等名称的不同,而且长度也有一定差异。在量器方面,既有"米斗""谷斗""麦斗""杂粮斗"之分,也有地方不同而数量各异。如乡场除么铺、大小屯、沙锅堡、吊屯场、狗场等数处与县城相同外,余如三堡、石板房、珠马场等处谷斗、米斗皆为六十八碗;雷家屯、云山屯等处谷斗、米

①姜汝祥:《市场、政府与社会变迁——平塘研究:1911—1993》,贵州人民出版社,1998年版,第34页。

②教行维:《织金布依族与市场经济》,转引自《布衣学研究(之六)》,贵州民族出版社,1997年版,第84页。

③[民国]李芳:《大定县志》,贵州省大方县县志编纂委员会办公室点校本,1985年版,第46页。

④《贵州通史》编委会:《贵州通史》(第3卷),当代中国出版社,2002年版,第233页。

斗皆为七十碗;二堡与旧州、双堡一带谷斗、米斗均为七十二碗;羊武一带谷斗、米斗均为七十六碗;薛家鸡场、倪儿哨、石纳塘、羊猫场一带谷斗、米斗均为八十碗;渚鱼河新场一带谷斗、米斗均为八十四碗;架布机场谷斗、米斗均为八十八碗。又如,在衡器方面,有司码秤(即库秤)、省秤、贵秤、街市秤等名称,又分盐秤、糖秤、牛皮秤、山货秤、京果秤、洋烟秤之不同。司码秤每十两大于省秤三钱,贵秤小于省秤一钱,街市秤小于省秤二钱。而这些仅是对城市通用者而言,若奸商之于乡场,有以九七或九六、九五作一两称出者,有加五分或加一钱作一两称入者。至若粮书(收粮人员)收粮之戥子,其大小轻重尤不一致。盐秤每百斤加四斤;糖秤分红、白二种,红糖每百斤加十斤,白糖、冰糖每百斤加三斤;牛皮秤分水、黄二种,水牛皮每百斤加二十斤,黄牛皮每百斤加十斤;山货秤每百斤加二十斤;京果秤以十五两当一斤;洋烟秤于民国十年(1921年)以后每百斤须加六两。① 在《民国续修安顺府志·土民志》中也有同样的记载:"交易多不用度器。购布以大指、食指伸开为五寸,以两手伸开左右中指极端为五尺。牛马以掌数多寡定价值。其法将篾片箍牛前肋,以掌量篾片。水牛十六掌为大,黄牛十二掌为大,名曰掌牛。马则论老少。以木棍比至鞍处,从地面数起,高至十三掌为大。齿少掌多为优,则价昂;反是为劣,则价低。是谓比马。"②当然,在其他地方,也有类似情况:用斗、升、碗计粮,四小碗为一升(八角为一升),十升为一斗,每斗大米重50斤;用手量布,大指至中指间距离为五寸,称为"一杈",两杈为一尺,两肘为四尺;用拳量牛,高十三拳者为大,齿少拳多者价高;用类似尺的木棒比马,比至放鞍处,按高低来定价格。改土归流之后,贵州民间交易才开始使用升、斗、尺、秤等度量衡器③。直至民国时期,随着外地商贩的进入,商品交易的频繁,以前那种交易习俗与升、斗、尺、秤等度量衡并用的贸易风俗才逐渐改变。

西南民族地区商品经济的出现,是生产力发展到一定水平的产物。明清时期西南民族地区的农业文明为商品交换的出现创造了条件。该地区各族人民在商品交换活动中逐渐形成并沿袭了很多习俗。这些来源于乡村社会民众日常生活的集市贸易习俗,无疑是受西南民族地区各种环境的影响和作用的结果。

---

①任可澄:《民国续修安顺府志》(点校本),贵州人民出版社,2012年版,第529-530页。

②任可澄:《民国续修安顺府志·土民志》,贵州省安顺市志编纂委员会点校本,1983年版。

③贵州省地方志编纂委员会:《贵州省志·商业志》,贵州人民出版社,1990年版,第11页。

四、明清时期西南民族地区乡村社会集市贸易的成因透视

通过上面对集市形成路径、场期制度及集市贸易习俗等方面的分析,我们就会发现,明清时期西南民族地区乡村社会集市贸易呈现出丰富多彩的情形,这些情况究竟是怎样产生的呢?作者拟就相关问题进行探讨。

(一)明清时期西南民族地区集市成因

从上面的内容可见,明清时期西南民族地区的集市具有"多种形成路径"。但是,值得注意的是,在同一个集市形成的过程中,往往存在着复合性的促成要素。如贵州很多集市的形成兼有两种或三种原因,如兼有行政中心、土司衙署及水运码头的原因,或兼有卫所屯堡与行政中心的原因,或兼有物资集散地与水运码头的原因,或兼有驿道驿站与行政中心的原因等。按照万红博士的说法,我们在理解西南民族地区乡村社会集市之历史形成的多种路径类型时,应该意识到这归根到底只是为了分析的方便所采取的研究方法,而实际上的情形则要复杂得多。那么,这些集市在历史形成的过程中,究竟与哪些因素有关呢?

1.与政治制度有关

明清时期封建统治者对西南民族地区的统治,首先是以军事征服为先导,派重兵对该地区各族人民进行血腥镇压,用"血与火"的手段使少数民族"归顺""降服",然后实行军事控制。其次是推行土司制度,加强对各族人民进行统治。土司制度,实际上是土官制度的最高阶段和最后阶段,它虽然和羁縻州制度一脉相承,实行"以夷治夷""分而治之",但发展程度更高。最后是移民与屯田的实施,对这一地区各个方面产生了一定的影响①。如明代贵州建省、土司制度的实施、卫所的设置、大规模的移民、屯田制度的施行,使大大小小的行政中心、土司衙署所在地、卫所驻地渐渐成为集贸市场,逐渐奠定了贵州各地集市的规模、格局和特色,尽管明清至民国时期各地集市有一定的发展,但基本上没有突破这一规模和格局。到了明清至民国时期,贵州集市的共同特征在于有定期赶场之商业交易。如遵义地区是乡场"或五日一场或十日三场,每逢场期,乡民小贩,四方云集,罗列百物,互相易售,日中成市,未暮已散"。其赶场者主要有三类:最大多数者为本场附近之农民,携其农(米、杂粮、蔬菜等)、林(桐籽、五倍子等)、畜(猪只、鸡蛋等)产以求售,换取布匹、盐巴等杂货日用品以归。其次是

①侯绍庄,史继忠,翁家烈:《贵州古代民族关系史》,贵州民族出版社,1991年版,第233-239页。

赶转场之小贩,自大城镇如遵义、贵阳运米布匹、杂货或各地手工业产品如铁器、陶器、纸张等。日肩一挑,今日赶甲场,明日赶乙场,于广不足百里之范围内,周而复始。每至一场,赁地设摊,列其货品,售之乡民。此种摊贩,多为川湘两省籍之人,岁暮还乡,年初复来,作定期之移动。再次为场上之固定居民,营饮食店、旅栈业,以应赶场及过路人之需要。或设粮食行作乡民交易之中介处所①。当时贵州的集市,一般规模较小,半径范围不出一日往返之遥,它既是区域间的"经济中心地",也是农民之间、农民与小商贩之间互通有无的一种贸易场所。②

2.与交通条件有关

万红博士认为,几乎所有的集贸市场都存在着交通条件的制约,而在一些交通条件便利的地方,发育出交通要道型集市的情形在中华西南民族地区是很常见的,同时,伴随着交通条件的改善或变化,也每每有集贸市场的新兴和废弛③。上述的驿道驿站型集市、水运码头型集市、物资集散地型集市等均是与交通有直接的关系。清代《独山州志》记载了集市与交通之间的关系,独山处于贵州的"边隅,且系苗疆,宜乎人迹罕至,乃场市最多何也?盖其地通粤西、南丹暨本省荔波一带,彼皆不逐舟楫,货物所须,多运自独山,即彼地所有,亦必运至独山发客,懋迁化居,势使然也"④。只要深入研究明清至民国时期贵州的集市,我们就会发现,当时的中心市场(或者大都市)均与交通有关。正如《息烽县志》云:"息烽虽当黔北冲道,公路未兴,交通不易,贸迁有无,颇难展舒⑤。""贵阳为贵州陆路交通之中心,遵义为川黔交通之孔道,安顺为黔滇交通之孔道,毕节为川滇黔三省交通之孔道,都匀为黔桂交通之孔道,皆与水道交通关系甚少;其他如思南为乌江水陆交通之转折点,铜仁为麻阳江水陆交通之转折点,镇远为潕水水陆交通之转折点,三合为榕江水陆交通之转折点,赤水为赤水河水陆交通之转折点,松坎为綦江水陆交通之转折点⋯⋯"⑥尤其在明清至民国时期

---

① [民国]张其昀:《遵义新志·区域地理·聚落·乡场》,国立浙江大学史地研究所,1948年版。

②何伟福:《清代贵州商品经济史研究》,中国经济出版社,2007年版,第178页。

③万红:《中华西南民族市场论》,中国经济出版社,2006年版,第239页。

④《独山州志》卷三《地理志·场市》。

⑤顾枞:《息烽县志》卷十三《食货志·商业》,贵州省图书馆油印本,1965年版,第168页。

⑥蒋君章:《西南经济地理纲要》,正中书局,1943年版,第227页。

贵州"水陆交通均不便利，故经济不发达，亦无工商业大都市"①的情况下，商业的繁盛大多依赖于交通。

3.与少数民族文化有关

西南民族地区各民族的节日集会和庙会活动包含着西南民族地区各地不尽相同但又相通相融的民族习俗、风土人情。虽然形式与内容迥异，而基本的文化意义和文化内涵都趋于一致。第一，西南民族地区各族民众的节日集会和庙会活动具有广泛的群众性和高度的聚集性，使本民族之间、本民族和其他民族之间能够沟通感情、交流思想。明清以来，西南民族地区各民族的商品经济有了一定程度的发展，物资流通、商品交换活跃，这就构成了节日集会和庙会活动型集市存在并不断发展壮大的物质基础。各个地区的节日集会和庙会活动期间，经济活动异常活跃，渐渐地，原来的娱乐和祭神等职能有的逐渐淡化了，许多节日集会和庙会活动甚至完全变成了进行商品交换的市场。因此，明清时期西南民族地区节日集会和庙会活动是一种较为特殊的集市贸易活动，其贸易的规模远较一般集市为盛，参加的各类人数之众、交易的商品种类之多，有时也非一般集市所能比。人们之所以热衷于参加节日集会和庙会活动，主要是因为它在满足了人们的精神信仰之需求的同时，还为人们提供了各种各样的日用消费品，并且还有着引人入胜的文化娱乐活动。节日集会和庙会活动为人际交往提供了平台。通过这种活动，本民族之间、本民族和其他民族之间增进了感情的沟通和思想的交流，人们之间的友谊得以建立。可见，节日集会和庙会活动的娱神娱人和沟通人际关系的功能是普通的集市所难以替代的。因此，有些节日集会和庙会活动市场往往超越了一县，甚至一省的界限，成为一个地区、一省或几省之间商品贩运和物资集散的中心。第二，西南民族地区的少数民族节日集会和庙会活动蕴含着深厚的文化本性，它是各民族群体关爱下的精神寄托，贯穿着一个民族的人文关怀理念。孕育于农业文明时期的西南民族地区各民族的节日集会和庙会活动，实际上是少数民族保持最完好的习俗，这些习俗的表现形式的基本载体与内容实现是无数个与岁时节令、人文精神、道德关怀、祖先崇拜、宗教情怀、社团聚会相关联的生活内容。它与我们民族的精神相关联，是整个民族乐观向上、勤劳勇敢、善良敦厚与团结友爱的思想理念的内在形态，是一个民族历时几千年绵延不断的精神内核——民族灵魂之所在。如果离开了这些节日集会和庙会活动，而所谓的文化特征均无从谈起，并且所有的节日

①蒋君章：《西南经济地理》，商务印书馆，1945年版，第372页。

表现的谓之以乐的活动就失去了根本的意义。而只有在隆重的节日礼俗中寻找到带根本性的文化特征,才由此而获得一个与民族发育、成长相关联的生活基因①。所以,西南各民族的节日集会和庙会活动中有价值的文化特征依然是和谐相与,充满对未来的希望和憧憬,是群体关爱下的精神寄托,贯穿着人文关怀的理念,体现着一个民族善良灵魂的依守。如果离开了这些节日集会和庙会活动,所谓的各民族的文化特征均无从谈起。因此,这就是由节日集会和庙会活动形成集市的文化意义和文化内涵的根本之所在。

（二）明清时期西南民族地区场期制度的成因

西南民族地区各省均是多民族省份,明清时期集市的场期为多样性,以贵州省为例,主要以十二生肖场期制与农历场期制为主要形式。从地域上看,黔西北、黔西南、黔南及黔东南地区以十二生肖场期制度为主;而黔北和黔东北地区以农历场期制度为主。明清时期贵州形成三种场期制度与多种因素密切相关。

1.与民族结构和文化影响有关

研究表明,沿用传统的十二生肖场期制的地方,大多是较为偏远的少数民族聚居地方。十二生肖场期制多在彝族、苗族、布依族、仡佬族等民族聚居地区使用。在贵州省这些以十二生肖为场期制的地区和民族中,可以说实际上存在着一种相对于其他地区的不同的时间制度、生活节奏和民俗传统。我们从该省的一些诸如"马街""牛场""鸡街"之类的地名,可以窥见十二支场期制曾经是相当广泛的。② 至于十二生肖场期制是否与黔西北地区彝族的十三则溪制度有关,还有待探讨。《大定县志》说得十分明确:"各区场市,多沿夷俗,以支干配象名之,如子日场期,谓之鼠场;丑日场期,谓之牛场,余以此类推。其同一场期者,则加大小或新旧字样以别之,或冠以地名。"③在大定县 11 区的 84 个场市中,与十二生肖有关的场名有小猪场(县城)、六龙、公鸡山、小龙场、鸡场、鼠场、龙场、马场、牛场坡、大兔场、海子羊肠、新猴场、老猴场、鼠场坝、大龙场、羊场、

---

①韩华:《民间习俗的文化本性——开拓节日礼俗中民间习俗的文化本性》,《中华文化论坛》,2006 年第 1 期,第 28-32 页。

②万红:《中国西南民族地区市场的起源与历史形成》,中国社会科学院 2002 年博士论文。

③[民国]李芳:《大定县志》,贵州省大方县县志编纂委员会办公室点校本,1985 年版,第 46 页。

小兔场等,约占总数的21.4%。① 近年来,采用此十二生肖场期制的范围呈现出逐渐缩小的趋势。较多使用农历场期制的,主要是原属四川管辖的地方或土家族民众相对集中的偏远农区。据贵州史书载,在清朝顺治和康熙年间,遵义军民府仍隶属四川省,并领正安州及遵义、桐梓、绥阳、仁怀四县。直至雍正六年(1728年)才改属贵州省。② 由于遵义府属四县一州长期受巴蜀文化影响,因此,使用农历场期制当属正常现象。而思南府及所属的沿河、德江、印江数县一直是土家族先民聚居地,由于该地区汉化程度较深和接受汉族农历场期制度较早诸因素,因此,使用农历场期制也是必然的。

2.与商品经济发展程度有关

一般认为,集市的开市频率与商品经济发展程度是成正比关系。也就是说,集市的开市频率高,商品经济发展的程度就高;反之,则低。当然,这也应根据不同地区、不同时期的不同情况来具体分析。从集市的场期频率看,明清到民国时期的贵州省基本上是六日一集或五日一集并存的格局,十日四集、十日三集或六日一集、四日一集的情况并不多见。这实际上是商品经济发展程度不高的结果。有专家认为,十二生肖场期制与农历场期制的使用主要是各地商品经济发展的程度存在差异的结果。如十二生肖场镇名称最多的毕节地区和黔东南地区,历来属于经济欠发达地区。黔东南地区的各县,除天柱、锦屏等县份原来属湖南管辖,清代才划入贵州管辖外,其余各县特别是清代改土归流后才设置的"新疆六厅",在此前还被称为"化外"之地。改流后虽也在这些地区安屯设堡、驻军垦殖,但社会经济发展较为缓慢,集市贸易形成较晚,所以使用十二生肖场期制。③ 当然,在黔东南的锦屏县又属例外。

3.与地区人口密度有关

施坚雅认为,人口密度大的地方,市场半径便较小一些;人口密度小的地方,市场半径则较大。贵州全省到1945年,其人口密度为每平方公里63人,除贵阳市人口特多外,安顺、清镇、天柱、贞丰、毕节、黔西、凤冈、铜仁、思南、松桃等十县,其人口密度平均每平方公里均在100人以上;其余如岑巩、罗甸、平塘、荔波、晴隆等

---

①[民国]李芳:《大定县志》,贵州省大方县县志编纂委员会办公室点校本,1985年版,第46页。

②贵州省地方志编纂委员会:《贵州省志·地理志》(上册),贵州人民出版社,1985年版,第68页。

③侯绍庄:《十二生肖场镇名称探源及其对贵州经济发展的影响》,《贵州师范大学学报(社会科学版)》,1993年第3期,第9-12页。

五县人口密度平均每平方公里均在 30 人以下。① 总的来讲,在贵州省的西部、南部及东南部地区,人口密度小的地方往往实行的是十二生肖场期制。

4.与个体商人的性质有关

明清至民国时期,包括贵州在内的西南民族地区乡村社会集市中的商人有两种:一种是流动性商人,另一种是固定性商人。在传统的中国社会中,集市中商人的经济角色是不明确的,生产者往往同时就是贸易者或者小范围的流动商人。他们可以利用约定俗成的场期,把自己生产的物品集中到有限的地点予以出售,能使他们得以将生产和销售以一种最为有效的方式结合起来。② 这种流动性商人的形成,实际上是由于任何一个单独集市所包容的需求总量都不足以保证业主得以维生的利润,他们只有通过周期性的间隔而不断变换自己的经营地点,吸收几个集市区域民众的需求,才能达到其生存水平。从流动性商人的观点出发,场期的周期性有利于他们在某些特定的日子把对其产品的需求集中在有限的地点出售而获得一定的经济效益。明清及民国时期,除了流动性商人之外,也有一些固定性职业商人的出现,如民国《息烽县志》上就载有米商、盐商、布商、铁商、绸缎商、杂货商、糖商、药商、山货、油商、屠商、酒商、故衣商、纸商、茶商、漆商、木商、竹商、面商、酱醋商、水果商、杂粮商、牲畜商、烟商等类商人。③ 固定性职业商人出现后,对于消费者来说,他们可以更快、更方便的方式到固定的铺位、摊位购买到自己所需的物品。这样,消费者就可以免除为得到所需有限的商品而长途跋涉之苦。

5.与集市的空间分布有关

一般而言,偏远山区的乡民赶场就不是一件容易的事情,要到县城办事那更是十分艰难。正是由于西南民族地区乡村社会集市的空间分布密度比较稀疏,这在一定程度上决定了各地场期的特色,即以六天一集或五天一集为主,于是出现了"天天有场赶,七天赶七场"的状况。当天贸易所剩余的商品,第二天又运到邻近的乡场出售,也可从甲乡场购进货物运到乙乡场贩卖。④ 以贵州全省为例,乡村社会集市的空间分布密度较稀疏,按全省 176 470 平方公里计,平

①贵州省统计年鉴:《土地与人口》,贵州省政府,1946 年版,第 47 页。

②万红:《中国西南民族地区市场的起源与历史形成》,中国社会科学院 2002 年博士论文。

③[民国]顾枞:《息烽县志》卷十三《食货志·商业》,贵州省图书馆,1965 油印本,第168 页。

④贵州省地方志编纂委员会:《贵州省志·民族志》,贵州民族出版社,2002 年版,第177 页。

均每个集市覆盖面积为119.7平方公里,每集在3.5~5里。有的县由于集市数量少,每集覆盖面积及平均半径要大些。作者根据沿河县57个集市的赶场日期看集市的空间分布,得出的结论是:相邻集市的场期均为五日一集,交叉组合(赶一、六集12个,赶二、七集12个,赶三、八集12个,赶四、九集12个,赶五、十集9个)。这种安排的作用在于既将一旬之内的数次场期均匀隔开,又为各场之间场期的交错编排提供了可能。其目的有两个:一是方便当地农户选择何时何地赶场交换;二是避免与更高层次的市场的开市日期相冲突。①

(三)明清时期西南民族地区集市贸易习俗的成因

1.赶"转转场"的"赶场"习俗与商人的性质有关

作者对贵州遵义、仁怀、清镇、绥阳、贵定、桐梓、思南、沿河、德江、兴义、独山、荔波、麻江等13个县的539个集市做过分析,其结果是:距离县城在20里之内的78个,占总数的14.5%;距离县城21~50里的136个,占总数的25.2%;距离县城在51~100里的186个,占总数的34.5%;距离县城在101~150里的55个,占总数的10.2%;距离县城在150里以上的77个,占总数的13.2%。在上述的一些县中,集市距离县城十分遥远,如桐梓县的广兴场和狮溪口两集市距县城的里程为320里,沿河县的茨坝和克天坝距县城的里程多达340里,仁怀县的东恒场和三星场距县城的里程多达500里。这种远离县城的集市分布,给赶"转转场"提供了可能。在传统的乡村社会中,集市中商人的经济角色是不明确的,生产者往往同时就是贸易者或者小范围的流动商人。约定俗成的场期,使他们不仅可以把自己生产的物品集中到有限的集市上去出售,而且也为活跃市场提供了空间。这就使他们融生产者和销售者为一体:他们既是力夫,又是商贩,他们当天市场交易所剩余的商品,第二天可以又运到邻近的乡场出售,也可从甲乡场购进货物运到乙乡场贩卖。正是由于贵州集市的空间分布密度比较稀疏的原因,这在一定程度上决定了贵州各地场期多以六天赶一次场的特色,于是出现了"天天有场赶,七天赶七场"的赶"转转场"的赶场习俗。

2.千奇百怪的交易习俗与少数民族传统及当地经济落后有关

据《乾隆辰州府志》称:"苗民入市与民交易,驱牛马,负土物如杂粮、布绢诸类,以趋集场。粮以四小碗为一升,布以两手一度为四尺,牛马以拳数多寡定价值。不论老少,其法将竹篾箍牛前肋,定其宽侧,然后以拳量竹篾。水牛至十六拳为大,黄牛至十三拳为大,名曰拳牛。买马亦论老少,以木棍比至放鞍处,从

---

①何伟福:《清代贵州商品经济史研究》,中国经济出版社,2007年版,第194-196页。

地数起,高至十三拳者为大。齿少拳多,价差昂,反是者为劣,统曰比马。届期毕至,易盐、易蚕种、易器具,以通有无。初犹质直,今则操权衡、较锱铢,甚于编氓矣。与亲党权子母,以牛计息,利上起利。岁长一拳至八拳则成大牛,至数十年则积数十百倍,有终身莫能楚者,往往以此生衅。虽父子兄弟伯叔甥舅,见利则争。且有爱重贿而相卖,争财产而相杀者。近日司上者善导之,俗亦稍变矣。"①由此观之,苗民的交易习俗别具一格,以碗、手、拳取代标准化的度量衡,颇有民族风情。应该说,西南民族地区乡村社会苗族民众的这种交易习俗是与苗族的历史传统有关的。我们了解苗族历史的人都知道,在战国时期,苗族先民被迫西迁至今天的武陵山区;秦汉时期,由于封建王朝的一再进剿,迫使苗族又一次西迁和南下;在后来的历史进程中,一部分苗族先民甚至迁移到了云贵高原。虽然他们远离故土,但很多民族传统仍然得以继承下来,如商品交易的习俗,无论是湖南的苗族还是贵州的苗族,都是一致的。在《黔东南苗族侗族自治州志·民族志》"苗族篇"中就有相关记载:明清时期,在以本民族内部交换为主的农村集市,交易多以碗计量,四小碗为一升,十升为一斗,十斗为一石;用手量布,大拇指尖至中指尖之间距离为"一权",两"权"计一尺;用拳量牛,从驼峰处量起,龄少而拳多者价高。②另据《贵州省志·民族志》载,明清时期布依族地区农村集市进行商品交易时也是用斗、升、碗计粮,八碗为一升,四碗为一角;两角为一升,十升为一斗,每斗大米重50斤。有的用手量布,大指至中指间距离为五寸,称为"一权",两权为一尺。③ 这种交易习惯,不仅反映出布依族特定的贸易风俗,而且也是历史文化传统的传承。笔者以为,西南民族地区少数民族极为多样的交易规则的形成与西南民族地区经济落后也不无关系。有史以来,西南民族地区因为自然环境和交通条件的影响,制约了西南民族地区经济的发展,"地瘠民贫,百业坐瘵"是一个不争的事实。因此,历史时期西南民族地区的乡民,连基本生活都难以为继,哪来闲钱去自备商品交易时所需的度量衡器呢?久而久之,"家自为俗"发展至"族自为俗",以至形成一个区域的习俗,这是不难理解的。

总之,明清时期国家在西南民族地区实行的各种经济制度,对乡村社会与国家之间的关系都会产生一定的影响,尤其是对乡村社会的民族关系产生重要

①[清]席绍葆:《乾隆辰州府志》卷十四《风俗考·三厅苗俗》。

②黔东南苗族侗族自治州地方志编纂委员会:《黔东南苗族侗族自治州志·民族志》,贵州人民出版社,2000年版,第57页。

③贵州省地方志编纂委员会:《贵州省志·民族志》(上册),贵州民族出版社,2002年版,第177页。

影响。作者曾经在一篇论文中提出：从民族关系的角度看，民族关系的核心问题是民族权利、民族利益和民族发展。从政治方面看，民族关系要求各民族之间是一种权利平衡的关系；从经济方面看，民族关系要求各民族之间达到公平合理的利益关系；从政治、经济及文化教育等社会生活各个方面看，民族关系要求各民族之间实现均等的发展机遇、同等的发展条件、同等的竞争起点、大致相同的发展结果。只有这样，才能实现各民族的和谐相处、共同繁荣。如明代万历年间爆发的"平播之役"，说到底，是中央王朝、杨氏土司以及杨氏土司辖下的土司等各方面的民族权利不平衡、民族利益不公平、民族发展不均等造成的。①从这个意义上讲，一定社会的经济制度决定着这一社会的政治制度、法律制度和人们的社会意识等上层建筑，并影响着国家与乡村社会、中央与地方、民众与政府等方面的关系。

---

①李良品，邹淋巧：《论播州"末代土司"杨应龙时期的民族关系》，《贵州民族研究》，2010 年第 5 期，第 112-118 页。

第八章 明清时期西南民族地区军事制度下的乡村社会与国家关系

一般来讲,所谓军事制度,是指国家或政治集团组织、管理、发展、储备军事力量的制度,主要包括军事领导体制、武装力量体制、政治制度、后勤制度、兵役制度、军事法规等方面的制度。军事制度的性质取决于国家或政治集团的阶级属性,反映一定阶级的意志,为一定阶级的利益服务。军事制度的制定和发展受一定时期社会的政治制度、经济条件、战争实践、军事理论、历史传统、民族习惯、地理环境等多种因素的影响。本书涉及的军事制度主要是针对明清时期西南民族地区乡村社会的军事制度,诸如土兵制度、巡检制度、团练制度等,它并非属于国家正规的军事制度,而是属于一种"准军事制度"。而这些武装力量,或为国家武装力量的重要组成部分(如土兵),或为维护地方社会治安的民兵。他们在中国成为统一的多民族国家的发展过程中曾发挥过巩固国家政权、稳定社会治安、维护民族地区稳定的作用。从某种角度讲,军事是政治的延续。明清时期西南民族地区军事制度与政治制度、经济制度、社会保障制度和教育制度等共同体现了乡村社会与国家之间存在的认同与调适、互动与和谐、博弈与冲突的关系,不仅在一定程度上为实现国家权力在西南民族地区的延伸、扩张、深入作出了巨大的贡献,而且也影响着乡村社会与国家、地方与中央、政府与民众等方面的关系。

第一节 土兵制度

土兵制度是明清及民国时期中央政府制定的、土司具体实施的土兵军事组织体制、军事领导体制、兵役制度、军事教育训练制度、军饷制度、军事法规制度等制度的总称。明清时期西南民族地区土兵制度已趋于完备,成为明清时期军事制度的一个重要组成部分,并在一定程度上影响了中央王朝军事制度的发展。明清时期西南民族地区乡村社会土兵制度的建设,促使西南民族地区的土兵时刻保持其强大的战斗力,或者成为明清中央政府十分仰仗的一支地方军事力量,在保家卫国中建立过不朽功勋;或成为西南民族地区各地土司用来对内压制土民反抗、维持自身统治秩序、相互争权仇杀的工具。①

一、土兵制度的内容

明清时期西南民族地区各地土司麾下的土兵是乡村社会的产物,因中央政府在西南民族地区军事力量薄弱、武备废弛之时,土兵的发展具有广阔的空间,这使各地土兵不仅成为土司的私人武装,而且也成为封建王朝军队的一个重要组成部分。由于西南民族地区土兵的发展受到两方面因素的制约,其历史作用就体现出两个鲜明的特点。一方面,土兵制度依赖土司制度而产生和发展,土兵制度又反过来维护土司制度及其土司的存在;另一方面,各地土兵参与封建王朝的军事行动,镇压各族人民起义,甚至成为国家戍边守土、抵御外侮与保境安民的重要力量。从明清时期西南民族地区土司制度的情况看,没有土司制度,土兵制度就没有存在的合理性和合法性。因此,土司制度的形成对于土兵制度的形成至关重要。故龚荫先生有"土兵是土司制度的根本"的论断。作者认为,土司制度是土兵制度的前提和基础,土兵制度是土司制度的根本与基石。② 在冷兵器或冷热兵器混用时代,土兵制度包括土兵的军事组织体制、军事领导体制、兵役制度、军事教育训练制度、军饷制度和军事法规制度等内容。在这些众多的内容中,其内核是土兵的军事组织体制和军事领导体制。③

(一)组织体制

军队组织体制是国家军事体制的重要组成部分,它包括各军兵种的构成以及领导机关和指挥系统的编制等。明清时期西南民族地区土兵的军事组织体制主要涉及武装力量、兵种、编制等问题。

1.土兵武装力量

从武装力量的构成角度讲,明清时期西南民族地区的土兵是西南民族地区

---

①李良品:《土司时期西南地区土兵制度与军事战争研究》,重庆出版社,2013年版,第37-38页。

②李良品:《土司时期西南地区土兵制度与军事战争研究》,重庆出版社,2013年版,第1页。

③李良品:《土司时期西南地区土兵制度与军事战争研究》,重庆出版社,2013年版,第464-471页。

各民族土司头人所组织的武装,其长官职务需经朝廷认可而正式任命。据《云南省志·军事志》载,清代时土兵的长官职务有七种,其具体设置如下:土都司在镇远厅、大雅口各1人。土守备在丽江府、大山茨竹寨各1人,中甸迭巴2人。土千总在镇边厅黄草岭、杉木笼隘、六库、阿墩子、猛遮、普宁县普藤、维四厅奔子阑、元江州、龙云州老窝、威远厅猛夏、永北厅羊坪、保山县登梗、鲁掌、丽江府、新平县斗门磨沙、大中甸神翁、小中甸神翁、中甸江边神翁、中甸格沙神翁、中甸泥西神翁、镇边厅猛角、猛董、团糯各1人。土把总在临安府稿吾卡、漕间、奔子阑、阿墩子、澜沧江、临城、其宗喇普,思茅厅倚邦、易武、猛腊、六顺、猛笼、橄榄坝、猛旺、整董,他朗厅儒林里、定南里,威远厅猛夏、猛班,腾越厅大塘隘、明光隘、古勇隘、卯照、下猛卯、贤官寨、募乃寨东河,元江州永丰里、茄革里、喇博、他旦、老是达、岩旺、猛乌、乌得各1人;小中甸迭宾、中甸江边、格咱、泥西各3人,迭宾5人。土外委在镇边厅大山分防、猛弄掌寨、猛喇掌寨、水塘掌寨、五亩掌寨、五邦掌寨、者米掌寨、茨通坝掌寨、马龙掌寨、瓦迹宗哈正掌寨、瓦遮副掌寨、宗哈副掌寨、斗岩掌寨、阿土掌寨各1人。土巡捕在宾川州赤谷里、保山县练地、武定州勒品甸各1人。抚夷一职在止那隘、猛豹隘、坝竹隘、黄草岭隘各1人;铜壁关、万仞关、神护关、巨石关、铁壁关、虎据关、天马关、汉龙关正副抚夷各1人,其中前5关有弩练土兵25户至150余户不等。[1]

明清时期西南民族地区土兵属于国家武装力量的后备力量。其名称虽有土兵、夷兵、苗兵、俍兵等不同,但其"兵农合一"的性质始终没有改变。明清时期西南民族地区土兵无统一编制,其组织形式因民族、地区而异。一是土司武装。自土司制度建立后,中央王朝对土司区地方武装力量——土兵的征调成为中央政府在土司区直接行使权力的一个明显标志。土司地区少数民族精壮男子,都有服兵役的义务,这也是土司作为朝廷"命官"必须承担的责任。在西南民族地区各地土司均有大量的土兵,这些土兵"习战斗、谙边情",是一支很有战斗力的武装。明清时期土司治下的土兵不但守土、保境安民,而且也被中央王朝开始大量征调参加各种与土司地区无直接关系的军事行动。如明朝三征麓川、抗击倭寇、平播之役、平定奢安之乱、援辽勤王,清代两次平定金川之役,都有土司率土兵参战。明清时期西南民族地区各土司的军事武装力量在平时为互不统属、各守本土,奉调时则纳入国家政权的管辖,具有国家军队的性质。二是土司部落武装。在今四川阿坝藏族地区,部落繁多,每个部落有"洪布"(土

---

① 云南省地方志编纂委员会:《云南省志·军事志》,云南人民出版社,1997年版,第70页。

官)1人,为最高统领,总揽军政大权。部落武装平时从事生产,战时组成正式武装出征。队伍编制以部落和区域为界,十人一十官,百人一百官,千人一千官,另有一名最高指挥官统率本属军队。十、百、千官均由部落土官任命有带兵才能的小土官担任。兵源来自各部落内15岁以上的男性属民,装备按家境贫富,自备不同数量的军马、武器等。① 三是家支武装。这种家支武装仅限于彝族地区的土司。家支武装既要参加土司与土司、土司与黑彝头人争夺地盘、奴隶、财产及相互仇杀与械斗的战争,也要接受中央政府的调遣。此外,还有在乾隆年间于川西北改土设屯后的土屯武装。

2.土兵军种

精兵强将是取得战争胜利的保证。根据作战对象和战场地理条件有重点地进行军兵种建设,选练士卒,实现兵力资源的合理配置,是掌握战争主动权,提高军队战斗力,维护国家安全,巩固统治秩序的重要一环。明清两代中央政府都非常重视在边疆民族地区招收人员,组成边疆地区各民族人士为主体的"土兵"。② 从现有文献资料看,明清时期西南民族地区的土兵以陆军为主,有少部分水军。在不同土司区,土兵的军种不尽相同。如湖广永顺土兵的兵种分为步兵、骑兵、水兵。步兵则以搏斗为主,骑兵以射击为主,水兵以水上搏斗、船上搏斗为主。步兵训练刀术、枪术、剑术等;水兵则训练划船、速渡、船上格斗、水中取物、水中破敌船等。骑兵训练突破重围、通信速度、骑马射箭术、骑马刀术,着重训练"回马枪"术③。石砫土司秦良玉除男丁组成的主力部队之外,还有女扮男装的亲兵和女兵营。从身份上分,石砫土兵还有身披袈裟的和尚,被称作"罗汉营"或"罗汉兵"。石砫土兵还有装备火铳(火药枪)、火箭、火炮等热兵器的"火器营",以及专门负责侦察地情敌情、传达军令、布哨设岗的"哨探营"。在川西、贵州等地,土兵则有马兵、步兵、弓兵等;在广西土兵兵种分战兵(内分马兵、步兵、水勇)、守兵(内分堡兵、讯兵、隘卡兵)、塘兵、铺兵(在官道上按不尽相等之距离设置塘铺或驿站,前者称塘兵,后者称铺兵)等。明朝时期土兵的种类,学者顾炎武作了总结:"其差等则有散兵、马上枪兵、步下弓兵、步下枪兵、腰牌兵、弩手、鸟铳手、火兵、散手旗手兵、战马。"④

①阿坝藏族羌族自治州地方志编纂委员会:《阿坝州志》,民族出版社,1994年版,第781页。
②凌燕:《广西土兵戍边与国防建设检视》,广西师范大学2008年硕士学位论文。
③向盛福:《土司王朝》,内蒙古人民出版社,2009年版,第71页。
④[明]顾炎武:《天下郡国利病书》卷一百零五《广西一》。

3.土兵编制

土兵的编制是土兵军事组织体制中一个值得关注的问题。军队编制主要受武器装备和作战样式的影响,其变化和取舍标准在于是否有利于提高和发挥军队的战斗力。元代西南民族地区土兵编制是仿军队编制,按万户府、千户所、百户所及牌子四级。明清时期,朝廷对西南民族地区的土司军队大多实行营、旗制度。营和旗是互相独立的军事机构,两者之间没有明确的隶属关系。设置的原则也各不相同,一般来说,营的设置以土兵数量的多寡为依据,旗的设置以根据地域来确定。在四川、云南、贵州边境者的土兵,在清代改土归流前后设置层级较低的土弁,一部分土兵划归土弁管辖;改土归流以后,为严加控制土兵的发展,又将一部分土兵划归地方营讯管辖。

综上所述,军事组织体制是土兵制度的核心内容,土兵武装力量、土兵军种、土兵编制在土兵制度中占主体地位。

(二)领导体制

明清时期西南民族地区土兵管理是按照层级管理模式,分层分级管理。明清时期西南民族地区的土兵虽然属于国家的后备力量,但是,无论是土司武装、土司部落武装,还是家支武装、土屯武装,均受制于中央王朝的绝对领导。[1]

1.国家军事领导机构

明朝时,中央军事领导机构主要由兵部负责,并使之与五军都督府互相补充,互相制约。大凡土兵征调之事,均由兵部负责。在明代"平播之役"和"奢安之乱"等平定土司土兵叛乱的战争中,皇帝无疑是军队的最高统帅,而出兵征战时由皇帝临时委任的领兵管则是战争中的中央军事领导机构的最高指挥者。清代军权握于皇帝之手,并设立军事中枢以协助皇帝控制、指挥军队。清代大凡涉及土兵参加的战争,中央政府层级的军事领导机构为前期主要是议政王大臣会议、军机处,后期为陆军部等机构。

2.地方军事领导机构

明清时期的地方军事领导机构一般是宣慰司、宣慰使司都元帅府、宣慰使兼管军万户府等可管理军队。元朝中央政府在西南民族地区编组的军队,如云南爨僰军、白衣军、罗罗斯军,湖广的洞兵、徭兵、苗军等,分别由所在行省设官

---

[1]李良品,蒲丽君:《土司时期西南地区土兵的军事领导体制研究》,《贵州民族研究》,2014年第3期,第180-184页。

管理。明代西南民族地区所设的宣慰司、宣抚司、安抚司、招讨司、各长官司、军民府土州土县等，凡有战事，均听从四川都司、四川行都司、广西都司、云南都司、贵州都司等调遣。到了清代，情况有所变化，宣慰使和宣抚使"各有所辖土民土兵，并受地方督抚统辖"；招讨使"辖有土兵，并受四川总督统辖"；安抚使"均在四川、云南两省，辖有土民土兵，并受地方督抚统辖"；土千总、土外委、土守备、土把总、土游击"管辖所属土军丁，受所在地方武职长官统辖"。① 也就是说，清代的巡抚，多兼提督，总理全省军政大事。当然，在四川的藏区、彝区及广西与云南、贵州的情况又存在一定差异。

3.土司军事领导机构

明清时期西南民族地区各地土兵均来自土司所辖地区，将领大多是土司的亲族，听从土司指挥。可以说，每个土司衙门（包括宣慰司、宣抚司、招讨司、安抚司和长官司），都是一个军事领导机构。因为土司衙门是既管军又管民的军政合一的机构，总掌辖地军民政务。

从上面的分析可见，明清时期西南民族地区土兵管理共分中央和地方两个层次，但有中央、地方及土司三种形式，它体现了在土兵的军事管理中的层级管理体制。

（三）兵役制度

明清时期西南民族地区土兵的兵役制度主要有世兵制、族兵制、征兵制等多种基本形态，这些形态的发展、变化或补充，受到政治、经济、战争和族群的制约和影响，并随着国家的政治制度、经济情况和军事需要等方面的变化而不断发生变化。但总的来讲，土兵这一群体的形成，促进了明清时期兵役制度的改革。②

1.世兵制

世兵制是我国古代强制部分乡民世代当兵的制度，这种制度又称军户制、世家制。世兵制要求一部分国民专门承担兵役，在军者终身为兵，父死子继、兄终弟及，成为世代为兵的兵役世家，这就是世兵制的核心内容。明清时期的西南土司区，众多土司为了保障有足够的兵源，对辖区内民众实施世兵制。如广

①朱金甫，张书才：《清代典章制度辞典》，中国人民大学出版社，2011年版，第43页，第44-45页，第264页，第355页，第516-517页。

②李良品：《土司时期西南地区土兵的兵役制度》，《重庆三峡学院学报》，2014年第1期，第37-42页。

西,土官征用土兵时,土兵按辖地分兵哨、夫哨两种,有警讯则从兵哨中征兵,有事则从夫哨中出夫。① 四川播州杨氏土司同样实行世兵制,举州皆兵,有事征战,无事还牧耕,"寓兵于农"。贵州土司领地内的土兵不仅实行世袭制,并且"人皆为兵",凡成年(一般为 15 岁以上)以后没有丧失劳动能力的男性,都是土司的土兵,作战时编入队伍为土司打仗,并且自带装具、兵器、战马和粮秣。这种兵役制度,可以保证国家或土司有稳定的兵源,国家可以维持一支庞大的军队开支而使政府负担不致过重;土司可以拥有自己的武装力量,平时也不需要负担土兵的开支。

2.族兵制

从明清时期西南民族地区土司集兵情况看,当时的族兵制是一种族权和家族势力结合的兵役制。它的最大特点是,土兵因土司的奖惩和把土司作为族长代表祖宗在履行家规族规,土兵会心存感激甚至无怨无悔地为土司卖命。族兵制度下的氏族成员或宗族成员,往往都是父子兄弟相继从军的,在战时情况下,凡氏族或宗族 16~60 岁的男丁均要被抽派服役。在族兵制度下,军队成员之间一般有血缘和地缘关系。在部落军或部族军中,各级统领往往同时是部落或部族的各级首领头目,各级战斗单位的兵士,往往是同族的部落民众。这不仅表现为官兵关系和战友关系,还表现为血亲关系和族亲关系、邻里关系和协作关系,有的表现为归附关系和依附关系。在族兵制度下,主要军事将领基本上都有血缘关系。

3.征兵制

明清时期的征兵制主要用于部分少数土兵的征集。不过,在有的时期和地区,这些土兵配合正规军作战,在一定程度上弥补了官军的不足。在《天全六番宣慰使司兵制考》之"土军"条中对土兵有"今司之兵,古雄边子弟之遗法也。部民子十五岁登籍,六十削籍,老孤死病,积年更易。总所部三丁征二,五丁征三,得壮健千人,过名编伍。五长、十长、小旗、总旗,简阅注籍,如法爰给器械五百枚。二人一甲,以应征调"②的论述,这是土兵征兵制运用的最好佐证。征兵制突出特点在于:因事出征时,应征入伍者年龄参差、素质不一,普遍技艺生疏、不娴战阵,往往只能充当战斗的辅助兵,大多数只是承当军中力役,如转运军需等。

---

①德保县地方志编纂委员会:《德保县志》,广西人民出版社,1998 年版,第 468 页。
②[清]陈梦雷:《古今图书集成》(第 112 册),中华书局影印本,1984—1988 年版,第 53 页。

（四）军事训练

土兵作为明清时期国家军队的补充力量及土司的私人武装力量,西南民族地区各地土司十分重视对土兵的军事训练。明清时期西南民族地区土司兵主要有军事思想、军事技能、军事阵法、军纪和胆魄训练、军事校阅等训练,并逐渐形成制度。土司兵军事训练的主要目的在于培养出具有较高军事水平和实战能力的军事指挥人员和专业人员,以提高土司兵的战斗力,使之更好地发挥国家武装力量的补充作用和土司制度的柱石作用。

1.军事思想训练

明清时期西南民族地区各土司为了维护国家统一、维护自身利益及保境安民,他们不得不加强土兵的军事思想教育。"尽忠护国"思想是土司教育土兵的第一要务。如广西忻城莫氏土司辖区土兵训练的项目之一就是思想教育,其核心内容多为忠君事主。第十五任土官莫振国,于清雍正元年(1723年)奉调出征前召子立于庭前训之曰:"兵,凶器;战,危事。汝父非乐此不疲,惟是食君禄,自当劳君事。"①这是教育子孙及辖区土兵最好的教材。"全民皆兵"思想是土司教育土民和土兵的主要内容。如石砫在秦良玉任土司期间,教育辖区内的男丁壮妇,农忙耕耘,农闲习武;用则为兵,散则为农。特别是《固守石砫檄文》,更是动员全境民众提高守境意识,真正贯彻了"全民皆兵"的军事思想。

2.军事技能训练

明清时期西南民族地区土兵的兵种主要有步兵、骑兵、水兵(即水兵、步兵、侦察兵等合为一体)。步兵以搏斗为主,骑兵以射击为主,水兵以水上和船上搏斗为主。步兵训练刀术、枪术、剑术等;水兵则训练划船、速渡、船上格斗、水中取物、水中破敌船等;骑兵训练突破重围、通信速度、骑马射箭术、骑马刀术,着重训练"回马枪"的战术。根据明清时期西南民族地区土司兵的兵种类型,其训练的主要科目有盾矛训练、骑射训练、搏击训练、攀爬训练、火铳训练、舟楫训练和水战训练等。这些军事技能训练,极大地丰富和完善了我国古代军事训练的内容。

3.军事阵法训练

明清时期西南民族地区土家族和壮族土司兵经过长期的训练,形成了比较

①黄维安:《忻城土司志》,广西人民出版社,2005年版,第126页。

固定的阵法。如土家族土兵的尖锥形阵法,使土家族土兵的战斗序列更具条理性,也使土家族土兵制度更加合理化。故被抗倭名将戚继光借用而创造成为"鸳鸯阵法"。壮族土兵的"岑氏兵法""云弹君兵法",则是一种残酷的"连坐法"。这种集体负责的管理模式,使壮族土兵成为明清时期封建中央王朝倚重的内外征讨的重要军事力量。

总之,军队作为最重要的国家统治机器,直接关系到中央王朝政权的安危、社稷的存亡。作为中央政府武装力量的重要组成部分,明清时期西南民族地区的土兵已在确立的中央军、地方军、土兵(或边防军)三位一体的基本格局中占有重要地位。也就是说,西南民族地区土兵促进了中央军、地方军、土兵(或边防军)三位一体的武装格局的形成。从一定程度上讲,明清时期中央政府在西南民族地区施行土兵制度,特别是土兵的组织体制、领导体制、兵役制度、训练制度等方面的建设,无疑推动了明清时期国防建设的深入。

二、土兵征调的特点

就一般情况而言,战争是政治集团之间、民族(部落)之间、国家(或联盟)之间的矛盾最高的斗争表现形式,是解决纠纷的一种最高、最暴力的手段,是政治和外交的极端手段或最后手段。明清时期西南民族地区战争频仍,作为国家后备力量以及土司武装力量的土兵,参与的军事战争主要有国家与国家之间的战争(如明代中央王朝与安南及抗倭战争)、国家政权与土司政权之间战争(如三征麓川、平播之役、平奢安之乱、平定大小金川)、土司与土司之间的战争(如各地土司的仇杀)等方面的军事暴力行为。明清时期西南民族地区各地土司必须服从封建中央王朝的征调,这是一种义务,西南民族地区任何土司不得违抗。军事征调政策实际上是封建王朝"以夷制夷""以蛮制蛮"政策的重要组成部分。"以夷制夷""以蛮制蛮"是明清时期西南民族地区各地土司土兵被军事征调的实质。明清时期西南民族地区土兵在参加诸如"征蛮""平叛""征贼""援辽""抗倭"等各种军事征调时,他们既充当了明清中央政府的主要打手,维护了封建王朝的统治;又促进了国家的统一、政治的稳定,也间接地促进了西南民族地区经济、社会、文化等方面的发展。总的来讲,明清时期西南民族地区各地土兵参与各种征调,其特点主要有四个。①

---

① 李良品:《土司时期西南地区土兵制度与军事战争研究》,重庆出版社,2013年版,392-399页。

（一）征调次数多

明清时期西南民族地区土司土兵参与各种军事行动的次数很多,不仅有平定少数民族起义、平定土司叛乱的战争,还有抗击倭寇、抵御外侮等,在很大程度上为维护国家的统一与政治的稳定作出了重要贡献。如永顺土兵从洪武十二年(1379年)到永历元年(1647年)的269年的时间里,参与战争达56次,平均不到5年就有一次有效战争。更有甚者为正德七年(1512年),这一年中央王朝曾4次征调永顺土兵进行军事战争,这样的征调频率在西南民族地区土兵的征调史上实为罕见。另据《明史》《石砫厅志》《补辑石砫厅志》《石砫县志》《石砫土司史料辑录》《秦良玉史料集成》等史料记载,明朝时期石砫土兵先后被征调参加的大的军事活动达19次之多。特别是明末秦良玉执掌土司时期,石砫土兵参加的战争多,人数动辄上千、上万,最多时达到3万。① 详见表8.1。

表8.1 石砫土司征调活动一览表

时 间	征调过程及奖惩	性 质	资料来源
洪武二十四年(1391年)	奉调征散毛洞	"征蛮"②	《石砫县志》
成化二年(1466年)	奉调征剿施州船山洞苗族之乱	"征蛮"	《石砫厅志》
正德五年(1510年)	奉调参加平息兰瑞廷、鄢本恕造反	镇压农民起义	《石砫厅志》
正德七年(1512年)	参与对四川方四领导的农民起义的镇压	镇压农民起义	《明武宗实录》卷八十三
万历二十二年(1594年)	奉调征伐大雪山	"征蛮"	《石砫厅志》
万历二十二年(1594年)	奉调朝鲜	抗倭	《杨家将史事考》

---

① 李良品:《石砫土司军事征调述略》,《军事历史研究》,2007年第4期,第125-132页。
② 表中"征蛮",即征讨南方少数民族,下同。——作者注

续表

时　间	征调过程及奖惩	性　质	资料来源
万历二十七年（1599年）	奉调参加平定播州土司杨应龙叛乱	镇压土司叛乱	《补辑石砫厅新志》
万历二十八年（1600年）	奉调参加平定播州土司杨应龙叛乱	镇压土司反叛	《明史·四川土司》
万历四十一年（1613年）	奉调征辽阳	援辽	《补辑石砫厅新志》
泰昌元年（1620年）	奉诏率白杆兵援辽抗击后金兵	援辽	《石砫乡土志》
天启元年（1621年）	出兵平定永宁土司奢崇明叛乱	镇压土司叛乱	《补辑石砫厅新志》
天启三年（1623年）	参加平定松潘叛乱	"征蛮"	《补辑石砫厅新志》
崇祯二年（1629年）	奉诏率白杆兵赴京勤王	援辽	《补辑石砫厅新志》
崇祯六年（1633年）	奉调到河南围剿陕西农民军	镇压农民起义	《论秦良玉》
崇祯七年（1634年）	奉调至夔州阻击张献忠	镇压农民起义	《补辑石砫厅新志》
崇祯十三年（1640年）	在夔州等地征剿张献忠、罗汝才（3次）	镇压农民起义	《补辑石砫厅新志》
崇祯十六年（1643年）	奉调驰援夔州，阻击张献忠	镇压农民起义	《补辑石砫厅新志》

　　另据不完全统计，播州杨氏土司土兵仅在明朝就参加了 30 次左右军事征调。从洪武五年（1372 年）杨铿归顺明朝，"播州宣慰使司土地既入版图"开始一直到"平播之役"结束的两百多年间，播州杨氏土司、土兵几乎每平均六七年

就有一次被征调的记录。杨氏土司土兵最频繁的时候是连年参加军事征调甚至一年被征调几次。如成化十一年（1475年）杨爱袭职后"仍敕爱与宏率土兵从总兵官剿贼"，次年，"起播州致仕宣慰使杨辉暂管事……请起辉俾选调本司土兵，俟湖广、贵州征剿诸苗之际相机夹击"。① 可见，中央王朝征调西南民族地区土司、土兵协助作战的频率很高，只要有需要，各地土兵就准备上战场。特别是各地土司土兵在征战中连连获胜，为中央王朝立下汗马功劳，这就使得朝廷对土司土兵更加依赖，其被征调的次数与频率也就相应增多。

（二）战争取胜多

西南民族地区土兵参与的军事战争主要是抗倭、勤王和参加镇压土司反叛，这些行动无论是对封建中央王朝来讲，还是对人民来讲，都是属于正义的战争，因此，每次战争都是凯旋。西南民族地区土司土兵积极参与抗倭军事行动，表现出崇高的爱国主义精神，在正义的战争中取得了重大胜利。随着倭寇侵扰日重，土兵奉召投入抗倭战争，容美土司田九霄的父亲田世爵皆年逾六旬，亦不辞劳苦，随军出征，指挥战斗。明代永顺土兵基本都是积极奔赴前线并取得了一定的胜利，明朝廷也给了各代土司应有的嘉奖。如据刘继先《永顺宣慰司历代稽勋录》记载，彭世麒就因其征讨郴桂叛乱有功而被"加散官品级，授龙虎将军上护军，赐诰命正一品服色"。而彭翼南更是由于抗倭战功，被明朝廷"升云南布政使司右参政，更赐银五十两、宁丝四里，以旌茂功"。在参与的战斗中，土兵冲锋陷阵，前仆后继，英勇杀敌，不少的土兵将领如彭翅、田丰等还献出了自己的生命。这种为祖国捐躯勇于反抗侵略的爱国主义，是土家族土兵能取得抗倭斗争胜利的根本保证。土兵踊跃参加抗倭战争，为抵抗外来侵略所作的努力和牺牲，是应予以肯定的。石砫土兵在勤王战争中，"浑河血战，首功数千，实石砫、酉阳二土司功"，赐良玉三品服，祥麟指挥，授邦屏都司金事，民屏守备；在第三次勤王时，崇祯皇帝闻报立即在平台召见秦良玉，赐采币羊酒，亲赋诗四章；在平定杨应龙的播州之乱中，秦良玉及石砫土兵"为南川路战功第一"；在平定奢崇明的战争中，秦良玉因功被"封夫人，赐诰命"。在秦良玉担任土司职务时，除了在夔州镇压农民起义时有一次败绩之外，其余征调可谓百战百胜。由此可见，当石砫土兵处于正义战争之时，就取得胜利；当处于非正义战争之时，就打败仗。这是秦良玉及石砫土兵不识时务、逆历史潮流而出兵打仗的必然结

---

①王正义，谢爱临：《明实录·播州资料辑录》，贵州省遵义市政协宣教文卫委员会，2006年版。

果。也正基于此,石砫土兵将领秦良玉之所以受到以皇帝为代表的封建王朝的嘉奖,当然也是因为她"奋勇竭忠朝廷",维护了封建统治阶级的利益。不过,在满族贵族的侵扰危及统治阶级及广大人民生命财产安全时,石砫土兵的抗清行动也部分地代表了人民的利益和要求,因此,石砫土兵理所当然地会受到当时人民的称颂。①

(三)战争"征蛮"多

所谓"征蛮",既包括镇压少数民族的反抗,也包括镇压少数民族土酋、土司的叛乱。在明清时期,许多忠于封建皇帝封建王朝的土司,往往既在落后民族的侵扰面前表现出民族气节,也在对待农民起义上主张血腥镇压。"奋勇竭忠朝廷"的秦良玉及石砫土兵,面对如火如荼的明末农民大起义,自然毫不例外地在镇压农民起义中扮演极不光彩的角色,由此,石砫土兵及秦良玉也留下了不光彩的污迹。如果我们说石砫土兵在抗倭、勤王和参加镇压土司叛乱的军事行动中为了维护祖国的统一,赴汤蹈火、不惜牺牲、功勋卓著的话,那么,在明初的"征蛮"和明末的镇压农民起义的战争中,就犯下了不可饶恕的罪恶。当然,我们也应看到,明王朝为了维护在这一地区的利益,必然要利用秦良玉这位在抗清中显赫一时的名将,而秦良玉作为统治阶级的一员,她在这一地区的统治利益和她与明王朝的特别关系,必然驱使她充当明王朝镇压四川农民起义的得力打手。②根据播州杨氏土司土兵参加军事征调的类型看,他们参与战争更多的是镇压"苗贼"。例如正统十四年(1449年)"镇远等府洪江等处苗头苗金台等纠集苗类伪称天王等号……缘贵州都司卫所官军并土军前来会同剿杀";成化二十二年(1486年)"……乞量调四川、湖广、播州等处近卫官军、土兵……协力进剿("苗贼")……";成化十二年(1476年)"敕巡抚四川右副都御史张赞抚捕播州'苗贼',起播州致仕宣慰使杨辉暂管事……请起辉俾选调本司土兵,俟湖广、贵州征剿诸苗之际相机夹击"③等。湖广永顺土司土兵从正统到弘治70年的时间,被征调参与战役19次,而参与"征蛮"战争就达15次,占所有征调战役近80%。在这一时期,永顺土兵奉调参与战争的范围也有所加大,不再是明朝前期仅限于永顺土司区附近的征调,而开始朝广西、四川等国家边境民族地区参战,这一方面是国家对永顺土兵的了解有所加强;另一方面也体现了永顺土

①②李良品:《石砫土司军事征调述略》,《军事历史研究》,2007年第4期,第125-132页。

③王正义,谢爱临等:《明实录·播州资料辑录》,贵州省遵义市政协宣教文卫委员会,2006年版。

兵的发展壮大使之开始适应长途行军作战，是其军事体系成熟的表现。正德至嘉靖短短 67 年的时间，永顺土兵被征调参与了 23 场战役，而"征蛮"战争有 11 次，占参与战争的近 50%，这也充分证明了明王朝开始逐步加强对永顺土兵的依赖和信任。由此可见，明王朝是在借西南民族地区土司表明忠心的名义征调土司军队为其效力，大肆残杀少数民族人民，以巩固其统治。

明代及清初中央王朝征调秀山杨氏土司"征蛮"均多达十数次，究竟是什么原因呢?[1] 作者以土家族地区秀山杨氏土司为例分析，其原因在于：一是由秀山杨氏土司所处的地理位置决定的。秀山杨氏土司地处湘鄂川黔四省交界地区，武陵山的北端。这一地区是古代中原到西南的军事要道，湖湘进入川黔的交通咽喉。秀山杨氏土司无论是奉调征讨贵州"苗乱"、土司叛乱，还是征讨湖广"苗乱"，出征便利，既可以减少将士的车马劳顿之苦，也可以降低朝廷的军事开支之费。二是由秀山杨氏势力决定的。秀山杨氏与黔东南、黔东（包括德江、沿河、松桃等）杨氏均是杨再思的后裔，同播州杨氏均为弘农杨氏支系，因此，杨氏在武陵山区是一个豪族。以秀山杨氏在当地的军事实力去应付规模不大的"苗乱"应该绰绰有余。三是由土司应尽的义务决定的。因为在明清时期，土司必须服从中央王朝的征调，这是一种义务，任何土司不得违抗。封建朝廷也借此达到"以蛮制蛮"的目的。因此，包括秀山杨氏土司在内的大多是"征蛮"也就不难理解了。当然，我们也应当看到，西南民族地区土司土兵之所以多次受到以皇帝为代表的封建王朝的嘉奖，一方面，是因为他们效忠朝廷，维护了封建统治阶级的利益；另一方面，是因为明王朝为了维护在这一地区的利益，必然要利用土司的军事力量——土兵，而西南民族地区各地土司作为统治阶级的一员，他们在这一地区的统治利益和他们与明王朝的特别关系，驱使各地土司必然要充当明王朝镇压少数民族的反抗的得力打手。因此，从这个意义上讲，西南民族地区各地土司、土兵在明王朝镇压少数民族反抗的战争中，就犯下了不可饶恕的罪恶。

（四）异地作战多

翻检史籍可见，明清时期西南民族地区各地土司土兵在参与各种军事战争时，很少是在本地作战，大多是被调遣到异地作战。如明代王阳明平大藤峡之乱，调湖广永顺、保靖土兵远征广西；嘉靖年间抗击倭寇，调湖广永顺和保靖土兵、四川酉阳等地土兵、广西东兰和那地等地土兵；抗击后金入关，调石砫土兵；

---

①李良品：《关于秀山杨氏土司的几个问题》，《湖北民族学院学报（哲学社会科学版）》，2009 年第 2 期，第 1-6 页。

平定播州杨应龙叛乱,调四川建武、高珙等县都蛮羿兵三千名,马湖蛮夷长官司土兵一千名,叙州马湖降夷五百名,黄郎马氏土兵一千名,永宁土妇下土兵七千名,酉阳宣抚司土兵一万名,平茶长官司土兵三千名,邑梅长官司土兵一千名,石砫宣抚司土兵五百名,石砫司土同知土兵五百名;又调云南镇雄府土兵一千名,乌蒙军民府土兵一千名,建昌各卫应召募兵五百名;调贵州乌撒军民府土兵一千名,水西土兵三万名;调湖广调建始县土兵五百名。① 就某个具体土司而言,征调其麾下土兵异地作战也司空见惯。在此,作者以广西土兵入黔参与军事战争为例予以说明。元朝时,广西土兵入黔镇压罗甸王乃起义。据《罗甸县志》载,元至正十五年(1355 年),布依族农民首领王乃,以仙女山为根据地聚众举起反压迫、反剥削的旗帜,率领各族人民起义,波及平塘、独山、惠水、贞丰、望谟及广西的乐业、天峨、南丹等地。同年冬,广西泗城土州派谐里守将黄朝率兵由广西进军罗斛,攻打王乃起义军,仙女山被占领。② 明洪武九年(1376 年),罗甸县布依族人民在王乃的领导下起义,占据罗甸,并以仙女山为营垒,各县各族人民纷纷响应。独山、平塘、惠水、安龙和广西南丹等处,均在起义军势力范围之内,声势十分浩大。他们一直坚持斗争达五年之久,直到洪武十四年(1381 年)才在贵州、广西两省的官军和土司土兵联合镇压下失败。③ 据《明实录》载:天顺二年(1458 年)八月,"广西总兵等官武进伯朱瑛等奏,乞调征进贵州总兵等官与己协同杀贼。不从。至是,贵州总兵等官南和侯方瑛等又移文广西起调泗城等州狼兵④。瑛等以闻。兵部议请命两处总兵各将所部军马,剪除所在贼寇,毋得互相推调。从之。"⑤ 明弘治十一年(1498 年),普安龙土官之妻彝族妇女米鲁率众反明,明朝调云南"广南土官侬泰"和广西"泗城土官岑辉率富户王、陆、周三姓戡乱有功,裂龙氏属地封为土司"。⑥ 天启二年(1622 年),安邦彦、奢崇明反明。同年二月,贵州水西土官奢崇明、安邦彦率领川南、黔西、滇东北等地彝族先民各部,联合黔中地区的宋氏土官反明。据《明史》卷二百四十九《张鹤传》载,安邦彦等叛军统领"罗鬼、苗、仲数万,东渡陆广河,直趋贵阳",先后占毕节,破安顺、平坝、龙里,围攻贵阳十月余。当时贵阳"外援既绝,功益急,城中

①[明]李化龙:《平播全书》(点校本),大众文艺出版社,2008 年版,第 264-265 页。
②《罗甸县志》编纂委员会:《罗甸县志》,贵州人民出版社,1994 年版,第 2 页。
③黄义仁:《布依族史》,贵州民族出版社,1999 年版,第 163 页。
④狼兵:古籍中壮族先民中一支土兵的名称。——作者注
⑤翟玉前、孙俊编著,罗康隆审订:《明史·贵州土司列传考证》,贵州人民出版社,2008 年版,第 84 页。
⑥田玉隆:《贵州土司史》,贵州人民出版社,2006 年版,第 276 页。

粮尽,人相食"。贵阳城通常住户 10 万,被围困 300 天,仅留存 1 000 多人。这次反叛坚持了将近 10 年,明王朝调集周边邻省官军数万镇压,直至明崇祯四年(1631 年)才基本平定。据《明熹宗实录》卷二十九载,其间,广西巡抚何士晋奉朝廷之命,派遣泗城土官岑云汉、田州土官岑懋仁等率领土兵进军助剿"奢安之乱"的"夷兵"。

三、土兵征调的影响

明清时期西南民族地区各地土司虽然对辖区内的土民具有绝对的统治权,但在中央王朝的统治之下,他们必须服从于中央王朝的调遣,驱使麾下的土司兵参与相关的军事战争。作为全国的统治者,最大的需要是属下效忠朝廷,而西南地区各地土司为了表明自己的忠诚,对中央王朝的军事战争活动自然是有诏必调,用参加诸如"征蛮"、"平叛"、"征贼"、援辽、抗倭等军事征调来表明自己的耿耿忠心。从明清时期西南民族地区各地土司、土兵参加军事征调的有关情况看,其影响分为积极影响和消极影响两个方面。[1]

(一)积极影响

有学者认为,从本质上讲,土兵制度是反动的[2],土兵的生存状况是令人悲哀的。但在特定历史条件下,土兵参与各种战争是非常勇敢的,曾作出过积极贡献,发挥过积极作用。

1.政治方面

明清时期西南民族地区土兵,受国势强弱的影响,经常追随土司参与各种军事征调,成为明清中央王朝维持统治、维护国家统一和领土完整的重要力量。因此,土兵参加中央王朝组织的军事征调实际上起到了保障西南边疆地区的社会安宁、维护国家统一与全国领土完整的作用。[3]

明清时期,中央政府与各族土司、土司与土司、土司与辖区民众、汉族与少数民族、少数民族与少数民族等时有利益冲突,矛盾尖锐时甚至激化为影响国家统治的战争,如明初的"麓川之乱",明末的"杨应龙之乱""奢安之乱",清代中期的"金川之乱"等,均是影响巨大的战争。作为土司的私人武装,明清时期

①李良品,卢星月:《明清时期西南地区土司兵参加军事战争的影响》,《成都大学学报(社会科学版)》,2014 年第 3 期,第 33-39 页。

②严英俊:《广西壮族地区土兵制度初探》,中央民族大学 1998 年硕士学位论文。

③彭福荣:《国家认同视野下的土司军队征调——以元、明、清朝乌江流域土司军队为例》,《军事历史研究》,2014 年第 1 期,第 76-81 页。

的土兵受军事征调制度的规约及土司效忠以获取更多政治利益的驱动,不断参与维持国家统治的战争。明清中央政府为考察和激励西南民族地区各地土司是否忠顺,便要求各族土司履行军事征调义务,故西南民族地区土兵武装频繁参与被史料称作"平叛""讨蛮""平叛"等战事,有力地维持了封建王朝的政治统治。如洪武二十五年(1392年),湖广散毛土司等"作乱",酉阳13 000名土兵追随土司冉应仁参与镇压。又如万历年间的"平播之役",在总督李化龙麾下的24万明军中,来自各地的土兵居然占了七成。天启元年(1621年),西南民族地区诸如酉阳、石砫等多个土司亦率领土兵参与平定震动川黔等地的"奢安之乱"。

明末清初之际,西南民族地区土兵在"援辽""勤王"等战事中表现优异,有力地维护了明朝在西南地区的政治统治。如四川酉阳土司冉跃龙奉调派遣四千土兵远"赴辽阳"以抵御后金军队的南下;土司夫人白氏于万历三十四年(1606年)亦在北上"援辽"中"以女兵数百人为诸子殿"。石砫土司率领"白杆兵"不断征战,坚决维护明朝的统治秩序。自马定虎入石"世袭节制九溪十八峒、施州卫大田所,外驭三川洞源、石渠、溪源三里户口"以来,石砫土司马良因正统十四年(1449年)土木之变而请求"征兵救援";马千乘因万历播州之乱而率土兵"破金筑七寨,扼贼于海龙囤";土司夫人秦良玉亦数度"自裹馈粮"以"援辽""勤王",有力迟滞了清兵的南下步伐;并于崇祯年间(1634年)率土兵"破张献忠于夔州""大破流贼罗汝才"等,有力支撑了明朝的封建统治。西南民族地区土兵成为明清等朝中央政府"缉蛮镇乱"的工具,也被用于应对统治阶级的内部矛盾和军事冲突,为此他们付出了巨大的代价。

西南民族地区各地土司为了巩固其统治地位,在封建王朝的支持和认可下,建立了一整套封建统治机构,设立衙门、土兵等。土司衙门是各地土司的政权机构,兵、刑、钱、谷各项都管。土司之下设千总、把总等职,这些土兵平时主要为土司看家护院,维护统治秩序。中央王朝一旦调遣,土司、土兵便随军作战,多次立下赫赫战功,很受中央王朝的赏识,有的土司还委以重任,调往边防重地,镇守一方。留居西南民族地区的土司都具有地方实权,他们积极效忠中央政府,在西南民族地区发挥了维护王朝统治、国家统一和领土完整的重要作用。

2.军事方面

明朝中后期,由于官军实力衰微,西南民族地区土兵成为明王朝军事力量的精锐。这些土兵因为训练有术、纪律严明、作战勇猛、善于山地和短兵相接作战。加之西南民族地区的土官之兵源不竭,土司掌握对农奴等阶层的"生杀予夺"大权,故土兵唯土司之命是听,故能拼命效忠。因此,"土兵既是土司相互厮杀的工具,又是土司向中央王朝提供镇压各族人民反抗的兵源。"①由于战斗能力突出,西南民族地区土兵被明代封建王朝用作戍边御敌、缉蛮镇乱的战争工具。明代播州杨氏土司在参加中央王朝组织的军事征调活动增强了自己的军事武装力量。其具体做法是播州杨氏土司在协助中央王朝镇压少数民族起义和反叛之时,往往将一些投降受俘的官兵充盈军队,发展壮大自己的队伍。所以,到"平播之役"时,播州土兵达到15万左右。官军用长达114天的时间才将杨应龙叛乱予以平定。又如滇南阿迷州土司普名声、其妻万氏在从征"奢安之乱"后实力大增,于崇祯年间与安南土司沙定洲发动叛乱,至顺治二年(1645年)九月,元谋土司吾必奎反,于康熙四年(1665年)"据王弄、安南,纠教化张长寿、枯木龙元庆、八寨李林、牛羊侬德功……诸酋同反",虽于同年被吴三桂平定,但"沙普之乱"前后持续长达三十六年之久,足见势力之强大。

明代中后期,西南民族地区土兵虽然被中央王朝纳入为军事体系的一个部分,但是少数民族土兵的本质并未改变,中央王朝在运用土兵进行一系列战争时,战斗力强大的土兵有所顾忌。如刑部尚书郑晓云也上奏道:"调至湖、广土兵,贼颇畏忌,然亦犷悍难训……求之则易骄,弃之则生怨。调兵之危害,莫胜于今日者也。"②这里固然有官员对土兵的主观歧视,但从另一个侧面看出,嘉靖年间倭乱之时,朝廷已有官员对征调以永顺土兵为代表的客兵已有所顾忌。除中央政府的官员之外,就连势不可当的农民起义领袖对有的土兵也有所顾忌。清代乾隆年间石砫直隶厅同知王萦绪在为秦良玉撰写的《秦宫保庙碑记》中有言:

> 有明末造,贼民群兴。四出蹂躏,中原鼎沸。惟夫人以女子身,远起边陲,率师征剿。所之披靡,屡立战功,具载《明史》,其救护川省之功尤多。厥后督师杨嗣昌驱贼入川,川抚邵捷春怯懦,两违夫人议,贼乃入川大掠去。又四年,献贼再谋入寇。川抚陈士奇复不听夫人守隘之计,蜀地遂全陷。贼杀戮之惨,亘古未有。夫人发兵守隘,贼惮其威名,罔敢窥伺,一境晏然。附近涪、丰、忠、万居民逃避境内得免献忠屠割者,不知几千万人也。呜呼,计自征播至寿终四十余年,所建树岂一身一家之私计,一手一足之微劳哉?③

---

①石亚洲:《土家族军事史研究》,民族出版社,2003年版,第104页。

②[明]郑若曾,李致忠:《筹海图编》卷十一下《经略二》,中华书局,2007年版,第730页。

③[清]王萦绪:《秦宫保庙碑记》,转引自王槐龄:《补辑石砫厅新志》之《艺文上》,道光二十三年(1843年)刻本。

这里强调张献忠等人虽然"杀戮之惨，亘古未有"，但是，秦良玉却"发兵守隘，贼惮其威名，罔敢窥伺，一境晏然"。这足以说明张献忠等农民起义领袖畏惧石砫土兵。

3.经济方面

明代西南民族地区土司土兵参与中央王朝组织的军事征调促进了当地经济的发展。由于西南民族地区土兵都是各地土司的自养军队，一般情况下不需要中央王朝的粮饷、武器等方面的接济，然而又要随时满足中央王朝征调作战的需要，所以后方必须要有稳定的经济力量为西南民族地区各地土司参加军事征调作强大的经济支撑。因此，各族土司必须采取一系列的有效措施来发展自己的经济。

自古以来，任何人都知道"民以食为天"的道理。稳步发展农业生产，满足土民、土兵吃饭是各地土司的第一要务。土兵是各土司所辖之地方武装力量，是亦兵亦民，"有事调集为兵，以备战斗，无事则散处为民，以习耕作"①。土兵既要参与军事活动，又要从事农耕生产。明清时期西南民族地区各地土司非常重视农耕生产的发展，如四川播州杨氏土司为了发展经济，不仅修建了采石场、养马城、猎场、鱼池、茶园、蜡崖、田庄，还兴修了水利和交通，积极发展手工业和农业、商业。其中水利建设最大的成就为修筑太平庄大水堰（即今遵义县共青湖）。据大水堰《万世永赖碑》载："凡州内所属钱粮，永为杨姓供费，以故命修四十八庄，此系太平一庄。"播州的水利设施，除大水堰外，还有雷水堰、军筑堰、白泥堰、双仙堰、菱角堰、常舒堰、千工堰、官庄堰、螺师堰、八幅堰、官坡堰等；这些水库塘堰，均可灌田土数千亩，至今仍有许多还在蓄水灌田；水利设施的建设，为以后遵义成为"黔北粮仓"奠定了坚实的基础。② 明清时期各地土司十分重视区域内渔猎、采集生产的开发。贵州思南府在弘治年间以前就"渔猎易于山泽"，弘治年间后"负弩农暇，郎以渔猎为事"；思南府属朗溪司"以猎为业"。③ 在云南丽江，木氏土司为维护土兵的开销，其经济来源之一是庄园经济，丽江木氏土司有直属的官庄。《徐霞客游记》中提及"木公之次子居此"的七和，"坞盘水曲，田畴环焉"。这里有村寨、税所、丘塘关哨所，是典型的木氏庄园。这样的庄园，还有丽江石鼓、生罗、桥头、巨甸、塔城、处可瓦、北浪沧、剌宝、

①［清］张天如：(乾隆)《永顺府志》卷一十二。

②转引自史晓波：《浅议杨氏治播的积极影响》，《贵州文史丛刊》，2002年第4期，第51-53页。

③［明］洪价：《嘉靖思南府志》（点校本），思南县志编纂委员会办公室，2002年版，第66-67页。

大具、你罗、九河、江东、江西等十四处,另有明王朝赏赐的沙桥、沙兰两庄。据史载,丽江木氏的官庄田达 2 453 亩,约占明正德年间官民田总数的7%,丽江木氏官庄田年收租米 1 385 石,拥有庄奴 500 余户、2 344 人。除庄园外,木氏还控制大量的山地,向百姓收租收税。丽江木氏土司庄园经济主要是农业种植和畜牧饲养。木氏十分重视农田水利,先后开挖了大型的三思渠、漾弓江和中海蓄水库,又在丽江坝水渍地开挖大排水沟,使水渍地变成农田,农业收成日丰。

适度发展的商业贸易为西南民族地区土兵提供了一定的经济支持。播州杨氏土司引进牛、马、羊、猪等进行饲养和交易,特别是兴建养马城,可养马数万匹。这些马匹除进贡朝廷外,其余的马匹可买卖赚钱。在土家族地区,虽因"崎岖万状,商贾不通",但外销产品也逐渐增多。明清时期土家族地区销往境外商品有朱砂、水银、蜡、硝、桐油、漆等。此外,民间的商品贸易却比较活跃,民众利用土特产进行交易,土特产也就成为当地的商品。西南民族地区各地土司就是通过商业贸易为前线作战的土兵提供源源不断的资源。

(二)消极影响

明清时期,封建中央王朝频繁征调西南民族地区土司土兵从事各种军事活动,在维持王朝统治、维护国家统一、维持基层社会秩序稳定等方面起到一定的积极作用的同时,也在一定程度上造成了不良的社会影响。

1.政治制度方面

明清时期封建中央王朝极力保护和维持土司制度,让土司土官建立强大的武装力量,这种土兵制度的负面影响很多。如在中央王朝层面:明清中央王朝在土司制度框架下利用土兵来实现中央王朝"以夷制夷"的目标。就西南民族地区土兵的单个人来讲,他们是受剥削受压迫阶级中的一员;但就地方武装力量而言,土兵却是剥削阶级的统治工具,他们是封建中央王朝用以镇压地方农民起义、维护统治的工具。可以说,明清时期的历代封建统治者都利用各种矛盾,使甲土司与乙土司相互冲突,削弱其力量。在地方土司层面:各地土司利用麾下的土兵争权夺地,成为维护土司在本境统治的军事力量,甚至成为土司反叛中央王朝的斗争工具。众所周知,明清时期西南民族地区土司是割据一方"自王其地"的土皇帝,与中央王朝在统一与割据的问题上,始终存在着博弈。每当封建中央王朝新旧更替、无力控制时,各地土司就趁机起兵,力图摆脱控制,扩大自己的势力范围,一旦中央王朝控制过严,侵犯土司的权利过多,土司就起兵反抗,反对中央王朝的控制。明朝建立以后,对土司的地区控制极其严格,镇压十分残酷。随着明朝政府对土司地区统治的加强,土司反控制亦日激烈。如洪武二十二年(1389年),散毛、施南、镇南、大旺等土司联合反明,与安福所土官夏得忠遥相呼应,声势浩大,震动了明朝政府。明廷立即派凉国公蓝玉及胡海、叶升、周德兴等率十万之众进行镇压。首先在大庸天火岭的六古卑洞擒夏得忠,解京师杀害。① 土家族地区土司规模最大一次反明控制的斗争是在嘉靖年间。明清时期西南民族地区土兵愿意为土司浴血奋战,在所不惜,所以,容易导致自不量力的反叛。这种反叛不仅最终以失败而告终,而且造成了本民族大量的人员伤亡和财产损失。

2.财政经济方面

明清时期西南民族地区各地土兵经常参与中央王朝征调的各种战争,明显加重了中央政府和西南民族地区各省地方政府的财政负担。明代时,土兵在战时情况下,可以享有支给"行粮"的待遇。土兵参照官军"居有月粮,出有行粮""班军本处有大粮,到京有行粮,又有盐斤银"的标准,土兵出征俱有行粮口粮。清代时,土兵奉调出征至少有出征行装粮、月支盐菜银和日支口粮;立下军功,还有赏赐;若是土司土兵伤亡,家属还有"安家银"等抚恤。更有甚者,有的土司在战争中,通过中央王朝征调麾下土兵的形式,敲诈和勒索中央政府。明代湖广总督张岳在《论湖贵苗情并征剿事宜疏》②中指出:

> 湖、贵节年用兵,俱调土兵。各该土官挟贼为利,邀索无厌,曲意从之,愈加放肆。且茹军兵行粮,每月例只四斗五升;两广土兵,只支三斗。惟湖广土兵,于四斗五升之外,又多索一倍,每斗折银五分,该银二钱五分。若兵一万,每月该银二千五百两。湖广上年调土兵三万六千名,每月该银九千两,自进山至散兵,共十五个月,共该一十三万五千两。是于行粮每名四斗五升之外,又无故多费此一十三万五千两以于土官也。湖广如此,推知川贵可知。土官高坐营中,计日得银,只愿贼在,岂肯灭贼?臣到地方,即追究其所以冒破钱粮、纵贼不杀之故,示以国法,亦颇悚慄……
>
> 节年调土兵以剿贼,而土官即私募苗贼③以充兵数,所支行粮,分给各贼。且如贼首龙老课,原系奏内有名恶贼,上年平茶长官司杨和招其党五十名以为兵。以龙老课而征龙老课,欺必至此! 近闻臣至,

---

①《明史·湖广土司传》,《湖广总志》卷二十八。

②[明]张岳:《小山类稿》卷四,福建人民出版社,2000年版,第54页。

③贼、苗贼及下文的苗寇:古代统治阶级对苗族先民起义者的侮辱性称呼。——作者注

乃纵回,又伙合别贼为恶。若复调兵,则又招去抵数。如此,贼岂有可
尽之期? 土官之中,亦有素偹行止者,如永顺宣慰彭明辅之类。

由此可见,明朝中央政府征调湖广土兵进行围剿"苗寇"的战役已给予一定
的钱粮,这笔钱粮较一般土兵多近乎一倍。土兵的首领土司得到这笔粮饷后,
并未积极进剿"苗寇",反而消极怠战,以敲诈中央王朝的粮饷。更令人气愤的
是,湖广土司还召集本要围剿的"苗寇"来充当土兵,以得到朝廷更多的粮饷。
这就造成了当时一个奇怪的现象:中央王朝花费大量的人力物力进行平乱战
争,土司堂而皇之地收取国家的粮饷,而被围剿的"苗寇"却有增无减。这就是
张岳所说的土司"只愿贼在,岂肯灭贼?"这不仅颠覆了一些文献中记载土司对
中央王朝"威勇忠顺、唯命是从"的形象,而且还反映出明朝中后期的土司及所
领导的土兵由于自身实力强大,已成为利用中央王朝对其的征调而漫天叫价的
雇佣兵。① 这势必加重中央政府的财政负担。

土兵参与军事征调,无疑也增加了地方财政的负担。史称:"两广主计之
吏,谓自用兵以来,所费银两已不下数十万,梧州库藏所遗不满五万之数矣;所
食粮米已不下数十万,梧州仓廪所存不满一万之数矣。由是言之,尚可用兵不
息而不思所以善后之图乎!"②频繁征调土司土兵造成地方财政经济的耗费,由
此可见一斑。同时,土兵参与各种军事征调活动,也加重了西南民族地区各族
人民的负担。明清两代,西南民族地区各族土兵远征足迹遍布四川、云南、贵
州、湖广、广西、江西、江苏、浙江、福建、辽东、越南、缅甸。土兵出征大多是自备
行粮、武器,尽管中央政府有时对土兵远征有一定补给,但多为土司土官私吞。
土兵参与征调活动,使西南民族地区劳动力大量流失,每户仅留一二丁耕作。
田间劳作基本上由妇女承担,也造成了西南民族地区的长期贫困与落后。

3.社会危害方面

明清时期西南民族地区土兵参与各种征调,无疑也对当时的社会造成了一
定的危害。③ 第一,对社会生产力的发展造成严重的影响。据史载,嘉靖二十年
(1541年),广西田州知州岑芝奉命率领俍兵赴海南岛镇压当地少数民族的反
抗斗争,"杀贼数千人,以外援不至而死,其土兵同时死者亦数百人"④;又如明

---

①张凯:《明代永顺土兵军事活动研究》,吉首大学2012年硕士学位论文。
②[明]王守仁:《赴任谢恩遂陈肤见疏》,《王文成公全书》卷十四。
③蓝武:《从设土到改流:元明时期广西土司制度研究》,广西师范大学出版社,2011年
版,第260-261页。
④[嘉庆]《广西通志》卷二百六十八,《列传十三·土司》。

代万历三大征之一的"平播之役",播州杨氏首领、土目、土兵被俘1 124人,被斩首22 687人,杨氏族属被俘5 539人,招降播民1 262 111人。平播大军伤亡3万~5万人,其中官兵阵亡将军78人,士兵4 645人,重伤969人,轻伤2 458人,其余伤亡均为土兵。① 这无论是对调入土兵的地区还是对调出土兵的地区来说,都是对社会生产力的极大摧残。第二,容易产生一定的社会问题。中央王朝频繁征调土兵在助长土司土兵的桀骜之气的同时,容易导致社会秩序混乱和人民群众生活更加贫困。史称,"近年以来,征调太频,桀骜渐生。征使肆返,而兵尤未集;征期已过,而兵尚未至"在明代朝廷官员看来,导致土司土兵渐生桀骜的原因是源于土司土兵自身,"若夫土兵之强虽盗贼之所畏,然其俗尚犷悍,未易控御,不奉军令,不服点闸,虚数实支,受贿纵盗,而其所过残虐,不减盗贼"②,"在彼则谓为军门倚用,承调之际,遂渐次迟回桀骜,每损其数而愆其期。故先年闻调即行,今则旗牌催促至三至四而后出矣。先年兵皆实数,今则每报一千而实数不及三四百人矣。近如田州土官岑太禄奉调目兵七千,官舍交驰五次,彼乃偃塞不至,止以虚数一千名前来抵搪,即可知也"③。尤其需要指出的是,封建王朝为了鼓励土司土兵勇敢作战,常把他们夺得的人口与财物作为犒赏,以资其欲,导致土司土兵征战过境大肆劫掠,致使百姓大遭其祸。第三,对基层社会秩序造成一定程度的破坏。由于土司土兵自身的局限性,从而给过境地区的社会秩序带来一定程度的破坏性影响。从历史上看,西南民族地区土兵在行军过程中对社会秩序造成一定程度的破坏的例子较多。《万历野获编》卷四《夷兵》云:

> 土司兵最不宜调,其扰中国甚于胡虏。嘉靖间倭警,调阳麻兵,调瓦氏狼兵,俱贻害东南最惨,而终不得其用。顷救朝鲜,又赦播州杨应龙之罪,调其兵五千,半途不用遣归,以此恨望再叛。正德间,流贼刘六刘七之乱,亦调永顺、保靖两宣慰兵协剿,一路聚劫,人不能堪。流贼戏谓我民曰:吾辈来,不过为汝梳;彼土司兵乃为汝篦矣。盖诮其搜别之愈密也。④

---

①遵义市汇川区高坪镇志编纂委员会:《遵义市汇川区高坪镇志》,方志出版社,2012年版,第576页。

②[明]应槚:《申明赏罚以励将士以图治安疏》,《苍梧总督军门志》卷二十四《奏议二》,全国图书馆文献缩微复制中心,1991年版,第274-277页。

③[明]吴桂芳:《请设两广游击官疏》,《苍梧总督军门志》卷二十四《奏议二》,全国图书馆文献缩微复制中心,1991年版,第279页。

④[明]沈德符:《万历野获编》卷四《夷兵》,中华书局,1997年版,第926页。

这则引文讲的是土兵参与有关战争对基层社会秩序造成破坏的情况。

总之，明清时期西南民族地区土兵在致力于防卫地方土司的反叛分裂活动、巩固西南民族地区边防和参与东南抗击倭寇、维护多民族封建国家的统一和保卫祖国的疆土完整的过程中发挥了一定的积极作用，作出了一定的贡献。但是，西南民族地区土兵不仅是各地土司麾下的武装力量，而且也是封建国家军事力量的重要组成部分。各地土兵既为土司政权服务，同时又被中央王朝所利用，成为封建王朝控制和驾驭土司的又一工具。土兵在镇压各族农民起义与反抗斗争的过程中充当了封建王朝的帮凶和刽子手，明显表现出土兵制度的反动性，阻碍了西南民族地区的经济发展和社会进步，这是应该否定的。

第二节　巡检制度

明清时期巡检司作为地方上的州县属衙，类似于现今的基层警政单位，即派出所。"巡检"一词作为官职名称最早出现在唐、五代时期。若以职务特征（即执行警察职能的官吏）追溯起源，"巡检"则是伴随着国家的产生而产生的。我国古代乡村社会的安定与秩序，依赖治安制度的完善与良性运作，任何性质的国家政权都非常重视对社会治安的管理。明清两代封建统治者为了维护西南民族地区乡村社会的稳定，在面积辽阔、行政力量单薄、管理效率低下、交通及信息手段落后的乡村社会设置的巡检司，这不仅是最基层、最贴近乡村社会的官员，而且也是联系地方政府与乡村社会的介质。[1] 本节拟就巡检的设置，土巡检的配置、职能与待遇，巡检的作用等问题作一些肤浅的探讨。

一、巡检的设置

明清时期的地方官吏体系，一般由府、州、县等几个基本行政层次构成，在一些特别的地区则根据当地的情况，设置厅来管理民事，而巡检就遍布于这几级行政机构之中。从现有历史文献看，明清时期的巡检按其设置情况来看可以分为以下几种情况：一是地方行政机构中的巡检，包括府、州、县、厅所属的巡检。二是专设机构（包括河道巡检、产盐地巡检、西南少数民族地区土巡检）。

---

①孙同霞：《明清山东巡检司制度考略》，曲阜师范大学 2008 年硕士学位论文。

（一）地方行政机构中的巡检

明清时期巡检的所属有几种情况：一是为府州县所属。据《明会典》卷一百三十九载：在四川成都府"旧有汉州三水关、罗江县白马关，各巡检司"，后"俱革"。在广西镇安府，设有"湖润寨巡检司"。又如，云南蒙化府设有"样备巡检司、甸头巡检司、备溪江巡检司（土人）、甸尾巡检司、浪沧江巡检司"（土人，旧属云龙州）；在云南永昌军民府设有"水眼巡检司（土人）、金齿巡检司、甸头巡检司（土人）、沙木和巡检司、石甸巡检司"（添设）。① 清代在四川雅州府设有泸定桥巡检，云南顺宁府设有猛缅巡检，普洱府设有思茅巡检，永昌府设有杉木和、施甸巡检，昭通府设有井盐渡、鲁甸巡检，丽江府设有中甸巡检，贵州贵阳府设有扎佐巡检、安顺府羊肠塘巡检。② 二是为州县所属。如明代云南，广通县设有沙矣旧巡检司、舍资巡检司；定远县设有琅井巡检司、会基关巡检司；镇南州设有沙桥巡检司。三是为土司、卫所所属。如贵州巡检的设置情况如下：贵州宣慰使司"旧有六广河巡检司。革"，沙溪巡检司、的澄河巡检司；新添卫设有"新添长官司"。③

（二）西南民族地区土巡检

明清两代对西南民族地区的管理和控制比宋元时期更为严格，西南少数民族聚居地区的土司虽无实力对抗中央政权，但中央政权的政令却很难深入土司地区。因此，如何处理中央与地方乡村社会的关系、如何处理国家政权与土司政权之间的关系，就显得十分重要。明清两代故而对西南民族地区就采取了"因地制宜"和"因俗而治"的统治政策，也就是根据西南民族地区的不同情况采取的不同的治理策略。这里体现的是，国家在对西南民族地区的治理上力求通过解决土司问题而达到控制西南各少数民族聚居区，以实现控制整个西南民族地区乡村社会的目的。据《明史》卷四十五、四十六《地理志》记载，在广西设置的 161 个巡检司中有 58 个是土巡检司；在云南设置的 106 个巡检司中有 22 个是土巡检司；在贵州设置的 11 个巡检司中有 4 个是土巡检司。虽然巡检司遍布全国，但设置土巡检司的仅有广西、云南、贵州等地。《明会典》记述的情况与《明史》的记载有较大出入，详见表 8.2。

---

① [明] 申时行等：《明会典》（万历朝重修本），中华书局，1989 年版，第 716-722 页。
② [清] 昆冈等：（光绪）《钦定大清会典》卷二十六，万有文库本，第 327-340 页。
③ [明] 申时行等：《明会典》（万历朝重修本），中华书局，1989 年版，第 721-722 页。

表 8.2　明代西南民族地区土巡检设置一览表①

行省	县厅地名	土巡检名称	备　注
四川	汶川县	寒水巡检司	土人
	通江县	蒙坝巡检司	旧属巴州。有土副巡检
	丰都县	沙子关巡检司	有土副巡检。嘉靖二十七年（1548年）添设
	达州	达州巡检司	系土人副巡检
	马湖府	梅泥溪巡检司	土人
	马湖府	宁戎巡检司	土人
	龙安府	明月巡检司	土人
	酉阳宣抚司	俊宁江巡检司	土人
	建昌卫军民指挥使司	麻剌村巡检司	土人
广西	临桂县	两江口巡检司	有土人
	阳朔县	都乐墟巡检司	系土人副巡检
	永宁州	常安镇巡检司	系土人
	永宁州	富禄镇巡检司	系土人。有巡检、副巡检
	永宁州	桐木镇巡检司	系土人。有巡检、副巡检
	义宁县	桑江口巡检司	有土人副巡检
	马平县	辛兴镇巡检司	有土人副巡检
	洛容县	平乐镇巡检司	有土人副巡检
	柳城县	洛圩镇巡检司	有土人副巡检
	柳城县	古砦镇巡检司	有土人副巡检
	融县	大约镇巡检司	系土人副巡检
	象州	龙门寨巡检司	有土人副巡检
	宜山县	怀远镇巡检司	有土人副巡检
	天河县	归仁镇巡检司	系土人副巡检
	天河县	思农镇巡检司	系土人副巡检

①［明］申时行等：《明会典》（万历朝重修本），中华书局，1989 年版，第 716-722 页。

续表

行省	县厅地名	土巡检名称	备 注
广西	河池州	土堡镇巡检司	有土人副巡检
	河池州	金城镇巡检司	系土人副巡检
	思恩县	安化镇巡检司	有土人副巡检
	思恩县	归恩镇巡检司	系土人副巡检
	荔波县	蒙村巡检司	系土人副巡检
	荔波县	穷来巡检司	系土人副巡检
	荔波县	方村巡检司	系土人副巡检
	平乐县	照平堡巡检司	系土人副巡检
	恭城县	白面寨巡检司	改土人副巡检
	贺县	樊家寨巡检司	改土人副巡检
	贺县	大宁寨巡检司	改土人副巡检
	贺县	白花洞口巡检司	系土人
	荔浦县	峰门寨巡检司	系土人
	荔浦县	南原寨巡检司	系土人
	修仁县	丽壁市巡检司	系土人
	永安州	群峰寨巡检司	改土人副巡检
	宣化县	迁隆寨巡检司	有土人副巡检
	宣化县	那南寨巡检司	有土人副巡检
	新宁州	渠乐寨巡检司	系土人
	思恩军民府	安定土巡检司	嘉靖七年(1528年)设
	思恩军民府	兴隆土巡检司	嘉靖七年(1528年)设
	思恩军民府	白山土巡检司	嘉靖七年(1528年)设
	思恩军民府	定罗土巡检司	嘉靖七年(1528年)设
	思恩军民府	古零土巡检司	嘉靖七年(1528年)设
	思恩军民府	旧城土巡检司	嘉靖七年(1528年)设
	思恩军民府	那马土巡检司	隆庆五年(1571年)移驻
	思恩军民府	下旺土巡检司	
	思恩军民府	都阳土巡检司	
	田 州	凌时巡检司	系土人
	田 州	岩马甲巡检司	系土人
	田 州	大田子甲巡检司	系土人

行省	县厅地名	土巡检名称	备　注
广西	田　州	万洞甲巡检司	系土人
	田　州	阳院巡检司	系土人
	田　州	思郎巡检司	系土人
	田　州	累彩巡检司	系土人
	田　州	怕河巡检司	系土人
	田　州	武龙巡检司	系土人
	田　州	拱甲巡检司	系土人
	田　州	床甲巡检司	系土人
	田　州	娄凤巡检司	系土人
	田　州	下隆巡检司	系土人
	田　州	县甲巡检司	系土人
	田　州	篆甲巡检司	系土人
	田　州	砦桑巡检司	系土人
	田　州	怕牙巡检司	系土人
	田　州	思幼巡检司	系土人
	田　州	候周巡检司	系土人
	城　州	罗博关巡检司	系土人
云南	昆明县	赤水鹏巡检司	土人
	昆明县	清水江巡检司	有土人
	宜良县	汤池巡检司	土人
	安宁州	禄（月表）巡检司	土人
	安宁州	贴流巡检司	土人
	罗次县	炼象关巡检司	有土官
	禄丰县	南平关巡检司	土人
	太和县	太和巡检司	土人
	赵州	定西岭巡检司	土人
	云南县	楚场巡检司	又有土人冠带把事
	云南县	安南坡巡检司	有土官
	云南县	你甸巡检司	土人
	邓川州	青索鼻巡检司	土人，有两巡检
	浪穹县	下江觜巡检司	土人

续表

行省	县厅地名	土巡检名称	备 注
云南	浪穹县	顺荡井巡检司	土人
	浪穹县	师井巡检司	土人
	浪穹县	十二关巡检司	土人
	浪穹县	箭杆场巡检司	有土人
	浪穹县	蒲陀崆巡检司	土人
	浪穹县	凤羽乡巡检司	有土人
	宾川州	金沙江巡检司	土人
	宾川州	宾居巡检司	土人,旧属赵州。又改蔓神寨,万历九年改
	建水州	曲江巡检司	有土人
	建水州	纳更山巡检司	土人
	阿迷州	东山口巡检司	土人
	楚雄县	吕合巡检司	有土人
	广通县	回蹬关巡检司	土人,正副两巡检
	镇南州	镇南巡检司	土人
	镇南州	英武关巡检司	土人
	镇南州	阿雄村巡检司	土人
	江川县	关索岭巡检司	有土人
	新兴州	铁炉关巡检司	土人
	景东府	三河巡检司	土人把事
	景东府	保甸巡检司	土人
	沾益州	松韶铺巡检司	土人
	姚　州	观音山巡检司	有土人
	和曲州	金沙江巡检司	土人
	和曲州	龙街关巡检司	土人
	元江军民府	禾摩村巡检司	土人
	蒙化府	备溪江巡检司	土人
	蒙化府	浪沧江巡检司	土人,旧属云龙州
	永昌军民府	水眼巡检司	土人
	永昌军民府	甸头巡检司	土人
	永平县	打牛坪巡检司	土人
	威远州	摩沙勒巡检司	土人

行省	县厅地名	土巡检名称	备　注
贵州	贵州宣慰使司	黄沙渡巡检司	土人
	贵州宣慰使司	谷龙巡检司	土人
	思南府	覃韩偏刀水巡检司	土官
	永宁州	盘江巡检司	土人
	新添长官司	瓮城河巡检司	土人

　　从表8.2可见，这里有几种情况值得注意：一是数量的设置与《明史》所记载的出入较大；二是有的巡检司直接称土巡检司，如思恩军民府所属的巡检司分别叫安定土巡检司、兴隆土巡检司、白山土巡检司、定罗土巡检司、古零土巡检司、旧城土巡检司、那马土巡检司、下旺土巡检司、都阳土巡检司；三是大多数的巡检司由土人担任司职；四是一些巡检司由汉人担任正巡检，由土人担任副巡检，其情况不尽一致。

　　时值清代，西南民族地区的土巡检制度作为土司制度的一种形式被保留了下来。因此，清代西南民族地区中的云南、贵州、四川、广西几省中尚存有一定数量的土巡检。在云南，炼象关、南平关、定西岭、青索鼻、凤羽乡、上江觜、下江觜、箭杆场、蒲陀、峣镇、南关、纳更山、回磴关、沙矣、旧三岔河、保甸、猛麻、观音山、阿雄关土巡检各一人。在贵州，盘江土巡检一人。在四川，牟托、水草坪土巡检各一人，竹木坎土副巡检一人。在广西，上龙司、白山司、兴隆司、那马司、定罗司、旧城司、下旺司、安定司、都阳司、古零司、大村岗、小村岗、小镇安土巡检各一人。[①] 这些土巡检有很多是由明代土巡检承袭而来，或是更早。如贵州省盘江土巡检，明洪武八年(1375年)，李当以功授盘江土巡检，累传至桂芳，于清顺治十五年(1658年)准袭前职。桂芳传子先登，先登传子崇庚，崇庚子于康熙四十二年(1703年)，承袭官印。[②]

　　有的学者认为，到了清代，巡检司的设置与否，是反映该地区治安好坏的标准之一。对于某一地区乡村社会的治理来讲，当该地区面积广大、政务繁忙之时，通常有两种解决办法——即分县或设置佐杂。分县牵涉面广，难以实施；而设置佐杂(如巡检司)则易于实施。因此，巡检司的设置代表着一个地区开发的程度，也是"分县"难以实施时的一种变通方式。当然，由于清代西南民族地区

①《钦定大清会典》，文渊阁四库全书影印本，第619本，第91页。
②《贵州通志》卷二十一，文渊阁四库全书影印本，第571本，第569页。

政治、经济状况的差异,巡检司分布差异极大。① 详见表 8.3。

表 8.3　清代嘉庆、宣统年间西南地区巡检司设置情况比较表

省　区	嘉庆朝/个	宣统朝/个	增减数/个
四川	28	27	−1
广西	68	68	0
云南	25	30	+5
贵州	8	7	−1
合计	127	132	+5

注:嘉庆朝巡检司数量依据《嘉庆重修一统志》各统部下《文职官》所记统计;宣统时期依据《职官录》统计。

表 8.3 反映出的问题是,西南地区各省巡检司数量趋于稳定,略有增减。这或许与当时当地的人口、空间、区位、市镇、治安等因素密切相关。

明清时期西南民族地区的很多土巡检司,其实具有土司的性质,也有改土归流的过程。如乾隆十二年(1747 年),猛缅土巡检改土归流,设猛缅厅及猛缅巡检司属府。据《光绪会典事例》卷三十二载,乾隆十一年(1746 年):"云南猛缅土巡司改流,改其地为缅宁,设流官";又《高宗实录》卷三百四十三载,乾隆十四年(1749 年)六月丁酉:"云贵总督张允随疏称,云南顺宁府缅宁地方,改土设流之通判、巡检、守备、千总、把总、外委、兵丁,请建衙署营房塘房,及仓库监狱,从之"。在《滇南杂志》中,记载了很多具有土司性质土巡检司,现抄录几条于后:

> 罗次县炼象关土巡检:元时李煮为防,送千户。明洪武中从征,殁于阵。录其子阿白为巡检,傅十一世至李文秀。本朝平滇,文秀投诚,仍授世职。今其嗣李东祚袭。②
>
> 禄礼县南平关土巡检:元时李喜奴为土官。明洪武中,子李矣以宣谕各蛮,升巡检。六傅至李印,以征阿克,死于阵。无子,以李矣次子、李罗绮之弟、六世孙李惟贤袭,惟贤死于楚,南袭。本朝平滇,楚南投诚,仍授世职。今其嗣李世忠袭。③

①胡恒:《清代巡检司时空分布特征初探》,《史学月刊》,2009 年第 11 期,第 42-51 页。
②[清]曹春林:《滇南杂志》卷二十《土司上》,嘉庆十五年(1810 年)刊本,华文书局股份有限公司影印本,第 689 页。
③[清]曹春林:《滇南杂志》卷二十《土司上》,嘉庆十五年(1810 年)刊本,华文书局股份有限公司影印本,第 689-690 页。

临安府纳更山土巡检：明洪武中，龙嘴以开荒有功，给冠带，管理地方，寻授土巡检，历传至天正。本朝平滇，天正投诚，仍授世职。今其嗣龙恩袭。①

赵州定西岭土巡检：元末李清宇为弥只防守千户，明洪武十七年归顺，授土巡检。传至李其月，无子，弟齐斗袭。本朝平滇，齐斗投诚，仍授世职。今其嗣仙昇袭。②

邓川州青索鼻土巡检：元末，杨良为平化州判官，明克大理，以招降功，授土巡检，世袭，沿至应龙，无子，弟应鹏袭。本朝平滇，应鹏投诚，仍授世职。今其嗣承宗袭。③

浪穹县蒲陀崆土巡检：明洪武十五年，指挥周能，典大理卫事，以土官杨顺充通事，招抚蒙化、白崖等处，授土巡检，屡建功，沿至凤阶，死，子赘、孙争先袭。本朝平滇，争先投诚，仍授世职。今其嗣旸袭。④

浪穹县凤羽乡土巡检：元末，尹腾为木邦府判。明初，克大理，归顺。破佛光寨有功，授土巡检。安凤之乱，尝从阿氏攻李错飞、李牙保等寨，沿至世忠，无子，弟秉忠袭；秉忠死，子德化袭；德化死，弟德明袭。本朝平滇，德明投诚，仍授世职。今其嗣见道袭。⑤

从这些土巡检司"仍授世职"一词可见，他们均为土巡检司，具有土司的性质。从时间上看，这些土巡检司或源于元代，或源于明代，直至清朝嘉庆年间，前后持续了500年左右。

二、土巡检的配置、职能与待遇

（一）土巡检的配置

巡检司作为一个机构，须有一定的人员构成。巡检是正印官，从九品，未入流。办事人员称皂隶或司吏，有的巡检还有书办的配备。巡检司的弓兵一般是

---

① [清] 曹春林：《滇南杂志》卷二十《土司上》，嘉庆十五年（1810年）刊本，华文书局股份有限公司影印本，第691页。

② [清] 曹春林：《滇南杂志》卷二十《土司上》，嘉庆十五年（1810年）刊本，华文书局股份有限公司影印本，第696页。

③ [清] 曹春林：《滇南杂志》卷二十《土司上》，嘉庆十五年（1810年）刊本，华文书局股份有限公司影印本，第697页。

④⑤ [清] 曹春林：《滇南杂志》卷二十《土司上》，嘉庆十五年（1810年）刊本，华文书局股份有限公司影印本，第698页。

二三十人,有的甚至上百人,有的多达数百人。明代初期巡检司率领弓兵的数量一般百余人,后来数量减少到几十人甚至几人,终明之世没有再增加,清代巡检司弓兵也是几十人左右。日本学者谷口房男的研究表明,配属巡检司的弓兵是从各种徭役征发而来的,与土兵并无多大差别。作者根据明代杨芳的《殿粤要纂》,将广西各地巡检司配属的弓兵人数列表如表8.4所示。①

表8.4 明代广西各巡检司属弓兵(土兵)人数一览表

州县司名称	地 名	弓兵(土兵)人数	资料出处
灵川县	千秋口、白石潭二巡司	弓兵共30名	《殿粤要纂》第735页
兴安县	唐家、六峒二巡司,白竹、山塘二堡	弓兵、狼兵共220名	《殿粤要纂》第736页
灌阳县	崇顺里巡司	弓兵20名	《殿粤要纂》第745页
贺 县	大宁寨土巡检司	把总1名,管辖石牛营哨队兵60名	《殿粤要纂》第790页
	里松营	把总1名,兵27名	《殿粤要纂》第790页
昭平县	土龙营,管辖上蒲、父岭、牛仔、五指等营	土司把总一名,耕兵500名	《殿粤要纂》第795页
	松柏营,管辖太平、马山、铁匠、茅山等营	土司把总1名,耕兵376名	《殿粤要纂》第795页
	秧家营,管辖礼村、黎家、水东等营	土司把总1名,耕兵520名	《殿粤要纂》第795页
	韦炯营,管辖龙州、衷破、虎头等营	土司把总1名,耕兵414名	《殿粤要纂》第795页
	仙回营,管辖东岸、古盘、万钱等堡	土司把总1名,耕兵540名	《殿粤要纂》第795页
苍梧县	长行、罗粒、东安、安平四司	弓兵各5名	《殿粤要纂》第798页

①[明]杨芳:《殿粤要纂》,北京图书馆古籍珍本丛刊(42),1998年版。

州县司名称	地　名	弓兵（土兵）人数	资料出处
藤　县	窦家、赤水二巡司	弓兵各 5 名	《殿粤要纂》第 800 页
	白石寨	弓兵 30 名	《殿粤要纂》第 800 页
岑溪县	平河巡司	弓兵 5 名	《殿粤要纂》第 801 页
容　县	粉壁、波罗二巡司	弓兵各 5 名	《殿粤要纂》第 803 页
怀集县	武城、慈乐、兰峒三巡司	弓兵各 20 名	《殿粤要纂》第 804 页
博白县	沙河、周罗二巡司	弓兵各 5 名	《殿粤要纂》第 807 页
北流县	双威寨巡司	弓兵 5 名	《殿粤要纂》第 809 页
陆川县	温水寨	弓兵 5 名	《殿粤要纂》第 810 页
宣化县	八尺、金城、迁隆、那南、那龙五巡司	弓兵各 7 名	《殿粤要纂》第 820 页
隆安县	那楼寨巡司	弓兵 7 名	《殿粤要纂》第 821 页
横　州	南乡巡司	弓兵 7 名	《殿粤要纂》第 823 页
永淳县	南里、武罗乡二巡司	弓兵 13 名	《殿粤要纂》第 825 页
	修德乡	土兵 268 名	《殿粤要纂》第 825 页
	武罗乡	土兵 120 名	《殿粤要纂》第 825 页
	南里乡	土兵 40 名	《殿粤要纂》第 825 页
武缘县	镇挪寨巡司	永充弓兵 112 名	《殿粤要纂》第 856 页
	博涉、高井、西舍、横山等寨巡司	永充弓兵各 56 名	《殿粤要纂》第 856 页
兴隆土巡检司		额调征兵 2 000 名，戍省目兵 306 名	《殿粤要纂》第 857 页
那马土巡检司		额调征兵 2 000 名，戍省目兵 306 名	《殿粤要纂》第 858 页
白山土巡检司		额调征兵 1 700 名，戍省目兵 287 名	《殿粤要纂》第 859 页

续表

州县司名称	地　名	弓兵(土兵)人数	资料出处
定罗土巡检司		额调征兵 1 200 名,戍省目兵 230 名	《殿粤要纂》第 860 页
旧城土巡检司		额调征兵 1 000 名,戍省目兵 211 名	《殿粤要纂》第 861 页
下旺土巡检司		额调征兵 800 名,戍省目兵 211 名	《殿粤要纂》第 862 页
安定土巡检司		额调征兵 400 名,戍省目兵 115 名	《殿粤要纂》第 863 页
都阳土巡检司		额调征兵 400 名,戍省目兵 96 名	《殿粤要纂》第 864 页
古零土巡检司		额调征兵 400 名,戍省目兵 38 名	《殿粤要纂》第 865 页
镇安府	湖润寨巡司	戍省兵 240 名	《殿粤要纂》第 876 页

表 8.4 反映出几点:第一,非土司土官担任各巡检司的弓兵没有一定的数额, 多则三十名, 少则五名。而土巡检司是配属一名土司把总,由土司把总统领营、堡的耕兵二十名乃至三十名。如《殿粤要纂》卷一之柳州府、宾州条载,八寨峒内古蓬、思吉、周安三镇所配属土兵各三百名,由土巡检提领。第二,由土司土官巡检提领土兵,一名土官巡检领有土兵的数目与弓兵是不一致的。特别是古蓬、思吉、周安三镇各领土兵三百名,这些土兵是属于土官巡检私人的。也就是说,广西土著的少数民族首领被任命为巡检或土巡检,他领有的族人就是土兵。① 推而广之,明清时期西南民族地区土著的少数民族首领被任命为巡检或土巡检,他领有的族人即为土兵。这与明清时期土司区内土民成为土兵没有多大区别。

(二)土巡检的职能与待遇

据《明太祖实录》卷一百三十记载,朱元璋曾敕谕天下巡检说:"朕设巡检于

---

① [日]谷口房男:《明代广西的土巡检司》,《学术论坛》,1985 年第 11 期,第 50-58 页。

关津,扼要道,察奸伪,期在士民乐业,商旅无艰。"《明会典》载:"关津,巡检司提督盘诘之事,国初设制甚严。"①《明会典》中对包括土巡检在内的巡检的职掌记录较为清楚:"洪武二十六年定,凡天下要冲去处,设立巡检司。专一盘诘往来奸细及贩卖私盐、犯人、逃军、逃囚、无引面生可疑之人。须要常加提督。"②明人吕坤也说:"巡检之役,原为盘诘奸细,查问逃亡,缉捕盗贼……使军民、商贩得以自在通行,盗贼奸徒不敢公然往来。"③由此可见,明代在关津、要冲之处,是设置巡检司的主要地点;盘查过往行人是巡检司的主要任务;稽查无路引外出之人、缉拿奸细、截获脱逃军人及囚犯,打击走私,维护正常的商旅往来等是设置巡检司的主要目的。④ 清代巡检的职能与明代基本相同。《清史稿·职官志》巡检一条中记载:"巡检司巡检,掌捕盗贼,诘奸宄,凡州县关津险要则置,隶州厅者专司河防。"⑤由此可见,明清时期西南民族地区乡村社会设置的巡检,以缉捕奸盗为主要任务,以维护地方秩序为基本职能,但在实际情况下巡检的职能要远大于此。从现有史料看,明清时期的巡检司归当地州县管辖,弓兵是巡检统辖的基本武装力量。明代巡检司的弓兵来源有两种:一是由囚人充当,如在西南民族地区,贵州都均卫、独山镇巡检司,四川黄平安抚司、重安渡口巡检司等几处,都是以囚犯充任弓兵的。这在《明会典》中能够得到印证:"其湖广辰州西关渡口巡检司、沅州晃州巡检司、贵州都匀卫独山镇巡检司、四川黄平安抚司重安渡口巡检司、福建福清县璧头山巡检司,系原拨囚人充军者、事故勾丁补役。"⑥二是招募,这一类弓兵主要是在明朝中后期出现的。

明代巡检司巡检的品级为从九品,有司吏一名,巡检的俸禄是俸米五石。作为国家官吏中最低级的从九品巡检,明朝时还曾经在洪武十三年(1380年)间改为杂职,但又在洪武二十六年(1393年),将巡检升为从九品。据清代史料载,四川西昌县、松潘厅、迷易司、黄螂司各150两,石柱厅120两,酉阳州、秀山县100两,余各90两。广西梅寨司120两,湖润寨82两,其余80两。云南昭通府之井盐度、鲁甸、毋亭,顺宁府猛缅、会泽县巡检,宣威州可渡,镇沅厅新抚,普洱府思茅,永昌府巡检各为200两,景东府猛统司160两,其余60两。贵州威宁州得胜坡200两,其余60两。⑦ 这是省与省之间地区存在一定差异,导致不同

①[明]申时行等:《明会典》(万历朝重修本),中华书局,1989年版,第703页。
②⑥[明]申时行等:《明会典》(万历朝重修本),中华书局,1989年版,第722页。
③[明]吕坤:《实政录》,转引自续修四库全书,上海古籍出版社,2000年版,第207页。
④王雅红:《巡检司制度与明代基层社会控制》,《光明日报》,2008年11月23日。
⑤赵尔巽等:《清史稿》卷一百一十六,中华书局,2003年版,第3359页。
⑦[清]昆冈:《光绪会典事例》卷二百六十一,新文丰出版社,1976年版,第8534-8542页。

地区巡检所发给的养廉银数目不尽相等。这或许与所管辖的事务繁简和地处边要有一定的关系。

三、巡检的设置与社会控制

明清时期西南民族地区长期的社会动乱严重危害了乡村社会和国家的利益关系。因此,中央王朝在西南民族地区广设巡检司,以便从行政、经济、军事三方面对该地区实施有效控制。明清时期西南民族地区的巡检司虽然品秩不高,但是在地方事务中却占有重要地位。我们可以这样认为,明清时期的巡检制度是国家加强乡村社会控制的制度体系中的一个重要环节,对包括西南民族地区基层社会的控制起着无可替代的作用。[①]

(一)行政控制

明清时期西南民族地区的巡检司有以下几个问题值得注意:

第一,巡检司履行了准政区职能。历史上的"政区"是"行政区划"的简称,是国家行政机关实行分级管理而进行的区域划分。[②] 一般情况下,一个政区必须有一定的地域范围、一定数量的人口、存在一个行政机构等必要条件,以及处在一定的层级之中、有相对明确的边界、有一个行政中心等充分条件。如果按照这个标准来衡量,巡检司存在完备的行政机构、有固定的职务、有衙署,且数设于县级政区,作为县佐杂官,在层级中处于县级之下。清代巡检司的职责除了维护社会治安之外,还负责征收赋税、编查保甲、管理市镇等行政职能工作,且常参与维持地方安宁、户婚、断讼等工作,具有司法裁判权。[③]此外,巡检司还承担着解送钱粮、监察平粜、督修围基、编查保甲等公共事务方面的重要职能。可见,巡检司的确具有次县级准政区的职能。[④]也正是由于巡检司的职能较多,办事效率高,因此,有的巡检司升为县,如广西凭祥巡检司升为凭祥县。

> 李德愿,思明府凭祥峒土人,洪武二十八年赴京除受上石西州知州。故,男李寿贤接管峒事。洪武元年归附,将本峒印记差头目李处等贵赴总兵官交割后,各峒兵罢。洪武二年授广西省凭祥峒知峒,残

---

①王雅红:《巡检司制度与明代基层社会控制》,《光明日报》,2008年11月23日。

②④胡恒:《清代巡检司时空分布特征初探》,《史学月刊》,2009年第11期,第42-51页。

③[日]织田万著,李秀清、王沛点校:《清国行政法》,中国政法大学出版社,2003年版,第225-229页。

疾,男李升二十四年钦做世袭巡检。二十八年九月除凭祥巡检司,世袭土官巡检照流一同管事,还著流官掌印。永乐二年内官杨宗奏改设,县治仍隶思明府管属,奉钦依准他改做凭祥县著礼部铸印。土官巡检李升就升做知县掌印。本年五月赴京谢恩,中途病故,男李庆青署事,大理寺卿陈洽等保袭。永乐四年闰七月,奉圣旨准他袭,钦此文选司缺册内查得成化十八年改为祥州土官李广,成化十一年袭知县,十八年升本州知州。"①

第二,中央政府将巡检司与其他县级政区同等看待。如中央政府在赈灾后免除赋税时,往往将巡检司辖区与该县其他地区分开,作为单独免赋区。如嘉庆三年(1798 年),免贵州"狆苗滋扰"②之兴义府普安、贞丰二州,普安、安南二县并册亨州同,新安县丞、捧鲊巡检所属本年额赋。③ 又如,嘉庆五年(1800年),缓征石砫、剑阁、巴县、璧山、西充、遂宁、盐宁、平武、长寿、涪州、南郑、蓬溪、丰都、射洪十四州县营并南坪巡检所属本年额赋。④

第三,巡检司制度与里甲制度、里老人制度并行,成为控制乡村社会的重要内容。明清时期的巡检司主要是对在路途中、处于流动状态的人口进行全面有效的防控。特别是在西南民族地区地僻人稀未设里甲的地方,巡检司的作用就更为重要。据《明宣宗实录》卷十记载,洪熙元年(1425 年)四川顺庆府蓬州老人度智明说:"本州人民稀少,东接营山、渠县,南抵广安州。洪武间本州设巡检司,后革罢。累被强贼劫掠,居民星散,不能御盗,乞仍设巡检司,除授巡检,于附近州县金弓兵缉捕,庶得盗息民安。"

上述三个问题,从侧面体现了明清时期西南民族地区巡检制度的行政控制作用。

(二)经济控制

明清时期西南民族地区巡检司在经济方面的控制是一种软控制,主要体现在两个方面:

第一,为中央政府催征钱粮。明清时期西南民族地区的一些土官巡检的职责与其他土府、土州、土县的长官职责是完全相同的,他们除了要维持地方社会

①《土官底簿》卷下。
②狆:古代统治阶级对布依族先民的侮辱性称呼。——作者注
③《清仁宗实录》卷三十三,"嘉庆三年八月壬子"条,中华书局,1985 年版,第 377 页。
④《清仁宗实录》卷五十九,"嘉庆五年二月己丑"条,中华书局,1985 年版,第 777 页。

秩序、征兵调戍、勾摄公务等项工作之外,还有一项十分重要的工作,就是催征统治区内的钱粮。

第二,保护国家食盐运输。众所周知,明清时期的盐课是国家财政收入的一个重要来源。故有"国家财赋,所称盐法居半者。盖岁计所入,止四百万,半属民赋,其半则取给予盐筴"①之说。可以说,明清时期巡缉私盐,维护国家财政收入是设置巡检司的一个重要原因,同时也是西南民族地区乡村社会经济控制的重要手段。明清时期如何防范食盐流失,是国家机构设置的重要原因。而巡检司的重要职能之一就是检查过往的盐运:

> 凡各处巡检司弓兵、并老人里甲人等,获解内外卫所逃军及囚徒无引人,并贩卖私盐犯人等项到部。审问明白。一次二次,在逃囚军本部照例刺字,依律杖断。原伍旧军并余丁,照例刺字。若系在京军人,调发外卫。在外卫所军人,仍发原卫着役随营。盐徒编发充军。私盐进纳,载盐船只驴匹入官。原捕弓兵人等,照例给赏。其有征进在逃并三次在逃军人,及囚徒无引等项,俱送法司,并原问衙门,查照发落。②

有的学者研究表明,明清时期的各类巡检司中大部分都担负有保护食盐运输以防食盐流失的战略任务。正是基于此,在西南民族地区主要交通线路的区域正是巡检司设置最为密集的地区。这足见保护食盐运输、实施经济控制在巡检司的设置目的中的主导作用。③

（三）军事控制

明清时期巡检司(特别是土巡检司)的设置,从中央王朝的角度看,其主要目的是"防弩余蘖",也就是在一次镇压当地少数民族"反叛"之后,就将原来的流官巡检改为土巡检,在土巡检的选用问题上,或者用当地少数民族的豪酋巨族来充当,或者让征调来镇压"反叛"的首领留用。这两种办法都是中央政府"以夷制夷"策略的具体体现。如万历元年(1573年)广西土人首领韦狼要、黄银成之间发生矛盾,互相仇杀,常安镇土巡检即加以干涉,"欲穷治之",但结果却是引起了更大的反抗。在镇压的过程中,土巡检韦显忠就地出动狼兵与"诸

①［明］夏原吉等:《明实录·孝宗实录》卷五十二,中华书局影印本,1986年版,第17页。

②［明］申时行等:《明会典》(万历朝重修本),中华书局,1989年版,第722页。

③林勇:《明代广西巡检司建置变迁的地理学考察》,复旦大学2007年硕士学位论文。

僅决战",起到了官军所不能起到的作用①。使巡检司的力量弥补了卫所军队、绿营军队之不及,成为国家控制西南民族地区乡村社会的重要补充。

总之,"巡检"制度在我国封建社会中后期至少存在上千年,对传统乡村社会的管理产生过深远影响。明清时期西南民族地区的巡检司是最基层的国家行政机构之一,广布州县,或设于州县关津险要之地,或设于市镇发达之区,或设于人口繁多之域。对国家而言,设置巡检司,实施巡检制度是对乡村社会进行有效管理的一种手段。

第三节　团练制度

孙鼎臣据《周礼》称:"今之团练乡兵,其遗意也。聚则为兵,散则为农。"②团练是一种基层社会具有自卫性质的军事组织,其兵力主要是民壮、乡兵、民兵、乡勇、乡练等,从民间招募。团练制度是清朝后期的地方民兵制度,在乡间的民兵称乡兵。清代团练源于19世纪初嘉庆年间的白莲教起义,当时八旗、绿营严重腐化,扰民有余,御敌不足,合州知州龚景瀚上《坚壁清野并招抚议》,建议设置团练乡勇,令地方士绅训练乡勇,清查保甲,坚壁清野,地方自保,这个奏议后来被实施与推广。作者以为,团练制度是我国传统社会由"政不下县"向"政权下乡"过渡的一种制度,是清末乡村社会与国家关系中互动与博弈的集中体现。③

一、团练的兴起

团练所辖团丁在清代官书或方志中又称为乡兵、乡勇。作为清朝政府利用士绅建立起来的地方武装,团练成为清王朝镇压农民起义和维护地方治安的主要工具。龙启瑞在《粤西团练辑略序》中说,"今天子初元,广西盗之起盖数年

---

①林勇:《明代广西巡检司建置变迁的地理学考察》,复旦大学2007年硕士学位论文。

②孙鼎臣:《论兵三》,转引自盛康:《皇朝经世文续编》卷八十一《兵政七·团练上》,光绪思补楼本,第1页。

③李良品,谭杰容:《论清末团练制度下乡村社会与国家关系——以酉阳直隶州为例》,《长江师范学院学报》,2012年第5期,第7-12,151页。

矣。其芟夷撕灭。大小以数十计。比其讫事。恒得力于民闲之团练。"①有一首《教匪发难作》诗曰："嘉庆元年二月春，穴沙小丑荡清尘；弦歌寂寂难为鲁，岩洞深深好避秦。蔽日妖旗翻雪浪，弥天妖火满烟尘。失机人抱睢阳恨，竹简香生死事臣。"②此诗印证了川、楚白莲教起义一事。在四川，因嘉庆年间清政府采用依靠地方武装团练镇压川、楚白莲教起义的办法，奖励各地举办团练，以镇压太平天国农民起义，团练因此盛行。③ 对于创办团练的相关情况，各地史志均有记载，如《酉阳直隶州总志·武备志二》说得十分明白："咸丰二年秋，致仕福建邵武营参将、原任酉阳游击李万春奉檄来州督办团务，绪粗就而李以事去。咸丰三年，署州牧凌树棠乃实力举行之，分州治为四路，设团总四人，令各举所知以为之副。备造年貌户口清册，呈存档案，随饬各制应用旗帜、器械，雇娴习武艺者教之，坐作击刺。至咸丰四年春，各路团于是乎整齐云。咸丰九年秋，署州牧余滁廷莅任，查点东路共七十团，西路四十团，南路三十团，北路三十团，四路统计，编联一百七十团。"④清末西南民族地区团练为何兴起与盛行？

（一）镇压农民起义

清朝后期满汉地主阶级勾结在一起，共同扑灭各族人民起义的需要，是团练兴起的主要原因。当白莲教和太平天国农民反抗斗争危及清朝的统治时，清政府不得不改变重用满人、压抑汉族地主阶级的传统政策，利用团练以镇压农民起义。⑤《酉阳直隶州总志》载："自嘉庆初，达州（今四川省达州市）教匪滋事，扰及全川，经督宪勒奏请，分段办理团练，派委道、府、州、县等官总理其事，佐杂各员佐之，得旨允行。于是民皆习于战斗，据险守隘，与贼相持。贼卤掠无所得，旋且穷蹙，饥疲以尽，此团练之明效也。"这里交代了嘉庆年间创办团练的时间、原因（教匪滋事，扰及全川）、创办程序及过程、团练的做法，尤其是充分肯定了团练在镇压白莲教起义过程中的显著成效。《清史稿》云："嘉庆间，平川楚教匪，乡兵之功始著。"⑥当时，为了镇压白莲教起义，清政府开始动员和利用地方武装，号召办"团练"，实行武装

---

① 龙启瑞：《粤西团练辑略序》，转引自盛康：《皇朝经世文续编》卷八十二《兵政七·团练下》，光绪思补楼本。

② 王廷弼：《教匪发难作》，转引自《同治来凤县志》（校注本），来凤县志办公室，1998 年版，第 454 页。

③⑤ 黄细嘉：《近代的团练和团练制度》，《历史教学》，1997 年第 10 期，第 11-15 页。

④［清］王鳞飞等：《同治酉阳直隶州总志》（点校本），巴蜀书社，2009 年版，第 270 页。

⑥ 赵尔巽等：《清史稿》卷一百三十三《兵四》，中华书局，2003 年版。

自卫。嘉庆五年(1800 年),办团练者渐众,西南民族地区团练相继兴起,并成为抑压白莲教起义、实行基层社会控制的一种有力组织。但白莲教起义被镇压之后,团练相继面临被裁撤的命运①。

咸丰初年,洪秀全领导的农民起义风起云涌,清政府采用嘉庆年间依靠地方武装团练镇压白莲教起义的办法,奖励各地举办团练,以镇压太平天国农民起义,团练因此再次盛行。咸丰三年(1853 年) 三月初六日清政府还颁布了办团上谕,命令"各直省仿照嘉庆年间坚壁清野之法办理团练",要求各地"团练壮丁亦不得远行征调,保民而不致扰民,行之日久方无流弊,一切经费均由绅民量力筹办,不得假手吏役",对于接近农民起义的地方,"绅民团练尤须官兵应援,方足以资捍御。统兵大臣即该督抚等务当相度缓急,拨兵策应,俾兵民联为一气,庶众志成城,人思敌忾",对于那些籍端科派、勒捐等弊的地方官,"即著该督抚严参"②。

据《酉阳直隶州总志》载:"自嘉庆初元白莲教匪之乱,民间为贼蹂躏者,始则奔避之不遑,继则结团以自守,又继而约团以进攻。于是贼之所至,不畏兵而畏民,民亦实能出死力与之抗。诚以各卫其父兄子弟,各保其庐舍村坊,势不能不成城而起也。"③这样可以"以本地之民守本地之险",最终达到"斯临敌制胜,上可寄官府爪牙之任,下可保斯民身家之安"④的目的。这说明四川酉阳直隶州的团练是在"松匪猖獗,助剿吃紧"的情况下建立的。据史志载,咸丰十年(1860 年),"松桃厅猫猫山之乱,总办毛公震寿来州督兵防剿,州牧余暨秀山刘令钟琼各率团众赴之。大小数十战,皆奋勇争先"⑤。由此可见,当时的团练已不是原来意义上的乡兵,而是一种具有政治、军事双重职能的地方统治力量,从某种意义上讲,团练成为清政府镇压农民起义的帮手。

(二)补充政府军事力量

清政府入主北京之后,由于镇压人民、维护统治的八旗、绿营经制兵相继腐败,因此当太平天国农民起义轰轰烈烈地进行之时,清政府府库空虚,财源枯竭,筹饷募兵,无所措手。这样,咸丰皇帝只有下令各地普遍兴办团练以自保。

---

① 宋桂英:《晚晴山东团练研究》,浙江大学 2006 年硕士学位论文。
② 中国第一历史档案馆:《咸丰同治两朝上谕档》(第三册),广西师范大学出版社,1981 年版,第 344 页。
③④[清]王鳞飞等:《同治酉阳直隶州总志》(点校本),巴蜀书社,2009 年版,第 275 页。
⑤[清]王鳞飞等:《同治酉阳直隶州总志》(点校本),巴蜀书社,2009 年版,第 272 页。

于是,团练成为清王朝镇压太平天国的重要补充力量。① 王应孚在《团练论上》中说:"夫团练之民,即国家养之为兵。军中募之为勇者也。然用之兵勇则怯者,用之团练则强,用之兵勇则骄者。用之团练则谨,以之御外侮。则不能入,以之弭内患。"②至咸丰后期,四川酉阳直隶州设置团练十分广泛,详细情况见表8.5。

表8.5　酉阳直隶州团练设置一览表③

地　点	范　围	设置团练数	练丁人数
城　内	知方、毓秀、多福	3 团	470 名
东　路	自忠孝团至亲上等团	68 团	5 230 名
南　路	自人和团至福臻等团	61 团	4 430 名
西　路	自信勇团至兴仁等团	50 团	5 020 名
北　路	自公义团至保和等团	50 团	5 020 名
合　计		232 团	20 636 名

对于清末各地办团练一事,朱孙诒针对广西举办团练的实情,在《团练说》中说:"今日之广西,任团练固不能致治,废团练亦无以已乱,吏治应以团练为先也。客曰"何以言之。余曰"诒自五月抵粤,居会垣者已旬余,驻柳郡者候两月,所见所闻,与吾子之言大约相同。然各府州县,莫不有团。贼来或顺从、或惊走,毫无所用。贼去或科派、或欺凌,扰害不堪,此等情形,岂能致治? 若竟废之,则械器山积,手所便携,猜鸷习成。目所惯,不逞盈郊;逋逃野,兵不可恃,勇难长养。此等情形,岂能已乱? 惟有遴选人才,实行团练,竭力整顿,仍不外因势利导,用心督率,要必使若网在纲。无团练者,使之速举办以便稽查;有团练者,使之就范围而归约束。但团练之患,率有五等。"于是提出了五种担忧:"一患经费难以持久。二患恃众恐其横行。三患有事未必可靠。四患官民难免纷扰。五患伏莽未能悉除。"他对五种担忧还作了具体阐述:"盖团练固资经费。今团练无薪水,团丁无口粮,则经费无难持久矣。恃众横行,容或有之。今每县团总不过数人,团长十余人,团正数十人,兼立百长什长,使其递相管束,以人制

①黄细嘉:《近代的团练和团练制度》,《历史教学》1997 年第 10 期,第 11-15 页。

②王应孚:《团练论上》,转引自盛康:《皇朝经世文续编》卷八十一《兵政七·团练上》,光绪思补楼本,第 1 页。

③[清]王麟飞等:《同治酉阳直隶州总志》(点校本),巴蜀书社,2009 年版,第 272 页。

之。分路管领,以地限之,且悉听地方官指使,团总听命于官,是官总其权也,可操纵自如也,无虑其横行矣。有事难靠。匪惟团总,恐难靠而遂不行,是因噎废食也。今凡城市有店铺之处,暨殷实之家,令凑资练勇,贼来练勇当先。团勇帮助,一方有警,悉调各城市之勇,聚于一处,分途防剿,久之不独练勇可靠,即团勇皆成劲旅矣。官民纷扰。乃办者不得其法,今畎亩不旷其工作,室家不罄其盖藏,官惟勤于督责,民自乐于听从。行所无事,何纷扰之有? 伏莽不除,最足为患。今三人会团,必令稽查匪类窝家,是兼行保甲也。外匪固不能来,内匪亦奚由匪。何伏莽之有?"[1]清末时期的酉阳直隶州及州属各县,经济落后,举办团练十分困难。酉阳州牧王鳞飞认为,"富民怕出钱,贫民怕出力,游民怕不便为非",故而推诿不齐心,导致"团练多不易办";"团首不得其人,应出丁而己不肯出,应捐资而己不肯捐,甚且借端勒派",导致"办团练多不易成";"到处有贼,到处防剿"且"与贼逼近,隘口又多",导致"团练又万不能不办";"无技艺,又无纪律"的"百姓久享升平,素未见过阵仗"而贼锋凶猛,导致"办团尤必须练丁";外人"不能久住"且"毫无顾盼""甚至贼将来则估加口粮,贼已来则暗为向导",导致"练丁断不可招外人";"手无缚鸡之力"而"不忍劳其筋骨",导致"团丁无人不可练"。[2] 在举步维艰的情况下,仍然要办团练,究其原因,主要有三个:一是各地官员不得违背清朝统治者的旨意;二是当时农民起义形势十分严峻;三是各地士绅想借此建立起自己的地方武装。

二、团练制度的内容

团练的基本职责是巡察稽查、侦探向导、催捐收租、协助战守等,其职能与保甲制度有相通之处。它的最大特点是团与团之间还要互相配合,协同作战,必要时协助官兵作战守城。诚如朱孙诒在《团练说》针对广西团练的"五患"提出的建议:"闲以暇时校其技艺,齐其队伍。逐层团总、团长、团正、百长、什长训诲,使之辑然和睦有勇知方,行见民与民邻近庄村相联络,而友助可期也。民与官邻封州县通呼吸,而应援足恃也。岂惟盗贼不生,亦且礼让可复。而吏治民风,骎骎乎日上矣! 团练顾不重乎。"[3]但是,为加强对地方团练的控制,清政府将云南昭通地方官夏廷楫《摘录乡守辑要》作为团练的掌控纲领,其基本要义有"齐心""约束""筑堡""保甲""教习""守御""防间""镇静""查察""和好""埋伏"和"号令"等。咸丰二年(1852年),贵州黎平知府胡林翼有一篇申论《保甲团练章程》①,较为具体地阐述了团练制度建设的有关内容,作者现抄录于后:

一、卡所以盘查匪徒,宜昼夜防守也。去岁各村寨设立卡房,由乡正团长轮选丁壮,昼夜防守,或十人、八人、五人不等,均出具甘结在案。今本府查各村寨间有玩而不守者,有守而人数与结内不符者,亦有徒手不带鸟枪刀杆,如有玩不守卡者,查明每人罚钱五百,人数不符者,照此议罚,徒手者每人罚钱三百,夜间不防守者,每人罚钱五百。所罚之钱,交乡正团长收具备用,不受罚者,准指名禀究。特须公同查明,不准妄指致索之罪,乡正团长失察守卡及纵容包庇者经官查出加倍罚钱。

二、各村寨经费宜筹也。食足用足,乃可言去岁行保甲、团练、乡正、团长按户量力派捐,存于各乡各寨以备公用。今本府查各村各寨中,除已有预备外,尚多不筹经费者,大款辄以人心不一,小款辄以户口不繁为辞,不知平日经费不筹,一遇警变,食用无出,人心涣散,受害不小。且按户分派所费无多,存济急需,所关甚大,每慨乡愚无所知,一味悭吝,试问盗来劫杀赀财,何有性命何有悔之矣? 及细查保甲、团练清册,大款户口或数百数千不等,小款亦有二三十户,或百余户大款派捐固自易,易即以小款论,百余户中有田地及经商者,亦必得二三十户,即此便可按户量捐,况款小则出练而易给,嗣后责成乡正、团长,除穷民免议外,均按户量力捐派,或谷或钱,交本寨殷实乡正团长公管存具备用。违抗者禀官究治,侵蚀者加倍议罚。

三、稽查编册,宜严明详备也。去岁各村寨清查户口,已给印簿填明。一存府署,一存乡正矣。今本府查各村寨尚多漏户,或以早日犯窃,及习惯为盗,不安本分之人,乡正、团长多不能与之同款,或以族戚之故容隐,不忍逐出,不知编聊保甲正为此辈而设,若使成为漏户,彼反恃无稽查。现因保甲、团练严紧,伏而不动,然举报不尽,将来必至肆行无忌,尤不可不严以预防。此次发印簿,责成乡正、团长逐一再查,不准遗漏一户,此辈于取具甘结,后一体注明册内写"自新"二字,

---

① 转引自[清]徐渭:《黎平府志》卷五上,光绪十八年(1892年)刻本。

或写"查看"二字，或写"游惰"二字，如一二年真能无犯，则去之。他若新添幼丁及病故者，亦须注明，帮去者注明某日帮去，帮至何方；帮如者注明某日帮来，帮自何地，作何生业，亦必详注。又查大户余丁，多遗漏不载，此次须一一清查，悉开列册内，平日乡间集众赌博及辗转招募外人种地盘踞山中，亦宜查禁，似此则稽查密、户口清，匪徒然无自容矣。

四、守御诸法，平日宜预定也。有团不练与无团等操演之法：鸟枪在前，刀杆在后。鸟枪不精，则临时手颤发彼不中，一发不中势必弃枪而走；刀杆手亦因之而惊，故必精。鸟枪以护刀杆，刀杆不精，不但不能近贼，鸟枪手无可恃之人在后，其技虽精，其心尤怯，贼匪突来亦必弃鸟枪而走，故必精。档案以护鸟枪，此在明白大义之乡正、团长，平日于款内择一隙地，大款选四五十人，小款选二三十人，或于三八日清晨演习，给以饭食，并与众讲明贼来我们地方道路，我熟彼生，贼众里胁，我们非亲即友，大家齐心守护，大家齐心救援，大家齐心擒捉，他如何能对我，只是我们一走，贼便乘势惨杀矣。如此演习，如此讲明，人人奋勇，人人谙练，足以自保，亦足以共保。又平日必择一二谨实精明之人为巡丁，临事用为探报，一值有变，必要听清楚，方不误事。乡正、团长等分队统率，总须静镇严肃，鸟枪等器不准轻发，自守往援须据险设伏，以计谋相取为上。如贼离寨不远，往援必分练自守，往援之练须带大旗一面，上书某乡练勇，以便与贼众分别，其本寨被盗耳各户不救援者，按户罚钱百文。其同款邻寨失事，而闻报不救者，亦按款罚银二十两，所罚银钱，均存交各寨，各款以充公用。

五、调遣须用传签递信也。本府前经制造传签，分给各处乡正、团长收存，一遇到警，即从该处发签。签上注明盗自何方来，互相传递，一遍各处堵御，就近各团闻信后，即率练飞赴听候派遣。迟误者，禀官究治。既获盗贼送官，亦用传签递解，签上注明盗贼姓名、数目、获盗何人、起解何时，护送若干人经过各寨地名亦必开明，一遍照签接解。接解之处亦须注明时刻，护送若干人，迟误者，禀官究治。然获盗处之乡正、团长，总须得一二人，沿途长解，庶不误事。

以上五条，简便易行。

从有关文献看，清末时期西南民族地区的团练制度与全国其他地方的团练制度大同小异，主要在于以下四个方面的建设。

（一）组织制度

从咸丰时期大办团练的情况来看,团练组织的领导体制为三级体制。第一级是清朝地方政府各省按察使和各道道员兼任的督办团练衔的一批高级官僚,这是团练领导体制名义上最高一级的领导者;同时,清政府还任命了一批帮办团练大臣,"以专责成",这些帮办团练大臣才是真正最高一级的领导者。第二级是各地知府、直隶州知州,他们兼办团练事务。如果确因地域辽阔,按察使及道员不敷分辖,则添设三四品官员分督团练。各县知县虽未兼任什么办团练事务的职衔,但基本上都是团练事务的实际办理人。第三级是各乡团总。当时的团练组织,上设团总、团长、团正,层层相隶;下有练勇、团丁和保甲编民,构成队伍。如四川酉阳州于咸丰二年(1852年)秋,致仕福建邵武营参将、原任酉阳游击李万春奉檄到酉阳州督办团务,不久因事离职。咸丰三年(1853年),在署州牧凌树棠的积极督办下,将酉阳州城分为四路,设团总四人,令各举所知以为副团总。咸丰九年(1859年)州牧余滁廷莅任,查点东路共七十团,西路四十团,南路三十团,北路三十团,四路统计,编联一百七十团。后略有变化,达到大小二百二十九团。每团团首一名,副团视团之大小,或一名或二三名,分任训练诸事,而统摄于本路团总。① 在四川省打箭炉,为了有效组织团练,将当地分为十二甲,其具体组织情况见表8.6。

表8.6　四川省打箭炉十二甲组织情况一览表②

甲　名	地　名	铺民/户	男丁/丁	女丁/口	合计/丁、口
第一甲	章谷屯	113	324	193	517
第二甲	西河桥	53	145	115	260
第三甲	勺藏桥	20	45	36	81
第四甲	弓拣	32	85	58	143
第五甲	东谷	50	116	104	220
第六甲	幺塘子	45	98	60	158
第七甲	吕里	38	95	68	163
第八甲	毛牛	24	65	58	143

---

① [清]王鳞飞等:《同治酉阳直隶州总志》(点校本),巴蜀书社,2009年版,第273页。
② 吴德煦:《章谷屯志略》,台湾成文出版社,1968年版,第44-47页。

甲　名	地　名	铺民/户	男丁/丁	女丁/口	合计/丁、口
第九甲	绒坝上沟	91	225	124	349
第十甲	绒坝下沟	62	146	97	243
第十一甲	峩噶	10	35	25	60
第十二甲	羊马开饶二甲	14	46	36	82
合　计		552	1 425	974	2 419

表8.6中每甲的铺民,无论多少,在当时情况下,均"合为一团",这就形成了"下有练勇、团丁和保甲编民,构成队伍"的状况。

(二)军事制度

1.装备建设

在当时主要是指旗帜、号褂和器械等项。在光绪《黔江县志》中有"先后协团绅置造天地风云旗四首,守望相助旗四首,五色方旗五首,青红黑白尖角小旗八首,团练公局大旗一首,红羽毛小旗四首,正字红羽毛旗一首,署字大旗一首;大知方褂五件,小知方褂二十七件,蓝布号褂八十件;梭镖十五柄,大刀十柄,铁叉十四柄,火枪四十杆;蓝布九龙带十九条,矛杆子四十根,铁抓一柄,红棹围一幅,皮鼓一面,铜锣二面,铜号一杆"[1]等内容,说明旗帜、号褂和器械等是团练最基本的装备要求。至于其他装备如刀矛、火枪等,在光绪《黔江县志》的《团练章程》中也交代无遗。在《黎平府志》的《胡林翼陈剿盗三十条》中有"标式以选精锐,不可专用火器也"条,其中论及长短武器,"宜长短相间,长兵者,枪炮弓箭是也,短兵者,刀矛铐棍是也"。[2] 由此可见,当时四川的武器装备与贵州的武器装备是有一定差异的。

2.军事训练

据《四川省志·军事志》载,咸丰、道光年间的团练训练分为团丁训练和练丁训练两种。团丁训练由每团所设公局进行,具体方法是:每牌选壮丁两名,或农闲、或冬季集中于公所训练,每期一至二个月,每天下午训练四小时,平时由牌头利用农闲进行操练,每月全团会演一次。练丁训练时间为每年农历十、冬、

①[清]张九章:《黔江县志》卷三,光绪二十年(1894年)刻本。
②[清]徐渭:《黎平府志》卷五上,光绪十八年(1892年)刻本。

腊、正四个月,由各乡镇派练丁赴局轮训。练丁由各练正率领,一日三操,操练枪、炮、刀、叉。要求练识、练心、练胆、练身、练手、练足、练耳、练目等八练,并教以忠义,严申戒律。① 光绪《黔江县志》中有类似规定:"每届冬令,按月操演二三次,以期号令齐一,耳目熟识。"②在西南民族地区团练的训练方法一般是"先练族,后练团"。练勇早晚在家操演,如果筹有经费,"由团绅富户相劝给发"。一般来说,军事训练由本乡团练分局或县城总局拣练勇中技艺出众者与军营出身的武弁为教习或"团练总局延师教习"。此外,团练中还有所谓"月操"等规定,团练的训练内容主要包括军技和纪律教育两个方面。通过这些纪律教育和规约,将团丁、练勇严格地控制起来,使之适合保护地主阶级的利益需要。在《黎平府志·胡林翼陈剿盗三十条》中有"劝操练"条,其中针对贵州的情况,胡林翼提出:"尤贵因地制宜也。昔秦再雄,铁甲度水传重、庵提重登山,皆度地练兵,所向无敌。今将剿匪于黔省多山之地,我兵技艺行阵,必切多山之地,为之方有实用。落确之行径难登,故身宜轻也。峦巇之间多碍,故阵宜疏也。如此,则将勇兵强,战胜攻取矣。"③这就是因地制宜的训练方法。

(三)后勤制度

团练的后勤制度建设重点是建立后勤保障体系。主要是关于服装、武器等装备上的简单要求,但它没有属于自己的后勤组织。团练虽然散漫,但它处处可设,人数很多,所以每一支团练武装组织一经建立,就需要筹措活动经费和日常开支费用。因而,团练的经费来源是其后勤保障系统的重要组成部分。由于团练不是国家的经制兵,也不是正规部队,因此,清政府是不拨给经费的,一切经费都要靠自身筹集。"团练无薪水,团丁无口粮,则经费无难持久矣。"④在《黎平府志·胡林翼陈剿盗三十条》中有"经费宜宽筹"条,其中针对贵州黎平的情况,胡林翼预算各种经费:"精兵精炼五百人,月每人日食一钱,月须一千五百两,加以委员士绅薪水,与夫价、差盘、炮药、锅帐、夫役,又加侦探眼线(此最要费不可惜,大约用间谍差探总须五十或百人)月费总在三四千金,一年肃清则

---

① 四川省地方志编纂委员会:《四川省志·军事志》,四川人民出版社,1999年版,第487页。

② [清]张九章:《黔江县志》卷三,光绪二十年(1894年)刻本。

③ [清]徐渭:《黎平府志》卷五上,光绪十八年(1892年)刻本。

④ 朱孙诒:《团练说》,转引自盛康:《皇朝经世文续编》卷八十一《兵政七·团练上》,光绪思补楼本,第12页。

四五万金,可以足用。"因此,他提出"惟须由大宪简派二人专司其事"①的要求,否则,就不能实现"经费宜宽筹"的目标。在四川章谷屯地区,对于团练往往采取"陆续安插兵民番练,报给地亩垦种"的办法。据《章谷屯志略》载,该地自改土为屯之后,番练单兵七十七名,每二名合给地三十亩,共地一千一百五十五亩,每二名岁纳科粮一斗一升零八勺五抄,共完纳科粮八石一斗一升七合七勺二抄五撮。屯民一百九十七户,每户给地三十亩,共地五千九百一十亩,每户岁纳科粮二斗一升零八勺五抄,共完科粮四十一石五斗三升七合四勺五抄。屯番二百三十七户,内有加垦屯番一户,种地一百二十亩,作为四户共二百四十户,每户给地三十亩,共给地七千二百亩,每户岁征科粮二斗一升零八勺五抄,计共完纳科粮五十石零四合。② 这种保甲与团练相结合的形式,所采取的这种办法,能有效地解决粮食问题。对于西南民族地区其他地方团练的经费和粮食问题,《黔江县志》中有"每遇练期,团丁裹粮从事,无需摊派分文。所有传唤些小口食,由团绅富户相劝给发,毋庸累及贫民"③的内容,可见,团练经费的筹集随地随时、因人因事而异,筹集办法不外乎有几种:一是团丁练勇自备;二是随田亩附征;三是设卡抽厘;四是各种杂捐;五是各种派款;六是士绅捐输;七是缴获钱粮器械作本团经费。总的来讲,团练组织经费后来逐渐形成了"兵饷自筹"制度④。

(四)奖赏制度

对于军队或准军事部队、民兵等,必须"明赏罚"。在《黎平府志·胡林翼陈剿盗三十条》中胡林翼认为:"有功而不赏,有罪而不罚,固非有功而使无功者受其赏,有罪而使无罪者受其罚,尤非甚至有功而反受罚,有罪而反受赏,是非颠倒,更不足以服人心,惟赏罚当乎。功罪则赏一人而三军劝,罚一人而三军畏,乃所知趋避焉耳。"⑤可见,他十分重视奖赏的问题。在当时四川万县,有一则《万县县令冯卓怀〈整齐团练,坚壁清野〉战守机宜》的文献,对团练之中的奖赏有明确规定,共分四个层次:一是对士绅富家出钱者的奖赏,"团内富家公派钱文存于团首,平时操练团丁有技艺渐熟者酌赏钱或二三十文或五六十文,用示鼓励";二是对临战奋勇当先者的奖赏,"其临战尤为当先出力者酌赏钱十千数

①⑤[清]徐渭:《黎平府志》卷五上,光绪十八年(1892年)刻本。
②吴德煦:《章谷屯志略》,台湾成文出版社,1968年版,第36-37页。
③[清]张九章:《黔江县志》卷三,光绪二十年(1894年)刻本。
④李良品等:《重庆世居少数民族研究》(苗族卷),重庆出版社,2011年版,第172页。

十千不等";三是临战被贼戕害者或负伤者的奖赏,"团丁临战奋不顾身被贼戕害者即时备棺安理,事后酌赏钱二三十千文安其家室;被伤之丁,医药调护仍酌赏钱数千文,分别上中下三等伤痕,伤重身故者加赏"。① 在四川酉阳直隶州也有同样的记载:"咸丰十年,攻克松桃猫猫山,酉、秀绅团多奋勇先登,膺懋赏者甚众。(咸丰)十一年,发匪陷黔江,王牧率屯团兵勇克期恢复,贼遁据来凤,复移师东防,与楚军会剿,来境肃清。上功酉、秀、黔绅首勇丁,蒙保二百余人。"②

三、团练制度下的乡村社会与国家关系

从西南民族地区发展历史看,清代后期的团练制度,只是一种临时性的、全面性的团(团练)保(保甲)合一的制度。按照梁勇先生的看法,从设置目的、团费征集、百姓态度等方面来看,团练制度不是地方社会的常态;但从负责各团内部的税费征收、纠纷调解、乡规民约等方面来看,团练影响了民众的日常生活。③ 因此,清末团练制度虽然短暂,但对乡村社会的影响是广泛而深远的。团练制度的兴起与发展,彻底改变了原有的"中央政权—省级政权—府州县政权(或土司政权)"的三级体制,从而形成"中央政权—省级政权—府州县政权—士绅阶层"四级体制。在一定程度上讲,团练制度是我国传统社会由"政不下县"向"政权下乡"过渡的一种制度,或者说是国家权力在西南民族地区下沉的体现,这无疑是清末乡村社会与国家关系互动与博弈的最终结果。

(一)团保合一体制

清末统治者将团练、积谷和保甲同列为"地方应办事宜",故认为实施团保合一体制是十分合适的。嘉庆年间,合州刺史龚景瀚提出坚壁清野法。龚景瀚认为,清朝经制军队"本属有限,而腹里尤少",同时"兵勇多则粮饷广,粮饷广则转运难"。坚壁清野法强调保甲中的团练功能,明确提出在"清查保甲"基础之上组织团练。④。之后,南充县令曾自柏在此基础上予以创新,曾公之办团方法

---

① 转引自四川省地方志编纂委员会:《四川省志·军事志》,四川人民出版社,1999 年版,第 492-493 页。

②[清]王麟飞等:《同治酉阳直隶州总志》(点校本),巴蜀书社,2009 年版,第 274 页。

③梁勇:《清代中期的团练与乡村社会——以巴县为例》,《中国农史》,2010 年第 1 期,第 105-118 页。

④石香村居士:《戡靖教匪述编》卷十二《附述·合州龚刺史坚壁清野并招抚议》,道光六年(1826 年)京都琉璃厂刊本。

被作为典型在四川全省推广，梁山县令方积在"南充团练办法"基础上进一步完善了团练章程，其要义有四，即"操练乡兵""修凿城池""设法储粮"和"广修山寨"。① 我们通过贵州黎平知府胡林翼的申论《保甲团练章程》可知，贵州也实施的是团保合一体制。这是一种以保甲为基础，使团练组织更加严密化、系统化的团保合一之法。② 刘衡做巴县知县后，"以编联保甲，与团练并行，颇著实效"③。在四川省实行团保合一，其原因是太平天国起义失败后，战事虽停，但由于地方官绅对团练依赖日深，各地团练不但没有削弱，反而不断加强，并将保甲与团练合并。光绪十二年(1886年)十一月二十六日，四川省制定了"办理团保简明条约册"，其中规定："各州县日办理保甲以清窃劫之源。有事则联络声气，远近相应。即为团练，名曰团保。"④据《彭水概况》载：彭水兴办团练时，"每乡各举公正殷实士绅一二人为团总，乡之下为团，设团首，嗣称团正，再下为甲，设甲首，又下为牌，设牌长。层递节制，谓之乡团，与今之保甲制度甚相似也。"⑤对于这种"团保合一"举措，《酉阳直隶州总志》云："国朝惟就保甲约束，申明规制，尤为简易。"⑥光绪《黔江县志·团练章程》开宗明义，说得十分清楚："团练之法，起于保甲。五家为比，即五人为伍。五比为间，即五伍为两。四间为族，即四两为卒。五族为党，即五卒为旅。无事则出入相友，有事则守望相助，故云寓团练于保甲之中。"其组织形式，在该《团练章程》"人数宜齐也"条中也有明确规定："按十家牌户出一丁，听候团练。每届冬令，按月操演二三次，以期号令齐一，耳目熟识。鳏寡孤独者听免，余年五十以下，十六以上概入团簿，不准玩匿，违者禀究。"⑦黔江的"团保合一"之法，不仅符合四川省"办理团保简明条约册"的要求，而且促进了清末团练势力的迅速崛起，打破了中国封建社会长期以来"稳定"和"均衡"的统治秩序。伴随着国家经制军队的日趋腐朽衰微，由团练发展而来的地方武装则逐步发展壮大，并渐次充当起主力国防军的角色。总的来讲，清末统治者之所以把团练与保甲合二为一，是

①石香村居士：《戡靖教匪述编》卷十二《附述·梁山令方公筹练兵修寨四事》，道光六年(1826年)京都琉璃厂刊本。

②转引自牛贯杰：《从"守望相助"到"吏治应以团练为先"——由团练组织的发展演变看国家政权与基层社会的互动关系》，《中国农史》，2004年第1期，第73-80页。

③闻均天：《中国保甲制度》，汉口白鹤印刷公司，民国二十二年(1933年)版，第373页。

④四川省地方志编纂委员会：《四川省志·军事志》，四川人民出版社，1999年版，第486-487页。

⑤[民国]柯仲生：《彭水概况》，彭水县政府，民国二十九年(1940年)铅印本，第38页。

⑥[清]王鳞飞等：《同治酉阳直隶州总志》(点校本)，巴蜀书社，2009年版，第270页。

⑦[清]张九章：《黔江县志》卷三，光绪二十年(1894年)刻本。

因为清政府企图消弭团练军事化对中央王朝的潜在威胁,打压地方势力、维护社会稳定。

(二)官吏掌控权力

在《万县县令冯卓怀〈整齐团练,坚壁清野〉战守机宜》"择长"条规定:"各团首内推择公正晓事者充当,报明后,由本县发给印扎,以专责成,而备传谕。"①由此可见,清末四川省内团练的权力掌握在州牧或县令手中。在酉阳直隶州,州牧王鳞飞基于"皇上及各大宪轸恤民瘼,谆谆以保甲团练责成地方官实力举行"之念,因此,他认为"地方官为国臣子,亦何尝不早夜讲求,冀有成效",在不负朝廷命官职责的情况下,他从以下方面掌控权力②:第一,设立团练总局,选择士绅管理。酉阳州在衙神祠设立团练总局,由公正士绅主持相关工作,对于士绅的选择,王鳞飞认为须"慎选绅耆,无计较怨嫌,无侵渔小利,明智足以计事,公正足以服人者,乃举以为督"。彭水县则由各乡各举团总,团总由县(令)给戳记一颗③。第二,整饬团练。如王鳞飞在做彭水县令时"来摄州篆,甫下车,即以整饬团练为首务",其具体举措是"就现行成法而小变通之。团大者,或分作二三团,或四五团,各就连属地段,斟酌机宜"。第三,保甲户口造册。在对保甲户口造册清理过程中,既要将"士绅、团首姓名与练丁若干、所习何技一并造册",还要在"册内丁壮挑选练丁",并明确规定"凡游手及外来者不与焉"。第四,建立规条,王鳞飞除了复刊《摘录乡守辑要》一书之外,还制定规条,"并饬各团首,将前后所发各规条于会操时逐细与团众宣讲",于是产生"人心自是鼓舞奋兴,不敢以团事为非切己之事"④的非凡效果。

(三)士绅积极参政

咸丰同治年间由于政府军队的腐败,士绅有机会成为团练组织的军事领袖。清政府设法利用各地士绅去镇压太平军和其他起义军。当时西南民族地区的士绅主要包括由外来客民(即汉人)和下层土民经过科考而跻身士绅阶层的人。咸丰同治年间,士绅阶层积极响应朝廷号召,积极经营团练,在地方乡村社会中逐渐形成了权威。团练的兴起是地方新兴士绅阶层与国家互动的结果。

---

①转引自四川省地方志编纂委员会:《四川省志·军事志》,四川人民出版社,1999年版,第491页。

②④[清]王鳞飞等:《同治酉阳直隶州总志》(点校本),巴蜀书社,2009年版,第270-275页。

③[清]庄定域:《光绪彭水县志》卷二《武备志》,光绪元年(1875年)刻本,第49页。

一方面,国家通过"团保合一"的形式加强对地方社会的控制权,但由于原有的权力体系被打破,地方秩序失衡,势必导致士绅阶层趁机而起,获得发展空间。在《新纂云南通志·八》之《名贤传》中记载了诸多士绅阶层参与团练之事,现摘录数条于后:

> 官鏐,昆明人。……委办城防、保甲、团练诸务,夙夜焦劳。不惜毁家纾难,以劳绩议叙同知。①

> 李鼎,晋宁人。……会滇乱,同黄侍郎琮办理团务,以忧劳卒于军中。②

> 李东升,宣威人。以外艰归。值寻甸匪马二花之乱密迩州城,时城垣坍塌,东升建议速修。砖不备,以土为女墙。禀请知州设乡勇,联保甲,坚壁清野。敌知有备,不敢窥。马二花就擒,东升谓知州曰:"今马既被擒,数年后必有复反者。城弹丸无足恃,宜各村筑堡,使声势连络,庶可守。"知州题其议,以事属东升。乃广积储,勤训练,备乱兵费,人皆目为喜事,颇怨谤,仍极力为之。未几,敌果作,众乃心服。宣威当入滇孔道,大兵往来,供应悉出之民。时敌势方张,邻邑皆陷,农民逃窜,野不得耕,饥馑相因。东升筹供给,备战守,赈难民,帑不给则罄家继之,地方卒赖以保全。③

> 孙绍康,宣威人。……后以佐李东升办团练保障州城,功加盐提举衔。④

> 窦志曾,罗平人,贡生。咸丰丁巳,乱事起,带乡勇助官兵攻剿师、丘一带敌营。辛酉春,敌攻所居堡,志曾督乡勇率子弟往御,右眼中枪,力御却之。未几,太平军窜扰,守御甚严,乡间获安。⑤

> 张锟,镇雄人。咸丰九年,杜军袭井,团集乡勇,保卫学宫。兵溃,

---

①［民国］龙云,卢汉:《新纂云南通志·八》(点校本),云南人民出版社,2007年版,第372页。

②［民国］龙云,卢汉:《新纂云南通志·八》(点校本),云南人民出版社,2007年版,第373页。

③④［民国］龙云,卢汉:《新纂云南通志·八》(点校本),云南人民出版社,2007年版,第407页。

⑤［民国］龙云,卢汉:《新纂云南通志·八》(点校本),云南人民出版社,2007年版,第408页。

为敌所得,骂敌被戕。①

　　段永珍,永北人。……癸丑勤理城丁,丙辰协办团防,颇形劳瘁。②

在贵州省《开阳县志》中,同样也记载了该县一些士绅积极参与团练的事迹,现摘抄几则如下:

　　邹国璋,让里下水人。清咸丰三年,办团令下,国璋族众繁多,其德望足以服人,被举为一姓团团首。下水距城可五里许,隐成掎角之势。咸丰九年,高枧之役,石公战殁,赖国璋所部与马华丰等团众增援,将石公忠骸夺回,得殡葬如礼。同治二年,何得胜等大部窜马胯、三板桥一带,副将何显仕全军覆败,各团练官军续溃。得胜即分令所部,进陷州城,国璋团当敌冲,为敌所厄,挠败之余,势不振,乃与顶兆何正冠团相联合。越明年七月,参将赵德光将率兵规州城,与得胜相持于自岩营间,国璋率所部逼州城北门外三台山,会德光自率轻骑袭开州,守城敌溃,州城遂复,国璋与有力焉。乱平后,州牧龙声洋曾题"共尔心劳"四字以旌之。③

　　周仿恩,州举人。初办两流泉团务,继为众推总握开州团练全局,佐石公虎臣规划详尽,调协清团,深资臂助云。④

　　马廷飚、马华丰:均江外人,同为思外里团首,颇称强劲。⑤

　　白瓒:孝里羊场人。见时方多故,起而办团自卫,充羊场营团首,筑镫下坡营。羊场屏障省垣,进邻敌氛,瓒悉心规划,训练群众,俾乐于效用。清咸丰八、九年间,敌焰方张,瓒亲率练扼守牛渡河,以固羊场藩篱,昼夜严防,无问寒暑。⑥

　　刘尚卿:五区刘衙人。……当清咸同苗教之乱,曾编入佘士举团队,迭从征剿,均奋勇前驱,杀敌致果,屡著劳勋,佘颇倚重之,保六品军功,归标以把总用。……既而复出办理团务。⑦

　　李树德:州属杨司田尾巴人。……清咸丰三年,办团令下,树德分

①[民国]龙云,卢汉:《新纂云南通志·八》(点校本),云南人民出版社,2007年版,第423页。

②[民国]龙云,卢汉:《新纂云南通志·八》(点校本),云南人民出版社,2007年版,第428页。

③④[民国]解幼莹:《开阳县志》(点校本),开阳县史志办公室,1996年版,第374页。

⑤⑥⑦[民国]解幼莹:《开阳县志》(点校本),开阳县史志办公室,1996年版,第375页。

任杨司团首事宜,后建筑营寨于白岩营地方,与尖山营相椅角。树德
善驭众,每于训练之余,恒以敬恭桑梓大义向众解说,故团众颇用命。①

由此可见,清末的团练组织虽然是以知府、州牧或县令为主导,但在日常管理和经费筹措等方面,不得不依靠乡村社会的士绅来完成。在《同治酉阳直隶州总志》和《光绪彭水县志》中均有州或县团练总局"俱择城乡公正士绅主之""每乡各举公正殷实士绅一二人为团总"等记载,光绪《黔江县志》"团练章程"中多次提及士绅,如"器械宜备"条有"其殷实绅衿有自备火枪者,亦听","木栅宜设"条有"所有灯油、水火,向富户凑给","民情宜和"条有"故团练保护身家,富户宜努力捐助","技艺宜精"条针对"乡间有愿自备资斧入局学习者"提出"必有身家团绅具保者方准","心迹宜明"条有"所有传唤些小口食,由团绅富户相劝给发"等内容②。从相关内容看,士绅出资担任团总,主持日常工作,实现了责任权利的统一。可以说,士绅阶层通过举办团练,在一定程度上攫取了乡村社会的支配权。《光绪彭水县志》所载内容足以证明这一点:乡级团总由县令颁给戳记,"除民间一切诉讼不准干预外,其余团内公事准其随时盖戳具禀,以专责成。如有调遣,札知团总,转派团首,层层节制。团内遇有事故,团总传集团首,一呼即至,风雨无阻,不得托故推避,并宜和衷办理,不可各执己见。如团首及甲首、牌长、团丁等重违约束,准该团总具禀究惩,或另举接当。"③从四川酉阳直隶州的情况看,上层士绅主要负责地方团练的组织与筹款,担任州县一级的团总,他们主要由官族转化而来;乡村一级的团首主要由下层士绅(通俗叫乡绅)通常担任,他们是乡村精英。

牛贯杰曾说:"团练在中国历史上的发展演变,充分反映出国家与地方互生互动的复杂关系。一方面要保持拥有对基层社会绝对的支配主导地位;另一方面又鼓励基层社会具有自我调节的空间和活力,这一矛盾体成为以中央集权为核心的王朝国家政权模式难以处理的棘手问题。"这段话确实有一定道理。如果说明代及清代前中期的里甲制度、保甲制度下的西南民族地区乡村社会是在官方的管理与调控之下不断得到发展,那么,清末的团练制度的发展壮大的结果却形成了代表乡村社会的地方势力,甚至形成与中央分庭抗礼的利益集团。尤其是明清时期宗族制度的建立,乡村社会组织逐渐走向成熟,出现了地方势力的代表人物——士绅阶层。这些士绅人物通过科举考试进入官僚队伍,代表

①[民国]解幼莹:《开阳县志》(点校本),开阳县史志办公室,1996年版,第378-379页。
②[清]张九章:《黔江县志》卷三,光绪二十年(1894年)刻本。
③庄定域:《光绪彭水县志》卷二《武备志》,光绪元年(1875年)刻本,第49页。

国家权力来统治地方,当这些士绅退休之后又返回到乡村社会,遂成为士绅。正是这种较为开放、上下流动的循环圈形成国家与地方之间相对稳定、均衡的统治格局。然而这种格局在清朝后期发生了重大变化:以镇压太平天国、捻军起义为契机,充分整合地方资源的团练势力迅速崛起。尽管清政府努力将这些团练头目吸收到国家的统治阶层,甚至出任某方面的大员,但这些私属武装的拥有者却借助军事力量开始与中央分庭抗礼。那种"轻中央、重地方"的统治格局使国家政权与乡村社会之间的关系发生错位,这无疑对清代后期以至民国的历史发展产生了深远影响。①

　　总之,清末团练制度虽然在一定程度上维护了封建地主阶级的统治地位,但这却是互动与博弈的结果。作为清政府来讲,无疑企盼通过团保合一体制、利用州县官吏掌控地方权力以期实现"政权下乡"之目的;作为乡村社会的权威人士和领袖人物——士绅阶层,总是企盼在地方社会秩序失衡的情势下控制乡村社会,从中获取实利。由此可见,清末团练制度是乡村社会与国家关系调适、互动的集中体现,是乡村社会的代表——士绅阶层与最高统治阶级博弈的最终结果。

---

　　①牛贯杰:《从"守望相助"到"吏治应以团练为先"——由团练组织的发展演变看国家政权与基层社会的互动关系》,《中国农史》,2004年第1期,第73-80页。

第九章 明清时期西南民族地区教育制度下的乡村社会与国家关系

明清时期,作为国家层面的教育制度,有两点值得注意:第一,推行的文教政策。明清时期的文教政策有两个共同的特点:一是大力推崇程朱理学。明太祖朱元璋自立国以来,深知"世治宜用文"的道理,故能坚持"文以治天下"的政策,推崇程朱理学则是这一政策的具体体现。明朝时,中央王朝规定,学者讲学"一宗朱子之学","非濂、洛、关、闽之学不讲";同时规定,说经者以宋儒传注为宗,国家科举取士的考试均从"四书""五经"的内容命题,答题代圣人立言,一切要以朱熹的《四书集注》为标准答案;甚至将《五经大全》《四书大全》《性理大全》等颁行天下,作为钦定的教科书。此外,还屡次表彰程朱后人及其门人,以此来提高程朱理学的社会地位。清朝历代统治者同样尊崇孔子和儒术,如举行祭孔活动,给孔子追加封号,袭封孔子后人等;康熙皇帝还亲书"万世师表"匾额悬挂于全国各地孔庙。由于清朝统治者大力提倡程朱理学,因此,程朱理学成为清朝办学育才的指导思想。二是文化专制,禁锢思想,大兴文字狱。明清统治者在积极发展文教事业的同时,也采取种种措施,加强思想控制,大力推行文化专制统治。如明太祖认为《孟子》中有些思想不利于君主专制统治,就下令将孟子撤出孔庙,并令人将书中的语句85条尽行删除,并规定这些内容不能作为科举命题、取士的内容;同时,明政府加强对官学的管理和控制,对违规师生执行刑罚;为了加强思想控制,明清统治者屡兴文字狱,以莫须有的罪名,残酷迫害士人,特别是清朝顺、康、雍、乾时,曾多次大兴文字狱,屠杀知识分子,以此迫使他们埋首故纸堆中,不参与时政的议论和研究,使人们俯首帖耳地服从其统治。此外,清政府还采用高压手段进行严厉钳制和残酷镇压,如严禁立盟结社、销毁书籍等。清朝与明朝文教政策上的不同点是统治者通过开科取士、设制科、编纂大型书籍等各种手段,笼络、控制和利用知识分子,以此宣传清朝的文治盛世。第二,实施学校教育制度。明清统治者对学校教育十分重视,注重培养人才。其学校主要有中央官学(包括国子监、宗学、武学等)和地方官学。明朝在西南地区的地方官学,按性质划分,主要有儒学、专科学校和社学。西南民族地区的儒学有府学、州学、县学、都司儒学、行都司儒学、卫儒学、都转运司儒学、宣慰司儒学和安抚司儒学等;专科学校主要包括武学、医学和阴阳学;社学是设在城镇和乡村地区,以民间子弟为教育对象的一种官学,主要招收 8~15 岁的民间儿童入学,带有某种强制性,当时就有"民间子弟八岁不就学者,罚其父兄"的规定。清朝在西南民族地区的官学制度基本上沿袭明代旧制,但是增加了为孤寒儿童及少数民族子弟设立的义学,为云南边疆地区设置的井学等。在府、州、县儒学的管理中创立"六等黜陟法",即对生员实行动态管理,使他们的升降与学业成绩紧密挂钩,以此促进生员的学习。

如果我们把明清时期西南民族地区乡村社会的教育放在我国封建社会的一个大背景下来考察,那么,我们就会发现,这一时期这一地区教育的最大特点是:学校教育制度逐渐面向乡村社会的下层民众,也就是说,学校教育逐渐深入乡村社会,面向乡村社会各个等级、各个民族开放,对入学者的等级身份限制几乎消失殆尽,这使得西南民族地区的各族民众均有享受教育的权利。尤其是改土归流之后,西南民族地区各类学校建设均带有明显的发展文教事业以及更多地培养统治人才的双重目的。清王朝"多立义学,延请名师,聚集孤寒生童,励志读书"的规定,无疑使西南民族地区少数民族聚居的乡村社会的少数民族子弟均能够接受教育。作为代表国家实施权力主体的封建统治者,其目的在于推行国家主流价值内容(即儒家思想)、推动国家"大一统"的历史进程、维护西南民族地区的社会稳定;作为西南民族地区乡村社会各族民众来讲,他们必须主动调适,自觉接受国家主流文化,服从中央王朝统治,自觉改变生活境遇。这是国家与西南民族地区乡村社会所共同期待的结果。

第一节　传统教育

所谓传统教育,一般是指过去的教育。在明清时期西南民族地区的传统教育,应该是指学校以外的教育,或指现代学校教育以前的教育。传统教育虽然是过去的一种教育,但它对于人类社会发展(特别是西南民族地区乡村社会的发展)有着巨大的作用,特别是文化的代际的复制与创新全部仰仗教育。①

一、明清时期西南民族地区传统教育的类型

在人类历史相当长的时期里,传统教育是一条红线,连接人类文明的两头,人类文化通过它的作用而代代相传。在西南民族地区,明清时期的传统教育包括家庭教育、家族教育、村寨教育、宗教教育等,共同构成了明清时期西南民族地区传统教育的基本类型。

(一)家庭教育

所谓家庭教育,也就是在家庭中实施的教育,通常是指在家庭范围内由父母或家庭其他成员中的成年人自觉地有意识地按一定的目的和要求,通过自己的言传身教和家庭生活实践,对其子女及其晚辈施以一定影响的社会实践活动。家庭教育是以家庭为单位,有着自身的教育规律和教学方式的社会实践活动。通过家庭教育传承民族传统文化,是一种最直接、最有效的方式。家庭教育的内容主要包括日常生活知识的教育、劳动技能的训练、本民族宗教风俗习惯的传承、伦理道德品质的培养、婚育性知识的传授等。它深刻地影响着西南民族地区乡村社会各民族民众的生活方式,塑造出不同时代、不同民族的性格。

道德规范教育是西南民族地区各民族传统家庭教育的重要内容,因为伦理道德对一个民族的兴衰,对一个民族的素质和民族整体的社会风尚及文明程度都起到了十分重要的作用,家长通过言传身教、谚语、民间故事、传说、家训等形式灌输传统的伦理道德观念。在西南民族地区,通过制定严格的族规家训向下一代普及民族伦理道德规范也是各民族家庭教育的重要方式。从作者收集到的一些族谱中可见,很多民族的族规家训的主要内容有:奉祖先、孝父母、睦兄弟、和夫妇、严闺阁、亲宗族、敬师长、信朋友、力耕织、勤诵读、存忠厚、尚勤俭、习礼仪、戒谣恶、戒为非、戒赌博、戒争讼等。这对于从小培养儿童良好的道德品质十分重要。鄂西《覃氏家谱》对伦理关系和道德规范特别重视,有所谓"家中有规,犹国之有制。制不定,无以一朝廷之趋;规不立,无为子弟"的记载;"家规"中记有"存心""修身""敬祖先""父母""敦手足""正家堂""务耕读""和族邻""择师友""维风俗"等十规;"家劝"中也有十劝:"劝积善""劝孝父母""劝友兄弟""劝睦宗族""劝重丧祭""劝务本业""劝慎冠婚礼""劝训子弟""劝肃

① 李良品,彭福荣,崔莉:《乌江流域地区民族地区教育发展史》,重庆出版社,2010年版,第48-83页。

姆教""劝早完粮"。除此之外,还有"十戒十禁":"戒占葬""戒淫欲""戒嗜酒""戒多言""戒好勇斗""戒专利""戒赌博""戒媚佛""戒健讼气""戒纵""禁紊尊卑""戒乱闺门""禁废先业""禁滥交游""禁惯非为""禁欺孤寡""禁凌卑幼""禁欺贫穷""禁同姓为婚""禁充隶卒"。无论"规""劝",还是"戒""禁",这些都有利于家族兴旺和为统治阶级服务。

(二)家族教育

所谓家族教育,主要指以家族组织为载体进行的教育活动。在自然经济条件下,西南民族地区各少数民族往往聚族而居,或同一族姓形成一个村寨,或在一个大寨内分片聚族而居。每个族姓都有自己的居住范围,彼此之间处于一种原始的平等互助关系,血缘关系成为维系各民族生存和发展的重要纽带。各民族在长期聚族而居的生活中,不仅自然形成了以血缘关系为基础的家族组织,而且也形成了一些以习惯为主、体现全体家族成员利益和意志的社会规范。家族的内聚力作为传统社会结构的一部分,长期存在于各民族的传统社会中,并成为制约社会的重要力量。① 正是出于这样的原因,西南民族地区传统的大家族都十分注重家族教育。《杨氏十甲族规》云:"族中子弟年满八岁应责成父兄送入就近学校或家塾读书,至少须满三年。如后资质确系可造者任由父兄继续送读,若父兄无力即由亲房或族中公款津贴送读书,其不堪造就者应察其性质,可就授以农工商各种技艺,以资生活。"②在渝东南彭水县清朝嘉庆年间形成的《李氏族谱》中,为了使子孙后代"永为祖宗之孝子贤孙"则有"李氏家训"十则,其内容如下:

> 一曰敬祖宗。夫人有祖宗,犹树之有根本,水之有源头也。根本固而后枝叶繁,源头深而后川流远,此理之必然也。凡为子孙者,祖功宗德,断不可忘。而春露秋霜,念兹勿释,饷祀之典,按时必举焉。

> 二曰孝父母。凡人受气于父,受形于母,我生之初,其所以拊我蓄我长我育我,顾复而出入我者,不可殚述。宜终身孺慕,竭力承欢,庶几报劬劳于万一。是以善莫大于孝,罪莫深于不孝,正以父母深恩,昊天罔极故耳。

> 三曰敬长辈。凡诸父伯叔,皆祖父母同生并育之人,或老或少,皆我尊行,理宜致敬尽礼,以循子侄之分。所以孔子大圣,犹且恂恂乡党,况下焉者乎? 凡居位并行,疾行先长,及一切傲慢之习,为子弟者尚慎旃哉。

---

① 张羽琼:《贵州古代教育史》,贵州教育出版社,2003年版,第313页。
② 转引自向零:《民族志资料汇编》(第三集),贵州省志民族志编委会,1987年版,第65页。

四曰敦友爱。夫兄弟骨肉之亲,休戚相关者也。昔人诗云:"兄弟本是同根生,同气连枝各自荣。一回相见一回老,能得几时为弟兄。"又云:"兄弟同居忍便安,莫因毫末起争端。眼前生子又兄弟,留与儿孙作样看。"此二诗虽浅近,最为痛切,吾愿为子孙者体贴之。

五曰笃宗族。夫一家九族,分派散居,以我视之则有亲疏,以祖宗视之则同是子孙,均出一脉,而何忍同陌路也。若范文正公致相归家,置义田千顷,以赡族中贫乏,垂光史册。今人纵不能及古人,亦当痛痒相关,庆吊共与。族中有贫、老者,设法通融,俾无失所,祖宗必然福汝矣。

六曰肃闺门。从来家门之不幸,未有如帷薄之不修,男女不分,致酿成中冓之丑。聚会看戏,入庙烧香,尤为败俗。为家长者,尚其戒之。至于听枕上之花言,酿骨肉之大祸,致使至荣手足,反若寇仇,此种子孙恐祖宗不欲有矣。

七曰勤耕读。凡人不耕,则衣食不足;不读,则礼义不知。即耕也而不勤,犹如不耕;读也而不专,何如不读。吾愿为子孙者,耕则胼手胝足,勿辞早夜之劳;读则日就月将,用尽寒窗之苦。富者田连阡陌,而贵者名登金榜也。

八曰急公赋。夫民之衣食,出自田亩;国之财用,贵自闾阎。拖欠者不惟王法所不容,亦且天良之难昧。吾愿为子孙者于每年正课,先期完纳,免胥吏之追杀,亦尽庶人之义也。

九曰戒为非。士农工商,各有恒业,无业之人,即下流之渐也。每见近时子弟,终日游手好闲,全无正业。常时邀朋结社,称哥喊弟,交结匪徒,早聚晚散,肆行赌博。小则倾家荡产,大则抢劫为盗,一切不正之行为,皆属非为之邪癖,酿成巨祸而辱祖宗,莫此为甚矣。凡族中子孙有不务正业者,先凭族长责罚示惩,并治其父宽纵之罪;如再不悔,或致辱家,合族首公开治罪,谱中永黜名,不录。

十曰优奖恤。夫节义者一家之庆,功名者合族之光。凡族中已嫁之女,守孀之妇,实系贫穷不能洁清,或无子孙,或有子孙而不能供养者,合族合议,量力帮助,以终其节。再者,族中子弟有资性聪明醇谨力学,而贫困不能应试者,宗族酌量给以盘费。如能成名,另从优奖,家不贫者不在此例。凡族中有鳏寡孤独,贫而无依者,并应恤之,以全其德,则合族之幸矣。①

---

① 李洪勋:《李氏族谱》,清嘉庆二年(1797年)抄本。

上述十则"李氏家训",为西南民族地区一般家族规定的家训内容,但内容之全面而丰富,规定之严密而详尽,在其他家训中较为少见。当然,撰写家谱者的主要目的是"皆修身齐家之要道,吾愿子孙者,奉如菁蔡,凛若王章"①。

西南民族地区比较显赫的土司都十分重视家族教育,如明清时期四川酉阳的冉氏,在其《冉氏家谱》卷首《家规》"教约子弟"云:

> 父兄之教不先,则子弟之率不谨。常见高明之家,衣冠赫奕,诗礼相传。后或溺爱子孙,纵容不教,渐至佚乐宴游,习惯成性,交引燕朋狎友,从事于酒色声歌。数年之后,家产荡尽,流落飘零者,不可胜计。即此可见,教子弟之不可不谨矣。故教之之法,无过于读书。贫乏富贵,俱当留意。盖子弟贤,读书即显达之资;子弟愚鲁,能多读书,多识字,亦必化其桀骜,开其颖悟。安本分,务正理,不以不肖贻父母羞也。若夫富厚之家性多悭吝,延师训读则痛惜金钱;争产谋田,则喜倾囊橐,以致子孙愚顽、圈鹿栏牛,为明哲所笑。未知我族中,有此等人否? 有则改之,无则加勉。是予等之所属望也。读书之道,学习礼仪为先……冠裳在身,不忍不敬;父母之前,不忍不爱;师长之锡,不敢不恭,人情皆然。今使服习礼仪,大而丧祭冠婚,小而洒扫应对进退,无不以礼仪为之则。如此,而不为佳子弟者,吾不信也。②

在 2007 年新编撰的《冉氏族谱·总谱》中,保留了众多明清时期冉氏土司的文告,或督理谱牒事、或饬理宗政事、或恩给田土事、或办理宗政事,其中,冉奇镳作酉阳土司时的一则文告,对其冉氏家族教育具有十分重要的作用,全文如下:③

> 酉阳等处军民宣慰使司宣慰使冉。
>
> 为饬理以重国本事:照得本司,自唐分封,迄今千载。支衍屡代,蕃庶同不亿之裔孙;谊重维城,巩固存千年之带砺。前朝兵燹迭经,谱牒无不散佚。今值清治重熙,纪纲贵肃。业推宗长,用饬家规。除令札外,为此牌仰宗长官舍天泽,一照后开条例,用实举行,务使宗政祗严,实于世基攸赖。毋得怠忽,有负至意。须至牌者,计开宗政条规:

①李洪勋:《李氏族谱》,清嘉庆二年(1797 年)抄本。

②四川黔江地区民族事务委员会:《川东南少数民族史料辑》,四川民族出版社,1996 年版,第 266-267 页。

③重庆酉阳冉氏族谱续修委员会:《冉氏族谱·总谱》,重庆酉阳冉氏族谱续修委员会,2007 年版,第 80-81 页。

族蕃系分宗支,必列图册。兹委宗长官舍天泽临乡考核,详载一册,逐派亲供。如某房自某祖分支,凡几世,今存若干人,授田某处。如本司申上,亲供册籍体式,详造册二本,呈本司备考,一呈本司参查。

凡族舍生子,三岁以上,必报宗长,转请命名,编入亲供图册,以防冒滥。

凡族舍有名在官执事者,不论在市居乡,凡遇朝贺祭祀大典,不拘远近泥雨,必须趋赴,点名习礼,诣公襄事,不许推故抗延,违者,宗长指名致罚。

凡族舍有贫不自存,雇工代佣于人者,宗长查实禀明,请赎,入名赈济册中,量将公费助给生活。如不治本分生理、流落飘零者,不在此列。

凡族舍彼此忿争及受人欺凌,大小词讼,情不得已者,许赴宗长处预鸣,请给关防,对同赴公理质,不许朦胧呈递,亦不许借此生事案烦。

舍户田土,例无征科,但每年遇有大典,例有成规派敛。自后一照世系图册,除有名在官执事者,定例不同。凡闲散居乡者,俱听宗长禀分督派,不许狗隐,亦不许恣意重轻。

以上数条,皆饬理宗祊之实政也,遵照举行,毋驰毋怠。

右牌仰宗长官舍天泽,准此。

顺治十八年正月初三日牌

在石砫土司秦良玉时期,"忠君护国"思想尤为突出。万历四十八年(1620年)五月,秦良玉在一份奏疏上就有"臣蒙皇上加臣并子以土汉援将三品服色,加臣兄弟邦屏、民屏都司守备职衔。一家受此鸿恩,敢不捐躯图报? ……臣志得展,忠义得中"[1]的句子;在平定"奢安之乱"后,明廷钦赐"忠义可嘉"匾额以示奖劝。在明末,崇祯皇帝诏令各地勤王,秦良玉率石砫"白杆兵"再度出战,赴京抗敌,留下驻京勤王的千古佳话。[2] 崇祯皇帝不仅在平台召见秦良玉,赐采币羊酒,而且亲赋诗四章,彰其功绩和"忠君护国"思想。秦良玉就是用自己的行为教育其族人及麾下土兵,作为臣民必须"尽忠护国"。

明清时期在西南的一些土司区,其土司均注重对本族的教育。忻城莫氏土司共20任,他们继承以儒学为主的封建礼教文化,并将其规范化,制定家训、条例,作为维护统治地位和训诫后人的准则。如清乾隆九年(1744年)编印的《莫氏宗谱》记载,莫氏历代土官先后著有《力田箴》《官箴》《分田例仪》《训荫官》《遗训》《劝官族示》《教士条规》等。这些作品的主要内容是"修身、齐家、治国、

① 彭福荣,李良品:《石砫土司文化研究》,重庆出版社,2009年版,第213-214页。
② 彭福荣,李良品:《石砫土司文化研究》,重庆出版社,2009年版,第215-217页。

平天下",提倡"忠孝仁爱",强调"道统伦常",弘扬"尊儒重道"等哲理,认识到"武定祸乱,文致治平"的道理。第五任土官莫廷臣开始不惜重金聘请精通翰墨之名士来教自己的子侄,从此,"诗书之声,渐出蛮乡"。莫廷臣之妻覃氏经常教诲其子侄道:"汝辈须加勤苦,多识几个字,自能多认得道理。从古为官尽用读书人,勿可自误。"第七任土官莫镇威袭职后,公务之余,留心词翰,常对子侄和部属说:"仕学兼优,斯言将终身诵之。"第十五任土官莫振国于康熙五十三年(1714 年)袭职捐建义学,聚官族子弟、选堡目和土民中较聪颖之少年入学,聘各士以教,"读四子书及经史",并亲手著《教士条规》十六则悬于学堂,以示感化。有不来学者,亲往劝告激励。从此,文教之风渐起,鄙陋之弊渐除。其《教士条规》的主要内容为崇道统、讲性学、博经史、文礼乐、敦实行、谨士趋、尊严师、重益友、会讲章、勤著作、戒怠惰、慎言语、防静驰、遏嗜念、乐为善、速改过。① 总的来讲,当时土司家族教育除了加强儒家文化的学习之外,其主要内容是"尽忠护国"思想的教育。中华民族自古以来"尽忠护国"的思想深入人心,无论是汉族,还是西南地区少数民族均如此。云南丽江木氏土司木公在《建木氏勋祠记》中写道:

> 自汉、唐、宋、元,迄今明朝,其间为诏、为公、为侯、为节度使,为宣慰使司、为荼罕章、为宣抚司、为参政、为知府,皆出自国家优典。……学书学礼,忠君至恩,孝亲至勤,爱民至专,祀神至诚,训子至要。此五者,蓄诸内而行诸外,垂诸子孙,庶几永久无替。……凡我子孙,受朝廷世袭美官,拓边守城,不可有动挠患,以遗天子忧。②

这段碑记既是木氏土司的道德行为准则,又是木氏几代政治首领作为纳西族整体政治利益代表总结自己民族艰难曲折的历史发展过程,它是在滇、川、藏这一复杂的政治生态中深谋远虑的政治思想的结晶,同时更是教育纳西族土兵的军事思想。

在广西忻城,莫氏土司辖区土兵训练的项目之一就是思想教育,其核心内容多为忠君事主。据有关文献记载,明天顺七年(1463 年),忻城土县官男莫凤,应征率土兵破广西大藤峡苗瑶之乱,因病回师至龙城,疾笃即召各目及亲丁列于寝前,训之曰:"吾以频年征战,尽瘁驰驱,只欲代父报国,无负君恩。乃大寇未平,获病回师,是天将夺吾志,无可如何! 惟此微躯捐效而已。至高堂亲

---

①黄维安:《忻城土司志》,广西人民出版社,2005 年版,第 201-209 页。

②[明]木公:《建木氏勋祠记》,转引自袁文揆:《滇南文略》卷三十七,上海书店出版社,1994 年版。

老,汝等归,其善事之。幼主未谙庶务,复小心扶持之。更为我嘱曰:伊父未了之怀,先人可缵之业,须早夜尽职,无坠莫氏家声,吾亦可瞑目于九泉矣。"忻城莫氏第八任土官莫志明,万历三十二年(1604年),调征思明府北禁诸地,合众土兵曰:"我与若父子兵也,尔等各尽心力。束腰身捣穴破巢,惟进无退。"第十五任土官莫振国,于清雍正元年(1723年)奉调出征龙门土巡检司之北牙、马栏,宜山之拉奋村,事平回师,其子争而观之。振国即召子立于庭前训之曰:"兵,凶器;战,危事。汝父非乐此不疲,惟是食君禄,自当劳君事。"①这无疑是教育整个家族及辖区土兵最好的教材。

当然,我们也必须清楚地看到,西南民族地区各民族为了适应聚族而居的社会生活,产生了名目繁多的家族组织,如彝族的"家支"和苗族的"鼓社"等。从种种历史记载和口碑流传来看,西南民族地区各少数民族的家族组织为了增强凝聚力,主要通过祭祖、冠婚、互助,制订家族规约、调解纠纷、惩罚族人等形式来进行家族教育。在学校教育未产生以前,家族教育不仅是家庭教育的重要延伸,也是西南民族地区各民族培养优秀人才、传承民族文化的重要手段。

(三)村寨教育

民族村寨教育指少数民族在历史上形成的,对过去、现在乃至将来的民族社会生活都会产生影响的教育观念、教育内容、教育方法与教育制度。传统文化是每一个民族在千百年的发展过程中所创造的一切文明的成果,是维系民族的纽带和民族赖以发展的基础。少数民族村寨是民族传统文化沉淀最为深厚、保存最为丰富的地方,传统教育则是传统文化的保存和传递方式,担负着用民族传统文化来塑造和规范社会成员的重要职责。②

西南民族地区乡村社会的各族人民所处相对封闭的地理环境既为他们提供了不受外界侵害的屏障,同时也束缚了他们向外的发展。在这样的环境中,各民族民众的生产技能、生活方式、经济结构和社会类型都很少发生变化,知识结构在明代以前也没有大的改变。各少数民族成员往往不需要去接受外界的新鲜知识,而他们的"教师"也不需要经过专门的训练或具有特殊的技巧。民族传统文化在日常生活中通过言传身教、耳濡目染即能得到全部的传承,无需再由专门的教育机构和专职教师来进行教育。他们在其生存的狭小空间里进行

①黄维安:《忻城土司志》,广西人民出版社,2005年版,第126-127页。
②谷跃娟:《云南民族村寨教育的现代整合》,《云南民族学院学报(哲学社会科学版)》,2002年第5期,第110-114页。

着封闭性的活动,在认识自然、改造自然的物质活动和精神活动中,经过世世代代的积累,以经验或理论认识的形式总结出来,构成了一套完整的知识体系。每一名本民族的成员经过传统教育而获得生存的必要知识技术,同时继承了传统知识体系,贯彻了传统行为模式,维护了古老的社会习惯。如在贵州,明代以降,由于思南、思州田氏土司的改流、贵州省的建立、三十万屯军的到来,并随着布依族和苗族的"议榔"教育、侗族的"峒款"教育及其他少数民族的村寨教育,无形之中一步一步地改变着贵州省乡村社会的方方面面。

(四)宗教教育

宗教是人类社会长期客观存在的一种文化现象,而宗教文化包罗万象,涉及人类社会生活各个方面,故众多学者从文化、哲学、社会、政治、经济、道德、艺术、文学、科学、法律、军事、心理、民俗、建筑、音乐、外交等多角度进行研究。宗教教育是宗教文化得以源远流长的基础,它以其独特的神圣性区别于其他传统教育和世俗学校教育,对人类文明的传承、人类遗产的保存、道德的规范、秩序的维持、人才的培养和社会的稳定等方面在客观上作出了重要贡献。在西南民族地区乡村社会各少数民族的教育中,宗教教育的地位与作用十分突出①。张诗亚认为:"有了宗教教育之后,以宗教观念为其核心构成部分的民族文化的、各种各样的种子观念方能得以代代相传,并最终形成独具特色的民族文化体系。"②西南民族地区的宗教有两种情况:一种是原始宗教;另一种是外来宗教。所谓原始宗教是指原始社会发展到一定阶段产生的以反映人和自然矛盾为主要内容的初期状态的宗教。它的表现形态多为植物崇拜、动物崇拜、天体崇拜等自然崇拜,以及与原始氏族社会存在结构密切相关的生殖崇拜、图腾崇拜和祖先崇拜等。其发展一般都经历了参与具体崇拜活动和形成抽象神灵观念的演变过程。外来宗教主要有佛教、天主教、伊斯兰教等,它们是以对神的崇拜作为其教义。在西南民族地区的世居民族中,除毛南族没有原始宗教信仰外,其余大多数世居少数民族均有本民族的宗教信仰,而表现在原始宗教中的自然崇拜、图腾崇拜、祖先崇拜又是主要的三种。布依族除有原始宗教和外来宗教外,还有一种摩教,是介于原始宗教和神学宗教之间的准人为宗教。由于明清时期西南民族地区乡村社会的各族民众不能接受正规的学校教育,因

①孙琥瑭:《社会主义时期我国少数民族地区宗教教育探论——以我国西南少数民族地区为例》,华侨大学 2007 硕士学位论文。

②张诗亚:《祭坛与讲坛》,云南教育出版社,1992 年版,第 136 页。

此,乡村社会的民众教育总和宗教教育结合在一起并依附于宗教,宗教历史就具有了教育的功能。在一些民族中,从事宗教活动的神职人员往往是本民族的教育者,宗教的祭坛往往是教育的讲坛,宗教活动的过程就是教育的过程。在乡村社会的传统教育中,宗教教育是重要的组成部分。宗教教育的内容包含了最早的人类生产生活经验、社会组织、家庭关系、婚姻形态等内容,其对民族传统文化的传承与保护功能在任何时候均不可替代。特别是在一些少数民族原始宗教里,几乎体现了对"神山""神树"及对动物的保护意识,约束了人们破坏生态平衡的欲望和行为,宣扬人与自然的和谐相处,与今天生态文明建设的思想不谋而合。这些内容与后来学校教育内容的有机融合,对弘扬民族文化、增强乡村社会各族民众对学校教育的认同感、增加少数民族学生学习动力无疑大有益处。

二、明清时期西南民族地区传统教育下的乡村社会与国家关系

如果说学校教育是强调对人在哲学层面开智的话,那么,传统教育则注重对人在生存方面的训练。在西南民族地区乡村社会,各民族传统教育即以家庭教育、家族教育、村寨教育、社会教育、习俗教育等为主要教育形式,采取以口传心授、师徒相授、父子家传等方式,传授本民族的传统文化知识、社会习俗、生产技能等内容。这些传统教育的形式、方式及内容,深刻地影响着西南民族地区乡村社会各民族民众的生活方式,塑造出不同时代不同民族的性格,有效地维护了西南民族地区乡村社会的稳定,巩固了中央王朝国家治理的成效。

(一)生产生活知识和劳动技能的教育成为西南民族地区乡村社会传
统教育的基本内容

在西南地区各少数民族的传统教育体系中,生产知识与劳动技能的教育具有十分突出的地位。因为在明清时期,对西南地区各民族而言,创造满足生存所需的基本物质条件是首要任务,这对生产力水平较低、经济发展相对滞后的西南地区乡村社会的少数民族而言尤其重要。生产生活知识和劳动技能是西南地区各世居民族进行传统教育的基本内容,因为它是民族成员适应自然环境、保持种族繁衍的前提;是民族求得生存、延续和发展的必要保证。同时,各民族民众掌握了生产生活知识和劳动技能后,不仅通过劳动创造满足生存所需的各种物资,而且还维护乡村社会的稳定,减轻民众对国家生活物资的依赖,也减轻了国家治理过程中的压力。西南地区各世居民族先民在长期的生产实践

中积累了丰富的经验,形成了包括天文历法、农耕技术、动物饲养、修建房屋、制造工具及各种手工艺的知识。① 这些知识的传授任务基本上是由西南地区各世居民族通过家庭教育和村寨教育来完成的。所以,西南地区少数民族十分重视从小向家族年轻成员传授生产生活知识和劳动技能。在不同类型的生态环境中,西南民族地区不同族群对其家族成员授以不同的生产知识与技能教育。如布依族村寨的儿童从小就跟着父母兄长在田里、地里或家里劳动,通过实践、观察、口传心记等方式先学会简单的放牛、割草、打柴、烧火、做饭等劳动技能。如在家里,父母兄长做饭时,一般让儿童在一边帮忙添柴、舀水、洗菜,他们通过观察学会了如何淘米、配置米水比例、烹食等。女孩一般到十岁左右便开始学习纺纱织布,十四五岁就能纺织各种各样的布。稍大后,男孩跟随父亲学习犁田、拣种、育秧、田间管理、收割等一系列的生产知识。女孩则要学习做家务、喂养牲口、纺织刺绣等技能。西南民族地区布依族有"择夫看犁田,相妻看纺织"的谚语,反映了布依族男耕女织、分工合作的生产习俗。苗族孩子七岁左右,就开始参加力所能及的劳动,诸如拾粪、割草、放牧等。十岁左右,西南地区苗族男女儿童的劳动教育便分化。女孩学习踩田、摘稻、薅秧苗、煮饭和照顾弟妹;此外,纺织、绣花、编鞋也是劳动教育的重要内容。男孩则要跟着父兄长辈学习砍伐、狩猎等。不论男女,幼辈都必须与长辈同一时间出门劳动。② 他们在生产劳动过程中,对其子女进行教育。③

在广西壮族地区,少数民族不仅从小就从事农业生产劳动,而且作为地方头人或土司还将屯田经验传给家族子孙。据广西忻城土司家族《莫氏宗谱》载:莫氏土司的始祖莫保被"罢管兵官,籍其屯兵为民,遂偕子孙亲丁数人移居忻城界时,年已老,惟适志畎亩,督率子弟力田……著有《力田箴》曰:'昔我江左巨族,今作粤西细民,汝其收甲兵之锋……将征战之力瘁厥锄犁,是货不弃地,食为所天,勿荒于嬉,山头岭角皆金珠,勿舍乃业,耕耘收获是根本,枬棻盛果羞之,祖考以此为孝,菽粟布帛贻之,来世以此为慈,物畜(储)然后有礼,末耜之利普矣,子若孙其勿忘乃训。'"当莫保年老后,"惟适志畎亩,督率子弟力田"。可是,莫保的子媳念念不忘昔日父辈为官千户时,自己过着纨绔子弟生活,不愿垦

　　①谭忠秀:《布依族社会变迁与家庭教育研究——贵州独山县中安村教育人类学个案研究》,中央民族大学 2006 年硕士论文。

　　②关荣华:《四川苗族教育研究》,《西南民族学院学报(人文社会科学版)》,1997 年第 5期,第 20-29 页。

　　③李良品,彭福荣,崔莉:《乌江流域民族地区教育发展史》,重庆出版社,2010 年版,第84-88 页。

殖,于是莫保作了《力田箴》告诫子孙:"山头岭角皆金珠,勿舍乃业,耕耘收获是根本。"这就是曾为土司的莫保将为官土千户二十七年的经验总结传及子孙,作为治家的法宝。有屯田经验传世的家族,稍有机会就扩大土地占有面积。在土地占有积年扩大的过程中,莫氏家族闲时磕头拜把、教悉子弟习功练武、重振家声,遂于徙居忻城后的六十年,即明宣德年间,在广西忻城就已成为有名望、有势力的富豪家族,即有钱有粮有武艺,并拥有武装力量的地方势力,于宣德二年至三年(1427—1428年)崭露头角。①

(二)国家主流价值观念成为西南民族地区乡村社会传统教育的核心

伦理道德与礼仪教育属于明清时期国家的主流价值观念,是西南民族地区各族人民对下一代进行传统教育的核心内容。在西南民族地区乡村社会的日常生活中,伦理道德与礼仪教育渗透主要是通过家长以身作则使儿童耳濡目染、模仿,在潜移默化中养成民族传统美德,也通过讲解、唱歌、谚语、民间故事、传说等向儿童灌输道德规范。② 从现有资料看,明清时期西南民族地区乡村社会国家主流价值观念的内容主要有以下几个方面。

1.尊老敬老教育

尊老敬老是中华民族的传统美德,也是西南民族地区乡村社会各族人民的传统美德。在川东南彭水县的《向氏家训》十九条中,开宗明义,将"孝亲""敬长"列于最前边:"孝亲第一。小不顺父母者,初犯宣入祠堂训之,再犯处以家法。唾骂父母者,鸣上按律治罪。逼辱父母者,鸣上按律治以重罪。敬长第二。触犯同姓尊长辈者,聚祠堂以家法治之;不服,以首犯尊长,上律合攻之。触犯异姓长辈者,或经投明,察其事实有,罚父兄辈语以敬顺之道。"③同样是在彭水县,在敖氏家族《公议家规禁约十则》之第一条也是尊老敬老教育,其内容是:"人以孝为本,圣贤教人,开口便言孝弟,凡人子于父母之前,务宜温柔恭顺,克敦孝敬之诚。倘子孙不遵家教,有忤逆父母并侮辱诸父兄者,该房长从重处责。如本房父任情纵逸,坐视不理,共同处罚户首,然后送上究处。古人有言曰,父子主恩,予职固所当遵。为父母者,犹当劳爱并行,以体其下。"④除了这些具有

①莫国胜:《广西忻城土官〈莫氏宗谱〉史实考》,转引自忻城县政协文史资料研究委员会:《忻城文史资料》第5辑,1997年版。
②谭忠秀:《布依族社会变迁与家庭教育研究——贵州独山县中安村教育人类学个案研究》,中央民族大学2006年硕士论文。
③《向氏宗谱》,清同治十一年(1872年)手抄本。
④《敖氏族谱》,民国二年(1913年)刻本。

明确的规定外,西南民族地区乡村社会各族民众均培养了良好的传统美德。例如:年轻人与老年人或长辈同行时,必须让长者走在前面;同行者有小孩时,也要让孩子走在前面,青壮年走最后。路上遇见老年人或长辈挑、抬东西时,如是顺路,必须为他们挑一段路程,甚至送到家中;路上碰见对面来了老人或长辈,必须急忙站在路边,且站在比较险陡不便的一边,让长辈先行过去。这种美德通过家长在日常生活细节上的言传身教,早已内化为西南民族地区各族民众的具体行动,并世代根植于西南民族地区各族人民的生活之中。

2.社会公德教育

在西南民族地区乡村社会,社会公德教育颇具特色。他们尤其讲究互助、公平、诚信、尊老爱幼,反对自私欺诈。如土家族地区曾经是夜不闭户,路不拾遗,"凡有誓约,以刀划竹数道或刻木为契";凡有交易借贷,将所易物品多寡、日期刻在手指大的木块上,"折而分之,彼此各藏其半以助信"。最具教育意义的是西南民族地区土家族的"赶仗"习俗和"毛古斯"表演中的"打猎"一节。西南民族地区土家族"赶仗"习俗由来已久,每到秋收完毕之后,人们便组织起来深入深山密林打猎。整个打猎活动中,大家都自觉遵守祖传下来的内部规矩:如在山里不得取走他人猎具,不准私取他人猎物,两班人联合在山中打猎时所获之物为两班人平分,按"围猎赶仗,见者有份"的原则平均分配猎物,体现土家先民互相照顾、互相体谅的美好道德。

3.婚恋及家庭道德教育

在西南民族地区各族民众心中,婚恋及家庭道德教育具有特别重要的地位。如土家族在恋爱、婚姻、家庭方面有着独特的道德观念,人们常借此来调节自身的行为,对全族成员进行教育,维持本民族的生存和发展。明清时期土家族男女在社会交往方面较自由,保持着原始质朴的关系。如"男女同行,不分亲疏;道途相遇,不分男女","半室高搭木床,翁姑子媳联为一榻,不分内外"。土家族青年男女崇尚自由恋爱,感情质朴、纯真,反对虚情假意和把爱情当作金钱的奴仆。在西南民族地区,很多家族善于利用族谱对本家族的后代进行婚恋及家庭道德等方面的传统教育。如渝东南的彭水县,很多家族的族谱均有该方面的内容。《庹氏家训》中有"结婚姻训",其内容为:"为人忠厚,门第清白,即可结婚姻。倘识见偶差,徒羡一时富贵,将有悔不及者。其家教不严,岁数不合,尤宜慎之,同姓之避,固不待言。"①

此外,在西南民族地区乡村社会各民族传统教育中还注重协作教育,这种

---

① 《庹氏家谱》,清同治八年(1869 年)手抄本。

教育主要通过日常生活中的各种大型活动来实现,如起屋上梁、婚丧嫁娶、栽秧打谷等。西南民族地区乡村社会农忙季节互相帮工换工,一村几家、几十家一组,家家都来互相帮忙,不计较得失,在互助协作中形成一种团结和睦的邻里关系。大凡每到起屋上梁、婚丧嫁娶、栽秧打谷时,远亲近邻都自觉相助。一家有事,众人出力,慷慨解囊,有的甚至全村全族人都出力,不计报酬,这其实也体现的是一种国家主流价值观念。①

(三)西南民族地区各民族家族教育维护了家族的稳定

在西南地区,也有利用家族力量通过碑刻形式进行家族教育的。如在今四川省会理县彰冠乡张古凉桥小学(原蔡家祠堂)曾有一块公立于清同治七年(1868年)的"禁止赌博碑"(现存会理县文管所),对教育蔡氏家族之人禁止赌博具有十分重要的作用。其碑文如下:

> 窃思戒赌之条,前人之述备矣。我洛阳家风,历祖以来,断未有公孙、父子、弟兄、叔侄同场聚赌,以败家声,至于如是。今与阖族约:自垂碑禁止后,倘族人仍有窝赌、邀赌、诱赌种种赌局,我祖宗定不愿有此子孙。世世族长、族正,重则定要禀官,照例究治;轻则入祠,以家法从事。敬录戒赌十条,以垂于后。一、坏心术。一入赌场,遂成利薮,只顾自己赢钱,哪管他人破产,心术岂不大坏? 二、丧品行。凡人贵贱高下各自不同。赌博场中,只问钱多钱少,那(哪)计谁贵谁贱。有何体统,成何品行? 三、伤性命。赢了乘兴而往,不分昼夜;输了拼命再来,那(哪)计饥寒。从此耗精疲神,损身丧命,岂不可伤? 四、玷祖宗。送了人的银钱,还笑浪子发呆;破了你的家产,转叹痴儿作孽。不能光宗耀祖,反致辱没门庭。五、失家教。赌博一事,引诱最易。父子博,兄弟博,白日赌,深夜赌。家教大坏,可为寒心。六、荡家产。始而气豪,则挥金如土;终而情急,则弃产如遗。衣裳典尽,田宅鬻完。想到此间,岂不可怜? 七、生事变。通宵出赌,彻夜开场。甚至浪子夤缘而生计,匪人窥伺以为奸。祸机所伏,岂不可虑? 八、离骨肉。士农工商,各勤职业。自入赌场,遂沉苦海。妻子吞声而饮恨,父母蒿目而攒眉。抚心自问,其何以安? 九、犯国法。赌博之禁,律例最严。轻则杖一百,枷两月;重则徒三年,流三千。士绅照例革斥,成何面目? 衙役加倍发落,须顾身家。与其事后而悔,何若先事而戒。十、遭天谴。历看开赌之

①李良品,彭福荣,崔莉:《乌江流域民族地区教育发展史》,重庆出版社,2010年版,第88-90页。

家,每多横祸;赢钱之辈,偏至奇穷。总由噬人血肉,饱我腹肠;敛彼怨恨,供我欢笑。所以鬼神怀愆,报复不肯稍宽;天道好还,彼此同归于尽。通场看来,更有何益。历观数条,俾世世子孙,触目惊心,最宜改悔矣。近来我族之中,多有不肖之徒,不务根本,而贪赌博。不论祖孙、叔侄、弟兄,打牌、掷骰、摇宝、弹钱,家家有交谪之声,幼子有效尤之惨。种种丑态,难以枚举。况乎场伙一毕,则见其当器卖物也,有人则见其倾家破产也,亦有人且见其抛妻别子流离他乡也,亦罔不有人。赌之害人,甚于水火贼盗,深为可悯也。是以阖族商议,勒碑刻石,永远禁止焉。俾我族中,老有所勉,少有所戒,勤耕苦读,型仁讲让,庶不忝南京家声(即今四川会理、西昌、德昌、冕宁等地明清时期汉族移民们所称的老家的声望)耳。

大清同治七年三月中旬吉日蔡族公立

古往今来,赌博均为社会恶习,为世人所痛恨。明清时期西南民族地区以宗法制度作为维系社会的重要手段,在乡村社会中一直具有很强的力量。四川省会理县的蔡氏家族为维护家族的稳定与繁荣,利用家族的力量来禁止族人参与赌博,在当时也是一种强有力的措施。①

在四川彭水的敖氏家族《公议家规禁约十则》之第三条"男女内外有别"云:"礼曰:内言不出乎外,外言不入乎内,此礼教之所以范围人伦也。朱子云,三姑六婆,实淫盗之媒。若妇女不遵母教,不别内外之嫌者,此夫纲之不振也。至男子不遵礼法,踞坐他人房室,或饮酒唱歌,谑浪笑傲,夜深不休者,紊乱风化,殊属可恶。果有此事,该同居户长处罚禁杜。若妇女恃刁泼赖,如溺水服毒等类,虽致身罹不救,亦不干累事主。"在第五条关于"婚姻"方面则有如下内容:"婚姻为王化之源,必当择其门户相当,男女相配者婚之可也。朱子云:嫁女择佳婿,勿索重聘;娶媳求淑女,勿计厚奁。至俗有冥顽、父兄贪图金赂,有鬻女为婢妾,鬻子为奴为仆者,皆非世家礼法。我族历世淳良,前无此弊,然恐人丁繁衍,习久弊生,不得不预为禁杜。曾见世有兄纳弟妇,弟收兄嫂者,此乱伦背理,大干律究,尤须严戒,以端伦纪。"②这种家族教育主要是教育一个家族之内的所有人必须和睦相处、团结互助、齐心协力、各尽所能,以维持整个家族的发展和传统社会的稳定。

---

①凉山彝族自治州博物馆,凉山彝族自治州文物管理所:《凉山历史碑刻注评》,文物出版社,2011年版,第175页。

②《庹氏家谱》,清同治八年(1869年)手抄本。

（四）西南民族地区各民族历史文化教育传承了本民族的优秀文化

西南民族地区各民族在从事传统教育时,都注重对本民族的历史与文化教育,其目的在于培养民族的自尊心与自豪感,不致使后代因历史变迁而数典忘祖。苗族有句俗语:"前人不摆古,后人忘了谱。"由于苗族没有文字,也没有纯绘画性的艺术,因此,苗族就利用服饰形象化地记录了本民族的历史。苗族妇女服饰上所使用的大量缅怀祖先的创世图案、祭祀图案和记载先民悲壮历史的战争迁徙图案使苗族的历史在另一种形式上得以保存,而苗族的银饰不仅是苗族历史的载体,更是教育后代的最好素材。西南民族地区苗族发展的历史,是一部命运抗争的历史。为了不忘记自己的历史,苗族将历史浓缩在少女的银饰盛装上。苗族是一个有着特殊历史的民族,他们从中原大地迁徙到洞庭湖畔,又逐渐迁徙到武陵山区,再辗转迁徙到整个黔东、黔中、黔西北地区,有的甚至迁徙到了云南和广西。在漫长的迁徙和不断的战争中,苗族是悲壮的失败者,他们一次次地被逐出家园,背井离乡,一路奔波。这种反复重演的历史悲剧,在苗族心灵中留下了深刻的印记。他们将其流传于《古歌》中,再现于服饰上,使其得以保存自身的民族个性。① 侗族人利用史诗《起源之歌》的前部分,将侗族先民对社会、对客观世界的看法及社会生活的演变,包括迁徙定居、社会组织、婚姻制度、习俗风尚等充分地反映出来。西南地区的一些少数民族,善于利用能够传承民族传统、规范群体言行的民族风俗来进行传统教育。众所周知,民俗大体包括民间所流行的各种衣食住行、生养嫁娶、生产技艺、人生礼仪、岁时节令、宗教信仰、伦理道德、丧葬禁忌、民间文学等风土人情和习惯礼俗。民俗的传统教育功能能够推动民族文化的发展和进步。如布依族家庭若有老人去世,因相信灵魂能升天成仙,要有一个开路仪式。请"先生"(摩师)来为死者开路,超度死者。布依族摩师有一本"开路科"的书,书中有五言体、七字句,非常押韵,近万行,一直要念到第二天出殡,其内容是从开天辟地起,叙述日月的形成、万物的来源、布依族的来历、各种节日的起因等。开路到半夜,死者的晚辈都要来为死者"上粮"(据说粮上得越多,死者升天后就越富裕),这样,整个仪式又使西南民族地区布依族年轻人重温了本民族的历史。又如,农历六月六日是布依族传统节日,各村寨都举行"祭盘古,供祖先"活动,布依族父母在过节时就会给儿童讲解节日的来历,长辈给布依族儿童讲《开天辟地》《造万物歌》等

---

① 李良品,彭福荣,崔莉:《乌江流域民族地区教育发展史》,重庆出版社,2010年版,第91页。

反映人民与大自然搏斗或布依族英雄人物的神话传说,使布依族祖先的故事被其子孙后代所传承。

（五）西南民族地区各民族传统信仰具有多重价值

传统信仰主要是指民众自发地对具有超自然力的精神体的信奉与尊重。它包括原始宗教在民间的传承、人为宗教在民间的渗透、民间普遍的俗信以及一般的民众迷信。传统信仰在西南民族地区乡村社会广泛存在,它属于民众自发性的一种情感寄托及伴随着精神信仰而发生的行为和行动。"原始宗教是在原始社会自然产生的,是以灵魂信仰为特征,以自然崇拜及其与之相关的巫术、禁忌仪式等为主要内容的宗教形式。原始宗教随着社会的进步,虽然已发生很大的变化,但在民间仍然不同程度地存在并发挥着作用。"①随着儒家文化传播的不断深入,西南民族地区的汉族及少数民族逐渐接受了佛教、道教及其他外来宗教的影响,甚至引发了因宗教而差生的剧烈冲突。传统信仰的文化体系包括信仰、仪式和象征三个不可分开的体系。在长期的历史发展过程中,传统的信仰、仪式和象征,不仅影响着占中国社会大多数的一般民众的思维方式、生产实践、社会关系和政治行为,而且还与上层建筑和象征体系的构造形成微妙的冲突和互补关系。西南民族地区的传统信仰主要包括自然神信仰、原始信仰、人神信仰、鬼神崇拜等类型。人们通过这些传统信仰以实现其多重独特的价值。

1.道德教化价值

传统信仰借助于有神论和万物有灵论等阐述的某些道德价值观念仍有一定的合理性。如祖先崇拜是我们最常见、最普遍的传统信仰。在祭祖中,一方面希望祖先有灵,保佑家人平安和幸福;另一方面是缅怀祖先的养育之恩,以增强家庭团结,强化家庭成员尊老爱幼的家庭美德。如西南民族地区很多少数民族很早就对大自然中最有力量的,对生产有积极作用的自然物和自然力产生崇拜,如对土地、天体（如日、月、星）的崇拜,对自然现象（如雷、电、云、雾、风等）、山、石、河、水、火等的崇拜。苗族祭祀太阳神、月亮神、雷神、风神、火神、河神、土地神、水井神、桥头神、田神、寨神、牛栏神等的崇拜,就是意识落后于存在的反映。同时,在传统信仰中人们崇拜的许多地方神,一般都是当地传说中那些见义勇为、匡扶正义、与人为善、助人为乐的世人楷模转化而成的,对他们的祭祀,可以培养人们一种良好的思想品质,自觉约束自己的不良行为,起到道德教化的作用。

---

① 佟德富:《中国少数民族原始宗教概述》,《世界宗教研究》,1997 年第 3 期,第 139-147 页。

2.社会控制价值

社会控制是指社会组织利用社会规范对其成员的社会行为实施约束,使之遵循社会规范、维护社会秩序的过程。从社会控制的方式上讲,利用传统信仰虽然是一种软控制,但它对人们的行为的确有指导和约束作用,这表现为违背习俗的人常常会受到周围人的嘲笑、攻击和孤立。传统信仰是西南民族地区乡村社会控制民族的一种力量,是维持民间社会秩序的一种工具,其社会控制手段主要表现在两个方面:第一,通过一些具有地方特色的民间祭祀等文化活动实现积极有效的控制;第二,通过传统信仰中的一些禁忌和民俗信仰来规范人们的行为,起到自律的作用。① 如苗族的祖先崇拜能使苗族个体成员依赖于自己的祖先和居住的"鼓社",希望自己祖先的灵魂能够照顾自己。同时,祖先崇拜能使个体成员相信祖灵能够监视自己在现实世界的行为,如果违背共同体社会秩序,将会遭到祖先们的惩罚,带来疾病与灾难。传统信仰的社会控制作用不可低估。在今四川省德昌县昌州村还保留着一块清同治元年(1862年)的"禁山碑",其碑文内容如下:②

> 尝恩物本乎天,人本乎祖,所以豺獭不忘本也。而人品列三才,岂不如物之知报本乎。是则木本水源,亦我嗣后之所深念也。如我祖自洪武随任大将军创业于斯,辛苦莫极,然所重念者,莫若茔山一所。非特为祖宗之吉穴,实为子孙万亿之归身,言念及此茔山所当禁惜,阴盛而阳自盛矣。自兹已往,诚心禁惜者,子孙发达,科名世第;如有昧心灭祖砍伐茔山者,生则缺少衣食,远则子孙灭绝。善者余庆,恶者余殃。茔山禁铲火土,大小树木不准剔枝砍伐。如有偷砍,拿获凭族处罚,刁毫者禀官究治。
>
> 大清同治元年二月十二日众族立

在渝东南地区也同样有这种传统信仰的讲究,据《酉阳县志》载:酉阳县人大凡碰到赖账、偷东西等事件发生,一方说另一方借东西不还;或者东西失掉,怀疑某人拿去,而又找不出充分的证据,在这种情况下,一方提出用赌咒的办法解决,另一方为证明自己的清白,也愿意用这种请"神"来判断是非的办法。于是双方到庙里找一位神像,双方发誓说如果做了坏事,今后会遭什么报应的话,

---

①陈旭霞:《民间信仰》,河北人民出版社,2009年版,第124页。

②凉山彝族自治州博物馆,凉山彝族自治州文物管理所:《凉山历史碑刻注评》,文物出版社,2011年版,第159页。

然后宰鸡头表明心迹。①　这种习俗虽然不科学,但确能够起到抚慰信仰者的心灵痛苦、规范信仰者的行为举止的作用。

3.民族认同价值

所谓民族认同,是指民族成员对自己民族归属的自觉认知和情感依附。民族认同是群体认同的一种,但它与其他认同相比,有两个特殊点:其一,民族认同的基础是民族文化;其二,民族认同的归宿指向是血统渊源。鉴于这两点,传统信仰中的共同的祖先祭祀、图腾崇拜、节庆仪式等,都是产生民族认同的重要文化因素。在今四川省德昌县先峰村曾家坟山还矗立着一块刻于清咸丰五年(1855 年)的"禁山碑",其碑文是:

> 盖闻万物本乎天,人本乎祖,木本水源,人所同也。报本追源,理所当然。墓木虽拱,形骸犹存,对此枯骨祖宗之灵,实式凭之,奈何以祖宗重地作牧牛之场,思保世以滋大,岂本实之先拨合族同心共议,齐立禁碑以酬祖宗之德,庶几克昌,奕叶绵长。所有条规开列于后:一不准纵畜践踏坟地。一不准擅行砍伐树木。一不准铲挖坟园草木。以上条规,有犯勿怪。
>
> 咸丰五年旃蒙单阏夹钟吉旦同立

这块碑的核心内容是鉴于"人本乎祖"的族群认同,最终达到"酬祖宗之德,庶几克昌,奕叶绵长"的目的,对于彝族的家支教育确实有着重大意义。众所周知,民族(或族群)认同发生的前提在于民族之间的交往,通过交往形成他族不同于我族的对比感,从而确立自己的群体归属。

第二节　学校教育

明清时期西南民族地区是"蛮汉分治"框架下"因俗而治"的国家行政区,当时该地区的学校教育是根据中央政府政策法令办理的,以统治王朝官方意识形态的儒学教条为内容的各类官学、官学化书院、社学及义学等多种形式的教育。

一、明清时期西南民族地区的学校教育

明代是我国从"亚洲的中国"走向"世界的中国"的过渡时期。在这个历史

---

①《酉阳县志》编纂委员会:《酉阳县志》,重庆出版社,2002 年版,第 614 页。

时期,中央王朝在西南、中南及西北地区设置了众多的土司。据《明史》《大明会典》《明实录》《蛮司合志》等史籍的记载以及龚荫先生的统计,现将明代全国设置的武职土司和文职土司数量列表,如表9.1所示①。

表 9.1　明代全国土司设置一览表

单位:家

类　型	四　川	云　南	贵　州	广　西	广　东	湖　广	合　计
武职土司	326	179	203	28	—	79	815
文职土司	18	255	41	309	22	3	648
合　计	344	434	244	337	22	82	1 463

由表9.1可见,明代中央政府在全国设置土司数量较多,学界将这些地区称西南民族地区。明太祖朱元璋建立明朝后,针对"中国历代以来,对西南羁縻地域,甚少推行文教,久之蛮夷与内地人民智识差别尤殊"的实际,担忧"隔阂日深,向化日难,一旦中原变乱,则蛮夷尽皆背弃朝廷"的现象出现,于是"逐渐开设儒学,施行教化",进而实现变"蛮夷为夏"②的目的。

(一)明清时期西南民族地区学校教育快速发展的表征

明清时期西南民族地区学校教育多由官方直接办理,受到政府的直接控制。因此,学校教育是明朝廷对西南民族地区民众进行儒学教化最重要,也是最得力的工具。

朱元璋建立明朝后,十分强调学校对社会移风易俗的教化作用,并针对元末"上下之间,波颓风靡,学校虽设,名存实亡"的弊端,提出"治国以教化为先,教化以学校为本"的主张,于是,在洪武二年(1369年)发布的《命郡县立学校诏》中,强调学校的目的在于"育人才、正风俗",令天下郡县(包括西南民族地区)"并建学校"。③于是,明初全国各地广设学校,形成了超越以往任何一个朝代的官学教育系统,形成了"无地而不设之学,无人而不纳之教"(《明史·选举志》)的局面。在这种情况下,西南民族地区的学校教育如雨后春笋般迅速发展起来。

---

①龚荫:《中国土司制度史(上)》,四川人民出版社,2012年版,第134-137页。
②黄开华:《明清时期土司制度设施与西南开发》,转引自《明清时期土司制度》,台湾学生书局,1968年版,第166页。
③钱伯诚:《全明文》,上海古籍出版社,1992年版,第355页。

1.西南民族地区大肆建立官学

所谓官学,是指中国古代官府举办和管辖的学校。由朝廷直接举办和管辖的学校称为中央官学,凡按行政区域在地方设置的学校称为地方官学。[1] 地方官学是指各级地方政府依中央政府的诏令而设立的府学、厅学、州学、县学、卫学。在封建王朝的教化体系中,地方官学是其中的重要组成部分,承担着教化、教育、礼仪、科举等多方面的职能。[2] 据有关学者不完全统计,有明一代,西南民族地区建立官学120所,其中湖广1所、四川14所、云南65所、贵州31所、广西9所。[3] 详见表9.2。

表 9.2　西南民族地区明代儒学发展一览表

儒学名称	学 址	兴建经过	资料来源
施州卫学	湖广施州卫	洪武十八年(1385 年)建	《湖北通志》卷五十七
马湖府学	四川马湖府	永乐十年(1412 年)重建	《明一统志》卷七
真安州学	四川真安州	万历三十年(1602 年)	《嘉庆重修一统志》卷五百一十一
松潘卫学	四川松潘卫	景泰三年(1452 年)建	《明一统志》卷七十二
叠溪守御军民千户所学	四川都司治	洪武十九年(1386 年)重修	《明一统志》卷七十二
监井卫学	四川监井卫	洪武二十九年(1396 年)建	《明一统志》卷七十二
宁番卫学	四川宁番卫	洪武二十八年(1395 年)建	《明一统志》卷七十二
越巂卫学	四川越巂卫	洪武二十八年(1395 年)建	《明一统志》卷七十二
茂州学	四川茂州	宣德八年(1433 年)建	《嘉庆重修一统志》卷四百一十五
汶川县学	四川汶川县	嘉靖二年(1523 年)建	《嘉庆重修一统志》卷四百一十五
乌撒卫学	四川乌撒城	正统八年(1443 年)建	《嘉庆重修一统志》卷五百零九
镇雄府学	四川镇雄府	嘉靖中建	《嘉庆重修一统志》卷四百九十
罗次县学	云南罗次县	万历二十一年(1593 年)建	《嘉庆重修一统志》卷四百七十六
禄丰县学	云南禄丰县	隆庆元年(1567 年)建	《嘉庆重修一统志》卷四百七十六
易门县学	云南易门县	万历中建	《嘉庆重修一统志》卷四百七十六
大理府学	云南大理府	洪武十五年(1382 年)置	《太祖实录》卷一百四十四

---

[1]教育大辞典编纂委员会:《教育大辞典》卷八,上海教育出版社,1991 年版,第 20 页。

[2]李良品,彭福荣,崔莉:《西南民族地区教育发展史》,重庆出版社,2010 年版,第 158-159 页。

[3]黄开华:《明清时期土司制度设施与西南开发》,转引自《明清时期土司制度》,台湾学生书局,1968 年版,第 179-204 页。

儒学名称	学　址	兴建经过	资料来源
赵州学	云南赵州	洪武十八年（1385年）建	《明一统志》卷八十六
邓川州学	云南邓川州	洪武十七年（1384年）建	《明一统志》卷八十六
实川州学	云南实川州	嘉靖中建	《明一统志》卷八十六
太和县学	云南太和县	洪武二十七年（1394年）建	《明一统志》卷八十六
云南县学	云南县治南	洪武十八年（1385年）建	《明一统志》卷八十六
浪穹县学	云南浪穹县	洪武十七年（1384年）建	《明一统志》卷八十六
云龙州学	云南云龙州	永乐十七年（1419年）设	《成祖实录》卷一百一十三
临安府学	云南临安府	洪武十六年（1383年）建	《明一统志》卷八十六
建水州学	云南建水州	万历四十三年（1615年）建	《嘉庆重修一统志》卷四百七十九
石屏州学	云南石屏州	洪武二十二年（1389年）建	《明一统志》卷八十六
阿迷州学	云南阿迷州	洪武二十二年（1389年）建	《明一统志》卷八十六
宁州学	云南宁州	洪武二十三年（1390年）建	《明一统志》卷八十六
通海县学	云南通海县	洪武二十五年（1392年）建	《明一统志》卷八十六
河西县学	云南河西县	洪武二十九年（1396年）建，在县治东	《明一统志》卷八十六
翊峨县学	云南翊峨县	永乐十一年（1413年）建	《明一统志》卷八十六
蒙自县学	云南蒙自县	洪武二十七年（1394年）建	《明一统志》卷八十六
楚雄府学	云南楚雄府	洪武十七年（1384年）设	《太祖实录》卷一百六十三
镇南州学	云南镇南州	永乐四年（1406年）设云南镇南州儒学	《成祖实录》卷四十三
南安州学	云南南安州	洪武二十七年（1394年）建	《明一统志》卷八十六
楚雄县学	云南楚雄府	永乐元年（1403年）建	《明一统志》卷八十六
广通县学	云南广通县	正统年间建	《明一统志》卷八十六
定远县学	云南定远县	嘉靖二十六年（1547年）建	《嘉庆重修一统志》卷四百八十
姚安军民府学	云南姚安府	永乐初建	《明一统志》卷八十七
大姚县学	云南大姚县	嘉靖初建	《明一统志》卷八十六
澂江府学	云南澂江府	洪武十六年（1383年）重修	《明一统志》卷八十六
新兴州学	云南新兴州	明建	《明一统志》卷八十六
江川县学	云南江川县	明建	《明一统志》卷八十六

续表

儒学名称	学　址	兴建经过	资料来源
河阳县学	云南河阳县	天启六年（1626年）建	《嘉庆重修一统志》卷四百八十一
路南州学	云南路南州	嘉靖三十一年（1552年）建	《嘉庆重修一统志》卷四百八十一
顺宁府学	云南顺宁府	明建	《嘉庆重修一统志》卷四百八十一
曲靖府学	云南曲靖府	洪武十七年（1384年）建	《嘉庆重修一统志》卷四百八十四
南宁县学	云南南宁县	洪武十七年（1384年）建	《明一统志》卷八十七
霑益州学	云南霑益州	弘治间建	《明一统志》卷八十七
平夷卫学	云南平夷卫	嘉靖中建	《明一统志》卷八十七
陆凉州学	云南陆凉卫	嘉靖二十一年（1542年）建	《嘉庆重修一统志》卷四百八十四
罗平州学	云南罗平州	万历十五年（1587年）建	《嘉庆重修一统志》卷四百八十四
马龙州学	云南马龙州	嘉靖二十一年（1542年）建	《嘉庆重修一统志》卷四百八十四
寻甸府学	云南寻甸府	正德十二年（1517年）设	《武宗实录》卷一百八十四
鹤庆府学	云南鹤庆府	正德十一年（1516年）建	《明一统志》卷八十七
顺州学	云南顺州	永乐十五年（1417年）设	《成祖实录》卷一百零四
剑川州学	云南剑川州	洪武二十三年（1390年）建	《嘉庆重修一统志》卷四百八十五
元江府学	云南元江府	洪武二十五年（1392年）设	《太祖实录》卷二百二十三
新平县学	寄元江府学	明建	《嘉庆重修一统志》卷四百九十三
永昌府学	云南永昌府	正统九年（1444年）建	《明一统志》卷八十七
腾越州学	云南腾越州	嘉靖中建	《明一统志》卷八十七
保山县学	云南保山县	嘉靖十一年（1532年）建	《嘉庆重修一统志》卷四百八十七
永平县学	云南永平县	嘉靖间建	《明一统志》卷八十七
广西府学	云南广西府	万历中迁建	《嘉庆重修一统志》卷四百九十一
师宗州学	云南师宗州	崇祯三年（1630年）建	《嘉庆重修一统志》卷四百九十一
弥勒州学	云南弥勒州	明建	《嘉庆重修一统志》卷四百九十一
武定府学	云南武定府	隆庆三年（1569年）建	《嘉庆重修一统志》卷四百九十二
元谋县学	云南元谋县	天启三年（1623年）建	《嘉庆重修一统志》卷四百九十二
禄劝州学	云南禄劝州	崇祯三年（1630年）建	《嘉庆重修一统志》卷四百九十二
镇沅府学	云南镇沅府	明建	《嘉庆重修一统志》卷四百九十四
景东卫学	云南景东卫	正统七年（1442年）建设	《明一统志》卷八十七
景东府学	云南景东府	万历十五年（1587年）迁建	《嘉庆重修一统志》卷四百九十五

儒学名称	学　址	兴建经过	资料来源
蒙化府学	云南蒙化府	洪武十五年（1382年）置	《太祖实录》卷一百四十四
北胜州学	云南北胜州	明建	《嘉庆重修一统志》卷四百九十七
贵阳府学	贵州贵阳府	隆庆三年（1569年）建	《明一统志》卷八十八
新添卫学	贵州新添卫	正统九年（1444年）建	《明一统志》卷八十八
龙里卫学	贵州龙里卫	宣德八年（1433年）建	《明一统志》卷八十八
敷勇卫学	贵州敷勇卫	崇祯二年（1629年）建	《明一统志》卷八十八
定番州学	贵州定番州	万历十四年（1586年）改为州学	《明一统志》卷八十八
平浪卫学	贵州平浪卫	洪武二十八年（1395年）设	《太祖实录》卷二百四十一
安顺府学	贵州安顺府	洪武中建	《嘉靖重修一统志》卷五百零一
镇宁州学	贵州镇宁州	正统八年（1443年）建卫学，后改州学	《嘉庆重修一统志》卷五百零一
平坝卫学	贵州平坝卫	宣德八年（1433年）建在卫城内西	《明一统志》卷八十八
威清卫学	贵州威清卫	宣德八年（1433年）建在卫城东	《明一统志》卷八十八
都匀府学	贵州都匀府	洪武二十八年（1395年）设	《太祖实录》卷二百四十一
清平卫学	贵州清平卫	宣德七年（1432年）建	《明一统志》卷八十八
赤水卫学	贵州赤水卫	正统五年（1440年）建	《明一统志》卷七十二
镇远府学	贵州镇远府	永乐十二年（1414年）建	《明一统志》卷八十八
镇远县学	贵州镇远县	明建	《嘉庆重修一统志》卷五百零三
偏桥卫学	贵州偏桥卫	明建	《嘉庆重修一统志》卷五百零三
兴隆卫学	贵州黄平州	明建	《嘉庆重修一统志》卷五百零三
平越府学	贵州平越府	正统中建卫学	《清一统志》卷八十八
黎平府学	贵州黎平府	永乐十一年（1413年）建	《明一统志》卷八十八
五开卫学	贵州五开卫	明建	《嘉庆重修一统志》卷五百零八
铜鼓卫学	贵州铜鼓卫	明建	《嘉庆重修一统志》卷五百零八
毕节卫学	贵州毕节卫	正统三年（1438年）建	《明一统志》卷八十八
安南卫学	贵州安南卫	嘉靖十八年（1539年）建	《嘉庆重修一统志》卷五百一十

续表

儒学名称	学　址	兴建经过	资料来源
思南府学	贵州思南府	永乐十二年(1414年)建于府治北	《明一统志》卷八十八
婺川县学	贵州务川县	嘉靖间建	《嘉庆重修一统志》卷五百零四
印江县学	贵州印江县	万历中建	《嘉庆重修一统志》卷五百零四
石阡府学	贵州石阡府	永乐十三年(1415年)建	《明一统志》卷八十八
思州府学	贵州思州府	永乐十六年(1418年)建	《明一统志》卷八十八
平溪卫学	贵州平溪卫	正德中建	《嘉庆重修一统志》卷五百零六
铜仁府学	贵州铜仁府	永乐十三年(1415年)建	《明一统志》卷八十八
铜仁县学	贵州铜仁县	永乐十三年(1415年)建	《嘉庆重修一统志》卷五百零七
上思州学	广西上思州	正德十一年(1516年)设	《武宗实录》卷一百四十
永宁州学	广西永宁州	万历八年(1580年)建	《嘉庆重修一统志》卷四百六十一
思恩府学	广西思恩府	万历六年(1578年)建	《嘉庆重修一统志》卷四百六十五
太平府学	广西太平府	洪武三十年(1397年)建	《明一统志》卷八十五
养利州学	广西养利州	嘉靖中建	《明一统志》卷八十五
左州学	广西左州	嘉靖中建	《明一统志》卷八十五
永康州学	广西永康州	万历三十年(1602年)建	《嘉庆重修一统志》卷四百七十二
思明府学	广西思明府	万历三十三年(1605年)设	《国榷》卷八十
河池州学	广西河池州	弘治十七年(1504年)建，崇祯末毁	《嘉庆重修一统志》卷四百六十四

　　从表9.2可见,明代地方官学,按地方行政区域及军队编制划分,有府学、州学、县学、卫学,以及在乡镇设立的社学、为孤贫儿童及少数民族子弟设立的义学①。笔者翻检《四库全书》中的《四川通志·学校志》《云南通志·学校志》及《贵州通志·学校志》后发现,这三省的儒学名称不尽相同。如四川省一律称儒学,它并不因行政级别高低取名不一。而云南省的儒学一律称庙学,贵州省的府、州、县儒学则一律省去"儒"字,这是区别之一。区别之二,四川境内少数民族聚居之地的儒学称土司儒学或卫学,如酉阳司儒学、九姓司儒学、雷波卫儒学、松潘卫儒学等,而云南、贵州二省则无此称谓②。当然,如果从广义的西南民

---

①孙培青:《中国教育史》,华东师范大学出版社,2000年版,第258页。
②《四库全书》卷五百五十九,五百六十九,五百七十一,上海古籍出版社,1987年版。

族地区来统计明代官学,其数据又会有较大变化。如贵州省的官学,张羽琼教授的统计则有 60 所,其中土司儒学 8 所、府学 13 所、县学 11 所、州学 4 所、卫学 24 所。[1]

　　清代西南民族地区的官学教育,随着社会形势的变化分为两个阶段。第一阶段,从清初至鸦片战争。此期间基本沿袭明代旧制,学校与科举平行,教育为科举服务。官府在西南民族地区主办的官学主要是儒学,办学规模较明代有所扩大。据统计,至清末新式学堂建立前,云南全省各地儒学在明代基础上增加到 101 所,其中府学 14 所、州学 29 所、县学 34 所、厅学 12 所、提举司学 3 所,以及光绪八年(1882 年)经奏准添设、定有学额而一直未建庙的厅学、县学 9 所。[2] 清朝中央政府对西南民族地区的生员名额特作规定:顺治四年(1647 年),"又定直省各学廪生,府学 40 名,州学 30 名,县学 20 名,卫学 10 名。增广生额数同。(顺治)九年定每乡置社学,择文义通晓,行谊谨厚者充补"[3]。据《同治重修酉阳直隶州总志》载:"酉阳州学额进八名,廪增各 20 名,二年一贡";"秀山学额进 8 名,廪增各 16 名,三年一贡";"黔江县学额文武八名,廪增生各 20 名,二年一贡"。[4] 清代统治者在西南少数民族地区大力发展和管理官学,使中国封建时代的西南地区民族教育达到全盛时期。其中最为显著的标志是天启《滇志》卷三所言的"士知向学,科第相仍",人才辈出。蓝勇先生统计,云、贵、川三省清代涌现了许多进士:云南 618 名,贵州 560 名,四川 740 名。[5] 在这 1 918 名进士中,有很大一部分是少数民族。尤其值得指出的是,土司时期州县一类的官学是以地方官家子弟为培养对象,平民子弟被拒之门外。这种以"官家子弟为特定的培养对象,实际上是教育上一种特权的体现与反映"[6]。"改土归流"之后,中央政府对西南民族地区官学实行学额限制,其读书对象已扩大到社会上中下层的子弟,而不再局限于少数官家子弟,这对于乡村社会的发展起到了十分重要的作用。

　　第二阶段,从鸦片战争至辛亥革命。这一期间,由于帝国主义列强的侵略和外国资本主义的入侵,中国社会从一个独立的中国变成了半殖民地半封建的

---

①张羽琼:《贵州古代教育史》,贵州教育出版社,2003 年版,第 93 页。

②古永继:《清代云南官学教育的发展及其特点》,《云南社会科学》,2003 年第 2 期,第 92-96 页。

③《四库全书》卷五百六十九,上海古籍出版社,1987 年版,第 216 页。

④王鳞飞等:《同治增修酉阳直隶州总志》,巴蜀书社,1992 年版,第 313-315 页。

⑤蓝勇:《西南历史文化地理》,西南师范大学出版社,1997 年版,第 133 页。

⑥陈谷嘉、邓洪波:《中国书院制度研究》,浙江教育出版社,1997 年版,第 434 页。

国家。内忧外患的严重局势,使统治者认识到"非兴学不足以图强"。于是在清末几十年间,洋务学堂、维新学堂、新政学堂先后开办,西南民族地区与全国一样,当时的儒学、书院、义学相继改为学堂。光绪三十一年(1905年)八月,清廷下诏"立停科举以广学校";从次年开始,所有科考立即停止。此后,高、中、初及师范、实业等各类教育纷纷兴起,教学内容改设不少与社会生活及国计民生相关的知识学科。延续1300年之久的科举制度及长期的封建教育形式宣告结束,以日本和西方资产阶级学校教育为模式的中国近代教育制度正式登上历史舞台。①

2.西南民族地区积极发展书院

书院是我国古代一种特有的教育组织形式,起于唐末和宋代,盛行于明代,清代继之。自南宋绍兴年间在今贵州沿河创办栾塘书院至光绪三十一年(1905年)全国废止书院,这种教育形式在西南民族地区一直延续了760年,为民族地区的开化与发展作出了重要贡献。黄开华统计,明代西南民族地区的书院仅有49所,其中云南33所、贵州14所、广西2所。② 详见表9.3。

表9.3 西南民族地区明代书院发展一览表

书院名称	书院地址	兴建经过	资料来源
五华书院	云南昆明县西北	嘉靖中建	《嘉庆重修一统志》卷四百七十六
玉泉书院	云南赵州	嘉靖中建	《嘉庆重修一统志》卷四百七十八
象山书院	云南邓川州	嘉靖中建	《嘉庆重修一统志》卷四百七十八
源泉书院	云南宾川	嘉靖中建	《嘉庆重修一统志》卷四百七十八
桂林书院	云南宾川	嘉靖中建	《嘉庆重修一统志》卷四百七十八
秀峰书院	云南宾川	嘉靖中建	《嘉庆重修一统志》卷四百七十八
青华书院	云南县	正德中建	《嘉庆重修一统志》卷四百七十八
五云书院	云南县	嘉靖中建	《嘉庆重修一统志》卷四百七十八
宁州书院	云南浪穹县	正德中建	《嘉庆重修一统志》卷四百七十八
龙华书院	云南浪穹县	弘治中建	《嘉庆重修一统志》卷四百七十八
崇正书院	云南建水县西门	嘉靖间建	《嘉庆重修一统志》卷四百七十九
龙泉书院	云南石屏州治	万历间建	《嘉庆重修一统志》卷四百七十九

①古永继:《清代云南官学教育的发展及其特点》,《云南社会科学》,2003年第2期,第92-96页。

②黄开华:《明清时期土司制度设施与西南开发》,转引自《明清时期土司制度》,台湾学生书局,1968年版,第179-204页。

书院名称	书院地址	兴建经过	资料来源
栋川书院	云南姚安府	正德中建	《嘉庆重修一统志》卷四百八十
日新书院	云南大姚县	嘉靖中建	《嘉庆重修一统志》卷四百八十
龙泉书院	云南大姚县	嘉靖中建	《嘉庆重修一统志》卷四百八十
南峰书院	云南大姚县	嘉靖中建	《嘉庆重修一统志》卷四百八十
龙冈书院	云南大姚县	嘉靖中建	《嘉庆重修一统志》卷四百八十
南中书院	云南姚安府	万历中建	《嘉庆重修一统志》卷四百八十
汲泉书院	云南南安州	万历中建	《嘉庆重修一统志》卷四百八十
澄心书院	云南河阳县东	隆庆中建	《嘉庆重修一统志》卷四百八十一
点苍书院	云南河阳县县西	嘉靖中建	《嘉庆重修一统志》卷四百八十一
兴古书院	云南南宁县	天启间建	《嘉庆重修一统志》卷四百八十四
复性书院	云南鹤庆府治南	隆庆间建	《嘉庆重修一统志》卷四百八十五
金华书院	云南剑川州城	隆庆间建	《嘉庆重修一统志》卷四百八十五
北池书院	云南元江府治北	嘉靖中建	《嘉庆重修一统志》卷四百九十三
保山书院	云南永昌府	嘉靖间建	《嘉庆重修一统志》卷四百八十七
永保书院	云南永昌府	嘉靖间建	《嘉庆重修一统志》卷四百八十七
见罗书院	云南保山县治	万历间建	《嘉庆重修一统志》卷四百八十七
博南书院	云南永平县学前	万历间建	《嘉庆重修一统志》卷四百八十七
文峰书院	云南禄劝州南	万历中建	《嘉庆重修一统志》卷四百九十二
武阳书院	云南禄劝州西	万历中建	《嘉庆重修一统志》卷四百九十二
新城书院	云南景东府治	万历中建	《嘉庆重修一统志》卷四百九十五
明志书院	云南蒙化府城外	弘治中建	《嘉庆重修一统志》卷四百九十六
阳明书院	贵州贵阳府城内	隆庆五年（1571年）建	《嘉庆重修一统志》卷五百
渔碳书院	贵州贵阳府城南	嘉靖中建	《嘉庆重修一统志》卷五百
龙冈书院	贵州修文县境	正德中建	《嘉庆重修一统志》卷五百
中峰书院	贵州定番州治北	弘治中建	《嘉庆重修一统志》卷五百
南皇书院	贵州都匀府学右	万历中建	《嘉庆重修一统志》卷五百零二
鹤楼书院	贵州都匀府城东	嘉靖中建	《嘉庆重修一统志》卷五百
紫阳书院	贵州镇远府城	嘉靖中建	《嘉庆重修一统志》卷五百零三
开化书院	贵州天柱县城东	万历中建	《嘉庆重修一统志》卷五百零三

续表

书院名称	书院地址	兴建经过	资料来源
大中书院	贵州思南府治	万历中建	《嘉庆重修一统志》卷五百零四
为仁书院	贵州思南府城内	明建	《嘉庆重修一统志》卷五百零四
斗坤书院	贵州思南府城东	隆庆中建	《嘉庆重修一统志》卷五百零四
明德书院	贵州思南府城南	隆庆六年（1572 年）建	《嘉庆重修一统志》卷五百零五
文澜书院	贵州思南府	明建	《嘉庆重修一统志》卷五百零五
铜仁书院	贵州铜仁府	成化中建	《嘉庆重修一统志》卷五百零七
敷文书院	广西桂林府治北	嘉靖七年（1528 年）王守仁建	《嘉庆重修一统志》卷四百七十一
肇化书院	广西思恩府城内	嘉靖二十一年（1542 年）建	《嘉庆重修一统志》卷四百七十二

据张羽琼《贵州古代教育史》统计,仅贵州省在明代就有书院 38 所①,与黄开华统计的贵州仅有 14 所书院出入太大。作者认为,这或许是因为在西南民族地区的认定上有出入而造成创建书院出现统计上的差距。

清代书院教育是西南民族地区官学的重要形式,是府州县学的重要补充。到了清代,西南民族地区在明代基础上发展更快,废弃者重建、破损者修复、空白者新建。据《贵州教育史》统计清代贵州有书院 159 所②,《贵州古代教育史》统计有 175 所③。无论二者统计孰是孰非,但是,有一点是肯定的,即清代贵州书院教育的数量大约是地方府州县学的两倍。另据民国《新纂云南通志·学制考》统计,明清时期云南书院共 219 所,除少数在明代及清初以前已废毁者外,清代曾有书院 201 所,为明代的 3 倍多,发展之快可见一斑。

3.西南民族地区逐渐普及义学

义学是一种由官员、士绅个人捐资,或用祠堂及庙宇等公产创办,吸收贫民子弟接受初级教育的免费学校。西南民族地区义学教育的情况比较特殊,民国《贵州通志·学校志》有言:"书院之外有社学,有义学。凡汉人在乡之学总曰社学,所以别于府州县在城之学也""朝廷为彝洞(当对少数民族的泛称)设立之

---

①张羽琼:《贵州古代教育史》,贵州教育出版社,2003 年版,第 117-119 页。

②孔令中:《贵州教育史》,贵州教育出版社,2004 年版,第 102 页。

③张羽琼:《贵州古代教育史》,贵州教育出版社,2003 年版,第 250 页。

学及府州县为彝洞捐立之学则曰义学,盖取革旧之义引于一道同风耳"。① 乌江流域民族地区的义学绝大多数由官府创办,主要招收少数民族子弟;但在汉族人口比较集中的地区也有义学,并没有与社学截然分开,这是乌江流域民族地区义学的特殊性。②

据作者研究,清王朝在西南民族地区设立义学的终极目的是维护其统治地位。这在张广泗《设立苗疆义学疏》中表现得比较充分:"苗民既已顶戴皇仁,一旦出诸水火,而登之衽席,则教养训迪之方必不可少。惟是苗民向化伊始,其子弟就学者为数无多。兼之苗寨凡有汉奸往来,正当严禁。若因课读而遂使生儒等居停于此,设或一时选择不得其人,该文武稽查有所不周,即致生事。……分别苗户多寡,各为设立义学,使之课读,俟其逐渐观感依向愈殷,然后随地分设,庶资实效也。"③张广泗作为雍正年间贵州巡抚,他这段话包含了几层意思:第一,仅在少数民族地区建立了政权还不行,为使政权巩固,还必须设立义学。第二,对义学教育,不但训导之师必须严加选择,而且文武稽查要严密监视,以免生事。第三,义学之设,应在武装力量的控制之下,先设于安讯之处。第四,设立义学的目的,是使"生性犷悍、习俗野俗"的少数民族思想被奴化,对统治者"逐渐观感依向愈殷"。④ 由此可见,西南民族地区设立义学的目的无非是维护清王朝的统治地位。⑤当然,在设立义学教育的过程中,贵州也经历了曲折,尤其是乾隆年间,清朝统治者惧怕少数民族掌握文化知识对其统治不利,义学发展曾受到限制,有的义学被改为书院,甚至被取消。但总体而言,贵州义学的设立和发展不断壮大,直至同治、光绪、宣统年间,贵州仍有义学设立。据孔令中《贵州教育史》中写,民国《贵州通志》记载统计,从清初至清末,贵州共设有 301 所义学,其中贵阳 55 所、安顺 42 所、兴义 14 所、普安 5 所、大定 31 所、遵义 19 所、仁怀 7 所、黎平 7 所、都匀 31 所、石阡 2 所、镇远 13 所、平越 17 所、思南 16 所、思州 5 所、铜仁 14 所、松桃 3 所。⑥ 而据张羽琼《贵州古代教育史》统计,认为清代贵州义学约 500 余所,其中贵州府 63 所、安顺府 86 所、兴义府 31 所、大

①[民国]《贵州通志·学校志》(四),《中国地方志集成·贵州府县志辑》卷八,巴蜀书社,2006 年版,第 560 页。

②⑤李良品:《清代乌江流域民族地区义学教育研究》,《教育评论》,2008 年第 4 期,第 137-141 页。

③转引自[民国]《贵州通志·学校志》(四),《中国地方志集成·贵州府县志辑》卷八,巴蜀书社,2006 年版,第 561 页。

④顾龙先:《"苗疆义学"历史考察》,《贵州民族研究》,1995 年第 1 期,第 95-100 页。

⑥孔令中:《贵州教育史》,贵州教育出版社,2004 年版,第 100 页。

定府 73 所、遵义府 56 所、黎平府 60 所、都匀府 77 所、石阡府 5 所、镇远府 37 所、平越府 18 所、思南府 31 所、铜仁府 15 所、思州府 4 所、松桃直隶厅 3 所、普安直隶厅 5 所、仁怀直隶厅 6 所。① 有清一代,云南曾设义学 886 所②,较之贵州义学,数量多、分布广、持续时间长。

(二)明清时期西南民族地区乡村社会学校教育兴起的缘由

儒学是由我国春秋时期伟大的教育家孔子创立,为后儒继承和弘扬,以仁爱为理论核心的学说。自汉朝董仲舒提出、中央王朝施行"罢黜百家,独尊儒术"的文教政策后,历经唐宋,经过千余年的发展,儒学业已成为古代中国稳定的官方意识形态和统治文化,学校教育成为官学教育的主体。朱元璋建立的明朝,以汉族为主体民族,自然把儒学作为官方意识形态,大力发展学校教育。明朝初年,边疆各少数民族的社会文化已有相当的发展,并与中原地区有相当的互动,不同程度地接受了中原文化的影响。这为明朝在少数民族地区推行学校教育奠定了坚实的基础。但西部地区出于历史、地理、民族等方面的原因,该地区接受学校教育的程度存在差异,中央政府在该地区推行学校教育势在必行。翻检有关史籍后,作者认为,明清时期西南民族地区乡村社会学校教育兴起有三方面的缘由。

1.中央王朝极力推行

一个国家或民族文明程度高低的主要取决于这个国家或民族的社会历史和文化教育的发展程度。在土司时期,中央政府为了强化对西南民族地区的统治,其中一个重要的举措就是推行学校教育,明清中央王朝同样如此。明清时期中央政府在西南民族地区乡村社会推行儒学的具体举措有五点:

(1)西南民族地区设立儒学

朱元璋建立明朝之初,即对创办学校产生浓厚兴趣。正如赵翼在《廿二史札记》卷三十六之"明祖重儒"云:"明祖初不知书,而好亲近儒生,商略今古……帝尝谓:'听儒生议论,可以开发神智。'盖帝本不知书,而睿哲性成,骤闻经书奥旨,但觉闻所未闻,而以施之实政,遂成百余年清宴之治。正德以前,尤其遗烈也。"③由此可见,明代开国君王之重儒,实已构成西南民族地区儒学发展之基因。基于此,为教育化外之民及各地土司土官,朝廷命西南民族地区仿

---

① 张羽琼:《贵州古代教育史》,贵州教育出版社,2003 年版,第 232 页。
② 周钟岳:《新纂云南通志》,1949 年铅印本。
③ [清]赵翼著,王树民校:《廿二史前记校证》,中华书局,1984 年版,第 771-772 页。

照汉族地区"府州县学"例而设立"儒学"。于是,洪武二十八年(1395年),朱元璋下诏:"诸土司皆立县学。"《明太祖实录》载:洪武二十八年(1395年)六月壬申谕礼部,"其云南、四川边夷土官,皆设儒学,选其子孙弟侄之俊秀者以教之"①。《明史》卷七十五载:"其后宣慰、安抚等土官,俱设儒学。"②为了克服生员语言障碍,明政府还准许起用本族人为教职,《万历野获编补遗》卷四"土教官"条有详细记载③:

> 土官以文职居任,与流官同称者,自知府以下俱有之。惟教职必用朝廷除授,盖以文学非守令比也。惟宣德间,有选贡李源,为四川永宁宣抚司人,入监,宣抚苏奏:本司生员俱土獠④朝家,所授言语不通,乞如云南鹤庆府事例,授源教职。上允之,命源为本司训导。盖是时滇蜀皆有之,然皆夷方也。……又土官之设,惟云贵川湖及广西,而广东琼州府,亦间有抚黎之土县佐。若内地则绝无,惟江西赣州府、安远县、信丰县、会昌县内四巡司,各置流官一员,土副巡检一员,以土人李梅五等为之,亦宣德间事,从巡抚侍郎赵新之言也。

可见,中央政府不仅要求西南民族地区推行儒学,还帮助西南民族地区解决土教官(相当于当前提出的"双语教学"的师资)的实际问题。上述措施,已成为西南民族地区正式设置儒学之规定。这对于西南民族地区儒学的兴起,自然起到导向性的作用。

清王朝同样对西南民族地区学校建设十分重视。清前期的官学,经过顺治初年的创建,康熙、雍正朝的发展、完善,已经具备了相当大的规模。"府州县卫儒学,明制具备,清因之。"⑤自康熙朝以后,西南民族地区各类学校的建设则带有明显的发展文教事业,以及更多地培养统治人才的双重目的。这是社会进步、形势发展的必然结果,也是清朝统治者为适应形势发展而必须采取的措施。这一时期,随着清王朝与西南地区各民族交往的日益频繁,促使统治者对学校教育更加重视。因此,清代前期已形成了完备的官学教育体系,属于正规的官办地方学校。在这里读书的各民族学生不能直接任官,而是专为参加科举考试做准备。只有进入府州县学,才具备参加一级又一级的科举考试的资格。府州

---

① 《明太祖实录》,台湾"中央研究院历史语言研究所"校印本,1962年版,第3476页。
② [清]张廷玉等:《明史》,中华书局,1974年版。
③ [清]沈德符:《万历野获编补遗》卷四,中华书局,1959年版,第933页。
④ 獠:古代对西南地区少数民族濮人的侮辱性称呼。——作者注
⑤ 赵尔巽:《清史稿·选举志》,上海古籍出版社,2001年版。

县学的学生名额，视各地人数多少而定。清初将府州县学分为大、中、小学三等。一般来讲，府学是大学，大州县学是中学，小州县学是小学。大学录取的生员名额为 40 名，中学 30 名，小学 20 名。其后又根据实际情况对学校等级及录取名额进行调整。

（2）土司土官子弟入国子监读书

明清时期学校有国学和府州县学两种。所谓国学，就是国子学、国子监，这是明清时期的最高学府，也是当时朝廷掌管国学政令的最高官署，其教学科目有礼、乐、律、射、御、书、数等。在明清时期，凡谋求仕途发达的文人学士们最大荣耀莫过于毕业于国子监以及殿试时金榜题名、考取进士并刻名于孔庙。[1] 明政府规定，土司土官及其子弟和全国汉族子弟一样，通过特恩、岁贡、选贡三种途径，也可进入国子监进行深造。洪武十八年（1385 年）、永乐元年（1403 年）和永乐十八年（1420 年），中央政府先后令云南、广西、湖广、四川、贵州土官衙门所属学校，"生员有成材者，不拘常例，从便选贡"，"选贡送监"[2]。这些通过选贡入学的土司子弟，除享有当时最好的学习条件外，还可因此"观光上国"[3]，并直接受到京城先进文化的熏陶。《国榷》卷七载："洪武十五年六月戊寅朔辛卯，云南北胜州酋长高策甫七岁，率所部降。后十年，入朝，送大学，及长，还为土官，令所历土官视效之。莅事之日，即禁通把事毋置田宅，以渔于民。边境赖之以宁。"[4]云南北胜州高策以幼冲之年，首先为云南儒学树立了一榜样，使朝廷对于发展西南民族地区儒学更具信心，使"蛮夷"本身也更加向服[5]。因此，明初土司送子弟入国子监就读者趋之若鹜。如《明史·四川土司·二》载：洪武二十一年（1388 年），播州宣慰使司并所属宣抚司官，各遣其子来朝请入太学，帝敕国子监官善训导之。《明史·四川土司·一》又载：洪武二十三年（1390 年），建昌土官安配遣子僧保等四十二人，入监读书。永乐二年（1404 年），天全招讨使高敬让来朝，遣其子虎入国子学。同时，明初中央政府不仅优待土官子弟进入太学，而且对此等远夷监生时有赏赐，这更加显示朝廷提倡"蛮夷"儒学的宗旨。据《明实录》载：洪武二十三年（1390 年）九月庚寅朔辛卯，云南（应作四川）乌蒙、芒部二军民府土官，遣其子以作捕驹等请入国子监读书，赐以衣钞。《太祖实录》卷二百零四又载：洪武二十四年（1391 年）二月戊午朔庚申，赐国子监

---

①贾霄锋：《藏区土司制度研究》，青海人民出版社，2010 年版，第 195 页。

②[明]申时行等：《明会典》（万历朝重修本），中华书局，1989 年版，第 446 页。

③[明]毛奇龄：《蛮司合志》，西河合集本，第 9 页。

④[明]谈迁：《国榷（卷七）》，中华书局，1988 年版，第 621 页。

⑤蛮夷：古代对南方少数民族歧视性用语，下同。——作者注

云南生杨仕贤等十一人衣钞。其后各朝对西南民族地区监生，虽偶有赐予，但不如明初频繁。例如，《成祖实录》卷三十三载，永乐三年（1405 年）二月丁卯朔辛卯，赐国子监云南（应作四川）天全六番招讨司等处官民生高虎等五十人夏衣。由此可见，明初中央政府对西南民族地区兴办儒学之提奖与扶掖，可谓不遗余力。[1]

（3）强制土司应袭子弟入学读书

明朝初年在西南民族地区兴办儒学后，其教育对象多为一般土官子弟。中央政府为了使土司能逐渐符合统治者的官吏规范，让各地土司能更好地为王朝统治效力，对土司应袭子弟作出了不入学不准承袭的强制性规定。这种规定有的源于朝廷命官的奏议。据《明实录》载：洪武二十八年（1395 年）六月癸亥朔壬申，户部知印张永清言："云南、四川诸处边夷之地，民皆啰啰。朝廷予以世袭土官，于三纲五常之道，懵焉莫知。宜设学校教其子弟。"上然之。谕礼部曰："边夷土官，皆世袭其职，鲜知礼仪，治之则激，纵之则玩，不预教之，何由能化？其云南、四川边夷土官皆设儒学，选其子孙弟姪之俊秀者，使之知君臣父子之义，而无悖礼争斗之事，亦安边之道也。"（《太祖实录》卷二百三十九）继此诏之后未及数月，又有大臣奏设多处儒学，较户部知印张永清的奏书更为具体，且学校教育对象限于土官子弟。《明实录》载：洪武二十八年（1395 年）九月壬辰朔甲辰，监察御史斐承祖言："四川贵、播二州，湖广思南、思州宣慰使司及所属安抚司州县，贵州都指挥使司，平越、龙里、新添、都匀等卫，平浪等长官司诸种苗蛮，不知王化，宜设儒学，使知诗书之教，立山川社稷诸坛场，岁时祭祀，使知报本之道。"[2]从之。（《太祖实录》卷二百四十一）这则奏议除建议在西南民族地区设立儒学外，还建议立山川社稷诸坛场，以作岁时祭祀之用，以使教化更为普及和推广。其后，对土司子弟入学读书要求更加明确与强硬。《明史》卷三百一十载，弘治十六年（1503 年）规定："以后土官应袭子弟，悉令入学，渐染风化，以格顽冥。如不入学者，不准承袭。"[3]土司子弟为了承袭，世传绥印，同时也为了提高西南民族地区的治理能力，增加威望，就努力学习并使用汉文化。[4] 在一定程度上讲，西南民族地区儒学之所以能够顺利发展，其中最重要之原因在于，土官子弟之承袭，必须先入儒学读书始可获准。据《明实录》载：正统元年（1436

---

①黄开华：《明清时期土司制度设施与西南开发》，转引自《明清时期土司制度》，台湾学生书局，1968 年版，第 166 页。

②苗蛮：古代统治阶级对南方少数民族歧视性称呼。——作者注

③[清]张廷玉等：《明史》，中华书局，1974 年版。

④龚荫：《中国土司制度史（上）》，四川人民出版社，2012 年版，第 158 页。

年)闰七月戊寅朔辛丑,命各处土官衙门应继男儿,俱照军生例,遣送官学读书乡试,其相离地远者,有司计议或二卫三卫设学一所,从贵州思南府经历李骥言也。对于土司应袭土舍入学的年龄,《蛮司合志》卷三中载,中央政府采取了贵州巡抚汤沐的建议:"严饬士学,凡土合应袭者,年三十以上,俱饬令入学习礼,否则不许起送袭替,其族子孙愿入学者听。"

(4)西南民族地区实施科举考试

明政府在西南民族地区兴办学校的基础上,又迅速实施开科取士政策。这种政策源于西南民族地区的选贡,在明初业已开始。《明会典》载:永乐元年令广西、湖广、四川土官衙门生员,照云南例选贡。① 中央政府在洪武三年(1370年)就额定过一次乡试数额,洪熙元年(1425年)再次对西南民族地区确定乡试数额。据《明实录》载:洪熙元年(1425年)九月丁酉朔乙卯,行在礼部奏定科举取士之额。先是仁宗皇帝以为近年科举太滥,令礼部翰林院定议额数。至是议奏:"凡乡试取士……湖广广东各四十人,河南四川各三十五人,陕西山西山东各十人,贵州所属有愿试者,附湖广就试。礼部会议,所取不遇百人。"(《宣宗实录》卷九)其后数额时有变化与调整,具体数额见表9.4。

表9.4 明代西南民族地区历朝乡试数额表②

单位:人

行省	洪武三年(1370 年)	洪熙元年(1425 年)	正统五年(1440 年)	景泰四年(1453 年)	嘉靖十四年(1535 年)	嘉靖十九年(1540 年)
湖广	40	40	55	85	—	90
四川	—	35	45	70	—	—
云南	—	10	20	30	40	—
广西	25	20	30	55	—	—
贵州	—					25

在实施开科取士的过程中,中央政府对西南民族地区还有几项优惠政策:一是逐渐增加云南、贵州两省数额。据《明会典》卷七十七载:嘉靖十四年(1535年),定"其解额,云南四十名,贵州二十五名";嘉靖二十五年(1546年),"令增

---

① [明]申时行等:《明会典》(万历朝重修本),中华书局,1989 年版,第 446 页。

② 黄开华:《明清时期土司制度设施与西南开发》,转引自《明清时期土司制度》,台湾学生书局,1968 年版,第 174 页。

贵州乡试解额五名"，万历元年（1573 年），"令增云南解额五名"。① 二是缩短西南民族地区儒学生员贡期的时间。如《明会典》载：弘治十三年（1500 年）奏准，土官及都司学各照先年奏准事例，三年二贡。嘉靖二年（1523 年），又奏准，贵州宣抚司儒学生员，一年一贡。② 三是明王朝对云南、贵州等西南民族地区登第土司予以奖励或擢拔。如《明史》卷三十六载：万历末，贵州镇远"有土舍杨载清者应袭推官，尝中贵州乡试，命于本卫加俸级优异之"③。又如《万历野获编补遗（卷四）》卷三十载：贵州麻哈州宋儒"为麻哈州世袭土同知，冒北直隶定州籍登第"，为"隆庆辛未进士"，"入为京朝近吏"，"为礼部主事"④。四是增加曾中乡试土官的薪俸。如《蛮司合志》卷三载："嘉靖三年，镇远土推官杨载青以土舍袭职。尝中贵州乡试，巡抚杨一溪请如武举袭荫例加升一级，以为远人向学之劝。吏部执不可，谓土司设额原有定员，且俱已在任，有何加升，但于本卫量加俸给，著为例。报可。"有明一代，中央政府通过一系列优惠措施，用以激发西南民族地区土司登第士子，从而积极推动西南民族地区学校教育的从无到有，从发缓慢展到快速发展。

科举考试制度与官学教育制度有着十分密切的联系。推行官学教育制度除了实行文化控制之外，为科举考试输送人才也是其重要目的；而科举制度有利于强化官学教育制度，增强学校的吸引力。改土归流后，清政府在西南民族地区大兴官学的同时，也在民族地区实施科举考试，并采取一些优惠措施：如州县治所建立试院（俗称"考棚"），定期举行科举考试。如酉阳州考棚："自嘉庆二十三年建议，嘉庆二十四年筹定捐输，嘉庆二十五年就卜定州南文昌宫迁移旧址，平作棚基，以道光元年正月十四日竖立。院署大堂及头仪门等次第修建。至道光二年十月竣工，道光三年初行院试。"⑤ 又如，对少数民族地区实行多取土童的政策，即"以土三客一为率"。土籍与客籍的标准为："在前朝入版籍者为土，在本朝入籍者为客。"这种优惠政策的推行，极大地鼓舞了西南地区少数民族子弟读书与仕进的热情，使一些乡村社会的少数民族子弟圆了科举梦。

2.地方官吏积极配合

明清中央政府把实施学校教育作为巩固边疆、使少数民族"向化朝廷"的重

---

① ［明］申时行等：《明会典》（万历朝重修本），中华书局，1989 年版，第 449 页。
② ［明］申时行等：《明会典》（万历朝重修本），中华书局，1989 年版，第 446 页。
③ ［清］张廷玉等：《明史》，中华书局，1974 年版。
④ ［清］沈德符：《万历野获编补遗（卷四）》，中华书局，1959 年版，第 763 页。
⑤ ［清］王鳞飞等：《同治增修酉阳直隶州总志》，巴蜀书社，1992 年版，第 327 页。

要手段,从皇帝到地方官吏都加以重视,把兴办儒学视为"郡邑六事之首"①,故全国各地皆设儒学,形成了《明史》卷六十九"选举一"所描述的"盖无地不设之学,无人不纳之教"的兴学场面。也就是说,明清时期西南民族地区官学教育之所以能有较大的发展,除了中央政府十分重视的因素之外,地方政府及众多土司对学校教育的重视也是一个重要原因。如贵州建省以后,历代抚按大臣大都以在贵州兴学设教为己任。例如,钱钺"成化二十三年为贵州按察使,注意学校,奖率人才,制乐器以供礼典,增学舍以备肄习,立社学、义学等以训童蒙。弘治十二年,他由太仆寺卿迁副都御史巡抚贵州,清操善政,一如廉使时"。郭子章"万历二十七年巡抚贵州,历十年,习知民隐,凡所设施,永垂利泽。尤善奖拔士类,经其品题,率成名宿"。贵州省人民为纪念郭子章在贵州发展教育之功,遍立祠庙,曾将子章与诸葛武侯、关大帝并列祭祀。② 自弘治年间贵州设立提学副使以后,入黔的提学副使大都比较重视贵州的文化教育事业。一些府州县的长官也十分注重兴办教育。如正统年间,毕节卫人唐谏出任贵州都指挥佥事,在奏请朝廷设学未被允准后,又上疏请求以自己的居所改建为卫学,并捐资延聘师儒教授郡人子弟。在唐谏捐资办学精神的感召下,毕节卫所的大小官吏及各族人民皆乐输已有,卫学得以建成。③ 嘉靖元年(1522 年)佥事周愚,巡历云南寻甸府,面对当地民间"好淫祠"的现象,他提出:"教以化民,刑以弼教,滇民不惟不知教而且崇尚异端,以害吾正。"于是,决心"用夏变夷,黜邪崇正",并令有司毁淫祠改立社学、义学等。他巡视军事卫所木密,针对"军民繁庶,旧无学校",该地"俊秀子弟有志而不获教"的实际,在耆宿建议下,将圆通寺改为社学、义学等④。周愚曾作《木密新建社学·义学等歌》一首,全诗如下:

> 维滇僻在西南陲,淳庞风气犹标枝。皇明声教讫四驰,喜看戎棘皆威仪。
> 蠢兹罗鬼凤号漓,生业恒以剽掠为。习染漫濡不可支,我来触目心孔悲。
> 膺鹗鸾凤殊厥施,功成岂较疾与迟。尝闻文德来远夷,作兴学校真长思。
> 翘当童楺蒙昧时,性资纯一如素丝。梏牛元吉畜若辞,豫禁未发不我欺。
> 爰开乡学撤淫祠,黜邪崇正两得之。官冈劳费民咸宜,青衿济济知从师。

---

① [明]林希元:《赠郡侯西川方公朝觐序》,转引自《林次崖先生文集》卷九。
② [清]鄂尔泰:《乾隆贵州通志》。
③ 李良品,彭福荣,崔莉:《乌江流域民族地区教育发展史》,重庆出版社,2010 年版,第164-165 页。
④ [明]傅良弼:《木密所社学、义学等碑记》,转引自《嘉靖寻甸府志·学校九·社学、义学等》。

人人礼乐家书诗,将非少小培其基。会须俗尚中华比,人才渐埒吕与伊。

共跻斯世于雍熙,猗歟国家一统治。吾为此歌勒此碑,清风千古海宇吹。①

在云南寻甸,于正德六年(1511年)由知府戴鳌奏请获批,创建养正书院;嘉靖二十八年(1549年)由知府王尚用重建萃华书院。②

康熙三年(1664年)毕节士绅张克壮、罗英等建黎社书院;另道光十一年(1831年)默西知州吴嵩梁建阳明书院于默西东山开元寺,在庙产基础上又置学田,并支持该书院到光绪初年。有的地方官吏捐资创建新书院,如大定府属之平阳书院即是乾隆二十年(1755年)知州李云龙捐俸修建;要么是加以修葺,如贵阳府属正本书院本巡抚常明于嘉庆五年(1800年)建成,二十四年(1819年)粮储道倭臣布加以修葺。在贵州,有不少官员亲自创建义学,如《毕节县志稿》记载:"康熙二年毕节守备侯官人林必达尝建义学,为儒学所重。"③《石阡县志·学校志》记载:"府义学,在学宫内,康熙三年知府刘启建。"④《桐梓县志·文教志》记载:康熙二十一年(1682年)知县贾国櫺在桐梓创办义学三所,以教育贫寒子弟,"一于城内,一东芝里,一芦溪里"⑤。康熙四十九年(1710年),安化知县邱纶和学政张大受提出兴办义学。⑥雍正九年(1731年),思南知府史瑗于射圃前建室三楹,名曰"蒙馆",其实就是义学。正是这无数地方官员的大力倡建,明清时期西南民族地区的学校教育才得以发展。

3.各地土司积极创办司学

有明一代,西南民族地区学校教育的发展,体现了西南民族地区社会发展的特殊性。在明清时期,贵州省的学校教育首先兴起于土司统治辖区和卫所地区,然后逐步推进到改土归流后的府、州、县,进而向少数民族地区发展。在一定程度上讲,西南民族地区的部分土司在创办儒学方面功不可没。详见表9.5。

① [明]周恩.《木窦新建社学·义学等歌》,转引自《嘉靖寻甸府志·学校九·社学、义学等》。

②寻甸回族彝族自治县志编纂委员会:《寻甸回族彝族自治县志》,云南人民出版社,1999年版,第719-720页。

③[清]王正玺:《毕节县志稿·学校志》,同治十三年(1874年)未刊本。

④[民国]周国华:《石阡县志·学校志》,《中国地方志集成·贵州府县志辑》卷四十七,巴蜀书社,2006年版,第474页。

⑤[民国]李世祚:《桐梓县志·文教志》,《中国地方志集成·贵州府县志辑》卷三十七,巴蜀书社,2006年版,第333页。

⑥《思南府县志》(点校本),思南县志编纂委员会办公室,1991年版,第393页。

表 9.5　明代西南地区土司创办儒学一览表①

儒学名称	学　址	兴建经过	资料来源
五寨司学	湖广保靖司	万历年间	湖南通志卷六十五
播州宣慰司学	四川播州司	洪武三十三年②(1400 年)为播州长官司学。永乐四年(1406 年)升播州宣慰司学	太祖实录卷二百四十一
九姓长官司学	四川永宁司	洪武四年(1371 年)建	明一统志卷七十二
杂谷司学	四川杂谷司	洪武中建	嘉庆重修一统志卷四十二
酉阳司学	四川酉阳司	永乐六年(1408 年)设	成祖实录卷五十六
乌蒙军民府学	四川乌蒙府	宣德八年(1433 年)设	宣宗实录卷一百
乌撒军民府学	四川乌撒府	永乐十二年(1414 年)设	成祖实录卷九十一
黑井司学	云南黑井司	天启中建	嘉庆重修一统志卷四百八十
琅井司学	云南琅井司	天启中建	嘉庆重修一统志卷四百八十
白井司学	云南白井司	崇祯间建	嘉庆重修一统志卷四百八十
贵州宣慰司学	贵州宣慰司	洪武二十六年(1393 年)改建	太祖实录卷二百二十二
平浪长官司学	贵州平浪司	洪武二十八年(1395 年)设	太祖实录卷二百四十一
普安司儒学	贵州普安州	永乐十四年(1416 年)建	成祖实录卷一百零六

　　此外,另据《明实录》与(弘治)《贵州图经新志》记载,洪武年间,贵州境内先后创办了永宁宣抚司儒学、思州宣慰司儒学、思南宣慰司儒学、烂土长官司学等土司儒学,主要招收土司土官子弟进行文化教育。而时任播州土司的杨升还"请开学校荐士典教,州民益习诗书礼义"③。这反映了明清时期西南地区土司推进学校教育迅速发展。

---

①黄开华:《明清时期土司制度设施与西南开发》,转引自《明清时期土司制度》,台湾学生书局,1968 年版,第 179-204 页。

②建文年号被朱棣废除,故建文元年至建文四年仍用洪武年号。——编辑注

③转引自[清]郑珍,莫友芝:《遵义府志》卷二十二,遵义市志编纂委员会整理,1986 年版,第 583 页。

二、明清时期西南民族地区学校教育下的乡村社会与国家关系

明清时期，西南民族地区乡村社会的学校教育的最大特点是逐渐面向乡村社会的下层，也就是说，学校教育逐渐深入乡村社会，面向乡村社会各个等级、各个民族开放，对入学者的等级身份限制几乎消失殆尽。这也是促使西南民族地区各民族的教育事业迅速发展的一个重要原因。据载，明末贵州的一些行政官员比较注意扶植贫寒士子，如江东之于万历四十四年（1616年）巡抚贵州，捐赀于各府州县卫，平价市买备赈田、右文田，以赈助贫士，资给军民；又于南明河中筑鳌矶，建甲秀楼以培风气。在当时的各级官学中，均有一部分来自社会底层的各族子弟。① 明清时期，少数民族教育始终是西南民族地区教育发展的一个重要方面。康熙朝以后，西南民族地区各类学校建设均带有明显地发展文教事业以及更多地培养统治人才的双重目的。这是社会进步、形势发展的必然结果，也是清朝统治者为适应形势发展而必须采取的措施。尤其是清王朝要求全国各省府州县"多立义学，延请名师，聚集孤寒生童，励志读书"的规定，促使西南民族地区的义学多设在少数民族聚居的乡村社会，尤其是改土归流地区。因此，西南民族地区学校教育多针对少数民族子弟，以教化少数民族子弟为主，这就是教育面向下层人民的教育思想的具体体现。总的来讲，明清时期西南民族地区学校教育的发展，对乡村社会与国家关系有着重大的历史贡献②。

（一）国家主流价值内容统领了西南民族地区乡村学校的教育内容

明清时期，由于西南民族地区学校教育的对象是逐渐发展成为乡村社会极其贫苦的少数民族子弟，因此，在具体教学过程中，其教学内容主要是国家的主流价值统领乡村学校的教育内容。据《明史》载：社学的主要内容是"兼读《御制大诰》及本朝律令"，"民间幼童十五以下者送入读书，讲习冠、婚、丧、祭之礼"。③《明初学校贡举事宜记》在谈到社学学生报考府州县学的应试条件时说："已读《论语》《孟子》《四书》者，乃得予选。"说明在社学所开课程中还包括《论语》《孟子》《四书》在内。《天下郡国利病书》卷十三说：在"洪武中"，社学"子弟悉令通《孝经》《小学》诸书"。上述有关记载所反映的课程设置内容不

---

①张羽琼：《论明代贵州官学的发展》，《贵州社会科学》，2001年第4期，第107-112页。

②李良品，彭福荣，崔莉：《乌江流域民族地区教育发展史》，重庆出版社，2010年版，第236-240页。

③［清］张廷玉等：《明史》卷六十九，上海古籍出版社，1991年版。

一,说明官方并未对社学的教学内容作出硬性的统一规定。① 结合贵州的情况看,明清时期社学教育的实际教学内容的确也不尽相同。《绥阳县志》中《社学规条》规定:"蒙童读《四书》《孝经》《小学》《五经》《性理》毕,应对进退,礼貌可观,方可向童师受业,不可躐等。"同时,在"读书之法"中规定:"先读《四书集注》《孝经》《小学》,次读《五经》传注、《周礼》《仪礼》《三传》《国语》《国策》《性理》《文选》《八家文集》《文章正宗》及应读史传、文集等书,依朱子读书法,用书程册子,人各一本。"该"规条"的注意事项中有这样一段文字:"社中所读之书,恐有不给其奉旨颁发之书有《四书》《五大全》《性理大全》《孝经》《小学》《周礼》《仪礼》《朱子纲目》等书;部院发学有《文献通考》《引蒙》《左传》等书;前令留在学中有《汉魏丛书》《汉书》《后汉书》等。本县捐买有《国语》《国策》《离骚》《文章正宗》《文选》《八大家文集》《朱子语类》《诗》《纪》《李杜诗》,现存学宫,诸生可以陆续抄腾。"②可见,明清时期西南民族地区乡村社会社学的学习内容十分庞杂,儒家经传和理学的份额占有很大比重,并且各地社学的教学内容不尽相同。

到了清代,西南民族地区义学发展较为迅速,在教学内容方面,各地基本上依照国家的相关规定来确立教学内容。其课程主要有识字、写字、读书、作文、珠算。识字是写字、读书、作文的基础,西南民族地区义学教育十分重视识字教学,其主要方法有指物识字、卡片识字、对比识字等数种。义学教育重视写字教学,教学的基础原则是先大后小,先慢后快。对于读书来讲,西南民族地区义学教育重读不重讲,读书、背书、温书是义学的主要功课。读书教学一般是学童立于教师案旁,教师先读,学童随之跟读,读至数遍或十数遍,令学童回到座位自读,读至数十遍后,再至教师案前背诵,背诵无误再教新课。每日教新课前,又顺便将前数日或前数月所读的书,轮流背诵,称"温书"或"理书"。教新书不忘温书,是义学读书教学的一条原则。西南民族地区乡村社会义学教育的作文是从学属对开始的,属对是作诗的基础。清代科举采用八股取士,学童程度较高后,便以学习八股文做法为主要功课。珠算俗称"打算盘",西南民族地区义学教育中一门很重要的功课。一般先学三盘清、七盘清,次学斤求两、两求斤,再学归除,从二归开始,直至九归九除,学打算盘要求背诵珠算歌诀。这种课程设

---

① 转引自罗仑:《明初教育制度之初步考察——社学、府州县学与国学》,《南京大学学报》(哲学社会科学),1981年第1期,第68-78页。

② [清]陈世盛:《绥阳县志》,《中国地方志集成·贵州府县志辑》卷三十六,巴蜀书社,2006年版,第213-214页。

置带有明显的实用性。生童小者四五岁,大者十余岁,有的已念《孟子》《诗经》后才发蒙,同窗念书,分别授课。学童启蒙通用的教材有《三字经》《百家姓》《千字文》《千家诗》《幼学琼林》《弟子规》《小儿语》《续小儿语》《龙文鞭影》等。女学童发蒙时,多半读《女儿经》《妇女贤》《劝孝歌》《女四书》《女幼学》等。这类书句法整齐,读起来押韵,易于背诵。我们也应该看到,西南民族地区清代义学的教学内容不等,官方并没有完全把它列入地方的教化系统。雍正即位后,始命各省改生祠书院为义学,延师授徒,以广文教,并颁布义学条例,规定义学的学习内容为"《圣谕广训》,俟熟习后再令诵习诗、书,以六年为期,如果教导有成,塾师准作贡生。三年无成,该生发回,别择文行兼优之士。应需经书日用,令该督抚照例办给"①。

(二)乡村学校教育发展推动了西南民族地区教育普及的历史进程

官学、书院、社学、义学等各类学校的设立,推动了西南民族地区乡村社会学校教育普及的进程。明清时期中央政府在兴办学校教育的过程中,从最高统治者的大力倡导,到地方各级官吏的雷厉风行,再到部分土司的独自创办,形成一种全社会重视教育的良好态势。特别是社学、义学等教育形式成为西南民族地区童蒙读书的主要地方之后,民间幼童十二至二十岁者大多能接受教育,加之明清时期社学、义学等经费多由官绅捐赠或由学田支持,使得社学、义学等带有免费义务教育的性质。社学、义学等这种免费教育的性质,在推动基础教育普及方面起到了至关重要的作用。由于明清时期西南民族地区社学、义学等学校教育形式数量的大幅度增加,因此,明清时期教育的普及程度较之元代有所提高。同时,由于社学、义学等主要吸收各民族的贫寒子弟入学并主要承担蒙养教育之责,因而部分家贫而向学者得以入学接受启蒙教育,这对于提高各民族受教育程度有一定的推动作用。② 明清时期西南民族地区乡村社会学校教育的普及,主要体现在受教育群体重心的逐渐下移,使以往进入官学受教育的民族从汉族逐渐推广到少数民族,从主要教化土司子弟逐渐普及到土民、夷人的大众子弟,从以成人为主的教育逐渐下移到以十几岁为主的生童教育。这样,西南民族地区乡村社会学校教育的对象不局限于培养贵胄子弟和土司上层的后代,而是针对少数民族的大众子弟。因此,西南民族地区乡村社会受教育权

①贵州省地方志编纂委员会:《贵州省志·教育志》,贵州人民出版社,1990年版,第454页。
②蒋立松:《清前期贵州少数民族地区社学、义学发展述略》,《贵州民族研究》,1998年第4期,第137-141页。

利的人数增多、范围扩大、教化面广,显现出教育平民化的趋势,这无疑推动了西南民族地区教育普及的历史进程。

（三）西南民族地区乡村社会学校教育促进了国家主流文化的广泛传播

明代中央政府在西南民族地区乡村社会设立学校,不仅促使当地各族人民接受学校教育,开启边地民智,而且也促进了国家主流文化在西南民族地区的广泛传播。西南民族地区乡村社会各族人民在学习国家主流文化的过程中,对儒家文化有了更多的了解和认同。同时,汉族士大夫在给少数民族子弟传授汉文化的过程中,对西南民族地区各民族的思维方式、民族性格、生活习惯有了更多的了解。在国家主流文化与少数民族文化的双向传递和交流中,为西南民族地区各民族文化的进一步发展创造了条件,从而推动了各少数民族文化的发展。清朝政府在西南民族地区乡村社会普遍设立官学、书院、社学、义学,在一定程度上增强了少数民族对于国家主流文化的认同感和对中央王朝的向心力。雍正年间清王朝对西南地区进行大规模的改土归流后,官学、书院、社学、义学等教育作为改土归流的善后措施随之全面展开,其目的在于使少数民族民众对清王朝及国家主流文化的认同。因为官学、书院、社学、义学等学校教育不是以为国家输送科举人才的多寡为办学优劣考核的标准,而是承担地方民众初等教育的功能,达到识字明理的目标,在可能情况下输送西南民族地区少数民族的部分优秀才俊实现科举梦。明清时期西南民族地区凡是设立官学、书院、社学、义学的地方,都或多或少对当地的社会、文化、生活、风俗、宗教信仰产生了深远的影响。如乾隆年间在黔西北地区"于苗疆立义学二十四所,选生员之有文行者,于是生苗始知诵习",真正实现了"使天下无不学之人,乡村无不学之地,所以造就人才,移风易俗"①普及汉文化的远大目标。同时,官学、书院、社学、义学等学校教育伴随着清朝统一进程,不断向西南民族地区推进,不仅成为清朝西南民族地区乡村社会学校教育的主体,起到了"化民成俗"的作用,而且作为清朝进行少数民族控制、少数民族教化和加强少数民族地区与内地一体化进程的重要措施在西南民族地区乡村社会的推行。

（四）乡村社会学校教育发展维护了西南民族地区的社会稳定

据《太祖实录》记载,明朝中央政府在西南民族地区推行学校教育,使广大民族地区的土司和土民懂得了更多的"三纲五常之道",同时,通过"立山川社稷

---

①［清］张经田:《广兴义学文》,《贵州府县志辑》卷八,巴蜀书社,2006年版,第563页。

诸坛场,岁时祭祀,使知报本之道",由是,封建伦理规范、忠孝观念逐渐深入人心,增强了各地土司及土民的"中华一统"的认同感,大大夯实了明朝统一多民族国家的思想基础。如贵州宣慰使夫人奢香归附明朝后,曾七上金陵,学习汉民族先进的文化思想与生产技术,造福于贵州各民族人民。并且不顾沦为人质之患,毅然派子安的赴京入太学,学习汉文化、学习儒学。奢香还多方面接纳文人学士,聘用汉儒,在水西设置贵州宣慰司学,使水西彝族不断地接受儒学文化的熏陶。彝家子女广泛入学读书,参加科举考试,水西彝族黄氏支系还有人考取了举人。另据天启《滇志》记载,云南王弄山土司沙源于万历年间奉调入贵州平叛,"方鏖战时,贼当阵向沙源等喊曰:'土司一脉源流,何苦来寻我们,与汉人做奴才?'沙源大声应曰:'我只知有朝廷,不知有土司'等语"。崇祯年间,云南阿迷州土司普名声妻万氏,"本江西寄籍女,淫而狡",欲胁迫八寨土司龙上登反,上登曰:"我本汉臣,数百年来受国家厚恩,恨无尺寸功,何忍从逆,遗万代骂名。"上述奢香、沙源、龙上登等土司主动维护国家统一,维护中央政权的权威。① 多种事实表明,由于土司及土民接受学校教育的人数日渐增多,从中选拔出来的大批精通儒学的知识分子又广为传播儒学,教授诗书,从而使西南民族地区读儒书、崇儒学之风渐浓,儒家思想逐渐深入人心。正是由于西南民族地区上层人士自觉接受汉文化教育,能审时度势,到清朝实施改土归流时,西南民族地区多以和平方式进行,且无改而复设、设而又改的反复。众多土司没有对抗朝廷而另立"独立王国"之心,这是他们接受的教育对其行为所产生的影响。这种和平、彻底的改土归流方式,使大多数西南民族地区避免了遭受重大的战争破坏,维护中央王朝在民族地区的统治,对少数民族地区的持续发展产生了积极作用。

(五)乡村社会学校教育发展改变了西南民族地区的风俗习惯

西南民族地区乡村社会学校教育的发展,使土司子弟及大批少数民族子弟能接受儒家思想熏陶,潜心钻研儒家经典。这些人或承袭土司,或异地为官,或设馆教学,或居家著述,或为教谕训导,对改变当地落后的风俗习惯起到了积极的促进作用。

一是西南民族地区乡村社会逐渐形成了尚学之风。明清时期,学校教育的实施和科举制度的推行,让一些中下层各少数民族子弟也能考中秀才、举人乃

---

① [清]王崧著,刘景毛点校:《道光云南志钞》(内部资料),云南省社会科学院文献研究所,1995年版,第384页。

至进士,西南民族地区乡村社会少数民族尚学之风渐浓,呈现出"文治日兴,人知向学"的良好社会风气。特别是入学中举、考取进士、谋得高官、得到厚禄,已深得士子之心,于是"琅琅之声达乎四境"。这正如明代天启年间《滇志》所言:"本朝列圣,喜意文教,庙学之盛,六十有余,士出其门斌斌焉,得于广厉者深,而奋于郁纡者久矣!"①历史文献对西南民族地区尚学之风的记载俯拾皆是,如沈思充《贵阳府志》有"崇儒术,重气节"②的记载,郭子章《万历黔记》中有"文教丕扬,人才辈出"③的记载。就连安氏土司统治长达千年的水西地区(今贵州大方县、黔西县等地)都呈现出"文风武略,渐有可观"和"士人读书,崇重师儒"④的局面。西南民族地区乡村社会学校教育的发展使大批少数民族子弟能接受儒家思想熏陶,潜心钻研儒家经典。"富家以诗书为恒生,穷苦子弟争自揣磨,亦不以贫废读。"在云南,由于乡村社会的教育快速发展,涌现了大批科举人才。有的学者对明清时期云南的文进士作过统计,其情况见表9.6。

表9.6　明清时期云南各府州进士人数及所占比例一览表⑤

府州名称	明　代		清　代	
	人数/人	全省所占比例/%	人数/人	全省所占比例/%
云南府	65	25	288	33.4
临安府	55	21	144	21
大理府	51	19.5	105	15.4
永昌府	26	10	15	2.1
鹤庆府	19	7.3	—	—
澄江府	9	3.4	40	5.8
楚雄府	5	1.9	34	4.9
丽江府	—	—	24	3.5
曲靖府	17	6.5	23	3.3

①[明]刘文征著,古永继校:《滇志》,云南教育出版社,1991年版,第275页。

②③转引自[民国]刘显世,谷正伦:《贵州通志·舆地志·风土志》(点校本),贵州大学出版社,2010年版,第371页。

④转引自[民国]刘显世,谷正伦:《贵州通志·舆地志·风土志》(点校本),贵州大学出版社,2010年版,第381页。

⑤侯风,罗朝新:《明清云南人才的地理分布》,《学术探索》,2002年第1期,第89-92页。

府州名称	明 代		清 代	
	人数/人	全省所占比例/%	人数/人	全省所占比例/%
蒙化府（直隶厅）	8	3.3	16	2.3
广西府（直隶州）	1	0.38	11	1.6
昭通府	—	—	8	1.1
姚安府	3	1	—	—
东川府	—	—	6	0.88
开化府	—	—	6	0.88
北胜州（永北直隶厅）	1	0.38	5	0.73%
广南府	—	—	3	0.44
景东直隶厅	—	—	3	0.44
元江直隶州	—	—	3	0.44
白盐井	—	—	3	0.44
武定直隶州	—	—	2	0.29
镇雄直隶州	—	—	2	0.29
普洱府	—	—	1	0.15
顺宁府	1	0.38	1	0.15
镇沅直隶厅	—	—	1	0.15
寻甸府	—	—	—	—
合计	261	—	683	—

从表9.6可见，云南省在清代随着社学、义学等学校教育在乡村社会的普及，促进了人才分布逐步由核心区域向边远地区过渡扩展。在乡村社会学校教育作为一种思想意识形态向边疆扩展过程中，文化发达区域和文化欠发达区域存在着一种"融入"和"边缘化"的关系。随着"边缘化"过程的深入，被"边缘化"的边疆地区逐步被纳入儒家教化体系中。明代，文进士仅分布于云南、临安府、大理府、永昌府、姚安府、鹤庆府、楚雄府、曲靖府、澄江府、广西府、蒙化府，而武定府、景东府、元江府、广南府、永宁府、镇沅府、丽江府等地尚无进士分布。

寻甸府明代举人为 10 人,武定府 9 人,景东府 9 人,元江府 19 人,人才稀少。清代,随着学校教育深入到边疆山区,云南文化的边缘区,如东川、昭通、镇雄、思茅、镇沅、景东、顺宁、元江、文山等不同程度发生了"文野"变迁。如清代东川中举者 66 人,昭通 62 人,普洱 23 人,思茅出一名进士,顺宁中举人 24 人,元江 48 人,文山 32 人。表明云南人才分布区域随乡村社会学校教育的发展而逐渐扩大。①

二是实现了"明驯之以文而俗美"②的良好效果。明清时期谢东山撰修的《嘉靖贵州通志》中写贵阳府各族人民"俗尚朴实,敦重礼教,士秀而文,民知务本";沈思充在《贵州通志》中对贵阳府属人民有"处者,耻为污下之事;仕者,多著廉洁之称"的赞誉;郭子章的《黔记》中则认为贵阳府的人民"渐渍文明之化,易兵戎为城郭,变刁斗为桑麻。民不喜争,士皆彬雅"。在彝族聚居的大定府,延至清代康乾时期,当地民众"人多勤俭,向慕儒雅"③。《大定志稿》更有如下记载:"大定自康熙三年平定以来,士民皆外省流寓,土著旧民不数户焉,犹是汉多夷少。雍正、乾隆之时,民皆愿约俗,尚敦庞。士人读书,崇重师儒,砥砺名节,冠、婚、丧、祭,如古礼。"④由此可见,明朝中央政府在西南民族地区实施学校教育,促进了西南民族地区各族人民社会生活习惯的改变。

第三节　社会教育

社会教育在原始社会个体家庭产生之前是一种主要的教育形式,在个体家庭产生后,社会教育则成为家庭教育、学校教育的有益补充。西南各少数民族的社会教育和家庭教育的目的基本相同,但教育者不是受教育者的直系亲属或血缘亲族长辈,而是寨老、长老和普通社会成员。在长期的教育活动中,他们形成一套独具特色、行之有效的教育制度。如"议榔"制度、峒款制度、制定乡规民约、宗教信仰、节日纪念等都是西南少数民族进行社会教育的主要途径,并且使

①侯凤,罗朝新:《明清云南人才的地理分布》,《学术探索》,2002 年第 1 期,第 89-92 页。

②③转引自[民国]刘显世,谷正伦:《贵州通志·舆地志·风土志》(点校本),贵州大学出版社,2010 年版,第 371 页。

④转引自[民国]刘显世,谷正伦:《贵州通志·舆地志·风土志》(点校本),贵州大学出版社,2010 年版,第 381 页。

之制度化。与学校教育相比,西南各少数民族的社会教育在民族共同体的形成与发展、民族传统文化的继承与创新中发挥着实质性的作用,也使得各民族在不断的交流与融合中继续保持着各民族比较典型的文化传统。更为重要的是,国家通过多种形式的社会教育,密切了西南民族地区与中央政府的关系,使中央政府实现"大一统"的理想能够成为现实。

一、明清时期西南民族地区社会教育的类型

明清时期西南地区乡村社会各民族实施的社会教育,按照其推行的力量,由外而内大致可分为以下两种类型。①

(一)来自统治阶层的社会教育

历代封建统治者都认识到社会教育的重要性。清太祖于天命四年(1619年)说:"为国之道,以教化为本。移风易俗,实为要务。诚乱者辑之,强者驯之。"很明显,统治阶级的教化方针,就是使百姓由"强"变"驯"。明清时期统治阶级对西南少数民族地区的社会教育采取的具体措施主要有四种。

1. 颁布规条

一是中央王朝的规条。如顺治九年(1652年),清廷颁行"六谕",其内容有孝顺父母、尊敬长上、和睦乡里、教训子孤、各安生理、莫作非为。康熙九年(1670年)又颁行"圣谕十六条",并要求各省切实遵行,其内容为:敦孝悌以重人伦;笃宗族以昭雍睦;和乡党以息争讼;重农桑以足衣食;尚节俭以惜财用;隆学校以端士习;黜异端以崇正学;讲法律以儆顽愚;明礼教以厚风俗;务本业以定民志;训子弟以禁非为;息诬告以全良善;诫窝逃以免株连;完钱粮以省催科;聊保甲以弭盗贼;解仇忿以重身命。② 对从事不同工种的人员有不同的规定,如对学生,有《卧碑文》和《训饬士子文》;③各种朝廷命官有《职官规条》。④ 乾隆五十年(1785年)颁布了军人的《行军纪律》,主要内容有十条:第一,兵丁随征剿贼,俱应奋勇直前。第二,鸟枪、弓箭最为行军利器。第三,行军携带军装火药,俱应在账房收储,毋令潮湿。第四,临阵对敌,倘遇将领受伤,随从兵丁更当

①李良品,杨玉兰,王金花等:《清代乌江流域民族地区社会教育述论》,《民族教育研究》,2011年第5期,第67-73页。

②高育仁:《重修台湾省通志卷六·文教志社会教育篇》,台湾省文献委员会,1993年版,第13页。

③[清]黄宅中:《大定府志》(点校本),中华书局,2000年版,第181-183页。

④[清]黄宅中:《大定府志》(点校本),中华书局,2000年版,第171-177页。

奋勇直前,竭力救护。第五,兵丁对敌乘胜追赶,刻不容迟。第六,管卡最关紧要,凡领兵将备等,务须严饬坐卡兵丁,轮班防守,留心侦探,毋得怠惰偷安。第七,兵丁遇有调拨,自当恪守军令,即时遵行。第八,兵丁奋勇杀贼,应与奖赏。第九,行军马驼,最宜爱惜。第十,扎营后巡逻防守,毋得疏懈。① 对方技者,有所谓《方技规条》,即:"凡阴阳家,由直省有司官择明习术数者,申督、抚咨部给扎为阴阳学。府、州、县各一人,府曰正术,从九品。州曰典术,县曰训术(均未入流)。以辖日者,形家之属,禁其幻妄惑民。郡邑有大典礼、大兴作,卜日候时用之。凡医师由直省有司官选谙于医理者,咨部给扎为医学。府、州、县各一人,府曰正科,从九品。州曰典科,县曰训科(均未入流)。凡疾医、疡医咸属之。民有疾病者、疮疡者,使医分治。狱囚病,视疗亦如之,官给其药饵,故者结报;有诈病而扶同欺隐者,罪之。"②对僧道者也有相应的规定。二是地方官吏的规条。明清时期地方官吏为了对西南民族地区民众进行物质生产教育,常以"疏""教""谕"等形式对民众进行农业生产及副业生产教育,因为劝课农桑是朝廷命官的主要职责。鄂尔泰针对"黔中穷民,衣不蔽形"及"黔省之苗、仲妇女皆知纺织,而惟有汉人多不纺不织"之情况,在《纺织疏》中提出"以衣食为生民之要,务耕织乃百姓之良图"的观点,要求苗、狆及汉民妇女"率皆自衣其力",最终得到"家皆着衣,户咸挟纩,以共跻于富寿之域"③的效果。乾隆初年贵州布政使陈德荣,不仅引进桑蚕,教民养蚕,而且还亲自撰写《蚕桑宝要》一书。大定府知府黄宅中有《劝民种树教》一文,其中云:"劝民多种青枫,橡树,仿行遵义放蚕之法,以为瘠土救民之资。"并列举了如松、柏、杉、漆等"土宜所植""种植易生"的树种,鼓励当地农民"结果成林,足资生用。且种谷之利十倍,而种树之利百倍"。该文还就植树的季节作了安排:"当兹春气发生之始,将届雨水栽种之时"④。黄宅中在《谕民十二条》中也同样要求民众植树、养蚕和纺织。⑤ 道光年间遵义知府黄乐之共有三次《劝民种桑示》,令贺中丞撰写《种桑捷法》,并将该书和《蚕桑宝要》刊刻分布于民。黄乐之教给民众种桑之法:"或压枝于地而

①[清]黄宅中:《大定府志》(点校本),中华书局,2000 年版,第 177-178 页。
②[清]黄宅中:《大定府志》(点校本),中华书局,2000 年版,第 193 页。
③[清]鄂尔泰:《纺织疏》,转引自顾枞:《息烽县志》,息烽县县志办公室,1988 年版,第 358-359 页。
④转引自大方县县志编纂委员会办公室:《大定县志》,大方县县志编纂委员会,1985 年版,第 513-514 页。
⑤转引自大方县县志编纂委员会办公室:《大定县志》,大方县县志编纂委员会,1985 年版,第 514 页。

生,或折枝插土而生,或以桑葚播土而生。"同时,对于种桑还设奖赏:活桑百株者,赏一两重银牌一面,花红一副;活千株者,赏二两重银牌五面,花红一副。①总的来讲,明清时期西南民族地区进行的关于农副业生产的教育,主要是向乡村社会各族民众宣传生产的重要性,督促农民积极从事生产,即所谓"劝民树桑""督民耕作",其中已包括传授生产技术的内容。

在土司地区,有的土司根据"其田任自开垦,官给牛具,不收租税"②的情况,土司为鼓励下辖农民发展农业生产和传播汉族地区的先进的农耕科技,发布告示,督使农民照章执行。如明代正统年间湖广卯峒宣抚使向那吾就曾颁布"广垦植"的告示,全文如下:

> 为开财源以足衣食事。照得:治道首重农桑。必土地辟,始有饱食之庆;树植广,乃无号寒之悲。盖农桑者,衣食所从出也。故一夫不耕,或受之饥;一女不织,或受之寒。若是则衣食之足,莫要于垦植之广也。本司卯峒,地处边夷,荒山虽多,而有水之地亦不少。前此干戈扰攘之秋,未暇广行垦植。自本司袭职以来,幸获蒙业而安。但民间之耕植,虽未尝废,而丰衣足食之庆,究难历丰歉而一致,是岂饱食暖衣不可以力致欤?想亦由堕农自安,不力开垦,不勤树植,任土地之荒芜,而财源莫开使然。今特示谕:凡有业之家,务相其有水处,概行开垦成田;即属旱地,亦须遍行耕种。且桑麻之蓄,贵取之不尽而用不竭。尤恐内有梗顽,敢于不遵示令,本司特设农官,以省勤惰,查其荒芜,俾财源开而衣食足。无论年丰岁凶,鲜饱之叹不闻,号寒之悲可免。此本司之所深愿也。为此示。仰司内人民知悉,务宜凛遵毋违。倘有游手好闲、不思竭力垦植以开财源者,不惟难免农官惩责,即本司亦法不宽宥,特示。③

湖广卯峒向氏土司深知"治道首重农桑。必土地辟,始有饱食之庆;树植广,乃无号寒之悲"的道理,为改变"由堕农自安,不力开垦,不勤树植,任土地之荒芜"之状况,规定"凡有业之家,务相其有水处,概行开垦成田;即属旱地,亦须遍行耕种","倘有游手好闲,不思竭力垦植"的,"不惟难免农官惩责,即本司亦法不宽宥"。从这则告示看,卯峒宣抚使向那吾要求其辖区内的民众广垦植的

---

① [清]郑珍:《遵义府志》(点校本),遵义市志编纂委员会办公室,1986年版,第489-490页。

② [清]顾彩:《容美纪游》,转引自《容美纪游校注》,湖北人民出版社,1999年版,第316页。

③ 张兴文等:《卯峒土司志校注》,民族出版社,2001年版,第31-32页。

目的,一是解决人们的日常生活;二是囤积粮食以作军饷,为战争作准备。土司时期,土司作为朝廷命官,执掌一方军政大事,发布文告实属司空见惯之事。在酉阳《冉氏族谱》中,就保留了冉氏各代土司众多的告文,如冉维屏于万历十八年(1590年)五月撰写的一则《为遴选贤良,以匡宗政事》①的文告,全文如下:

> 照得本司,边民众广,政法殷烦,既谋比户之生全,犹愿本宗之辑睦。看得官舍冉衮才兼文武,志矢忠诚,谋谟夙著,于邦家功绩,迭呈于保障。为此选授本司舍人总理冠带。受任之后,务宜辛勤,佐治寅畏,小心长使,予为磐石之宗,不惜尔以土田之赐。

这则文告不仅阐述了"遴选贤良"的原因及遴选标准——"才兼文武,志矢忠诚,谋谟夙著,于邦家功绩,迭呈于保障",并提出"受任之后,务宜辛勤,佐治寅畏"的希望,最终实现"以匡宗政"之目的。说到底,这则文告也是对冉氏土司族人进行教育的一则很好的材料。

2.乡饮酒礼

乡饮酒礼是我国封建社会一种历史悠久的礼仪性饮宴活动,以宾兴贤能、敬老尚齿、尚武习射、礼节谦让为主要内容的礼仪活动,且与选举人才、教育后进及教化人民、净化社会风气密切相关。《明会典》卷七十九《乡饮酒礼》中对举行这种社会教育形式的目的、时间、管理程序、礼制程序、惩戒教育的对象及注意事项等叙述得十分清楚。其中,最为关键的是执事者所讲的"恭惟朝廷、率由旧章。敦崇礼教,举行乡饮,非为饮食。凡我长幼、各相劝勉。为臣尽忠,为子尽孝。长幼有序,兄友弟恭,内睦宗族,外和乡里。无或废坠,以忝所生"②一段话,这表明乡饮酒礼的政治功能不是纯意义上的尊贤养老,其实质是为统治阶级服务。清朝统治者对乡饮酒礼更为重视,对不举行乡饮酒礼的州县要求督抚严加斥责,对参加乡饮酒礼的宾介要提交姓名、籍贯报部审核批准,参加过乡饮酒礼的宾介有过失者要予以除名,原荐举之官要受连带失察处罚。③ 道光《遵义府志》对清代乡饮酒礼有详细记载:"顺治元年,定京府及直省府、州、县每岁于正月十五日、十月初一日举行乡饮酒礼,设宾、介、主人、众宾之席。顺天以府尹为主,直省府以知府、州以知州、县以知县为主。大宾,择乡里年高有德之人,位于西北。介以次长,位于西南。三宾,以宾之次者为之,位于宾席之西。

---

① 重庆酉阳冉氏族谱续修委员会:《冉氏族谱·总谱》,重庆酉阳冉氏族谱续修委员会,2007年版,第75页。

② [明]申时行等:《明会典》(万历朝重修本),中华书局,1989年版,第456页。

③ 刘亚中:《"乡饮酒礼"在明清的变化》,《孔子研究》,2009年第5期,第81-88页。

众宾序齿列坐。司正,以教职为之……赞礼,读法,以生员。朝廷之法,敦序长幼之节。顺治二年,定乡饮酒读律令日。律令:凡乡饮酒,序长幼,论贤良。高年有德者居上,其次序齿列坐;有过犯者不得干预,违者罪。……雍正元年,奉上谕:乡饮酒礼,乃养老尊贤之古制,近闻年久视为具文,所备筵宴亦甚草率,应加谨举行。乾隆二年,议准:嗣后乡饮酒礼,座次悉依定序……行礼应读律令,即开载于仪注之后,令读者照例讲读。其在省会,令督抚派委大员监礼;各府、州、县亦令该地方官实心奉行。有违条越礼者,依律惩治。又,乡饮之典,重在宾僎得人,方可以示观感而兴教化。"①由此可见,乡饮酒礼发展到清代,其政治功能日益强化,不再是纯意义上的尊贤养老,其实质是为统治阶级服务。清代乡饮酒礼司正须席前讲话,其内容与明代一致,主要是劝勉乡人和睦,安分守己,从而达到稳定社会秩序、净化民间风俗、实现国家长治久安的目的。

3.旌赏善行

明清两朝统治者施行社会教育有旌赏善行的手段。《明会典》卷七十九"旌表"条对旌赏善行有详尽的规定,现抄录如下。②

> 国初,凡有孝行节义为乡里所推重者,据各地方申报,风宪官核实奏闻,即与旌表。其后止许布衣编民,委巷妇女,得以名闻。其有官职及科目出身者,俱不与焉。
>
> 洪武元年令:凡孝子顺孙、义夫节妇、志行卓异者,有司正官举名,监察御史按察司体核,转达土司,旌表门闾。又令:民间寡妇,三十以前,夫亡守制,五十以后不改节者,旌表门闾。除免本家差役。(洪武)二十一年,榜示天下。本乡本里,有孝子顺孙、义夫节妇、及但有一善可称者,里老人等,以其所善实迹,一闻朝廷,一申有司,转闻于朝。若里老人等已奏,有司不奏者,罪及有司。此等善者,每遇监察御史及按察司分巡到来,里老人等亦要报知,以凭核实入奏。(洪武)二十六年定:礼部据各处申来孝子顺孙、义夫节妇,理当旌表之人。直隶府州咨都察院,差委监察御史核实。各布政司所属,从按察司核实。着落府州县、同里甲亲邻保勘相同。然后明白奏闻,即行移本处,旌表门闾,以励风俗。(洪武)二十七年,诏申明孝道。凡割股或致伤生、卧冰或致冻死,自古不称为孝。若为旌表,恐其仿效,通行禁约,

① [清]郑珍:《遵义府志》(点校本),遵义市志编纂委员会办公室,1986年版,第663-664页。

② [明]申时行等:《明会典》(万历朝重修本),中华书局,1989年版,第457页。

不许旌表。又奏准:天下军民衙门,将已经旌表军民孝子节妇,于所在旌善亭内附写行孝守节缘由。其未经旌表,果系义夫节妇、孝子顺孙卓异者,不拘军民人等,一体保勘申报。天顺元年,诏民间同居共爨五世以上、乡党称其孝友者,有司取勘以闻,即为旌表。成化元年奏准:凡旌表贞节孝行,里老呈告到官,掌印官亲自研审,坐令有职官关保,备开实迹具奏。礼部行勘核实,类奏旌表。如有扶同,妄将夫亡时年已三十以上,及寡居未及五十妇人,增减年甲举保者,被人首发,或风宪官核勘得出,就将原保各该官吏里老人等,通行治罪。……(正德)十三年,令军民有孝子顺孙、义夫节妇、事行卓异者,有司具实奏闻。不许将文武官、进士、举人、生员、吏典、命妇人等,例外陈请。嘉靖二年奏准,今后天下文武衙门,凡文职除进士、举人系贡举贤能,已经竖坊表宅,及妇人已受诰敕封为命妇者,仍照前例不准旌表外,其余生员、吏典一应人等,有孝子顺孙、义夫节妇、志行卓异、足以激励风化、表正乡间者,官司仍具实迹以闻,一体旌表。又奏准:今后节妇,但系风宪官核实到部,虽有病故者,亦准类奏旌表。(嘉靖)三年,诏孝子顺孙、义夫节妇,已旌表、年及六十者,孝子冠带荣身、节妇照八十以上,例给赐绢帛米肉。(嘉靖)十年题准:孝子顺孙、义夫节妇,有司勘实具奏者,免其覆勘,径行风宪官核实。若系风宪官已核实具奏者,径候季终类奏旌表。(嘉靖)四十二年议准:命妇守节,例不题请。止行所属以礼存问,仍加周恤。其户下优免,与品官相同。隆庆三年奏准:孀妇寿至百岁者,照例旌表为贞寿之门。

从明代旌表的情况看,旌表标准、执行程序、注意事项等均较为完善。终明一朝,其旌表对象主要是孝子顺孙、义夫节妇、志行卓异以及孀妇寿至百岁者,予以旌表之目的是"激励风化、表正乡间"。发展到清代,情况有些变化。按照《钦定大清会典事例》的规定,旌赏善行包括名宦乡贤、乐善好施、急公好义、节孝、累世同居、百岁、五世同堂、亲见七八代、夫妻同登耆寿、兄弟同登百岁等。总的来讲,旌表主要包括如下内容:①

(1)名宦乡贤

按照有关规定:"凡崇祀名宦乡贤之礼直省司牧之官、有功斯民、遗爱难泯者,荐绅处士、积学力行、垂范乡里者,由学校师生公举以达州县,州县以达督抚

---

①高丽萍:《略论清代少数民族地区的社会教育》,《涪陵师范学院(现长江师范学院)学报》,2006 年第 5 期,第 77-80 页。

学政,岁于八月具疏,部加复核,岁终汇疏以闻,列祀名宦、乡贤二祠。"①在各直省、府、州县设名宦祠、乡贤祠,地方之"政绩彰著""品行端方学问纯粹",并且"经术文章是为士林矜式"的名宦乡贤,由该省督抚会同学官提名,将事迹写出并送礼部审查,请旨批准,即可设位入祠,令百姓春秋祭祀。也有赐立牌坊、匾额让当地少数民族记其功勋的,如西南咸丰县唐崖土司的"荆南雄镇"牌坊就有彰显唐崖土司军功政绩的目的。

(2)旌表节孝

所谓"旌表",就是由朝廷或官府对"忠孝节义"之人以建牌坊、赐匾额等方式加以表扬,以树立奉行伦理道德、封建纲常的典范,倡导理想的社会风气。旌表的对象主要包括两类:明清时期西南民族地区府、州、县、卫各建立的"忠义孝悌祠"和"节孝祠"均有一定的社会教育作用。清代规定:"凡旌表节孝之礼,直省由州、县报督抚学政,均详具实迹,造册送部核定,岁终汇疏以闻。孝子崇祀忠义孝悌祠;其节妇自年三十至五十,或年逾四十而殁、守节已阅十五年以上者,赐'清标彤管'四字,以表其闾;仍于节孝祠内汇姓氏勒诸贞珉。其有奇节苦行者,各赐银三十两,建坊里门,春秋祭于祠内。孝女与孝子同。贞女、烈妇与节妇同。"②关于旌表忠节,无论男女,都强调为人尽忠尽孝、谨守节义,因为它是中华民族传统美德的体现。道光《大定府志》载有大定辖区清前期和中期的孝友40人,陈廷芳以"为善最乐"表其门,唐科远以"纯孝垂型"旌其门,傅于联以"纯孝可风"被旌表,赵绘龄以"仁惠广推"旌表,曾德贵以"孝义"旌其门。③

(3)旌表义行

清朝规定:"凡旌表义行之例:民有累世同居,和睦无间者,建坊里门,提名忠义孝弟祠。若出粟以周族党,振贫乏;捐财以治桥梁,修道路,均由有司旌其间。为数多者,奏请叙录。"④如《贵阳府志》对忠义者刘绾的记载如下:"刘绾,贵阳人。万历三十四年举人,崇祯中累官南京户部主事,以刚直不阿于世,遂辞归。顺治四年孙可望陷贵阳,绾与吴子骐、杨元瀛、李公门、李世甲、王孙齐、胡修超、蔡绍周共团兵于威清,进扼滴澄桥。贼初至兵少,绾等击败之。已而采者亦重,绾等败,皆被执,不屈死。乾隆中通谥节愍。"⑤

(4)旌表寿民寿妇

凡寿民至百岁者均请礼部复议具题,奉旨旌表,建立"寿民坊",上书"升平

①②③④[清]黄宅中:《大定府志》(点校本),中华书局,2000年版,第179页。

⑤[清]周作楫:《贵阳府志》(点校本),贵州人民出版社,2005年版,第1312页。

人瑞"字样(寿妇书"贞寿之门"),其中包括"兄弟同臻百岁者""夫妇同登百岁者""年届百岁五世同堂者""上事祖父下逮元亲见七代者"等。如贵阳市青岩镇有赵理伦百岁坊,以旌表其寿。《大定府志》有载:"百岁老民赐银三十两,建坊里门,题以'升平人瑞'四字。老妇旌以贞寿之门。逾百岁者加赏银十两,内府帑,一百有十岁者倍之;百二十岁者,请旨加赏,不拘成例。"①就一般情况而言,建立大坊,应旌表者题名其上,身后设祠位中,春秋致祭;给三十两"坊银",会本家为其建坊;事迹特别突出的,皇帝还要"御赐诗章匾额缎匹"。

4.优老慈幼

优老慈幼与今天的尊老爱幼意思极为相近。尊老爱幼是中华民族的传统美德,西南民族地区自古以来也有这种传统美德。

所谓优老,就是对年老者,由政府给予特殊待遇。清政府规定,凡年龄在七十岁以上者,准许一丁侍奉,并免除侍奉者各种杂役;八十岁以上赠给布、棉、米、肉等生活用品;九十岁以上加倍;百岁老人给予生员、举人、贡生等顶戴,以示荣誉。据《贵阳府志》载②:

> 历代皆有优老之典。我朝顺治十六年,令军民七十以上者,许一丁侍养,免其杂役;八十以上给绢一匹、棉一斤、米一石、肉十斤;九十以上者,倍之。自是每遇恩诏,皆用此例。雍正七年,又令妇女年七十以上给布一匹、米五斗;八十以上给绢一匹、米一石;九十以上倍之。百岁给予建坊银。乾隆五十五年,诏给军民年七十以上绢一匹、棉一斤、米五斗、肉五斤。八十倍之,九十以上倍八十;百岁者题旌,赏大缎一匹、银十两。均许一丁侍养,免其杂役。以后遇恩诏优给老民仍用顺治十六年例,惟百岁题旌优给老妇用雍正七年例。国朝有给老民顶戴之例,八十、七十者九品,九十者八品,百岁者七品,百二十以上六品。生员应试,文理稍通者,八十以上恩赐副贡,九十以上恩赐举人,举人、贡生百岁以上恩赐翰林检讨衔。此前代之所无也。

所谓慈幼,就是清政府在各省设立育婴堂,以收养孤儿,对一产多胎者给予资助。规定如下:"凡慈幼之礼,直省各设育婴堂,收养幼孤之无归者。又民有一产三男者,给米五石、布十匹。"③

总之,来自统治阶级社会教育的内容是十分丰富的,其中虽然包含了一些

---

①③[清]黄宅中:《大定府志》(点校本),中华书局,2000年版,第179页。

②[清]周作楫:《贵阳府志》,贵州人民出版社,2005年版,第555页。

封建糟粕,如鼓励妇女贞洁守寡、上下之间严格等级观念等。但许多内容的主流是适应社会发展需要的,如崇祀名宦乡贤,给人们树立了学习仿效的真实人物,有利于激励后进,增进和培养为国为民的理想信念。①

(二)源于当地民间的社会教育

中华民族自古就有重视社会教育的传统,在学校教育不够发达的明清时期,社会教育更显重要。西南民族地区乡村社会各民族善于通过多种多样的途径和手段,借助丰富多彩的内容进行多方面的社会教育。其中包括宣扬本民族的悠久历史、歌颂勤劳勇敢、不畏强暴的民族精神,宣传惩恶扬善的道德伦理,传授必不可少的各类知识。这些不仅有利于增强本民族自身的民族凝聚力,而且有助于增强整个中华民族的民族自豪感。

1.源于当地民间的社会教育的类型

一是源于不同民族之间长期相互交流而出现的社会教育。西南各民族的发展与它的社会文化环境密切相关。生活在西南的各个民族有着多姿多彩、古朴特异的传统习俗。明清时期,大量的移民来到西南民族地区,促进了少数民族地方经济、文化的发展。外地移民多来自发达地区,他们的徙居不仅为西南民族地区的开发带来了充足的劳动力,而且带来了先进的生产技术、生产工具和新农作物品种。到清代,西南民族地区的耕地面积不断扩大,少数民族已知兴修水利,习用牛耕及各类铁制工具使用水车,许多地区栽种玉米、红薯、甘蔗、马铃薯、烟叶及栽桑养蚕等,这都与内地移民丰富的生产经验交流是分不开的。移民中大量的官吏文人、军士、商人基本素质较高,他们利用自己的特殊地位和优势,办教育、兴学术、革旧习、树新风,推动了当地文化不断发展,促使一些地方民族风俗逐渐发生变化。如清嘉庆初时的松桃厅"苗剃发,衣帽悉仿汉人","通汉语者亦众","婚丧葬,与汉人渐同"。在移民人口占多数之地及流官统治地区,一方面,汉族原来的风俗习惯得以保存;另一方面,对当地社会风气产生了导向性影响。儒家思想渐居主导地位后为边疆的政治统一打下了坚实的文化基础,汉语、汉字成为西南民族地区乡村社会各族人民交流中共同使用的工具。外来文化与本土文化相互调整、适应和借鉴,从而在西南民族地区形成了多民族杂居而无激烈冲突的多元文化格局。在此情况下,西南少数民族的传统文化以生产生活为载体,有着典型的民俗化特征,存在于各民族的日常生活之

①宋荣凯:《论清前期贵州社会教育的主要内容》,《中央民族大学学报(哲学社会科学版)》,2010年第1期,第72-76页。

中。他们的衣食住行、婚姻家庭制度、婚丧嫁娶、宗教信仰、工艺艺术等,以其独有的内涵,从不同角度,展示着本民族的发展历史、文化心理素质、伦理道德和审美意识,具有鲜明的民族特性品格、原始文化品格、生活属性品格、历史传承品格,成为各民族间文化交流和社会教育的瑰宝。① 二是基于民族内部力量与民族文化的社会教育。中华民族自古就有重视社会教育的传统,在学校教育还很不发达的清时期,社会教育更显重要。各民族善于通过多种多样的途径和手段,借助丰富多彩的内容进行多方面的社会教育。尽管这些内容可能含有某些不健康的因素或相对落后的成分,但主流是积极、向上的。其中包括传扬本民族的悠久历史,歌颂勤劳勇敢、不畏强暴的民族精神,宣传惩恶扬善的道德伦理,传授必不可少的生活与卫生常识,进行广泛的美育和体育等。这些不仅有利于增强本民族自身的民族凝聚力,而且有助于增强整个中华民族的民族自豪感。它既是古老文化的延续和弘扬,也是对中华民族总体文化的丰富和发展。

2.社会教育的内容

一是生产知识与技能教育。在西南各少数民族社会教育中,生产知识与技能教育占有突出的地位。对任何一个民族而言,创造满足生存所需的基本物质条件是首要任务,这对生产力水平较低、经济发展相对滞后的少数民族来说尤其重要。生活知识与技能教育之所以在社会教育中是最基本的内容,是因为它是民族成员适应自然环境、保持种族繁衍的前提;是民族求得生存、延续和发展的必要保证。西南民族地区乡村社会各族民众在长期的生产实践中,积累了丰富的经验,形成了包括天文历法、农耕技术、动物饲养、修建房屋、制造工具及各种手工艺的知识。② 西南民族地区乡村社会在明清时期,这些知识的传授任务完全由各世居民族通过口传心授、师徒相授等教育方式来完成。二是民族历史文化教育。每一个民族在施行社会教育时,都会注重本民族的历史文化教育,其目的在于培养民族的自尊心与自豪感,不致使后代因历史变迁而数典忘祖。西南各少数民族在与汉族的交流互动中,为了传承本民族历史文化,在社会教育中非常重视民族历史文化的相关教育,其主要内容包括民族历史和民族知识文化,而民族起源、民族历史的教育是民族向心力得以保持和延续的重要因素。西南民族地区各数民众都以文字或口传的方式在各种公开场合对后代进行教

---

①李良品,彭福荣等:《乌江流域民族地区非物质文化遗产的类型、保护与传承》,《民间文化论坛》,2006 年第 6 期,第 82-87 页。

②谭忠秀:《布依族社会变迁与家庭教育研究——贵州独山县中安村教育人类学个案研究》,中央民族大学 2006 年学位论文。

育。如苗族妇女服饰上所使用的大量缅怀祖先的创世图案、祭祀图案和记载先民悲壮历史的战争迁徙图案,使得苗族的历史在另一种形式上得以保存;而苗族的银饰不仅是苗族历史的载体,而且更是教育后代的最好素材。西南地区苗族盛装银饰不仅是对祖先辛酸历史的见证,是对远古迁徙历史的依稀回忆和纪念,而且是教育苗族后来者永不忘祖先故土,显示苗族对祖先的追忆和寻根的浓重乡思。① 侗族通过古歌、神话传说、民间故事、巫术文化等反映其民族文化。其史诗《起源之歌》的前部分生动地反映了侗族先民对社会、对客观世界的看法及社会生活的演变,包括迁徙定居、社会组织、婚姻制度、习俗风尚等。三是伦理道德教育。伦理道德教育是西南地区各少数民族对下一代进行社会教育的重内容。伦理道德教育或渗透在西南地区各民族的日常生活中,如家长以身作则使儿童耳濡目染、模仿,在潜移默化中养成民族传统美德,或通过讲解、唱歌、谚语、民间故事、传说等向儿童灌输道德规范。其内容包括尊老敬老、婚恋及家庭道德、社会公德,以及协作四个方面的教育。② 四是生态文化教育。如果说文化是一个民族对周围自然环境和社会环境的适应性体系的命题成立的话,那么,清代西南民族地区乡村社会各族民众为适应其所处的自然环境而进行的文化调适以及人与自然和谐相处的良性互动关系构成西南地区各少数民族的生态文化。该地区各少数民族对下一代进行生态文化教育,就是要培养人们尊重自然、敬畏生命、保护环境和改善环境的道德感和责任感,从价值观上予以引导,使人们形成可持续发展的生态伦理观念,使人们充分认识到环境对人类社会的重要价值,从而积极主动、明智地关注环境,进而把这种观念变成推动经济社会可持续发展的自觉力量。在教育过程中,主要是通过一系列保护生态环境的宗教禁忌、世俗禁忌、村规民约和习惯法以规范人们的行为,从而确立了保护山林、水源等自然资源是西南民族地区个体必须履行的生态道德义务。

3.社会教育的制度形态

西南民族地区乡村社会各族民众社会教育的实施者,主要是寨老、长老和普通社会成员。在长期的教育活动中,他们形成一套独具特色、行之有效的教育制度。如"则溪制度"、"亭目制度"、"鼓社制度"、"峒款制度"、"议榔制度"、族规、乡规民约等都是西南各少数民族进行社会教育的主要途径,并使之制度

①李良品,彭福荣,崔莉:《乌江流域民族地区教育发展史》,重庆出版社,2010年版,第91页。

②李良品,彭福荣,崔莉:《乌江流域民族地区教育发展史》,重庆出版社,2010年版,第88-90页。

化。有时,通过参加家族和家族外举行的祭祀典礼、歌舞聚会、围猎盖房、婚丧嫁娶等社会活动,更多地习得本民族的社会礼俗、伦理道德、传统宗教、文学艺术等。下面从两个方面予以说明。

(1)利用族规进行社会教育

西南地区少数民族往往聚族而居,或同一族姓形成一个村寨,或在一个大寨内分片聚族而居。每个族姓都有自己的居住范围,彼此之间处于一种原始的平等互助关系,血缘关系成为维系各民族生存和发展的重要纽带。在长期聚族而居的生活中,不仅自然形成了以血缘关系为基础的家族组织,而且也形成了一些以习惯为主的、体现全体家族成员利益和意志的社会规范。各家族要形成内聚力,必须要利用族规进行社会教育。家族权力的应用,必须以族规宗范为准则。族规的核心是"敬宗"和"收族"两大方面。"敬宗"是强调传统的追溯,旨在建立家族血缘关系的尊卑伦序;"收族"则着眼于现实,寻求家族内部长期和平共处、聚而不散的途径。族谱上名"家规",实则为"族规"。原川东南酉阳冉氏土司后裔撰写的《冉氏家谱》,其卷首《家规》中有"孝顺父母、尊敬长上、友于兄弟、新睦宗族、和睦邻里、敦肃闺门、禁止争讼、勤习正业、定正名分、慎选婚姻、教约子弟"等家族规定,这是针对一个家族进行社会教育最好的内容。在湖广卯峒向氏土司的家训中也有这样的规定,全文如下。[①]

> 自古创业维艰,守成不易。我先人受安抚土司之职,历唐宋元明至我本朝,恳请辞职,蒙恩赐世袭千总。凡我子孙,须上报国恩,下光前烈。所拟家训条规,开列于后。
>
> 一、承袭官,须笃忠悃,公忘私,国忘家。靖恭尔位,不坠清白之家声;恪守官箴,庶继前人之旧迹。
>
> 二、先孝弟,事父事兄,圣贤最重。务循冬温夏清之典,体隅坐徐行之文,大端克立,乃为孝子悌。
>
> 三、在忠信,尔诈我虞,失其本性。宜尽己而全,固有行事,一本天良,三省常惕,庶几祖德无惭。
>
> 四、勤耕读,负耒横经,生人事业,必披星戴月力其事,朝渐夕摩深其功,孝弟力田,无不长发。
>
> 五、居乡党,父兄宗族在焉,敬耆老而慈幼稚。一本无乖,九族无絮,登堂自泯嚣凌之气,入室斯有亲逊之风。

---

① 张兴文等:《卯峒土司志校注》,民族出版社,2001年版,第103-105页。

六、待乡里，贵相亲睦。出入相友，守望相助，疾病相扶持。不可憎人便己，幸灾乐祸，以违先绪。

七、持家，固当量入为出，尤必忠厚待人。斗秤升斛，切勿大小异用，贫富异施，以至瞒心昧己，殄灭身家。

八、钱粮贡献之入，王章所垂，必当先期完纳。况身受国恩，止此一点敬奉，我为良民，切勿延缓。

九、戒淫行。淫为恶首，阴鸷昭然，切勿望复关而微笑，指蔓草以偕臧，败绝门第，永世无耻。

十、赌博、六博、踏踘，非贤者事，或高堂缺养，或颠连子妻，甚至为匪为盗，亏躬辱亲，有何面目得不对祖宗而恧然乎？

十一、崇礼让，礼行逊出君子哉。而子弟之秀顽虽殊，要宜卑以自牧，雍雍有儒者之气，循循有学士之风，庶乎堂构相承，箕裘克绍。

以上数事，各宜勉旃。

今重庆市酉阳土家族苗族自治县可大乡《李氏家谱》中有"家规十二条"："族内处家者，必宜孝父母，守五伦，如有忤逆不孝者，该众族重责；处家笃友者，须宜兄宜弟，如有欺凌不逊者，该众族严加督责；族内有出仕者，宜忠君爱民，倘有慢上残下者，谨宜戒之惕之；处乡与长者接，宜隅坐随行，不顾者，众族重罚；耕耘者，须出作人息，胼手胝足，如有游荡不务本业者，该族重罚；读书者宜五更三灯，黾勉从事，如有怠惰不报者，该族严责；操弓打马者，务宜辛勤劳苦，精通武艺，如有藉名游耍者，该族重罚；有争夺田地者，必须讲明，如有唆是唆非，该众族重罚；绝嗣者，须抚族内子孙，先亲后疏，如有滥收异姓者，众族严禁；有前代抚异姓者，不许葬入祖坟，如有恃强不服者，该众族严禁；族内有不幸而寡居者，可守则守，不守则出，半途而废者严责；族内有押钱赌博者，有任手游荡者，该众族督责，摈斥异方。"①

（2）制定乡规民约进行社会教育

乡规民约是指乡村居民共同商量、共同讨论、共同制定，每个乡民都必须遵守和执行的行为规范。其存在形态是指乡规民约在一定的时间和空间中所呈现出的形状或形式，用于协调社区各家族、家庭之间乃至各村民之间的社会关系，与共同作为民间法组成部分的习惯法、家法族规、村落法等概念既有联系又有区别。就乡规民约的内容而言，大体上可以划分为宗族的族规家法、森林等

---

①李良品，彭福荣，余继平等：《重庆民族文化研究》，重庆出版社，2010年版，第396-397页。

财产保护规约、宗族财产和坟墓禁约、议事合同、会社规约、禁赌规约、兴办学校和教育公约以及和息文约等。乡规民约一般规定有明确而具体的应当遵守的条款和违反条款的处罚措施。在西南少数民族地区乡村社会不乏乡规民约,或以纸质文本出现,便于乡民签字画押和保存;或勒之木石,告知世人,以便共同遵守。明清时期西南民族地区乡村社会各族民众通过制定一些乡规民约来教育本民族的人们保护生态环境,这比一般的宗教戒律和宗教禁忌更为规范,对生态环境的保护更具体而有效。布依族在清代嘉庆至咸丰同治年间,其村寨便出现了数十块《安民碑》《晓谕碑》《禁革碑》和《联防合同碑》等形式的乡规碑。① 思南有一块护林碑独具特色:

> 窃思天地之钟灵,诞生贤哲;山川之毓秀,代产英豪。是以惟岳降神,赖此外城之气所郁结而成也。然山深,必因乎水茂;而人杰,必赖乎地灵。以此之故,众寨公议:近来因屋后丙山牧放牲畜,草木因之濯濯,掀开石厂,巍石遂成嶙峋。举目四顾,不甚叹息。于是齐集与岑姓面议,办钱十千,木品与众永人为后代,于后代培植树木,禁止开挖,庶几龙脉丰满,人物咸兴。②

西南民族地区乡村社会各族民众通过护林碑的教育,逐渐认识到人的生存发展和自然息息相关、协调一致,对自然生态圈中任何因子的破坏,都将导致生态的不平衡,并将影响人类自身的生存和发展。

二、明清时期西南民族地区社会教育下的乡村社会与国家关系

明清时期的封建统治者已深刻认识到,借助社会教育这个工具对西南民族地区乡村社会各族民众进行统治,是一个十分奏效的举措。因为,社会教育在经历唐、宋、元时期的实践检验后,已经植根于西南民族地区广大民众的社会生活之中,成为人们基本认同的一种价值观推广形式。它对于建构西南民族地区乡村社会稳定的社会秩序、维护统治阶级的统治地位,具有其他方式方法所不能取代的效果。③

---

①吴承旺:《从自然崇拜到生态意识——浅谈布依族的生存智慧》,《理论与当代》,1997年第 8 期,第 29-30 页。

②李良品:《论古代西南地区少数民族的生态伦理观念与生态环境》,《黑龙江民族丛刊》,2008 年第 3 期,第 139-145 页。

③宋荣凯:《论清前期贵州社会教育的主要内容》,《中央民族大学学报(哲学社会科学版)》,2010 年第 1 期,第 72-76 页。

（一）明清时期国家政权在西南民族地区实施社会教育体现的特点

明清时期西南民族地区的社会教育无论是教育内容还是教育形式，均体现了"社会是学校，长者是老师，生活即教育内容"的思想。[1] 其特点十分明显。

1.政治性

明清中央王朝在西南少数民族地区开展社会教育，旨在借助传统儒家正统思想、伦理道德和行为规范来统治人民，强调少数民族地区民众服从国家政治的需要，其最根本目的是要维护清王朝的统治，维护国家的统一，维护民族地区的社会稳定，促进民族地区社会的进步。中央王朝颁布的规条、乡约宣讲、乡饮酒礼和旌赏善行等无不彰显其政治目的。

2.约束性

无论是源于统治阶级的各种规条，还是源于民间的乡规民约，均能使人们知晓法律法规而明辨是非，即在西南民族地区乡村社会人们的日常行为中，什么是可以做的，什么是绝对禁止的，触犯了法律法规应受到什么样的法律制裁。这就使人们在日常活动中能根据法律法规来自觉地约束和控制自己的思想和行为，从而有效避免违法和犯罪现象的出现。

3.灵活性

明清时期西南民族地区的社会教育，除来自统治阶层的社会教育有专门的教育场所、专职的教育人员、正式的教学课本之外，其余均不固定。尤其是民间的社会教育，或通过年长者的"以身示教"或"传经送宝"，或通过游戏教育、节日集会、体育活动等形式，具有教育形式相对简单，教育内容极不固定、教育场地较为随意等特点。

4.血缘性

明清时期西南民族地区源于民间的社会教育，教育者与受教育者之间所确立的"师生"关系，很大程度上是一种通过血缘纽带联结起来的亲属关系。直系或旁系亲属，都是他（她）们的"老师"。通过亲人们有意识的知识传授，使他（她）们逐渐掌握了基本的渔猎生产知识，同时也掌握了必要的社会道德知识和家庭礼仪知识，了解了本民族的历史与文化。尤其是在向长辈们讨教的过程中，他（她）们间接学会了做人做事的道理。[2]

---

①牧童：《赫哲族教育》（下），黑龙江教育出版社，1999年版，第10页。
②童姗：《浅谈古代赫哲族社会教育的形式及特点》，《黑龙江民族丛刊》，2008年第2期，第156-159页。

从上面的特点可见,如果说前两点体现的国家社会教育的意志,那么,后两点则体现的是乡村社会实施社会教育所期盼达到的社会功能。二者相辅相成,各得其所。

（二）明清时期西南民族地区社会教育的作用

明清时期西南民族地区实施的社会教育虽然包含了一些封建糟粕（如鼓励妇女贞洁守寡、上下之间严格等级观念等）,但是,我们应当看到,当时该地区乡村社会实施的社会教育的许多内容,其主流是适应社会发展需要,尤其是对国家推动"大一统"的历史进程具有很大的作用。①

①统治阶级及朝廷命官在西南民族地区乡村社会组织实施乡约,有利于乡村社会各族民众深入了解和掌握儒家伦理道德规范,懂得国家基本政策法规,共同遵守基本的行为处事准则,尽量化解乡村社会的民间矛盾纠纷,有利于乡里和睦和社会稳定。

②统治阶级及朝廷命官在西南民族地区乡村社会举行乡饮酒礼、提倡忠孝节义、乐善好施、实施优老慈幼政策,有利于西南民族地区乡村社会各族民众自觉养成尊老敬老、互相帮助、扶贫济困、履行责任义务、关爱后代的民风。

③统治阶级及朝廷命官在西南民族地区乡村社会举行崇祀名宦乡贤的活动,给该地区各族民众树立了学习仿效的真实榜样,有利于激励后进,增进和培养为国为民的理想信念。

④统治阶级及朝廷命官在西南民族地区乡村社会举行社会教育,其宗旨在于借助传统儒家道德伦理和行为规范来统治西南民族地区乡村社会各族民众。它强调民众服从国家政治需要,其目的就是要维护其统治。明清时期,中央王朝和地方各种政治军事力量曾在西南民族地区进行角逐与较量,包括贵州建省、平定麓川、平播之役、平定奢安、镇大西军、灭南明、平定三藩、平大小金川和进行大规模的改土归流。西南民族地区各种社会矛盾交织,最终,清朝巩固了在西南地区的统治秩序,这与明清时期中央王朝在西南民族地区实施社会教育所取得的成效是密不可分的。

⑤明清时期的中央王朝在西南民族地区实施的社会教育,在客观上起到了向乡村社会最底层的民众普及基本知识、统一思想、加强民族团结、传承中华民族传统文化等方面的作用。

①宋荣凯:《论清前期贵州社会教育的主要内容》,《中央民族大学学报（哲学社会科学版）》,2010 年第 1 期,第 72-76 页。

第四节　科举考试

在传统的社会里,科举考试中所录用的进士、举人、五贡(包括岁贡、拔贡、优贡、副贡、恩贡)数量的多少,是衡量一个地区文化是否发达,教育是否发展,人才质量高低的重要标准。① 明清时期西南民族地区虽然与全国相比,属于文化、教育滞后地区,但也不乏"声教洋溢,人文彪蔚"之地。明清时期西南地区乡村社会的各族民众通过参加童试、乡试、会试及殿试而获得成功并取得功名的进士和举人被视为"科甲出身",一般要出任地方官员或教职;人数众多的五贡也业已具备出仕资格,到京后经朝考可授予州同、州判、县丞等职,即便是"朝考未录之拔贡及恩、副、岁、优贡生,遇乡试年,得具呈就职、就教"②;当然,也有一部分科举人才成为士绅,成为西南民族地区乡村社会的精英阶层,他们不仅具有较高的社会地位和声望,而且在诸多社会事务,尤其是地方社会事务中发挥着重要的作用。

一、明清时期科举制度下西南民族地区乡村社会的科举人才

科举制度在明清时期中国传统社会的政治结构中具有中心地位,发挥过十分重要的历史作用——如扩大了封建专制制度的统治基础,巩固了中国的统一,选拔和培养了大批治国安邦人才,推进了中国文化的繁荣与发展等。从某种意义上说,科举制度所体现的是国家对教育的重视、对知识文化的崇尚、对贵族倾向的排斥、对政治组织的完善等,这一切,已与近代社会的价值取向十分接近。明清时期科举制度下西南民族地区的乡村社会,由于国家对学校教育的高度重视,不仅呈现出了"乡村四时,诵声不绝""文治日兴,人知向学"的良好社会风气,一些中下层少数民族子弟也能考中进士、举人及贡生,而且"科举制度的产生刺激了人们学习的积极性,促进了学校教育的发展"③。更为难能可贵的是,在考取的科举人才中还涌现了大批出类拔萃、彪炳千古的才俊之士,为明

① 李良品:《乌江流域民族地区历代科举人才的地理分布》,《贵州民族研究》,2004年第3期,第119-124页。

② 赵尔巽等:《清史稿·选举一》,上海古籍出版社,1991年版。

③ 孙培青:《中国教育史》,华东师范大学出版社,2001年版,第167页。

清中央王朝政权的稳固、西南民族地区的稳定、乡村社会风俗习惯的改变等均作出了巨大贡献。

（一）国家制度下科举人才的学习内容

明清时期的中央王朝,通过科举考试将社会精英纳入国家官僚系统,这不仅将政治人才收归国家所用,而且也达到了中央政府掌控官僚系统的目的,实现了唐太宗李世民"天下英雄入吾彀中矣"的目标。作为国家层面来讲,统治阶级要将乡村社会下层的能人志士网罗进国家政府官僚系统中去,真正达到为中央王朝所用,除了给予这些科举人才优厚的物质与精神待遇外,还必须从精神上对其控制。随着明清时期中央集权程度的加强,统治者的意志越来越明显地通过指定学习内容、考试内容、规定考试形式等方式表现出来,其控制思想的功能因此日益彰显。

明太祖朱元璋曾下令,学者讲学"一宗朱子之学","非濂、洛、关、闽之学不讲"。洪武二年(1369 年)明确规定,"国家取士,说经者以宋儒传注为宗",并要求"生员专治一经,以礼乐射御书数分科设教,务求实才"①。明成祖永乐十三年(1415 年),命翰林学士胡广等编纂《五经大全》《四书大全》《性理大全》等,颁行天下,作为钦定的官学教科书。明成祖还为《五经大全》《四书大全》和《性理大全》三部大型丛书作序,指出:"六经者,圣人为治之迹也。《六经》之道明,则天地圣人之心可见,而至治之功可成。《六经》之道不明,则人之心术不正,而邪说暴行侵录蠹害,欲求善治,乌可得乎? 朕为此惧,乃命编修《五经》《四书》,集诸家传注而为大全。凡有发明经义者取之,悖于经旨者去之。又集先儒成书及其议论、格言,辅翼《五经》《四书》,有裨于斯道者,类编为轶,名曰《性理大全》……探见圣贤之蕴,由是穷理以明道,立诚以达本,修之于身,行之于家,用之于国,而达之天下。使家不异政,国不殊俗。"永乐皇帝对《五经大全》《四书大全》和《性理大全》三部大全的目的和用途论述得十分清楚。三部大全的具体内容为:《五经大全》共 154 卷,由《周易大全》《书传大全》《诗经大全》《礼记大全》《春秋大全》五部书组成。《四书大全》以朱熹的《四书章句集注》为骨干,又搜集了宋元以来程朱学派对于《四书》的注解。《性理大全》共 70 卷,收入宋代儒家学说 120 家,其中自成篇幅的有《太极图说》《通书》《西铭》《正蒙》《皇极经世》《易学启蒙》等。② 清代的科举沿袭明代旧制,程朱理学既是教学内容,又是

---

① [清]张廷玉等:《明史》卷六十九,中华书局,1974 年版。
② 邓建国:《科举制度的伦理审视》,湖南师范大学 2007 年博士学位论文。

科考内容。《清史稿·选举志·三》指出:"有清科目、取士承明制,用八股文取《四子书》及《易》《书》《诗》《春秋》《礼记》五经命题,谓之制义。……首场《四书》三题,《五经》各四题,士子各占一经。《四书》主朱子《集注》;《易》主程《传》,朱子《本义》;《书》主采《传》;《诗》主朱子《集传》;《春秋》主胡安国《传》;《礼记》主陈澔《集说》。"由此可见,明清统治者从有利于西南民族地区土司的"日渐月化,以复先王之旧"目的出发,其官学教育与中原地区一样。此外,明朝统治者极为重视少数民族地区的教育。由于语言的差异,少数民族地区的生员学习汉文化多有不便,各地方政府有针对性地大量启用民族教官教授民族学生。据史载:"宣德间,有选贡李源,为四川永宁宣抚司人,入监,宣抚苏奏,本司生员俱土僚朝家,所授言语不通,乞如云南鹤庆府事例,授源教职。上允之。命源为本司训导。盖是时滇蜀皆有之,然皆夷方也。"①

(二)国家制度下西南民族地区的优惠政策

明清时期国家在科举考试以及学生仕途升迁中对西南民族地区乡村社会不仅贯彻执行教化安边、文德怀远的政策精神,而且采取积极有效的优惠政策,显示出维护西南少数民族政治、经济、文化利益的倾向。对于科举考试及进入官学的西南地区的民族子弟,采取平等对待的政策。据载:成化十七年(1481年),"贵州程番知府邓廷瓒奏,本土学校中有土人子弟在学者,宜分别处置,以示奖励。上曰:蛮夷向化,其意可嘉,既已建置生徒,有同内地,则一体相视,原无分别"②。纵观明清时期国家制度下对西南民族地区科举考试的管理,其优惠政策与有力措施主要有以下几个方面。

第一,"就近乡试"及合并考试。所谓"就近乡试",就是准许未举行乡试或路途遥远的西南民族地区的应考生员可前往附近汉族地区的省份参加乡试,如宣德二年(1427年),准许贵州普安州儒学生员赴云南就近乡试;又如宣德二年(1427年)六月,贵州部政司言:"前奉礼部文书,本司所辖州郡生徒堪应举者,许于湖广部政司就试。缘去湖广路远,于云南为近,宜就近为便。"③云南、贵州合并考试。弘治七年(1494年)十月,贵州守臣奏:"本部政司生员旧于云南部政司乡试,其试录止名'云南乡试录',所取举人名数通四十五名。今请于本处

① [明]沈德符:《万历野获编补遗》卷四,中华书局,1997年版,第933页。
② [清]毛奇龄:《蛮司合志》卷二,转引自《中国边疆少数民族古文献》卷四十三,四川民族出版社,1983年版,第11页。
③ [明]俞汝:《礼部志稿》(卷七十一),浙江巡抚采进本。

开科,以免合式;增解额,以激士心。"礼部议,谓旧制不可改,止拟改试录谓云贵乡试录及稍增解额名数。上从之,命云南增举人二名,贵州三名。由此看出,不管"附搭合并""云贵合试",还是乡试解额的分配都有明显照顾落后地区少数民族的倾向。① 从国家层面看,减少西南民族地区乡村社会士子乡试的长途跋涉之苦,采取灵活举措,这种做法确实是"以人为本"。

第二,增加"解额"。所谓"解额",就是指各地乡试按一定条件录取的举人人数。明清时期国家举行的科举考试分为乡试、会试、殿试,但在乡试之前,必须参加童试,这是参加科举考试的前提,相当于进入科举考场的入场券。明朝的乡试举人额数,并不限制,从实充贡。也就是洪武三年(1370 年)提倡的"若人才多处或不及者,不拘额数"。自洪熙元年(1425 年)始有定额并有逐渐增加的趋势。如宣德四年(1429 年),令云南乡试增五名。景泰四年(1453 年),云南增 10 名。成化三年(1467 年),令云南乡试复增十名。云南初定乡试额十名,经九次增额后,至崇祯十五年(1642 年)增至 54 名。又如贵州省嘉靖十六年(1537 年)开科时定乡试额为 25 名,后经五次增额后,于明末达到 39 名。会试取士于明朝宣德、正统间(1426—1449 年)分南北中卷,共取一百名,南人取 55名,北人取 35 名,中取 10 名。云南、贵州均属中卷,共取十名。成化二十二年(1486 年),南北各减二名增额于中卷,故云南、贵州两省之会试取 12 名。不断增加乡试、会试名额,能让更多少数民族子弟有参加殿试及入仕的机会。② 说到底,增加"解额"的规定不仅是为西南民族地区政治统治的考虑,更是对边疆少数民族教育发展的照顾和重视。这一规定体现出对文化落后地区少数民族的优惠和倾斜,有利于边远少数民族教育文化水平的提高,在很大程度上也反映了科举时代民族教育"公平"的发展理念。③

第三,实施多取土童的政策。有明一代,中央政府曾有过这样的规定:"万历四年题准,广西、湖广、四川、云南等处,凡改土为流州县,及土官地方建学校者,令提学官严加查试,果系土著之人、方准考充附学,不许各处士民冒籍滥入。"④土籍与客籍的界定标准为:"在前朝入版籍者为土,在本朝入籍者为客。"明朝规定科举考试禁止假托族属改附籍贯入试,即 严禁"冒籍"。明代中央政府发布许多规章规定,只有西南地区真正的少数民族才可以享受面试进入当地

①③花文凤:《科举体制下中国少数民族教育公平问题的研究——基于对辽代至清末民族教育发展的考察》,西北师范大学 2009 年硕士学位论文。

②李良品:《论西南少数民族地区明清官学的管理》,《内蒙古社会科学》,2004 年第 1期,第 18-22 页。

④[明]申时行等:《明会典》(万历朝重修本)卷七十八,中华书局,1989 年版,第 452 页。

学校的特权,国家的各级政府教育部门要严格查处考生,其他汉族考生不准冒充。明朝政府从维护民族教育公平发展出发,对科举考试"冒籍"问题存在的成因、表现、危害及处理措施的详细规定具有其深远的教育价值。① 清政府曾规定西南民族地区应多取土童,"以土三客一为率",即土民必须占三分之二,客籍只能占三分之一,不许客籍考童顶冒窃占名额。② 这种优惠政策的实施,充分调动了西南地区少数民族子弟读书与入仕的积极性,并使许多少数民族子弟圆了科举梦。

第四,"加俸级优异之"政策的实施。据《明太宗实录》(卷七八)记载,早在洪武初年,湖广、广西就开始举行乡试,由于云南地区儒学教育不发达,并没有独立举行乡试的权利,直到永乐六年(1408 年),云南才举行乡试。贵州也是一直到嘉靖十四年(1535 年)才独自开科取士。虽然明朝在西南少数民族地区开科取士上采取积极开放、机会均等、一视同仁政策,但出于对西南民族地区经济、文化、教育发展实际的考虑,在少数民族中试者相同条件下,对他们"加俸级优异之"。③

第五,铨选人才从优。"由于民族子弟成才不易,而民族地区又需要大量的民族人才,故而政府在选拔民族人才方面给予优待政策。"④据《明会典·礼部三十五》载,洪武、永乐年间,明政府曾先后诏令云南、广西、湖广、四川、贵州等省的土司衙门,"生员有成才者,不拘常例,以便选贡"。事实上,在这种"怀柔"政策的允许下,西南民族地区已有部分少数民族子弟能入学读书,并取得了一定成效。诚如镇远知府颜泽上奏朝廷时所云:"本府儒学,自永乐十三年开设于编桥等处四长官司,夷人之中选取生员入学读书,较有成效。"(《玄宗宣德实录》卷十一)由此可见,这种优待政策确实得到了贯彻执行。据载:万历年间,"有土舍杨载清者,应袭推官,尝中贵州乡试,命于本卫所加俸级优异之"。另据载,"宋儒为麻哈州世袭土同知,胄北直隶定州籍等第,为隆庆辛未进士,入韦京朝近吏,任礼部主事"⑤,充分说明西南、南部土官子弟参加科举入仕受优待的情形。少数民族子弟优惠进国子监的方式有三种:特恩、岁贡、选贡。特恩就是

①花文凤:《科举体制下中国少数民族教育公平问题的研究——基于对辽代至清末民族教育发展的考察》,西北师范大学 2009 年硕士学位论文。

②彭英明:《土家族文化通志新编》,民族出版社,2001 年版,第 77 页。

③徐杰舜,韦日科:《中国民族政策史鉴》,广西人民出版社,1992 年版,第 349 页。

④雷学华:《中国封建社会的民族教育》,《中南民族大学学报(人文社科版)》,1996 年第 4 期,第 113-117 页。

⑤徐杰舜,韦日科:《中国民族政策史鉴》,广西人民出版社,1992 年版,第 353 页。

皇帝特别恩准。据《明宪祖实录》卷二百二十一记载,洪武二十三年(1390年),四川建昌卫土司安配派遣其子僧保42人到国子监读书。岁贡就是要求地方每年从府、州、县学中选拔一定数额的人才推荐给国子监。少数民族地区岁贡政策优惠,规定边地府学"宜岁贡生员一名,俾观中国光,相劝于学,以称立贤无方之意"。因西南民族地区教育的落后,宣德二年(1427年)明确将西南民族地区儒学纳入岁贡法之中。据载:成化四年(1468年)和弘治十三年(1500年)诏令:"土司学,照州学例,三年贡二人"。这是例行的岁贡。选贡就是除岁贡外,各地可以不拘常例向国子监推荐品学兼优者,这种政策其实是对少数民族子弟的优待。洪武十八年(1385年)、永乐元年(1403年)及永乐十八年(1420年),明中央政府先后命云南、广西、湖广、四川、贵州土官衙门选贡,①这些地区的土官衙门学生都是通过选贡进入官学的。即使学员的学业欠佳,也可以在学官训导之下,免试选送国子监读书。不只是规定到位,事实上这些政策也得到具体落实。②

(三)明清时期西南民族地区科举人才

明清时期西南民族地区乡村社会的知识分子虽然角逐于国家的科举场上,也有"俊杰之士,比于中州""人才日盛,科不乏人""科名鹊起""万马如龙"等夸大之语,但总的来讲,科举人才的呈现是不均衡的。我们以明清两代云南、贵州两省拥有进士数为例予以说明,见表9.7。

表9.7 明清时期云南、贵州两省拥有进士数(人)比例变迁表

单位:人

朝 代	云 南	贵 州	合 计
明代	228	618	846
清代	76	560	636
合计	304	1 178	1 482

注:1.本表根据朱保炯,谢沛霖,上海古籍出版社,1980出版的《明清进士题名碑录索引》整理所得;2.在表中的进士人才中,虽然有一部分是汉族,但少数民族的进士也占一定的比例。

---

① 徐杰舜,韦日科:《中国民族政策史鉴》,广西人民出版社,1992年版,第350页。
② 花文凤:《科举体制下中国少数民族教育公平问题的研究——基于对辽代至清末民族教育发展的考察》,西北师范大学2009年硕士学位论文。

从表9.7可见,同样是西南民族地区,但在不同朝代,其科举人才发展表现为此盛彼衰、此衰彼盛的状况。特别是清代贵州省科举人才中的进士发展迅猛,这无疑与当时贵州学校的兴建与扩建、经济的发展等诸多因素密切相关。同时,作者根据西南地区进士录用的绝对数字归纳出明清时期西南地区人才分布的三个特点。①

第一,整体落后。明清两代,西南地区的教育虽有长足进步,但与全国文化教育发达地区相比,那也是天壤之别。教育的落后必然导致科举人才录用的绝对人数极其有限。作者在此用下表证明西南民族地区教育的落后面貌,见表9.8。

表9.8　西南民族地区历代录用进士及比例表

	明　代	清　代	合　计
全国录用进士(人)	24 877	26 747	51 624
云贵川三省录用进士(人)	1 672	1 918	3 590
占全国进士比例(%)	6.72	7.17	6.95

虽然明清两代西南民族地区考中的进士数分别为1 672人和1 918人,科举人才录用的绝对人数有一定上升,但比例仅占全国进士总数的6.72%和7.17%;在整个科举考试中,其进士数仅占全国的6.95%,教育地位、人才比例突出地表现为整体落后。

第二,区域差距。明代西南民族地区的进士,三省之间差距很大,我们以表9.9为例。

表9.9　明代西南三省进士与人口比例表②

省	三省载册人数(人)	人口所占比例(%)	进士数(人)	进士所占比例(%)	人口与进士比率
四川	310万	63	1 368	81.8	2 266:1
云南	147万	30	228	13.7	6 140:1
贵州	29万	7	76	4.5	3 815:1

---

①李良品:《乌江流域民族地区历代科举人才的地理分布》,《贵州民族研究》,2004年第3期,第119-124页。

②蓝勇:《西南历史文化地理》,西南师范大学出版社,1997年版,第117页。

从表9.9可见,四川的教育水平明显高于云南和贵州两省,而贵州又高于云南省。除省与省之间存在很大差距外,即便是同一省份,州县之间也存在很大差距,如明代云南省,进士分布最多的前10个州县为昆明48人、大理37人、建水29人、保山18人、曲靖11人、鹤庆10人、剑川州7人、蒙化府7人、宁州7人、石屏州6人,而广西府和镇雄府则各为1人。① 贵州省也有类似的情况。时至清代,贵州地区由于教育的快速发展,形成了贵阳(236人)、大定(61人)、遵义(56人)、安顺(50人)等四个人才中心,计有进士403人,占贵州全省进士数的72%;此外,贵州还涌现出平越(38人)、都匀(31人)、思南(24人)、黎平(21人)、镇远(12人)、铜仁(12人)6个人才次中心,计涌现进士138人,占贵州全省进士人数的24.6%;兴义府仅为1人,与其他府州县相比,差距太大。由此可见,改土归流后西南地区的人才分布,虽较之明代有缩小的趋势,但各地仍存在较大差距。

第三,阶段起伏。遵义是阶段起伏的典型。南宋时期,"由于杨氏统治集团在播州积极发展儒学教育,努力传播中原文化,注意网罗人学士。播州读书向学者日渐增多,经济文化持续发展,终于成为贵州经济和文化发展的首善之区"②。播州出现有8名进士(冉从周、李敏子、白震、犹道明、杨震、赵炎印、杨邦彦、杨邦杰),虽然在四川省内仅属于中下水平,但与宋代时的云南和贵州的很多府州县相比,确实是教育水平很高的地方。而在明代,播州的教育地位一落千丈,科举人才寥寥无几(仅有4名举人)。自平播及播州划归贵州省之后,学校教育重新兴起,科举人才异军突起,直追省会贵阳府,"学术人才之盛为全省之前列",居然产生了52名文武进士。同时涌现出一大批优秀人才(如郑珍、莫友芝、黎庶昌等),形成了以郑、莫、黎三家为中心的沙滩文化,真是"流风余韵,沾溉百年之久"。教育、人才的大起大落可见一斑。

二、明清时期西南民族地区乡村社会科举人才与国家的互动关系

明清两代封建统治者在西南民族地区推行文教为先、日渐月化的民族教育政策,大力发展并管理民族教育,允许少数民族子弟入学就读,其目的有三:一是"使其服王化",使少数民族人民俯首帖耳地任统治阶级驱使;二是实行"同化"政策,企图改变少数民族固有的传统文化习俗;三是达到封建王朝"以夷治

---

① 蓝勇:《西南历史文化地理》,西南师范大学出版社,1997年版,第112-113页。
② 张羽琼:《贵州古代教育史》,贵州教育出版社,2003年版,第58页。

夷"的目的,最终为巩固明清统治阶级的地位和实现"大一统"的目标服务。①
从总的来讲,明清时期西南民族地区乡村社会科举人才与国家政权之间形成了
一种互动关系,各取所需,以实现双赢的目标。

（一）国家政权层面

科举制在明清时期成为国家最主要的政治选拔制度,为国家选拔出了一大
批优秀人才,发挥了巨大的历史作用。诚如一位西方学者于1864年在伦敦英
文周刊《一年到头》发表的一篇题为《中国的科举考试》所描述科举制度的独一
无二和广泛影响那样:"科举这个教育机器几乎是不间断地实施其功能:它是唯
一没有被动摇过基础的制度,是在权威一再崩溃和颠覆中唯一能维持全面而广
泛的影响的制度,当其他帝国统治的代表一次又一次被推翻并被践踏为尘土
时,它在全民族的眼中却是神圣的避难所。"②由此可见,明清时期科举制度确
实对中国传统社会产生广泛而深刻的影响。

1.选拔优秀人才

自唐至清,我国的优秀人才基本上出于科举。由科举考试为官者,人才辈
出,史不绝书。在严格的规章制度和严密的组织措施下自下而上逐级进行国家
考试,按成绩择优录取,登科者绝大多数具有较高文化素质。科举学专家刘海
峰曾说,"总体而言,科举可以说能够将传统社会的真才选拔出来委以重任。"③
在我国历史上,科举出身者中不乏才华横溢的文学家,如陈子昂、韩愈、柳宗元、
刘禹锡、白居易、杜牧等,也有一代名相张九龄、姚崇、张说等,他们能在科举中
脱颖而出,是唐代科举发挥政治录用功能的最好体现。通过科举选拔的人才进
入仕宦阶层,不少人还得到朝廷重用。明朝英宗以降,已形成"非进士不入翰
林,非翰林不入内阁"的局面。明朝宰辅先后有170余人,其中翰林出身的占
90%。由于科举出身官员饱读儒家经典,深受儒家道德伦理的浸润,忠孝观念
牢固,因而他们一般都忠于朝廷,认真执行国家法令,恪尽职守。其中一部分人
出自社会下层,比较了解民生,故而比较能体察下情,关心民瘼,这对社会对国
家都是有益的。④ 因此,据嘉庆朝《礼部则例》卷一百零一载,清嘉庆帝曾赞许

①李良品:《论西南少数民族地区明清官学的管理》,《内蒙古社会科学》,2004年第1
期,第18-22页。

②Chinese Competitire Examinations J.All Year Round.V01.Ⅻ,Dec.17,1864.

③刘海峰:《为科举制平反》,《书屋》,2005年第1期,第18-21页。

④刘宏章:《科举制度的政治功能探析》,湖南师范大学2009年硕士学位论文。

说:"各省膺民牧者,多读书人,于吏治民生实有裨益。"明清统治者在西南民族地区大力发展官学,实施科举考试,使西南民族地区的教育达到全盛时期。其中最显著的标志是如天启《滇志》卷三所言的"士知向学,科第相仍",人才辈出。如前所述,云贵川三省明清两代涌现了 3 590 名进士。在这些进士中,有很大一部分是少数民族。科举考试在西南民族地区的推行,客观上选拔了少数民族的大批优秀人才。

2.扩大统治基础

任何统治集团(或执政集团)都必须得到一定程度的社会支持。明清时期的科举制度不仅在本质上与中央王朝的政治体制存在着极大的亲和力,而且也发挥它强有力的政治功能。明清两代在西南地区共录用了 3 590 名进士,加上举人、五贡(包括岁贡、拔贡、优贡、副贡、恩贡)的数量,约有 25 倍,计 9 万人左右。不仅这 9 万人均进入了统治集团,而且让这些家庭、家族均成为明清中央政府在西南地区社会稳定的基础。其实,科举制度以其对报考者身份的极少限制,扩大了人才选拔的范围(或者说扩大了中央政府向西南地区乡村社会授予官位的范围),这就意味着分配极大的社会政治经济利益。有人做过统计,明代内阁大学士总计 170 余人,科举出身者占 90% 以上,清代科举出身的尚书、都御史占 50% 左右,监察院御史一般都是科举出身。科举制度实现了教育制度和选官制度的一体化,实现了社会思想与统治思想的完全融合。更重要的是,科举制度造就了一个庞大的、介于"官"和"民"之间的士绅社会集团,他们充当着官府和民间的中介。他们既能够促使政权在一定程度上满足乡村社会各族民众的要求,又能把社会矛盾控制在"秩序"所允许的范围内。同时,明清时期中央王朝通过科举考试增加了普通民众对于政治的积极参与,这种广泛的民众参与和民意表达又促使朝代更替时获得大量的社会支持,从而保证政权得以长期维持。①

3.实施思想控制

历代统治者均十分注重对读书人的思想控制,明清时期的统治者也不例外。明清两代,西南民族地区的官学生员与汉族地区一样,思想被禁锢,舆论被钳制,行为被规范,纪律被约束。以明代为例,学规苛严,平时设有稽查簿以记录学生的言行。地方学校一般从德行、经义、治事三方面对学生进行稽考。据《续文献通考》卷五十记载,明太祖洪武十五年(1382 年),"颁禁例于天下学校,镌勒卧碑,置明伦堂,不遵者以违制论"。各校所置"卧碑文",令生员每天必须

---

① 刘宏章:《科举制度的政治功能探析》,湖南师范大学 2009 年硕士学位论文。

诵读。同年,据《明会典》卷七十八记载,又颁布"学规"十二条,其规定:"军民一切利病,并不许生员建言。果有一切军民利病之事,许当该有司、在野贤人、有志壮士、质朴农夫、商贾技艺皆可言之,诸人毋得阻挡,惟生员不许。"清承明制,并更为严苛。顺治九年(1652年)有"钦颁训饬士子文",其学规内容主要强调四点:生员读书的重要性,生员必须立志,生员的人品修养及必须遵守的规范。康熙十一年(1672年)又颁布"圣谕"十六条。这些学规对生员的思想、行为、学习、生活等各方面都提出了明确要求,成为西南民族地区培养和教育学生的准则。①

当读书人一旦登皇榜、点翰林、授官职之后,就会对皇帝感恩戴德,叩谢皇恩浩荡,成为中央王朝的忠实执行者和代言人,实质上也就转变为大地主阶级和官僚阶层的利益代表,而不再代表他原来所属的底层阶级的利益。同时,当科举及第者能出仕为官之后,直接将统治者的意志贯彻到西南民族地区乡村社会最底层,实现对整个社会的统治。这正如戚珩所言:"中国的科举制度……在捍卫中央集权、保证法律制度为公众舆论所认可方面,是专制集权统治的必要补充,这些制度体系一方面从外在形式上规范群众的言行,另一方面融于传统的政治文化,作为政治社会化要素从思维方式和价值观念上影响人们的政治取向。"②也就是说,明清统治者通过科举考试而宣扬"学而优则仕",促进读书社会的形成,然后通过读书人的示范作用,在全社会形成认同和接受统治阶级思想,以此作为通过行政、法律等手段维持统治秩序的辅助手段,使统治基础更加牢固和宽广,这在很大程度上实现了科举的政治社会化功能。③

(二)科举人才层面

洪迈在《容斋四笔》一书中记载了当时世人流传的《得意失意诗》:"旧传有诗四句夸世人得意者云:'久旱逢甘雨,他乡见故知,洞房花烛夜,金榜挂名时。'"在科举制度的诱导下,无数的读书人将闭门读书视为最有价值的活动,科场角逐成为最吸引人的事业,"金榜挂名"成为最高的人生追求。无数读书人都期盼通过科举考试能将自己载至成功的彼岸,实现跃登龙门、直上青云、"位极

---

①李良品:《论西南少数民族地区明清官学的管理》,《内蒙古社会科学》,2004年第1期,第18-22页。

②戚珩:《政治意识论》,浙江人民出版社,1995年版,第115页。

③刘宏章:《科举制度的政治功能探析》,湖南师范大学2009年硕士学位论文。

人臣"的梦想。可以说,无论是汉族读书人还是少数民族读书人,"前程心在青云里"无疑是应举士人的普遍心理。大凡读书人实现人生梦想之后,一般有三种情况。①

1.通过科举入仕,为国家建功立业

明清时期西南民族地区的士人与以往的士人或汉族士人一样,其政治抱负似乎是天然具有的,"学成文武艺,货与帝王家"是他们的普遍愿望。读圣贤书的目的就是实现"兼济天下"的远大目标。在明清时期,凡赴举应试的士人,他们从四面八方赶到京城,莫不怀着"鸿鹄之志",渴望一展平生所学,最终踏上青云之路。因为在那个时代,士人无论是建功立业,还是代表"社会的良心",唯一的办法就是通过科举考试予以实现。杜甫早年"自谓颇挺出,立登要路津"的诗句即体现那个时代的读书人"士志于道"的精神。

2.通过科举入仕,为自己谋取功名

特别是进士出身者大量进入中高级官僚行列,这让无数尚未考中进士的士人羡慕不已。五代时人王定保在《唐摭言》"散序进士"中写道:"进士科始于唐大业中,盛于贞观、永徽之际;缙绅虽位极人臣,不由进士者,终不为美。"唐代至清,人才进身,尽由科举,尤重进士。缙绅虽位极人臣,不由进士出身,终不以为美,所以薛元超说:"吾不才,高贵过人,平生有三恨:始不以进士擢第,不取五姓女,不得修国史。"位极人臣的薛元超居然将"不以进士擢第"看成他的终生憾事,且列为平生三大憾事之首,这说明士族中人对享有极高声誉的进士及第是多么羡慕!宰相都如此,更何况一般的知识分子!《太平广记·卷第一百七十八·贡举一·总叙进士科》中也有"缙绅虽位极人臣,不由进士者,终不为美"之说,可见,任何一个士人无不在梦想中编制着辉煌的人生前景,期望"位极人臣"以致富甲天下。明清时期西南民族地区乡村社会参加科举考试的各位学子又何尝不是憧憬"位极人臣"的生活呢?

3.通过科举入仕,改变地方风俗习惯

西南民族地区科举制度的实施,使大批少数民族子弟能潜心钻研儒家经典,接受儒家思想熏陶。同时,在这些文人和进士中,他们或为朝廷命官,或为教谕训导,或承袭土司,或设馆教学,或居家著述,这对于改变西南民族地区落后的风俗习惯起到了积极促进作用。如云南的临安府傣族,"设义学以教民,风

---

①转引自李良品:《科举制度影响下的士人心态》,《宜宾学院学报》,2007 年第 5 期,第 100-103 页。

气渐升，人知向义"①；丽江府纳西族，自改土归流以来，"畏法读书，识文字者多有之"②；又川东南的酉阳州"自改土来，士习诗书，风气断断乎一变"③；彭水县"彭邑士人，尊师响学……城乡各处，弦诵相闻。届小试之年，应试者云集，考棚不能容，较前殆增数倍。"④另据《安顺府志》《黎平府志》《贵州通志·土民志》《乾隆贵州通志》等史籍记载，明清时布依族、侗族"男子耕凿读书，与汉民无异"；"仡佬族亦有读书学艺者"；苗族"近亦多剃发，读书应试"；水族"有读书经商者"；仫佬族"其子弟亦延师教训，多有泮读"⑤。时至清代，贵州的风俗习惯在诸多士子的引领下，又发生了较大变化，据民国《贵州通志》载：贵阳府"俗尚朴实，敦重礼教，士秀而文，民知务本""崇儒术，重气节。处者，耻为污下之事；仕者，多著廉洁之称""悃幅无华，至道尤易。礼宗考亭，不随夷俗；文教丕扬，人才辈出""渐渍文明之化，易兵戎为城郭，变刁斗为桑麻。民不喜争，士皆彬雅""民务稼穑而鲜贸易，士敦诗书而多彬雅""士束修自爱，笃彝伦，崇气节，无干谒之事，无乖僻之行。百余年沐国家教泽涵濡，礼让风行，廉隅互饬，世族子弟下帷诵读，不染浮华；乡曲寒畯，党庠州序，舷歌相闻。大比之年，登贤书者居全省什之四五；入馆分曹者，科有其人。处则共敦谦让，出则茂著勤劳；一官一邑，无不思饬簠簋而切祔循。盖由地处会垣，士习最醇，文风最茂，土官之陶成培植又最先也"⑥。安顺府"士以诗书为业，贫而不废弦歌。商多外省寄居，富而各安礼法，饮食衣服颇改朴风。文教士习渐省会"⑦。兴义府"士安弦诵，农乐耰锄。地辟民聚，化行俗移"⑧。大定府"不事商贾，惟务农桑。人多勤俭，向慕儒雅。文风武略，渐有可观"⑨。遵义府"自明万历庚子后，土辟民聚，俗易风移。蚕桑

①［清］江浚源：《临安府志》，嘉庆四年（1799年）刻本。

②［清］余庆远：《维西见闻记》，转引自《小方壶斋舆地丛抄本》。

③［清］王鳞飞等：《同治增修酉阳直隶州总志》，巴蜀书社，1992年版，第759页。

④［清］庄定域，支承祜：《彭水县志》，光绪元年（1875年）刻本第270页。

⑤转引自韦启光：《儒家文化对贵州少数民族文化的影响》，《贵州社会科学》，1996年第3期，第63-66页。

⑥贵州文史馆：［民国］《贵州通志·舆地志·风土志》（点校本），贵州大学出版社，2010年版，第371-372页。

⑦贵州文史馆：［民国］《贵州通志·舆地志·风土志》（点校本），贵州大学出版社，2010年版，第375页。

⑧贵州文史馆：［民国］《贵州通志·舆地志·风土志》（点校本），贵州大学出版社，2010年版，第378页。

⑨贵州文史馆：［民国］《贵州通志·舆地志·风土志》（点校本），贵州大学出版社，2010年版，第381页。

殊少,专事耕农。士愿而好学,女贞而克勤。及入清朝,士风尤盛,人才间出。士质而有文,民朴而易治。崇尚气节,不耻贫贱,勤耕织,敦礼让云"①。在都匀府,"苗僚错处,种类不同,俗尚亦异。声教所被,士知读书,民皆兴行"②。这或许也印证了人们常说的一句话:"文化积淀决定了一个国家、一个民族、一个地区的文明程度和经济的发展。"可以说,文化积淀也影响着西南民族地区乡村社会人才的形成,如明清两代的科举人才既影响士人的观念形态;同时,这些人创设的种种物质载体,如学校、图书、碑刻、器具等被时人或后人传承,它无形中有助于士人"响学"风气的形成。文化领袖或迁客骚人对教育的发展有直接或间接推动作用,如王阳明贬龙泉驿(今贵州修文县),他创建龙冈书院和讲学于贵阳文明书院,开创了黔中地区(乃至整个贵州)一代学风,并培养了一大批杰出人才,对贵州文化教育产生了深远影响。正如贵州巡抚阮文中在《阳明书院碑记》所言:"始,贵阳人士未知学,先生与群弟子日讲明良知之旨,听者勃勃感触,日革其浇漓之俗而还诸淳,迩者衣冠济济,与齐鲁并。"特别是他的四条学规——"立志、勤学、改过、责善"对乌江流域士人影响极大。此外,家学、亲缘、师承等文化关系也功不可没。③

---

①贵州文史馆:[民国]《贵州通志·舆地志·风土志》(点校本),贵州大学出版社,2010年版,第383-384页。

②贵州文史馆:[民国]《贵州通志·舆地志·风土志》(点校本),贵州大学出版社,2010年版,第393页。

③转引自李良品:《乌江流域民族地区历代科举人才的地理分布》,《贵州民族研究》,2004年第3期,第119-124页。

第十章 明清时期西南民族地区乡村社会与国家之间的多重关系

明清时期在西南民族地区实施的政治制度、社会保障制度、经济制度、军事制度及教育制度,对于我国统一多民族国家的巩固和发展确实起到了一定的积极作用,对于西南民族地区经济的发展、民族的和谐、乡村社会的稳定有一定贡献。通过前面的分析,作者认为,明清时期西南民族地区乡村社会与国家之间的确存在着认同与调适、互动与和谐、博弈与冲突等多重关系,这些关系集中体现一个带有规律性的理论问题——"和谐共生"。只有乡村社会与国家之间形成和谐的关系,双方才能共存共生。作者提出的民族关系中的"和谐共生"同样是以生物学中的共生理论为起点,运用社会共生的理论和方法,为和谐社会构建提出了另一种理论说明:明清时期西南民族地区乡村社会与国家之间的良性互动,有助于构建民族地区乡村社会的和谐,推动民族地区的经济发展、社会进步、文化繁荣和民族团结;反之,则阻碍这一地区的经济社会发展与文化繁荣,破坏民族之间的团结,这就佐证了"只有和谐才能共生"的道理。在明清时期西南民族地区乡村社会与国家之间的认同与调适、互动与和谐、博弈与冲突等多重关系中,认同与调适是其中最为重要的关系。因为在这三组关系中,认同与调适是基础和前提,如果没有这个基础和前提,互动与和谐就无从谈起,剩下的就只有博弈与冲突了。本章拟就明清时期西南民族地区乡村社会与国家之间的认同与调适、互动与和谐、博弈与冲突等多重关系作探讨。

第一节 认同与调适

在认同与调适这一组关系中,认同是前提,调适是手段。如果我们把明清时期的各代皇帝、中央政府以及朝廷当作国家来看待,把西南民族地区各族民众当作乡村社会来看待,那么,认同与调适就必须是乡村社会与国家二者之间双向的事情。

一、双向认同

一般来讲,认同是指社会成员的一种趋同、相近的心理感受,也就是"自我在情感上或者信念上与他人或其他对象联结为一体的心理过程"①。简单地说,"认同"可以被理解为一种归属感。如果将"认同"置于自我与他者的比较中,就会形成一种自我认知和自我界定,从而寻找出自身独特的、与他人不同的特征。在埃里克森的认同理论中,认同不仅是个体的,而且是群体的、社会的。因此,所谓认同,就是在人与人、群体与群体的交往过程中所发现的自我与他者差异、自我的特征及其归属感。在目前"认同"的研究方面,主要侧重于族群认同、民族认同、文化认同及国家认同。因本书的重心在于乡村社会与国家的关系,所以,本节中主要探讨国家认同的问题。

国家认同作为一个政治概念,主要是指一个国家的公民对自己归属哪个国家的认知,以及对这个国家的构成(如政治、文化、族群等要素)的评价和情感。

(一)国家层面的国家认同

从国家层面讲,当一个政党或族群获取政权之后,必须从理论上构建自己执政的合法性,使获得主权范围内各成员的认同;同时,作为执政者,必须从心理上承认所有国民均为该国的成员。如明清时期中央政府从心理的角度把西南民族地区乡村社会各民族的每个人都当作国家中的一员(即封建社会皇帝经常在口中提到的"子民"),都看作国家建设的主人翁,彻底摈弃封建社会有些朝廷命官在奏疏中经常的"非我族类,其心必异"的错误观念。由于历史、地域等原因,自秦统一以后,"非我族类,其心必异"的"族类"观并非少见。如明代的一些官员在其奏疏中常有类似的提法。现列举数例:丘浚在《内夏外夷之限一》中说:"昔人有言:非我族类、其心必异。"②储巏在《防虏疏》中有这么一段话:"非我族类,其心终异。必须我之将帅能驾驭之,我之师旅能颉颃之,乃能折其心,得其力。否则未见其益也。"③徐问在《议处地方事宜疏》中说得十分直截了

①复旦大学历史学系,复旦大学中外现代化进程研究中心:《近代中国的国家形象与国家认同》,上海古籍出版社,2003年版,第126页。
②丘浚:《内夏外夷之限一》,转引自陈子龙:《皇明经世文编》卷七十三。
③储巏:《防虏疏》,转引自陈子龙:《皇明经世文编》卷九十六。

当:"所谓非我族类,未敢保其不异。"①王烨在《陈肤见以赞修攘疏》中说:"非我族类,其心必异。不密为之防,而欲倚为缓急之用,井陉之役、夜半之噪,何如哉?"②正是由于朝廷命官有这种观念,才构成并影响了中国古代社会族际关系的政治取向和一定程度的乡村社会民众意识,也影响了历代中原王朝对包括西南民族地区在内的少数民族的认同。

(二)乡村社会民众的国家认同

从乡村社会民众的层面看,作为国家的一员,必须首先确认自己属于这个国家以及对该国家的政治权威、政治制度、政治价值和政治过程等,这些方面的理解、赞同、支持和追随。③ 如明清时期乡村社会民众在确认自己为明朝或清朝的"子民",并对明朝或清朝的政治权威、政治制度、政治价值和政治过程等方面的理解、赞同、支持和追随,从内心承认明清政府的合法性。在此基础上,乡村社会各民族民众与以皇帝为代表的国家结成"命运共同体"。明清时期西南民族地区的土司区内,由于中央王朝将各地土司以少数民族首领身份被确认为国家在地方行使权力的代表,土司就以职位承袭接受中央王朝控制,并以积极缴纳贡赋、服从军事征调为认同国家的必要条件。历史证明,明清时期西南民族地区的多数土司在政治共存、经济一体、文化共享等方面,起到了倡导、组织、践行和引领乡村社会民众认同国家的作用,强化了西南地区乡村社会少数民族民众的国家认同感。

二、双向调适

从社会学和民族学的角度讲,所谓"调适",是指彼此进行调整使双方能够适应。在明清时期西南民族地区乡村社会,其调适也是双向的。乡村社会各族民众和以皇帝为代表的国家在博弈过程中,双方必须充分考虑对方的政治、经济等方面的利益。由此可见,这里的"调适",既包括国家层面的"调适",也包括乡村社会民众层面的"调适"。

(一)国家层面的调适

从明清时期的历史文献看,作为国家层面的调适,主要是制定适合西南民

---

①徐问:《议处地方事宜疏》,转引自陈子龙:《皇明经世文编》卷一百七十三。
②王烨:《陈肤见以赞修攘疏》,转引自陈子龙:《皇明经世文编》卷二百六十三。
③毕跃光:《民族认同、族际认同与国家认同的共生关系研究》,中央民族大学 2011 年博士学位论文。

族地区乡村社会的民族政策,让国家及西南民族地区乡村社会各族民众实现利益最大化。

明清时期的民族政策是以明清皇帝为首的封建统治阶级为调整民族关系、规范和引导社会成员对待和处理民族问题态度、行为的准则以及遵守、执行这些准则的策略和措施的总称。明清两代统治阶级在西南民族地区实施的民族政策体现了以皇帝为首的封建统治阶级在处理民族问题方面的意志、利益和认识水平。

1.明朝统治阶级对西南地区的民族政策

有明一代,其民族政策总方针的一个基本内容就是重点防御北方蒙古等少数民族。在这个基本前提之下,针对西南和中南少数民族地区并不平静、不时有少数民族零星反抗继而威胁到地方稳定的实际情况,明朝统治者制定了与重点防御北方蒙古等少数民族相对应的民族政策总方针,其基本内容是"威怀"。统治阶级对明朝威胁不大的两广、西南等少数民族,以军事力量作后盾,尽量施以怀柔,以使这些地区的少数民族臣服。明朝统治者反复强调:"驭夷之道,惟当安近以来远,不可因恶以害善"①,明确表示"抚驭蛮夷当从简略"②。平时在险要处设兵防守,以保平安无事。只有在招抚失效的情况下才调兵进剿。当然,对于西南民族地区究竟是采取"威"还是"怀",这完全取决于西南民族地区形势的变化以及统治者对威胁大小的审视。一般来讲,当西南民族地区的形势发展到对明朝地方的统治构成严重威胁时,明廷必定以"威"为主;倘若威胁不大,则常以怀柔居多。即使是全力征剿,明朝也会采取适宜的招抚措施,以配合其军事镇压行动。而且当军事行动结束后,明廷最终还是会回到"怀"的道路上来。同时,还值得注意的一点是,明朝中期重点防御蒙古等北方少数民族的总方针对南方民族政策产生一定程度的影响。即每当北边威胁较重、压力较大时,明朝对南方往往采取抚谕政策,常常强调要用招抚手段缓和民族矛盾。每当北边防御较为成功、威胁解除后,明朝又较为注重运用军事手段镇压南方各族人民的反抗斗争。③ 这就是明廷常常提出的"恩威并重、剿抚兼施"的民族政策。其具体政策体现在四个方面。④

第一,政治上加强制度建设,安抚少数民族。朱元璋建立明朝后,只要西南地区少数民族首领归附明廷,朝廷便根据"抚字如一"的原则,分别不同情况,采

①《明太祖实录》卷一百七十三,"洪武十八年六月甲午"条。

②《明宣宗实录》卷八十四,"宣德六年冬十月癸丑"条。

③刘祥学:《论明朝民族政策总方针及其对边防的影响》,《湖北民族学院学报(哲学社会科学版)》,2004年第2期,第53-57页。

④彭清洲:《明成祖民族政策述论》,《中央民族学院学报》,1990年第4期,第66-70页。

取相应的怀柔措施,予以安抚和笼络。明成祖即位后,对政治上的建设也极为重视。他为了安定四方,实现全国长治久安以及西南地区的社会稳定,他十分注重从政治上加强制度建设,安抚西南地区的少数民族。具体措施是:一是完善建制,将西南少数民族地区置于自己的统治之下。在西南、中南等地区,在元代土司制度的基础上不断完善土司制度,增设一批土司,并辅之以流官。明代西南民族地区土司分为文、武两个系统,武职土司主要设置在社会经济文化发展较为落后的地区,约960家的大小土司对明朝强化对民族地区的统治和促进少数民族发展有很大作用;文职土司设置在社会经济文化较为发展或"夷汉杂居"地区,约650家大小土司的设置标志着这些地区的社会经济发展水平接近和基本同于内地。在这些土司中,有的土司为明代增设,如在湘鄂西增设8个长官司,在贵州增设25个长官司,在云南增设20个长官司。此外,还在一些地方增设了宣抚司、安抚司等,从而加强了对西南民族地区的统治。尤其是永乐十一年(1413年)将思州、思南两宣慰司实施改土归流,划为思州、思南、铜仁、镇远、黎平等八府四州,设立贵州布政使司,进一步加强了西南民族地区与中央政府之间联系。二是优遇和笼络西南地区少数民族上层人物,使之感到有恩可怀。据《明太祖实录》卷一百五十四载,朱元璋曾告谕礼部臣:"诸蛮夷酋长来朝,涉履山海,动经数万里。彼既慕义来归,则赏予之物宜厚,以示朝廷怀柔之意。"《明史》亦有记载,土司进京朝贡,朝廷都予以优厚的回赐,并晓谕曰:"天下守土之臣皆朝廷命吏,人民皆朝廷赤子,汝归善抚之,使各安其生,则汝可一长享富贵。夫礼莫大于敬上,德莫盛于爱下。能敬能爱,人臣之道也。"如果土司有"敬上爱下"的突出表现,朝廷的赏赐尤厚。水西宣慰使霭翠是贵州较早归附的一个土司,洪武十四年(1381年)霭翠去世后,由其妻奢香代袭。洪武十七年(1384年),奢香率所属到南京朝贡,表示"愿效力开西鄙,世世保境",朱元璋给予大量赏赐。奢香回到水西,"遂开偏桥、水东以达乌蒙、乌撒及容山、草塘诸境,立龙场九驿",还每年按额完成输赋三万石的任务,并定期入贡。其子安的袭职后,也非常效忠朝廷,朱元璋誉之为"最为诚恪"。洪武二十五年(1392年),安的来朝,奢香派其子妇奢助及其部长入京贡马,明廷分别赐给数百两金、银和大量锦绮钞币,并赐给安的三品官服。①《明史》卷三百一十六《贵州土司传》言:"自是每岁贡献不绝,报施之隆,亦非他土司所敢望也。"明廷还注意优抚少数民族上层,每有民族头人、首领去世,不论其是正常还是非正常死亡,往往

①陈梧桐:《论朱元璋的民族政策》,《中南民族大学学报(哲学社会科学版)》,1982年第1期,第11-20页。

要遣人前去吊唁,且即行册命继嗣。如洪武二十九年(1396年),奢香去世后,明廷还特地遣使致祭。明廷就是通过与少数民族上层的联络以及赐官封号,巩固了在民族地区的统治;同时,少数民族上层也依靠封建王朝取得在民族地区合法的统治地位。三是继续对未"归化"之民实行"招抚向化"政策。据《明太祖实录》卷一百八十一记载,明初,虽然经过太祖朱元璋的努力,统有四方,但直至明成祖时,仍有部分少数民族未入朝廷编户。因此,明成祖除继续执行太祖以来的抚绥和优待政策外,还加派专职官员到民族地区去执行抚绥任务。把招抚少数民族的数量作为授官、考核的一个条件,并根据他们的政绩加以升降赏罚。张统任云南左布政使五年,"能抚绥夷人","言出则诸蛮听服,令布则四野欢欣",秩满入朝,朱元璋赞扬说:"其功出乎天下十二牧之首",于是赐玺书嘉劳之,"复命仍治黔南"上述政策的实施,对西南地区最终走向中华民族统一发展的道路有着重要意义。

第二,经济上发展屯垦贸易,减轻民众负担。有明一代,中央政府针对西南地区少数民族居住在高寒山区,自然条件较差,交通很不方便,生产技术比较落后的实际情况,采取了一系列措施,推动当地经济发展。一是实行屯田制度。洪武四年(1371年),朱元璋封傅友德为征西大将军,率领30万大军自南京抵达今贵州安顺地区成为实行屯田制的军队。这些屯田官兵集中连片,保持着军队的体制,平时以耕种为主,并负责保卫周边的区域;一旦发生战争,则整装奔赴前线。明代在贵州安顺地区推行的屯田制,多以一个家族或几大姓来设屯建堡,这就使传统的宗法思想所产生的内聚合力和外有张力能汇聚成一种不可抗拒的力量。这种"填南"方略实施,集小力为大力,以家族为主体来建构屯堡片区,他们聚族而居,建祠堂、修宗庙、上祖坟、续家谱,用传承的宗法思想延续本族的光荣和发展。同时,屯田士兵及其家属还与当地少数民族进行互市贸易。屯田制度的实行,不仅使兵无更调之劳,粮无飞挽之苦,而且在一定程度上扩大了西南地区各民族之间的交流,安定了社会秩序,缓和了阶级矛盾,促进了少数民族地区生产力的发展。二是在民族地区实行茶马贸易和互市政策。茶马互市到了明代得到空前的发展,有官茶、商茶,皆贮边易马,正如《明史·食货四》载:"自碉门,黎雅抵朵甘,乌思藏,行茶之地五千余里,山后归诸德州,西方诸部落,无不以马售者。"这种经济政策鼓励了西南少数民族地区同中原进行商业贸易。三是减免税赋。明朝初年,因战事、土木工程多,天灾人祸时有发生,明成祖适时注意减轻西南民族地区各族人民的负担。如永乐四年(1406年),四川成都等府及播州宣慰司,酉阳和永宁二宣抚司上奏田地荒芜,要求减免租赋,得到明成祖允许。永乐十一年(1413年)三次免去余庆九姓长官等地绝户、欠户茶课912 800余斤。这些经济政策对发展西南民族地区的生产力,安定社会秩序,加强各族间的交流,发展民族贸易,都有积极的意义。

第三,军事上实施剿抚兼施,采取"以夷制夷"政策。明代统治者与其他朝代的统治者一样,他们面对农民起义和土司叛乱,往往或武力清剿或招降安置。当西南民族地区各族农民起义和有的土司反叛还处在零星、分散的最初阶段,还没有凝聚成巨大的武装力量的时候,明代统治阶级对付这种反抗斗争,主要采取血腥镇压的手段。可是当少数民族民众或土司政权反封建的斗争已成燎原之势、广大群众都振臂而起的时候,明代统治阶级认为单纯地进行血腥镇压已经不能达到扑灭农民革命的目的,便常常以政治欺骗的手段和军事镇压活动相配合,用以对付各族民众起义和土司反叛活动。这种旨在瓦解农民革命队伍的政治欺骗,也就是明代封建就统治阶级推行的所谓的"招抚"政策。[1] 从现存的明朝史籍的记载看,明代统治阶级在配合其军事镇压时,所推行的"招抚"形式多种多样,或由皇帝下"罪己之诏"、或由"循史"精神麻醉、或由主持镇压者酌情行事。翻检明朝史籍可见,明代统治者在对付西南民族地区土司"叛乱"时,往往采取"以夷制夷"的策略。"以夷制夷"又称"以夷治夷"或"以夷攻夷",这种策略既是历代王朝统治边疆少数民族的一种惯用策略,也是明代统治者民族观的体现与实施。明朝统治者认为,以夷治夷是治理边疆的"经久之图",也是一些朝廷命官津津乐道的"使之自毙"或"上算"之策。[2] 他们把"以夷制夷"策略普遍运用到包括西南地区在内的边疆各地,敕封少数民族首领为官,或赐予封号,令其治理少数民族地区。明代统治者在西南民族地区设置土司,实施卫所与土司并设的策略;当敕封少数民族首领官职时,又极力利用各族各部之间的矛盾,区别对待,使其互相掣肘,便于朝廷的控驭。明王朝在具体推行"以夷攻夷"的策略时,往往利用少数民族土兵来平定本民族或其他民族"叛乱"或"征贼"。如洪武二十八年(1395年),都督杨文征剿广西南丹等地"蛮人"时,就"调田州、泗城等土兵三万八千九百人从征"[3]。明成祖时,他对反抗的土司、土官,或革职,或镇压,并加设流官,派朝廷得力官员坐镇其地。同时,采取"以夷制夷"的手段,如在征服云南的八百媳妇时,调车里等地的土兵去攻打。明朝中

①宝志强:《如何认识封建统治阶级的"剿抚兼施"政策》,《历史教学》,1966年第4期,第47-49页。

②[明]张萱:《西园闻见录》卷六十六。

③[清]张廷玉等:《明史》卷三百一十九,中华书局,1947年版。

后期,由于中央王朝军事力量的削弱,明廷更是经常征调少数民族土兵去攻打其他不服统治的少数民族或叛乱的土司,如"平播之役"和"奢安之乱"均调动西南民族地区大批土司土兵参加战争。特别是"平播之役",参与这场战争的24万军队中,西南地区各地土司土兵竟达16万之众。在历次"以夷制夷"的战争中,湖广永保土兵和广西壮族的狼兵,石砫的"白杆兵"、酉阳冉氏土司土兵及嘉绒藏族土兵、贵州水西安氏土司"夷兵"等,均以勇悍著称,被征调的次数尤多。故《明史》作者张廷玉对此评论曰:"永、保诸宣慰,世席富强,每遇征战,辄愿荷戈前驱,国家亦赖以挞伐,故永、保土兵号为虓雄。嘉、隆以还,征符四出,而湖南土司均备臂指矣。"[1]

第四,文化上鼓励办学育才,传播汉族文明。明代统治者充分认识到让西南地区少数民族学习汉文化,"知礼法",对安定社会、收罗人才、巩固统治都具有十分重大的作用。因此,明朝历代统治者十分重视在西南民族地区发展儒学,兴办学校。具体措施有三:一是统治阶级高度重视在西南民族地区发展教育。朱元璋抛弃了"夷狄者同夫禽兽""不可以仁义教"的汉族地主的陈腐传统观念,认为少数民族同样"能遵声教",是可以"从化"的。[2] 明成祖在给礼部的上谕中说:"学校风化所系,人性之善,蛮夷与中国无异,特在上之人作兴之耳。"二是在西南民族地区创办或增设学校。洪武二年(1369年),朱元璋下达全国郡县皆立学校的命令。从此,西南民族地区有条件的地方均陆续开办儒学,一时出现了"庠声序音,重规叠矩,无间于下邑荒徼,山陬海涯"[3]的盛况。明成祖时期,在西南民族地区增设了许多学校,使少数民族子弟有更多接受儒学教育的机会。永乐四年(1406年),设云南镇南州儒学,置学正、训导各一员。永乐十二年(1414年),又增置姚安军民府儒学训导二员,并在"僰人"之地建学校,"使习诗书,知礼法"。永乐十五年(1417年),设四川乌撒军民府儒学等。明成祖时,西南民族地区形成了府学、州学、县学一整套学校教育体制和儒学管理体制。永乐六年(1408年),在云南试行开科取士,说明儒学发展卓有成效。三是明朝政府令各地土司选派子弟到京师入监读书,"敕国子监官善训导之"[4]。明成祖时积极鼓励少数民族上层子弟入国子监学习,给予优待,使学员不断增加。时"云南、四川皆有土官生……入监读书",永乐二年(1404年),"赐国子监云南

①[清]张廷玉等:《明史》卷三百一十,中华书局,1974年版。

②[清]张廷玉等:《明太祖实录》卷一百八十。

③[清]张廷玉等:《明史》卷六十九,中华书局,1974年版。

④[清]张廷玉等:《明史》卷三百一十二,中华书局,1974年版。

天全六番招讨司等处官民生高虎等五十人夏衣"。由此可见,当时有众多少数民族学员入国子监学习。明朝中央政府在西南民族地区实施的一系列措施,对于传播汉族文明和少数民族与汉族之间进行广泛的文化交流都有积极作用。

2.清朝统治阶级对西南民族地区的民族政策

清朝民族政策的总方针是:恩威并用,剿抚并施。清世宗明确指出:"恩威二字,万不可偏用,偏用之,目前虽有小效,将来必更遗大患,非为国家图久安之策。"①在处理民族事务方面的基本政策可以概括为:"区别对待,因俗而治"。可见,清朝统治者是从国家的长治久安的战略高度制定和实施民族政策的。在具体执行过程中,清朝统治者面对文化水平高、人口数量多的汉民族,为寻求汉族支持,极力提倡宣传"华夷一家""满汉一家"的民族政策。从现有史料看,清朝前期在西南地区实施的民族政策,基本上是在吸取历代政治、经济等制度中的精华的基础上,采取了比较积极的民族政策,使西南地区各民族地区政治形势比较稳定,改土归流等政策能够得以顺利实施。但清朝后期,由于清王朝日趋腐败,再加上帝国主义的侵略掠夺和全国各族人民的反抗,清朝前期民族政策中的积极部分逐渐废弛下来,清朝统治者对西南地区一些少数民族压迫十分深重。因此,西南地区各族人民在不堪忍受清朝民族压迫的情况下,多次发动了反抗清王朝的起义,如乾嘉年间石柳邓等领导的声势浩大的黔东、湘西苗民起义,嘉庆年间爆发的湖南、贵州等地的苗族起义,咸、同年间张秀眉等领导的苗、侗、水、布依、瑶等族人民起义,咸、同年间云南杜文秀领导的回民起义,咸丰至光绪年间云南哀牢山爆发的彝族李文学起义。② 具体来讲,清朝统治阶级对西南地区的民族政策体现在以下几个方面。③

第一,政治统治政策:设置管理机构、笼络西南上层、采取"以夷制夷"策略。在政治统治政策方面,在中央专设理藩院。按史籍载,理藩院是清朝设置管理蒙古、回、藏等少数民族事务的最高权力机构。当时,西南民族地区的行政事务,诸如铨选、诉讼、土田、游牧、射猎、封爵、贡纳、邮站、翻译等均为理藩院管理,具体处理各族政务的是各族的上层统治者(如藏族、彝族等族的土司、酋长等)。理藩院的设置,使各级土司既与中央政府保持隶属关系,又可按传统方式处理民族内部事务,有相对的"自治"权。

---

①《清世宗圣训》卷十九《训臣工一》"雍正四年四月庚午"条,北京燕山出版社,1998年版,第973页。

②刘先照,周朱流:《试论清王朝的民族政策》,《西北民族研究》,1988年第2期,第14-23页。

③李世宇:《康雍乾时期民族政策与西南民族地区的开发》,《贵州民族研究》,1992年第1期,第127-134页。

清朝统治者为了有效地实现对包括西南民族地区在内的全国的统治,在用人方面,对汉族在表面上以"满汉一体"对待,继续采取重用的政策。同时,清政府还极力笼络西南各族上层,采取的策略有二:一是封爵受官。如对土家、侗、壮、瑶、彝等族土司和酋长,也分别授予宣慰使、安抚使、指挥使等官职,这就将西南各族首领拉入了清政权之中,以利用他们直接统治各族人民;二是在承德修建避暑山庄,吸引西南地区土家、侗、壮、瑶、彝族上层人物去那里朝觐皇帝,游玩行乐,以"合内外之心,成巩固之业"。① 这些做法达到了"恩益深而情益联""俾滞所欲,无二心焉"②的政治目的。既满足了西南地区各族上层的政治、经济欲望,又增强了他们归附中央王朝的向心力。

据《清史稿》列传二百九十九《土司一·湖广》记载,"以夷制夷"仍然是清代统治者政治统治西南地区少数民族的基本国策。如"雍正朝古州苗疆之荡平,乾隆朝四川大小金川之诛锄,光绪朝西藏瞻对之征伐"等,无不采用"以夷制夷"之策。具体来讲,清代平大小金川之乱时,乾隆皇帝仍然采取"以夷攻夷"之策,即调动同为嘉绒地区的藏族土兵去消灭大小金川的藏族土司土兵。总的来讲,清代统治者在"以夷制夷"基础上的民族观既有开明的一面,也有民族歧视的一面。清朝统治者之所以具有比较开明的民族观,这不仅与统一多民族国家的政治局面密切相关,而且与作为少数民族统一全国的自身条件和环境密切相关。

第二,行政管理政策:实施土司制度与改土归流。有清一代,中央政府在前期仍然在西南地区实施土司制度;到雍正年间,又在湖广、贵州实施改土归流,在四川、云南、广西等部分地区实施改土归流,这种做法在不同方面、不同程度上反映了"区别对待,因俗而治"的基本政策。

从土司制度的发展历史看,明朝中后期就已充分暴露其弊病,但由于明政府的腐败,无力控制土司,特别是明末农民战争爆发后,统治阶级已自顾不暇。清朝初期,全国土司的数量和分布与明末时基本相同,而且在官职、承袭、朝贡、赋税、升迁、惩罚等方面也大同小异。这无疑给西南地区土司以喘息的机会,为其发展创造了条件。如在苗族、侗族、纳西族、土家族、彝族、瑶族、佤族等民族地区,设立"头人""土司",通过他们以实现对西南民族地区进行管理,并给他们一定的自主权力。究其原因,主要有三:一是客观形势发展的需要,二是清初政权稳定的需要,三是有效利用土司的需要。无可否认的是,土司制度发展到后期,西南地区大批土司在归顺的同时,武装反叛者也时有出现。再加之西南

---

① 乾隆:《避暑山庄百韵诗碑》。
② 乾隆:《普乐寺碑记》。

地区的一些土司在政治上任意将各族人民生杀予夺,俨然土皇帝;在经济上,土司催征的钱粮比其他地区多几倍,否则"取其子女、夺其牛马"①,西南地区各族人民渴望结束这种暴虐统治。清政府在尽力怀柔的情况下也进行平叛及改流。如康熙四年(1665年)平水西安氏、乌撒安氏之乱;次年(1666年)改设四府隶贵州。从此,黔西北的土司进入由盛而衰的历史进程中。由此可见,西南地区土司世代相袭,独霸一方,他们不仅是残酷压迫各族人民的封建领主,而且又是分裂割据的潜在势力,不利于中央集权的加强和"大一统"政策的实施。雍正四年(1726年),在云贵总督鄂尔泰的奏请下,雍正帝毅然决定在湖广、滇、黔、川、桂,这些地区的土、苗、瑶、彝、藏等民族聚居区,推行"改土归流"。"改土归流"后,在今武陵山区及贵州全省设置了府、州、县,在云南设置普洱府,在川西北的大、小金川设置了美诺厅、阿尔古厅,达到了"蛮悉改流,苗亦归化"的目的。"改土归流"主观上是为了加强清廷对西南各族的直接统治,但客观上适应了西南地区民族融合发展的趋势,改善了民族地区落后闭塞的面貌,推动了各族间经济文化的联系和发展,增进了西南地区乡村社会与祖国的关系。因此,"改土归流"是康雍乾时期在西南地区实施的值得肯定的一项民族政策。

第三,农业经济政策:移民屯垦、发展农业、开发矿业。清朝建立后,在西南地区的民族政策与农业经济政策有机结合,在解决社会生产恢复及发展后所出现的人口膨胀与人口流动的问题方面,主要将移民屯垦、发展农业结合起来,并适度开发矿业生产。

清朝道光十五年(1835年)中国人口已突破4亿大关,导致在经济发展较快地区出现了人口过度密集和生存空间拥挤的现象,而当时西南地区人口密度和开发程度均较低。清朝政府开始实施移民政策,使西南民族地区各省的人口较快增长,其情况如表10.1所示。

表 10.1　清代西南民族地区人口增长表

单位:人

时　间	广　西	云　南	贵　州	合　计
顺治十八年	250 万	200 万	200 万	650 万
清　末	1 225 万	1 250 万	1 121 万	3 566 万

注:本表根据路遇等著《中国人口通史》,山东人民出版社,2000 年版第 755、823、927 页人口数整理和编制。

①《清世宗实录》卷二十"雍正三年谕"。

清朝统治者当时认识到,进入西南民族地区的移民是主要的人力资源,应把移民、安置流民与垦荒结合起来。顺治年间云贵总督赵廷臣和雍正年间云贵总督高其倬均有奏疏论及此事。因此,朝廷对迁至西南民族地区的农民实行减税和贷给种子、耕牛等优惠政策,这不仅极大地推动了西南民族地区的移民活动和垦荒耕种,[1]而且也有助于改善西南民族地区乡村社会民众与国家之间的关系。

发展农业生产是解决西南地区民生的重大问题。清政府除了采取垦荒耕种之外,很多官员还在西南地区积极兴修水利。如云南巡抚王继文组织修理滇池上游金汁等河的堤闸;鄂尔泰组织疏浚嵩明州杨林海和宜良、寻甸诸水,筑浪穹羽河诸堤,并疏通入广西的河道;云南总督张允随疏浚大理洱海,修筑赵州、邓川的石坝,获田 1 万余亩。康熙五十二年(1713 年),广西巡抚陈之龙修复灵渠旧存 14 座陡门,对废弃的 21 座陡门"酌复其八";雍正年间,广西官府对临桂相思埭也进行全面修复;乾隆年间,两广总督杨应琚再次重修灵渠。广西新建一些水利工程,如乾隆十五年(1750 年)宜田县的洛潢水堤坝以及义宁县所属安鉴河流的河堤[2]。正是由于清政府在西南各省大力发展农业,纳粮水平有大幅度提高,这从常平仓岁储粮数可以看出,见表 10.2。

表 10.2 乾隆年间西南地区常平仓岁储粮数增加一览表

单位:石

时　间	广　西	云　南	贵　州	四　川
乾隆十三年(1748 年)	20 万	70 万	50 万	100 万
乾隆三十一年(1766 年)	182 万	80 万	80 万	185 万
增加比例	9.1 倍	1.14 倍	1.6 倍	1.85 倍

注:作者根据《清史稿》卷一百二十一《食货二》整理。

开发矿业同样是清政府在西南民族地区发展经济的主要举措。有清一代,政府将云南铜矿作为供应全国铸币用料的生产基地,于康熙四十四年(1705 年),朝廷在云南设钱局兼采滇铜铸钱。雍正元年(1723 年),清廷在云南、临安、大理、沾益 4 处设宝云钱局,建冶铜炉 47 座,每炉月制钱 4 200 文,就地铸钱运京。其后,清政府更加重视开采矿产。乾隆时,云南出铜每年达六七百万斤或八九百万斤,最多时达一千二三百万斤。研究表明,从乾隆五年(1740 年)到

①方铁:《西南通史》,中州古籍出版社,2003 年版,第 673 页。
②方铁,方慧等:《中国西南边疆开发史》,云南人民出版社,1997 年版,第 404 页。

嘉庆十五年(1810年),云南所产铜每年都在1 000万斤以上,有的年份高达1 400余万斤。①除铜矿外,云南省大量开采的矿藏还有银、铁、铅等。广西和贵州两省采矿虽不如云南,但也具有一定的规模。如贵州铅的开采,也促进了贵州经济的发展。

第四,文化教育政策:兴办各类学校,促进文化交流。清代西南民族地区经济的快速发展,促进了各民族文化的交流。清代尤其值得称道的是积极兴办各级各类学校,如云南省府州县的学官,在前代60余所的基础上发展到100余所。西南经济较发达地区的文化类型,与内地已实现了合流,在各省都出现了一批有影响的书院;参加科举考试并获得较佳名次的土人不断增多,少数民族聚居地区的文化水平也有明显提高。②据《苗疆屯防实录》载:"川、黔、楚三省均有苗疆,川省酉阳一隅,自改土归流之后,久与齐民无异,虽与黔楚壤地相接,而风气各殊。"③地处偏僻山乡维西的么些人(藏族的一支),"自设流官以来,畏法读书,识文字多有之,补弟子员等四人,中式武举者一人"④。此外,清朝中期改土归流之后,各民族交往更为密切,和睦相处,互相学习。西南少数民族的音乐、藏蹈、绘图、雕塑等艺术,大大丰富了汉、满、蒙古等族的文化生活。汉族文化对西南少数民族也产生了强烈影响。当然,清代的民族文化政策还包括清政府有关管理少数民族文化教育事务的准则以及遵守、执行这些准则的策略和措施。

(二)乡村社会民众的调适

明清时期西南民族地区乡村社会为了主动适应中央王朝制定的民族政策,主要在以下几个方面作了调适。

1.政治方面

明清时期西南民族地区在实施土司制度的过程中,乡村社会民众被迫接受土司制度,遭受土司的剥削、压迫和奴役。当中央政府有改土归流的意愿及趋势时,乡村社会民众纷纷响应,趋之若鹜。在此,以鄂西最为强大的容美土司地区改土归流为例予以说明。容美土司田旻如曾以例监在京,后为顺天府通州州同,再后来于康熙四十六年(1707年)袭容美宣慰使职。雍正六年

---

①严中平:《清代云南铜政考》,中华书局,1948年版,81-84页。

②方铁:《西南通史》,中州古籍出版社,2003年版,第680页。

③转引自严如熤:《苗疆屯防实录》卷四,岳麓书社,2012年版,第74页。

④[清]余庆远:《维西见闻纪》,转引自[清]王锡祺:《小方壶斋舆地丛钞》(第八帙)。

（1728年）二月三日湖广总督迈柱上任伊始，就递呈奏报土司事务折，提及容美土司远在三十年前曾经掳去桑植司土民旧事，由此指责容美土司田旻如"素常扩悍"，有"煽惑之技"等罪名，雍正谕批曰："凡事慎重要紧，再，土司闻得皆有伊等耳目在督抚左右，当防。而一切事，慎密料理。"①据此可知，雍正帝其时已有意裁废容美土司。当时，四川、湖广等各地方官对容美土司田旻如劣迹的揭发主要有几条：一是私授札符，科敛丝花；二是空白印纸舞弊；三是违章建造，割用方监；四是窝藏罪犯，谋为不轨。基于上述"种种恶迹"，雍正十一年（1733年）五月二十二日迈柱在奏中提出，"田旻如实为土司之罪魁，土民之大害，此官一日不除，众土民一日不得安枕"②，请求即行改土归流。同年十一月，迈柱紧锣密鼓地部署逼迫容美改流的各方事宜（包括调动四周军队收缩包围、策动内部土舍反叛等）；十二月三日，田旻如携眷进入平山寨万全洞，谋图固守抵抗，而其属下五峰长官司长官张彤柱率先投出，带领土民到渔阳关交出印信，请求改流。随之，容美土众倒戈，强行催促田旻如作速进京，田旻如见民心已变，势单力微，又不甘改流，遂于十二月十一日投环自缢。其后土目、土民等收部印一十八颗，解赴荆州公恳改流。次年，雍正帝"谕允改土归流"，裁废容美土司。雍正十三年（1735年），朝廷议准在容美土司地设立鹤峰州及长乐县之后，鄂西其他土司产生震动，特别是忠洞土司田光祖联合散毛、忠路、忠孝、高罗、木册、大旺、金洞、腊壁、东流、唐崖、龙潭、沙溪、卯峒、漫水等十五家土司于雍正十二年（1734年）五月八日，齐集省城总督衙门呈请改流，说明鄂西各土司及民众识时务，能够根据国家的需求迅速作调适。正是因为改土归流的实施，所以，当地"土众普被皇仁咸知感激"③。这些乡村社会民众对此大力支持、积极拥护，"咸知感激"，从另一个侧面反映出他们对政治制度变革之后的心理调适。

在一些未实施土司制度的地区，与内地一样，实施里甲制度、保甲制度。如清代广西在雍正、乾隆时期，乡村社会自觉执行清政府颁布的保甲条文。据载，雍正四年（1726年），中央政府对保甲组织进行了一次较大的整顿，强调务必落实对人户的编排，"村庄虽小，即数家亦可编为一甲"，要求每户发给印信纸牌一张，以备稽查。在这种背景下，中央政府专门制定了一系列边疆和少数民族地区的保甲编制措施。在广西乡村社会，一种叫"顺庄编排"保甲组织的办法得到

①《宫中档雍正朝奏折》第8辑，台湾地区"国立故宫博物院"印行，1978年版。

②③ 迈柱：《奏为奸邪不法之土司实难姑容仰祈睿鉴事》，允禄、鄂尔泰等编《朱批谕旨》（第54册），清雍正十年（1732年）至乾隆三年（1738年）武英殿刻本。

了贯彻。在顺庄编制保甲制情况下，广西乡村社会的保甲不是按田亩、里甲之数均分办粮当差，所以，乡、保大小不一，名称各异，不仅保留了大量里甲组织的旧称，而且混杂了许多旧防卫组织（如堡、察）及地形（如坡、洲）、地物（如堰、闸）等习惯称谓。如清代广西藤县，县下划分为乡、都（里、厢）、村三级。县城分为3厢10坊，郊区分6乡，每乡之下有数量不等的村。六乡共辖33里1495个村。又如郁林州的基层组织又是乡、堡（街、寨）、村三级。南丹土州的基层政权为哨，整个土州分本州哨等14哨，每哨之下设团，团下为甲，10户或10余户为1甲，设甲长1人，由团总委派。在安平土州（今大新县境内）又划分为东、西、南、北、上、中、归、食八化，每化管辖10余个至30余个村屯。每化之下又分片，数村为1片。可见，清代的广西地区，已改流者除称谓多继承原来旧称外，乡村社会基层组织性质已作调适，与汉族地区无异；在一些土司区，基层组织仍负担着为土司办粮当差的职责，有的甚至还承担着一定的无偿封建性徭役。① 这无疑是广西民族地区乡村社会民众主动调适的结果。或许在清朝时，西南民族地区乡村社会的民众就已懂得"适者生存，不适者淘汰"的道理。

2.经济方面

第一，赋税制度的调适，以契合中央政府的赋税政策。明清时期西南民族地区乡村社会民众能够按照国家分配的数额积极缴纳"皇粮国税"，这是对国家财政及赋税的有力支持。众所周知，田赋是国家财政收入的重要来源，明朝初期和中期继续实施"两税法"，按照"夏税麦"和"秋粮米"征收。如贵州布政司所属，在明朝弘治年间，拥有四万三千三百六十七户，二十五万八千六百九十三人，收夏税麦二百五十五石四斗五升五合，秋粮米四万七千四百四十二石二斗五升六合六勺。到明朝万历年间，计四万三千四百五户，二十九万九百七十二人，实收夏税麦二百六十六石八斗二升一合六勺，洞蛮麻布二百五十九条一丈五尺，每条长两丈阔一尺；秋粮米五万五百四十一石九斗六升八合零。② 作者根据《万历会计录》，整理出明代贵州布政司属各地的田赋情况，详见表10.3。

---

① 广西壮族自治区地方志编纂委员会：《广西通志·民政志》第一篇《基层政权》第一章《清代、民国时期》第一节《清代》，广西人民出版社，1996年版。

② [明]张学颜等：《万历会计录》卷十三，转引自《续修四库全书》（831册）《史部·政书类》，上海古籍出版社，2002年版，第808页。

表 10.3　明代贵州布政司属各地田赋一览表①

单位:斗

地　名	夏税麦	秋粮米
木官寨长官司	—	158.333
通州寨长官司	—	150
金筑安抚司	—	24 718
程番长官司	—	6 435.28
土官桥长官司	—	1 534.36
小城番长官司	—	2 021.214
卢番长官司	—	1 798.224
方番长官司	—	2 831.696
韦番长官司	—	2 831.696
洪番长官司	—	2 540.416
卧龙番长官司	—	4 733.36
大龙番长官司	—	2 733.36
小龙番长官司	—	2 614.928
金石番长官司	—	3 235.38
罗番长官司	—	2 412.996
大华长官司	—	706.2
贵竹长官司	69.5	1 515.346
平伐长官司	—	2 410
水德江长官司	—	6 298.555
蛮夷长官司	—	3 084.664
沿河祐溪长官司	—	1 876.23
朗溪蛮夷长官司	—	612.5
印江县	—	3 214.11

①[明]张学颜等:《万历会计录》卷十三,转引自《续修四库全书》(831 册)《史部·政书类》,上海古籍出版社,2002 年版,第 808-816 页。

地　名	夏税麦	秋粮米
婺川县	—	355.124
石阡长官司	—	2 926.324
龙泉坪长官司	—	2 128.455
葛彰葛商长官司	—	1 868.1
苗民长官司	—	1 595.1
都坪峨异溪蛮夷长官司	—	2 816.672
黄道溪长官司	—	3 225.888
都素蛮夷长官司	—	1 342.8
施溪长官司	—	1 019.825
铜仁长官司	夏税洞蛮麻布 259 条 1 丈五尺	4 896.45
省溪长官司	—	2 510.5
堤溪长官司	—	1 107.523
大万山长官司	—	99
乌罗长官司	—	2 355.551
平头着可长官司	—	918.3
邛水一十五洞蛮夷长官司	—	2 496.964
镇远县	—	2 539.835
施秉县	—	608.8
都匀长官司	—	8 440
邦水长官司	—	2 795
平浪长官司	—	5 160
平州六洞长官司	—	6 650

　　从表 10.3 中明代贵州布政司属各地田赋缴纳情况看,整个贵州省,无论是经制州县、军事卫所,还是土司辖区,乡村社会民众均承担一定数量的田赋,只要能够积极缴纳,就是对国家实施赋税制度的支持。

　　第二,西南民族地区各地土司积极缴纳贡赋。明代西南民族地区向国家进贡方物或一年一贡，或比年一贡，或三年一贡。所贡物品各地有所不同，四川、贵州、广西三省土司主要是贡马，云南土司主要贡马、贡象，湖广土司主要贡大木。土司通过进贡活动不仅表明效忠皇室，而且还可以换取更大的政治权利。正因为如此，西南地区各地土司不断作心理调适，积极朝贡，甚至突破常规。一些特殊贡品的采办和运送虽然给西南民族地区乡村社会民众带来沉重负担，但当地土司及民众仍然乐此不疲。万历二十五年（1597年）刑部侍郎吕坤曾上疏论及采木时说："丈八之围，非百年之物。深山穷谷，蛇虎杂居，毒雾常多，人烟绝少，寒暑饥渴瘴疠死者无论矣。乃一木初卧，千夫难移。倘遇阻艰，必成伤殒。蜀民语曰'入山一千，出山五百'，哀可知也。至若海木，官价虽一株千两，比来都下，为费何止万金。臣见楚、蜀之人，谈及采木，莫不哽咽。苟损其数，增其直，多其岁月，减其尺寸，而川、贵、湖广之人心收矣。"[1] 吕坤之言虽有道理，但朝廷营建不停，土司献木不止。湖广之永顺、保靖，四川之播州、永宁、酉阳等，都多次贡献大木，数量或数十或数百，往往见诸史籍。据任乃强《西康图经》统计，清朝康雍乾时期，明正土司的户口原额460户外，所辖各土司户口总计20 424户，共计户口20 884户。其贡赋，自康熙四十三年（1704年）招抚口外等处番民，认纳贡马杂粮每岁折银征解共4 009.85两。[2] 雍正十三年（1735年），四川布政使窦启瑛查巴塘应征贡赋折征银1 915.45两。[3] 乾隆十六年（1751年），四川总督策楞奏，明正司、里塘、巴塘三处地方应纳夷赋共2 500余两。[4] 由此可见，明清时期西南民族地区乡村社会民众对赋税、纳贡等事表现出理解和支持，他们即便自己再穷再苦，也能够"殚其地之出，竭其庐之入"。

3.军事方面

作为全国的统治者，最大的需要是属下效忠朝廷，而西南地区各地土司由于处于"核心圈"（即封建社会朝廷命官）与"外圈"（即少数民族）的这种特殊身份和地位，他们虽然对辖区内的土民具有绝对的统治权，但在中央王朝的统治之下，他们必须服从于中央王朝的调遣，驱使麾下的土兵参与相关的军事战争，用参加诸如"征蛮""平叛""征贼""援辽""抗倭"等军事活动来表明自己对中

① [清]张廷玉等：《明史》，中华书局，2000年版。

②任乃强：《西康图经·境域篇》，西藏古籍出版社，2000年版，第38页。

③《台湾"中央研究院历史语言研究所"现存清代内阁大库原藏明清档案》，登录号073247-001，乾隆元年（1736年）十二月十六日。

④台北"故宫博物院"藏：《军机录副奏折》，文献编号066930，乾隆十六年（1751年）闰五月二十日。

央王朝的忠心耿耿。毋庸置疑,西南地区各地土司麾下的土兵充当了明清中央王朝的主要打手,也彰显了中央王朝"以夷制夷"的策略。但作为独霸一方的土司,他们既然认同了中央王朝,也经常作调适,积极参加军事征调活动,去镇压同样是少数民族的武装力量。作者依据有关资料,梳理出明代土家族地区土司土兵奉调平叛活动简表如表10.4。

表 10.4　土家族地区土司土兵平定土司反叛一览表

时　间	征调土司	征调过程及奖惩	资料来源
洪武二十五年 (1392 年)	酉阳土司	湖广散毛司覃構部向天富作乱	《酉阳直隶州总志》
弘治八年 (1495 年)	永顺土司	谕彭世麒调土兵征贼妇米鲁	同治《永顺县志》
弘治十四年 (1501 年)	永顺土司	世麒以北边有警,请帅土兵 1 万人赴延绥助讨贼。兵部议不可……以方听调征贼妇米鲁故也	《明史·湖广土司》卷三百一十
	保靖土司	以保靖宣慰等方听调,免明年朝觐,时有征贵州贼妇米鲁之役故也	《明史·湖广土司》卷三百一十
	酉阳土司	调酉阳兵五千协剿贵州贼妇米鲁	《明史·四川土司》卷三百一十二
嘉靖四年 (1525 年)	永顺土司 保靖土司	征广西田州土官岑猛反叛,擒岑猛	《通鉴辑览》
嘉靖六年 (1527 年)	永顺土司	论擒岑猛功,免应袭宣慰彭宗汉赴京,而加宗汉父明辅、祖世麒银币	《明史·湖广土司》卷三百一十
嘉靖六年 (1527 年)	保靖土司	宣慰彭九霄以擒岑猛功,进湖广参政,赐银币	《明史·湖广土司》卷三百一十
万历十五年 (1587 年)	永顺土司	播州叛,永顺土兵征剿乾溪、苦菜园等关,攻进海龙等处,斩获贼级解验	《明史·四川土司一》卷三百一十一
万历十八年 (1590 年)	酉阳土司	九丝蛮阿大、阿二反	《酉阳直隶州总志》
万历二十三年 (1595 年)	石柱土司 酉阳土司	杨应龙反播州,马千乘应调,与酉阳冉御同征应龙	《明史·四川土司一》卷三百一十一

续表

时　间	征调土司	征调过程及奖惩	资料来源
万历二十七年 （1599 年）	施南宣抚司 散毛宣抚司 忠建宣抚司 忠峒安抚司 高罗安抚司 大旺安抚司 龙潭安抚司 忠孝安抚司 腊壁长官司 东流长官司 盘顺安抚司 容美宣抚司 卯峒土司 永顺土司 保靖土司 石柱土司	随四川巡抚李化龙征四川播州宣慰使杨应龙，土兵总兵力 10 万余人	李化龙《平播全书》
万历二十八年 （1600 年）	各地土家族土司	总督李化龙驻重庆征兵伐播州宣慰使杨应龙，分八路进，每路约三万人，官兵三之土兵七之	《明史·四川土司一》卷三百一十一
天启元年 （1621 年）	平茶长官司	出兵征讨永宁土司奢崇明叛乱	《西阳直隶州总志》
天启二年 （1622 年）	石砫、酉阳、平茶土司	征讨永宁土司奢崇明与贵州水西土司安邦彦反叛	《明史·四川土司一》卷三百一十一
	酉阳土司	奢崇明反叛，跃龙率援师合围重庆	《明史·四川土司一》卷三百一十一
天启三年 （1623 年）	唐崖长官司	覃鼎奉调征奢崇明、奢世辉，血战报功大捷	唐崖《覃氏宗谱》

　　明清时期西南民族地区各地土司率领土兵参加国家的军事活动，其主要目的仍然是为了表示他们对国家的忠诚。由西南民族地区少数民族武装参与国家号令的征伐活动，军事上有利有弊。这种策略的长期执行，是因为中央政府和西南地区土司都能各遂其愿。

　　西南民族地区土司及民众除了出于军事征调之外，他们在战争时期还协助国家运送军粮。如四川明正土司在战争时期曾多次协助军运输粮。据载，乾隆十三年（1748 年），四川巡抚纪山奏："打箭炉明正土司，自瞻对之役，供应乌拉，挽运军粮。上年(十二年)(1747年)复被金酉侵扰。此次用兵应差应役。又经一载,该土妇喇章、率伊子德昌,黾勉出力,始终不懈。"①明正土司在清朝与瞻对和金川的战役都勤勉出力。第二次金川战役(1771—1776年),阿尔泰谕明正土司,多拨蛮夫转运米粮,该土司极为踊跃。又招抚小金川汗牛等十四寨,传旨嘉奖。② 乾隆五十八年(1793年)廓尔喀战役中,明正土司"甲木参诺尔布在打箭炉首站,办理乌拉,运送军需,最为捷速,无误军行"。乾隆皇帝"加恩赏给龙缎一匹、闪缎一匹、大荷包一对、小荷包四个,以昭奖励。其所属办差出力之大头人策旺纳穆札勒、格宗敦珠克、班珠尔朋楚克、俱着赏给六品顶戴蓝翎。用示推恩下逮之意。"③从其他文献中可看出,明正土司在平时亦需承办出兵运粮、护送僧侣等事。在《钦定户部则例》卷九十六《杂支六》中记载了很多协助国家运送战备物资、军粮以及护送重要官员等事宜。

加强团练训练,与国家要求相契合。作者认为,团练制度是我国传统社会由"政不下县"向"政权下乡"过渡的一种制度,是清末乡村社会与国家关系中互动与博弈的集中体现。④ 西南民族地区乡村社会为了积极配合国家团练制度的实施,及时调整乡里制度,将原来执行已久的里甲制度、保甲制度迅速改为团练制度,并在团练职责、团甲设置、甲长百长遴选、经费筹措、团总报批等方面均与国家相关要求保持一致。如民国《罗城县志》载:

> 前清县属每团,设团总一人至二三人不等,无正副之分,由县署遴选团内员,有资望者委充之,每十家设甲长一人,每百家设百长一人,后改名总甲,由团总遴选充任,禀请县署备案,均名誉职。光绪二十四年后,因地方歹类日益猖獗,各团遂逐渐禀请县署批准,各自购枪募练以维治安,其募练之多寡,视各团管辖地是否冲要以为衡。如募十名以内者,仅设什长一人,率领募二三十名以上者,则由合团父老公举练长一人率领,薪饷由各团自行筹给。⑤

①觉罗勒德洪等:《大清高宗纯皇帝实录》卷三百一十四,第152册第1页,"乾隆十三年(1748年)五月上"条。

②觉罗勒德洪等:《大清高宗纯皇帝实录》卷九百二十三,第391册第1页,"乾隆三十七年(1772年)十二月下"条。

③觉罗勒德洪等:《大清高宗纯皇帝实录》卷一千四百三十二,第149册第2页,"乾隆五十八年(1793年)七月上"条。

④李良品,谭杰容:《论清末团练制度下乡村社会与国家关系——以酉阳直隶州为例》,《长江师范学院学报》,2012年第5期,第7-12、151页。

⑤[民国]江碧秋:《罗城县志·军事》,民国二十四年(1935年)铅印本。

为了进一步充分体现团练制度的完善，明确团练的组织状况、不同级别人员的职责、各自的日常工作，极力彰显以国家政权为主导，以守望相助和武装自保为目的，以保甲为基础的地方自卫武装的功能，广西罗城县也制定了《团防章程》，其全文如下。

第一条　合县地方除以五甲烟户为一团，由县署遴委公正、得力之团总管辖外，每村十家为一牌，有牌长一人；十牌为一甲，有甲长一人。牌长、甲长等俱听团总指挥，专司查匪职责，并由村众选充，报由团总，报县备案。

第二条　各团总务于平日责成各甲长协同牌长清查甲内烟户，不得有窝藏歹人及为匪、通匪、济匪行为，如各烟户有匪情，牌甲不先查报查觉，即分别治以从匪之罪，如团总扶同庇匪，亦即与匪同罪，并干拘办。

第三条　各团所属烟户，每十家俱应由牌长代为出具，无匪情切结，乃由甲长加结报团，抄列该烟户丁口入团册，认为良善平民；若烟户有不清白之壮丁，牌长不敢保结者，即应由牌长密报甲长，转行密报团总，认真向该烟户注意及取缔其情罪比较重之，有确实案证者，并应由团总立报县署核办，惟俱不得挟仇架害，致于反坐。

第四条　各团烟户如遇有劫案发生，当由邻舍及各牌长、甲长鸣角喊报较近团司，并应由团局鸣角集救，各村户一闻角声，各该牌长、甲长或团总等俱应立行集众赴援，及一面分头把隘，以防匪徒窜逸。

第五条　各乡团局应与各甲公议募练，驻局或十名、二十名不等，由团总管带所需团枪或咭枪、针枪，概由团局向居民借用或集款购备，报县备案。至练饷若干，应由团总与各甲牌公议，分团内上、中、下户，摊派每月将收支数目报县，及公布以昭核实。

第六条　各团如遇匪警，概须此团与彼团互相救援，不分界限，其阵亡之团练与壮丁，概由地方集款埋葬及抚恤家族。被伤者，亦由公款酌给医药费。

第七条　各团总平日督令各甲牌认真稽查团户，不使稍有匪情外，并于所在要隘，责令各该甲牌随时输派团丁，在隘守望及哨探，以备不虞。

第八条　经此次团防章程颁布后，各该团总等务须督同甲牌认真履行，以保公安，如此后，仍有行路之人在各该团境内被匪劫拉及杀害，不闻有救援者，概应由失事地点相近之团甲牌等担任赔偿及缉匪破案责任，若各该团办公人员有于匪情、有染致团内道梗难行者，即查将该办团人加等治罪，决不宽贷。[1]

_____

①[民国]江碧秋：《罗城县志·军事》，民国二十四年（1935年）铅印本。

团练制度的实施,虽然是国家权力在西南民族地区乡村社会下沉的体现,这在一定程度上维护了封建地主阶级的统治地位,但它却是国家、地方势力、各族民众不断调适、互动与博弈的结果。

4.文化教育方面

如果我们把明清时期西南民族地区乡村社会的文化教育放在我国封建社会的大背景下来考察,那么,我们就会发现,当时该地区文化教育的最大特点是:由于学校教育制度逐渐面向乡村社会的下层民众,使西南民族地区乡村社会的一些少数民族子弟能够接受教育,加之这些读书人主动调适,自觉接受国家主流文化,服从中央王朝统治,自觉改变生活境遇,促进了国家主流文化在该地区的逐渐普及,实现了文化的"多元一体"。

第一,以西南地区土司及土司子弟为代表的少数民族努力学习,积极追求儒家文化。如容美土司辖区内的许多土舍走出土司区,在附近州县入学。成年后有的土司及土司子弟进入国子监长期学习汉文化,结交名士,与汉族地区许多文人雅士结成了莫逆之交。如改土归流后,五峰县首任知事李焕春对容美土司所取得的文学成就惊讶不已,甚至亲自撰文表赞容美田氏土司的文学成就:"田九龄,字子寿,容美宣慰司田龙溪第六子。弟兄八人,均业儒。惟子寿从华容孙太史学。万历间补长阳县痒博士弟子员。天资洒落,出丽俗外,性耽书史。喜交游,足迹遍及两都。所交与唱和者,多名士。为诗冲融大雅,声调谐和。经武昌吴国伦明卿为之序。容美司以诗名家,自子寿始,其后田元以下,及五峰司张之纲辈,皆继起者也。所著有紫芝亭诗集行于世。"[①]"田圭,字信夫,容美土司田舜年叔祖。沈重喜学,好宾客而耽文雅,常总摄容美内外诸务。贾管今邑属之白鹿庄。诗酒娱情,与其子珠涛各有诗集。经铁庵文相国安之,华容严子首升评点。田舜年集之为一家言。"[②]正是由于以土司及土司子弟为代表的少数民族努力学习,积极追求儒家文化,才大大地促进了土汉之间的文化交流。

第二,以族谱、家谱中家训、族规等以体现对国家正统文化的认同。作者现将《保靖彭氏族谱》中的《彭氏家训》之《齐家篇》抄录于后。

(一)重教养

人之子女多于儿时恣其所为,日渐月渍乃逾规矩,此父母养而不教之过,及其长大于爱心疏,见其小过又以为大恶,怒责拳打,此父母枉憎之过。皆非教养之道。故教养子弟必自孩童时始,若从幼骄情,语言不逊举动不

①②五峰长乐坪民国《容阳堂田氏族谱》卷五《书田九龄公文学》。

端以为幼少无知而忽之，不加责，且知少成天性，习惯成自然，若后要变其气质不可得也，当深知此意。

童年教子，宁严勿宽，然严勿失于厉，宽勿失于纵，方为恰当。稍严则可柔其气血，收其心身，于举动知所顾忌，而不致肆为非礼。

子女须从小时约束，饮食必示之节制，不可任其醉饱，衣服必示之朴素，不可任其华美，长幼必示其有序，不可任其逾越。言语必令其缄默，不可任其喧哗。举动必令其雍容，不可任其轻浮。自然成为一好人。

（二）齐家政

治家之道以正人伦为本，正伦以尊祖睦族，孝父母友兄弟为先，以敦亲堂和乡里为要务。近正人如父兄，远恶人如虎狼。守之以勤俭，行之以兹镶，约己而济人，习礼而好德，如此可以兴家，可以安身而立命。

婚嫁最宜审慎，应以品德学识为本，勿索聘礼，勿重妆奁，勿攀高贵，勿贪美色，不可奢侈，节俭处事。

家人之间，互相亲爱，愉快叙谈，满室生春。勿以微嫌而疏至亲，勿以小怨而成人怨。

与其遗财产于子孙，不如使子孙能自食其力。

家有喜庆，务必雅洁，致其诚敬。遇有丧祭，尽诚尽意，勿徒虚文。衣不欲异欲其洁，食不欲异欲其精。

赘婿当以客礼待之，养媳当以爱女抚之，只有教养诲之，不可打骂之。

（三）尚友爱

尚友爱以忠为本，以财自私则不忠，以名自私亦不忠，交友不忠不可为友。不忠则言必诬行必伪。我欲欺人而人不为我欺，适自欺也。

敬人者人恒敬之，慢人者人更慢之。

房族兄弟之间，长幼有序。凡吾同行皆兄弟，与祖父同行，皆长辈，不论亲疏当恭敬待之。偶生嫌隙当宽待之，当轻财重义，真诚相处。如有贫困急难，俱当竭力相助。

君子敬而无失，与人恭而有礼，四海之内皆兄弟也。

（四）睦宗族

睦族之道莫先于义。惟惇于义则无德不顺，惟乖于义则同室不惬。

族人虽有远近亲疏，但终是同源。故族中有大吉凶，当先庆吊，使骨肉之气常通。遇有合族之事，当同心商榷。亦应于年中聚会，以联一族之谊。人情不见则日疏日远，大非睦族之道。

收族原于敬宗，敬宗原于尊祖。以先祖之心为心，待族人，无不睦之宗族。

睦之要有三，一曰尊尊：辈属尊位则对之恭顺有理。二曰老老：辈属卑位而年纪已高亦须加以高年礼。三曰贤贤：德行学识可为族人典范者虽年辈均低，亦须加以敬贤之礼。

睦族有四务：一曰矜幼弱，二曰恤鳏寡，三曰周穷急，四曰解忿兢。族中有公事，宜当以家力当之，不可平均派之。

欲亲宗族，必修族谱，则文献足征家世可传，名分有序，尊宗睦族之思，必油然而起矣。

（五）励勤俭

俭不但是衣食，当知节省。凡一切无益之事，无益之费皆须节省。

勤之道有五：一曰身勤，艰苦之境，身亲赏之。二曰眼勤，遇一人务必详细察看。三曰手勤，易弃之物，随手收拾。易忘之事，随笔记载。四曰口勤，待同僚，则互相规劝；待下属，则再三训导。五曰心勤，精诚所至，金石亦开。苦果所积，鬼神可通。

俭而不勤，徒俭；勤而不俭，徒勤。

廉以律己，则德自尊；俭以守廉，则辱不至。

游惰之人，世民之蠹虫；不耕而食，虫之小者。诱人赌博淫荡，乃虫之大者，奇邪之人，世人之贼也。

一家之中，男女皆不坐食。虽操作稍苦，然知物力之艰。自可养成节用之习，勤俭为德，小可自足，大可济人济世。①

这篇《彭氏家训》是按照《修身篇》《齐家篇》和《治国篇》的顺序分条叙述，全文长3 900字左右，每篇下面又有具体条目。可以说，"修身""齐家""治国"三篇家训，无不闪耀着智慧的光芒，无一不是乡村社会对国家正统文化调适的结果。上面所引述的《齐家篇》可见一斑。

第三，用乡规民约、碑文契约等形式在内容上作调适以体现对国家正统文化的认同。先看下面这一则碑文。

《（洱源县邓川镇）洗心泉诫碑》

昔人云，泉水为上，井水次之，河水又次之。凡我同乡饮此水者，当知掘地溯源，三百余丈之远；导流砌石，一千余工之多。非特供饮济渴而已，必也涤去旧污，滋长新善。为父正，为母慈，为兄爱，为弟恭，为夫义，为妇顺，为子孝，为女洁；为士廉，为友信，为仆勤，为婢实，为富仁，为贫忍；为长

①彭司礼：《保靖彭氏宗谱》，保靖彭氏宗谱编委会，2008年版，第1-5页。

者以身教，为幼者以心学。善者众共尊之，恶者众共除之。邻保相助，患难相恤。过失相劝，德业相成。

不可为僧为道，不可为寇为巫。不可集聚赌博，不可结党游荡。

不可习尚懒惰，不可沉迷酒色。不可相侵界埂，不可损坏桥路。

不可增减秤斗，不可用强买卖。不可重算利息，不可相效奢侈。

不可倡率凶武，不可夸恃强盛。不可相诬词讼，不可泼骗咒骂。

不可欺玩法度，不可制造违式。不可浸润衙门，不可抗拒官长。

不可私借官物，不可暗买盗财。不可畜养鹰犬，不可暴殄服食。

不可酷好博弈，不可隐攘器物。不可听信邪妄，不可混杂男女。

不可兄弟计利，不可婚姻论财。不可喜谮听谗，不可溺爱护短。

不可妄生猜疑，不可行使左计。不可报复宿仇，不可遗弃故旧。

不可毁谤诡随，不可嫉姤骄傲。不可忽略疾病，不可轻用刀针。

不可敛用金玉，不可葬用火化。不可犯尊长之讳，不可滋恶少之党。

不可交结无藉之人，不可轻传无据之言。不可偏执己私，不顾众论之公。

及不可横截直冲此水来历之处。务要用力农种，勤看经史，严防水火，保护身家。无田产者，或施训迪，或行医药，或学手艺，或习推卜，或做买卖，或开山冈。诸事不能自胜者，为人慵工，为人服役，为人牧放，为人栽植。贫富相资，强弱相依。差徭用心供办，税粮用心上纳。但凡一人首倡良善，则一家皆良善，一乡一郡相效，而同为良善，礼义之俗自此成矣。自然福寿康宁，灾害不生。父母妻子，同庆太平之世。坟茔门户，可必保全之久。相承相继，绵延无疆。存无愧行，没有芳名。不亦荣乎？不亦乐乎？若有不依此者，必是弃德薄福之流。此水入腹，必不滋长通快。而灾害之生，近及身家，远及子孙。抑且生前恶行，既深入于众心；死后臭名，必唾骂于众口。非天所厌，乃己所自取也，有何益哉？此论虽若迂，于理则不妄。但天道或迟或速，或隐或显，莫能测度。所以愚顽执迷，只顾目前，不肯信徒。又有一等低下之人，每以贫不得已藉口。尔想贫至乞丐者，设养济院以生之；贫而妄为者，设奸盗律以杀之。何者为荣？何者为辱？何者为乐？何者为忧？慎思自择可也。然欲洗心，一时难便深责，须日改月化渐摩之，久习与性成，实易易也。致仕御史杨南金，生长邓川，无以淑乡人也。昼夜切切，凡关系地方风俗急务，每与同志者讲究开导，或请行于父母斯土之官，数年事事颇尽心矣。正德十四年春，复于通衢疏导此泉，而僭为之名曰洗心泉。因缀此诚于下，尚冀后之同志，增补宣谕，永远警劝。同乡而少读书者，早晚常闻常见此诚，各洗其心，以去恶而崇善焉。丁往日之鄙陋，将来之变化,或未必无小补云。

正德十四年岁次己卯仲秋月吉日立①

这块竖立于正德十四年(1519 年)的《洗心泉诫碑》堪称西南民族地区明代乡规民约的典范,该规约的序言及正文尽显教化乡民之用意。不仅可以看出它明显受《吕氏乡约》影响的痕迹,而且也是乡村社会民众在对国家正统文化作调适后的产物。到了清代,西南民族地区的许多乡规民约已受清廷"圣谕"的指导而撰写。众所周知,清朝前期和中期,朝廷先后颁布了《圣谕十六条》《圣谕广训》《城镇乡地方自治章程》等,恢复并发展了乡约制度,一些乡规民约就是在文化调适后见诸于世的,如《(云龙县)长新乡乡规民约碑》[道光十七年(1837年)]就是如此。

《(云龙县)长新乡乡规民约碑》

从来朝庭(廷)之立法,所以惩不善而警无良;乡之议规,正以从古风而敦习尚。非互结相联而启讦弊之路也。故古之良民,方里之内,出入相友,守望相助,疾病相扶,亲睦之风,昭昭于古。余里之境,能不法古凤(风)而遵守乎?况我朝圣谕,上亦有联保甲以弭盗贼,和乡党以息争讼,训子弟以禁非为,息诬告以全善良,讲律法以惊愚顽,笃宗族以昭雍睦等数条者,无非因上帝好生,凡民之俊秀愚顽,使之各务本业,而不失亲睦之风,得优游于太平之世也矣乎!兹余里一近边夷。二邻杂处,不能受累。爰是乡村绅者,协力同心,公议乡规,永存勒石,以是为序。左将乡规所议数款逐一开清于后。计开:

一、遇村里失贼,牛角为号,各家自备盘费,相帮访迹捕盗,不得坐视失主。

二、乡间子弟,父兄各宜严禁非为,以归正路,如不严禁,罪归父兄。

三、左邻右舍,不得借事生端,不和不睦。

四、乡间不论老幼,各宜安分,不得恃勇逞强,些些小事,服毒吊筋吓人。

五、二婚财礼,准定十一二两之数,不得贪心倍取。

六、村内偷鸡盗狗。不论男女,如有查获,乡规处治。

七、恃强滋事,无故讼狱者。定以乡规和彼理论。

八、窝藏远客匪类,违(危)害地方,如有查获,过失归族长。

九、田内所种蚕豆极成,不许仍前丧失。大粮未熟乱采,拿获者,定以盗论。

---

① 段金录、张锡禄:《大理历代名碑》,云南民族出版社,2000 年版,第 327-328 页。

十、松树不得砍伐；其余碓磨各项，只许先来后到，不得相争扰乱。

以上所议乡规数款，俱系有益，原无害于本里乡村。倘村里男女老幼人等所犯此规者，不论大小轻重。各村议定罚银五两，以为充公。临时不得抗傲此规，勿谓言之不先也。因此，永垂勒石碑记。

大清道光十七年六月初一黄道吉日

各村绅老同立①

《长新乡乡规民约碑》序言中明确指出，"我朝圣谕，上亦有联保甲以弭盗贼，和乡党以息争讼，训子弟以禁非为，息诬告以全善良，讲律法以惊愚顽，笃宗族以昭雍睦等数条者"，这些充分表明该乡规民约是在此圣谕的指导下制定的。

总之，在认同与调适这一组关系中，在双方认同的前提下，双方以调适作为一种手段，双方尽可能将政治、经济、军事和文化等调整到彼此均能承受的程度。这样，乡村社会与国家之间就能够维持一种正常的关系。

第二节　互动与和谐

作者在本研究中多次重复一个观点：明清时期西南民族地区乡村社会与国家之间的良性互动，有助于构建民族地区乡村社会的和谐，推动民族地区的经济发展、社会进步、文化繁荣和民族团结；反之，则阻碍西南民族地区的发展与繁荣，破坏民族之间的团结。这就体现了民族关系中的"和谐共生"理论。在互动与和谐这一对关系中，"互动"是一个过程、一种手段或者说是一种方式，"和谐"是通过"互动"这一过程要达到的终极目标。

一、双向良性互动与和谐

按照社会学的解释，"互动"是指一种相互使彼此发生作用或变化的过程。结合辞典的解释以及人们使用的本意，作者认为，互动是一种使对象之间相互作用而彼此发生积极作用而改变某种状况的过程。在日常生活中，互动是指个人与个人、个人与群体、群体与群体、群体与组织、组织与组织之间等通过语言或某种手段传播信息而相互发生积极作用的过程。明清时期西南民族地区乡村社会与国家之间互动频繁，主要体现在四个方面。

---

①黄珺：《云南乡规民约大观(上)》，云南美术出版社，2012年版，第141-142页。

（一）政治上的互动

有研究表明,明朝以降到清朝灭亡,我国的传统政体仍然表现为不断强化的官僚制帝国。在这种政治体制下,帝国的最高统治者凭借有着严密等级结构的科层式官僚系统,取得了对包括西南民族地区在内的乡村社会的专断控制权。然而,明清时期国家的权力虽然在理论上有不受任何正式规则限制的绝对性,但由于受制于传统社会低下的组织程度、技术水平以及有限的小农经济根本无力负担对西南民族地区乡村社会进行直接控制的庞大的制度化的基层政权组织,中央王朝出于对国家统治成本节约的考虑,在封建帝国时代,"国权不下县,县下唯宗族,宗族皆自治,自治靠伦理,伦理造乡绅"的说法基本上是一条贯穿封建社会始终的通例。① 但是,传统国家未在县以下设置国家权力机构并不意味着国家权力和国家利益诉求不能影响到包括西南民族地区在内的乡村社会。相反,在明清时期,国家的生存命脉之所在正是依靠政治制度、经济制度、法律制度、军事制度、社会保障制度和文化教育制度,以及从乡村社会中建立的里甲制度、保甲制度、团练制度等具体制度来维持西南民族地区乡村社会的稳定。为此,明清时期的国家采取了一系列间接统合西南民族地区乡村社会的制度设计,来实现维持其统治对乡村社会政治的需求。这些直接手段是行政化的乡约制度、里甲制度、保甲制度、团练制度等,间接手段大致有宗族组织、士绅阶层、儒家意识形态等多种形式。如前所述,从明清时期西南民族地区乡里制度形成的层级节制、左右关联的纵深型网状化的体系看,它一方面体现了层级递进式社会控制的优点,另一方面也体现了乡里组织领袖们一种层级间相互制约、环环相扣的关系。② 这无形之中就践行了国家管理制度的"地方化"。西南民族地区经过明清时期几百年的国家与乡村社会的互动,其乡村社会的控制体系与社会治理方式也发生了重大变化。在自上而下地推进土司制度、乡约制度、里甲制度、保甲制度、团练制度的过程中,无论是官方基层组织还是民间基层组织,它们均在不断地接受或执行"国家"制度,这均是乡村社会与国家互动的结果。

（二）经济上的互动

明清时期西南民族地区乡村社会与国家之间在经济上的互动主要表现在两个方面。第一,能够按照国家分配的数额积极缴纳"皇粮国税",这不仅是对

---

① 徐茜萍:《国家与乡村社会互动的历史演进》,《经营管理者》,2010 年第 17 期,第 8-9 页。
② 赵秀玲:《中国乡里制度》,社会科学文献出版社,1998 年版,第 307 页。

国家赋税制度执行过程中的有力支持,而且也是乡村社会与国家之间在经济上互动的具体表现,如表 10.5。

表 10.5　明弘治、万历朝西南地区各省平均每亩田征粮额

各布政使司别	弘治十五年(1502 年)			万历六年(1578 年)		
	田地(亩)	米麦(石)	每亩平均米麦数(升)	田地(亩)	米麦(石)	每亩平均米麦数(升)
四　川	10 786 963	1 026 672	10.51	13 482 767	1 028 545	13.10
广　西	10 784 802	430 027	25.07	9 402 075	371 698	25.30
云　南	363 135	140 621	2.58	1 799 359	142 690	12.61
贵　州	—	47 442	—	516 686	50 542	10.22
合　计	21 934 900	1 644 762	13.34	25 200 887	1 593 475	15.81

注:根据梁方仲《中国历代户口、田地、田赋统计》,中华书局,2008 年版,第 485 页整理。

从表 10.5 的内容看,弘治十五年(1502 年)与万历六年(1578 年)相比,整个西南地区无论是田地亩数、米麦征收石数,还是每亩平均米麦数均有一定数量的增加,尤其是每亩平均征收的米麦升数不尽合理,如明朝弘治年间广西与云南差距太大,表现出极不公平。但这还是在乡村社会民众可承受的范围之内,故没有引起西南民族地区大范围的反抗与农民起义。第二,以土司为代表的地方少数民族首领积极向中央王朝进贡,而中央王朝又给朝贡的土司一定的赏赐,这是互动的最好例证。如有明一代,四川播州杨氏土司向中央王朝朝贡139 次,其中贡马 120 次,按照明代中央王朝的规定,凡贡马,回赐钞二十锭,彩段一表里。《明会典》载:"朝觐到京,以马数多寡为差,进马一二匹者,赏钞二十锭,彩段一表里,三四、五六匹等等,彩段、钞锭,照数递加。"嘉靖二年(1523 年)对此项规定进行了补充:"若所差系土官弟姪儿男进马四匹以上、与方物重者,照旧例、以衙门品级高下为差。其马少物轻者,照杂职例,若所差系通把头目人等,照新例,以马数方物多寡为差。"①总的来讲,经济方面的互动有利于加强乡村社会民众、土司首领与汉族官员以及与中央王朝的交流,减少彼此间的隔阂,增强政治互信,增加土司对国家、中央王朝的认同。

(三)军事上的互动

明清时期西南民族地区乡村社会在军事上与国家互动主要表现在土司土兵服从中央政府的征调上。明清时期,当西南民族地区的土司、土兵与中央王

①[明]申时行等:《明会典》(万历朝重修本),中华书局,1989 年版,第 598 页。

朝的关系,处于和缓、彼此相安无事时,于是"征调""赏赐"不绝。可以说,西南民族地区土司政权及麾下的土兵与中央王朝的是否正面互动是明清时期该地区乡村社会与国家民族关系的晴雨表。翻检史籍,我们就会清楚地发现,明清时期西南民族地区的大多数土司始终与中央王朝保持了良好的互动关系,较好地维持了本地区的社会稳定和经济发展。如播州土司自杨端于唐代乾符三年(876年)入播后,杨氏土司接受中央朝廷的任命,代代相袭。每逢朝廷更迭,均及时主动向新的封建朝廷纳土称臣,贡献方物并受命世守其地,减少战事,使百姓免遭战乱之苦,确保生产发展和社会稳定。如贵州水西安氏土司与中央王朝之间基本上保持着较好的隶属关系,或者说保持了一种良性互动关系。① 又如湖广保靖土司,在元末明初就与中央王朝保持很好的互动关系。据有关文献载:湖广保靖土司彭万里于至正二十四年(1364年)袭职后就亲率义师勤王,报佐明太祖高皇帝平定天下,当时佐边之勋,彭万里"盖无上焉"。因此,洪武六年(1373年),上命礼部大臣会议,钦赐勘合一道,铜印一颗,文曰"安抚边疆"四字,上记兴字八十三号,保靖州军民安抚使司加封为保靖州军民宣慰司,授彭万里为宣慰使,准予世袭,下诰命一道,敕封彭万里为"怀远将军",②并有皇帝敕谕:原任湖广保靖州安抚使今升宣慰使司,宣慰使彭万里。其圣旨全文如下:

　　朕以谅德丕承大统,净扫胡元之腥膻,重光大明之日月,其所以拔采石(陈友谅称帝于采石国号汉),定京都擒伪汉,歼强吴(张士诚据吴)长驱入燕,克复中原者,惟是各藩土司挟辅之力也。尔彭万里本江西诗书之裔,为湖北忠义之藩,首能倡率义师竭款献馈,纳土归顺,不辞百战之劳,共建统一之业,厥功伟矣!兹特照昔日表功之典,行今日懋赏之宜,钦赐尔铜印一颗,勘合一道,开设保靖州军民宣慰使司,加授尔宣慰使进阶怀远将军,轻车都慰,尔妻曾氏封太淑夫人,仍赐以世袭诰命,谕尔子孙世世传守,勿替引之。凡所属长官、舍把等职悉听节制调度,其各寨夷民、峒老俱从尔安抚保厘。居常则贡赋宜先,遇警则调征毋后,如事有与永顺、酉阳附近等司相关者,务宜各一心彼此筹度,期奏朕功,不得尔我执拗,自相矛盾,致误事宜。亦毋结忿构怨,持强仇杀。但当讲信修睦,以缔邻好,设遇苗民不律,亦宜相机剿杀。勿令滋蔓,于戏锡以券符,用昭恩典于藩国,分之胙土,共期带励于河山。故兹敕谕,毋或作事乖方,自罹罪戾,尔其慎之。钦哉!

---

①李良品,田小雨:《论明代贵州水西安氏土司战争与民族关系》,《贵州民族研究》,2012年第1期,第121-125页。

②彭司文:《保靖彭氏宗谱》,《保靖彭氏宗谱》编委会,2008年版,第24-25页。

明清时期西南民族地区土司大多数能够积极服从中央王朝征调,率领麾下土兵参加"平叛""征蛮""抗倭"等军事活动。

第一,"平叛"。中央王朝要土官率领土兵镇压人民反抗,并从中考查是否效忠朝廷。如贵州水西安氏土司在明代竭力维系与中央王朝关系,听从调遣,四处征战,立下赫赫战功,以表达对明王朝的忠心。如安氏土司在明代平叛战争中表现最突出的是平定播州(今贵州遵义)土司杨应龙叛乱。万历二十七年(1599年)播州宣慰使杨应龙,割据地方,鱼肉乡里,明朝廷调杨应龙东下抗倭援朝,他不但拒不出师,反而乘机煽动叛乱。这场叛乱前后达十一年之久。水西土司为了协助中央王朝平定播州杨应龙的叛乱,做到"不唯假道,且有助兵"①,曾先后多次加入到"平播之役"的战斗中。《大定县志·前事志》载:"万历二十七年十月,贵州宣慰使安疆臣有罪,贷之。令讨播州以自效。"又载:"万历二十八年二月,贵州宣慰使安疆臣,率兵从参将朱鹤龄征播州";"万历三十年十二月,贵州宣慰使安疆臣,讨故播州司贼吴洪,斩之。俘其党以献"。② 由此可见,水西安氏土司在平定"播州之乱"中立下了汗马功劳。

第二,"征蛮"。所谓"征蛮",就是镇压少数民族的反抗。土司时期,西南地区各地土司均有奉旨率领土兵"征蛮"的记载。据《保靖彭氏宗谱》所载,保靖土司及麾下土兵从明代景泰年间至清代康熙年间参与20余次"征蛮"战争③。在这些大大小小"征蛮"战争中,保靖彭氏土司出动了大量的兵力,为维护民族地区的社会稳定功不可没。

第三,"抗倭"。明代嘉靖年间,因政治腐败、边防松弛,加之东南沿海工商业发展,一些中国富商和海盗商人如徐海、王直等与倭寇勾结劫掠,致使倭患愈演愈烈,祸殃沿海,危及漕运。嘉靖三十三年(1554年),明政府派兵部尚书张经为总督东南国务大臣,遂征调"土兵"前往东南沿海抗倭。土家族土兵参加抗倭的有湖广永顺、保靖、容美、麻寮、大喇、镇溪、桑植等地土兵,及四川酉阳、秀山土兵,故称土家族土兵。史载,土家族土兵自嘉靖三十三年(1554年)冬奉调抗倭,一直到嘉靖三十七年(1558年)二月,前后持续三年多时间,被征调抗倭的总兵力合计约五万人次(一说三万多人次)。④ 中央民族大学石亚洲博士曾将土家族土兵抗倭情况列表如表10.6所示。⑤

---

① [清]张廷玉等:《明史》,上海古籍出版社,1991年版。

② 贵州省大方县志编纂委员会办公室:《大定县志·前事志》(未刊本),贵州大方县志编纂委员会办公室,1985年版,第70-71页。

③ 彭司文:《保靖彭氏宗谱》,《保靖彭氏宗谱》编委会,2008年版,第24-25页。

④⑤ 石亚洲:《土家族军事史研究》,民族出版社,2003年版,第131页。

表 10.6　明朝征调土家族土兵抗倭活动一览表

嘉靖年间	时间	土司	军事活动	战果	备注
三十三年 （1554 年）	冬	保靖	领数千土兵征倭		土兵被征调人数不同文献记载有出入： 1.《明代倭寇考略》：容美等司兵 1 万；永顺 3 000；保靖 3 000。 2.《明史·湖广土司传》：永顺 5 000。 3. 保靖《彭氏宗谱》：三十四年征调保靖 8 000，三十五年征调 1.1 万。 4.《明史》卷二百一十二：桑植、麻寮、镇溪、大喇被征调 6 000 土兵 由以上文献估计，土家族土兵被征调抗倭的总兵力合计最多约 3 万人次
三十四年 （1555 年）	四月	永顺	在胜墩，与广西很兵南北夹击倭寇	斩倭首 300 余级，取得初次胜利	
		保靖	参加常熟三丈浦战斗	取得全胜	
		永顺 保靖	攻打新场倭寇。倭寇设计围攻土兵	永顺土官田丰、田普、保靖土官彭翅阵亡	
	五月	保靖	攻打石塘湾倭寇	倭寇败逃王江泾	
		保靖 永顺	联合攻打逃至王江泾的倭寇	斩倭首 1 900 余级	
	六月	永顺 保靖	参加苏州陆泾坝战役	取得胜利	
	十月		明朝廷杀害张经,调回永、保土兵		
	十一月	容美	战倭寇与绍兴后梅	取得胜利	
	十二月	容美	与官兵配合，在浙江嵊县清风岭大战倭寇	俘斩倭寇 170 余人，取得胜利	
三十五年 （1556 年）	五月		抗倭战场出现不利局面，永、保土兵再次被征调		
	七月	容美	参加乍浦战役	取得胜利	
	八月	容美 保靖 永顺	在抗倭名将胡宗宪指挥下，围攻勾结倭寇的大海盗徐海等于沈家庄	斩敌首 1 200 余级	
三十七年 （1558 年）	二月	容美 麻寮 大喇 镇溪 桑植	在俞大猷的指挥下围攻舟山倭寇，取得舟山大捷，浙江倭寇全肃清		

　　土家族土兵在五年多的抗倭历程中，或与广西狼兵共同抗倭，或独立参加抗倭，均取得了重大胜利。战争的正义性、严格的纪律性、战术的精湛性和器械的独特性，无疑是土家族土兵取得胜利的原因。①

---

　　①李良品，张芯：《明代土家族土兵抗倭的缘起、进程与取胜原因》,《长江师范学院学报》,2014 年第 2 期,第 1-6 页。

（四）文化上的互动

明清时期是西南民族地区乡村社会各族民众与国家主流文化互动最为频繁的时期,各民族文化与国家主流文化——儒家文化的互动往往以人口迁移、政权经营、土司土兵军事征调、建立各级各类学校、参加科举考试、卫所与土司并立、土司朝贡等多种方式接触和碰撞。这种频繁的文化互动强化了少数民族与国家主流文化之间在语言和价值观、通婚、消除偏见与歧视、社会交往、政权认同、物质文化相互借取等方面的高度认同,密切了乡村社会与国家之间的关系,有力地推动了西南民族地区经济的发展、社会的进步。文化互动使西南民族地区与汉族地区的联系得以加强,使统一的多民族国家进一步巩固。汉族与西南地区少数民族文化认同的增强,对于清代国家在西南民族地区实施大规模的改土归流、实现"大一统"产生了重要影响,它在很大程度上决定了改土归流的时间、方式和特点。① 尤其是中央政府在西南民族地区广泛地建立各级各类学校,让包括土司在内的少数民族参加科举考试,更是将国家的主流文化深深地置于少数民族民众心中;而少数民族则将国家的主流文化融于自己的日常生活之中。如清代云南很多乡规民约的碑刻里无不体现少数民族自觉接受国家主流文化的意识。试以《宜良县万户庄乡规碑(一)》的《公立乡规》为例。

《公立乡规》

欲厚风俗,先正人心。然必礼教明,信义立,而后能砥节励行,以正气维正理于不替,使不垂训于先。恐人心渐灭,寡廉鲜耻,不能争自濯磨,以进于淳庞。今议立乡规,愿我父老子弟凛遵,各以痛改前非,共登仁里。

——崇礼让。辩上下,定民志,莫要于理教不明,则各分倒置,争竞成风,而和气不能翔洽。惟愿吾乡,长者正己率物,少者守分修身,斯游尧舜之世,为尧舜之民矣。

——敦信义。出入相友,有无相恤,虽异姓不啻一家。若相欺相诈,不惟亲逊之风无闻,亦必孝慈友恭之道绝矣。道道率物,公平互施,当共勉之。

——禁斫伐。树竹、花果各有其主,非其有而取之,俱属不义。斫伐朝阳寺树竹及人坟茔树木者,罚猪壹口,重七十斤,酒伍拾元;斫伐人山场、园墅树竹花果者,罚猪壹口,重陆拾斤,酒肆拾元。松树各家畜种,亦宜加竞

---

① 段超:《元至清初汉族与土家族文化互动探析》,《民族研究》,2004 年第 6 期,第 92-100 页。

培植。有着松毛与树,必与管事说明。如私自取用,不与言明者,罚钱壹千文。

——禁践踏。坟茔系人先灵凭依,如不分时牧放之人,纵放牲畜肆行践踏者,罚猪壹口,重捌拾斤,酒陆拾元。践踏田园、五谷、庄稼,致国赋无资,衣食无出者,罚猪壹口,重伍拾斤,酒肆拾元。

——禁偷窃。树竹、茶果、粪草之类,各有其主。私行偷砍树竹一株,罚银伍钱,贰株罚银壹两,照数升罚。偷取豆麦、谷菜者,罚谷伍斗;偷取茶果、瓜姜等物者,罚谷伍斗;偷取粪草者,罚钱伍佰文;偷取竹笋壹支者,罚钱壹佰文,照数升罚。

以上条例,俱系公议乡规,各宜遵守,互相觉查。见人斫伐、践踏、偷窃,即向管事言明议罚。如互相容隐,知见不举者,与本人同罚;亦须见查的确,不得挟仇诬人;虚诬捏报者,罚银壹两。

呜呼!细行不谨,终累大德;严取于一介,谨嫌疑于瓜李。人生立身之大节,勿谓欺人于不见,而自败其行。不惟孝悌友恭之无闻,而遗臭万年,至孝子慈孙之莫改也!凡我父老子弟,各宜劝诚遵行,敢有故违,公罚毋悔。

大清乾隆十四年六月二十五吉旦　镌立①

从上面这则《公立乡规》可见,即便是全乡在公议禁止斫伐、践踏、偷窃之事,在前面也没有忘记"崇礼让""敦信义"等内容,这就是将国家主流文化变成了民族地区民众的一种自觉行为,体现了一种文化互动与文化自觉。

众所周知,在原土司辖区,保存有包括土司城址、军事城址、衙署建筑群、官寨、庄园、家族墓葬群等在内的大量的土司文化遗产,这些遗产共同反映了中国土司制度的历史沿革、社会结构、社会方式和文化特征,见证了多民族国家的中央政权与边疆少数民族间通过秉承"齐政修教、因俗而治"的传统理念,实现文化多样性传承的民族共存与社会管理智慧。在清代改土归流之后,一些原土司地区的流官,亲眼所见原土司遗产惨遭破坏,他们也产生了文化互动与文化自觉的意识,对当地官员及地方民众提出了保护土司文化的强烈要求。如湖广巡道王柔在雍正十三年(1735年)撰写一篇《保护土司坟墓檄》,其全文如下。

照得永顺一府,系永、保、桑三土司改土归流地方。查永顺土司向称恭顺,其上世皆立勋名,载在史策(册)。至我国朝亦著劳绩,今感沐皇仁,首

---

①黄珺:《云南乡规民约大观(上)》,云南美术出版社,2012年版,第18-19页。

先纳土,表请置吏,伏蒙圣慈,特予高爵重禄,以奖忠诚,恩至渥也。但该土司已作流官,移驻江西,恐其祖先坟墓,倘有棍徒侵削盗葬,甚至乡僻处所有刨挖偷盗等情,亦未可定。再保靖、桑植两土司,其改流或非本意,然其先世亦有贤劳,不得以子孙不肖祸延伊祖。况常人坟墓有被损伤,亦应钦依律条,分别斩绞治罪。该地方官失察匿报,均干严参,岂可以废司祖墓置之不顾?合亟饬行查获,文到即速移行各厅、县,出示晓谕,查明三土司历代土官坟墓,共有几处?坐落某保某甲某处山,逐细造册,开报到道备案。即着落该地保甲查看,取具日后永远不致损伤甘结,送府存案。如有不法棍徒侵剥树木,恃强盗葬及刨挖偷盗等情,许该地保甲即时飞报该地方官勘明通详,严拿究拟。倘该保甲有敢匿报,一经发觉,即以通同盗贼律,从重治罪。该县如或失察,亦即通揭请参,仰惟圣朝恩流无外,即事有殊于吴越,不必表忠观之碑,而地已附于岐,岂敢忘泽枯骨之意?所冀贤良,共垂德惠,伫看福报,延及子孙,勉之,慎之。①

这则檄文不仅叙述了永顺土司数百年之"恭顺",祖先"皆立勋名",在改土归流即将大规模实施之时顺应时势,"首先纳土表请置吏",中央政府"特予高爵重禄,以奖忠诚"的事实;而且表达了永顺彭氏土司做江西流官之后,"祖先坟墓,倘有棍徒侵削盗葬,甚至乡僻处所有刨挖偷盗"的担忧。面对这种情况,巡道王柔出示晓谕,并要求地方官"查明三土司(永顺、保靖、桑植)历代土官坟墓共有几处?坐落某保某甲某处山,逐细造册,开报到道备案"。同时,他还提出了对"不法棍徒侵剥树木,恃强盗葬及刨挖偷盗等"情况及地方官"失察"的处理。这充分体现了清代朝廷命官保护少数民族文化的自觉意识,实属难得。其后的乾隆二十五年(1760年),永顺知府张天如又有一则札记,专门对保护土司坟墓提出要求,全文如下。

> 永顺县略云:照得永顺、龙山二县,向为彭姓土官世居之所,郡城三十里,有土官坟墓、宗祠。本府因公经过,见旧宇荒陇,芜废不治,樵人牧竖,践踏自如,恐将来日渐荒圮,为人乘机侵占,而坏土灭没,不可复识。尝考欧阳文忠公《五代史》称,钱氏虐民,苏文忠公表忠观碑,则盛著其功德,情词慷慨。又查名臣忠烈,历有培护词(祠)墓,设奉祀生掌其祭祀之例例。永顺旧土官,自梁开平间,历五代、宋、元、明以至本朝,无论初年,斩艾荆棘,启辟田野,栉风沐雨之劳,即其期正敌忾,历奉征调,亦颇著劳绩。雍正

---

① [清]张天如:《同治永顺府志》卷十一《檄示》,乾隆二十八年(1763年)刻本。

五年,桑、保二司,暴虐残忍,独永顺土官彭肇槐,邻境相望,不染其俗,素能辑和其人民,而向化献土,受朝廷赏赉之荣,回江西原籍,得奉世爵,其千余年坟茔祠宇,亦地方官所当时为经理也。合饬查议,即查明彭氏支裔之在永者,是否系属嫡派,有无田土遗留,祠宇尚存几楹,坟茔存留几家,应立何人以奉祠事,田土山地若何清查记载,可免后人侵占,先行妥议禀覆,务期使彭氏之先,得长妥其魂魄,庶于存恤之典有合焉。

又札保靖县:查保靖土司,历传三十有六,至彭泽洪则病废权移,彭御彤则贪残凶暴,遂以改土。但其先人弹压诸苗,敌忾投诚,皆有功业可纪,至今祠宇无存,茔墓不治,似非存恤之意。除永顺土司祠墓已饬永邑查明,酌立奉祀外,合行札饬,即将土司历官年代确查详覆,并查明土司祠宇坟茔在于何处,有无田产,谁系嫡派,应否清其界址,以免侵占。选立奉祀,以绵血食,逐一查明,妥议具覆。

又札桑植县:查向国栋,虽贪残暴疟,其先世投诚敌忾,颇有劳绩。上下峒土司则历世相承,有功无过。俱应查其坟墓处所界址,使无樵牧践踏,豪强侵占之事。上下峒有承袭土弁,奉祀有人,其桑植司亦须选择端恪之人,以奉祭祀。

又礼龙山县:该县有大喇司世袭把总,其历代世系并先后曾否著有功绩,坟墓现在何处,曾否加意保护,须逐一确查寻据,各县查明册报,禁止侵占践踏,并各择其子孙一人为奉祀生,岁时祭扫保护。①

在改土归流之后,作为朝廷命官,通过保护土司坟墓的形式,能够增强少数民族自觉保护本民族文化的意识,增强少数民族对国家主流文化的高度认同,密切了乡村社会与国家之间的关系。这种文化互动有助于促进西南少数民族与汉族的联系,维护西南民族地区的社会稳定。

众所周知,人的发展和社会的发展都离不开对方的发展,都必须把对方的发展作为目的,把自己的发展作为手段,只有这样,才能促进双方的同步发展。与此相类,乡村社会的发展与国家的发展同样离不开对方的发展,也必须把对方的发展作为目的,把自己的发展作为手段。如果没有国家的发展,乡村社会的发展也就没有前提和保障;如果没有无数个乡村社会的发展,国家的发展也就不会出现良好的结果。因此,乡村社会与国家之间的良性互动是十分必要的。研究表明,明清时期西南民族地区乡村社会与国家之间长期稳定的良性互

①[清]张天如:《同治永顺府志》卷十一《檄示》,乾隆二十八年(1763年)刻本。

动关系至少需要满足以下三个条件：第一，乡村社会与国家之间需具有共同或相类似的价值理念；第二，乡村社会与国家之间有发生相互依赖性行为的必要性；第三，乡村社会与国家之间有发生相互依赖行为的可能性。如果具备这三个条件，乡村社会与国家之间就会形成良性互动，就会构建和谐的社会，就能推动民族地区的经济发展、社会进步、文化繁荣和民族团结，就能实现"和谐共生"目标。

二、双向恶性互动与不和谐

众所周知，任何人都必须和当时的社会相互作用、相互促进，因而，人的发展和社会的发展都离不开对方的发展，都必须把对方的发展作为目的，把自己的发展作为手段，只有这样，才能促进双方的同步发展。与此相类，乡村社会的发展与国家的发展同样离不开对方的发展，也必须把对方的发展作为目的，把自己的发展作为手段。因为如果没有国家的发展，乡村社会的发展也就没有前提和保障；同时，国家的发展恰恰是无数个乡村社会发展的结果。但是，在整个发展过程中，无论是乡村社会还是封建国家，如果都把谋求自身利益的最大化作为目的，这势必形成双方的恶性互动，最终造成乡村社会与国家之间的不和谐。

在明代叙州（今四川宜宾、兴文、珙县）一带，生活着一支叫都掌蛮的少数民族。他们崇尚武风，喜好铜鼓，由于多种原因，对中央王朝叛服无常。明王朝将都掌蛮视为心腹大患，不惜12次动用大军征讨，前后大小数百战，非置都掌蛮于死地不可。明万历初，昔日威风凛凛的都掌蛮神秘消失了。可以说，这不仅是明代西南民族地区乡村社会与国家之间恶性互动造成的不和谐，而且是我国历史上中央王朝对某个少数民族群体最终消亡的一个典型案例。

（一）都掌蛮与明王朝双向恶性互动的历程

都掌蛮这个民族在《元史》《明史》中均有记载。他们生性豪迈，不受拘束，平时散居在村寨中，一遇战事，则各寨擂鼓集合，勇士披挂上阵，转眼就能变成一支强大的军队。《明史》载：成化元年（1465年），山都掌大坝等寨蛮贼分劫江安等县，兵部以闻。（成化）二年（1466年），国子学录黄明善奏："四川山都掌蛮屡岁出没，杀掠良民。景泰元年招之复叛，天顺六年抚之又反。近总兵李安令永宁宣抚奢贵赴大坝招抚，亦未效。恐开衅无已，宜及大兵之集，早为定计，毋酿边患。"三年，明善复言："宋时多刚县蛮为寇，用白芳子兵破之。白芳子者，即今之民壮;多刚县者,即今之都掌多刚寨也。"又载:万历元年(1573年),四川巡抚曾省吾奏:"都蛮叛逆,发兵征讨……请并令总兵官刘显节制,使不得藉口复仇,妄有骚动。"①据有关研究表明,自明朝建立以来,中央王朝与都掌蛮的战争便贯穿明王朝的始终,明太祖、成祖、英宗、代宗、世宗、穆宗在位时皆曾对都掌蛮用兵,特别是万历初年,明中央王朝对都掌蛮实施了灭族式的战争。

明中央王朝镇压都掌蛮与都掌蛮反抗中央王朝相循,双方之间隔阂和仇恨并增,双方在数百年中历经数百战,明王朝对都掌蛮先后发动了12次大征剿(因史籍记载不同而异)。诸葛元声说:"国初至万历二百余年间,朝廷凡遣将十一征。"②明代何洛文和曾省吾均认为是十一征。明代董份在《平都蛮传》说"凡遣将十一征",若加上万历之役,则为十二征。曹学佺在《蜀中广记》中说:"先后凡十有二征,俱弗克,万历元年剿平之。"③说明中央王朝与都掌蛮之间共有十三征。据屈川先生研究,自明初开始,都掌蛮与中央王朝的恶性互动从未止息,文献对此记载甚丰,其主要事件如下:

洪武二十五年三月(1392年),"四川叙州府戎县山贼掌阿那等作乱",朝廷派重庆卫指挥金事左遥讨平。④

永乐十三年(1415年)七月,"叙州府戎县山都掌人为耗,攻劫高、珙、筠连、庆符诸县"⑤。

正统五年(1440年)十二月,"四川山都掌等处蛮贼聚众劫掠,商旅不行"。朝廷遂命镇守湖广、贵州副总兵都督金事吴亮,及四川、贵州三司捕治。⑥

景泰元年(1450年),"夷贼并起,攻破长宁、庆符、江安、纳溪,诸县为之一赤"⑦。

①[清]张廷玉等:《明史》卷三百一十二,中华书局,1974年版。

②[明]诸葛元声:《两朝平攘录》卷二《都蛮》,《中国野史集成》第27册,巴蜀书社1993年版,第17页。

③[明]曹学佺:《蜀中广记》卷三十六《边防记第六·下川南道·建武千户所》,四库本。

④台湾"中央研究院历史语言研究所":《明实录·太祖洪武实录》(校勘本)卷二百一十七,上海书店,1982年版,第3191页。

⑤台湾"中央研究院历史语言研究所":《明实录·太宗永乐实录》(校勘本)卷一百六十六,上海书店,1982年版,第1860页。

⑥台湾"中央研究院历史语言研究所":《明实录·英宗正统实录》(校勘本)卷七十四,上海书店,1982年版,第1441页。

⑦[明]曾省吾:《确庵曾先生西蜀平蛮全录》卷一《覆勘将官疏》,书目文献出版社,1988年版,第40页。

天顺元年(1457年)和天顺五年(1461年),都掌蛮"两次围攻各县,先后遣总兵都督等官问罪"①。

成化元年(1465年)三月,"山都掌、大坝等寨蛮贼千百成群,分踪攻劫江安等县、永宁等卫地方,势甚猖獗"②。

嘉靖年间(1522—1566年),都掌蛮"再出掠,再讨之,以抚为名,羁縻掩盖而已。(嘉靖)四十五年,四川巡抚谭纶奏:都蛮之息其来已久,惩艾未深,遗孽复肆"③。

隆庆三年(1569年),"六县(戎、珙、高、长、庆、筠)民邓通等数人奏告难。巡抚严清奏:(都掌)蛮分支四出,所至一空"。④

由于中央王朝与都掌蛮恶性互动不断,明王朝视都掌蛮若洪水猛兽,多次兴师动众,调集云、贵、川三省军队会剿。故有"景泰之征""成化之征"和"万历之征"三大征之说。清人顾炎武《天下郡国利病书》原编第20册《四川·建武千户所》记为:"先后凡十有二征,俱弗克,万历元年剿平之。"⑤也就是说,由于都掌蛮与中央王朝恶性互动超过了明王朝可容忍的限度,于万历元年(1573年)派四川巡抚曾省吾予以剿平。曾省吾为了根除都掌蛮的后患,防止死灰复燃,条陈十事,"不惟邻夷近土便于控扼,而云贵接壤亦得相掎角,以永治安矣",有复兵道、设府佐、建城垣、移守御、理疆土、扼要害、起民兵、通道路、设社学、恤民困十条。⑥ 这些举措无疑是消解西南民族地区乡村社会与国家之间矛盾的一种办法。

(二)都掌蛮与明王朝双向恶性互动的原因

明代都掌蛮遭灭顶之灾,最终消亡,究竟是什么原因呢?这一直是学界十分关注的一个问题。自20世纪40年代末至今,研究都掌蛮消亡的学者代不乏人,其中较有代表性的有三。林名均在《川南僰人考》中推测"僰人衰灭"的原

---

①[明]曾省吾:《确庵曾先生西蜀平蛮全录》卷一《覆勘将官疏》,书目文献出版社,1988年版,第40页。

②台湾"中央研究院历史语言研究所":《明实录·宪宗成化实录》(校勘本)卷十五,上海书店,1982年版,第332页。

③④[明]朱国祯:《皇明大事记》卷二十一《平都蛮》,《中国野史集成续编》(第8册),巴蜀书社,2000年版,第362页。

⑤[清]顾炎武:《天下郡国利病书》原编第20册《四川·建武千户所》,《四库全书存目丛刊教案》(史部171),齐鲁书社,1996年版,第161页。

⑥[明]曾省吾:《确庵曾先生西蜀平蛮全录》卷四《经略平蛮善后疏》,书目文献出版社,1988年版,第79-86页。

因有三：一为明曾省吾所剿灭；二为明季流寇所屠戮；三为苗族所排挤。[1] 刘复生先生则认为，都掌蛮消亡的原因有四：第一，实行"雕剿"，残酷镇压；第二，强迫同化，"以夏变夷"；第三，瓜分田地，建置设防；第四，逃往他乡，融入当地。[2] 屈川先生在《川南"都掌蛮"消亡原因探析》中认为，明王朝在都掌蛮地区一意推行"流官钤治"，强行改土归流，用力至深，其原因主要有四：一是叙州南部为云贵川三界咽喉，都掌蛮在此叛服不常，对明朝在西南夷地区的统治形成威胁；二是川南都掌蛮的反抗，牵制了明王朝对四川其他民族地区的镇压力量；三是都掌蛮与汉族流民联合斗争，让明统治者深感棘手，更为恐惧；四是地方官吏贪暴异常，借改土归流之机对都掌蛮重税勒索，暴敛横征，逼民于绝路之上。[3] 屈川先生后来在《"都掌蛮"消亡原因补证》中认为，明朝政府为了在川南都掌蛮地区维护集权统治，对该地区强行实施改土归流。但因条件不成熟而遭到都掌蛮强烈反抗，置流与反归流成为当地民族矛盾激化的焦点，进而演化为镇压与反镇压的斗争，都掌蛮在反明斗争中遭残酷镇压而消亡。[4] 应该说，这些观点见仁见智，均有一定道理。但作者对都掌蛮的相关史料进行分析，结合当时中央与地方、国家与乡村社会的实际认为，都掌蛮消亡有三个层次的原因：根本原因是明王朝与都掌蛮均把谋求自身利益的最大化作为价值追求而导致双方恶性互动；重要原因是明王朝与都掌蛮之间缺乏相互信任和制度约束；具体原因有四。

1.中央王朝：急功近利，改土归流

据史载，元朝中央政府对叛服无常的都掌蛮以招诱、安抚、讨伐、利用等手段兼施并用，在都掌蛮活动中心地带主要设有"蛮夷部宣抚司"，后改置"大坝都总管"（治今四川兴文县晏阳镇），"上罗计长官司"（治今四川珙县上罗乡），"下罗计长官司"（治今四川珙县珙泉镇）和"四十六囤蛮夷千户所"（治所庆符，散布于今四川高县、筠连境内）。上述这些土司机构与叙州路、马湖路均隶属于"叙南等处蛮夷宣抚司"；另设"九姓罗氏党蛮夷长官千户所"（治今四川兴文县中城镇），隶属永宁路。尽管元政府在都掌蛮地区诱抚并施，但仍未建立起稳固的统治机构。明朝初年，中央王朝在都掌蛮活动的周边蛮夷地区继续推行土司

---

①林名均：《川南僰人考》，《文史教学》，1949 年创刊号。

②刘复生：《"都掌蛮"研究二题——明代"都掌蛮"的构成和消亡》，《四川大学学报（哲学社会科学版）》，1998 年第 2 期，第 77-84 页。

③屈川：《川南"都掌蛮"消亡原因探析》，《贵州民族研究》，2003 年第 4 期，第 137-143 页。

④屈川：《"都掌蛮"消亡原因补证》，《四川大学学报（哲学社会科学版）》，2003 年第 5 期，第 112-115 页。

制度,其策略是众建土司分其力,于是导致没有一个高级别的土司能够全面掌控都掌蛮,这或许是该地区实施土司制度的欠缺之处。洪武四年(1371 年)十二月,改马湖路为马湖府(治今宜宾市屏山县),在马湖府实行"以流官土官参用"的政策;在永宁奢氏之地(今四川叙永、古蔺)同样实行土司制度。但在都掌蛮聚居地则径直实行改土归流政策。① 于是形成如曾省吾所言:"大明开国以来,改土为流则有之,未有改流为土者。改土为流,若马湖龙安之属是已。今都蛮所据巢穴,既汉之土地,而其人又隶籍戎县,若立土官,非改流为土乎? 故曰'不可'。"②可见,中央政府实施改土归流决心已定,不可逆转。从总的来讲,明政府在都掌蛮地区实施改土归流的政策是正确的,但其失误也是十分明显的。第一,中央政府过于急功近利,操之过急,其政策未能深入人心,安抚不够真诚。中央政府在都掌蛮地区未能寻求到真正改变该地区政治、经济、文化的落后面貌的举措,以求得社会稳定,人民安居乐业。第二,中央政府忽视了都掌蛮地区反抗力量和割据性政权的存在,故制定政策时不知轻重缓急,未能有的放矢,在条件尚未成熟时,骤然直接改土归流。在引起都掌蛮的反抗后,仍不研究都掌蛮地区乡村社会叛离中央政府的原因及解决办法,如对流官的重税勒索、苛暴横行案,一概置之不理,反而认为"惩艾未深",加以诱杀镇压。一旦久而无功,反而冲天一怒,实行种族灭绝政策。因此,这种以灭绝种族而实施改土归流的政策,其失败是必然的。③

2.朝廷命官:言而无信,杀降邀功

朝廷命官采取欺骗手段,导致都掌蛮不信任中央王朝,不信任朝廷命官。据史载,明成化元年(1465 年)三月,因都掌蛮"势甚猖獗"④。国子监学录黄明善奏"平蛮三策",而翰林院侍读周洪谟则奏:"都掌之地多不过二百寨,少不过百余寨,寨各有主以统其众。……今盛朝于四海八荒皆置土司,以长夷人,与唐虞之制如合符节。惟都掌夷人未设土官,止属戎县流官知县所辖,而流官不谙夷语,不通夷情,其于都掌本难钤束。"要求"使各寨主自择素有名望、众所畏服者一人为长官司长官,统属各寨,仍隶本府……如此则戎县知县专管汉民,都掌

①屈川:《川南"都掌蛮"消亡原因探析》,《贵州民族研究》,2003 年第 4 期,第 137-143 页。

②[明]曾省吾:《确庵曾先生西蜀平蛮全录》卷十《杂著》,书目文献出版社,1988 年版,第 187 页。

③肖俊生:《明王朝在"都掌蛮"地区的改土归流》,《宜宾史志》,1990 年第 1 期。

④台湾"中央研究院历史语言研究所":《明实录·宪宗实录》卷十五,上海书店,1982 年版,第 332 页。

土司专管夷民,汉夷两分,不相侵害,统属既定,自然顺服"。① 此奏表明,周洪谟对都掌蛮已从主张军事镇压转为设立土司。兵部将周洪谟的主张下达四川巡抚汪浩、都督芮成执行。时芮成驻叙州,他知道"戎县汉民不欲夷人割置土官而利其钤辖,乃不用本县勘报,惟召其邻县夷酋导参议王礼等诣都掌诸砦,谕以设官之意。诸夷大悦,首二百人诣叙州见(芮)成;自具马二十七匹为赴阙谢恩计。(芮)成犒之而赏以布,令还戎县以俟,寻遣人报(汪)浩会奏,谓:'都掌、箐前、大坝三处宜设三长官司,诸夷自择大首领三人堪任长官,次首领三十四人堪为冠带把事,协赞土官分统各砦。'疏入,方议铸印。九月,汪浩至自成都,戎县汉民不欲置土官者以甘言唉(汪)浩,谓(芮)成所招诸酋虽授以官,终不能禁其劫掠,此皆枭雄,一可当百,乘机除之,则余孽皆庸劣不足虑,数十年可无虞也。(汪)浩不知其诈,遂决意杀之。至戎县,诸酋迎谒,(汪)浩谕之曰:'降蛮太少,与官太多,可回砦招三千蛮民来,我即与若奏。'翼(翌)日,遣人招诸酋人,即闭营门,而五百壮士皆露刃环列。时诸酋自纳款之后,久释金革,俯踞听命,(汪)浩厉声责之,诸蛮叩首请罪,露刃者皆前,杀二百七十余人,内一人跃出,夺卫士刀,刺杀二人而后死。(汪)浩使人报(芮)成,(芮)成怒曰:'是成所招者,已与公会奏矣,奈何杀之?'犹豫数日,乃又与(汪)浩合奏:'夷始虽归降,终怀异志,且欲伏兵敌杀官军,不得已调大军剿之,斩首若干,破砦若干。'既而诸砦余党聚议报仇,十月乃赴贵州总兵官处诈降,都指挥丁定等出营迎之,夷伏兵四起,官军五千余众皆没"②。故后来周洪谟曾有"独恨往日不立土官耳"③的感叹!可见,戎县汉族地主和四川巡抚汪浩用欺骗手段破坏了朝廷设置土官承诺,都掌蛮被迫背上叛逆之名,奋起反抗。

"杀降邀功"始于成化三年(1467 年),发起人是时任四川巡抚的汪浩。据嘉靖《四川总志》卷十六《叙泸夷情》载:"(成化)二年,既不能剿,又不敢抚,会长宁县以夷人城下之言以闻,朝命如可抚乃抚之。于是遣人招抚夷人,遂听命,使夷首十二人赴京贡马十二,铜鼓一,且告乞仍设土官,但畏(汪)浩等势,不敢言枉杀父兄事,(汪)浩等欲实前奏,终不与设官。夷人益恨,复抄掠。"④于是明

① 台湾"中央研究院历史语言研究所":《明实录·宪宗实录》卷十五,上海书店,1982 年版,第 336 页。

② [明]王玉垒,杨升庵:嘉靖《四川总志》卷十六《经略中·夷情·叙泸夷情》。

③ [明]曾省吾:《确庵曾先生西蜀平蛮全录》卷十《杂著》,书目文献出版社,1988 年版,第 187 页。

④ [明]王玉垒,杨升庵:嘉靖《四川总志》卷十六《经略中·夷情·叙泸夷情》。

朝对都掌蛮加强围剿。明军在"巴蜀死者万有数千""士卒损伤数万,且竟无补"①的背景下,于成化六年(1470 年),汪浩因"以计杀都掌夷听抚官,激变地方,而又妄报军功,希求升赏,及诬陷贵州副总兵李安,逼死经历胡铎诸不法事"而被流放。嘉靖四十五年(1566 年),四川巡抚谭纶又继承了汪浩"杀降邀功"的传统,他奏:"戎、连、高、珙都蛮之患,其来已远,先年征之,率属苟且了事,以致惩艾未深,遗孽复肆。良为可恨。"②同时,谭纶还提出彻底剿灭都掌蛮的主张,且招募浙江工匠制造鸟铳作准备,蜀兵首次拥有这种新式火器,对都掌蛮的冷兵器形成绝对优势,"故始终胜蛮,鸟铳之功为最,盖蛮闻铳声,不见其中,药弹内溃,乃始觉之,以故铳响即胆丧"。③ 据史载,谭纶后任兵部尚书,大力推动"大举征剿",在"万历之役"中"调度有功"。④ 研究表明,谭纶是灭绝都掌蛮的首倡者,其作用仅次于时任首辅的张居正。

隆庆是万历年间中央王朝大征都掌蛮的准备期,一场精心组织的大规模屠杀正在抓紧策划。隆庆元年(1567 年),四川又传来都掌蛮活动的报告,张居正将剿灭都掌蛮列入计划。而真正屠戮都掌蛮的是万历初年的四川巡抚曾省吾。曾省吾经过一定时间的准备,就绪,于万历元年(1573 年)上奏《议处夷情疏》,请兵大征。他的准备工作有六个方面:一是筹集饷银 74 万余两,军粮 20 多万石并肉牛,预征万历二年(1574 年)租谷;又令革役吏员"纳米赎罪",叙南六县乡勇粮饷则"多支折色,以存本米",滨江州县万历元年(1573 年)差银"改令纳米"。二是调集、制造兵器和军用物资。计有鸟铳、火砖、火箭、喷筒、芟刀、絮被、挨牌、铁锄、铁锹、斧、大铳、佛朗机、铁苓角、发贡铁弹、百子铳、九子统、火药、铅弹、棉纱、七稍炮、架云梯等,若加刀、枪、箭、弩等,达 20 余种,都掌蛮武器只有刀、枪弩、牌、木、石等。三是大批充实、调整官员,尤其是熟悉戎县、珙县的官员。四是调集军队,前后共有 14 万人,其中以调动永宁土兵最为关键。曾省吾在以安国亨牵制奢效忠的同时,又以另一贵州土舍安智(奢效忠盟友)牵制安国亨。五是实行雕剿(突袭),逐步削弱都掌蛮的力量。六是搜集都掌蛮的各种

---

①[明]曾省吾:《确庵曾先生西蜀平蛮全录》卷十《杂著·征蛮杂录八》,书目文献出版社,1988 年版,第 179 页。

②[明]曾省吾:《平蛮全录》卷三《奏议·荡平都蛮叙功疏》,书目文献出版社,1988 年版,第 68 页。

③[明]曾省吾:《确庵曾先生西蜀平蛮全录》卷十《杂著·征蛮杂录三十一》,书目文献出版社,1988 年版,第 188 页。

④《兴文县志》编纂委员会:《兴文县志》,方志出版社,2010 年版,第 691 页。

情报。①　在张居正、曾省吾等人欲将都掌蛮"扫除尽绝",而都掌蛮对明朝的精心布置一无所知和毫无准备的情况下,一场惨绝人寰的战争打响,其最终结果不需赘述。

3.地方势力:豪夺土地,支持改流

都掌蛮地区的地方势力包括世代官宦的周洪谟家族,曾任过国子监学录的黄明善,曾任成都知县的永宁人陈以庄[万历元年(1573 年)充当四川巡抚曾省吾顾问]等,他们集政治权势、经济实力、文化优势于一身,形成地方地主缙绅集团,上有尚书、御史、布政使、总兵官,下有监生、生员、指挥、把总,享有优厚待遇和特权,如优免赋役,甚至逃避赋役、转嫁负担、揽纳侵吞、霸占田地。《明史·赵南星传》就说"乡官之权大于守令,横行无忌,莫敢谁何"。成化五年(1469年)至十四年(1478 年)间,"百户王甲占庆符田数百亩,十余年不输税,平民具奏,(王甲)聚亡命田舍中,坚壁不出,近之欲杀人。公(叙州知府丁璐)徐以讨获之,籍田而归之民,民为之画像立祠"②。嘉靖六年(1527 年)四川巡抚王廷相《四川事宜议》说:"蜀民逋税习以成风久矣,其尤甚者莫如泸州、富顺、铜梁。……愚谓当先治豪猾大姓可也,何也?下户细民无所恃赖,畏官守法,恒先输纳,惟此豪猾或倚其势力,或恃其党族,或巧于侵润,或肆于挟制,往往得计,而逋税之风成矣。"③曾省吾在《确庵曾先生西蜀平蛮全录》中对都掌蛮地区官吏徇私舞弊、贪墨受贿、欺压百姓、巧取豪夺多有披露。嘉庆《四川通志》卷一百一十三《职官·政绩·叙州府》也载:"彭大同,以岁贡为叙州推官。有孝廉杀人,臬司推门望罚金三百镪,释之。大同怫然曰:'杀一人罚三百金,将挟万金而杀三十人乎?'竟拟辟。"④缙绅地主成为明王朝在叙南地区统治的主要支柱,一旦都掌蛮起事,他们就群起而攻之。在万历之役中,除各级官吏外,还有像长宁武举李之实、庠生黄希忠,珙县监生何钰,武生陈安德、杜伏元等非在职缙绅地主人物或献计献策,或招兵买马参与镇压。无论是从维护封建的传统观念出发,还是从确保自身的经济、政治利益的角度来衡量,他们都赞同改土归流。如以黄明善为代表的主剿派,他们主要从现实利益来考量,力主剿灭都掌蛮。这个原因也使明朝统治者认为可以设置流官。庶民地主也是明王朝在都掌蛮地

---

①《兴文县志》编纂委员会:《兴文县志》,方志出版社,2010 年版,第 694 页。

②转引自[明]焦竑:《国朝献征录》卷九十九《广东布政司右参政丁公璐墓表(杨廉)》。

③转引自[明]王廷相:万历《四川总志》卷三十《文八·论类》,齐鲁书社,1997 年版,第 119-120 页。

④[清]常明,杨芳灿:嘉庆《四川通志》卷一百一十三《职官·政绩·叙州府》。

区的统治支柱之一,也就是那些没有官爵或其他特殊政治身份的"大户""上户""豪户""富室"。他们常凭财力通过购买或供养子弟读书而跻身缙绅地主行列。明王朝等封建势力对叙南各民族实行政治、经济、文化全方位的压迫和剥削,乾隆《珙县志》卷十一《珙邑安苗论》论及苗、僰、僳①三族时说:"曩时中土之人,因其愚昧,多以钱、粟、银、布,买为婢仆,诱为佃佣,使其族类不得用袍、帽、袜、履,不得置平田广宅,不得充县衙公差,不得应文武考试,恐其习知中国法度,即难用术驾驭,而使长为我役也。"②

4.都掌蛮:劫掠无度,叛服无常

都掌蛮由于中央王朝、朝廷命官、地方势力等因素,加之本身秉性所致,为了维持正常的生活,他们不得不经常"劫掠"和"叛服"。这在各种历史文献中均有记载。明王朝对都掌蛮劫掠无度、叛服无常,加之不易镇压、辅以招抚、招抚不从的行为刻骨仇恨,只有以武力解决,导致战事不断。于是,都掌蛮遭到灭顶之灾。都掌蛮的灭亡对明代西南少数民族震动很大,对稳定西南乃至全国的局势起到了很大作用。这正如诸葛元声说:"乃若蜀之都蛮,梧之藤峡,琼之黎洞,豫章之桃源……都蛮九丝之险,陪(倍)于三方,其积庚千余年,比三方亦为已甚……一方既靖,彼三方者可以警矣。"③

明代万历初年都掌蛮遭灭顶之灾,是由于上述四个方面造成的。都掌蛮的个案,无疑是明清时期西南民族地区乡村社会与国家之间恶性互动造成的不和谐而遭到最终消亡的典型案例。

第三节　博弈与冲突

明清时期西南民族地区乡村社会与国家之间只有良性互动,才能构建民族地区乡村社会的和谐,推动民族地区的经济发展、社会进步、文化繁荣和民族团结;通过都掌蛮被消灭这一事实证明,乡村社会与国家之间如果出现恶性互动,

---

①僳:古代典籍中对彝族先民的称呼。——作者注

②佚名:《珙邑安苗论》,转引自[清]王圭修:《珙县志》,《四川府县志辑》(35),巴蜀书社,1992年版,第230页。

③[明]诸葛元声:《两朝平攘录》卷二《都蛮》,转引自《续修四库全书》(影印本),上海古籍出版社,1995年版。

就会造成社会不和谐,阻碍当地经济社会发展与文化繁荣,破坏民族之间的团结,甚至最终消亡。段绪柱博士认为,在明清时期的传统中国,国家与乡村社会间存在着复杂的互动关系,既不是简单的皇权止于县政,县以下皆自治,也不是完全的国家专制,而是强制性国家权力干预程度较低的乡村自我管理,乡村社会的日常秩序以内生性为主。① 经过明清时期的土司制度、改土归流,以及里甲制度、保甲制度、团练制度等,国家权力不断下沉,逐渐进入包括西南民族地区在内的乡村社会,但总体上国家权力没能真正深入乡村社会。西南民族地区乡村社会与国家之间的博弈与冲突时有发生,有的甚至连绵不断,如川南的都掌蛮在明代二百多年间与明政府展开了长期的博弈与冲突,最后在"万历之征"中被明王朝彻底剿平。都掌蛮与王朝之间的战争共分为三个阶段。②

第一阶段:明初至正统年间(1368—1449年),未曾大动干戈。正如万历年间四川巡抚曾省吾所说:"都蛮东连永宁,南接芒部,西通乌蒙,北达马湖,而戎、长、高、珙、庆、筠六县近相联络,即古戎僰,汉之西南夷也。唐宋以来置州内附。不过羁縻。我大明悉改为县,流官钤治,属之戎县。办纳税粮,已为编民。故土夷环列,一有不靖,尤勤问罪。矧兹编民在中,独可任其跳梁。是以洪武、永乐、宣德、正统以来,节因烧劫为害,或抚或剿不一,然未大创。"③由此可见,明朝初年,都掌蛮虽不乏"烧劫为害"之事,但中央王朝对都掌蛮采取了"或抚或剿"的策略,在小规模战争不断的情况下,尚未出现大规模的战争。如《明英宗实录》卷七十四载:正统五年(1440年)十二月戊子,副总兵都督吴亮奏"四川山都掌等处蛮贼聚众劫掠,商旅不行","命亮及四川、贵州三司捕治之"。事件较小,仅命"捕治"之而已。这也说明第一阶段都掌蛮与中央王朝之间虽有恶性互动,但并未大动干戈。

第二阶段:景泰元年至正德年间(1450—1521年),都掌蛮的活动日渐频繁,对该地区的社会生活造成一定影响,导致成化初年明王朝派18万大军镇压,表明都掌蛮与明王朝双向恶性互动不断发展升级。据史载,明成化元年(1465年)三月,"山都掌大坝等寨蛮贼千百成群,分踪攻劫江安等县、永宁等卫地方,势甚猖獗"。④ 面对这种情况,国子监学录黄明善奏"平蛮三策",其中就

①段绪柱:《国家权力与自治权力的互构与博弈——转型中国乡村社会权力关系研究》,吉林大学2010年博士学位论文。

②刘复生:《僰国与泸夷》,巴蜀书社,2000年版,第202-210页。

③[明]曾省吾:《确庵曾先生西蜀平蛮全录》卷一《覆勘将官疏》,书目文献出版社,1988年版,第39-40页。

④台湾"中央研究院历史语言研究所":《明实录·宪宗实录》卷十五,上海书店,1982年版,第332页。

有设置土司的建议。但后来由于朝廷设置土官的承诺未能兑现,都掌蛮被迫奋起反抗。明王朝于是调派十八万大军镇压,这是入明以来镇压"都掌蛮"的最大行动。在成化元年(1465 年)十一月的战争中,官军斩获首级 587 级、镖枪 452 支、弩 235 张,又攻烧其 30 余寨,斩首 170 级,擒男妇大小 67 人。同年十二月,前后十余阵,官军斩首 620 余级,获器械无算。这次战斗,明军分四路围入山箐,而"各蛮起伏对敌",反抗十分激烈。成化二年(1466 年),明朝见都掌蛮不易镇压,辅以招抚,因汪浩失信在先,故都掌蛮与明朝官军战事仍不断。

成化三年(1467 年),汪浩"杀降邀功,激变贻患"。虽然朝野皆知,但五月"录平四川戎县蛮功,升总兵官、都督同知芮成为右都督,巡抚左佥都御史汪浩为右副都御史"。① 可见明廷仍未反省,迷信武力。六月辛酉,"四川戎县山都掌蛮贼聚众作乱,制谕襄城伯李瑾佩征夷将军印充总兵官,升兵部左侍郎程信为兵部尚书提督军务,太监刘恒为监督……调四川、贵州官军剿捕之"②。当时明廷出动军队人数之多(一说出兵人数有 18 万,一说出兵人数达 20 万),将领级别之高,达到顶峰。主剿派又纷纷出谋划策。七月,兵部尚书白圭等奏《剿贼安民事宜》,规定"军士破贼,所得财物悉与之,将官不得侵夺"③。又"诏开中两淮两浙及云南盐共四十万引有奇,令商人于贵州官仓纳米,以俟征进官军支给"。④ 黄明善又"陈征剿夷寇事宜",如招募民壮协助官军;"都掌所种水稻至十月大熟",预先"取其田禾,则不过三月间,可使蛮贼为馁鬼矣";"夷人素无差徭,止纳税粮,今募民壮及差通事入寨,绝不宜用戎县一人在内,恐其漏泄军机"。尤其恶劣的建议是:"宜用毒毡(毒气)、行烟(烟幕弹兼燃烧弹)、药矢(毒箭)以攻其寨";同时,利用附近土司军队和戎县附近五县夷人"以夷攻夷"。⑤ 同年十一月,镇守四川太监阎礼奏:"大坝山都掌蛮贼复聚众为恶,攻烧九寨,上

---

①台湾"中央研究院历史语言研究所":《明实录·宪宗实录》卷四十二,上海书店,1982年版,第 860 页。

②台湾"中央研究院历史语言研究所":《明实录·宪宗实录》卷四十三,上海书店,1982年版,第 894 页。

③台湾"中央研究院历史语言研究所":《明实录·宪宗实录》卷四十四,上海书店,1982年版第 897-898 页。

④台湾"中央研究院历史语言研究所":《明实录·宪宗实录》卷四十四,上海书店,1982年版,第 900 页。

⑤台湾"中央研究院历史语言研究所":《明实录·宪宗实录》卷四十四,上海书店,1982年版,第 902-904 页。

下罗计一十三寨,杀死人民,掳掠男妇甚众,蹂践田禾,抢杀粮夫,势甚猖獗。"①兵部奏请程信、李瑾等"速为剿灭之"。在准备就绪的情况下,程信上疏曰:"山都掌蛮贼结构九姓土獠流劫乡村,杀掳人财,十分猖獗。……虽结构九姓土獠,中间多系亲识及负债牵制者方肯相从,其余好人都不肯从。……若使概与都掌尽行剿灭,殊非吊伐之意,又恐驱而奔窜,反资于敌,姑且出榜抚谕九姓土獠,使无疑沮惊恐。……专攻都掌蛮贼,候削平之日,然后按问土獠平日果与都掌为恶者。……今将所统兵马分布各路,一路令右都督芮成领汉土官军一万七千员名由戎县进;一路右副都御史陈宜、参将吴经分领汉土官军一万六百员名由芒部进,俱至大坝;一路令都指挥崔曼分领汉土官军二千三百员名由普市、水脑进至勇播(今麒麟乡猫坝);永宁一路大卫城池,不可缺人守护,量存汉土官军二千二百员名……防察奸细,保护饷道……总兵官毛荣分领汉土官军一万二千员名为左哨,自李子关进;右副都御史汪浩、参将署都事宰用分领汉土官军一万三千员名为右哨,自渡船铺进;臣与太监刘恒、左少监赵永、襄城伯李瑾共领兵一万六千员名,居中节制;右都督罗秉忠、都督金事穆义各领汉土官军二千员左右冲击。我军四路夹攻,使贼随处受敌,势必可灭矣。"②在各路明军的围攻下,都掌蛮被迫退却。后来双方进行了一个多月的战争,这就是所谓的第一次凌霄城之战。这次战争后,程信、李瑾等奏:"臣等亲至大坝……杀败贼众,既而合兵攻山都六乡,尽焚其诸寨,凡斩首三千一十七颗,生擒九百五十三名。焚寨一千四百五十七处,禾仓九百八十一所,获铜鼓六十三面并牛马、猪羊、盔甲、标弩、牌刀、旗号、弓箭无算,余贼奔遁山箐者仍督兵搜剿,并按问九姓土獠平日为恶者。"中央王朝为了控制都掌蛮地区,"迁泸州卫于渡船铺,增置江门、水流崖(在今珙县境内)、洞扫等处关堡,改大坝为太平川,设太平川长官司,举永宁土人黄镆为长官。时程信、李瑾等以都掌蛮民素号难治,非瓜分其地,设官建治以控制之,殊非久安长治之策"③。程信命都指挥沈运、指挥使韩雄于九姓长官司之渡船铺筑石城以作泸州卫。

虽然史称此次明军"驻历四年,称大创矣",又言"大司马程信,襄城伯李瑾提兵二十万,历四载,而犹仅克大坝也"。从历史事实看,虽称"大创",但却未能

①台湾"中央研究院历史语言研究所":《明实录·宪宗实录》卷四十八,上海书店,1982年版,第991页。

②杨庚,曹秉让:嘉庆《长宁县志》卷四《奏议》,转引自《四川府县志辑》(34),巴蜀书社,1992年版,第191-192页。

③[明]王玉垒,杨升庵:嘉靖《四川总志》卷十六《经略中·夷情·叙泸夷情》。

彻底将都掌蛮的力量予以根除。应该说,在这次"成化之役"的双方恶性互动中,明廷以失败告终。其体现如下:第一,程信在战争中"听嘱权豪之子弟多分首级以报功",战后被弹劾。① 第二,汪浩因"以计杀都掌夷听抚官,激变地方,而又妄报军功,希求升赏,及诬陷贵州副总兵李安,逼死经历胡铎诸不法事"而被流放,芮成因贪免官。② 第三,朝廷"命四川筠连县夷首阿坎培为岔口巡检司巡检"③,这标志着土司制度在该地区的实施。第四,都掌蛮的反明斗争再次客观上给予川西松潘和茂县羌、藏人民的反明斗争以巨大支持。成化四年(1468年)二月,"松茂等卫所属白草坝等番拥众寇安县辕门坝、石泉县大方关等处……盖因各城军士俱调征都掌,松茂等处关隘多失巡守"④。第五,双方在战争中,官军比都掌蛮的人员损失更为惨重。据《明实录·宪宗实录》卷五十一和五十三两次捷报统计,成化之征明军战果如下:焚寨 2 213 处,禾仓 4 792 所,斩首 4 607 级,生擒 2 093 人,获铜鼓 63 面,获马、牛、羊 3 000 余,获标弩、盔甲、牌刀、旗号、弓箭 5 000 余。都掌蛮战果也不菲,按照万历年间四川巡抚曾省吾的话说:"成化元年,贵州五千余军一时陷设,巴蜀死者万有数千""士卒损伤数万,且竟无补"。⑤

第三阶段:嘉靖元年到万历元年(1522—1573 年)。明朝嘉靖初年,朝政较清明,都掌蛮虽时有反抗,但规模较小。据载,都掌蛮地区"嘉靖年间以来,生齿日繁,逋逃助恶,每每骚动。县官随剿随叛,愈抚愈张",言其"劫掠"不止六县,叙州、泸州、江安、纳溪均在其活动范围之内。加之"都蛮之患,其来已远。先年征之,率属苟且了事"。⑥ 由此可见,都掌蛮的势力已大大转盛,活动也日见频繁。面对都掌蛮势力大增,明政权已经不能容忍其继续发展,以致对其发动了明初以来最大的一次也是最后的一次军事行动。这次"万历之征"源于嘉靖末年。据史载,谭纶任兵部尚书后,大力推动"征剿",在"万历之役"中"调度有

---

① 台湾"中央研究院历史语言研究所":《明实录·宪宗实录》卷五十八,上海书店,1982年版,第 1183-1185 页。

② 台湾"中央研究院历史语言研究所":《明实录·宪宗实录》卷五十八,上海书店,1982年版,第 1191-1192 页。

③ 台湾"中央研究院历史语言研究所":《明实录·宪宗实录》卷七十九,上海书店,1982年版,第 1552 页。

④⑤ 台湾"中央研究院历史语言研究所":《明实录·宪宗实录》卷五十一、五十三,上海书店,1982 年版,第 1041-1042 页。

⑥ [明]曾省吾:《确庵曾先生西蜀平蛮全录》卷一《覆勘将官疏》,书目文献出版社,1988年版,第 40-41 页。

功"。①

都掌蛮与明廷的最后一次恶性互动发生在万历元年（1573年），当时"都掌蛮"有凌霄城、都都寨、鸡冠岭、九丝城，计四个主要据点。凌霄、都都皆为九丝外户，鸡冠岭为九丝羽翼，九丝城为都掌蛮核心城池。

"万历之役"自万历元年（1573年）三月二十一日明军大会于叙州并誓师起，到万历二年（1574年）正月下旨将阿大等在成都斩首示众止，前后接近一年。这次战役，据曾省吾在《荡平都蛮叙功疏》报告："通共前后克破凌霄、九丝、都都、黄土、内官、轿顶、母猪、鸡冠、吊猴、印靶、得金、得柔、毛坝、落晚、笔架、得杭、得果、都金、得窆、得居、落豹、红崖、落外、落卜、小凌霄、水楼、和尚寺等大小险寨六十余处，焚烧、坠崖并逃入深箐饿死者不计，生擒、斩级、俘获共四千六百一十五名口颗，内称王酋首阿大、阿二、方三、阿花、阿苟、阿祖、阿赏、阿留、阿盆、阿降、阿雍、阿歪、阿摆、阿撒、阿瓦、阿早、阿苗、阿果、阿邹、阿高、阿尧、阿儿、阿才、阿明、阿呐、阿乂、阿浪、阿桂、阿好、阿闰、阿纲、阿贡、阿降、阿劳、阿谢、阿玉三十六名，招安二千三百八十一名，开拓田土周环四百余里，得获诸葛鼓九十三面，古文铜锅一口，铁锅一口，梭枪、标弩、皮鼓等器二万七千二百五十一件，牛、羊、犬一千五百一十余只，谷穗约二万二千余挑，焚烧房屋、板仓七千四百余间……约田地亩盈十万，米谷所产者甚饶。……生擒叛蛮数多，该臣于军前酌行处决，并所获首级发枭为恶地方，俘获老幼贼属妇女应变卖者变价入官，不堪变卖者远行安置。……阿大等着就彼会官处决枭示。"②当年十二月戊辰，兵部就奏报了"万历之役"的"征剿都蛮捷报"。

通过都掌蛮与中央王朝两百余年的博弈与冲突可见，明清时期西南民族地区乡村社会与国家之间有时还会出现互相博弈与冲突的情况。这主要是由于双方缺乏认同与调适这个基础与前提，又不能良性互动，双方之间不和谐，经常会因为政治利益、经济利益等方面的问题产生博弈，甚至冲突。

一、博弈

按照时下的说法，所谓博弈，是指在一定的游戏规则约束下，基于直接相互作用的环境条件，各参与人依靠所掌握的信息，选择各自的策略或行动，以实现利益最大化和风险成本最小化的过程。换言之，也就是人与人之间、集团与集

①《兴文县志》编纂委员会：《兴文县志》，方志出版社，2010年版，第691页。

②［明］曾省吾：《确庵曾先生西蜀平蛮全录》卷三《荡平都蛮叙功疏》，书目文献出版社，1988年版，第67-68页。

团之间为了谋取利益而展开的竞争。在现实生活中,博弈就是人们遵循一定规则而进行的活动,进行活动的双方或多方的目的是让自己"赢",而使对方或其他几方"输"。古往今来,无论是政治的、经济的、军事的、文化的或其他各个方面,博弈的双方或多方,均要深入、认真地分析自己与对手的利弊关系,从而确立自己在博弈中的优势,并采取相应策略,最终达到取胜的目的。明清时期西南民族地区乡村社会与国家之间也常常开展政治、经济、军事、文化等各个方面的博弈,在其博弈的过程中,有合作博弈和非合作博弈两种类型。

(一)合作博弈

合作博弈,是指博弈双方的利益都有所增加,或者至少是一方的利益增加,而另一方的利益不受损害,因而,整个社会乃至国家的利益有所增加。合作博弈采取的是一种合作或妥协的方式。个人之间或集团之间之所以采取妥协的方式,是因为它能够增进个人之间或集团之间的利益,或整个社会乃至国家的利益。明代播州杨氏土司与中央王朝有着合作博弈的过程,这无疑是明代西南民族地区乡村社会与国家之间合作博弈的典型个案。①

有明一代,西南民族地区被中央王朝所封的土司,绝大多数在相当长的一个时期与中央王朝保持了互动、合作、和谐的关系,使该地区乡村社会也保持了相对安定的局面和环境,促进了这一地区各民族社会经济的快速发展。播州杨氏土司在政治上与中央王朝保持一致,在承袭上循规蹈矩,在经济上积极朝贡,在军事上服从征调并效命疆场,维护国家统一和地方安宁,从而得到朝廷倚重。这对于播州杨氏土司在其辖区内巩固集权统治,维护家族利益方面起到了很好的作用。播州土司与明王朝之间的合作博弈主要体现在三个方面。

1.在承袭方面循规蹈矩

明朝洪武二十六年(1393 年)规定:"湖广、四川、云南、广西土官承袭,务要验封司委官体勘,别无争袭之人,明白取具宗支图本,并官吏人等结状,呈部具奏。照例承袭。移付选部附选,司勋贴黄。考功附写行止。类行到任。见到者,关给札付、颁给诰敕。"②袭职时须赴阙受职,表明土司官职"乃朝廷所授",土司必须唯命是从。播州杨氏土司自杨铿开始,皆按照朝廷有关规定,唯命是

---

①陈季君:《地缘政治学视角下明王朝与播州土司的政治博弈》,《遵义师范学院学报》,2011 年第 5 期,第 13-16 页。

②[明]申时行等:《明会典》(万历朝重修本)卷六,中华书局,1989 年版,第 31 页。

从,循规蹈矩,认真执行。朝廷对播州杨氏土司也不薄,杨铿死后赠予"怀远将军"。其子杨升袭职后,莅政勤敏,边境绥宁。后有杨炯、杨纲、杨辉、杨爱、杨斌、杨相、杨烈、杨应龙皆相继按照规定承袭爵位。

2.在经济上积极朝贡

从《明实录》记载中统计:播州历任宣慰使杨氏土官向明王朝朝贡的次数共计137次:杨铿20次、杨升35次、杨炯4次、杨纲8次、杨辉11次、杨爱16次、杨斌14次、杨相10次、杨烈12次、杨应龙9次。详细情况见表10.7。

表10.7 明代播州杨氏土司朝贡次数及进贡物品次数统计表

杨氏土司	年号	朝贡次数	贡马次数	贡方物次数	贡金银器皿次数	其他(水银、朱砂、鹰、象、驼)
杨铿	洪武	20	17	3	0	0
杨升	洪武	1	1	0	0	1
	永乐	15	13	4	0	0
	洪熙	3	3	1	0	0
	宣德	14	14	3	1	0
	正统	2	2	1	0	1
杨炯	正统	4	4	1	0	0
杨纲	正统	8	8	2	0	1
杨辉	景泰	3	3	2	0	0
	天顺	3	3	1	0	0
	成化	5	5	1	3	1
杨爱	成化	9	8	3	1	0
	弘治	7	4	0	1	0
杨斌	弘治	3	2	0	0	0
	正德	11	9	0	0	0
杨相	嘉靖	10	7	0	0	0
杨烈	嘉靖	9	7	0	0	1
	隆庆	3	3	0	0	0
杨应龙	万历	9	7	0	0	2
合　计		139	120	22	6	7

明代播州杨氏土司朝贡 139 次,为西南民族地区土司中次数最多者,进贡财物也多为朝廷所需的珍贵特产。其中,贡马次数最多,为 120 次,贡方物次数 22 次,贡金银器皿次数 6 次,朝贡其他物品(如水银、朱砂、鹰、象、驼)7 次。除正常朝贡外,播州杨氏土司还以立皇太子、请入太学等名义向中央王朝进贡。中央王朝对播州杨氏土司的每次朝贡均有赏赐,只是赏赐的物品、钞币等数量不一。明朝对播州土司进贡的封赏是优厚的,如明洪武二十年(1387 年),明太祖朱元璋"征铿入朝,贡马十四,帝谕以守土保身之道,赐钞五百锭"。① 万历十四年(1586 年),"杨应龙献大木七十,材美,赐飞鱼服。……帝命以都指挥使衔授应龙"②。这不仅是以明王朝为代表的国家对西南民族地区土司的一种以政治优待为主、经济赏赐为辅的管理方式,而且也是中央与地方、国家与乡村社会双方互动、合作博弈的友好方式。

3.在军事上服从征调并效命疆场

播州杨氏土司自从入主播州以后,为了给自己地处"夷陬之地"的生存和发展提供保障,非常重视军事力量的发展,特别是在明代更是拥有一支西南民族地区少有的十分强大的土兵武装。这支土兵武装力量积极参加中央王朝组织的军事征调活动,其类型主要有"征蛮""征贼""平叛""抗倭"以及"轮戍"等。所谓"征蛮",就是播州土司率领土兵军队协助中央王朝镇压少数民族起义的军事征调活动;"征贼"是中央王朝征调土司参加镇压农民起义的军事活动;"平叛"指的是中央王朝征调土兵协助平定人们的反抗和叛乱;"抗倭",抗击倭寇,"倭"即是"倭寇"的意思,倭寇指的是海盗,因为最早的一批海盗为日本人,日本人身形矮小,所以得名"倭寇""轮戍",播州土司听从中央王朝的调遣为明廷官军做护送或者协助朝廷镇守重地。其具体征调情况见表 10.8。

表 10.8　明代播州杨氏土司参加军事征调活动一览表③

征调时间	军事征调内容	类型	资料来源
洪武十四年(1381 年)九月	明廷要求杨铿派兵跟随明朝廷军队南征作先锋以表忠心	"征蛮"	《太祖洪武实录》卷一百三十九第 1-2 页
洪武十五年(1382 年)正月	城播州沙溪,以官兵一千人、土兵二千人戍之	戍守	《太祖洪武实录》卷一百四十一第 3 页

①②[清]张廷玉等:《明史》卷三百一十二,中华书局,2000 年版。
③表中"蛮""寇""贼"均为明代统治阶级对南方少数民族的侮辱性称呼。——作者注

征调时间	军事征调内容	类型	资料来源
洪武十五年（1382年）二月	遣使敕谕杨铿："朕以至仕武官分守云南，每官一人志，备甲兵五十五人卫送之"	卫送	《太祖洪武实录》卷一百四十二第1页
永乐六年（1408年）七月	命镇守贵州镇远侯顾成率贵州都司官军，及泗城州土兵征剿播州等处"叛蛮"	"征蛮"	《太宗永乐实录》卷五十六第13页
永乐十一年（1413年）十月	敕贵州总兵官镇远侯顾成等曰："……征讨蛮寇，兵力不足……命杨升选调土兵……听尔调用……必以今冬平除此寇……"	"征蛮"	《太宗永乐实录》卷九十第1页
宣德八年（1433年）五月	"……番蛮叛服不常……择所领壮兵守备而以其老弱运粮……量调进剿……"	卫送、"征蛮"	《宣宗宣德实录》卷一百零二第6页
正统十四年（1449年）五月	"镇远等府洪江等处苗头苗金台等纠集苗类伪称天王等号……缘贵州都司卫所官军并士军前来会同剿杀"	"征蛮"	《英宗正统实录》卷一百七十八第2页
正统十四年（1449年）八月	令升四川成都前卫指挥同知陈贵为蜀都指挥金事，仍于播州地方剿捕"苗贼"	"征贼"	《英宗正统实录》卷一百八十一第22页
正统十四年（1449年）十二月	命辽东都指挥金事刘深充参将，在播州调度官军、土兵"剿贼"	"征贼"	《英宗正统实录》卷一百八十六第6页
景泰元年（1450年）二月	"四川都司官军调拨二万二千六百人往贵州、播州听调杀贼"	"征贼"	《英宗实录》卷一百八十九景泰附录，第7-16页
景泰三年（1452年）二月	杨辉等奏："贵州所管辖臻剖五岔等处'苗贼'……流劫人财，仍复叛逆……乞调兵剿杀，以除民患"	"征贼"	《景泰附录》卷三十一第12页
天顺二年（1458年）四月	"……东苗十三番贼首……攻劫都匀等处……并播州等处原调官军、土兵……一同进剿……以除边患"	"征贼"	《英宗天顺实录》卷二百九十第5页
天顺二年（1458年）七月	敕谕……四川播州宣慰使杨辉……曰："近因贵州东苗……聚众截路……尔等即便选集精壮士兵各带器械……听调杀贼……"	"征贼"	《英宗天顺实录》卷二百九十三第7页

续表

征调时间	军事征调内容	类型	资料来源
成化十一年（1475年）六月	命四川播州宣慰使杨辉子爱袭父职……上乃命爱袭职，仍敕爱与宏率士兵从总兵官"剿贼"	"征贼"	《宪宗成化实录》卷一百四十第1-2页
成化十二年（1476年）三月	敕巡抚四川右副都御使张赞抚捕播州"苗贼"，起播州致仕宣慰使杨辉暂管事……请起辉俾选调本司土兵，俟湖广、贵州征剿诸苗之际相机夹击	"征贼"	《宪宗成化实录》卷一百五十一第3页
成化十五年（1479年）九月	贵州黑苗贲果等叛，命起致仕播州宣慰使杨辉会兵讨之……而以川、贵二镇兵为助	平叛	《宪宗成化实录》卷一百九十四第1-2页
成化二十二年（1486年）四月	……乞量调四川、湖广、播州等处近卫官军、土兵……协力进剿（"苗贼"）……	"征蛮"	《宪宗成化实录》卷二百七十七第7-9页
成化二十二年（1486年）八月	……乞调播州兵五千；期今年九月内会合剿之（"苗贼"）	"征蛮"	《宪宗成化实录》卷二百八十一第9-11页
弘治元年（1488年）二月	增设贵州重安守御千户所，命四川播州宣慰司岁调土兵一千以助戍守	戍守	《孝宗弘治实录》卷十一第11页
明代弘治十三年（1500年）	贵州普安州土判官隆畅后妻米鲁（云南沾益州土知州安民女，奶子族——亦称徕人、奶人，古濮越族的一支）反明。拥众十余万，逼近贵阳。明廷调集大军进讨。播州派精兵五千，助官军镇压少数民族。是役历时一年，共杀苗族老幼5013人，平千余寨，烧房万余间，掠牛、马、猪、羊3万余只	平叛	（清）张廷玉等：《明史》，中华书局，1974年版
正德六年（1511年）九月	贼方四等既败于江津，散入贵州思南、石阡，复入四川境攻劫。镇巡官议令播州宣慰使杨爱（斌）等进讨，破之	"征贼"	《武宗正德实录》卷七十九第5页
正德六年（1511年）十月	贼方四等四千余人自贵州石阡逾马脑关复入四川境劫掠……仍令总制及各巡抚官协谋以靖地方……	"征贼"	《武宗正德实录》卷八十第6页
明代万历十四年（1586年）五月	四川松潘地区各少数民族起兵反明，播州宣慰使、骠骑将军杨应龙领播军7000人为前锋	平叛	（清）张廷玉等：《明史》，中华书局，1974年版："杨应龙率精兵大呼击之……播兵先登、贼大败遁"

有的学者认为,播州杨氏土司为朝廷征战频繁,说明杨氏土司建立的播州军队是朝廷维护地方安定不可忽视的一股军事力量,为统治当地少数民族,维护明王朝中央集权起到了较大作用。①

从播州杨氏土司承袭、朝贡及征调的情况看,明清时期西南民族地区乡村社会与国家之间的合作博弈,从总体上虽然是一种合作、互动关系,双方都期盼着谋求利益的最大化,但是,乡村社会与国家之间的关系是一种不对等的关系,国家一直处于强势地位,包括拥有宣慰司职衔在内的乡村社会自始至终都处于弱势地位。

(二)非合作博弈

所谓非合作博弈,是指个人之间或集团之间不可能达成具有约束力的协议的博弈类型,这是一种具有互不相容味道的博弈。明清时期西南民族地区乡村社会与国家之间,由于政治、经济、军事、文化等诸方面的原因,双方经常出现非合作博弈的现象。川南都掌蛮更是乡村社会与国家之间非合作博弈的最典型的代表。明代的文献对此不乏记载,现抄录数条于后:

明太祖洪武二十五年(1392年),"戎县山贼掌阿那等作乱"被讨平。②

成祖永乐十三年(1415年),戎县山都掌蛮人"作耗",攻劫高、珙、筠连、庆符诸县,敕命发兵剿捕,且命贵州都司都指挥李政以兵会剿,遂围落卜、大坝等处山寨,擒捕"蛮贼",斩首示众,招抚良民复业。③

英宗正统五年(1440年),镇守湖广贵州副总兵吴亮奏:"四川山都掌等处蛮贼聚众劫掠,商旅不行。"④明英宗命吴亮及川、贵三司捕治之。曾省吾说:"(山都掌)是以洪武、永乐、宣德、正统以来,节因烧劫为害,或抚或剿不一,然未大创。"⑤

代宗景泰元年(1450年)正月,"高、珙、筠、戎四县夷人并起,声言'汉人每

①陈季君:《地缘政治学视角下明王朝与播州土司的政治博弈》,《遵义师范学院学报》,2011年第5期,第13-16页。

②台湾"中央研究院历史语言研究所":《明实录·宪宗实录》卷二百一十七,上海书店,1982年版,第3191页。

③台湾"中央研究院历史语言研究所":《明实录·宪宗实录》卷六十六,上海书店,1982年版,第1859-1860页。

④台湾"中央研究院历史语言研究所":《明实录·宪宗实录》卷七十四,上海书店,1982年版,第1441页。

⑤[明]曾省吾:《确庵曾先生西蜀平蛮全录》卷一《奏议·覆勘将官书》,书目文献出版社,1988年版,第39-40页。

年公差下砦征粮害我,我当出报!'遂缚公差于树,乱射杀之,各攻其本县,屠长宁,劫庆符、江安、纳溪,烧庐舍,恣杀掠,江南诸县为之一赤。有司飞奏,遣金都御史李匡、监察御史刘浣(珙县人)经制其事。适时盛暑,地多疫疠,士卒死者甚众,(李)匡、(刘)浣俱婴疾(染病)。(刘)浣卒,而(李)匡寻愈,遣都指挥周贵等破箐前(今兴文县仙峰苗族乡太平岭)、昔乖等砦,俘斩数百,贼舍米粟,负财物人深箐,大军围之,削木皮以食,饿死几半,乃乞降"①。但"不旋踵又复出"②,明朝因此筑南溪、富顺、犍为、荣昌、大足、永川、内江等城池,如临大敌。③

英宗天顺六年(1462 年),"戎县蛮贼聚众行劫邻县,烧毁场堡"④。天顺年间的军事镇压激起僰人更加激烈的反抗。

宪宗成化元年(1465 年)三月,"山都掌大坝等寨蛮贼千百成群,分踪攻劫江安等县、永宁等卫地方,势甚猖獗"⑤。成化二年(1466 年)四月,"蛮贼攻劫南溪县境"。⑥ 同年五月十七日,"泸州地方被蛮贼聚众杀掠民财"⑦。

正德十一年(1516 年),"僰蛮聚众于落亥堡等处为乱"⑧。

隆庆三年(1569 年),"叛蛮僭王,大肆猖獗"⑨。隆庆四年(1570 年)二月,"四川戎县都蛮阿大等寇掠高、筠等县,掳百户张汝昆等,势张甚"⑩。又奏:"都蛮大异往日,拥众千余,分枝肆出,烧毁各乡庐舍,荡然一空,屠戮陆县居民,殆

---

①[明]王玉垒,杨升庵:嘉靖《四川总志》卷十六《经略中·夷情·叙泸夷情》。

②[明]曾省吾:《确庵曾先生西蜀平蛮全录》卷一《奏议·覆勘将官书》,书目文献出版社,1988 年版,第 40 页。

③[明]谈迁:《国榷》卷二十九,古籍出版社,1958 年版,第 1844 页。

④台湾"中央研究院历史语言研究所":《明实录·宪宗实录》卷三百三十七,上海书店,1982 年版,第 6884 页。

⑤台湾"中央研究院历史语言研究所":《明实录·宪宗实录》卷十五,上海书店,1982 年版,第 332 页。

⑥台湾"中央研究院历史语言研究所":《明实录·宪宗实录》卷二十九,上海书店,1982 年版,第 577 页。

⑦台湾"中央研究院历史语言研究所":《明实录·宪宗实录》卷三十二,上海书店,1982 年版,第 641 页。

⑧台湾"中央研究院历史语言研究所":《明实录·宪宗实录》卷一百四十,上海书店,1982 年版,第 2775 页。

⑨[明]曾省吾:《平蛮全录》卷三《奏议·荡平都蛮叙功疏》,书目文献出版社,1988 年版,第 68 页。

⑩台湾"中央研究院历史语言研究所":《明实录·宪宗实录》卷四十二,上海书店,1982 年版,第 1033 页。

无虚日,地方大可忧可畏,莫甚于此。"①

都掌蛮的典型说明,明代中央王朝对西南民族地区采取的土司制度、乡里制度、改土归流等措施,均是一种过渡性的统治措施,本身就有许多不可避免的弊端。随着历史的向前发展和社会的不断进步,诸如土司制度等制度产生了诸多的弊端;又随着封建王朝中央集权不断强化和西南民族地区经济的日益发展,包括土司在内的乡村社会的地方势力不断强大,与中央集权的矛盾必然日益突出,非合作博弈的情况时有发生。

综上所述,明清时期西南民族地区乡村社会与国家之间存在着合作博弈与非合作博弈,二者之间的重要区别在于前者强调双方的信息是否互通和是否存在着有约束力的可执行契约。信息互通是二者之间合作的首要前提和基本条件,能够促使具有共同利益的乡村社会与国家之间为了相同的目标而结成政治、经济联盟或者命运共同体、利益共同体。然而,这个命运共同体、利益共同体能否获得各自的净收益以及如何在命运共同体、利益共同体内部分配净收益,需要有可强制执行的法律、法规、制度来保证。如果西南民族地区乡村社会与国家之间这个命运共同体、利益共同体能够用法律、法规、制度来保证各自的利益,那么,双方之间就会形成合作博弈;如果西南民族地区乡村社会与国家之间这个命运共同体、利益共同体不能用法律、法规、制度来保证各自的利益,那么,双方之间就会形成非合作博弈,甚至发生冲突、产生对抗,乃至爆发战争。

二、冲突

所谓冲突,是指发生在同一时空内的两个人或两个集团互相对抗的过程。无论是意识的冲突还是物质的冲突,是无形的冲突还是有形的冲突,它均具备以下四个特征:一是冲突的直接目的是打败对方,是直接以对方为攻击目标的一种互动行为;二是冲突双方必须有直接、面对面的交锋;三是冲突各方所追求的目标既可能相同又可能不同;四是冲突在形式上比博弈激烈得多,它是博弈走向极端化的表现。冲突的直接结果往往会突破既有规则、规章,甚至法律、法规、制度的限制,无论是对个人,还是对集团,均带有明显的破坏性。根据明清时期西南民族地区的实际,当时的冲突有下列几种情况:

---

① [明]曾省吾:《平蛮全录》卷三《奏议·荡平都蛮叙功疏》,书目文献出版社,1988 年版,第 69 页。

（一）从规模上分，其冲突表现为集团之间的冲突

作者认为，明清时期西南民族地区乡村社会与国家之间的集团冲突，主要是地方政权与国家政权之间的冲突，尤其是西南民族地区土司政权与明清中央王朝之间的冲突，诸如明代云南的三征麓川、四征武定，贵州的平定思州与思南田氏土司叛乱，四川的"平播之役"，川黔结合部的"平奢安"，以及清代的两次平定金川之乱等均是这方面的典型案例。在此，作者以"平播之役"为例予以说明乡村社会与国家之间两个集团的冲突。

作者认为，明清时期西南民族地区的大多数土司始终能与中央王朝保持良好的互动关系，较好地维持了本地区的社会稳定和经济发展。如播州土司自杨端于唐代乾符三年（876 年）入播后，杨氏土司接受中央朝廷的任命，代代相袭。每逢朝廷更迭，均及时主动地向新的封建朝廷纳土称臣，贡献方物并受命世守其地，避免战事，使百姓免遭战乱之苦，确保生产发展和社会稳定。这就是说，西南民族地区土司与中央王朝之间基本上保持着较好的隶属关系，或者说保持了一种良性互动关系。[①] 这种关系无疑是认同与调适、互动与和谐、冲突与博弈的结果。任何朝代、任何时期，乡村社会与国家之间要建立和谐的民族关系，都必须处理好民族权利的平衡、民族利益的公平、民族发展的均等，只有这样，才能达到各民族的共同繁荣。[②]反之，国家与乡村社会之间如果不能处理好民族权利的平衡、民族利益的公平、民族发展的均等，就会相互博弈，甚至发生冲突。"平播之役"就是一个典型。杨应龙在承袭播州宣慰使后，对明朝廷忠心耿耿，朝贡纳赋，积极奉调，为朝廷立下了诸多汗马功劳。而后爆发"平播之役"，这不仅有杨应龙个人及其部下的原因，而且也有中央王朝、地方长官等多方面的原因。杨应龙本身刚愎自用、生杀任性，"阻兵嗜杀"；其所辖五司七姓不堪杨应龙残酷统治，众叛亲离，纷纷向朝廷状告杨应龙。再加之主张播州改土归流的贵州巡抚叶梦熊于万历十八年（1590 年），"疏论应龙恶诸事，巡按陈效历数应龙二十四大罪。时方防御松潘，调播州土兵协守，四川巡抚李化龙疏请暂免勘问，俾应龙戴罪立功"[③]。万历十九年（1591 年），叶梦熊与李化龙意见相左。万历二十年（1592 年），朝廷令杨应龙到重庆听勘，杨应龙"诣重庆对簿，坐法当斩，

---

①②李良品，田小雨：《论明代贵州水西安氏土司战争与民族关系》，《贵州民族研究》，2012 年第 1 期，第 121-125 页。

③［清］张廷玉等：《明史》卷三百一十二，中华书局，2000 年版。

请以二万金赎"①,加之朝鲜战事紧急,杨应龙愿赴朝鲜抗倭并得以脱身,朝廷以其子杨可栋在重庆府为人质。万历二十三年(1595年),杨可栋死于重庆,同时要交纳赎罪银,"益痛恨"。《明史》载:"拥兵驱千余僧招魂去。分遣土目,署关据险。厚抚诸苗,名其健者为硬手;州人稍殷厚者,没入其赀以养苗。苗人咸愿为出死力。"②可见,杨应龙在已作了充分准备后,于万历二十七年(1599年)以"朝廷不容我,只得舍命出綦江",打着"擒王剿叛"的旗号,公开叛乱。如果将杨应龙时期的"播州之乱"界定为一种反叛中央王朝,那么,作者认为,杨应龙的确是被中央王朝及其贵州的地方官"逼反"的。于是杨应龙集团与中央王朝集团的军事战争已经是箭在弦上不得不发了。万历二十八年(1600年),中央朝廷发动了平播战争,命李化龙总督四川、湖广、贵州三省军事大权,"赐化龙剑,假便宜讨贼"③。明王朝经过几个月的调兵遣将,从四川、贵州、陕西、甘肃、浙江、湖广、云南等省征调的军队计24万人,兵分八路血洗播州。两个集团经过114天的决战,播州除杨应龙自缢外,杨氏首领、土目、土兵被俘1 124人,被斩首22 687人,杨氏族属被俘5 539人,招降播民1 262 111人。平播大军伤亡3万~5万人,其中阵亡将军78人,士兵4 645人,重伤969人,轻伤2 458人,其余伤亡均为土兵。④ 这无论是对播州的土司兵还是对明朝官军来说,都造成了极大的损失。

从历史上看,无论两个集团的冲突表现为正义战争还是非正义战争,对当时的社会都会造成一定的危害,甚至是巨大的危害。从明清时期西南民族地区地方集团与中央集团发生冲突,最终演变成战争的情况看,无疑都对当时的社会造成了一定的危害。

(二)从性质上分:其冲突主要表现为多种冲突

从明清时期西南民族地区乡村社会与国家之间发生的冲突看,主要表现为政治冲突、经济冲突、军事冲突、文化冲突、宗教冲突、民族冲突等,有时可能会以一种冲突为主,夹杂着其他的一些冲突在其中。如明代中期广西各族人民举行了无数次的农民起义,每次起义人数众多,少则几千上万,多则数万、十多万。这些农民起义以藤峡、八寨、马平、庆远、怀远、古田(今永福、融安、鹿寨)、府江、桂北、桂南等地为中心,转战于广大乡村,或占耕田地,或打击豪强地主。同时,

①②[清]张廷玉等:《明史》卷三百一十二,中华书局,2000年版。
③[明]李化龙,刘作会点校:《平播全书》,大众文艺出版社,2008年版,第5页。
④遵义市汇川区高坪镇志编纂委员会:《遵义市汇川区高坪镇志》,方志出版社,2012年版,第576页。

他们还披毡骑马,张旗鸣鼓,攻城杀吏,劫库夺印。如大藤峡义军几次攻破梧州,古田义军两次进入桂林,八寨义军三度进入南宁,马平义军围困柳州也是司空见惯之事。有学者统计,明代中期广西各地义军先后攻破府、州、县城六十余座,杀死朝廷大小命官七十余人。如古田、洛容、永安、怀远等城,还为农民军占据长达数十年,甚至上百年之久。从义军活动范围看,他们不仅控制了大半个广西,而且还出入湖南、广东、江西、贵州等省,攻克大小城镇二十余座。随着广西各地义军力量的壮大,其斗争水平不断提高,斗争经验日益丰富。可见,明代中叶是广西少数民族起义的高潮时期。① 那么,明代广西的少数民族为什么要不断地举行农民起义呢?有的专家学者将其归纳为由社会矛盾引起。这些社会矛盾主要包括五个方面:一是广西各族人民与明朝统治阶级的矛盾;二是土官与流官的矛盾;三是土官之间的矛盾;四是土民与土官的矛盾;五是明朝统治阶级内部的矛盾。② 总的来讲,它是明代统治阶级与被统治阶级之间的矛盾,也是国家与西南民族地区乡村社会之间的矛盾。这些矛盾均因为政治冲突、经济冲突、文化冲突、宗教冲突、民族冲突等最终爆发农民起义,形成了军事冲突。

(三)从方式上分:其冲突主要表现为战争

明清时期西南民族地区乡村社会与国家之间由于双方均为了谋求各自利益的最大化,在不断地进行合作博弈和非合作博弈,当一方或双方所期盼的利益最大化无法实现时,就难免要发生冲突、产生对抗,冲突的最主要表现是爆发战争。众所周知,任何一次战争,无论是西南民族地区乡村社会,还是以中央政府为代表的国家,在发生重大冲突的背后,双方均要付出巨大的代价。如发生在明朝万历年间的"平播之役",虽然明王朝取得了胜利,但也耗费了大量的银两,而播州杨氏土司则更为惨重。正如《明史》所言:"播州自唐入杨氏,传二十九世,八百余年,至应龙而亡。"③发生在天启、崇祯年间的"奢安之乱",历时14年[从天启元年(1621年)到崇祯七年(1634年)],双方死于战争的人数达数万(贵阳城内军民饿死及人吃人尚有20余万),耗费大明王朝银两数千万两,大明帝国虽然最后赢得了胜利,但是,《明史》说得十分清楚:"贵阳甫定,而明亦旋亡

①徐硕如:《明代广西少数民族起义的几个问题》,《广西师范大学学报(哲学社会科学版)》,1985年第3期,第56-63页。

②高言弘:《明代广西各族农民起义的社会背景概述》,《广西民族研究》,1985年第2期,第21-27页。

③[清]张廷玉等:《明史》卷三百一十二,中华书局,1974年版。

矣。"①这就是西南民族地区乡村社会与国家之间发生冲突的最终结果。无独有偶,发生在清朝乾隆年间的大小金川之役,是乾隆皇帝"十全武功"中打得最艰苦、最惨烈的一次战役。这次战役无论对清政府还是对大小金川地区来说都是一次影响历史进程的事件。对清政府来说,以国家全盛之力,以 40:1 的兵力,以近一亿两白银的军费开支去对付一个仅有弹丸之地的大小金川土司却不能迅速取胜,且前后持续时间竟超过了 30 年,这充分暴露出尚处于盛世的大清王朝已存在着诸多弊端,繁盛的背后隐藏着众多不稳定的因素,两次大小金川之役后,大清王朝已开始走下坡路。

明清时期无数事实告诉人们,西南民族地区乡村社会与国家之间应该形成命运共同体或利益共同体,真正做到相互依存、合作共赢,切忌双方之间发生冲突、产生对抗,乃至爆发战争。

---

① [清]张廷玉等:《明史》卷三百一十六,中华书局,1974 年版。

第十一章 余 论

作者认为,针对西南民族地区乡村社会,明清时期的国家,不是生母,便是乳娘;针对明清时期的国家,西南民族地区的乡村社会,不是亲子,便是爱女。这或许从另一个视角反映出明清时期西南民族地区乡村社会与国家之间的关系。

明清中央王朝为了扩大和加强"大一统"的多民族国家政权,在借鉴唐宋羁縻州制度国家治理的基础上,不断强化对西南少数民族地区乡村社会的治理。从土司制度到改土归流,从保甲制度、里甲制度到团练制度,其发展过程经历了由松到紧、由间接统治向直接统治的过渡,这一变化显示了明清时期国家对西南民族地区统治的逐步加强。尤其是改土归流的实施,将包括西南民族地区在内的全国少数民族地区正式纳入了国家的整体控制体系,强化了国家对少数民族地区的直接控制。当然,实施改土归流这一历史进程,不仅十分艰巨,而且西南民族地区乡村社会及国家均付出了十分沉重的代价。清朝中后期,伴随着汉化的历史进程,西南民族地区的地方势力逐渐崛起,乡村社会秩序的建构主体开始出现多元化的现象,乡村社会的权力结构也在不断发生变化。权力下移又一次使国家逐步失去对西南民族地区乡村社会真正的管辖权,从而使乡村社会再次呈现出自治的倾向。虽然这一结果背离了清朝统治者的初衷,但清末的乡村社会自治又有效地维持了西南民族地区地方社会秩序,并且这种自治依然置于清朝统治者的控制之下,这又不能不成为一种可以鼓励的统治政策。① 这就是历史的"二律背反"现象。认识这一现象对于理解本书的相关内容有十分重要的作用。通过前面十章内容的研究,作者认为,本章应该认真归纳出和总结出明清时期西南民族地区乡村社会与国家关系的维系规律、运行特点和多重启示,这或许能为当下我们国家通过国家治理、构建民族地区和谐的乡村社会提供智力支持。

---

① 吴雪梅:《国家与地方势力:清代鄂西南土家族地区乡村社会权力结构的演变》,《云南社会科学》,2008 年第 2 期,第 31-35 页。

第一节　明清时期西南民族地区乡村社会与国家关系的维系规律

　　"和谐共生"是人类社会现象的一种社会理论。在这个理论中，"和谐"是前提和基础，"共生"是目标与结果。众所周知，"和谐"理念是中华民族文化的核心价值观，众多古圣先贤用和谐理念来描述和调节人自身、人与人、人与自然的关系，产生了诸多建设和谐社会的美好愿望。老子提出"人法地，地法天，天法道，道法自然"，强调的就是人与人、人与自然之间，要和谐、协同演进。孔子的"仁者爱人""克己复礼为仁"同样表明的是人与人、人与社会的和谐。孟子则用"老吾老以及人之老，幼吾幼以及人之幼"来描绘他所期盼的一种社会状态。儒家学说中的"和为贵""知和而和""和而不同""和衷共济""天人合一"等核心思想，都体现了对和谐的理解与追求，在一定程度上反映了广大人民群众对美好生活的向往。[1]所谓"共生"，不仅是一种生物识别机制，而且也是一种社会识别机制，它体现的是社会共生理论。社会共生理论告诉我们，由于人的社会性和人的意识能动作用的存在，社会共生存在一些独特的基本原理。第一，社会共生关系在本质上是自然界共生关系的延续和升华。第二，社会共生利益体现在物质利益和精神利益两个方面。第三，社会共生界面在选择与改善上存在主动性和突变性。第四，寄生、偏利共生、互惠共生三种社会共生关系的存在有其合理性。第五，竞争是实现共生的手段，但不是社会进化的最终目的和结果。[2] 作者以西南民族地区基层组织建设以及国家与乡村社会多元互动的理论为视角，在进行深入研究后认为：明清时期西南民族地区乡村社会与国家之间的良性互动，有助于构建民族地区的和谐社会，有助于推动民族地区的经济发展、社会进步、文化繁荣和民族团结；反之，则会阻碍这一地区的发展与繁荣，破坏民族之间的团结。这事实上彰显了"和谐共生"理论。明清时期543年的历史证明，西南民族地区乡村社会与国家之间能否实现良性互动，双方互信，其维系规律就是"和谐共生"。

---

　　①袁纯清：《和谐与共生》，社会科学文献出版社，2008年版，第26页。
　　②袁纯清：《和谐与共生》，社会科学文献出版社，2008年版，第22-26页。

一、明清时期西南民族地区乡村社会与国家关系的历史演进与共生分析

明清时期西南民族地区乡村社会与国家的关系,说到底,仍然属于民族关系。无数的专家学者研究表明,民族关系是指民族内部、民族之间、多民族及跨国或跨地区民族,在政治、经济、文化、社会生活等方面,表现出来的和平、战争或和平与矛盾并存的交往关系。[①] 简言之,民族关系就是各民族之间在政治、经济、文化、语言等方面的相互关系。和谐的民族关系是和谐社会的重要基础。

（一）明清时期西南民族地区乡村社会与国家关系的历史演进

明清时期西南民族地区乡村社会与国家关系的基本表现形式是民族群体之间的关系,其基本性质是不同民族的剥削阶级与被剥削阶级这一敌对阶级之间的关系。具体来讲,明清时期西南民族地区乡村社会与国家之间的关系基本上是国家以压迫统治、剥削掠夺、歧视侮辱、压制同化为基本特征。国家处于强势地位,乡村社会处于弱势地位;中央王朝居于优势地位,地方居于劣势地位。因此,在这种情况下,西南民族地区乡村社会与国家之间本身就不是一种平等的地位,敌对状况随时存在。从明清时期西南民族地区乡村社会与国家之间关系来看,合作、互动则是总趋势。

明清时期是我国统一多民族的确立时期,西南民族地区乡村社会各民族交往进一步深化,特别是清初康熙帝统治时期消灭了吴三桂等西南割据势力之后,西南民族地区乡村社会生活着汉、壮、彝、苗、土家、布依、仡佬、回、藏、满、蒙古等20多个世居民族,这种大一统局面加强了各民族人民之间的经济、文化联系,西南民族地区得到进一步开发,这为现代中华民族的最终形成奠定了坚实的基础。正是由于"大一统"的理念深入包括西南民族地区乡村社会在内的全国人民的心中,国家在保证大政整齐、全国统一的前提下,多种民族、文化、语言乃至宗教兼容并存,才形成了各民族共同发展。也正是由于明清时期民族间的相互融合、相互学习,才形成了中华民族"我中有你,你中有我"的特点,并形成了全国各族人民对国家的强大凝聚力和向心力。

（二）明清时期西南民族地区乡村社会与国家关系的共生分析

既然明清时期西南民族地区乡村社会与国家关系的基本表现形式是民族

---

①袁纯清:《和谐与共生》,社会科学文献出版社,2008年版,第195页。

群体之间的关系,那么,它必然体现为一定共生关系模式。作者以袁纯清的专著《和谐与共生》为参照,将明清时期西南民族地区乡村社会与国家之间的和谐共生关系归纳为两种模式。

1.西南民族地区乡村社会与国家之间的相互接受模式

在重视平等和自由的社会,不同民族群体之间求同存异,体现出民族平等共存。[①] 民族并存是指国家允许少数民族群体参与主流社会,但仍然保留许多本民族的社会模式和文化模式。如清朝政府入主北京后,因其自身是少数民族,因此,清朝统治阶级在处理对西南民族地区的民族起事时,虽然总方针仍然是恩威并用、剿抚并施,但在具体对待民族事务时,其基本政策却是"区别对待,因俗而治"。当然,这与统治阶级极力提倡、宣传"华夷一家""满汉一家"的民族政策是密切相关的。特别是清朝前期在西南地区实施的民族政策,基本上是在吸取历代政治、经济等制度中的精华的基础上,采取了比较积极的民族政策,使西南民族地区乡村社会与国家之间保持一种相互接受的模式,这使得该地区政治形势比较稳定,改土归流等政策能够得以顺利实施。对于这种相互接受模式,在民族发展历史过程中,少数民族成员一般是调整自己政治、经济、文化等制度与行为以配合统治民族的政策,适应其从属地位,并予以充分利用。有的少数民族成员甚至自愿同化,学习主体民族的语言、服饰、行为模式。如武陵山区的土家族,在改土归流之后,主动学习儒家文化,学习汉族的语言、服饰、风俗习惯,使人们难以辨认出他们实际是少数民族,因此使土家族成为汉化程度很深的少数民族之一。[②]

2.西南民族地区乡村社会与国家之间的相互排斥模式

在明清时期,西南民族地区乡村社会与国家之间不乏对抗排斥的模式,在这种模式中,由于主体民族不接受少数民族,常常出现民族压迫、民族斗争乃至民族战争的情况。在对抗排斥模式中,从国家层面来讲,在处理民族关系上的操作行为主要包括种族消灭与种族灭绝(如明代万历年间的消灭都掌蛮民族)、民族驱逐、政治区划和民族隔离(如明清时期限制汉族与少数民族交往)四种手段。从历史文献可见,明代的一些官员在其奏疏中常有漠视西南少数民族的一些提法。如丘浚在《内夏外夷之限一》中说:"昔人有言:非我族类、其心必异。"[③]徐问在《议处地方事宜疏》中说得十分直截了当:"所谓非我族类,未敢保

---

① 袁纯清:《和谐与共生》,社会科学文献出版社,2008年版,第203-204页。
② 袁纯清:《和谐与共生》,社会科学文献出版社,2008年版,第204-205页。
③ [明]丘浚:《内夏外夷之限一》,转引自陈子龙:《皇明经世文编》卷七十三。

其不异。"①正是由于朝廷命官具有这种观念,才构成并影响了明代社会族际关系的政治取向和一定程度的乡村社会民众意识,也影响了明朝对包括西南民族地区在内的少数民族的认同,这就导致了西南民族地区乡村社会与国家之间经常出现相互排斥(如农民起义、爆发叛乱、抗捐抗粮等)的现象。

二、新形势下构建"和谐共生"的西南民族地区乡村社会与国家关系

新中国成立以来,中国共产党在社会主义建设的伟大实践中,坚持把马克思主义的民族理论与中国各民族的实际相结合,制定并实践了正确的民族政策,从而使包括西南地区在内的少数民族在各方面都发生了深刻的变化。特别是通过实施民族区域自治、开展民族识别、设立民族机构、落实民族政策、培养民族干部、振兴民族经济、发展民族教育、开发和保护民族文化等重大举措,使西南民族地区的政治、经济、教育、文化等各项事业都取得了令人瞩目的成就和长足的进步。② 无数事实证明,没有民族地区的社会和谐,就没有全国的和谐社会,就不可能有民族地区乡村社会与国家之间的和谐共生。在新形势下,构建"和谐共生"的西南民族地区乡村社会与国家之间的关系,实现民族地区社会和谐以及民族关系的和谐,是构建社会主义和谐社会的必然要求。构建西南民族地区乡村社会与国家之间的"和谐共生",就是要促使不同民族进一步巩固和发展平等、团结、互助、和谐的社会主义民族关系,促进各民族共同繁荣,实现民族地区社会和谐,建立和维护稳定的互惠共生的民族关系。③

(一)加强民族团结,注重民族平等

胡锦涛同志曾经指出:"我们所要建设的社会主义和谐社会应该是民主法制、公平正义、诚信友爱、充满活力、安定有序,人与自然和谐相处的社会……公平正义,就是社会各方面的利益关系得到妥善协调,人民内部矛盾和其他社会矛盾得到正确处理,社会公平和正义得到切实维护和实现。"根据 2013 年 12 月23 日中央办公厅印发的《关于培育和践行社会主义核心价值观的意见》,第一次提出了社会主义的核心价值观,共分为三个层面:国家层面的价值目标是富强、民主、文明、和谐,社会层面的价值取向是自由、平等、公正、法治,公民个人层面的价值准则是爱国、敬业、诚信、友善,这个价值观是社会主义核心价值体

---

① 徐问:《议处地方事宜疏》,转引自陈子龙:《皇明经世文编》卷一百七十三。
② 李良品,祝国超,曾超:《乌江流域民族史》,重庆出版社,2007 年版,第 318 页。
③ 袁纯清:《和谐与共生》,社会科学文献出版社,2008 年版,第 223-229 页。

系的内核,体现了社会主义核心价值体系的根本性质和基本特征,反映了社会主义核心价值体系的丰富内涵和实践要求,是社会主义核心价值体系的高度凝练和集中表达。基于此,我国是一个讲求平等、重视人权的法治社会,在这样一个社会里,民族平等既是和谐社会的必然要求,也是衡量社会和谐与否的主要尺度之一。不断加强西南民族地区乡村社会各民族的团结教育,进一步巩固和发展平等、团结、互助、和谐的社会主义民族关系,是西南民族地区乡村社会各民族团结、平等政策的必然选择。民族团结是民族关系和谐的有力保障,民族和谐是民族团结的必然结果。加强西南民族地区乡村社会各民族的团结,维护该地区的社会稳定和国家统一,是当今国家的最高利益。所谓民族平等,主要包括政治、法律、经济、文化等方面的平等。要真正做到民族平等,就必须充分尊重和理解各民族的传统、语言、文化、风俗习惯、心理认同等方面的差异,积极创造条件,努力缩小和消除各民族在发展水平上的差距。

(二)坚持和完善民族区域自治制度

我国的民族区域自治是在国家统一领导下,各少数民族聚居的地方设立自治机关,行使自治权,实行区域自治。我国的民族区域自治制度是中国的一项基本政治制度。从现有情况看,我国的民族区域自治分为自治区、自治州、自治县三级。目前,西南民族地区的自治州有14个:四川阿坝藏族羌族自治州、四川凉山彝族自治州、四川甘孜藏族自治州、贵州黔东南苗族侗族自治州、贵州黔南布依族苗族自治州、贵州黔西南布依族苗族自治州、云南西双版纳傣族自治州、云南文山壮族苗族自治州、云南红河哈尼族彝族自治州、云南德宏傣族景颇族自治州、云南怒江傈僳族自治州、云南迪庆藏族自治州、云南大理白族自治州、云南楚雄彝族自治州。西南民族地区现有自治县有60个,广西壮族自治区有都安瑶族自治县、融水苗族自治县、三江侗族自治县、龙胜各族自治县、金秀瑶族自治县、隆林各族自治县、巴马瑶族自治县、罗城仫佬族自治县、富川瑶族自治县、大化瑶族自治县、环江毛南族自治县、恭城瑶族自治县12个;重庆市有石柱土家族自治县、秀山土家族苗族自治县、酉阳土家族苗族自治县、彭水苗族土家族自治县4个;四川省有木里藏族自治县、马边彝族自治县、峨边彝族自治县、北川羌族自治县4个;贵州省有松桃苗族自治县、镇宁布依族苗族自治县、紫云苗族布依族自治县、威宁彝族回族苗族自治县、关岭布依族苗族自治县、三都水族自治县、玉屏侗族自治县、道真仡佬族苗族自治县、务川仡佬族苗族自治县、印江土家族苗族自治县、沿河土家族自治县 11 个；云南省有镇沅彝族哈尼族拉祜族自治县、峨山彝族自治县、石林彝族自治县、沧源佤族自治县、耿马傣族佤族自治县、玉龙纳西族自治县、宁蒗彝族自治县、江城哈尼族彝族自治县、澜沧拉祜族自治县、孟连傣族拉祜族佤族自治县、西盟佤族自治县、河口瑶族自治县、屏边苗族自治县、贡山独龙族怒族自治县、巍山彝族回族自治县、南涧彝族自治县、寻甸回族彝族自治县、元江哈尼族彝族傣族自治县、新平彝族傣族自治县、墨江哈尼族自治县、双江拉祜族佤族布朗族傣族自治县、兰坪白族普米族自治县、维西傈僳族自治县、景东彝族自治县、景谷傣族彝族自治县、宁洱哈尼族彝族自治县、漾濞彝族自治县、禄劝彝族苗族自治县、金平苗族瑶族傣族自治县 29 个。此外，还有一些享受民族自治县待遇的区，如重庆市黔江区。依据宪法和民族区域自治法的规定，民族自治区、自治州、自治县的人民代表大会和人民政府，它们在行使同级地方国家机关职权的同时，还拥有三个方面的自治权：一是自主管理本民族、本地区的内部事务。二是享有制定自治条例和单行条例的权力。三是享有自主发展经济、社会、文化事业等多方面的权力。根据西南民族地区目前的情况，从国家层面来讲，必须坚持和完善民族区域自治制度，切实尊重和保障西南民族地区乡村社会各族民众的合法权益，尊重少数民族的宗教信仰和风俗习惯。根据专家学者的研究，至少应该做好两个方面的工作：一是切实加强配套法规建设和贯彻力度，为民族地区经济社会发展提完备的法律保障。二是培养少数民族干部，提高民族区域自治能力。

（三）加大扶持力度，促进各民族共同发展

要构建西南民族地区乡村社会与国家之间的"和谐共生"，就应该努力实现包括西南民族地区在内的全国各民族共同富裕。要实现这个目标，国家就必须加大对民族地区的扶持力度，促进各民族共同发展。民族发展包括政治、经济、文化、教育等社会生活的各个方面的发展，使西南民族地区各民族能够取得均等的发展机遇、同等的发展条件、同等的竞争起点、大致相同的发展结果。为此，应致力于两个方面的发展：一是加大扶持力度，完善扶持措施，进一步促进民族地区的经济发展。二是坚持以人为本、促进民族和谐，进一步加快民族地区的社会发展。

（四）尊重各民族文化，促进民族文化发展

西南民族地区的少数民族文化在发展过程中，与传统文化、汉文化等存在着既相互联系又相互冲突的现象。我国要实现伟大的"中国梦",就必须坚持民族优秀传统文化的保护、传承和创新。其具体举措有四:一是要充分尊重各民族的文化;二是要建立和完善相关法律法规,构建西南地区民族文化遗产"政产学研民"(包括政府组织、企业行业、各类学校、专家学者、人民群众)"五位一体"的保护与传承创新系统①;三是要大力发展民族文化产业;四是对民族文化持开放态度。

总之,在新形势下,要实现西南民族地区乡村社会与国家之间的"和谐共生",就必须进一步巩固和发展平等、团结、互助的社会主义民族关系,努力促进各民族的共同繁荣。

第二节　明清时期西南民族地区乡村社会与国家关系的运行特点

明清时期西南民族地区乡村社会的政治、经济、社会架构表现为家庭、乡村社会、国家三种主要的现实形态,其中,家庭是人们生命延续的社会结构,乡村社会是人们生存延续的社会结构,国家是保证家庭与乡村社会有序发展的政治性社会结构。② 这三种社会结构在任何时代、任何社会都以不同方式存在。明清时期西南民族地区乡村社会与国家之间的关系,其运行特点十分复杂,主要体现在三个方面。

一、"家国同构"的一致性

所谓"家国同构",是指家庭、家族(或宗族)与国家在组织结构方面有共同性。它们均是以"血亲—宗法"关系来统领,存在着严格的家长制。在此,我们有必要弄清楚几个概念。一是"家"的概念。家作为一个国家的社会组织细胞,家是指以血缘为基础的社会组织形式。它既是扎根于社会的一种历史的实体,也是一个包括了传统、思想、经济结构等因素的社会单位。因此,在明清时期中

①李良品,任华:《重庆民族传统文化的特点、现状及对策》,《前沿》,2010 年第 13 期,第138-142 页。

②王集权,庞俊来等:《黑格尔市民社会理论与中国家国一体伦理传统的价值对勘》,《江海学刊》,2011 年第 1 期,第 224-229 页。

国社会特定的社会背景下,"家"不仅是一个维持家庭成员物质和感情生活的地方,而且更是一个维护国家专制统治的基层政治组织。二是"家族"的概念。家族是指同一个男性祖先的子孙组成的许多个体家庭,按照一定的规范,以血缘关系为纽带结合成为一种特殊的社会组织形式。① 它是以家庭为基础的广义的家。三是"国家"的概念。如前所述,国家是一个成长于社会之中而又凌驾于社会之上的、以暴力或合法性为基础的、带有相当抽象性的权力机构,在其管理的领土内拥有外部和内部的主权。这三者中,家庭是社会的细胞,家族是家庭的扩大,国家则是家族的扩大和延伸。在家国同构的格局下,家是小国,国是大家。在家庭(或家族)内,家长(或族长)地位至尊,权力至大;在国内,君王地位至尊,权力至大。因此,家长在家庭内是一把手,族长在家族内是一把手,国君在国家内是一把手,是全国子民的严父。不仅国君如父,而且各级地方政权的首脑亦被视为百姓的"父母官"。也正因为如此,父为"家君",君为"国父",君父同伦,家国同构,宗法制度因而渗透于社会整体,甚至掩盖了阶级和等级关系。"家庭—家族—国家",这种"家国同构"的社会政治模式是儒家文化赖以存在的社会基础,明清时期西南民族地区乡村社会普遍存在的"修身、齐家、治国、平天下"的个人理想,反映了"家"与"国"之间这种同质联系。在作者搜集的《保靖彭氏宗谱》中,《彭氏家训》共分为《修身篇》《齐家篇》和《治国篇》三篇,《修身篇》之下有"崇孝道""正礼义""务为学""谨言行""明德性""慎交友"六条,《齐家篇》包括"重教养""齐家政""尚友爱""睦宗族""励勤俭"五条;《治国篇》涵盖"处世事""和乡里""论为政""清吏治"四条。② 可以说,这些内容是国家在场下的封建族权与国家政权高度统一的范例,作为湖广土司家族如此,其他家族可想而知。在"家国同构"的统一性这个问题的认识上,有三点值得注意。

(一)明清时期西南民族地区乡村社会的血缘关系是"家国同构"的基本依托点

众所周知,明清时期西南民族地区土司的承袭,十分重视血缘关系,也就是说,血缘关系在明清政治生活中起着重要作用。中央王朝的承袭是父子传承,土司王朝的承袭同样是以血缘关系为主。如在土司的承袭中,明朝廷制定了一些办法,其中最重要的是父死子继、嫡子继承,其次是兄终弟及、叔侄相立、族属

---

① 杨金花:《论"家"及其对传统中国法律文化的影响》,厦门大学 2009 年硕士学位论文。
② 彭司礼:《保靖彭氏宗谱》(序),保靖彭氏宗谱编委会,2008 年版。

袭替、妻妾继袭、女媳继职,最后是子死母袭。由此可见,在上述的承袭中,其次序是先嫡后庶、先亲后疏。这体现的是一种血缘关系和亲疏关系。特别是对土司承袭必须具备宗支图本,那更是对血缘关系的硬性规定。① 如果说家庭是建立在血缘纽带基础上的"亲亲"组织这个基点成立,那么,血缘是"家国同构"关系的基本依托点也就成立。

(二)明清时期西南民族地区乡村社会的忠孝是"家国同构"在伦理层面的结合点

忠孝一体,历来是儒家学说的一贯主张。《礼记·祭统》说:"忠臣以事君,孝子以事其亲,其本一也。"在儒家提倡的"五伦"中,将父子、君臣列于最前面,这事实上包含着两层意思:一是父子关系为家庭血缘关系之首,这是以父权制的存在为基础的;君臣关系为政治关系之道,这是以政治等级制的存在为基础的。二是封建社会家国是同构关系,父子、君臣同样是一种同构关系,儒家提出的"父子有亲"之后紧跟着是"君臣有义",就是这种同构关系的表现。《保靖彭氏宗谱》之《彭氏家训》的第一篇《修身篇》,开宗明义第一条便是"崇孝道":"孝始于事亲,忠始于报国。移孝以作忠,即显亲以全孝,人孝也。人子事亲,无穷富当以奉养为先,奉养之道再遂其力,富者可以甘旨奉养,贫者可以菽水承欢。务须承顺亲志,悦以颜色,婉以言语,不可貌奉心违,以贻父母之忧。子之孝,不如率妇以孝。盖妇之居家时多,奉供饮食起居,自较周到。俗语云:'得一孝妇,胜于孝子。'"②由此可见保靖彭氏土司家族对"孝"的深刻理解。我国自古有"忠孝一体""移忠于孝"的思想,这是有着实实在在的伦理基础的。③可以说,"忠孝一体"是明清时期西南民族地区乡村社会"家国同构"在伦理层面的高度结合,是确有其内在逻辑的合理性的。

(三)明清时期西南民族地区乡村社会的治理原则是"家国同构"在内容层面的共同点

在传统中国,家礼是修身治家之具,国法是治国定天下之具。"家国同构"体现在家礼与国法的相通上,即将管理家庭关系的原则上升为治理国家的原则。中国传统文化中,历来提倡读书人达到"修身、齐家、治国、平天下"的理想

---

①③杨金花:《论"家"及其对传统中国法律文化的影响》,厦门大学 2009 年硕士学位论文。

②彭司礼:《保靖彭氏宗谱》,保靖彭氏宗谱编委会,2008 年版,第 1 页。

境界。治家是治国的前提,治国是治家的放大。在传统中国社会人与人的"差序格局"关系中,在"五伦"中,都十分注重"礼",因为它是顺应规范"差序格局"的行为准则。在明清时期,无论"家"还是"国",其组织系统和权利配置都是严格的父系家长制。国家组织结构与家族组织结构的一致,是属于有形的可见的"家国同构",而"家国同构"的核心是君权与父权的相互为用,君权乃是父权的延伸,父权专制的家庭模式为国家政治生活中的个人专制奠定了基础。在现在还能见到的一些族谱中,对家族礼制有十分明确的规定,如广西《联石罗氏家谱》之《规约》的规定为:

> 殴打父母者,罪当诛,经族送官究治。
>
> 不养父母,忤逆骂辱犯者,罪在必惩,经族处治。
>
> 不管妻子小妾,放纵任听淫欲野游者,此及败坏家风之人,责令丈夫、父母将该妇发卖,如不遵命,斥逐,永不准归宗。
>
> 严禁名家妇女不得忤逆翁姑、殴骂婶嫂,犯者责令丈夫管束,如有不遵者,将丈夫斥逐,该妇发卖。
>
> 严禁卖女为娼、卖子为优,犯者斥逐出外,不准归宗。
>
> 鼠窃狗盗,犯者一经察觉,拿回祖祠重责,立写悔过,姑免;再犯者斥出族外,以免玷污家声也。
>
> 盗卖祖祠器用、什物及安放不洁之物,堆积污秽、毁残祠宇,犯者拿到本祠重责,强顽者斥逐出族。
>
> 育外各子孙紊乱宗支,固不准收尝办祭,亦不许载入家谱,如违,合族鸣官究治。①

《保靖彭氏宗谱》之《彭氏家训》的第二篇《齐家篇》之"齐家政"有这样一段文字:

> 治家之道以正人伦为本,正伦以尊祖睦族,孝父母友兄弟为先,以敦亲堂和乡里为要务。近正人如父兄,远恶人如虎狼。守之以勤俭,行之以兹镶,约己而济人,习礼而好德,如此可以兴家,可以安身而立命。②

在《保靖彭氏宗谱》之《彭氏家训》的第二篇《治国篇》之"论为政"又有如下内容:

---

① 广西《联石罗氏家谱》卷一《规约》,清宣统三年(1911年)石印本,广西壮族自治区图书馆藏。

② 彭司礼:《保靖彭氏宗谱》,保靖彭氏宗谱编委会,2008年版,第2-3页。

天下存亡，匹夫有责。人无论穷达，莫不有国，达而在位应尽瘁国事，自所必然。穷而在野或闭户著书，或扶犁耕雨，亦应尽办为国之责也。

公私两宗，是宇宙的人鬼关，若自朝堂以至闾里，只把持得公，便白天地清宁。只一个私字扰攘的不成世界。

奉公以忠，毋为私念所牵，荐士以才，毋为权要所夺，当言则言，不视时而退缩，可去则去，不讲利而迟回。

为政之道得人治事二者并重，得人曰：广收，慎用，勤政，严绳。治事，曰经分，纶合，详思，守约，操此八术则无所失。

居上之患，莫大于赏无功，赦有罪，尤莫大于有功不赏而罪及无罪。是故善为政者，任功罪不任喜怒。是任是非不罚任毁誉，所以平天下之情，而防其变也此国家之大戒。①

明清时期西南民族地区乡村社会各族民众，无论对家还是对国，均注重君权与父权的相互为用。因为乡村社会以血缘关系建构的宗法，推而广之就是国家的宗法。"国"与"家"的一致性，致使中国的古代文明社会的政治制度，始终未能独立于"血亲—宗法"关系而存在。因此，西南民族地区乡村社会也遵循"家国天下"是一体的规律行事。"家"是社会的细胞，"国"是维护细胞健康成长的外部环境，两者水乳交融，实现双向互动的良性循环，这既有利于保持社会的稳定和活力，又能加强国家的向心力和凝聚力。②

二、"因俗而治"的差异性

国家治理理论告诉我们，国家治理应该是国家和社会（包括乡村社会）协同共治，因为二者的协同共治是现代社会国家治理的根本要求。当然，明清时期的封建统治者没有这样的认识高度，他们对西南民族地区往往采取的措施是"因俗而治"。"因俗而治"是包括明清统治者在内的历代统治阶级根据少数民族的历史传统、风俗习惯、生产生活方式等制定的管理少数民族地区的治边政策。有学者认为，"因俗而治"是指因袭、保留少数民族原有的政治制度、生产与生活方式、风俗习惯及宗教信仰不变。其中，"因俗"是根据和条件，"治"是目

---

① 彭司礼：《保靖彭氏宗谱》，保靖彭氏宗谱编委会，2008 年版，第 5 页。
② 舒敏华：《"家国同构"观念的形成、实质及其影响》，《北华大学学报（社会科学版）》，2003 年第 2 期，第 32-35 页。

的。如果根据和条件变了,治理的方式也要随之发生变化。① 还有学者认为,"因俗而治"主要是中央政府在被管辖和治理的边疆地区,实行的一种政治上任用当地部落首领依据当地民族和地方习惯法自主管理地方民众事务,经济上不改变当地的经济形态和发展模式,文化上顺应民族的和当地的风俗习惯,社会结构上不改变其原有形态,并且在与内地的交往中不断向先进的内地经济形态和文化学习并最终趋同一致的治理模式。② 也就是说,明清中央王朝实行的"因俗而治"的民族政策,在承认西南民族地区乡村社会各民族在历史、地理、生产、生活方式及风俗习惯上存在的差异性,并根据不同民族的实际情况采取不同的统治政策,这就是"因俗而治"的内涵。这种政策体现了国家通过"修其教不易其俗,齐其政不易其宜"来达到对西南少数民族地区乡村社会的有效统治,实现明清统治者"大一统"的目标。

(一)政治制度

明代以降至清代前期,"因俗而治"的民族地区治理模式仍然得到很好施行,并明确地把"修其教而不易其俗,齐其政而不易其宜"提高到治边政策的指导思想高度。在此思想指导下,明代及清前期统治者根据西南民族地区与内地不同的情况采取了不同的治理方式,具体而言:在川西藏族地区实行政教合一的制度;在云南、贵州、四川、广西、湖广等少数民族地区实行土司制度。这种多元化的民族地区管理体制在清朝前期,对维护西南民族地区的稳定和发展起到了十分重要的作用。清雍正时期,中央王朝在西南民族地区实施大规模改土归流。这既有土司自身的弊端使然,也有当时鄂尔泰等边疆大吏的促成。但最主要的原因在于,自康熙朝平定"三藩之乱"后,国家为了进一步强化对西南民族地区的治理,密切西南民族地区与内地的联系,雍正皇帝方才实施大规模地改土归流,这无疑是清朝治理西南民族地区的战略大计实施的步骤之一。在西南民族地区实施改土归流,一是因为南明小朝廷负隅西南、顽强抵抗,二是吴三桂的叛乱肇始于西南,而且这两次战事对清廷统治造成了极大的威胁。因此,清王朝在时机成熟时,为了强化对西南民族地区乡村社会的统治,实现统治力度上的民族地区与内地一体化,自然就要从西南民族地区入手,强力推行改土归

---

①刘淑红:《以夏变夷和因俗而治:明代民族文教政策的一体两面》,《广西民族研究》,2012 年第 3 期,第 132-138 页。

②陈跃:《"因俗而治"与边疆内地一体化——中国古代王朝治边政策的双重变奏》,《云南师范大学学报(哲学社会科学版)》,2012 年第 2 期,第 38-44 页。

流。由于雍正皇帝实施的改土归流不彻底，因此，时至清朝晚期，清政府在内忧外患的情况下，他们清楚地认识到，只有加强对西南民族地区的管理力度，才能更好地维护国家稳定和领土完整，才能更好地巩固统治。所以，清政府才改变以往"因俗而治"的思想，积极推进行政管理体制改革，实现边疆内地一体化，以实现固国安邦的愿望。总的看来，由于西南民族地区各地情形不一，实施改土归流的最终结果也不甚一致，在政治制度方面的差异性十分明显。①

（二）朝贡制度

明清中央王朝在对西南民族地区实施土司制度的过程中，朝贡制度是其主要内容之一。当一个土司归附新的中央王朝后，须向中央王朝纳贡。纳贡也称为贡赐、朝贡，它包括两个不同方面的内容，贡表现为西南民族地区各土官的一种自觉行为，赐则表现为较纳贡范围和价值大得多的回赐。对各土司而言，赐甚至可以说是贡的目的。② 如前所述，土司朝贡是明清时期国家制度设计、西南民族地区土司承办、乡村社会民众积极响应的一项重要活动。明清时期西南民族地区土司朝贡十分踊跃，如明代播州杨氏土司对明王朝朝贡 130 多次，象征着播州土司对中央王朝统治的认同，对以儒家为代表的中原文化的认同，对以朱姓执掌国柄的国家的高度认同。到了清代，西南民族地区土司为了自身利益的考量，同样向清廷投诚、朝贡、称臣，心甘情愿服从清王朝的统治。明清时期西南民族地区土司的积极朝贡体现出很多的差异性。

1.朝贡物品的差异性

从现有的历史文献看，西南民族地区土司所贡物品多为方物。据《明会典》卷一百八载："土官贡物"，西南边疆地区和中南山岳地带土司的主要贡物是：金银器皿、各色绒绵、各色布手巾、花藤席、降香、黄蜡、槟榔、马、象、犀角、孔雀尾、象牙、象钩、象鞍、象脚盘、蚺蛇胆、青红宝石、玉石、围帐、金绒索、珊瑚、氆氇、画佛、舍利、各色足力麻、各色铁力麻、各色氆氇、左髻、明盔、刀、毛缨、胡黄连、木香、茜草、海螺、毛衣等。③ 各地土司具体贡物情况各不相同，如川滇黔交界地区土司，中央王朝要求其贡马，如表 11.1 所示。

①陈跃：《"因俗而治"与边疆内地一体化——中国古代王朝治边政策的双重变奏》，《云南师范大学学报（哲学社会科学版）》，2012 年第 2 期，第 38-44 页。

②李伟：《乌江下游土司时期贡赋制度考略》，《贵州社会科学》，2005 年第 2 期，第 40-44 页。

③［明］申时行等：《明会典》（万历朝重修本），中华书局，1989 年版，第 582-585 页。

表 11.1　明初川滇黔交界地区土司贡马一览表

序号	时　间	文献记载内容	资料出处
1	洪武十七年至十八年（1384—1385年）	中央王朝在云贵高原定易马额。"乌撒岁易马六千五百匹；乌蒙、东川、茫布皆四千。"同年，中央王朝通过市场与土司进行马匹交易，"霭翠易马一千三百匹。""四川、贵州二都司于西番建昌、罗罗之地易马四千二百五十匹。"在贵州水西地"得马五百匹"。明官府在贵州都司和四川都司购买马匹13 600匹，同时还支持，明军入滇的云贵土司进行奖励	《太祖洪武实录》卷一百六十二；卷一百六十三；卷一百六十六
2	洪武二十九年（1396年）	"命给钞价赏水西、金筑、乌蒙出马。水西一千余匹，金筑安抚司及乌蒙军民府各出马五百。至是命给钞赏之，匹二十锭，凡出四万余锭。"对贡马的土司，按马匹高下进行奖赏，"上马每匹钞千贯，中马每匹钞八百贯，下马每匹钞五百贯"等	《太祖洪武实录》卷二百四十六；《太宗永乐实录》卷十八
3	永乐元年（1403年）十月	贵州宣慰司宋斌遣兄得义来朝贡马	《太宗永乐实录》卷二十三
4	永乐元年（1403年）十月	贵州宣慰司安卜葩、普安安抚慈长、乌撒、乌蒙、东川、芒部军民诸土官卜穆等来朝贡马	《太宗永乐实录》卷二十三
5	永乐二年（1404年）四月	贵州水东、乖西二蛮夷长官向四来朝贡马	《太宗永乐实录》卷二十八

在川滇黔交界地区，马匹贸易和朝贡十分频繁。由此可见，西南民族地区土司进献何种贡品给皇帝，主要根据当地出产情况而定。在明代四川播州地区，拥有丰厚的优质木材，因此，播州杨氏土司献大木也是司空见惯的事情。仅万历年间，杨应龙就向中央王朝献过3次大木，具体情况见表11.2。

表 11.2　万历年间播州土司献大木一览表

序号	时　间	文献记载内容	资料出处
1	万历十三年（1585年）	时应龙又以开采献巨木六十	《神宗万历实录》卷一百六十九
2	万历十四年（1586年）	播州宣慰使杨应龙献大木七十，材美，赐飞鱼服	《明史》卷三百一十二《四川土司二》
3	万历十六年（1588年）	四川播州宣慰司使进献大木	《神宗万历实录》卷一百九十九

2.朝贡时间的差异性

明清时期西南民族地区各地土司的朝贡或一年一贡,或三年一贡,或五年一贡。这种形成惯例的朝贡,称为例贡。据《明会典》卷一百八《朝贡四》"土官"条载:"湖广、广西、四川、云南、贵州腹里土官,遇三年朝觐,差人进贡一次。俱本布政司给文起送,限本年十二月终到京。庆贺限圣节以前。"①《明史》卷三百一十一载:"洪武六年,天全六番招讨使高英遣子敬严等来朝,贡方物。……每三岁入贡。"②这种例贡针对不同的土司,其朝贡时间也不完全相同。清朝时,西南民族地区各地土司依然是"三年一贡"。《钦定大清会典事例》卷一百六十五"土司贡赋"条载:康熙五十一年(1712年)覆准,四川化林协属各土司,三年一次贡马,照例折价交收。……雍正十二年(1734年)覆准,四川阿胪等六枝夷民,拨归四川建昌镇管辖,照例三年一贡。乾隆二年(1737年)谕……至广西土司,每三年贡马一次,亦系折价十二两,所当一体加恩,使土司均沾惠泽,着照四川折价之例。③ 除例贡之外,土司朝贡还有不定期朝贡。这类朝贡具有谢恩和谢罪性质。据《明会典》卷一百八十《朝贡四》"土官"条有"谢恩无常期。贡物不等"④之说。也就是说,中央政府除了规定各地土司"三年一贡"之外,还可以通过皇帝大寿、朝廷庆典、土司承袭、土司子弟入学等时机,要求土司朝贡,并与土司保持着密切的联系。对于这类朝贡,没有具体的时间规定,至于庆贺,明廷规定只要不错过庆贺的日子即可。如宣德六年(1431年)二月,播州宣慰使杨升遣副长官陈恕进马及方物,庆贺皇帝的生日,作为朝贡使者的陈恕还得到了朝贡赏赐的钞、彩币表里,金织袭衣。⑤ 宣德八年(1433)二月,播州宣慰使杨升遣副使杨昌建等来朝贡马,赐播州宣慰司土官副使杨昌建等钞、彩币绢、布及金织袭衣。⑥ 弘治六年(1493)正月,播州宣慰使司遣头目把事等谢恩庆贺,进贡马匹,赐彩段、钞锭有差。⑦ 这是属于谢恩及庆贺兼而有之的朝贡。此外,还有赎罪性朝贡。这些均体现出西南民族地区土司朝贡的差异性。

---

①[明]申时行等:《明会典》(万历朝重修本),中华书局,1989年版,第583页。

②[清]张廷玉等:《明史》卷三百一十一,中华书局,1974年版。

③[清]昆冈等:《钦定大清会典事例》卷一百六十五"土司贡赋"条,中华书局影印本,1991年版。

④[明]申时行等:《明会典》(万历朝重修本),中华书局,1989年版,第583页。

⑤李国祥,杨昶:《明实录类纂(四川史料卷)》,武汉出版社,1993年版,第783页。

⑥李国祥,杨昶:《明实录类纂(四川史料卷)》,武汉出版社,1993年版,第790页。

⑦李国祥,杨昶:《明实录类纂(四川史料卷)》,武汉出版社,1993年版,第868页。

（三）文教政策

明清时期"因俗而治"的民族文化政策主要体现在明廷对宗教文化的宽容态度和处理方式上，就藏传佛教文化而言，它是通过明代的治藏政策得到充分体现的。鉴于川西藏区特殊的"政教合一"制度，中央政府没有采取大规模的儒学教化方式，而是通过借助佛教文化，依靠"多封众建，以教固政"的方式达到对川西藏区的有效治理，即"惟因其俗尚，用僧徒化导为善"。① 同时，中央政府还在一些藏区设"置指挥使司、宣慰使司、元帅府、招讨使司、万户府等，各级官吏僧俗并用军民兼摄"②。明清中央政府对藏传佛教文化给予了充分的尊重，在朝廷的鼓励和扶持政策影响下，藏传佛教在四川西部藏区迅速发展并开始向青海等地传播。明清中央政府"因俗而治"的民族文化政策保留和维持了少数民族地区自然生态和文化生态结构，有助于民族传统文化的保存传承和发展创新，它在客观上促进了民族之间的文化交流和沟通，促进了礼仪之风的形成，有利于各民族保持和谐共处和安定团结的局面。③

三、合作共赢的依存性

明清时期西南民族地区乡村社会与国家之间的关系证明，西南民族地区乡村社会与国家二者之间只有审时度势、互动合作，才能实现共赢的目标。也就是说，乡村社会与国家之间虽然在政治、经济、军事和文化等方面存在着博弈和冲突，但只要国家与乡村社会能够良性互动，就能形成和谐关系，有利于社会稳定、经济发展；反之，如果国家与乡村社会形成恶性互动，就会造成社会动荡，经济停滞。因此，合作才能发展，合作才能共赢，合作才能提高。就现实来讲，所谓"合作共赢"，是指交易双方或共事双方或多方在完成一项交易活动或共担一项任务的过程中互惠互利、相得益彰，能够实现双方或多方的共同收益。合作，是指双方互相配合做某事或共同完成某项任务；共赢，是指合作的双方或多方能够共同获得利益。说到底，明清时期西南民族地区乡村社会与国家之间是一种相互依存的关系，双方只有合作，才能确保共赢；反之，斗则双输。

---

①③刘淑红：《以夏变夷和因俗而治：明代民族文教政策的一体两面》，《广西民族研究》，2012 年第 3 期，第 132-138 页。

②张学强：《明清多元文化教育研究》，民族出版社，2006 年版，第 10 页。

（一）合作共赢是明清时期西南民族地区乡村社会与国家之间的共同需要

在上一章，作者提出，互动是指个人与个人、个人与群体、群体与群体、组织与组织之间等通过语言或某种手段传播信息而相互发生积极作用的过程。明清时期西南民族地区乡村社会与国家之间频繁的良性互动，其实就是一种合作。无论在什么时代，乡村社会与国家之间只有合作，才能实现共赢的目标，这是双方的共同需要。明清时期湖广永顺彭氏土司与明清中央政府之间形成良性互动、精诚合作，故能产生共赢的效果。据《明史》卷三百一十《土司·湖广土司》载，明洪武五年（1372年），"永顺宣慰使顺德汪伦、堂厓安抚使月直遣人上其所受伪夏印，诏赐文绮袭衣。遂置永顺等处军民宣慰使司，隶湖广都指挥使司。……九年，永顺宣慰彭添保遣其弟义保等贡马及方物，赐衣币有差。自是，每三年一入贡。永乐十六年，宣慰彭源之仲率土官部长六百六十七人贡马。……天顺二年谕世雄调土兵会剿贵州东苗。……成化十三年以征苗功，命宣慰彭显英进散官一阶，仍赐敕奖劳。十五年免永顺赋。弘治七年，贵州奏平苗功，以宣慰彭世麒等与有劳，世麒乞升职。……十四年，世麒以北边有警，请帅土兵一万赴延绥助讨贼。兵部议不可，赐敕奖谕，并赐奏事人路费钞千贯，免其明年朝觐，以方听调征贼妇米鲁故也。正德元年以世麒从征有功，赐红织金麒麟服，世麒进马谢恩。二年进马贺立中宫，命给赏如例。……六年，四川贼蓝廷瑞、鄢本恕等及其党二十八人倡乱两川，乌合十余万人，僭王号，置四十八营，攻城杀吏，流毒黔、楚。总制尚书洪钟等讨之，不克。已而为官军所遏，乏食，乃佯听抚，劫掠自如。廷瑞以女结婚于永顺土舍彭世麟，冀缓兵。世麟伪许之，因与约期。廷瑞、本恕及王金珠等二十八人皆来会，世麟伏兵擒之，余贼溃渡河，官兵追围之，擒斩及溺死者七百余人。总制、巡抚以捷闻，奖赉有差，论者以是役世麟为首功云。（正德）七年，贼刘三等自遂平趋东皋，宣慰彭明辅及都指挥曹鹏等以土军追击之，贼仓促渡河，溺死者二千人，斩首八十余级。巡抚李士实以闻。命永顺宣慰格外加赏，仍给明辅诰命。十年，致仕宣慰彭世麒献大木三十，次者二百，亲督运至京，子明辅所进如之。赐敕褒谕，赏进奏人钞千贯。十三年，世麒献大楠本四百七十，子明辅亦进大木备营建。诏世麒升都指挥使，赏蟒衣三袭，仍致仕；明辅授正三品散官，赏飞鱼服三袭，赐敕奖励，仍令镇巡官宴劳之。……嘉靖六年，论擒岑猛功，免应袭宣慰彭宗汉赴京，而加宗汉父明辅、祖世麒银币。……三十三年冬，调永顺土兵协剿倭贼于苏、松。明年，永顺宣慰彭翼南统兵三千，致仕宣慰彭明辅统兵二千，俱会于松江。时保靖兵败贼于石塘湾。永顺兵邀击,贼奔王江泾,大溃。保靖兵最,永顺次之,帝降敕奖励,各赐银币,翼南赐三品服。……及王江泾之战,保靖掎之,永顺角之,斩获一千九百余级,倭为夺气,盖东南战功第一云。……四十二年以献大木功再论赏,加明辅都指挥使,赐蟒衣,其子掌宣慰司事,右参政彭翼南为右布政使,赐飞鱼服,仍赐敕奖励。四十四年,永顺复献大木,诏加明辅、翼南二品服"①。另据《清史稿》卷五百一十二《土司一·湖广》载:永顺彭氏土司于清顺治四年(1647年)"率三知州、六长官、三百八十峒苗蛮归附。十四年,颁给宣慰使印,并设流官经历一员。……雍正六年,宣慰使彭肇槐纳土,请归江西祖籍,有旨嘉奖,授参将,并世袭拖沙喇哈番之职,赐银一万两,听其在江西祖籍立产安插,改永顺司为府,附郭为永顺县,分永顺白崖峒地为龙山县"②。从这些引文可见,永顺彭氏土司与中央政府确实保持了一种有效合作关系,主要体现在几个方面。

1.执行国家制度

永顺彭氏土司在执行土司制度的过程中,认真践行国家管理制度的"地方化"。经过明清时期四百年左右的国家与乡村社会的互动,其乡村社会的控制体系与社会治理方式发生了重大变化。当国家需要朝着实现"大一统"的目标迈进时,永顺土司能够审时度势,积极配合,主动献土改流,并请求"归江西祖籍"。由此可见,在自上而下地推进土司制度及改土归流的过程中,永顺彭氏土司在不断地接受或执行"国家"制度,这是乡村社会与国家有效合作的结果。

2.积极纳税朝贡

作为地方土司,能够按照国家分配的数额积极缴纳"皇粮国税",这不仅是对国家赋税制度执行过程中的有力支持,而且也是乡村社会与国家之间在经济上合作的具体表现。永顺彭氏土司积极向中央王朝进贡,而中央王朝赐给永顺土司一定的赏赐,这是有效合作的最好例证。如"贡马及方物,赐衣币有差";又如正德"十年(1515年),致仕宣慰彭世麒献大木三十,次者二百,亲督运至京,子明辅所进如之。赐敕褒谕,赏进奏人钞千贯。十三年,世麒献大楠本四百七十,子明辅亦进大木备营建。诏世麒升都指挥使,赏蟒衣三袭,仍致仕;明辅授正三品散官,赏飞鱼服三袭,赐敕奖励,仍令镇巡官宴劳之"③。尤其是彭氏土司主动改土归流,朝廷"赐银一万两",这在清代的土司中,是绝无仅有的事情。可见,土司纳税朝贡等经济方面的合作、互动,有利于加强土司首领与中央王朝

的交流,减少彼此间的隔阂,增加乡村社会对国家、对中央王朝的认同,增强乡村社会与国家之间的政治互信。

3.服从中央征调

明清时期西南民族地区乡村社会在军事上与国家互动、合作主要表现在土司率领乡村社会土兵的征调。从历史文献看,明清时期永顺彭氏土司与中央王朝的关系一直处于和缓、彼此相安无事时期,于是"征调"不断。据张凯研究,永顺土兵在明朝的征调主要分为"征蛮""征贼"和"御边"。永顺土司土兵仅在明朝就被中央王朝征调进行大大小小战役的次数达 54 次,足迹几乎覆盖了当时的整个中国。① 因此,永顺土司战功赫赫,中央王朝"赏赐"不绝。

由此可见,包括永顺彭氏土司在内的西南民族地区土司政权与中央王朝是否有效合作,是明清时期该地区乡村社会与国家之间关系是否融洽的晴雨表。正是因为永顺彭氏土司与明清中央王朝保持了有效合作的关系,所以,在改土归流之后,湖广巡道王柔亲眼所见永顺土司遗产惨遭破坏,就产生了文化互动与文化自觉的意识,对当地官员及地方民众提出了保护土司文化的强烈要求。前面提到的《保护土司坟墓檄》一文表达了他对永顺彭氏土司作江西流官之后,"祖先坟墓,倘有棍徒侵削盗葬,甚至乡僻处所有刨挖偷盗"的担忧。这不仅充分体现了清代朝廷命官保护少数民族文化的自觉意识,而且也增强了西南民族地区乡村社会少数民族对国家主流文化的高度认同。永顺彭氏土司的个案,无疑是明清时期西南民族地区乡村社会与国家之间合作共赢的典范。

(二)双向恶斗是明清时期西南民族地区乡村社会与国家之间的最大苦果

明清时期西南民族地区的一些土司,自恃有一定实力,号令并带领辖区民众反叛中央王朝,其最终结果是土司遭受灭顶之灾,国家由此实力锐减,国力衰退。《清史稿》卷五百十二载:明代"播州、蔺州、水西、麓川,皆勤大军数十万,殚天下力而后铲平之。故云、贵、川、广恒视土司为治乱。……康熙三年,吴三桂督云、贵兵两路讨水西宣慰安坤之叛,平其地,设黔西、平远、大定、威宁四府。至雍正初,而有改土归流之议。四年春,以鄂尔泰巡抚云南兼总督事,奏言:'云贵大患,无如苗蛮。欲安民必先制夷,欲制夷必改土归流。而苗疆多与邻省犬牙相错,又必归并事权,始可一劳永逸。即如东川、乌蒙、镇雄,皆四川土府。东川与滇一岭之隔,至滇省城四百余里,而距四川成都千有八百里。去冬,乌蒙土

①张凯,伍磊:《明代永顺土兵军事征调述论》,《湖北民族学院学报(哲学社会科学版)》,2011 年第 6 期。

府攻掠东川,滇兵击退,而川省令箭方至。乌蒙至滇省城亦仅六百余里。自康熙五十三年土官禄鼎乾不法,钦差、督、抚会审毕节,以流官交质始出,益无忌惮。其钱粮不过三百余两,而取於下者百倍。一年四小派,三年一大派。小派计钱,大派计两。土司一取子妇,则土民三载不敢婚。土民有罪被杀,其亲族尚出垫刀数十金,终身无见天日之期'"①。众所周知,乡村社会的发展和国家的发展都离不开对方的发展,都必须把对方的发展作为目的,把自己的发展作为手段,只有这样,才能促进乡村社会与国家的同步发展。因为,如果没有国家的发展,乡村社会的发展也就没有前提和保障。同时,国家的发展恰恰是无数个乡村社会发展的结果。上面提及的播州、蔺州、水西、蕹川、东川、乌蒙、镇雄等土司,无不是与中央王朝恶斗,最终自取灭亡。虽然中央王朝最后赢得了胜利,但是,明末的数次战争的结果,《明史》说得十分清楚:"贵阳甫定,而明亦旋亡矣。"②清朝乾隆年间的大小金川之役,是乾隆皇帝以国家全盛之力,以40:1的兵力,以近一亿两白银的军费开支去对付一个仅有弹丸之地的大小金川土司却不能迅速取胜,且前后持续时间竟超过了30年。这两次大小金川之役后,大清王朝已开始走下坡路。这就是明清时期西南民族地区乡村社会与国家之间发生冲突的最终结果。无数事实证明,乡村社会与国家之间的双向恶斗,最终只能是双方吞下自己种下的苦果。

历史上无数事实证明,没有乡村社会的支持与富裕,就没有国家的强盛;没有强大的国家对乡村社会的保护,乡村社会就不会有安宁的生活。由此可见,乡村社会与国家之间是一种相互依存的关系。明清时期西南民族地区乡村社会与国家之间虽有博弈和冲突,但相互依存、上下互动、有效合作却是主流。

第三节　明清时期西南民族地区乡村社会与国家关系的多重启示

第一章至第四章的研究表明,明清时期西南民族地区的乡村社会的确存在着官方基层组织、官民共建基层组织和民间宗族组织等三种基层组织以及民间士绅阶层,这三种组织和一个阶层就共同构成了明清时期西南民族地区乡村社

---

① 赵尔巽等:《清史稿》卷五百一十二,中华书局,1974年版。
② [清]张廷玉等:《明史》卷三百一十六,中华书局,1974年版。

会管理的"三加一模式",从而共同形成了一个纵横交错、相互作用的控制网络。通过第五章至第九章中的一些具体事实,作者从政治制度、社会保障制度、经济制度、军事制度及教育制度五个方面,对明清时期的诸多问题逐一进行了探讨,在阐释制度实施的实态与嬗变的同时,作者力图揭示出明清时期西南民族地区乡村社会所具有的一些地域特色。此外,作者还厘清了明清时期西南民族地区乡村社会与国家之间存在的认同与调适、互动与和谐、博弈与冲突等多重关系,以求全面深入地透视明清时期西南民族地区乡村社会与国家关系的全貌。综合上述各章的论述,同时力图避免对前面一些内容的重复,作者拟结合整个课题的主要内容重申如下四个问题。

一、国家制度建设是巩固乡村社会与国家关系的根本

明清中央王朝为了维护其统治政权及长治久安,设计了包括政治、经济、军事、教育等在内的一系列典章制度,诸如与西南民族地区密切相关的土司制度、乡约制度、卫所制度、粮长制度、里甲制度、保甲制度、救济制度、养老制度、优抚制度、土地制度、赋税制度、朝贡制度、土兵制度、巡检制度、团练制度、官学教育制度、科举考试制度等。可以说,明清中央政府在以前各朝各代国家制度建设的基础上建立了一套十分完备而又富有理想的国家制度。但是,随着时间的推移,明清中央王朝的这些国家制度逐渐背离了中央王朝设计的初衷,这些制度不仅在西南民族地区难以为继,没有实现巩固西南民族地区乡村社会与国家之间的关系的目标,而且连延续了两千多年的封建政权都被推翻。这种结局的出现,无疑是由明清时期封建性质的国家政体及国家制度本身的规定性所决定的。

众所周知,明清时期西南民族地区乡村社会与国家之间是一个政治命运共同体,在很多情况下确实是"一荣俱荣,一损俱损"。作为国家层面,要巩固乡村社会与国家之间的关系,就必须要设计一套适合当时国情的国家制度。作者在此以土司制度为例予以说明。土司制度作为一种封建的政治制度,在西南民族地区实施长达数百年,固然有其合理性,其积极作用是肯定的:第一,元、明、清王朝实行土司制度后,改变了以前西南地区少数民族各自为政的局面。第二,实行土司制度后,西南部少数民族地区的社会秩序较为安定。第三,实行土司制度后,有利于内地与边疆各民族的经济交往,先进生产工具和生产技术及优良作物品种的传入,大大促进了民族地区经济、生产的发展①。但是,随着时间

①龚荫:《中国土司制度》,云南民族出版社,1992年版,第167-168页。

的推移,特别是到土司制度的后期,其消极作用也十分明显:一是割据一方,违抗朝命。二是相互仇杀,纷争不已。三是残酷剥削,虐害部民。① 尤其是不仅阻碍了封建经济的发展,而且不利于多民族国家的统一和巩固。② 面对土司制度出现的种种弊端,鄂尔泰吸取和总结了以前改流的经验和教训,制订了具体可行的改流措施,且雍正皇帝也同意这些举措:第一,"计擒为上,兵剿次之,令其自首为上,勒献次之",即剿抚并用,恩威兼施。第二,"审时度势,顺情得理"。第三,慎重选派流官。第四,编制保甲,设立营讯。③ 总的来讲,清王朝实施大规模的改土归流,其目的有四:一是在政治上,清统治者要削除地方割据势力,稳定地方,巩固专制主义的中央集权。二是在军事上,清统治者要争取战略要地,进而控制西南地区,巩固国防。三是在经济上,要从西南各省获得更多的利益。四是在思想文化上,清统治者要以汉族的传统观念影响西南各民族,达到"以汉化夷",这是清政府为了更好地控制西南各民族而迫切需求的。总之,清统治者改土归流的目的就是要使西南少数民族地区同内地一样,无条件地置于自己的统治之下,实现"大一统"。④ 毫无疑问,改土归流这个总方针是正确的。但是,由于清代"家天下"的封建性质的国家政体,必然决定了清代改土归流过程中存在诸多问题。一是改土归流过程中滥杀无辜的问题。如在改流的准备阶段,鄂尔泰、张广泗等人在川滇黔交界地区的改流,大量杀戮,继之以武力驱逐,强迫改流,给人民带来死亡,生产遭受破坏,民族关系恶化。⑤ 二是民族同化问题。如改流中清政府对各族人民的军事镇压激化民族矛盾,破坏了社会生产力,改流后统治者加重对少数民族的压迫与剥削,严重阻碍了西南民族社会经济的发展,甚至取消了少数民族的自治权。欧阳熙认为,雍正朝在改流过程中,对顽固土司进行军事围剿,焚烧村寨,殃及无辜;对归诚的土司,强迫"其土民悉令权发,男妇依照内地饰服",这些都是严重错误的,实际上带有民族同化的性质。⑥三是改土归流不彻底。由于改土归流是一种武力征服和不彻底的改革,因此,

---

① 方铁:《西南通史》,郑州中州古籍出版社,2003年版,第660页。
② 李世愉:《清代土司制度论考》,中国社会科学出版社,1998年版,第18-22页。
③ 欧阳熙:《略论雍正时期对西南地区的改土归流》,《广州师院学报(社会科学版)》,1989年第2期。
④ 李世愉:《试论清雍正朝改土归流的原因和目的》,《北京大学学报(哲学社会科学版)》,1984年第3期。
⑤ 江应樑:《略论云南土司制度》,《学术研究》,1963年第5期。
⑥ 欧阳熙:《略论雍正时期对西南地区的"改土归流"》,《广州师院学报(社会科学版)》,1989年第2期。

改土归流不可能解决阶级社会的根本矛盾,也不可能真正处理好民族间的矛盾和纠纷。①

透过明清时期国家在西南民族地区改土设流的事实,反映出这场斗争是封建中央政权与地方土司政权之间的斗争,是封建地主制与封建领主制之间的斗争,是国家权力与地方权力的斗争,是中央王朝和地方土司争夺各种权力和利益的斗争。在这场斗争中,虽然中央政府动用国家机器极大地削弱了西南民族地区土司的势力,加速了国家权力在西南民族地区扩张的历史进程,维护了西南民族地区乡村社会稳定。但是,它不是一种国家制度建设,没有设计出一套适合当时国情的国家制度,无法从根本上巩固西南民族地区乡村社会与国家之间的关系。所以,接下来的是,西南民族地区农民起义不断,抗税抗粮之事不绝。

历史的经验值得注意,历史的教训值得吸取。无论何时,国家层面的制度建设是带有根本性、约束性和规范性的制度建设。这种国家制度建设是一种制度的顶层设计,它着眼的是全局,把握的是规律,发挥的是震慑力量。

中国共产党的十八届三中全会把完善和发展中国特色社会主义制度,推进国家治理体系和治理能力现代化确立为全面深化改革的总目标。提高当下我党的治理国家的能力,务必要加强制度建设。按照有的专家的说法,精良的制度是国家治理能力现代化的基础。在一个环境异常复杂的国家执政,中国共产党必须充分认识到制度的重要性,要看到制度在国家治理中的重要价值:制度是国家治理行为能否有效开展、治理绩效能否顺利实现的基础,它在很大程度上决定着国家治理的发展方向、进程和质态。科学、合理和健全的国家制度是我国国家治理能力现代化的源泉和动力。制度化水平越高,越有助于我国国家治理能力的提高。因此,构建符合中国国情、与社会主义市场经济相适应、契合社会发展需求、与国际先进治理经验相融合的现代治理制度,是提升我国国家治理能力的基础。②

作者认为,国家制度建设是巩固包括西南民族地区在内的乡村社会与国家之间关系的根本。新中国成立以来,在中国共产党的执政之下,虽然我国的政治制度至少体现出选贤任能的制度、社会整合的能力和战略规划的定力三个方面的独特优势,③但由于国家制度建设是一个动态的规则系统,具体体现为不同

①李世愉:《清代土司制度论考》,中国社会科学出版社,1998年版,第102-103页。
②陈朋:《决定国家治理能力高低的三要素》,《学习时报》,2014年3月10日。
③张维为:《中国政治制度的独特优势》,《光明日报》,2014年8月25日。

层次的规范和要求,有的国家制度需要进一步完善。依据和运用精良的国家制度来治理国家和治理社会的各项事务,这是现代化国家治理的重要基石、发展的重要动力。从我国的现有情况看,我国的国家制度分为三个层次。第一层次是体现国家性质的制度。这个层次的国家制度能反映我国的政治、经济、文化等方面的关系,决定其他制度的性质和国家结构的基本原则,国家治理的价值取向,它对于第二、第三层次的具体领域的制度,往往具有方向的引导性、约束性及价值取向的指导性。第二个层次是规范人们的政治、经济行为的具体制度,它是得到权威机关认可并要求强制服从的法定制度,体现为国家法律、党的政策和国家的政策等。第三个层次是风俗习惯、伦理道德对人们日常行为的约束,它是影响普遍的渗透在人们生活方方面面的规则。

二、地方基层组织是稳定乡村社会与国家关系的基石

中国有句老话,"基础不牢,地动山摇"。修建高楼大厦如此,构建和谐的乡村社会同样如此。明清时期西南民族地区乡村社会的地方组织一般称为乡里组织,它不是一级行政政权,而是县以下的政治、经济、社会职能不够完备的辅助性的基层行政单位。这种乡里组织既有官方的渗透,又有民间的根底,还有社会价值观和群体规范,它们相互作用、相互渗透,呈现出一种总体构架。明清时期西南民族地区乡村社会的乡里组织,作为国家政权结构中最基层的行政单位,它不仅集行政、教化、司法、自我管理和监督于一身,而且还拥有编排户口、宣传教化、督催赋税、摊派力役、维持治安、兼理司法的职权。所以,它使明清时期的国家权力在西南民族地区一步一步地深入,逐渐深入到乡村社会的各个角落,各个民族、各类人群。由此可见,明清时期中央王权对西南民族地区乡村社会结构和社会组织的影响是相当深刻的,"国家"与"民间社会"保持着一种互动关系。①

具体来讲,明朝时,国家通过里甲制度这一套严格的规定,不仅初步建立了政治上和经济上的"秩序",而且也使国家权力逐渐深入到西南民族地区乡村社会的阡陌之间。在国家权力深入到西南民族地区乡村社会的整个过程中,犹如地球上不同时差,或早或迟,或先或后而已。由于明朝和清朝初期的里甲制度在经过较长时间的运行之后,已越来越难以正常地发挥其职能。特别是一些地区的宗族组织取代了里甲组织的大部分功能以及地方精英渴求发挥较大社会

①杨国安:《明清两湖地区基层组织与乡村社会研究》,武汉大学出版社,2004年版,318-319页。

功能的愿望越来越强之后,里甲制度似乎走到了历史的尽头。因此,雍正年间,清政府开始实施"摊丁入地"办法,使赋役合而为一,这标志着里甲制度的消亡和保甲制度的诞生。保甲制度作为一种乡村社会基层政治制度,其最本质特征是以"户"(家庭)为社会组织的基本单位。保甲制度成为国家对乡村社会进行有效管理与控制的重要手段,换言之,这是国家权力在西南民族地区乡村社会最深入的一种基层管理制度。尽管清政府三令五申地推行保甲制度,以强化其对基层社会的控制,并且也取得一定的成效,但日益壮大的宗族组织和士绅阶层等社会共同体成为清政府必须面对的挑战对象。特别是随着西南民族地区大量移民的出现,宗族组织在清代中后期逐步蓬勃发展起来。在保甲组织难以驾驭地方权势、清廷又承认宗族组织对地方社会管理的基础上,尽量将宗族组织纳入到保甲制中(且在宗族势力较盛的地区设立族正、族甲等)。换言之,国家在逐步顺应基层社会组织自治化的趋势下来建立起一种新的统治秩序。在此情形下,国家对基层社会的控制更加多元化和复杂化。清朝咸丰三年(1853年),在西南民族地区普行的团练,后来又逐渐成为统治者控制乡村社会的又一种组织制度。团练制度虽然从社会功能上取代了保甲制度,但在社会组织形式上却依存于保甲。如果说保甲的控制权操之于中央政府,中央政府借助于保甲以牵制绅权的话,那么,团练的控制权则操之于士绅手中,乡村社会的士绅们又借助于团练以制衡保甲。这样一来,士绅们由被保甲制度控制的对象,转瞬之间则上升为控制乡村社会的主体。由于士绅成为团练的领袖,而通过团甲的结合,使团练与保甲相为表里,或团练即保甲。有事则团练,无事则保甲,于是西南民族地区乡村社会的士绅们就自然成为兼摄团甲的共同首领。① 这就是明清时期五百余年西南民族地区乡里制度的演变过程。这一过程,其实质就是国家权力逐渐全面、深入控制乡村社会的过程,对西南民族地区乡村社会的影响是深刻且深远的。

尽管明清时期西南民族地区乡村社会共同体与国家政权之间存在一定的矛盾,但是,无论是里甲组织、保甲组织,还是宗族组织、士绅阶层,它们在整合社会、维护民间秩序的同时,在乡村社会权力网络的实际运作中,政权、族权、绅权往往是相互连接、互相交融、彼此配合的。它们对乡村社会的管理往往只是填补了明清时期国家因受政治资源限制而留下的权力空白,并没有侵夺原本属

---

① [韩]金钟博:《明清时代乡村组织与保甲制之关系》,《中国社会经济史研究》,2002 年第 2 期,第 22-25 页。

于国家权力管辖的范围。① 因此,作者认为,明清时期西南民族地区乡村社会组织架构是稳定乡村社会与国家之间关系的基石。

新中国成立以来,我国十分重视民族地区基层组织建设,从现有情况看,其组织结构主要从党政两条线设置。就党的组织看,县、乡镇有党的委员会(简称县委或乡镇党委)和村党支部(含总支),这是党在农村的基层组织,是党在农村全部工作和战斗力的基础,是县、乡镇、村各种组织和各项工作的领导核心和战斗堡垒。就行政的组织看,县、乡镇有政府,村里有村民委员会,村下面有村民小组。应该说,我国民族地区乡村社会的这种组织架构已十分完备。但是,在城镇化的历史进程中以及外出农民工数量庞大的形势下,基层组织架构及建设也存在着诸多问题,如民族地区乡村社会基层组织中对各族民众的社会道德建设缺失。作者认为,在当前形势下,国家应借鉴明清时期乡约制度中的"官方教民化"的做法,充分发挥基层组织的作用,透过基层组织的宣传教育,加强社会道德建设,使乡村社会的每个成员遵纪守法,遵守家庭伦理、社会道德,做到家庭成员之间和社会成员之间相互尊重、相互扶持、守望相助,做到长幼有序、朋友有信,使中华民族中的各民族始终保持大家庭中的家庭成员的关系,使各民族之间始终保持大家庭里不同成员的关系,真正使民族地区乡村社会的基层组织成为稳定乡村社会与国家之间关系的基石。

三、赋税"取之有度"是维系乡村社会与国家关系的核心

宋代司马光在《资治通鉴》中说:"地力之生物有大数,人力之成物有大限,取之有度,用之有节,则常足;取之无度,用之无节,则常不足。"作为维系乡村社会与国家关系的核心——赋税,国家在征收过程中必须要"取之有度",否则,将会导致社会不稳,民不聊生。

众所周知,赋税不仅是我国古代国家宏观管理经济的重要手段,而且是统治者为维护国家机器正常运转的经济基础。明清时期中央王朝在西南民族地区征收的赋税十分繁重,乡村社会的农民困苦不堪,导致农民大量逃亡和无数次农民起义。明代中央政府对赋税制度相继进行了一些改革,如将大量的本色(米)改征折色(银),为后来的"一条鞭法"的推行做了奠基性工作。明代后期中央政府虽然极力推行"一条鞭法",但有的地方并未得到完全执行,西南民族地区乡村社会各族农民同样困苦不堪。清朝雍正五年(1727 年)虽然实行了

---

① 杨国安:《明清两湖地区基层组织与乡村社会研究》,武汉大学出版社,2004 年版,319-320 页。

"摊丁入亩"制度,但地方各级官吏的加派、私征、浮收不断,农民同样过着困苦不堪的生活。①

翻检历史文献,我们就会清楚地知道,明清时期在西南民族地区乡村社会推行的赋税制度有以土地和财产为主要征收标准的赋税制度(即"两税法")和以征收货币的赋税制度(即"一条鞭法"和"摊丁入亩")两种类型。在赋税制度的推行过程中,地方官吏不但没有减轻人民的负担,反而增加了人民的负担,因此,人民将赋税称为"税负"。明清时期西南民族地区的赋税制度改革的一个目的,就是增加国家的财政收入,充实国库。据有关史料记载,清康熙二年(1663 年)后,播州共征收折征银 12 433 两,闰年加征闰银 730 两。道光十九年(1839 年),遵义县总计年征田赋正额和附加共达 17 823 两。到清末时,田赋粮银和丁银年征 35 284 两,较以前赋额最高的道光年间净增一倍多。清末时期,国家对西南民族地区乡村社会每年的田赋和税课的收取数量大幅度增加,这就导致在咸同年间发生长时间的地方战乱和苗民起义,百姓逃亡离散,给西南民族地区乡村社会民众带来巨大的苦难。在贵州省还爆发了多次"抗粮"事件(即公开抗拒交纳政府的赋役)。这无疑是西南民族地区乡村社会与国家争夺赋役资源的最激烈的形式,严重影响西南民族地区乡村社会与国家之间的正常关系。

明清时期中央政府分配一定数量的赋税给乡村社会各族民众,这是维护国家机器正常运转所必需的财政收入。民众依法缴纳赋税,这是一个公民应尽的义务。但是,如果缴纳赋税的数量超过了乡村社会民众可以承受的那个"度",如果朝廷命官在地方不能妥善处理相关赋税的问题,乡村社会民众势必会抗争,甚至爆发大规模的农民起义。

《管子》中有"取民有度"一语,它告诉人们,要把适当的税收标准作为治国安邦的根本政策。对国家来说,征税要尽可能兼顾需要与可能,做到取之有度。"需要"是指国家对财政资金的需求;"可能"则是指纳税人对税收负担的承受能力。我国财政部原部长刘仲藜说:"錢字右边两个'戈',为了'金',上下是要打架的。财税部门在与各省、自治区、直辖市进行交流的过程中,双方有碰撞,有博弈,有协调,也有妥协。"②历史的经验和教训告诉我们,国家分配给人民群众的赋税,既要能满足国家正常的财政支出需要,又不能超过国民经济和赋税

①施由明:《明清时期江西农民的赋税与徭役负担》,《农业考古》,2013 年第 6 期,第 69-76 页。

②耿雁冰:《保护地方利益,中央取之有度》,《21 世纪经济报道》,2009 年 10 月 9 日。

缴纳者的客观承受能力。收入与纳税,是人民群众最切身的利益,赋税"取之有度"是维系乡村社会与国家之间正常关系的核心事情。国家税收"取之有度",既有利于鼓励全国各族人民扩大再生产、投资和消费,又能促进经济社会快速发展,从而为税收培育更多可持续增长的税源。只有既兼顾当前需要,又考虑长远发展,才能符合科学发展观的要求。

四、上下良好互动是维护乡村社会与国家关系的关键

上下良好互动主要是指国家与西南民族地区乡村社会中的各种人群、各种组织之间通过语言或某种手段传播信息而相互发生积极作用的过程。作者认为,上下良好互动是维护国家与乡村社会之间和谐关系的关键。

前面在论述过程中,作者已从政治、经济、军事、文化四个方面探讨了明清时期西南民族地区乡村社会与国家之间的良性互动。从政治方面看,国家在该地区自上而下地推进土司制度、乡约制度、里甲制度、保甲制度、团练制度的过程中,乡村社会的各种组织均在不断地接受或执行"国家"制度,这是西南民族地区乡村社会与国家之间良性互动的结果。在经济上,西南民族地区乡村社会能够按照国家分配的数额积极缴纳"皇粮国税",这不仅是对国家赋税制度的有力支持,更是乡村社会与国家之间在经济上互动的具体表现。同时,经济互动有利于加强乡村社会民众、土司首领与汉族官员以及与中央王朝的交流,减少彼此间的隔阂,增强政治互信,增加对国家、对中央王朝的认同。在军事方面,西南民族地区乡村社会的土司和土兵,服从中央政府的征调,于是"赏赐"不绝。在文化方面,由于西南地区各少数民族文化与国家主流文化之间的频繁互动与交流,增强了双方的认同感,密切了乡村社会与国家之间的关系,有力地推动了西南民族地区经济的发展、社会的进步。明清时期,无论是西南民族地区乡村社会还是封建国家,都希望谋求利益的最大化,这可能形成双方的恶性互动,以致最终造成乡村社会与国家之间的不和谐。如明代万历初年,中央王朝将昔日威风凛凛的都掌蛮灭种灭族,以及将四川播州杨氏土司消灭,就是典型案例。

明清时期西南民族地区无数事实证明,乡村社会与国家之间始终保持良性互动,有助于构建民族地区乡村社会的和谐,推动民族地区的经济发展、社会进步、文化繁荣和民族团结;反之,则阻碍该地区的发展与繁荣,破坏民族之间的团结。古往今来无数事实说明,只有乡村社会与国家之间始终保持良好互动、上下和谐,才能保持双方共生。

五、加强国家治理是筑牢乡村社会与国家关系的基础

党的十八届三中全会把完善和发展中国特色社会主义制度,推进国家治理体系和治理能力现代化确立为全面深化改革的总目标,这是马克思主义国家理论的重要创新和在中国的具体运用。在我国全面推进国家治理的历史进程中,深入研究明清时期统治者在处理包括西南民族地区在内的乡村社会与国家关系的策略与举措,有效吸取明清中央政府国家治理的有益养分,对于实现国家治理体系和治理能力的现代化大有裨益。

作者认为,加强国家治理,实现国家治理现代化是筑牢民族地区乡村社会与国家之间关系的基础。俗话说:他山之石,可以攻玉。对此,作者提出几个应注意的问题。

第一,明清中央政府在当时形成国家治理体系和治理能力,能为当前推进国家治理的现代化提供有益养分与智力支持。明清时期西南民族地区乡村社会与国家之间的关系虽然有博弈、有冲突,但毕竟是一种"国家在场"的关系,认同与调适、互动与和谐却是时代发展的主流。正是基于此,明清中央政府在国家管理(也有相当程度的治理)的过程中,十分注重妥善处理西南民族地区乡村社会与国家之间的关系。明清统治者不仅制定了政治、经济、法律、社会、文教等领域的一整套紧密相连的国家制度,而且基本上形成了治理结构、治理功能、治理制度、治理方法、治理运行等相互协调的国家治理体系,以此体现出封建统治者运用国家制度管理(包括社会稳定、经济发展、内政国防等)各方面事务的能力。明清时期中央政府在维系乡村社会与国家关系的过程中对西南民族地区进行国家治理的规律、对策、措施、结果、成因及经验教训,为我党探寻在推进国家治理体系和治理能力现代化进程中的路径、模式、方法提供了借鉴,这有助于维护国家稳定、加强民族团结、促进民族地区社会经济发展和文化繁荣。

第二,构建符合中国国情、与社会主义市场经济相适应、契合社会发展需求、与国际先进治理经验相融合的现代国家治理体系,是提升中国国家治理能力的基础,也是筑牢乡村社会与国家关系的基础。在作者成员所见到的国家治理体系中,俞可平教授在21世纪之初就在《增量民主与善治——对民主与治理的一种中国式理解》一文中提出的中国民主治理主要评价标准和指标较为详细,其具体内容见表11.3。

表 11.3　中国民主治理的主要评价标准及指标

评价标准	指标或关注重点
法治	国家的立法状况 公民和官员对法律的了解和尊重 法律在实际生活中的作用 立法活动和司法活动的自主性和权威性 法律在全国范围内和各个部门中的普遍实用性
公民的政治参与	选举法规 直接选举的范围 选举的方式 秘密投票的范围 候选人产生的方式 候选人的差额 选民登记率 实际参选率
多样化	妇女参政 少数民族参政 民主党派参政 党政官员的职业代表性 党政官员的区域代表性 党政官员的年龄构成
政治透明度	政治传播渠道的数量和质量 决策过程的公开 政府、法院、检察院、公安部门等活动的公开化程度 公民对政治事务的认知 新闻媒体的自主性 公民获取政治信息的权利
人权和公民权状况	法律对公民权利的保护 公民权利的实现程度 对少数民族的尊重 对少数派和不同意见者的保护和宽容 公民的人权意识 官员的人权意识 公民的自我保护能力

评价标准	指标或关注重点
对党和政府的监督	公民抵制政府不公正行为的合法权利 权力的相互制约 公民对政府权力的制约 新闻监督渠道 舆论监督的方式 党和政府的自律
党内民主和多党合作	党内的选举制度 各级党委领导人的产生方式 党委的决策程序 党与政府的关系 党与普通群众的关系 共产党和其他民主党派的关系
基层民主	村民自治率 居民自治率 社区自治 职工代表大会的作用 工会的政治参与 妇联的作用 乡镇长直接选举
民间组织的状况	民间组织的数量 民间组织对党和政府的影响 民间组织的政治参与 民间组织对社会政治经济事务的影响力 民间组织的外部生长环境
合法性	政府行为的公正和正当程度 公民对政府和政党的认同 价值分配的公平程度 政党是否在法律范围内活动 违法官员的比例
责任性	官员的廉洁 官员对其行为的负责性 对渎职官员的惩罚 官员与公民的沟通 官员对公民意见的尊重 党和政府接收和处理公民政治需求的机制 党员的轮换和选举程序

续表

评价标准	指标或关注重点
回应	党和政府的咨询机制 党政机关工作的主动性 政府制度创新 党和政府听取公民意见的情况 决策部门对政策的修订 政策反映或代表公民要求的程度 公民意见对政府决策的影响
效率	政府行为的成本 决策失误的概率 决策的效益 决策的周期 政府的快速反应和处事能力 公民对政府决策和处事效率的满意程度
秩序	科层结构 法律的权威和适用性 党和政府的权威 对政府的信任 政策指令信息的传送机制 社会规范 公民对政府和国家的认同 对现存秩序的挑战
稳定	犯罪率 民族矛盾 地区冲突 两极分化 中央与地方的关系 干部群众关系 上访 游行示威 社会危机感

资料来源:俞可平:《国家治理评估——中国与世界》,中央编译出版社,2009年版,第46-49页。

俞可平教授提出的中国民主治理的主要评价标准有 15 个,具体的评价指标和关注重点有 98 个。这些标准和评价指标,作为一种民主治理评价框架,对国家治理的研究和实施有一定指导作用。对于国家治理,有的专家学者认为至少应包括塑造共同价值体系、强化国家权威、提升国家治理执行力、促进经济持续发展、完善社会保障体系、增强国家与社会互动六个方面的内容。① 这均有待于进一步深入研究。

第三,对于民族地区的国家治理,有两个问题十分重要。一是厘清国家治理的内容(包括治理理念、治理主体、治理目标、治理方法、治理路径、治理格局等)。二是处理好多种关系(包括人治与法治、中央治理与地方治理、上层治理与乡村治理、政府治理与社会治理等)。值得注意的是,国家对民族地区的治理以及国家在制定相关国家制度时,必须尊重少数民族的宗教信仰、生活习俗及民间习惯法等内容。只有国家制度真正符合民族地区广大人民群众的利益,才能巩固民族地区乡村社会与国家之间的关系。

---

①徐湘林:《转型危机与国家治理》,《中国科学报》,2012 年 4 月 16 日。

参考文献

一、古籍类

[1] [明]龙文彬:《明会要》,中华书局 1956 年版。

[2] [明]朱元璋:《大诰续编·明孝第七》,中国台湾地区"内政部"1966 年版。

[3] [明]无名氏:《土官底簿》,台湾商务印书馆影印本 1986 年版。

[4] [明]夏原吉:《明实录·孝宗实录》,中华书局影印本 1986 年版。

[5] [明]谈迁:《国榷》,中华书局 1988 年版。

[6] [明]曾省吾:《确庵曾先生西蜀平蛮全录》,书目文献出版社 1988 年版。

[7] [明]申时行等:《明会典》(万历朝重修本),中华书局 1989 年版。

[8] [明]朱元璋:《大诰续编·互知丁业第三》,上海古籍出版社 1992 年版。

[9] [明]诸葛元声:《两朝平攘录》,《中国野史集成》(第 27 册),巴蜀书社 1993 年版。

[10] [明]袁文揆:《滇南文略》,上海书店出版社 1994 年版。

[11] [明]沈德符:《万历野获编》,中华书局 1997 年版。

[12] [明]杨芳:《殿粤要纂》,北京图书馆古籍珍本丛刊(42),1998 年版。

[13] [明]朱国祯:《皇明大事记》《中国野史集成续编》(第 8 册),巴蜀书社 2000 年版。

[14] [明]吕坤:《实政录》,转引自《续修四库全书》,上海古籍出版社 2002 年版。

[15] [明]张学颜:《万历会计录》,转引自《续修四库全书》,上海古籍出版社 2002 年版。

[16] [明]张岳:《小山类稿》,福建人民出版社 2003 年版。

[17] [明]郑若曾,李致忠:《筹海图编》,中华书局 2007 年版。

[18] [明]李化龙:《平播全书》(点校本),大众文艺出版社 2008 年版。

[19] [明]王阳明:《王守仁全集》,浙江图书馆藏明隆庆六年(1572)刻本。

[20] [明]沈德符:《万历野获编补遗》,中华书局 1959 年版。

[21] [明]俞汝:《礼部志稿》(卷七十一),浙江巡抚采进本。

[22] [清]戴名世:《戴南山全集》,还书屋民国七年(1918 年)木活字印本。

[23] [清]尹泰,张廷玉:《雍正清会典》,雍正五年(1727 年)刻本。

[24] [清]鄂尔泰,尹继善:《乾隆云南通志》,乾隆元年(1736年)刻本。

[25] [清]允禄,鄂尔泰:《硃批谕旨》,乾隆三年(1738年)武英殿朱墨套印本。

[26] [清]乾隆:《钦定大清会典则例》,乾隆二十九年(1764年)文渊阁四库全书本。

[27] [清]李洪勋:《李氏族谱》,嘉庆二年(1797年)抄本。

[28] [清]贺长龄:《皇朝经世文编》,道光七年(1827年)刊本。

[29] [清]旻宁敕:《钦定户部则例》卷十《田赋·置产投税部》,道光十八年(1838年)刻本。

[30] [清]夏炘注:《圣谕十六条附律易解》,同治九年(1870年)江苏书局刊本。

[31] [清]《钦定户部则例》,同治十三年(1874年)校刊。

[32] [清]饶玉成:《皇朝经世文续编》,光绪七年(1881年)刊本。

[33] [清]王锡祺:《小方壶斋舆地丛钞》(第八帙),光绪十七年(1891年)上海着易堂铅印本。

[34] [清]陈梦雷:《古今图书集成》,中华书局影印本民国二十三年(1934年)版。

[35] [清]谈迁:《国榷》,中华书局1958年版。

[36] [清]顾炎武:《天下郡国利病书》,民国商务印书馆《四部丛刊》三编影印本。

[37] [清]张廷玉等:《明史》,中华书局,1974年版。

[38] [清]赵翼,王树民校:《廿二史前记校证》,中华书局1984年版。

[39] [清]常明,杨芳灿等:《嘉庆四川通志》,巴蜀书社1984年版。

[40] [清]昆冈等:《钦定大清会典事例》,中华书局影印本1991年版。

[41] [清]王庆云:《石渠余记》,中国书店2009年版。

[42] [清]王崧著,刘景毛点校:《道光云南志钞》,云南省社会科学院文献研究所1995年版。

[43] [清]顾炎武:《天下郡国利病书》,《四库全书存目丛刊教案》(史部171),齐鲁书社1996年版。

[44] [清]陈鼎,杨汉辉等点校:《黔游记》,贵州人民出版社1997年版。

[45] [清]顾彩:《容美纪游》,转引自《容美纪游校注》,湖北人民出版社1999年版。

[46] [清]阿桂:《钦定户部军需则例》,转引自《续修四库全书》,上海古籍出版社2002年版。

[47] [清]徐栋:《保甲书》,安徽师范大学出版社2012年版。

[48] [清]严如煜:《苗防备览》(点校本),岳麓书社2013年版。

[49] [民国]《敖氏族谱》,民国二年(1913年)刻本。

[50] [民国]《吴氏建始族系支谱》,民国二十年(1931年),原件存湖北省恩施土家族苗族自治州档案馆。

[51] [民国]杨世贤:《广西田赋概要》,广西省政府经济委员会中华民国二十五年(1936年)版。

[52] [民国]沈云龙:《近代中国史料丛刊》,台北文海出版社有限公司1972年版。

[53] [清]汪森:《粤西文载》,广西人民出版社1990年版。

二、方志类

[1] [明]刘大漠,杨慎:《嘉靖四川总志》,北京图书馆古籍珍本丛刊。

[2] [明]刘文征著,古永继校:《滇志》,云南教育出版社 1991 年版。

[3] [明]刘尧诲:《苍梧总督军门志》,全国图书馆文献缩微复制中心 1991 年版。

[4] [明]应檟,刘尧诲:《苍梧总督军门志》,全国图书馆文献缩微复制中心 1991 年版。

[5] [明]王尚用:《嘉靖寻甸府志》,天一阁藏版影印本。

[6] [明]王廷相:《万历四川总志》,齐鲁书社 1997 年版。

[7] [明]洪价:《嘉靖思南府志》(点校本),思南县志编纂委员会办公室 2002 年版。

[8] [明]王耒贤,许一德等:《万历贵州通志》(点校本),贵州大学出版社 2010 年版。

[9] [明]郭子章:《黔记》(点校本),《续黔南丛书》第一辑(中册),贵州人民出版社 2012 年版。

[10] [清]毛奇龄:《蛮司合志》,西河合集本。

[11] [清]张天如:《同治永顺府志》卷十一《檄示》,乾隆二十八年(1763 年)刻本。

[12] [清]王萦绪:《石砫厅志》,乾隆四十年(1775 年)刻本。

[13] [清]江浚源:《临安府志》,嘉庆四年(1799 年)刻本。

[14] [清]谢启昆:《广西通志》,嘉庆六年(1801 年)刻本。

[15] [清]曹春林:《滇南杂志》,嘉庆十五年(1810 年)刊本。

[16] [清]李约,皇甫如森:《嘉庆慈利县志》,嘉庆二十二年(1817 年)刻本。

[17] [清]王槐龄:《补辑石砫厅新志》,道光二十三年(1843 年)刻本。

[18] [清]爱必达:《黔南识略》,道光二十七年(1847 年)罗绕典刻本。

[19] [清]夏修恕:《思南府续志》,道光传抄本。

[20] [清]李勖:《来凤县志》,同治五年(1866 年)刻本。

[21] [清]王鳞飞等:《同治酉阳直隶州总志》,同治三年(1864 年)刻本。

[22] [清]聂光銮,王柏心,雷春沼:《宜昌府志》,清同治四年(1865 年)刊本。

[23] [清]徐澍楷:《鹤峰州志续修》,同治六年(1867 年)刻本。

[24] [清]王正玺:《毕节县志稿·学校志》,同治十三年(1874 年)未刊本。

[25] [清]庄定域,支承祜:《彭水县志》,光绪元年(1875 年)刻本。

[26] [清]刘坤一等:《江西通志》,光绪六年(1880 年)刻本。

[27] [清]刘毓珂:《永昌府志》,光绪十一年(1885 年)刻本。

[28] [清]徐渭:《黎平府志》,光绪十八年(1892 年)刻本。

[29] [清]俞渭等:《光绪黎平府志》,光绪十八年(1892 年)刻本。

[30] [清]张九章:《黔江县志》,光绪二十年(1894 年)刻本。

[31] [清]吴宗周,欧阳曙:《湄潭县志》,光绪二十五年(1899 年)刊本。

[32] [清]崇俊,王椿:《光绪增修仁怀厅志》,光绪二十八年(1902 年)刻本。

[33] [清]袁嘉谷:《宜良县志》,民国十年(1921年)刻本。

[34] [清]刘沛霖,朱光鼎:《道光宣威州志》,台湾成文出版社1967年版。

[35] [清]毛奇龄:《蛮司合志》,转引自《中国边疆少数民族古文献》(卷四十三),四川民族出版社1983年版。

[36] [清]常明,杨芳灿:《四川通志》,巴蜀书社1984年版。

[37] [清]郑珍,莫友芝:《遵义府志》(点校本),遵义市志编纂委员会整理1986年版。

[38] [清]谢启昆:《广西通志》,广西人民出版社1988点校本。

[39] [清]顾枞:《息烽县志》,息烽县县志办公室1988年版。

[40] [清]王鳞飞等:《同治增修酉阳直隶州总志》,巴蜀书社1992年版。

[41] [清]王麟祥:《光绪叙州府志》,《中国地方志集成·四川府县志辑》(28),巴蜀书社1992年版。

[42] [清]王聿:《光绪珙县志》,《四川府县志辑》(35),巴蜀书社1992年版。

[43] [清]杨庚,曹秉让:嘉庆《长宁县志》,《四川府县志辑》(34),巴蜀书社1992年版。

[44] [清]黄宅中:《大定府志》(点校本),中华书局2000年版。

[45] [清]陈宗海等:《腾越厅志》(点校本),云南美术出版社2002年版。

[46] [清]陈志仪:《道光直隶南雄州志》,上海书店出版社2003年版。

[47] [清]周作楫:《贵阳府志》(校注本),贵州人民出版社2005年版。

[48] [清]陈世盛:《绥阳县志》,转引自《中国地方志集成·贵州府县志辑》(卷36),巴蜀书社2006年版。

[49] [清]年法尧:《康熙定番州志》,巴蜀书社影印本2006年版。

[50] [清]鄂尔泰:《乾隆贵州通志》,巴蜀书社影印本2006年版。

[51] [清]李台:《嘉庆黄平州志》,巴蜀书社影印本2006年版。

[52] [清]崇俊,王椿:《光绪增修仁怀厅志》,巴蜀书社2006年版。

[53] [清]夏修恕,周作楫:《道光思南府续志》,巴蜀书社2006年版。

[54] [清]鄂尔泰:《乾隆贵州通志》,巴蜀书社2006年版。

[55] [清]常恩:《咸丰安顺府志》(点校本)贵州人民出版社2007年版。

[56] [清]张锳:《兴义府志》(校注本),贵州人民出版社2009年版。

[57] [清]王鳞飞等:《同治酉阳直隶州总志》(点校本),巴蜀书社2009年版。

[58] [清]郭怀礼:《光绪武定直隶州志》,转引自《中国地方志集成·云南府县志辑62》,凤凰出版社2009年版。

[59] [民国]张鉴安:《龙陵县志》,民国六年(1917年)刊本。

[60] [民国]王华裔:《民国独山县志》,民国四年(1915年)稿本。

[61] [民国]黄元直:《元江志稿》,民国十一年(1922年)铅印本。

[62] [民国]苗勃然:《民国威宁县志》,民国十三年(1924年)稿本。

[63] [民国]江钟岷,陈廷荣:《平坝县志》,民国二十一年(1932年)铅印本。

［64］［民国］江碧秋:《罗城县志》,民国二十四年(1935 年)铅印本。

［65］［民国］罗骏超:《民国册亨县乡土志略》,民国二十五年(1936 年)铅印本。

［66］［民国］陈谦、陈世虞:《犍为县志》,民国二十六年(1937 年)铅印本。

［67］［民国］郑少成等:《民国西昌县志》,民国三十一年(1942 年)铅印本。

［68］［民国］湖北利川《覃氏族谱》,民国三十三年(1944 年)刻本。

［69］［民国］阮略:《民国剑河县志》,民国三十四年(1945 年)剑河石印局石印本。

［70］［民国］张其昀:《遵义新志》,国立浙江大学史地研究所 1948 年版。

［71］［民国］卢杰:《民国兴义县志》,民国三十七年(1948 年)稿本。

［72］［民国］刘显世等:《贵州通志》,民国三十七年(1948 年)铅印本。

［73］［民国］周钟岳:《新纂云南通志》,1949 年铅印本。

［74］［民国］刘介:《广西通志稿》,广西通志馆 1949 年印,广西壮族自治区图书馆藏。

［75］［民国］顾枞:《息烽县志》,贵州省图书馆 1965 油印本。

［76］［民国］任可澄:《民国续修安顺府志》,贵州省安顺市志编纂委员会点校本 1983 年版。

［77］［民国］李芳:《民国大定县志》,贵州省大方县县志编纂委员会办公室点校本 1985 年版。

［78］［民国］胡仁:《绥阳县志》(点校本),绥阳县志编纂委员会 1986 年版。

［79］［民国］李培枝:《绥阳县志》,绥阳县志编纂委员会 1986 年版。

［80］［民国］郑少成:《西昌县志》卷四《政制志·地方公益》,巴蜀书社 1992 年版。

［81］［民国］陈谦、陈世虞:《犍为县志》卷九《义举志》,巴蜀书社 1992 年版。

［82］［民国］何鸿亮:《兴文县志》,《中国地方志集成·四川府县志辑》(34),巴蜀书社 1992 年版。

［83］［民国］解幼莹:《开阳县志》(点校本),开阳县史志办公室 1996 年版。

［84］［民国］欧先哲:《开阳县志稿》(点校本),开阳县史志办公室 1996 年版。

［85］［民国］杨兆麟:《续遵义府志》,遵义市红花岗区地方志办公室 2000 年版。

［86］［民国］周国华:《石阡县志》,《贵州府县志辑》(卷 47),巴蜀书社 2006 年版。

［87］［民国］李世祚:《桐梓县志》,《贵州府县志辑》(卷 37),巴蜀书社 2006 年版。

［88］［民国］窦全曾、陈矩:《都匀县志稿》,巴蜀书社 2006 年版。

［89］［民国］方中等:《清镇县志稿》,巴蜀书社 2006 年版。

［90］［民国］龙云、卢汉:《新纂云南通志》(点校本),云南人民出版社 2007 年版。

［91］［民国］刘显世、谷正伦:《贵州通志·舆地志·风土志》(点校本),贵州大学出版社 2010 年版。

［92］［民国］任可澄:《续修安顺府志辑稿》(点校本),贵州人民出版社 2012 年版。

［93］吴德煦:《章谷屯志略》,台湾成文出版社 1968 年版。

［94］新文丰:《清仁宗实录》,台湾新文丰出版公司 1978 年版。

［95］王士信:《广志绎》,中华书局 1982 年版。

［96］贵阳市志编纂委员会:《贵阳市志·建置志》,贵州人民出版社 1984 年版。

［97］贵州省地方志编纂委员会:《贵州省志·地理志》,贵州人民出版社 1985 年版。

［98］广西壮族自治区编辑组:《广西少数民族地区碑文契约资料集》,广西民族出版社 1987
年版。

［99］青川县志编纂委员会:《青川县政权志》,青川县志编纂委员会 1987 年版。

［100］黔东南苗族侗族自治州志编纂委员会:《黔东南苗族侗族自治州志·林业志》,中国林
业出版社 1990 年版。

［101］贵州省地方志编纂委员会:《贵州省志·商业志》,贵州人民出版社 1990 年版。

［102］贵州省地方志编纂委员会:《贵州省志·教育志》,贵州人民出版社 1990 年版。

［103］高育仁:《重修台湾省通志卷六·文教志社会教育篇》,台湾省文献委员会 1993 年版。

［104］都安瑶族自治县志编纂委员会:《都安瑶族自治县志》,广西人民出版社 1993 年版。

［105］阿坝藏族羌族自治州地方志编纂委员会:《阿坝藏族羌族自治州志》,民族出版社 1994
年版。

［106］《罗甸县志》编纂委员会:《罗甸县志》,贵州人民出版社 1994 年版。

［107］《钟山县志》编纂委员会:《钟山县志》,广西人民出版社 1995 年版。

［108］广西壮族自治区地方志编纂委员会:《广西通志·民政志》,广西人民出版社 1996
年版。

［109］欧先哲:《民国开阳县志》(点校本),开阳县史志办公室 1996 年版。

［110］刘孝瑜,答振益,柏贵喜:《湖北省志·民族》,湖北人民出版社 1997 年版。

［111］云南省地方志编纂委员会:《云南省志·军事志》,云南人民出版社 1997 年版。

［112］甘孜藏族自治州志编纂委员会:《甘孜藏族自治州志》,四川人民出版社 1997 年版。

［113］宜州市地方志编纂委员会:《宜州市志》,广西人民出版社 1998 年版。

［114］德保县地方志编纂委员会:《德保县志》,广西人民出版社 1998 年版。

［115］黔东南州民族研究所,雷山县民族宗教事务局:《西江苗族志》(内部资料),黔东南州
民族研究所 1998 年版。

［116］遵义市志编纂委员会:《遵义市志》,中华书局 1998 年版。

［117］甘孜藏族自治州志编纂委员会:《甘孜藏族自治州志》,四川人民出版社 1998 年版。

［118］四川省地方志编纂委员会:《四川省志军事志》,四川人民出版社 1999 年版。

［119］寻甸回族彝族自治县志编纂委员会:《寻甸回族彝族自治县志》,云南人民出版社 1999
年版。

［120］黔东南苗族侗族自治州地方志编纂委员会:《黔东南苗族侗族自治州民族志》,贵州人
民出版社 2000 年版。

［121］贵州省毕节地区地方志编纂委员会:《大定府志》(点校本),中华书局 2000 年版。

［122］张文兴等:《卯峒土司志校注》,民族出版社 2001 年版。

［123］重庆市民族宗教事务委员会:《重庆民族志》,重庆出版社 2002 年版。

［124］《酉阳县志》编纂委员会：《酉阳县志》，重庆出版社 2002 年版。

［125］中国会馆志编纂委员会：《中国会馆志》，方志出版社 2002 年版。

［126］贵州省地方志编纂委员会：《贵州省志民族志》，贵州民族出版社 2002 年版。

［127］贵州省地方志编纂委员会：《贵州省志·地理志》，贵州人民出版社 2003 年版。

［128］贵州省遵义市地方志编纂委员会：《遵义地区志·军事志》，贵州人民出版社 2003
　　　年版。

［129］彭水苗族土家族自治县民族宗教志编纂委员会：《彭水苗族土家族自治县民族宗教
　　　志》，重庆出版社 2003 年版。

［130］韦业猷：《忻城土司志》，广西人民出版社 2005 年版。

［131］《兴文县志》编纂委员会：《兴文县志》，方志出版社 2010 年版。

［132］遵义市汇川区高坪镇志编纂委员会：《遵义市汇川区高坪镇志》，方志出版社 2012
　　　年版。

［133］大新县地方志办公室：《大新土司志》，广西人民出版社 2013 年版。

三、今人专著、史料类（1911 年以后）

［1］［民国］吴泽霖：《民国定番县乡土教材调查报告》，民国二十八年（1939 年）铅印本。

［2］广东中山《大榄梁氏族谱》，民国十四年（1925 年）铅印本，广东省立中山图书馆藏。

［3］《吴氏建始族系支谱》，民国二十年（1931 年），原件存湖北省恩施土家族苗族自治州档
　　案馆。

［4］闻钧天：《中国保甲制度》，商务印书馆 1935 年版。

［5］杨开道：《中国乡约制度》，山东省乡村建设研究服务人员训练处 1937 年版。

［6］柯仲生：《彭水概况》，彭水县政府，民国二十九年（1940 年）铅印本。

［7］《向氏宗谱》卷一，民国三十一年（1942 年）年版。

［8］蒋君章：《西南经济地理纲要》，中正书局 1943 年版。

［9］余贻泽：《中国土司制度》，正中书局 1944 年版。

［10］蒋君章：《西南经济地理》，商务印书馆 1946 年版。

［11］贵州省统计年鉴：《土地与人口》，贵州省政府 1946 年版。

［12］严中平：《清代云南铜政考》，中华书局 1948 年版。

［13］江应樑：《明代云南境内的土官与土司》，云南人民出版社 1958 年版。

［14］台湾"中央研究院历史语言研究所"：《明实录》，台湾"中央研究院历史语言研究所"校
　　　印本，1962 年版。

［15］《广西土官岑氏莫氏族谱》，广西民族研究所 1965 年版。

［16］黄开华：《明清时期土司制度设施与西南开发》，转引自《明清时期土司制度》，台湾学
　　　生书局 1968 年版。

［17］徐栋，丁日昌等：《保甲书辑要》，转引自《中国方略丛书》，台湾成文出版社 1969 年版。

[18] 中国第一历史档案馆:《咸丰同治两朝上谕档》,广西师范大学出版社1981年版。

[19] 吕必:《明朝小史》,台湾"中央图书馆"。

[20] 广西民族研究所:《广西少数民族地区石刻碑文集》,广西人民出版社1982年版。

[21] 夏东元:《郑观应集》,上海人民出版社1982年版。

[22] 台湾"中央研究院历史语言研究所":《明实录》(校勘本),上海书店1982年版。

[23] 贵州民族研究所:《明实录·贵州资料辑录》,贵州人民出版社1983年版。

[24] 中共鹤峰县委统战部,县史志编纂办公室,中共五峰县委统战部县民族工作办公室:《容美土司史料汇编》,1983年版。

[25] 田汝成:《炎徼纪闻》,台湾商务印书馆景影,1983年文渊阁四库全书本。

[26] 费正清:《剑桥中国晚清史》,中国社会科学院出版社1985年版。

[27] 《清实录·仁宗实录》(237卷),中华书局1986年版。

[28] 向零:《民族志资料汇编》(第三集),贵州省志民族志编委会1987年版。

[29] 云南编辑组:《德宏傣族社会历史调查》(三),云南人民出版社1987年版。

[30] 广西壮族自治区编辑组:《广西少数民族地区碑文契约资料集》,广西民族出版社1987年版。

[31] 杨国桢:《明清土地契约文书研究》,人民出版社1988年版。

[32] 陈运栋:《客家人》,东门公司1988年版。

[33] 费孝通,吴晗:《皇权与绅权》,天津人民出版社1988年版。

[34] 吴永章:《中国土司制度渊源与发展史》,四川民族出版社1988年版。

[35] 马大正:《中国古代边疆政策研究》,中国社会科学出版社1989年版。

[36] 中国第一历史档案馆:《雍正朝汉文朱批奏折汇编》,江苏古籍出版社1989年版。

[37] 桂苑书林丛书:《粤西文载校点》,广西人民出版社1990年版。

[38] 孔飞力:《中华帝国晚期的叛乱及其敌人》,中国社会科学出版社1990年版。

[39] 杨景仁:《筹济编》,台湾文海出版社1990年版。

[40] 教育大辞典编纂委员会:《教育大辞典》,上海教育出版社1991年版。

[41] 侯绍庄,史继忠,翁家烈:《贵州古代民族关系史》,贵州民族出版社1991年版。

[42] 邹瑜等:《法学大辞典》,中国政法大学出版社1991年版。

[43] 张仲礼:《中国的绅士——关于其在十九世纪中国社会中作用的研究》,上海社会科学出版社1991年版。

[44] 徐杰舜,韦日科:《中国民族政策史鉴》,广西人民出版社1992年版。

[45] 钱伯诚:《全明文》,上海古籍出版社1992年版。

[46] 张诗亚:《祭坛与讲坛》,云南教育出版社1992年版。

[47] 龚荫:《中国土司制度》,云南民族出版社1992年版。

[48] 李国祥,杨昶:《明实录类纂(四川史料卷)》,武汉出版社1993版。

[49] 魏向阳:《康乾盛世的扛鼎杠杆》,首都师范大学出版社1993年版。

［50］白钢:《中国农民问题研究》,人民出版社 1993 年版。

［51］代继华,谭力,覃时勇:《中国职官管理史稿》,法律出版社 1994 年版。

［52］戚珩:《政治意识论》,浙江人民出版社 1995 年版。

［53］张传玺:《中国历代契约汇编考释》,北京大学出版社 1995 年版。

［54］四川黔江地区民族事务委员会:《川东南少数民族史料辑》,四川民族出版社 1995 年版。

［55］马敏:《官商之间——社会剧变中的近代绅商》,天津人民出版社 1995 年版。

［56］杜婉言,方志远:《中国政治制度通史·明代》(第九卷),人民出版社 1996 年版。

［57］秦成德:《秦氏繁衍史》(内部版),石柱县人民印刷厂 1996 年版。

［58］孙鑛:《为政第一篇》,《四库存目丛书·史部》(第 262 册),齐鲁社 1996 年版。

［59］王先明:《近代绅士——一个封建阶层的历史命运》,天津人民出版社 1997 年版。

［60］方铁等:《中国西南边疆开发史》,云南人民出版社 1997 年版。

［61］陈谷嘉,邓洪波:《中国书院制度研究》,浙江教育出版社 1997 年版。

［62］蓝勇:《西南历史文化地理》,西南师范大学出版社 1997 年版。

［63］钱宗范:《广西各民族宗法制度研究》,广西师范大学出版社 1997 年版。

［64］姜汝祥:《市场、政府与社会变迁——平塘研究:1911—1993》,贵州人民出版社 1998 年版。

［65］《贵州六百年经济史》编辑委员会:《贵州六百年经济史》,贵州人民出版社 1998 年版。

［66］常建华:《中华文化通志·制度文化·宗族志》,上海人民出版社 1998 年版。

［67］赵秀玲:《中国乡里制度》,社会科学出版社 1998 年版。

［68］马建石,杨育裳:《大清律例通考校注》,中国政法大学出版社 1998 年版。

［69］《清世宗圣训》,北京燕山出版社 1998 年版。

［70］张静:《国家与社会》,浙江人民出版社 1998 年版。

［71］孟昭华:《中国灾荒史记》,中国社会出版社 1999 年版。

［72］牧童:《赫哲族教育》,黑龙江教育出版社 1999 年版。

［73］黄义仁:《布依族史》,贵州民族出版社 1999 年。

［74］［美］费正清:《美国与中国》,世界知识出版社 1999 年版。

［75］李文治,江太新:《中国宗法宗族制和族田义庄》,社会科学文献出版社 2000 年版。

［76］刘复生:《僰国与泸夷》,巴蜀书社 2000 年版。

［77］马镛:《中国教育制度通史》,山东教育出版社 2000 年版。

［78］许倬云:《从历史看组织》,上海人民出版社 2000 年版。

［79］王先明:《中国近代社会文化史论》,人民出版社 2000 年版。

［80］段金录,张锡禄:《大理历代名碑》,云南民族出版社 2000 年版。

［81］朱东润:《张居正大传》,百花文艺出版社 2000 年版。

［82］周荣德:《中国社会的阶层流动——一个社区中士绅身份的研究》,学林出版社 2000 年版。

［83］利玛窦,金尼阁:《利玛窦中国札记》,广西师范大学出版社 2001 年版。

［84］彭英明:《土家族文化通志新编》,民族出版社 2001 年版。

［85］张仲礼:《中国绅士的收入》,上海社会科学院出版社 2001 年版。

［86］冯楠:《贵州通志·人物志》,贵州人民出版社 2001 年版。

［87］于建嵘:《岳村政治》,商务印书馆 2001 年版。

［88］梁其姿:《施善与教化:明清时期的慈善组织》,河北教育出版社 2001 年版。

［89］杨雪冬:《市场发育、社会生长和公共权力构建》,河南人民出版社 2002 年版。

［90］孙培青:《中国教育史》,华东师范大学出版社 2002 年版。

［91］贵州通史编委会:《贵州通史》,当代中国出版社 2002 年版。

［92］蓝勇:《中国历史地理学》,高等教育出版社 2002 年版。

［93］王焱:《宪政主义与现代国家》,北京读书·生活·新知三联书店 2003 年版。

［94］艾永明:《清朝文官制度》,商务印书馆 2003 年版。

［95］张羽琼:《贵州古代教育史》,贵州教育出版社 2003 年版。

［96］[日]织田万著,李秀清、王沛点校:《清国行政法》,中国政法大学出版社 2003 年版。

［97］方铁:《西南通史》,中州古籍出版社 2003 年版。

［98］复旦大学历史学系,复旦大学中外现代化进程研究中心:《近代中国的国家形象与国家认同》,上海古籍出版社 2003 年版。

［99］石亚洲:《土家族军事史研究》,民族出版社 2003 年版。

［100］弥渡县民族宗教事务局:《弥渡彝族简史》,云南民族出版社 2004 年版。

［101］杨国安:《明清两湖地区基层组织与乡村社会研究》,武汉大学出版社 2004 年版。

［102］孔令中:《贵州教育史》,贵州教育出版社 2004 年版。

［103］李荣高等:《云南林业文化碑刻》,德宏民族出版社 2005 年版。

［104］王卫平,黄鸿山:《中国古代传统社会保障与慈善事业》,群言出版社 2005 年版。

［105］王先明:《中国近代社会文化史续论》,南开大学出版社 2005 年版。

［106］王正义,谢爱临:《明实录·播州资料辑录》,贵州省遵义市政协宣教文卫委员会 2006 年版。

［107］中国社会科学院语言研究所词典编辑室:《现代汉语词典》,商务印书馆 2006 年版。

［108］杨氏修谱理事会:《杨氏族谱》,杨氏修谱理事会 2006 年版。

［109］田玉隆:《贵州土司史》,贵州人民出版社 2006 年版。

［110］万红:《中华西南民族市场论》,中国经济出版社 2006 年版。

［111］周秋光,曾桂林:《中国慈善简史》,人民出版社 2006 年版。

［112］谭必友:《清代湘西苗疆多民族社区的近代重构》,民族出版社 2007 年版。

［113］重庆酉阳冉氏族谱续修委员会:《冉氏族谱·总谱》,重庆酉阳冉氏族谱续修委员会 2007 年版。

［114］何伟福:《清代贵州商品经济史研究》,中国经济出版社 2007 年版。

［115］曾维益：《白马土司家谱》，平武县地方志办公室 2007 年版。

［116］彭福荣、李良品：《乌江流域民族地区历代碑刻选辑》，重庆出版社 2007 年版。

［117］安介生：《历史民族地理》，山东教育出版社 2007 年版。

［118］翟玉前、孙俊编著，罗康隆审订：《明史·贵州土司列传考证》，贵州人民出版社 2008 年版。

［119］彭司礼：《保靖彭氏宗谱》，保靖彭氏宗谱编委会 2008 年版。

［120］袁纯清：《和谐与共生》，社会科学文献出版社 2008 年版。

［121］温春来：《从"异域"到"旧疆"——宋至清贵州西北部地区的制度、开发与认同》，生活·读书·新知三联书店 2008 年版。

［122］广西壮族自治区编辑组，《中国少数民族社会历史调查资料丛刊》修订编辑委员会：《广西壮族社会历史调查》，民族出版社 2009 年版。

［123］陈旭霞：《民间信仰》，河北人民出版社 2009 年版。

［124］彭福荣、李良品：《石砫土司文化研究》，重庆出版社 2009 年版。

［125］向盛福：《土司王朝》，内蒙古人民出版社 2009 年版。

［126］贾霄锋：《藏区土司制度研究》，青海人民出版社 2010 年版。

［127］李良品：《乌江流域民族地区教育发展史》，重庆出版社 2010 年版。

［128］李良品，彭福荣，余继平：《重庆民族文化研究》，重庆出版社 2010 年版。

［129］蔡玉葵：《秦良玉军事思想初探》（内部版），石柱土家族自治县人民政府地方志办公室 2010 年版。

［130］刘志伟：《在国家与社会之间——明清广东地区里甲赋役制度与乡村社会》，中国人民大学出版社 2010 年版。

［131］凉山彝族自治州博物馆：《凉山历史碑刻注评》，文物出版社 2011 年版。

［132］朱金甫，张书才：《清代典章制度辞典》，中国人民大学出版社 2011 年版。

［133］蓝武：《从设土到改流——元明时期广西土司制度研究》，广西师范大学出版社 2011 年版。

［134］潘志成，吴大华：《土地关系及其他事务文书》，贵州民族出版社 2011 年版。

［135］李良品：《重庆世居少数民族研究》（苗族卷），重庆出版社 2011 年版。

［136］王明贵、王继超：《水西简史》，贵州出版社 2011 年版。

［137］黄珺：《云南乡规民约大观》，云南美术出版社 2012 年版。

［138］龚荫：《中国土司制度史》，四川人民出版社 2012 年版。

［139］何耀华，夏光辅：《云南通史》，中国社会科学出版社 2012 年版。

［140］谢晖、陈金钊：《民间法》，厦门大学出版社 2012 年版。

［141］李良品：《土司时期西南地区土兵制度与军事战争研究》，重庆出版社 2013 年版。

［142］高聪，谭洪沛：《贵州清水江流域明清土司契约文书（九南篇）》，民族出版社 2013 年版。

四、学术论文类

[1] 傅衣凌:《太平天国时代的全国抗粮潮》,《财政知识》1943 年第 3 期。

[2] 林名均:《川南僰人考》,《文史教学》1949 年创刊号。

[3] 梁仁葆:《金田起义前广西的土地问题》,《历史教学》1956 年第 7 期。

[4] 宝志强:《如何认识封建统治阶级的"剿抚兼施"政策》,《历史教学》1966 年第 4 期。

[5] 罗仑:《明初教育制度之初步考察》,《南京大学学报》1981 年第 1 期。

[6] 史继忠:《明代水西的则溪制度》,云南大学 1981 年硕士学位论文。

[7] 陈梧桐:《论朱元璋的民族政策》,《中南民族学院学报(人文社会科学版)》1982 年第 1 期。

[8] 李世愉:《试论清雍正朝改土归流的原因和目的》,《北京大学学报》1984 年第 3 期。

[9] 高言弘:《明代广西各族农民起义的社会背景概述》,《广西民族研究》1985 年第 2 期。

[10] 徐硕如:《明代广西少数民族起义的几个问题》,《广西师范大学学报(哲学社会科学版)》1985 年第 8 期。

[11] [日]谷口房男:《明代广西的土巡检司》,《学术论坛》1985 年第 11 期。

[12] 刘先照,周朱流:《试论清王朝的民族政策》,《西北民族研究》1988 年第 2 期。

[13] 郑庆平:《明清时期的土地制度及其发展变化特征》,《中国农史》1989 年第 1 期。

[14] 蒙绍荣:《壮族历史上的"蒸尝田"助学金制度》,《广西民族学院学报(哲学社会科学版)》1989 年第 3 期。

[15] 肖俊生:《明王朝在"都掌蛮"地区的改土归流》,《宜宾史志》1990 年第 1 期。

[16] 彭清洲:《明成祖民族政策述论》,《中央民族学院学报》1990 年第 4 期。

[17] 陈柯云:《略论明清徽州乡约》,《中国史研究》1990 年第 4 期。

[18] 李世宇:《康雍乾时期民族政策与西南民族地区的开发》,《贵州民族研究》1992 年第 1 期。

[19] 吴滔:《建国以来明清农业自然灾害研究综述》,《中国农史》1992 年第 4 期。

[20] 孙海泉:《论清代从里甲到保甲的演变》,《中国史研究》1994 第 2 期。

[21] 姜晓萍:《明代商税的征收与管理》,《西南师范大学学报(哲学社会科学版)》1994 年第 4 期。

[22] 侯绍庄:《十二生肖场镇名称探源及其对贵州经济发展的影响》,《贵州师范大学学报(社会科学版)》1993 年第 3 期。

[23] 蓝勇:《明清时期的皇木采办》,《历史研究》1994 年第 6 期。

[24] 赵儒煜:《经济制度、经济机制、经济体制辨析》,《当代经济研究》1994 年第 3 期。

[25] 陈国生,董力三:《清代贵州的流民与山区开发》,《贵州师范大学学报(社会科学版)》1994 年第 3 期。

[26] 张瑞泉:《略论清代的乡村教化》,《史学集刊》1994 年第 3 期。

［27］陈剩勇：《清代社学与中国古代官办基础教育体制》，《历史研究》1995 年第 6 期。

［28］顾龙先：《"苗疆义学"历史考察》，《贵州民族研究》1995 年第 1 期。

［29］罗远道：《清雍正初年卫所制度的大变革》，《中国历史博物馆馆刊》1996 年第 1 期。

［30］梁颖：《广西壮族民间宗祠述论》，《桂林市教育学院学报》1996 年第 1 期。

［31］韦启光：《儒家文化对贵州少数民族文化的影响》，《贵州社会科学》1996 年第 3 期。

［32］雷学华：《中国封建社会的民族教育》，《中南民族学院学报（人文社会科学版）》1996 年第 4 期。

［33］慈鸿飞：《近代中国镇、集发展的数量分析》，《中国社会科学》1996 年第 2 期。

［34］吴承旺：《从自然崇拜到生态意识——浅谈布依族的生存智慧》，《理论与当代》1997 年第 8 期。

［35］陆世仪：《思辨录前集》，转引自曹国庆：《明代乡约推行的特点》，《中国文化研究》1997 年第 1 期。

［36］关荣华：《四川苗族教育研究》，《西南民族学院学报（人文社会科学版）》1997 年第 5 期。

［37］黄细嘉：《近代的团练和团练制度》，《历史教学》1997 年第 10 期。

［38］佟德富：《中国少数民族原始宗教概述》，《世界宗教研究》1997 年第 3 期。

［39］严英俊：《贡献壮族地区土兵制度初探》，中央民族大学 1998 年硕士学位论文。

［40］赵晓力：《中国近代农村土地交易中的契约、习惯与国家法》，《北大法律评论》1998 年第 2 期。

［41］刘复生：《"都掌蛮"研究二题——明代"都掌蛮"的构成和消亡》，《四川大学学报（哲学社会科学版）》1998 年第 2 期。

［42］孙秋云，钟年，张彤：《长阳土家族的宗族组织及其变迁》，《民族研究》1998 年第 5 期。

［43］蒋立松：《清前期贵州少数民族地区社学、义学发展述略》，《贵州民族研究》1998 年第 4 期。

［44］孙秋云：《从新旧谱牒的比较看鄂西土家族地区宗族组织的变迁》，《贵州民族研究》1999 年第 3 期。

［45］叶娟丽：《我国历史上宗族组织的政权化倾向》，《学术论坛》2000 年第 2 期。

［46］张羽琼：《论明清时期贵州官学的发展》，《贵州社会科学》2001 年第 4 期。

［47］项辉，周俊麟：《乡村精英格局的历史演变及现状——"土地制度—国家控制力"因素之分析》，《中共浙江省委党校学报》2001 年第 5 期。

［48］徐茂明：《江南士绅与江南社会：1368—1911》，苏州大学 2001 年博士学位论文。

［49］万红：《中国西南民族地区市场的起源与历史形成》，中国社会科学院 2002 年博士论文。

［50］顾銮斋：《中西封建税制比较研究》，《光明日报》2002 年 2 月 19 日。

［51］张羽琼：《论清代贵州社学的发展与衰亡》，《贵州师范大学学报（社会科学版）》2002 年

第 2 期。

[52] 侯凤，罗朝新：《明清云南人才的地理分布》，《学术探索》2002 年第 1 期。

[53] 谷跃娟：《云南民族村寨教育的现代整合》，《云南民族学院学报（哲学社会科学版）》2002 年第 5 期。

[54] 史晓波：《浅议杨氏治播的积极影响》，《贵州文史丛刊》2002 年第 4 期。

[55] ［韩］金钟博：《明清时代乡村组织与保甲制之关系》，《中国社会经济史研究》2002 年第 2 期。

[56] 岳现超：《清代广西社仓研究》，广西师范大学 2003 硕士学位论文第 12 页。

[57] 古永继：《清代云南官学教育的发展及其特点》，《云南社会科学》2003 年第 2 期。

[58] 徐茂明：《明清时期江南社会基层组织演变述论》，《社会科学》2003 年第 4 期。

[59] 余宏模：《略论明代贵州建省与改土设流——纪念贵州建省 590 周年》，《贵州民族研究》2003 年第 4 期。

[60] 屈川：《川南"都掌蛮"消亡原因探析》，《贵州民族研究》2003 年第 4 期。

[61] 屈川：《"都掌蛮"消亡原因补证》，《四川大学学报（哲学社会科学版）》2003 年第 5 期。

[62] 张萍：《明清陕西庙会市场研究》，《中国史研究》2004 年第 3 期。

[63] 刘祥学：《论明朝民族政策总方针及其对边防的影响》，《湖北民族学院学报（哲学社会科学版）》2004 年第 2 期。

[64] 牛铭实：《从封建、郡县、到自治：论中国地方制度的演变》，《开放时代》2004 年第 6 期。

[65] 李良品：《乌江流域民族地区历代科举人才的地理分布》，《贵州民族研究》2004 年第 3 期。

[66] 李良品：《论西南少数民族地区明清官学的管理》，《内蒙古社会科学》2004 年第 1 期。

[67] 牛贯杰：《从"守望相助"到"吏治应以团练为先"——由团练组织的发展演变看国家政权与基层社会的互动关系》，《中国农史》2004 年第 1 期。

[68] 刘祥学：《论明朝民族政策总方针及其对边防的影响》，《湖北民族学院学报（哲学社会科学版）》2004 年第 2 期。

[69] 段超：《元至清初汉族与土家族文化互动探析》，《民族研究》2004 年第 6 期。

[70] 周琼：《从土官到缙绅：高其倬在云南的和平改土归流》，《中国边疆史地研究》2004 年第 3 期。

[71] 刘海峰：《为科举制平反》，《书屋》2005 年第 1 期。

[72] 刘智：《试论明朝政府发展少数民族地区儒学教育的政策措施》，中央民族大学 2005 年硕士学位论文。

[73] 吕芳：《乡村社会与国家法——新时期我国乡村社会法治进程解读》，重庆大学 2005 年硕士学位论文。

[74] 张婷：《明代四川土司述要》，四川大学 2005 年硕士学位论文。

[75] 李伟：《乌江下游土司时期贡赋制度考略》，《贵州社会科学》2005 年第 2 期。

［76］王凯旋：《论明代社学与学校教育》，《广西师范学院学报（哲学社会科学版）》2005 年第 4 期。

［77］蒋立松：《中心与边缘：西南地区民族社会与国家权力结构刍议》，《西南师范大学学报（哲学社会科学版）》2005 年第 5 期。

［78］王春玲，于衍学：《清代改土归流成因分析》，《西北民族大学学报》2005 年第 4 期。

［79］谭忠秀：《布依族社会变迁与家庭教育研究——贵州独山县中安村教育人类学个案研究》，中央民族大学 2005 年博士学位论文。

［80］宋桂英：《晚晴山东团练研究》，浙江大学 2006 年硕士学位论文。

［81］韩华：《民间习俗的文化本性》，《中华文化论坛》2006 年第 1 期。

［82］洲塔，贾霄锋：《试析明代藏区土司的朝贡制度》，《西藏大学学报（社会科学版）》2006 年第 3 期。

［83］李志坚：《论明代商人对皇木的采办》，《信阳师范学院学报》2006 年第 3 期。

［84］李良品，彭福荣等：《乌江流域民族地区非物质文化遗产的类型、特点与传承》，《民间文化论坛》2006 年第 6 期。

［85］高丽萍：《略论清代少数民族地区的社会教育》，《涪陵师范学院学报》2006 年第 5 期。

［86］孙琥瑃：《社会主义时期我国少数民族地区宗教教育探论——以我国西南少数民族地区为例》，华侨大学 2007 年硕士学位论文。

［87］吴佳佳：《"绅士"的内涵》，《安徽文学》2006 年第 8 期。

［88］李小文：《国家制度与地方传统——明清时期桂西的基层行政制度与社会治理》，厦门大学 2006 年博士学位论文。

［89］张祖平：《明清时期的政府社会保障体系研究》，西南财经大学 2006 年博士学位论文。

［90］李良品：《石砫土司军事征调述略》，《军事历史研究》2007 年第 4 期。

［91］李良品：《科举制度影响下的士人心态》，《宜宾学院学报》2007 年第 5 期。

［92］邓建国：《科举制度的伦理审视》，湖南师范大学 2007 年博士学位论文。

［93］林勇：《明代广西巡检司建置变迁的地理学考察》，复旦大学 2007 年硕士学位论文。

［94］颜勇，雷秀武：《贵州民族文化传统节日综论》，《贵州民族研究》2007 年第 3 期。

［95］徐勇：《政权下乡：现代国家对乡土社会的整合》，《贵州社会科学》2007 年第 11 期。

［96］陈友力：《明前期优抚政策研究》，西南大学 2007 年硕士学位论文。

［97］张小亚：《清代慈善救济组织研究——以四川地区为例》，陕西师范大学 2007 硕士学位论文。

［98］凌燕：《广西土兵戍边与国防建设检视》，广西师范大学 2008 年硕士学位论文。

［99］陈豪：《古代农村土地制度思想的考察》，复旦大学 2008 年硕士学位论文。

［100］莫代山：《历史时期土家族地区土司的社会控制》，《长江师范学院学报》2008 年第 3 期。

［101］王雅红：《巡检司制度与明代基层社会控制》，《光明日报》2008 年 11 月 23 日。

[102] 孙同霞:《明清山东巡检司制度考略》,曲阜师范大学 2008 年硕士学位论文。

[103] 吴孟显:《清至民国晋南庙会市场研究》,《山西师范大学学报(社会科学版)》2008 年第 3 期。

[104] 李良品:《近三十年清水江流域林业问题研究综述》,《贵州民族研究》2008 年第 3 期。

[105] 李良品:《清代乌江流域民族地区义学教育研究》,《教育评论》2008 年第 4 期。

[106] 李良品:《论古代西南地区少数民族的生态伦理观念与生态环境》,《黑龙江民族丛刊》2008 年第 3 期。

[107] 李良品:《明代西南地区土司进献大木研究》,《中南民族大学学报(人文社科版)》2008 年第 5 期。

[108] 李良品:《明清时期乌江流域民族地区社学研究》,《民族教育研究》2008 年第 5 期。

[109] 童姗:《浅谈古代赫哲族社会教育的形式及特点》,《黑龙江民族丛刊》,2008 年第 2 期。

[110] 胡恒:《清代巡检司时空分布特征初探》,《史学月刊》2009 年第 1 期。

[111] 刘亚中:《"乡饮酒礼"在明清的变化》,《孔子研究》2009 年第 5 期。

[112] 李良品:《明清时期贵州集市形成路径的类型学分析》,《长江师范学院学报》2009 年第 6 期。

[113] 李良品:《关于秀山杨氏土司的几个问题》,《湖北民族学院学报(哲学社会科学版)》2009 年第 2 期。

[114] 李良品,熊正贤:《民国时期贵州的场期制度及成因》,《贵州社会科学》2009 年第 4 期;

[115] 李良品,彭福荣:《明清时期四川官办皇木研究》,《中国社会经济史研究》2009 年第 1 期。

[116] 袁显荣:《清水江下游宗祠文化探微》,《原生态民族文化学刊》2009 年第 4 期。

[117] 花文凤:《科举体制下中国少数民族教育公平问题的研究——基于对辽代至清末民族教育发展的考察》,西北师范大学 2009 年硕士学位论文。

[118] 刘宏章:《科举制度的政治功能探析》,湖南师范大学 2009 年硕士学位论文。

[119] 杨银权:《清代甘肃士绅研究》,西北师范大学 2009 年博士学位论文。

[120] 吴琦,黄永昌:《清代江南的义葬与地方社会——以施棺助葬类善举为中心》,《学习与探索》2009 年第 3 期。

[121] 梁勇:《清代中期的团练与乡村社会——以巴县为例》,《中国农史》2010 年第 1 期。

[122] 徐茜萍:《国家与乡村社会互动的历史演进》,《经营管理者》2010 年第 17 期。

[123] 段绪柱:《国家权力与自治权力的互构与博弈——转型中国乡村社会权力关系研究》,吉林大学 2010 年博士学位论文。

[124] 宋荣凯:《论清前期贵州社会教育的主要内容》,《中央民族大学学报(哲学社会科学版)》2010 年第 1 期。

［125］李良品,邹淋巧:《论播州"末代土司"杨应龙时期的民族关系》,《贵州民族研究》2010年第 5 期。

［126］胡兴东:《元明清时期的基层组织与国家法适用研究——以云南民族地区为中心的考察》,《云南师范大学学报(哲学社会科学版)》,2010 年第 4 期。

［127］栾成斌:《贵州改土归流源流考》,贵州大学 2010 年硕士学位论文。

［128］蓝武:《认同差异与"复流为土"——明代广西改土归流反复性原因分析》,《广西民族研究》2010 年第 3 期。

［129］王强:《明代西南地区改土归流研究》,浙江大学 2010 年硕士学位论文。

［130］李良品,杨玉兰,王金花:《清代乌江流域民族地区社会教育述论》,《民族教育研究》2011 年第 5 期。

［131］李良品:《明清以来西南民族地区集市习俗及成因——以贵州省为例》,《中南民族大学学报(人文社科版)》2011 年第 2 期。

［132］李良品:《历史时期重庆民族地区的土司制度》,《重庆邮电大学学报(社会科学版)》2011 年第 3 期。

［133］李治亭:《论清代边疆问题与国家"大一统"》,《云南师范大学学报(哲学社会科学版)》2011 年第 1 期。

［134］陈季君:《地缘政治学视角下明王朝与播州土司的政治博弈》,《遵义师范学院学报》2011 年第 5 期。

［135］王琴:《近代西南地区的慈善事业(1840—1949)》,湖南师范大学 2011 年硕士学位论文。

［136］洪涵:《国家权力在民族地区的延伸——以云南德宏傣族土司制度为例》,《云南民族大学学报(哲学社会科学版)》2011 年第 2 期。

［137］毕跃光:《民族认同、族际认同与国家认同的共生关系研究》,中央民族大学 2011 年博士学位论文。

［138］宗刚:《近代两广族田研究》,南京师范大学 2012 年硕士学位论文。

［139］毕跃光:《民族认同、族际认同与国家认同的共生关系研究》,中央民族大学 2011 年博士学位论文。

［140］邹映:《明代云贵地区改流复土现象研究》,广西师范大学 2012 年硕士学位论文。

［141］李良品,谭杰容:《论清末团练制度下乡村社会与国家关系——以酉阳直隶州为例》,《长江师范学院学报》2012 年第 5 期。

［142］张凯:《明代永顺土兵军事活动研究》,吉首大学 2012 年硕士学位论文。

［143］杨庭硕:《土流并治:土司制度推行中的常态》,《贵州民族研究》2012 年第 3 期。

［144］常建华:《雍正朝保甲制度的推行:以奏折为中心的考察》,《故宫学刊》2013 年第 2 期。

［145］李良品:《土司时期西南地区土兵的兵役制度》,《重庆三峡学院学报》2014 年第 1 期。

［146］李良品,张芯:《明代土家族土兵抗倭的缘起、进程与取胜原因》,《长江师范学院学报》2014 年第 2 期。

［147］李良品,蒲丽君:《土司时期西南地区土兵的军事领导体制研究》,《贵州民族研究》2014 年第 3 期。

［148］李良品,卢星月:《明清时期西南地区土司兵参加军事战争的影响》,《成都大学学报(社会科学版)》2014 年第 3 期。

［149］李良品,赵毅:《土司制度:国家权力在西南土司地区的延伸》,《长江师范学院学报》2014 年第 5 期。

［150］李良品,李思睿:《明清时期西南地区土司土兵优抚政策研究》,《西南民族大学学报(人文社会科学版)》2014 年第 8 期。

后记

　　2015 年 3 月 15 日,不仅是一个吉祥的日子,也是一个值得
"明清时期西南民族地区乡村社会与国家关系研究"组全体同仁铭
记的日子。因为在全国哲学社会科学规划办公室"国家社科基金
年度项目 2015 年 3 月成果鉴定等级公告"中,本书成果以"良好"
的等级忝列其中,这就意味着国家社科基金项目"明清时期西南民
族地区乡村社会与国家关系研究"已顺利结题。本课题前后研究
历时近 4 年,其成果"明清时期西南民族地区乡村社会与国家关系
研究"超 70 万字。

　　"明清时期西南民族地区乡村社会与国家关系研究"顺利结
题,是一件既值得庆幸而又令人惴惴不安的事情。说庆幸,是因为
自 2011 年全国哲学社会科学规划办公室将本课题立项,再到
2015 年 3 月结项,前后历时近 4 年,课题组付出的时间和精力没有
白费;说不安,是因为本项目涉及时间长、范围大、地域广,因此,本
书所论及的内容只能是挂一漏万。同时,由于时间、精力、水平及
条件各方面的限制,笔者对明清时期西南民族地区乡村社会与国
家关系的研究也只能是作一个粗线条的梳理。

　　本课题研究前后历时近四年,其中的酸甜苦辣学者自知。但
庆幸的是课题组得到多方支持与关照,促使我们奋力前行,并使我
们铭记于心。

　　一要感谢国家社科基金项目民族问题研究的匿名评审专家、
会场评审专家和全国哲学社会科学规划办公室的领导和同志们,
是他们给我机会,使本课题能够立项,促使我们产生刻苦学习、不
懈努力的动力。

　　二要感谢重庆市社会科学规划办公室和长江师范学院科技处
的全体同志,是他们的周到服务和悉心呵护,才使本书走到了

今天。

三要感谢《广西民族研究》《中南民族大学学报》《贵州民族研究》《青海民族研究》《长江师范学院学报》等刊物的主编与编辑老师们。他们对本课题组论文的刊发，无形之中坚定了我们从事本书研究的信心。

四要感谢国家社科基金项目的五位结题专家，他们不仅对课题组提供的结题材料予以充分肯定，而且还给书稿提出了很多建设性的意见，促使本书得以日臻完善。

五要感谢诸位先辈时贤。本课题在研究过程中，大量参考了先辈时贤的研究成果，也基本在书中注明了出处，但个别地方可能未及注明，疏漏之处，恳请专家学者谅解。无论是作注还是未作注，我们在此一并致以真诚地感谢！因为没有各位专家学者的研究成果，本书就不会问世。可以说，该课题的顺利结题和本书的付梓是站在无数巨人的肩膀之上的结果。

六要感谢长江师范学院党政领导。本课题立项后，得到时任长江师范学院党委书记彭寿清教授、校长李林教授、主管科研的副校长张明富教授等有关领导的高度重视，并获得了长江师范学院经费的资助，在此，我们表示真诚的感谢！

七要真诚地感谢重庆大学出版社的编辑人员。他们在编辑、校对过程中认真负责的态度，以及为本书无私奉献与付出的精神，使我们难以忘怀，令我们钦佩。

八要感谢我的同仁和学生。《明清时期西南民族地区乡村社会与国家关系研究》的撰写，得到了乌江流域社会经济文化研究中心的全体同仁的理解和支持，在此，我们谨致感谢！在研究过程中，我校考上硕士研究生的苟川、赵毅、王秀清、蒲丽君，文学院本科学生哈宁静、张芯、罗婷、任媚以及政治与历史学院学生周娥等，为本书的撰写做了大量、实在的工作，在此，一并致以真诚的感谢！

本书在撰写过程中，虽然我们力求做好，但难免有许多缺点和疏漏，希望广大读者批评指正，恳请专家、学者不吝赐教。

抛砖以引玉，若本书出版能深化明清时期西南民族地区乡村社会与国家关系、国家制度与国家治理等方面的研究，促进我国哲学社会科学的大繁荣大发展，善莫大焉。

是为记，志出版。

李良品

2015 年 7 月 9 日于长江师范学院鉴湖之滨